周远廉教授近照

作者简介

周远廉，1930年生，四川省资中县人，1955年毕业于四川大学历史系。中国社会科学院历史研究所研究员，1992年享受国务院“政府特殊津贴”。清史专家。出版学术专著：

《清太祖传》（独著），人民出版社，2004。

《清摄政王多尔衮全传》（与赵世瑜合著，1993年获吉林省长白山优秀图书二等奖），吉林文史出版社，1986；陕西人民出版社，2008（再版）。

《顺治帝》（独著，1993年获吉林省长白山优秀图书二等奖），吉林文史出版社，1993（初版），2004（再版）；陕西人民出版社，2008（再版）。

《康熙新传》（独著），故宫出版社，2013。

《乾隆皇帝大传》（独著，获“中南五省市优秀图书奖”和“全国畅销图书优秀奖”），河南人民出版社，1990；台湾大行出版社，1993；陕西人民出版社，2008（再版）。

《清高宗弘历》（独著），台湾万卷楼图书公司，2000。

《乾隆画像》（独著），中华书局，2005。

《清朝开国史研究》（独著），辽宁人民出版社，1981；故宫出版社收入《明清史学术文库》，2013（再版）。本书获辽宁出版局1981年优秀图书一等奖。

《清朝兴起史》（独著），吉林文史出版社，1986；广西师范大学出版社，2006（再版）。

《清代八旗王公贵族兴衰史》（与杨学琛合著，1986年获“第一届北方十五省市自治区哲学社会科学优秀图书一等奖”），辽宁人民出版社，1986；故宫出版社（收入《明清史学术文库》），2013（再版）。

《清代租佃制研究》（与谢肇华合著），辽宁人民出版社，1986。

《中国通史》（白寿彝总主编）之17卷、18卷《清》分卷（主编），上海人民出版社，1996。

《清朝通史》之《乾隆朝》分卷（独著），紫禁城出版社，2003。

《中国封建王朝兴亡史》（总主编，1998年获第十一届“中国图书奖”），广西人民出版社，1996。

《金川风云》（独著），中国电影出版社，2013。

《岳钟琪传》（独著），中国电影出版社，2013。

另出版长篇历史小说《香妃入宫》（独著，华艺出版社，1993）、《乾隆皇帝下江南》（独著，北京燕山出版社，1996）、《天下第一清官：清代廉臣张伯行》（独著，河南人民出版社，1999）、《宁远大将军岳钟琪》（独著，中国电影出版社，2013）。

周远廉◎主编

清朝兴亡史

【第四卷｜承前启后】

周远廉　著

北京燕山出版社

图书在版编目（CIP）数据

清朝兴亡史/周远廉主编. — 北京：北京燕山出版社，2016.3
ISBN 978-7-5402-4103-2

Ⅰ. ①清… Ⅱ. ①周… Ⅲ. ①中国历史－研究－清代 Ⅳ. ①K249.07

中国版本图书馆CIP数据核字(2016)第056637号

清朝兴亡史

周远廉　主编

第四卷《承前启后》

周远廉　著

责任编辑：满　懿
封面设计：一言文化传媒
责任校对：赵　媛　扈二军
出版发行：北京燕山出版社
社　　址：北京市丰台区东铁营苇子坑路138号C座
电　　话：010-65240430
邮　　编：100054
印　　刷：成都鑫成发印务有限公司
开　　本：889mm×1194mm　1/32
字　　数：430千字（第四卷）
印　　张：14（第四卷）
版　　次：2016年3月第1版
印　　次：2019年11月第2次印刷
定　　价：860.00元（全套）

目　录
contents

第四编 平定青海蒙古罗卜藏丹津亲王叛乱

第五编 改土归流

第一编 革弊兴利

一、十一道上谕

康熙六十一年（1722年）十一月十三日，清圣祖玄烨去世，四十五岁的皇四子雍亲王胤禛继位为君，二十日举行登基大典，颁诏大赦天下，诏内恩款共三十条，以次年为雍正元年。这就是以勤政严苛著称的清世宗，亦称雍正帝或雍正。

时光倒回去十几年，胤禛做梦也不会想到他会成为至高无上、天下共主的大皇帝。因为，不管是论嫡、论长、论子以母贵，他都没有被立为太子的可能，当然也就不可能继承皇位。胤禛是皇四子，上有三位兄长。大哥胤禔生于康熙十年，比他大六岁，且“上有巡幸”，允禔“辄从”。康熙二十九年征准噶尔噶尔丹时，帝命皇兄裕亲王福全为抚远大将军，以胤禔为副将军，统率主力军大败噶尔丹于乌兰布通。康熙三十五年他又随父皇统军往征噶尔丹，康熙迫其仰药自尽于青海大草滩，在三十七年封直郡王。

二哥胤礽之母是父皇的原配皇后，子以母贵，以嫡子身份于康熙十四年立为皇太子。三哥胤祉，母亲荣妃，康熙三十七年封诚郡王。

以子以母贵而论，清制，后妃封号有：皇后，皇贵妃一，贵妃二，妃四，嫔六，贵人、常在、答应无定数。胤禛的生母乌雅氏，其父仅系护军参领，官阶正三品，只是两三百位参领之一，其上有副都统、都统、将军，不过是一员中级军官，并非开国元勋、功臣之后，声势地位并不显赫。乌雅氏初入宫时，服侍圣祖，连名分都没有，直到康熙十七年生下胤禛后，因系皇四子，才封为嫔，又过了三年，才晋为妃，而胤禛的其他弟兄，特别是其争夺储位的政敌皇十子胤䄉生母是温僖贵妃，乃孝昭皇后之妹。皇九子胤禟，生母虽也是妃，但甚受圣祖晚年宠爱。因此，胤禛于康熙三十七年才封贝勒，而其同父异母弟皇七子胤祐、皇八子胤禩也于同月封为贝勒。康熙四十八年复立太子时，皇三子胤祉、皇四子胤禛、皇五子胤祺（胤禟的亲兄）同时封亲王，胤祐封淳郡王，胤䄉封敦郡王。此时胤禛也并非父皇心中之继位人选，他在诸皇子中也并不特别突出，并非众望所归未来的继位之君。

然而，这位并不突出的贝勒、亲王，凭借自己的聪明才智和长期的努力，在康熙四十年以后的阿哥内讧、争夺嗣位的二十年斗争中，纵横捭阖，屡出奇招，力讨父皇欢心，终于大功告成，登上了入关以后大清国第三位皇帝的宝座。他当然不想成为一位平庸之君，一定要有所作为，做一番事业。

雍正五年正月十七，雍正帝颁下上谕一道，痛斥原江西巡抚、布政使掩饰仓谷亏空，巧言博誉，“实则事事废弛”，将其革职，赞扬河南巡抚田文镜“事事整理”“不肯取悦于众”，“于察吏安民之道大有裨益”。宣称：“朕欲澄清吏治，乂安民生，故于公私毁誉之间，分别极其明晰，晓谕不惮烦劳，务期振数百年之颓风，以端治化之本，内外诸臣，其共勉之。”[①]过了半个多月，雍正五年二月初三，雍正帝在养心殿召见满汉大学士、九卿、詹事、科道，谕曰：

“凡汝等科甲出身之人，朕因其较之捐纳之人与目不识丁之人不同，所以欲加任用，若尽如李绂郑任钥等之营私作弊，转不如非科甲之人矣。非科甲者作弊，易于败露，科甲之人作弊，巧诈隐秘，互相袒护，往往不即败露，其害转大。汝等宜思天人感应之理丝毫不爽，果能至诚秉公，致朕于尧舜之君，朕必委曲保全，尽令尔等为皋稷契之臣，将唐宋元明积染之习果能尽行洗涤，则天下永享太平，即尔等子孙亦蒙其福。”[②]

雍正宣称要“振数百年之颓风”“将唐宋元明染案之习”“尽行洗涤”，使“天下永享太平”，虽然是在继位之后第五年宣布的，但其要革除康熙末年官场积弊，建立新的利民富国制度的施政方针，却在雍正元年正月初一颁下的十一道上谕中，已经体现出来了。

---

①《雍正起居注册》雍正五年正月十七条。

②《清世宗实录》卷2，第24、25、26页。本书所引《清实录》为台湾新文书出版公司1978年出版，并非中华书局所出《清实录》。

雍正元年（1723年）正月初一，雍正帝连下上谕十一道，分别训谕总督、巡抚、布政使、督学、提督、总兵官、按察使、道员、副将、参将、游击、知府、知州、知县，论其职责，斥其积弊，严令改正。现将训谕巡抚、布政使、知州、知县的上谕，分别摘录如下。

谕巡抚：

“谕巡抚：国家任官守土。绥辑兆民，封疆之责，唯抚臣为重。今之巡抚，即古者保厘夹辅之臣也，一省之事，凡察吏安民，转漕裕饷，皆统摄于巡抚，苟非正己率属，振饬励精，则一切政刑钱谷必致隳堕，拊循保障之功，何赖乎。夫吏治不清，民何由安，从来大法则小廉，自两司以至郡县，平时参见接谈，即可略知其才品优劣，迨试以委任，访之舆情，贤否清浊，自难淆混。唯上官偏私好谀，属僚善于逢迎者，即推为才能，其朴直自好洁己爱民之员，反无见知之地。及至计典黜陟，并遇选择保题之缺，或先纳贿赂，或责报异时，始为之荐引，亦有寄耳目于监司等官，听毁誉于幕宾僚友之口。以致举劾不公，潜滋奔竞，劝赏黜陟，既失其当，地方安得良有司乎。藩库钱粮亏空，近来或多至数十万，盖因巡抚之赀用，皆取给于藩司，或以柔和交好，互相侵那，或先钩致藩司短长，继以威制勒索，分肥入己，徒供一身寅缘自奉之费，罔顾朝廷帑藏财用之虚，及事发难掩，唯思加派补库，辗转累民，负国营私，莫此为甚。州县积谷，本为备荒之计，水旱歉收之岁，待此拯济，于民生最有关系，今皆视为正供之余项，借出陈易新之名，半为胥吏中饱，半为州县补空，一遇灾荒，茫无赈贷，皆由巡抚平时疏略，包容玩愒所致也。属员缺出，委署虽由两司详请，其实巡抚操其权，下属钻营嘱托，以缺之美恶，定酬赂之重轻，摄篆之人，久则年余，近亦数月，往往视为传舍，情同行劫，不卹小民之脂膏，但饱溪壑于无厌，务偿得署之馈遗而止，试思此一年数月之间，穷黎何罪，而可纵贪暴以剥削之乎。此等积弊，尤为国法所不容者。”①

谕布政使：

“谕布政司：朕惟国家官制，分省开藩，尔职居方伯，任何寄句宣所以绥辑群黎布昭德意，实庶邦之喉舌，列服之纲维，任既重矣，责

①《清世宗实录》卷3，第4、5、6页。

亦大矣。府州县官之贤不肖，最关民生体戚，当不时察核治行，务知其实，分别臧否，以告督抚，尔以无私自信，督抚自不以私心致疑，协和尽力，以劝贤惩不肖，则除害兴利，一方安矣。今计典之黜陟，特疏之荐弹，朝廷凭督抚之奏章。督抚凭布按之详揭，尔布政为官吏表式，自当益矢公忠，若爱憎任情，是非倒置，以谄事上官，通行请托为贤，以不善逢迎，耻投暮夜为不肖，其何以称之屏之翰百辟为宪者哉。夫官至监司，敭历有年，当服官之初，廉洁自守，渐登高位，顿改初心，更有矫饰虚声，潜纳贿赂，陋俗相沿，谓之名实兼收，其罔上行私为尤甚。孔子谓事君勿欺，宁不闻乎。赋役会计，皆尔专司，调剂均平，乃为称职，今钱粮火耗，日渐加增，重者每两加至四五钱，民脂民膏，朘剥何堪。至州县差徭，巧立名色，恣其苛派，竭小民衣食之资，供官司奴隶之用，尔试思户版税籍，谁为职掌，私派横征，谁任其咎，顾可失于觉察乎。各省库项亏空，动盈千万，是侵是那，总无完补，耗蠹公帑，视为泛常，尤为不法，宜严革前弊，永杜侵那。如司库盘查之责，在巡抚，亏空之根，亦由巡抚，巡抚借支，而布政不应者少矣。然职在监守，果能廉正自持，则巡抚挟势借支，断不能行，但谨身节用，量入为出，司库必无亏空矣。”[①]

谕知州、知县：

“谕知州、知县：朕唯国家首重吏治。尔州牧，县令，乃亲民之官，吏治之始基也。贡赋狱讼，尔实司之，品秩虽卑，职任綦重，州县官贤，则民先受其利，州县官不肖，则民先受其害。膺兹任者，当体朝廷惠养元元之意，以爱民为先务，周察部屋，绥辑乡里，治行果有其实，循卓自有其名，非内聚贿而外干誉，谓之名实兼收也。全省吏治，如作室然，督抚其栋梁也，司道其垣墉也，州县其基址也。书云，民惟邦本，本固邦宁，夫所以固邦本者，在吏治，而吏治之本，在州县，苟州县之品行不端，犹基不立，则室不固，庸有济乎……

如或罔念民瘼，恣意贪婪，或朘削肥家，或滥行逞虐，或借刻以为清，或恃才而多事，或谄媚上司以贪位，或任纵胥吏以扰民，或徇私逞欲，以上亏国帑，王章具有，岂尔贷欤，更有任州县时，私肥己橐，而漫云，且俟显要，方立名节者，其与初市清名，晚而改操之人，何以异

①《清世宗实录》卷3，第13、14页。

哉。至于钱粮，关系尤重，丝毫颗粒皆百姓之脂膏，增一分则民受一分之累，减一分，则民沾一分之泽，前有请暂加火耗，抵补亏空帑项者。

皇考示谕在廷，不允其请，尔诸臣共闻之矣。今州县火耗，任意加增，视为成例，民何以堪乎，嗣后断宜禁止，或被上司察劾，或被科道纠参，必从重治罪，决不宽贷。夫欲清亏空之源，莫如节俭正直，节俭则用无不足，正直则上官不可干以私，若朘小民之生，以饱上官之贪欲，冒不测之罪，以快一时之奢侈，岂砥砺廉隅，为民父母之道乎。尔州县等官，其恪共乃职，勿贻罪戾，毋谓地远官卑，朕不及察其贤否也。”①

为了贯彻执行清理中央、地方亏空政策，雍正帝于雍正元年正月十四，谕内阁，成立由怡亲王允祥为首的会考府：

“谕内阁：各省奏销钱粮，除地方正项及军需外，其余奏销项内，积弊甚大。若无部费，虽册档分明，亦以本内数字互异，或因银数几两不符，往来驳诘。一有部费，即靡费钱粮百万，亦准奏销，或将无关紧要之处驳回，以存驳诘之名，掩饰耳目，咨覆到日，旋即议准，内外通同，欺盗虚冒，此等情弊，尽在皇考睿照之中。

圣恩宽大，未行深究，朕令不得不加整理，嗣后一应钱粮奏销事务，无论何部，俱着怡亲王，隆科多，大学士白潢，左都御史朱轼，会同办理。或将各部贤能司员，指名保题或酌量另取官员，令伊等管办之处，着王大臣，四人议奏。寻议，钱粮关系甚重，应另立衙门，设满汉郎中，员外郎各二员，主事各三员，笔帖式十员，俱遴选贤能补用。至钱粮除地方正项外，其军需各省动用之项，具题到日，应准应驳，臣等会同该部查核议覆，其设立署名，恭候钦定。得旨署名着为会考府。余依议。”②

过了一个半月，二月二十九日，雍正又谕吏部，命令将亏空钱粮官员，一律革职：

---

①《清世宗实录》卷3，第24、25、26页。

②《清世宗实录》卷3，第24、25页。

“己卯，谕吏部：亏空钱粮各官，若革职留任催追，必致贻累百姓，伊等既已获罪革职，岂可复留原任，嗣后亏空钱粮各官，即行革职，着落伊身勒限追还。若果清完，居官好者，该督抚等奏明。着通行直隶各省督抚知之。”①

二、清理亏空

（一）国库亏缺白银二百五十九万余两

国库，指的是户部银库，乾隆《大清会典》卷12载：“凡库藏之隶于部者有三。一曰银库，直省田赋及关市盐茶诸税，岁输至京者，咸入焉。”

银库，在朝廷上百个单位之中，十分重要，是“重中之重”，它的状况和好歹，关系着朝廷的兴衰存亡。其一，它存放的金银财宝，数量巨大。当时，按制度，照规定，每年各省解运京师的地丁赋银，多达一两千万两，据康熙《大清会典》卷24，《户部·赋役一》载，康熙二十四年（1685年），直隶、山东、山西、奉天、河南、江苏、安徽、江西、福建、浙江、湖北、湖南、陕西、甘肃、四川、广东、广西、贵州，分别起运赋银十几万两，百万余两，二百万余两，合计2193万余两，主要解交户部银库。这一年，各运司行盐435万余引，收盐课银276万余两，按规定也是解运户部银库。至于上百万两的各关税银，几十万两包括当铺税在内的杂税银，大部分应解交银库。其二，文武百官，九品以上者，两万余员的俸薪，八十万余名八旗、绿营士卒的兵饷，帝后皇子的享用，岁修河工的三百万余两经费，几十万吏役的工食银，上千位王公子孙的岁禄，征战军之费，等等，每年三千万余两白银的开支，主要也靠户部银库的银子。

因为它是重中之重，照说也应是防范最好、最安全之地，库银是不应有遗失、盗窃、侵占之事的。一则，它的防范是非常严密的。户部的银库，就设在紧靠大清门属于内城的户部之衙署内。户部的堂官尚书、侍郎都关注着银库，雍正帝还专门委任自己最亲信、最倚重的弟弟怡亲王允祥管理户部三库。这个管理户部三库大臣的官衔，可是极其崇高的，在该大臣的所有官衔爵位之上排列第一。比如，允祥奏述国库情形

①《清世宗实录》卷4，第35页。

时，其奏折写道："总督户部三库和硕亲王臣允祥谨奏为请旨事。"[①]

银库有专门的主管人员，一名郎中、两位员外郎、一位司库、两位大使以及笔帖式和库使，下辖库丁若干名，防范非常严密。银库有细密的管理规定，"凡直省赋税，输部者，岁有常数，核数无缺，乃移银库"，"如启椟验封，有作弊及数不实者"论罪。[②]

再则，解银交与银库，是"准部定权衡受之"[③]。是用户部制定的秤来量银子，成色不足，不收，数有多少，几两几钱，不以解送单位称银的数量为依据，而以银库之秤称量为准，所以可以保证存库之银的数量绝对正确，不致减收，收1000两，就是1000两，将来发出去，也用部定之秤，由银库人员称量。何况，户部银库是最高的收银出银单位，地方解交赋银，除正数不得减少外，减一两一钱都不行，而且还要给银库交余平银，一般是解1000两，要交余平银12两余，类似于州县向百姓征收赋银时交的火耗银。按1000两交余平银12两计，一年银库收2000万两银，就可收余平银20万余两，收进3000万两赋银，可收余平银30万余两。而户部银库奉旨发放官俸兵饷及各种用费时，能如数实发，就是万幸了，根本不需另外再加发银子。估算一下，一年可凭收进各地各单位解进正额赋银的机会，征收余平银几十万两，十年该多少？就从康熙二十年平定三藩之乱开始，41年里，户部银库从收赋银的过程中，收进的余平银，可高达1000万余两。

这样一来，既防范严密，应无遗失、被盗、被侵占的可能，又可收进一两千万两余平银，那么，户部银库之银的存库数量，应该是不会减少，而会增加了吧。怪不得有一次康熙谕称，户部银库盘量之后，多出二十几万两银子。

然而，户部银库的存银，实际情形却与我们的分析大相径庭，银库的存银，不仅没有增加，反而减少，户部档册所载存银的数量减少了很多，即国库的库银也亏缺了。

曾经当了45年的皇子、贝勒、亲王，精明过人的雍正帝胤禛，深谙国情、官习和国家财经状况，早已知道国库、藩库（省库）存银严重亏

① 中国第一历史档案馆编：《雍正朝汉文朱批奏折汇编》，江苏古籍出版社1991年出版，册2，第789页。以下简称《雍正汇编》。

②《清文献通考》卷40，《年藏》；乾隆《大清会典》卷12，《户部·库藏》。

③ 乾隆《大清会典》卷12，《户部·库藏》。

缺的情形，刚一即位，便以“历年户部库帑亏空数百万两”，委任皇十三弟、和硕怡亲王允祥认真清查户部银库。

雍正二年四月十四日，总理户部三库的和硕怡亲王允祥领衔，偕郎中康鼎、寿柱、员外郎布兰泰、恭格上奏，详述清查盘点库银情形，提出弥补亏缺库银办法：

“总督户部三库和硕怡亲王臣允祥谨奏为请旨事。臣窃思国家钱粮关系重大，满汉官员俸禄兵丁钱粮一应支取各项银两，俱系库内给发，且一年所进钱粮有数，而所出无窍，若至于亏空，所进不敷所出，不得不确查明白。臣受恩钦命自管三库以来，日夜忧惧，唯恐钱粮有亏，不敷国用，以负皇上所托重任，必得彻底查清，始得明白。业已面奏，臣同新任库员，将雍正元年所收钱粮七百三十八万七百一两五钱六分三厘零，捐纳银一百九十八万一千六百二十六两，另行收贮外查得六十一年奏销册内实在金二千五百五十四两五钱二分八厘，内亏空金四百九十八两五钱二分八厘。臣访问得镀金银器厘子等物，前任库管误为金器收贮，故钱粮数目以致亏空等语。臣思将此如何错误之处，交与原任尚书孙渣齐等查明，另行具奏。实在银二千七百十一万九千二百八十六两七钱五分，内亏空银二百五十九万二千九百五十七两六钱三分一厘零，实在钱十三万八千五百九十八串四百九十八文，内亏空钱九千三百二十四串八百二十文。臣熟思岁久，自何年亏空，亦难得知，然此俱系国家正项钱粮，关系甚重。自康熙三十一年以来，原任户部堂官库员公议数次，将伊等在任年份分别多寡着落赔补，原任侍郎张世爵等共十员应赔银十二万五千两，俱于一年限内照数交完等语。看得伊等仍思体面，以限内交完，伊等应升之缺听其升转，若限内不完，将伊等交与各该旗着落家产催追，另行具题议处。再不照着落数目认赔并分厘不认赔之人，臣熟思俱系在旗满洲，即将伊等从重治罪，亦无稍补于亏空钱粮之分厘。臣等每日收放出入钱粮甚属繁冗，亦无暇与伊等分晰。臣思交与原任户部尚书孙渣齐等于皇上钱粮有益满汉奴才不致有屈拠礼作何完结之处，著伊等另行议奏。限内认赔银十二万五千两，再不照着落数目无限认赔银十九万一百五十两外，仍亏空银二百二十七万七千八百七两六钱三分一厘。臣等查库，将所有银两尽行平兑他人，及前任库员议论，皆有平兑过重之语，平兑虽重岂有多平二百五十九万余两之理。俸饷并给发各处银两俱各零星支放必于原数少加，始能如数。故臣等所收各省钱粮，每千两多收十一二两不等，庶库帑不至于有亏，而聚奴才俸禄钱粮亦有裨益。臣等余平银两虽无定额，每年多入则多得，少入则少得，而一年内必得十万两。再皇上特恩，为养育众奴才所存饭银，情愿一年将饭银三万两入于余银十万两之内，每年将此十三万银两以补亏空钱粮，若又多得即添入十三万两之内，于年终奏销案内声明，庶肆五十年之亏空，十五年之间，可以完结亏空钱粮，补完之日，将此余银另作一项，一年所收银两数目入于奏销册内，稍算臣蒙皇上纯仁高厚之恩少有仰报。臣所请之处，伏乞皇上睿鉴训示。如数限内认赔并不照着落数目认赔再不认赔之人姓名另行缮写，一并具奏请旨。”①

雍正帝基本上同意怡亲王所奏处理办法，允许让户部逐年弥补100余万两亏缺银两，另一百余万两责令户部有关官员赔补。他于雍正二年十一月十三日下谕说：

“谕内阁：九卿詹事、科道等，历年户部库帑，亏空数百万两，朕在藩邸，知之甚悉，此乃国家经费，所关甚为重大，故朕特令怡亲王管理清查。朕思康熙年间之亏空，此时不能清楚，倘雍正年间，又有亏空，将来亦复不便稽查，积弊相因，何以经国用而垂法纪乎。后经怡亲王查出实在亏空二百五十余万两，深以追补为难，请以户部所有杂费逐年代完，约计十年，可以清楚，此怡亲王欲善为归结之意。朕思历年经手，俱有堂司官员，当时作意侵渔，此时置之不问，令其脱然事外，国法安在，谕令交与户部尚书孙渣齐办理。孙渣齐职司户部，以致亏空如此之多，朕曲加宽宥，并未革职，只令伊查明经手官员，量力派令完补，乃孙渣齐，徇情庇护私人，又有曾瞎子一案，揆厥情罪，实不容逭，朕又念先帝旧臣，不忍正法，将孙渣齐革职，其各员名下应追银两，照所派数目，作速追完，其余一百余万两，照怡亲王所请，在户部逐年弥补。若各员应行追完之项，将来仍不全完，则按律治罪，朕亦不能再宽矣。至于怡亲王，欲上补国课，下全众员，多方筹划，办理此事，甚属可嘉，而无知嫉妒小人，反谓王过于苛刻，不但昧于天理，即人情公好一念何在乎，特论尔等知之。”②

①《雍正汇编》册2，第791页。

②《清世宗实录》卷26，第13、14页。

但是，应该赔补亏缺库银的历任堂官库官，爱财如命，拼命设法抵赖不赔，雍正帝只好于雍正八年二月二十日下谕免去他们赔款：

“谕户部：从前历年户部亏空库银，至二百五十余万之多，怡亲王曾奏请，将本部余平饭银陆续，代为完补。朕思历年该管之堂官库官，所司何事，若不责令赔补，无不示儆，因令孙渣齐秉公开报着追，乃孙渣齐开报时，高下其手，甚属不公，以致追完之数甚少，拖欠之项甚多，累年不能清结。今朕念孙渣齐之祖，旧日忠勋，已将伊免释放，并免伊名下应追银两，其余应追来未完人员亦一体施恩，悉行免追。仍照怡亲王所请，将所存余平饭银，代为完结。”①

怡亲王允祥所奏及雍正帝的最后处理，表明了四个问题。其一，亏空银两数目巨大。康熙六十一年奏销册载明收进若干银，支出若干银，实在的库存银是2711万余两，可是经过允祥率“新任库员”逐一盘点后，发现银库实实在在堆存的库银只有2452万余两，亏空银259万余两。这个数字说明什么？一是其亏空的比例是相当的高，亏空率为9.6%，接近10%。二是数量太大，想当年，康熙亲政的康熙六年，整个国库存银只有248万余两，比这次亏空了的259万余两还少11万余两。三系此数本可发挥重大作用。

例如，用于免田赋，宣扬圣天子皇恩浩荡，可以免掉直隶省民田一年的赋银240万余两；用于免人丁之丁银，康熙二十四年全国载入国家册籍的男丁，是2341万余丁，应收丁银313万余两，即亏空之259万余两银，可以免去全国83%的男丁一年应交之丁银，即可以免掉2590万余男丁一年的丁银；用于开支俸禄，京师的所有王公和官员，一年的俸禄银是90万余两，可以开支两年半的王公官员俸银，等等，可见亏空银的数量之大。

其二，银库的管理，混乱而昏庸。银库中的存银，放置是有规矩的，不是东一锭、西一锭随便乱放，而是若干锭装一箱，一箱一箱地装好，每箱上面标明银数，同样多的银子装箱放在一起。亏缺之银，既然

①《清世宗实录》卷91，第17、18页。

高达十分之一，那么，不要说一箱一箱地开箱盘点，只要用眼睛看一看，一下少了十分之一，还看不出异常吗？管库之尚书、侍郎、司官之昏庸、笨拙、懒怠，简直是无以复加。

其三，亏空之因不明，难以根除亏缺。银子没有腿脚，不会自己走出银库，必然是有人搬出银库。谁在搬，是库丁偷盗，是管库的郎中、员外郎、司库、大使等官员的监守自盗，还是挪作他用？是户部的堂官尚书、侍郎侵蚀，还是权势赫赫之王爷、大学士借口借贷久用不还？等等，简而言之，库银是怎么丢的，何时少的，谁干的，主谋，从犯，失察之官，总该有个答案吧。但是，精明过人、认真勤奋的怡亲王允祥，查了很久，“熟思”很久，最后奏称，“自何年亏空，亦难得知”。完完全全是一本糊涂账。原因既未查明，防范之策也就无从谈起了。

其四，无罪结案，婪臣平安。银库亏缺十分之一的国帑，二百多万两，数量之大，历时之长，涉案人员之广，堪称第一大案。若按律严惩，几十年来相继任户部尚书、侍郎、银库郎中、员外郎、大使的上百位堂官、司官，将会有一些人因侵蚀库银而革职问斩，家产籍没，妻儿为奴，更多的人则以失职失察而降级、罚俸、调用，分赔欠帑，这将会对新君的治国带来纷扰。怡亲王允祥深谙政情官风，不愿兴起费时费力难以见效且得罪众官的大狱，奏请无罪结案，既不处罚任何官吏，又不要他们分赔欠款，而以户部所收余平银、饭银来填补。

雍正要求历任户部尚书、侍郎及银库的郎中、员外郎、大使等堂官司官分赔150万两银库亏缺之银，是于法有证、于理有据的。免除这帮官员的侵蚀之罪、徇庇之责，不革职，不降级，不调用，已经是法外开恩了，可是这批官员却爱财如命，宁肯遭受皇上斥责和限内不完要问罪的威胁，就是耍赖，抗着不交，包括那位户部尚书孙渣齐，被皇上骂得狗血喷头，还被问罪下狱，也在死抗。最后，雍正帝于八年二月二十日下谕，对一切应追未完的官员，“一体施恩，悉行免追。仍照怡亲王所请，将所有余平饭钱，代为完结”。银库亏缺的250万余两银有望弥补完库，众官免罚免银，皆大欢喜。

不仅国库存银亏缺很多，还有应该追缴的大量赔补银子，长期拖欠，追不回来。长芦盐商张霖借皇上内库帑银70万两，买官盐贩卖获利，又捐银为官，初任官阶正四品的陕西驿传道，再升正三品安徽按察使，又升从二品的福建布政使，移任云南布政使，被吏部尚书兼直隶巡抚李光地参劾，被革职斩监候，籍没家产，应追缴入官赃银175万余两。从康熙四十五年定罪追银起，直到雍正元年，过了18年，只交了22万余两，还欠153万余两。是张霖家贫寒无有财产，无力交纳吗？不是。当年定罪时，直隶巡抚派官，偕同御史，查勘张霖财产时，评估其“产业共值百万”，可是接任李光地的历任巡抚及巡盐御史、盐法道却懈怠失职，不认真追缴。雍正元年八月初五，刑部尚书佛格，左侍郎阿锡鼐，右侍郎马尔齐哈、卢询奏述过去拖欠情形及处理办法说：“乃该抚只图脱卸，交于巡盐御史，而御史盐差系一年一换，既无催追之专责，复无不力之考成，唯知照案依行，盖视承追为故事，以致将二十年之久，不过存纸上之虚文，终于帑项无补。即如案内革退商人冯祺名下所欠课银一千九百三十两，系顾景元承认代完。又带征银二千九十六两，系张士祺等六人认还，自限一年内交完。二案共银四千二十六两，历年止解交银二千七百一十九两零，尚未完银一千三百六两零，既限一年，何以今犹依旧有欠？再革职运使王清硕名下应追盐课银十一万二千五百八十五两，止交过银三千三百六十两，未完银十万九千三百二十五两。巡盐御史连肖先于康熙五十八年具题，商人张新建等情愿代还，俟此五年内，各商代征旧课五十余万完日，即请于第六年为始，将王清硕之欠，分做十年代完。经臣部议，以一年不能照应完分数全完，运使降一级，二年降二级，三年降三级调用。原题御史降一级留任。自连肖先题请之后，王清硕已脱然于事外，一无所交，而张新建等认赔代完之期尚远，倘其间又有事故死亡，亦未可定。又商人杨定南，承认王谦吉名下应追耗盐等银共二万三千六百七十九两，分作十年交还。自康熙五十四年起至五十九年，据已交者并未足，有按年未完之数，而自六十年至雍正元年则竟无交。又张霖之子张坦，认赔伊父变价脏银六万二千五百八十三两，系将未运实引五万一千余道抵解，既有实引，是将引卖盐所卖之银归于何处，何以未据解还？更有欠案应追之运同钱滢、郎中刚五达等六人，俱久无着追，以上各项所欠应还银两，若仍因循，再复延挨岁月，所应比之人既难保其皆存，所应变之产，亦难必其仍旧，愈久愈弛，虽置罪于后来承追之官，究无益于国帑。今请仍令巡抚会同巡盐御史，照依原查田地、房产、器物，以及认赔应还之人，逐项清查，务必俱有着落，应作何立限，作何行追，作何必完之处，妥查确议，速行具题到日，臣部核议，奏请圣裁，为此谨奏请旨。

刑部尚书臣宗室佛格、尚书臣励廷仪、左侍郎臣阿锡鼐、内阁学士署理右侍郎事臣马尔齐哈、右侍郎臣卢询。”

雍正帝阅后，朱笔批示：“依议。”①

怡亲王允祥于雍正二年（1724年）七月二十八日上折，奏户部段匹库堂官挪用铺垫银及商人欠交段匹情形：

“总督户部三库和硕怡亲王臣允祥谨奏为奏明事。查得段匹库彩绸欠交五万二千六十二匹，彩布欠交六千一百八匹，系前任堂库官给发内务府工部等衙门取用之项。又查铺垫银短少一万一百九十六两五钱九分九厘，系前任官员或因公动用，或私自那用，以致短少。自臣管理三库以来，屡行严催，彩绸只交过一万二千八十六匹，彩布只交过二百八匹，彩绸尚欠交三万九千九百七十六匹，彩布尚欠交五千九百匹，其所欠彩绸彩布并铺垫银两，虽经严催，并不完交。既系前任堂库官员给发那用之项，相应交与原任户部尚书孙渣齐查明，严催交库完结。又查得五十一年买卖人王溥民、王令德备办绒线油墩布羊毛等项，共领过银十六万九千七百九十七两六钱零，交过物料给发用过外，尚欠交物料，核算价银四万三千五百四十九两。”②

就连皇上内库之银，也被一些官员借去未还或未还清。雍正元年八月初六，双全奏述欠银情形及帝在折上的朱笔批示：

“奴才双全谨奏为请旨事。查得：奴才所储之银，于康熙五十五年四月十三日经乾清门侍卫拉锡具奏，喀拉沁王府长史沙金达尔指山中之树，借走银二千两，七年后只还二百两，仍有一千八百两未还。五十八年五月十一日，经太仆寺具奏，热河喂马之富户镶蓝满洲旗监察御史迈柱指房屋、产业，借走银六千两，已还二千六百两，尚欠三千四百两。四月十六日，镶白满洲旗恒亲王下三等侍卫兼拜他喇布勒哈番加一拖沙喇哈番色特，以其兄色尔敏之女许配十三阿哥之子弘昌等因具奏后，指俸禄，借去银三千两，已还四季俸禄二百七十两，仍欠二千七百三十

①《雍正朝满文朱批奏折全译》，一史馆编译，黄山书社1998年出版，第269页。以下简称《雍正全译》。

②《雍正汇编》册3，第370页。

两。本年闰六月三十日，经正黄蒙古旗具奏，赡养苏尼特蒙古饥民之富户礼部郎中达西，指房产，借去银三千两。本年九月二十五日，经太仆寺具奏，热河喂马之富户正黄旗包衣阿娘阿佐领下武英殿监造常青，指房产，借去银一千两。六十一年七月二十二日，经镶红汉军旗具奏，博罗和屯养马之富户原总河赵世显，指房产，借银六千两。此等人皆未偿还。又查得，康熙六十一年七月二十六日，由福建前来之海上差官正黄满洲旗会计司员外郎福保具奏后，除陆续交之护军校份银二千两内已交一千两外，仍有一千两银未交。雍正元年二月初一日，经福建盐差前来之正黄满洲旗监察御史鄂奇尔具奏，所交之护军校份银三千两内，除已交一千两外，仍有二千两银未交，将此等人大抵催之，推托至今，并未交。经咨文旗下催交，以无谕旨为辞，并不上紧追还。除色特所借之银令由俸银偿还外，沙金达尔之银交付理藩院追还。（朱批：由恒亲王属于人处取亦足，此银着其属王替交可也，唯如此色特不可于王门下行走矣，如何办理之处，该旗大臣等议奏。）迈柱、达西、常青、赵世显、福保、鄂奇尔等人之银，交付各该旗，限期（朱批：一年）追还送来。逾期由各旗（朱批：将各承追之人一并）参奏。由是，久推时日不成，且主子之银亦可作速完结。为此谨奏请旨。[①]

山东巡抚黄炳于雍正元年十二月十三日奏，准户部咨文，“内开山东省亏空无可着追银”15万余两，限四年内补完。经查案卷，前任巡抚李树德所报之数均比实欠数少。现查，山东实欠“无着银三十余万两、无着谷十二万五千余石”。[②]三年四月初七，山东布政使布兰泰奏，“东省向有流抵亏空，共银四十余万两，已经抚臣题请将通省耗羡弥补”，今又查出，“各州县中，尚有未经题明之流抵，约五万两，不在弥补数内”。[③]亏空又多出了十万余两，但这还不是实数。山东巡抚陈世倌奏，除李树德、黄炳前抚“题过亏空流抵地丁谷价共银三十四万”余两外，又查出还有“未题亏空流抵银谷”，共该银15万余两，又有“前任交下

①《雍正全译》第270页。

②《雍正汇编》册2，第389页。

③《雍正汇编》册4，第739页。

流抵银”七万余两，总共全省应弥补银57万余两。[①]同时，自康熙四十八年起至六十一年止，“各州县地丁共亏空六十余万两，府州县仓谷共亏空九十余万谷”。[②]

直隶巡抚李维钧于雍正元年五月初六奏：“顺天府属州县亏银47400余两，永平府属亏银30900余两，保定府亏银47000余两，河间府亏35000余两，正定府亏101200余两，顺德府亏30700余两，广平府亏54700余两，大名府亏66200余两，总计八府共亏银413000余两。”[③]

所以，早在雍正元年五月十六日，刑科给事中石图就奏称：“核计各省亏空钱粮至达数百万两，至今尚无垫赔完清之日。”[④]

甘肃自康熙六十年至雍正四年，“司库亏帑至一百六十余万，案牍散佚，莫知所由”，刘于义署川陕总督时，“设法清厘，不籍一家，不笞一吏，而咸获归款”。[⑤]

（二）各省亏空钱粮数百万两

钱粮亏空，历来就有，尤其是省府州县，公共开支千头万绪，军需浩繁，加上皇上巡幸，钦差案临或过境，临时急需，难免挪用库银支应，事过之后，无银垫补，遂成亏空，日积月累，亏空情形便盛行一时。康熙二十三年（1684年）三月初七，康熙御门听政时，便讲到“地方督抚将在库银两挪移私用，噶尔丹以来，各官军需核减及亏空、挪用旧案，共五十八件，亏欠银共三十二万余两、粮二十四万余石”。[⑥]

浙江巡抚王度昭于康熙五十一年十一月奏：“五十年正月内，巡海初回，首查藩司库帑，计亏缺银20万余两，动用俸工，两年内清解各属积欠，合计五十年、五十一年两年官役俸工，除微员苦役不再捐款外，至今五十一年岁终止，已补足司库亏缺20万余两之数”。王度昭没有完全讲实施，他的藩库亏缺之银，不止20余万，也未全部补清，而是30万

①《雍正汇编》册3，第549页。

②《雍正汇编》册1，第456页。

③《雍正汇编》册1，第352页。

④《雍正全译》第141、142页。

⑤ 陈康祺：《郎潜纪闻》第339页。

⑥ 一史馆编译：《康熙朝满文朱批奏折全译》，中国社会科学出版社1986年出版，第645页。以下简称《康熙全译》。

余两。康熙五十四年四月十九日，浙江巡抚徐元梦奏："圣旨询问王度昭居官情形。奴才所闻，岂敢不据实陈奏。王度昭居官中等，不致甚恶。先前指称公事，布政司、道、县库银亏空共三十一万两上下，王度昭接任后，取官员俸禄及衙门之人所吃钱粮添补，现今只剩七万两上下，今明二年内，可将此补齐。"[①]

由于各省钱粮亏空严重，康熙于五十八年二月初，特降圣谕，谕令户部，直隶各省钱粮，亏空甚多，应作何立法，使亏空之弊，永远清理。着行文各该督抚确议具奏。各省督抚遵旨，陆续回奏处理办法。五十九年七月初五，户部根据各省总督、巡抚所奏，会议以后，奏称："督抚们分别提出州县官及其上司须分别议处等建议。"[②]实际上，这些建议，纯系敷衍塞责，陈词滥调，毫无所取。这不仅因为他们之中庸才者不少，更主要是好些督抚就是贪官，就是省府州县钱粮亏空的主犯，他们哪能自我揭露。像山西巡抚苏克济，勒索全省知府、知州、知县赃款400万余两，致陕西亏空十分严重，仅一次晋抚的奏报，山西就亏空一百四五十万两。

康熙末年，钱粮亏空，已成沉疴顽疾，无药可治。六十年八月十八日，川陕总督年羹尧奏："臣自进京陛见，往陕西地方，即闻西、延、凤、汉四府，兴安一州，无不亏空钱粮之之官。"此四府一州之府厅州县，共亏空正项银90余万两。[③]陕西只有民田25万顷，年征赋银150万余两，亏缺之银是赋银的60%。

雍正帝深谙地方亏空之弊，刚一即位，即在康熙六十一年十二月十三日，下了一道严厉清查地方亏空责令限期三年弥补完毕的上谕：

"谕户部：自古唯正之供，所以储军国之需，当治军无事之日，必使仓库充足，斯可有备无患。

皇考躬行节俭，裕国爱民，六十余年以来，蠲租赐复，殆无虚日，休养生息之恩至矣。而近日道府州县亏空钱粮者，正复不少，揆厥所由，或系上司勒索，或系自己侵渔，岂皆因公挪用。

---

①《康熙全译》第1003页。

②《清圣祖实录》卷283，第7页；卷288，第10、11、12页。

③《雍正汇编》册8，第837页。

皇考好生如天，不忍即正典刑，故伊等每恃宽容，毫无畏惧，恣意亏空，动辄盈千累万，督抚明知其弊，曲相容隐，及至万难掩饰，往往改侵欺为那移，勒限追补，视为故事，而全完者绝少，迁延数载，但存追比虚名，究竟全无着落，新任之人，上司逼受前任交盘，彼既畏大吏之势，虽有亏空，不得不受，又因以启效尤之心，遂借此挟制上司，不得不为之隐讳，任意侵蚀，辗转相因，亏空愈甚，一旦地方或有急需，不能支应，关系匪浅，朕深悉此弊，本应即行彻底清查，重加惩治，但念已成积习，姑从宽典，除陕西省外，限以三年，各省督抚将所属钱粮，严行稽查，凡有亏空，无论已经参出，及未经参出者，三年之内，务期如数补足，毋得苛派民间，毋得借端遮饰，如限满不完，定行从重治罪，三年补完之后，若再有亏空者，决不宽贷。至于署印之官，更为紧要，必须真重简择，盖署印之人，始而百计钻营，既而视如传舍，肆意贪婪，图饱欲壑，或取媚上官，供其索取，贻害小民，尤非浅鲜，其于前任亏空，视作泛常，接受交盘，复转授新任，苟且因循，亏空之弊，终不得清，嗣后如察出此等情弊，必将委署之上司，与署印之员，一并严加治罪，尔部可即传谕各省督抚。”①

在雍正元年（1723年）正月初一颁发的十一道上谕中，谕巡抚、布政使中说道：“藩库银粮亏空，近来或多至数十万”，“各省库项亏空，动盈数十万”。

根据新君的圣谕，各省总督、巡抚、布政使陆续奏报钱粮亏空情形及补救办法。雍正元年九月二十一日，两江总督查弼纳奏称两江亏空钱粮320余万两，请令前任总督、巡抚子弟赔补，雍正在其奏折上作了朱笔批示：

“臣查弼纳谨奏：为请旨事。两江亏空钱粮三百二十余万，其年已久，催征徒有其名，实际完纳甚少。国帑空虚，官民遭殃，臣忧心切切，会同三巡抚缮折条陈，因见识浅陋，未得弥补亏空之良方。跪捧朱批谕旨，伏读之下，方知臣对其事不明就里。皇上至圣至明，如同

①《清世宗实录》卷2，第24、25页。

天日，仁爱小民，何恤无辜新手，圣怀宽仁至极，沿鉴其中情弊，实臣所难料及也，臣唯竭尽愚忱，钦遵训旨，奋勉效力耳。窃惟，州县官员亏空钱粮，岂能皆为自行挥霍，其乃多系上司勒索所致。州县官员搜刮民脂民膏上送司道府官，司道府官以此奉送督抚，以顺应其之索求。究其根源，盖因督抚贪婪而致仓库亏空也。钱粮被暗中侵蚀无影无踪，而州县之亏空又设法逃脱审理挪为他用，每年催而不完，贪污之臣反携数十万银两茫然无事而去，而数百涉事亏欠之州县官及其妻子家口成百上千人将照例遭受严审，以致生活无着，毫无办法，国帑数百万两钱粮亦无着落。于此不追查贪赃富豪予以赔偿，催令贫穷不堪之州县官又有何益。贪赃者之钱财既然取自于两江，则应补偿两江之亏空，如此方合法理，亦可警戒后人，不敢效仿。臣闻两江之贪官无过于前任总督长鼐者。其贪婪异常，残暴至极，家业富殷，天下无人不知。其继位总督赫寿虽无恶名，却图钱财，家资亦为丰厚。伊等在任期间之所作所为，断难逃皇上明鉴。兹两江亏空钱粮，不可不分别由伊等子辈完偿。臣不敢稍有徇情，据实谨奏。伏乞饬命将伊等之子解送江南，分别偿还亏欠。[朱批：虽甚有道理，但若未公然抓住把柄亦为不可，务必要有一合理之理由，着缮本具奏。不但这几人，藩臬（布按）道台人等，原即名声恶劣家财富裕本应列入者亦着列入。若找理由，引诱其以往之下属书办予以查问，岂有不得之理。若未获实据，其贪污侵蚀之赃尚不明有几笔，朕即降旨强令清偿，将俾日后为督抚者为难。现若揭露其贪赃四百万两，伊亦俱认不讳，朕如何治罪，亦不致有何议论，如此做来方才为宜。]原任巡抚吴存礼虽令赔补其所欠税银，此责亦难免，仍应分偿。至原江西巡抚王企清原本名声不好，现已赴军中。江西之亏欠钱粮伊应分摊，或交付其原籍催缴，或将其子弟家中信用之人送往江南催征之处，俟奉训示再钦遵施行。如此则无须牵连新任，亦不必摊派于民，钱粮即有着落矣。天下之人皆知贪官奸吏断无幸免，为官者无不恪守清廉，百姓益承享太平也。（朱批：朕心即为此也，甚是。）应否之处，伏乞圣主批示遵行。为此谨奏请旨。臣查弼纳亲书。（朱批：如此而为。不但朕以为很要紧，亦惩治了奸究。剩下的不多了，尔等料理起来亦即容易了。）”[①]

比查弼纳奏疏还早一些送到京师的福建布政使黄叔琬雍正元年八月初五奏折，奏述了福建藩库亏缺银39万余两，及其借支藩库银两已是多年积弊情形：

“今彻底清查，共应存库银七十九万七千余两，实在库银只有四十万余两，其三十九万六千余两，一系从前各标营借支俸饷及预支船工等银二十五万九千余两，臣现在按月领饷时扣除，今已归补一十九万余两。一系前布政使沙木哈因公挪用十万九千余两，督抚称系奏明以历年俸工抵补臣现在行文各州县究解，今已解库一万余两。一系前布政使沙木哈自己亏空银二万四千余两，臣遵旨着落伊子石奉赔补，除陆续追缴外，尚未完银九千六百余两现在不时严追，俟完日另具奏闻。总之，福建藩库向来借支动用，相沿已久，臣蒙皇上天恩，特授令职，除兵饷船工紧要钱粮应支之项随支随扣外，其余凡有借支，臣不敢学习从前陋弊，唯谨守正项钱粮以期无负。”[②]

为严惩亏空官员，追缴欠款，雍正帝于雍正元年二月二十七日，特谕吏部，革除亏空钱粮官员革职留任旧例。即“亏空钱粮各官，若革职留任催追，必致贻累百姓。伊等既已获罪革职，岂可复留原任。嗣后亏空钱粮各官，即行革职，着没伊身勒限追还……着通行直隶各省督抚知之”。[③]

监理赈灾的主事觉罗西伦，勒索知县银钱，被判“绞监候”，因逢新君即位，援恩诏“免罪释放”，但仍须交纳应追的赃银。西伦不交，重新将其监禁。雍正元年八月初五，刑部尚书佛格等奏：

“该臣等查得：署会宁县事李德荣侵扣赈济银两，原任监账主事觉

①《雍正全译》第366页。

②《雍正汇编》册1，第765页。

③《清世宗实录》卷4，第35页。

罗西伦，因勒索李德荣银两，先据都察院左都御史朱轼与总督年羹尧将西伦绞罪具题，经臣部会同九卿议覆，将西伦拟绞监禁等因，于康熙六十一年七月十八日题，二十四日奉旨：依议。钦此。十一月二十日恭遇恩诏特旨，将问罪之宗室觉罗等宥免，因将觉罗西伦免罪释放，其赃银交与该旗着落西伦宗产照数追完解部，于十二月初十日启奏，本日奉旨：西伦如所还银两不完，着启奏从重治罪。钦此。钦遵行文该旗在案。今一年限满，西伦名下应追银一千一百三十两，并未分厘完交，应将西伦照陈廷琦等之例，仍复监禁，其未完赃银，交与该旗，将伊所有家产，查明变价送部，为此谨奏请旨。

刑部尚书臣宗室佛格、尚书臣励廷仪、左侍郎臣阿锡鼐、内阁学士署理右侍郎事臣马尔齐哈、右侍郎臣卢询。"

雍正帝朱笔批示："依议。"[①]

据肖奭《永宪录》卷2上，第137页记载，雍正元年，"天下大员以现任及前任亏空革职查封家产追审者：湖广布政使张圣弼、粮储道许大完、湖南按察使张安世、广西按察使李继谟、原直隶巡道宋师曾、江苏巡抚吴仁礼、江苏布政使李宗仁、江安粮道王舜、前江安粮道李玉堂诸人"。

山东巡抚黄炳于雍正元年十二月十三日奏，准户部咨文，"内开山东省亏空无可着追银"15万余两，限四年内补完。经查案卷，前任巡抚李树德所报之数均比实欠数少。现查，山东实欠"无着银三十余万两、无关着谷十二万五千余石"。[②]三年四月初七，山东布政使布兰泰奏，"东省向有流抵亏空，共银四十余万两，已经抚臣题请将通省耗羡弥补"，今又查出，"各州县中，尚有未经题明之流抵，约五万两，不在弥补数内"。[③]亏空又多出了十万余两，但这还不是实数。山东巡抚陈世倌奏，除李树德、黄炳前抚"题过亏空流抵地丁谷价共银三十四万"余两外，又查出还有"未题亏空流抵银谷"，共该银15万余两，又有"前任交下流抵银"七万余两，总共全省应弥补

①《雍正全译》第268页。

②《雍正汇编》册2，第389页。

③《雍正汇编》册4，第739页。

银57万余两。[①]同时，自康熙四十八年起至六十一年止，“各州县地丁共亏空六十余万两，府州县仓谷共亏空九十余万石”。[②]

直隶巡抚李维钧于雍正元年五月初六奏：“顺天府属州县亏银47400余两，永平府属亏银30900余两，保定府志银47000余两，河间府亏35000余两，正定府亏101200余两，顺德府亏30700余两，广平府亏54700余两，大名府亏66200余两，总计八府共亏银413000余两。”[③]

所以，早在雍正元年五月十六日，刑科给事中石图就奏称：“核计各省亏空钱粮至达数百万两，至今尚无垫赔完清之日。”[④]

甘肃自康熙六十年至雍正四年，“司库亏帑至一百六十余万，案牍散佚，莫知所由”，刘于义署川陕总督时，“设法清厘，不籍一家，不笞一吏，而咸获归款”。[⑤]

尽管圣谕屡颁，惩官不少，但好些亏空钱粮的罪臣仍然尽力拖延，抗旨不交。雍正帝十分生气，于雍正四年八月初三再降上谕，严厉斥责各省总督、巡抚怠懈失职，不力催欠银。起居注官德龄、蒋连记：

“初四日癸亥，奉上谕数十年来各省钱粮虚空甚多，朕深悉其弊端曾降谕旨宽限三年，令各省督抚追催完项，至今未见有督抚奏报料理就绪者。唯原任直隶总督李维钧曾于去年奏称，各属州县地丁银两俱已弥补，初惟仓谷尚略有缺欠，冬春之间即可全然补之。及去秋畿辅之地，水涝歉收，需用谷石账济，而仓谷存者甚少。今夏遣官访查，各属亏欠一一败露，观仓谷若此，则库项之亏缺可知矣。李维钧之罪诚无所逃，抛此则他省之钱粮不能清楚，显然可见。该督抚等不忍欺朕，故含糊迟延不行奏报耳。又如各省亏空，动称无着之项，夫钱粮未经征收，则欠在民，既经征收，而有亏空，则欠在官，州县力不能完，则上司有分赔之例，本人虽已病故，而子孙有应追之条，何得借口无着，以虚国帑。此皆督抚等瞻苟情面，不肯大破积习，盖自存不肖之心，以本身现为督抚，恐将未亦被牵累，故目前预留地步也。从前弥补亏空，皆

①《雍正汇编》册3，第549页。

②《雍正汇编》册1，第456页。

③《雍正汇编》册1，第352页。

④《雍正全译》第141、142页。

⑤ 陈康祺：《郎潜纪闻》第339页。

指俸工银两，及朕有旨，不许捐输俸工，今则皆称以耗羡抵补。夫耗羡亦出于民，乃不问当日督抚所以致此亏空之由，而动称耗羡弥补，以百姓之脂膏，饱有司之溪壑，岂朕怜惜元元之至意乎。今特沛宽恩，凡各省亏空未经补完者，再限三年，宽至雍正七年，务须一一清楚，如届期再不全完，将该督抚从重治罪。如有实在不能依限之处，着该督抚奏闻请旨。又如前年原任浙闽总督满保曾具折奏称梁鼐任内亏空银六万两，系圣祖仁皇帝南巡时所用，臣不便露此事情，以此挟制朕躬，希异密结此案。比时朕即批示云：当年皇考南巡，屡降谕旨，丝毫不取给于地方，凡行在所需，悉由内府预备，食用等物俱发官价采买，赏赉银两皆从司库支给，严禁地方有司不许与扈从人员交结往来，私相馈送，违者以军法从事。谕旨甚为严切，自应凛遵，即或修理一二处行宫，亦皆本地方情愿预备，而所费亦属有限，何至亏空多金，历二十年之久不能清结。我皇考及朕所行之事，无不可以告天下臣民，其当年南巡时，如何费用之处，亦可一一抛实直陈，不必隐讳。而满保理屈词穷，不能回奏，盖此等银两，皆当日地方官结交匪类，馈块送知交，暮夜钻营，恣意花费，及至亏空败露，则动称因南巡时用去，伊等违悖皇考圣旨，擅动公帑，以结私交，目无国法，其罪已不容诛，而又敢借口南巡，将亏空之故推卸于君上，以宽己罪，此尚得谓有人心者乎。又如山西河南两省昔年亏空甚多，俱称应办军需所致。凡军需所用，皆有正项钱粮，何至累及地方有司，以致亏空若此，此皆平日地方官不能大法小廉，下吏侵渔无厌，上司需索有加，以致国帑久亏，反借支应公事之名，以掩其侵盗之实，深可痛恨。嗣后直省督抚等，当只遵朕训，仰体朕心，共矢公忠，荡除旧习，以副委任封疆之重。勉之慎之。特谕。”①

然而，上有圣旨，下有对策，依然有些官员知法犯法，挪用公帑，亏缺库银。雍正十三年六月十六日，四川学政、翰林院侍读郁人鹏奏：

“臣今岁科试周回至省城，闻总督黄廷桂，原任巡抚鄂昌，因果亲王到川，令各官捐输俸工银两备用，后又耗费司库银数万两，除开销正项外，亏空甚多，难以弥补。今黄廷桂勒令各属具详捐助养廉新任抚臣杨馝说总督亦当捐出，黄廷桂不允，竟派各府捐银四百两，各州县捐银二百两，以上两次勒捐约计银三四万两。果亲王经过地方，凡随从人员恪遵王谕，并无丝毫扰累，其沿途所用，奉旨动支钱粮，何至累及地方

①《雍正起居注册》第729、730页。

有司，以致亏空多金，皆承办官员不敢大法小廉，滥取公帑，恣意花费，及至亏空败露，反借支应公事之名，以掩其亏耗库帑之实，深可痛恨。至于各官之赔垫捐助，屡奉谕旨严行禁止，今乃任意私派，而总督养廉又分毫未捐，更属不公不法。且督抚私派州县，州县用度不敷，必有侵那假借之处，伤政体而滋弊端，甚有害于国计民生。”[①]

看来，亏空钱粮，已成痼疾，难以革除干净了。

（三）亏空根源

国库在亏空，各省藩库也在丢失银两，原因何在？朝野之间，都在探索。康熙还曾谕令全国二十余位总督、巡抚奏陈防亏之法，惜皆未能止住亏空浪潮。

康熙自己，对亏空之根源，曾于康熙四十八年十一月初十剖析亏空之弊说：因“从前恐内帑不足，故将外省钱粮尽收入户部”，“将一切存留项款，尽数解部”，存留银太少，致“州县有司无纤毫余剩可以动支，因而有那（挪）移正项之事，此乃亏空之大根源也”。[②]

是，起运钱粮太多，存留银太少，确是造成亏空的大根源，督抚司道府厅州县，官俸太少。辖地百里的知县，官俸只有45两，顺治初年曾经发给的心红纸张银、薪银、修宅什物银、迎送上司伞轿银共96两，超过正俸2倍，合共是141两，如果知县廉洁节俭，足够养赡家眷，无须贪银枉法，何况他们还掌握吏书、门子、皂吏、马快、民壮、灯夫、轿伞扇夫等工食银约1000两，手头相当宽裕。可是，康熙年间，发给自己的薪银等96两裁掉了，民壮等1000两银裁了一多半。抬轿的轿夫，打伞的伞夫，扇扇的扇夫，工食银都裁掉了，出门时，县太爷只有自己一步一步地光杆一人走着了。大堂问案，皂吏、马快的工食银，裁掉了，没有人吆喝“威武”，没有人摁着犯人打板子，这一切都免了。至于公共用费，更无银开支。知县不想法子弄钱，县衙也就无从运转了。怎么办？挪移正项吧，贪赃枉法吧，亏空库银之风，自然就盛行了。

康熙又讲到，出京巡幸，修造行宫，也是造成地方亏空的一个原因。康熙四十三年十一月二十二日，康熙谕大学士等官：“湖广省捐工建

①《雍正汇编》册28，第614页。

②《清圣祖实录》册240，第4页。

楼，殊属靡费。凡车驾巡幸之处，一切需用，从不取办于民，而各省不肖官员，指称修理行宫，供备器物，并建造御书碑亭等项名色，辄行动用正项钱粮，借词捐还，究无偿补。及至亏空数多，复加派私派，科敛肥己，以致重贻小民之累，种种弊端，不可胜指。嗣后着严行禁止。”[①]

康熙四十八年十一月十六日，两江总督噶礼参劾江苏布政使宜思恭贪婪，请革其职。帝谕：“着户部尚书张鹏翮、学士噶敏图往审，革宜思恭职。”第二年正月二十二，噶礼又奏，“今查江苏藩库钱粮，宜思恭任内，共亏空四十六万一千两有零，应请审追”。谕着张鹏翮等严察具奏。四十九年五月，张鹏翮奏：“宜思恭于兑收钱粮时，勒索加耗，又受各属馈送，应拟绞监候。巡抚于准同城居住，并不纠劾，拟革职。”五月初七，刑部等衙门议覆，请允其拟。下旨：“从之。”张鹏翮又奏，宜思恭任江苏布政使时，“因地方有赈济平粜等事，与巡抚于准商议，先将司库银垫用，俟扣各属每年俸工等银还库，今补还二十九万七千余两，尚欠一十六万四千余两，并无可以扣抵之项，请在宜思恭、于准名下勒限严追补完”。[②]刑部等亦于初七议准。

虽然刑部等衙门会议并议准按照审案钦差大臣张鹏翮所奏结案，定了宜思恭、于准亏空库银四五十万两之罪，但康熙心中仍有疑惑，思考之后，认为此银与自己南巡有关，于四十九年十月初三宣布普免天下钱粮一年之谕后，又于二十二日谕告大学士、九卿等官说：

“江南亏空钱粮，两次命张鹏翮察审。朕意，地方虽有不肖之官侵蚀钱粮，未必多至数十万两。前朕南巡时，曾有谕旨，凡沿途所用之物，悉出内帑预备，未尝丝毫取诸官民。督抚等官，不遵朕旨，肆意那（挪）用，以致亏空，朕若不言，内外诸臣谁敢言者。”

张鹏翮奏曰：“地方官员，愿将俸工逐年扣除，以补诸项亏空，并未言及南巡之事。”上曰：“俸工银两有限，即逐年扣补，亦难清理……朕为天下生民计，蠲免各省钱粮，已逾万万矣，免此四五十万之

①《清圣祖实录》卷218，第9页。

②《清圣祖实录》卷240，第8页；卷241，第3页；卷242，第10、11、15页；卷250，第14页。《康熙全译》第653-655页。

银，有何足惜。尔等会议具奏。”[①]

过了三天，四十九年十月二十五日，康熙又与大学士、九卿谈及此事，张鹏翮竭力奉承皇上，一再奏称南巡“一切供给，悉由内府储备，从无丝毫累及民间”，康熙不为所惑，坚称此亏空系用于南巡供应说：

“朕总理几务，垂五十年，事无大小，凡臣下情隐，无不灼知洞鉴。朕屡次南巡，地方官预备纤夫，修理轿梁，开浚河道，想皆借用帑银，原意陆续补足，而三次南巡，为期相隔不远，且值蠲免灾荒，所征钱粮，为数又少，填补不及，遂至亏空如此之多。尔等皆知之而不敢言也……至于修造行宫，必然亦借用帑银……今合计亏空，共有几何？”

张鹏翮奏：“约计共五十余万，于准、宜思恭应赔十六万，其余将俸工抵补，至康熙五十三年，可补足矣。”

康熙谕：“今此项亏空，若令（地方官）补垫，亦不为多，然岂忍以此累地方乎。”[②]

大学士、九卿等仍含糊犹豫。十一月初十，康熙果断谕告大学士、九卿：“亏空之由，皆因南巡费用所致……着将朕谕旨全行抄录，行各该督抚，令查南巡时所用数目，但举其大略而已。至于俸工扣补，三年之内，虽可全完，然必至派累百姓，断不可行。”[③]

康熙的英明果断，避免了一场冤案的发生，于准虽因亏空而罢官，但免去分赔数万银两及钦差大臣拟议将于准杖责之后流徙之重罚。宜思恭免去“绞监候”及赔银之罪，后并复官，还升至巡抚。

康熙后来又于五十年五月三十一日谕户部：“江苏巡抚张伯行奏，江苏等府州县无着钱粮十万八千两有奇。此项钱粮，朕知之甚悉，系地方官因公动用未敢申明之项，若着落后任官员赔补，必致科派，扰害百姓，朕殊不忍。着将此项钱粮，免其赔补，以示朕轸恤官民至意。”[④]

康熙还认为，亏空与用兵有关。康熙六十年十月初二，康熙谕告领

---

①《清圣祖实录》卷244，第9-16页。

②③《清圣祖实录》卷244，第9-16页。

④《清圣祖实录》卷246，第16页。

侍卫内大臣、侍卫等，八旗都统、前锋统领、护军统领、副都统、参领，以及大学士、学士、九卿、詹事、科、道、直隶巡抚、守道等官说："凡政事利弊，必推求其故。近见天下钱粮，各省皆有亏空，陕西尤甚。其所以致此者，皆有根源。盖自用兵以来，大兵经行之处，督抚及地方官，唯期过伊地方，便可毕事，因资助马匹、盘费、衣服、食物甚多，仓促间无可设法，势必那（挪）用库帑。及撤兵时，又给各兵丁马匹银两，即如自藏回来之将军，以及兵丁，沿途所得，反多于正项。是以各官费用，动辄万金，人但知取用而已，此等银两出自何项，并无一人问及也。官之亏空钱粮者，俱已题参离任，其亏空银两，追比不能即得，新任官又不代完，此项银两，终无着落……前荡平三逆，原任湖广布政使徐惺，所用兵饷，至四十余年，尚不能清完。朕念皆系军需那（挪）用，将未完银两俱从宽免，盖宽缓则州县力舒，上可不误国帑，下可不病民力。"①

康熙也曾一度简略提及馈送是亏空国库的一个原因。康熙四十九年四月十一日，他在评述言官条陈节俭之事时，说："古人未尝无馈遗，即有馈遗，亦不过羔豚等物而已。今人礼物，多用金钱，或取库银馈送，以致国帑亏空。"②

对于亏空的根源，一些大臣主要归之于督抚之贪婪枉法。即以陕西亏空而言，川陕总督年羹尧于康熙六十年八月、九月、十二月连上奏折三道，详述亏空之情和产生之因。他在八月初一的奏折中说："（陕西）西、延、凤、汉四府，兴安一州，无不亏空钱粮之官，各州县共亏空正项银九十余万两。"其积年亏空久而越多者，其弊有三，一系民间银粮已完，官府已经征收到手，但不入库，仅写供条领条，而司库即写收条结账。二系士民已交钱粮，领了"完票"之收据，而官府却将此捏作民欠。三系代亏空钱粮之官"分赔"，致各州县亏空，"多者六七万，少亦数千金"。若尽行参究，则四府一州之府州县官，"所存者不过寥寥新任数员而已"。紧接着，在审问一些犯官、犯人后，他又奏称，据供，"前督院家人魏二、蔡大、雷二，幕宾朱性本、陈子和及原任布政使萨穆哈与家人马二、幕宾严堂等，或取用米价，或空发官生姓名捐纳"，"侵渔捐项"。"原任粮道祖允焜亏空米豆十八万石"，

①《清圣祖实录》卷298，第9、10页。

②《清圣祖实录》卷242，第4页。

“其所以亏空如此者，由前督臣鄂海需索过多”。年羹尧又接着说，“陕省亏空各官已奉旨革职者”，“皆以前督臣鄂海与其家人魏二，除节礼生辰外，勒索财物，因而那（挪）用钱粮”。[①]鄂海随即被发往吐鲁番种地效力。

雍正帝胤禛更把钱粮亏空归之于巡抚、布政使、知府、知州、知县等官之贪婪奢侈。雍正元年正月初一，他颁发训谕各省总督以下等官上谕十一道，详论官场积弊，责令各官廉洁尽职。在谈到亏空之弊时，他严厉斥责了巡抚、布政使、知府、知州、知县。他指责巡抚说：“藩库钱粮亏空，近来或多至数十万，盖因巡抚之资用，皆取给于藩司，或以柔和交好，互相侵那（挪），或先构致藩司短长，继以威制勒索，分肥入己……罔顾朝廷帑藏财用之虚……州县积谷……半为胥吏中饱，半为州县补空。”对布政使，他说：“各省亏空，动盈千万……司库盘查之责，在巡抚，亏空之根，亦由巡抚，巡抚借支，而布政不应者少矣。然职在监守，果能廉正自持，则巡抚挟势借支，断不能行。”他训诫知府，要廉洁自持，屏绝贿赂，“则督抚监司必不致肆行需索”，盘查仓库，必须核实，不许借盘查而勒索知州、知县。他要求知州、知县要洁己奉公，不得谄媚上司，恣意贪婪，致亏国帑。最后，他指出，“夫欲清亏空之源，莫如节俭正直。节俭，则用无不足；正直，则上司不可干以私”。[②]

雍正四年八月初四，雍正帝又谕告各省总督、巡抚，严斥各省未遵三年补足亏空之谕旨，至今未报已经“料理就绪”，并痛批各种为亏空辩解之借口。其一，“各省亏空，动称无着之项”，“夫钱粮未经征收，则欠在民。已经征收，而有亏空，则欠在官。州县力不能完，则上司有分赔之例，本人虽已病故，而子孙有应追之条，何得借口无着，以虚国帑”。其二，借口南巡开支。当年先皇巡幸之时，“地方官结交匪类，馈送知交，暮夜钻营，恣意花费”，“擅动公帑”，“其罪已不容诛，而又敢借口南巡，将亏空之故推于君上，以宽己罪，此尚得谓有人心者乎”。其三，借口“军需所致”。山西、河南两省，“昔年亏空甚多，俱称应办军需所致”。“凡军需所用，皆有正项钱粮，何致累及地

① 《康熙汇编》册8，第837、848、855页。

② 《清世宗实录》卷3，第2-26页。

方有司”，“此皆平日地方官不能大法小廉，下吏侵渔，上司需索，以致国帑久亏，反借支应公事之名，以掩其侵盗之实，深可痛恨”。最后，雍正严肃宣布，“再限三年，务须一一清楚”。[①]

一些官员也纷纷上奏，就钱粮亏空斥责督抚等地方官员。雍正元年正月二十五日翰林院编修汤倓奏：“请严大吏之勒索以绝亏空之源……天下州县亏空极多，陕西、山西、四川累岁军兴，亏空尚属可原，以臣所闻，直隶、山东、湖广竟少不亏空之州县。监守自盗，处分极重，小吏岂不畏法而敢饱为私橐乎。皆贪污上司节仪分外，尚费夤缘，命案诖误，皆需打点，小吏挖肉医疮，止顾止前，日积月累，亏空劫至数万。”[②]

雍正元年二月初六，给事中陈世垂奏：“州县官，一遇旗员，动携数百口，即汉官亦有至百余口者，自此而上，由道府以及督抚，则或数百口或千余口，嗷嗷待哺，等于蝻蝗，衣食之外，复有用度，仰给于一人之身，而官焉得不贪，钱粮安得不亏。”[③]

也就是这一天，二月初六，给事中崔致远奏称：“（户部工部）部费陋规，由来已久，人共知闻。大约部员取之于缺主，缺主取之于督抚、藩司，督抚藩司取之于州县，州县取之于火耗。”[④]

雍正元年四月十八日，川陕总督年羹尧奏：“自军兴以来，山西上下官员，指称大同军需名色，侵蚀正项钱粮，冒销俸工银两，私派加耗，种种设法，染指分肥，已非一日。其底账悉在栾廷芳手内。”[⑤]

雍正元年四月十九日，给事中崔致远奏：“窃唯西陲用兵以来，督抚办事，或有所费，动云臣等公捐，不费正项钱粮，其实一时应用者，皆钱粮也，上下通同欺蔽，以致不肖司道等官，效尤成风，肆无忌惮，侵蚀无遗。存贮数万者，即亏空数万；存贮数十万者，即亏空数十万。”[⑥]

雍正元年九月二十六日，给事中康五端上折，更详细论述了督抚之贪廉与州县亏空的直接联系。他说：“国家之重务在钱粮，州县之通病

①《清世宗实录》卷47，第3-6页。

②《雍正汇编》册1，第19页。

③《雍正汇编》册1，第41页。

④《雍正汇编》册1，第40页。

⑤《雍正汇编》册1，第251页。

⑥《雍正汇编》册1，第252页。

在亏空，亏空之根，起至督抚。”督抚廉洁，屏绝陋例，则“源清”；严饬属员守法，则“流清”。督抚“一有欲，司道早窥之而传于郡守，郡守转传于州县，不肖州县官欲恣取饱囊”，遂“出私积，那（挪）正项”，以献督抚，“或拜门生，或为干男，常例馈送之外，复有加增”，“藩臬道府从而效之，接踵而需索，其后以一州县之盈余，快各上司之追求，库帑安得不亏，督抚尚安得辞其责哉”。[①]

总而言之，亏空的大根源有二：一系康熙大减存留，使地方官吏俸少薪薄，无支付公共用费之经费；二为吏治败坏。两大根源相比，吏治败坏的破坏作用更大。

三、耗银归公

（一）耗银太重

被雍正帝尊谥为圣祖仁皇帝的爱新觉罗·玄烨，创建了“康熙盛世”，被人们誉为“千古一帝”或“千年一帝”。然而，康熙帝虽然在文治武功方面均可圈可点，但是其金口圣谕、朱笔批示，却创立了裁存留、捐俸工、增盐课、加关税、开捐倒、设皇庄、收规礼、立名粮、征火耗、内帑如山等十大弊政，新君应该如何对待？是一律革除，还是全盘继承？

雍正帝经常宣称，其身居藩邸四十余年，洞悉国情、民俗、官风、吏习、利弊、得失，当然知道父皇裁存留、开捐例等十大施政，不是德政，而是弊政，照说应该将其全部革除。然而，一旦将其完全取消，每年就要丢掉几百万两、上千万两银子的进项，又要从国库拿出几百万两银子，一进一出，每年就要损失一千多万两白银，怎么舍得？！何况，雍正元年，国库存银只有2500余万两。

这个对于一般臣工无法破解的难题，难不倒自命儒、释、道三教之主的雍正皇帝，他采取了基本延续、酌情调整、少数革除的方针。具体是：停捐俸工，取消陋规，不大规模地增设皇庄；对于征收耗银等弊政，则予以延续和调整。

州县征收地丁赋银时，人数成千上万，赋银多少不一，成色不均，需要重新加工，将散碎银子或大小不等的元宝熔化，铸成一定两数的银

①《雍正汇编》册2，第22页。

锭，加工过程中银子有折耗，需多收一点，才能凑足原数。这多收的银子叫作火耗银，或称耗银、火耗、耗羡、羡余。本来，这个折耗，并不多，不过是几千分之一二，但是州县官员却借口折耗而加重征收，至少是加收百分之几，一般是十分之一，叫“加一”；十分之二，叫“加二”，一两正赋银收耗银一钱二钱，重者每两正赋征收耗银三至九钱不等。明朝末年，重耗盛行，加派泛滥，搞得天怒人怨，成为明朝亡国的重大弊政。清帝入主中原，一再下谕，严厉禁止加派火耗。顺治元年（1644年）七月初九，天津总督骆养性“启请豁免明季加派钱粮，止征正额并火耗”。摄政王多尔衮回复说：“官吏犯赃，审实论斩，前谕甚明。所启钱粮征纳，每两火耗三分，正是贪婪积弊，何云旧例。况正赋尚且酌蠲禁革。如违禁加耗，即以犯赃论。”①

从征收火耗银开始，到乾隆年间，两百年里，议论颇多。为了耗羡，雍正、乾隆两位皇帝还曾下旨，谕令九卿、翰林、科、道、督、抚各抒己见，乾隆又“临轩试士”，询问参与会试的几百名贡士，一些熟谙民情律例、饱读诗书的有识之士，也对此事有所评论，然而，没有一人对耗羡银的定性，有多尔衮这样中肯、明白的准确评断及其定罪之重。他们均认为耗银之出现，之所以要征收，主要是州县官员为了养赡家口，备办公务，馈遗上司。对耗银的性质，看法有二，一定为私派，另一定为加派。从法律角度说，私派是什么样的性质，他们没有明说，但也未言须以重罪大罪论处，不过是些微过失。至于加派，作为正赋的加征，就更轻了，如朝廷把耗银作为正额赋银之外的加征，作为加赋的一种名目，一种方式，那么有过、有错，该归朝廷承担，州县官仅是执行而已。然而，多尔衮却一针见血地指出，“加耗”就是“犯赃”。这就是说，耗银就是赃银。联系到上文“官吏犯赃，审实论斩”，那么耗银到了一定数量，“违禁加耗，即以犯赃论”，犯官就要论罪问斩了。

仅仅过了八天，七月十七日，摄政王多尔衮又谕告官吏军民人等：各巡按御史作速上任，“凡境内贪官污吏，加耗受贿等事，朝闻夕奏”。②

两个月后，十月十日，幼帝福临即位诏书中重申：“有司征收钱

①《清世祖实录》卷6，第6页。

②《清世祖实录》卷6，第10页。

粮，止取正数，凡分外侵渔秤头火耗，重科加罪，巧取民财者，严加禁约，违者从重参处。”[①]

又过了半年，顺治二年（1645年）四月十五日，颁于陕西等处恩诏，再次重申：“有司征收钱粮，止取正数，不许分外侵渔秤头火耗，违者治以重罪。”[②]

两个月后，六月二十八日，以南京平定颁发的恩诏，又明文规定：地丁钱粮、关税、盐课，“俱照前朝会计录原额征解，官吏加耗重收，或分外科敛者，治以重罪”。[③]

少年天子福临于顺治八年（1651年）正月亲政以后，也一再严谕禁止征收耗银，并规定今后永不加赋，着为定例。

摄政王多尔衮特别是顺治帝福临规定的永不加赋、禁征耗银，固然是从革除前明弊政，抚恤黎民，体现“民为邦本”“本固邦宁”治国方针出发，但也要有足够的物质条件，具体说是有足够的银米，才能贯彻执行。

清朝全国约有8位总督、18位巡抚，19位布政使，18位按察使，92位道员，188位知府，52位州同，70位州判，知州、同知、通判各213位，1359位知县，345位县丞，55位主簿，九品以上的地方文官约2800余名，要使他们有足够的俸银，能过上与他们官职、地位相适应的上等、中等生活，应分别有一定数量的余钱剩米。全国各省府州县还有合法编制的书吏、马快、民壮、门子、皂吏、灯夫、轿夫、伞夫、扇夫、库书、斗级、库子、禁卒20余万名，也要给他们可以养家糊口的工食银，尤其是每县各有8名到18名书吏，他们处理本县吏、户、礼、兵、刑、工各房事情，没有他们，县的各项工作就不能进行，其工食银也应较多较高。另外，各省府州县还有许多公务，如修轿补路，衙署修缮，等等，也需大量银米。

摄政王多尔衮和顺治帝在财经上实行了两项重要政策，一是“起，存相半”，二是给官、吏、役以较高的俸银和工食银。

人们都说清朝官员的俸银很少很低，没有公务经费，所以省、府、州、县官员难以赡家养廉，无法办理公务，做些有利于民生国计的事

①《清世祖实录》卷9，第17页。

②《清世祖实录》卷15，第21页。

③《清世祖实录》卷17，第16页。

情。我认为，这种说法是不准确的、片面的，在清朝268年里的大多数年份，是不符合实际的。

顺治元年（1644年）定，在外文官俸银，与京官一例，按品级颁发，不给恩俸，不支禄米。总督官阶从一品，俸银一年180两；巡抚从二品，俸银150两；按察使从三品，俸银130两；道员正四品、知府从四品，俸银105两；知州从五品，俸银80两；知县正七品，俸银45两。

地方文官，俸银确实太少，太低。顺治四年（1647年）议准，大增地方文官俸银，薪银等收入：

顺治四年议准，在外文职，照在京文职，各按品级支给俸银外，总督岁支薪银一百二十两，蔬菜烛炭银一百八十两，心红纸张银二百八十八两，案衣什物银六十两。兼副都御史衔巡抚，岁支薪银一百二十两，佥都御史衔（今衔裁）七十二两，蔬菜烛炭银均一百四十四两，心红纸张银均二百一十六两，案衣什物银，均六十两。织造官，照品支薪银外，岁支蔬菜烛炭，及心红纸张银，各一百有八两，案衣什物银六十两。学政，及巡按（今裁），巡仓各御史均岁支薪银三十六两，蔬菜烛炭银一百八十两，心红纸张银三百六十两，左布政使今改，岁支薪银一百四十四两，蔬菜烛炭银八十两，心红纸张银一百二十两，修宅什物银四十八两，案衣银五十二两，右布政使（今改），岁支薪银一百四十四两，蔬菜烛炭心红纸张什物案衣银，各四十两，按察使岁支薪银一百二十两，蔬菜烛炭银八十两，心红纸张银一百二十两，什物银四十八两，案衣银五十二两。参政道（今改），岁支薪银一百二十两，副使道（今改），参议道（今改），岁支薪银七十二两，佥事道今改，岁支薪银四十八两，蔬菜烛炭心红纸张修宅什物银，各五十两。布政使司经历理问，岁支薪银四十八两，都事岁支薪银三十六两，照磨岁支薪银二十四两检校（今裁），岁支薪银一十二两。按察使司经历岁支薪银三十六两，知事，岁支薪银二十四两。照磨检校（今裁），岁支薪银各一十二两。知府岁支薪银七十二两，心红纸张修宅什物银各五十两，案衣银二十两。府同知通判均岁支薪银四十八两，心红纸张银二十两，什物案衣银各十两。推官（今裁），岁支薪银三十六两，心红纸张银二十两，什物案衣银，各十两。府经历岁支薪银二十四两。知事、照磨、检校岁支薪银各一十二两。知州州同岁支薪银四十八肉，州判岁支薪银三十六两吏目岁支薪银一十二两，知县岁支薪银三十六两，心红纸张银均三十两，修宅什物银均二十两，迎送上司伞扇银均十两。县丞岁支薪银二十四两。典史岁支薪银一十二两。盐运使岁支薪银一百二十两，心红纸张蔬菜烛炭修宅什物银各四十两。运同岁支薪银七十二两。运判提举岁支薪银四十八两，心红纸张修宅什物银各二十两，伞扇案衣烛炭银均各十两。运使经历岁支薪银三十六两。知事岁支薪银二十四两。提举司吏目岁支薪银一十二两。按察使司司狱、各府司狱库、大使、巡检、税课大使、驿丞、闸官、河泊所官均各岁交薪银一十二两。①

根据会典记载，现将总督、巡抚等官俸薪等银列表如下：

官名	俸银	薪银	蔬菜烛炭银	心红纸张银	案衣什物银	修宅什物银	迎送上司伞扇银	合计
总督	180两	120两	180两	288两	60两	—	—	828两
巡抚	155两	120两	144两	216两	60两	—	—	695两
布政使	155两	144两	80两	120两	52两	48两	—	599两
按察使	130两	120两	80两	120两	52两	48两	—	558两
道员	105两	72两	50两	50两	—	50两	—	327两
知府	105两	72两	—	50两	20两	50两	—	297两
知州	80两	48两	—	30两	—	20两	10两	188两
知县	45两	36两	—	30两	—	20两	10两	141两

① 光绪《大清会典事例》卷151，第2、3页。

顺治年间，田地、房屋、柴、米、酱、醋、盐、布等都比较便宜。正常年月，中等田，1亩价银1.5两，米1石，300斤，价银不到1两。从知县年领俸薪等银141两计算，可以买米141石，为42300斤米，1人月食30斤，1年是360斤，可供117个人。141两银，可买中等田94亩，每亩收租米150斤计，可收租米14100斤，每亩收租米100斤计可收租米9400斤。知县还有合法编制的轿夫、伞夫、扇夫、门子9名，工食银由官府支给，他只需自己出钱雇厨子、老妈、长随、丫鬟，一年也不过支付一二十两银子。所以，知县凭借俸薪等银，完全可以在县里面过上上等生活。

总督俸薪等银一年是828两，可买米828石，为331200斤，可买中等田552亩，收租米55200斤到82800斤。巡抚一年可领银695两。总督、巡抚完全可以过上富豪生活，存下相当可观的余钱剩米。何况他们还有合法的大量公务经费。按照规定，各省巡抚、巡按、道员，每年有：

“抚按道臣巡历操赏花红银六千二百九十二两，预备过往各官供给下程柴炭银一十七万一千六十四两，督抚按巡历造册纸张扛箱银二万八千九百一十六两，衙门桃符门神价值银一千四百二十一两，朝觐造册送册路费银一万七千六百二十两，考校科举修造棚厂工食花红银一十七万六千一百七十五两，乡饮酒银九千三十两，修理察院公馆银一万二千一百五两，进表路费银七千二百五十三两。”①

总督、巡抚、布政使、按察使、道员、知府，还各有若干名轿夫、伞夫、扇夫、门子。

摄政王多尔衮还实行了“起、存相半”政策。

乾隆《大清会典则例》卷36，《户部》载：“州县经征钱粮运解布政司，候部拨，曰起运……州县经征钱粮扣留本地，支给经费，曰存留。”

存留的数量多少，存留与起运的比例为何，关系到地方的财政、经济、民生和吏治，也对中央财政和国家吏治产生着重大影响。

康熙二十三年六月至二十五年二月任江宁巡抚的清官汤斌，论述顺治初存留多，与后来起解多的显著变化情形说：“顺治初年，钱粮起、存相半”，后因“兵饷急迫，起解数多”。②

①《清世祖实录》卷103，第29页。

② 乾隆《江南通志》卷68，汤斌：《逋赋难清乞减定额并另立赋税重地州县考成则例疏》。

顺治七年（1650年）以前，《清实录》没有全国人丁田地赋银的记载，八年起，才开始记述。八年，田地赋银为2110万两（千百十两均省略，下同）；九年，2126万两；十年，2128万两；十一年，2168万两。①虽然没有顺治元年到七年的赋银数字，但是清廷比较稳定的实际辖区，从顺治四年起，基本上拥有河北、河南、山东、山西、浙江、江苏、安徽、江西、陕西、湖北、湖南、福建、广东、广西等省，个别年月有些变化，四川、广西、湖南曾一度在顺治九年秋至十年夏为南明永历帝之军队夺占。所以，顺治四年至七年的赋银，也会在2100万两左右。

按汤斌“起、存相半”推算，顺治初年全国存留总数大致是1000万两。这与蒋良骐《东华录》卷9所记各省存留原额1069万余两，是相吻合的。

“起、存相半”，使每年地方上的“存留银”多达1069万余两，这不仅可以支付总督、巡抚、知府、知县等地方官员较高较多的俸薪等银和吏役等较多的工食银，而且还给地方官员留下了支付公务用费的大量银两。以直隶东安县为例，顺治初，县的额定起运钱粮为6901.8两，存留银为6259.3两。存留银为起运银的91.1%。当时额定从存留银中开支的知县、典史、书吏、皂吏、马快、民壮、灯夫、门子、禁子、库书、仓书、库子、轿夫、伞夫、扇夫、斗级、铺兵、马夫等俸薪银工食银，以及生员廪膳银、科场器皿银、乡饮酒礼银、朔望行香纸独银等，共32项，除了驿站银外，基本上包括了本县必须支出的用费，一共才1834.8两，还剩下存留银4424.5两。

东安县是直隶所辖104个县之一，属顺天府，在京城东北140里处，比较偏僻，是个小县、穷县。直隶共设185驿，按驿之地理位置，分别预备驿马多少、马夫多少，交通要道，马多，马夫多，偏僻，行人少，马与马夫就少。像良乡县的固节驿，备马221匹，马夫109名、轿夫138名。三河县的三河驿，马87匹，马夫87名，车夫、轿夫60名。东安县的县驿，只有马8匹，马夫4名。马多，马夫多，驿站花费的银子就多。马少，马夫少，开支就少。驿站的车、马、人夫开支，从县的存留银中支付。既然东安县县驿只有马8匹、马夫4名，一年只需开支三四百两银子就够了。这样一来，东安县的额定存留银还可剩下3000两以上，足够支付修轿补路等等公务用费了。

①《清世祖实录》卷61，第17页；卷70，第32页；卷79，第23页；卷87，第20页。

与此同时，摄政王多尔衮和顺治帝福临严惩贪官污吏，从吏治上迫使地方官员履行公务，避免以身试法，遭受惩处。

千百年来流行着四个字：升官发财。要发财，就要当官，既当官，就要发财，两袖清风、一文不取的清官，那可真是万里挑一，凤毛麟角。明朝末年，贪污盛行，正如摄政王多尔衮进京主政以后，所颁谕旨讲道："明国之所以倾覆者，皆由内外部院官吏贿赂公行"，"乱政坏国。"他多次宣称，今后内外官吏，"如尽洗从前贪婪肺肠"，竭力效忠，便可永享富贵，否则，如不悔改，"行贿营私，国法且在，必不轻处，定行枭示"，"贪官必诛"。少年天子福临更加严厉惩办贪官污吏，"大贪官员问罪至应死者，遇赦不宥"，"内外大小官员，凡受赃至十两以上者，除依律定罪外，不分枉法不枉法，俱籍其家产入官，着为例"。衙役犯赃120两以上，分别绞、斩。"一两以上，俱流、徙。一两以下，责四十板，革役"。[①]

摄政王多尔衮多次宣谕，严禁官员之间馈送银物："抚按旧习，迎送往来，实际馈遗，实为可恨。不许交接馈遗，俸禄之外，便是贪赃。"顺治帝更恨州、县、府官员屡上郡城省城，巴结上司，行贿营私，严厉规定州县官员无公务前往郡城省城者，重惩。严罚之下，顺治年间州县官员很少前往郡城省城，吏治显著好转。

因此，尽管顺治元年（1644年）清军入关以后，连年征剿反清抗清军队，军费浩繁，又未统一全国，官府册载征赋的田地、赋银和盐课都比明朝大量减少，直到顺治八年（1651年），人丁才1063万余丁，田地山荡290万余顷，征银2110万余两和米麦豆5733余石。顺治九年人丁1448万余丁，田地山荡403万余顷，征银2126万余两。顺治十年，人丁1391万余丁，田地山荡388万余顷，征银2128万余顷。顺治十一年，人丁1405万余丁，田地山荡388万余顷，征银216万余两。顺治十二年，人丁1403万余丁，田地山荡387万余顷，征银2200万余两。顺治十三年，人丁1541万余丁，田地山荡478万余顷，征银2208万余两。[②]然而，州县状况还算不错，私征耗银行为还不算多，国家财政也有祈好转。顺治十一年

---

①《清世祖实录》卷5，第20页；卷11，第10页；卷17，第17页；卷54，第6、7、26、27页；卷57，第24、25页；卷95，第8页。

②《清世祖实录》卷61，第16页；卷70，第31页；卷79，第23页；卷87，第20页；卷96，第14页；卷10，第24页。

六月二十五日，户部奏述收入支出各项银两情形后，还“剩银二百六十万四千六百两零”。[①]

可惜，由于南明桂王属下原张献忠大西军部名帅李定国进袭湖南、广西，清军定南王孔有德兵败自尽，定远大将军、敬谨亲王尼堪中伏阵亡，清廷大举反击，军费激增。顺治十三年，“岁入一千八百一十四万有奇，发出二千二百六十一万有奇”，其中军费支出2000万两，岁缺兵饷440余万两。[②]此后军费更增为2400万两。顺治帝只好大减总督、巡抚、道员、知府、知州、知县俸薪等银。总督一年“俸薪银”，从原来的828两减为300两。巡抚原来有695两，现减为275两。道员从原银321两，减为177两。知府从297两，减为177两。知州原银188两，减为128两。知县从141两，减为81两。这还是中央政府规定的俸薪银数，有的地方银数更少。像信丰县知县，一年的俸薪银是63两4银，比原来的141两减少了77两6钱。东安县的知县，一年的俸薪银是63两5钱。

实际处理全县吏、户、礼、兵、刑、工六房的82名到18名的书吏，原来每名书吏领工食银，一年是10两8钱，现减为每年6两，每月只有5钱银子。

州县官、吏、役法定俸薪银、工食银减少过半，原来“起、存相半”又起变化，存留银在顺治十三年从原来1069万两减为753万余两。康熙七年，辅政大臣鳌拜、更将存留银砍为174万余两，省、府、州、县的公务用费，完全无银支付。康熙帝在平定“三藩之乱”期间，更因军费剧增，从康熙十五年起，将总督、巡抚、藩司、臬司、道员、知府、知州、知县的俸薪银和二十几万名吏、役的工食银全部停发，足足停了五六年。

俸薪银、工食银少了，甚至没有了，公务用费银没有来源了，可是，支出却大大增加。吏治加速腐败，大学士明珠“货贿山积”。户部尚书后升大学士的余国柱，与明珠、户部尚书佛论勾结，“督、抚、藩、臬员缺，国柱等辗转征贿，必满欲而后止”，时人称余国柱为“余秦桧”。总督、巡抚、布政使、按察使、道员索要规礼。总督、巡抚一年所收节礼银、粮、盐、关税、羡余银，多者一年20余万两，少者也是

① 《清世祖实录》卷84，第26、27页。

② 《清世祖实录》卷100，第13页；《清史稿》卷244，《王命岳传》。

几万十几万两等赃银，全部压在州县官身上，怎么办，那就只有征收耗银了，加一（一两田地正赋征耗银一钱），加二，加三，加四，耗银越益加重。

广东省。进士田从典于康熙三十四年就任广东英德知县，此时，“陋例，两加至八九钱，名曰均平。从典尽革之”。[①]然而，均平，乃全省通例，区区一县，哪能革绝。康熙三十九年，刚直清官彭鹏就任广东巡抚。此前，“粤东各州县征收钱粮，从前科派，名曰均平，每年约有数十万两，以供地方公务费用，其来久矣”。广东省人多田少，只有民田30万余顷。康熙五十五年三月，巡抚法海奏称：“广东大小官员，唯晓征银，正事效力甚微，故此，广东所征火耗银，较他省高五六倍。另摊派之项亦多。”[②]过一个月，署两广总督陈元龙也奏称：“广东州县，火耗加二加三不等，私派亦不能尽革。”[③]加二耗银为24万余两，加三是36万两，再加地方公务军需报效，常捐一二年三四年全省俸工，一年的俸工银按10万两计，加上耗银，当为40万余两，数量够多了。

山东省。康熙五十八年，山东巡抚李树德奏，征收钱粮，耗羡为一两正赋收耗银一钱三分。显与实情不符。雍正元年（1623年），巡抚黄炳奏：山东省的耗银，以前加二五加三，至征收漕粮，从前俱系加七加八。第二年，浙江布政使佟吉图奏：“前任东藩，实查通省正项三百余万，火耗名为加二，东三府实则加三，其不肖之员，闻有加四者。”佟吉图上任后，通令各府，“取耗不得至加二。即以加二计之，有六十余万两，内除官吏养廉之外，而于地方一切公务，完办有余”。[④]按照佟吉图所说，山东这个有民田90万余顷、赋银320万余两、人丁200万余口的大省，有耗银60万余两，就可解决官员养廉、吏役工食和地方公务用费了。

湖北省。康熙四十八年五月二十八日，湖北巡抚陈铣奏：“火耗加派，屡奉严纶，府州县官自宜洗心涤虑，以报天恩。乃臣访闻，有不肖州县，钱粮多用大等秤收，有一两止秤七钱及七钱以上不等者。”“又湖广条银，俱照米准银，州县于正项之外，有每石私加三四钱至一两不

①《清史稿》卷289，《田从典传》。

②《康熙全译》第1179页。

③《康熙汇编》册7，第789页。

④《康熙汇编》册3，第519页。

等者。”[①]乡试解元、进士，历任湖北潜江知县、陕西学政、刑部郎中、奉天府尹、通政使、浙江巡抚、左都御史的朱轼，熟谙民情吏习官弊，于雍正元年正月初八奏称：“有司累民，无过重耗加派。臣查湖北八府，历年指铜斤、马价为名，每两加耗四五钱不等。康熙六十一年六月内，督抚至城隍庙，起誓减耗，然犹收加二以外。山东因补藩库亏空，每两加二三钱不等。此二省火耗，阖属无一轻者，他省轻重不等，臣不能悉知。至额外加派，各省小州县，间有以草豆、积谷短价勒买者甚多。”[②]湖北省，乃产粮之地，当时号称“湖广熟，天下足”。全省有民田56万余顷，征赋银110万余两，粮28万余石，平均每顷征正赋银二两二钱，每亩摊二分二厘，而耗银却加四加五，每两正赋加耗银四至五钱不等，总起来，全省每年征收的耗银多达44万～55万两，为正赋银的40%～50%。

陕西省。巡抚噶什图于康熙六十一年八月奏称，“秦省火耗，每两有加二三钱者，有加四五钱者”。[③]

江西省。康熙五十六年白潢任江西巡抚后，“革诸州县漕节陋例，并令火耗银加一，旧加至三四者，悉罢除之，不率者奏饬”。[④]

山西省。巡抚德音于康熙六十一年二月奏：“若钱粮多之州县，每两征一钱五分至六七分不等，钱粮少之州县，每两征一钱八九分至二钱二三分不等。全省每年征耗银五十一万九千四百余两。”[⑤]山西省赋银为300万余两，收耗银51万，则每两正赋银收耗银一钱七分，即加耗一七。此数不对，有隐瞒。九个月后，新任巡抚诺岷于十一月奏：“山西火耗银征收向来甚重，一两正项钱粮加征三钱四钱以至四钱五六分不等。”[⑥]雍正三年二月，山西布政使高成龄也奏称：“伏查晋省州县征收钱粮，向来火耗甚重，每正项一两，竟加耗三四钱及四钱五六分不等。”[⑦]加三，耗银为90万余两；加四，系120万余两。山西民田50万余

---

①《康熙汇编》册2，第462页。

②《雍正汇编》册1，第5页。

③《清圣祖实录》卷299，第30。

④《清史稿》卷289，《白潢传》。

⑤《康熙全译》第1495页。

⑥《雍正全译》第468页。

⑦《雍正汇编》册4，第434页。

顷，征赋银300万两，平均每顷征赋银五两八钱，比山东省每顷征正赋银二两五钱，足足多了三两三钱，多达65%。正赋银已经够重的了，再加上加三的耗银90万余两或加四的耗银120万两，正赋、耗银一年400万余两，这个地盘不大的穷省，百姓怎能不饥寒交迫、外逃谋生、乞讨过活。

四川省。康熙五十年五月，给事中冷宗显奏："蜀省州县一切供应，皆取给于里民。"雍正四年，川陕总督岳钟琪奏："将通省耗羡定为加三，革去里民供应陋规。从前贪吏有加至五六者。"[①]

雍正元年正月初八日，左都御史朱轼奏请减革加派说："有司累民无过重耗，每两加耗四五钱不等。康熙六十一年六月内督抚至城隍庙起誓减耗，然犹收加二以外。山东因补藩库亏空，每两加二三钱不等。此二省火耗阖属无一轻者。他省轻重不等，情形不能悉知，额外加派，各省小州县间有以草豆积谷短价勒买者甚多。恳严饬督抚速行减革，如有前弊，立即飞参，督抚徇庇，一经发觉，从重治罪。"[②]

（二）康熙帝的耗银政策

康熙帝对于耗银的了解认识有一个变化的过程，相应采取的政策也有所不同。大体上在亲政之后的二十来年里，他基本上是延续先皇革耗禁令，责令督抚清廉，不许苛求，致使州县加派。康熙十八年（1679年）八月二十六日，山东巡抚施维翰陛见时，康熙说："正项钱粮，民力原自易办，如每亩出赋一分，即有增加，亦可勉措。唯是杂派加征，不一而足，所以小民重困，不可聊生。"施维翰奏："上谕及此，真明见万里。有司加派，皆由上官苛求。若督抚洁清，有司安敢私派。"[③]同年八月二十九日，刑部尚书魏象枢奏："臣在三法司会议，有江南一州一县加收火耗，原参多赃，及审实，州官火耗一千二百余两，县官火耗四百余两，本官巧供不曾入己，臣等即照律定罪。"[④]从这两份史料可以看出，此时，地方督抚和京师刑部、都察院、大理寺都认为，征收火耗是犯罪，尽管知州、知县供称"不曾入己"，但也犯了罪。不过督

①《清圣祖实录》卷246，第8页；肖奭：《永宪录续录》。

②《雍正汇编》册1，第5页。

③《康熙起居注》第426页。

④《康熙起居注》第430页。

议，嗣后九卿诸臣何以倚任，事务何以得理”，严加斥责。随后，于十一月初二定案：穆尔赛绞监候。另外诸大臣未将穆尔赛劣迹据实陈奏，满大学士勒德洪削去太子太傅，降一级留任，九卿科尔坤等，降三级留任。布政使郭鼎，按察使库尔康，知府李矶，知县毛文钦、宋思险“俱拟绞监候，秋后处决”。[①]

穆尔赛案，表明了四个问题。一是火耗泛滥，耗银竟达加三加四，小民怎能承担。山西并非富饶之地，康熙所说“特一小省”，但正赋银却比山东等省还重。山西民田为50万余顷，却征赋银300万两，每顷征银五两六钱六分，而山东民田90万余顷，赋银230万两，每顷为二两五钱；江西民田40万余两，赋银190万两，每顷为四两七钱；湖北民田50万余顷，赋银110万两，每顷二两二钱，河南民田30万余顷，赋银330万两，每顷四两七钱；广东民田30万余顷，赋银120万两，每顷四两。现在火耗又是加三加四，加三为耗银90万两，加四为耗银120万两，正、耗相压，民何以堪？！山西加耗如此厉害，其他省份又是何等情形？！

二是地方督抚、京师内阁大学士、九卿，对于州县收取火耗，“司道府厅又复多方苛索，有司不得不加派于民”，“以致各州县收银，每两有加至三钱四钱不等者”之积弊，久已司空见惯，并不把它当作必须革除（且不易不能革除）的大弊，因而仅按失察一般案子的轻微过失议处巡抚，只拟议降三级调用，且还奏称巡抚“朴实”“不生事”，予以徇庇。

三是一些言官仍然坚持要革除加耗恶习。御史钱珏冒险直谏，左都御史陈廷敬乘机奏准，今后“督抚保举荐举府州县官，须令第一条实填无加派火耗字样”。[②]

四是此时康熙还在严禁重耗，责令严查严审严惩有关官员，痛斥徇庇、推诿、失职的大学士与九卿，最后查明真相，处死贪婪巡抚穆尔赛及藩司臬司、府州县官，处罚九卿，并且在二十九年十月批准将加派火耗的福建布政使张永茂处以绞监候。

然而产生火耗及无法禁止的根源还有，加派火耗继续泛滥，并且耗

---

①《清圣祖实录》卷122，第5–11页、19页；卷123，第5页。《康熙起居注》第1388、1393页。

②《清圣祖实录》卷122，第170页。

银愈益加重，根本就禁止不了。康熙也对火耗私派之情逐渐更加了解，认识更加深刻，采取的政策也就逐渐改变。一方面，他还在陆续下谕，指责一些地方火耗过重，民难承担；另一方面，也在考虑减耗之策。康熙二十六年五月，贵州巡抚马世济陛辞请示。康熙谕："今天下虽甚承平，而百姓甚苦，贵州残破地方，甚苦尤甚，不但火耗多派于民，一应供应，动辄取之于民，其何堪受此重困乎。"[①]二十七年五月，谕陛辞之江苏巡抚洪之杰："江南所取火耗，闻虽不重，尔须洗心滌虑，以除积弊。"[②]康熙三十六年五月十九日，谕吏部等衙门：山陕"各府州县官员借端私征，重收火耗，总督、巡抚、布政使等官，又不仰体朝廷恤民旨意，纠察贪污，禁革加派，反多赡徇曲庇"，着议奏。九卿、詹事、科道等议奏："请敕下山陕督抚，务期洗心滌虑，正己率属，严饬所属官员屏绝苞苴，严禁私征重耗，否则从重治罪。"康熙三十九年十月十日，谕陛辞之河南巡抚徐潮："闻河南火耗甚重，尔去当严行禁止。"徐潮奏："臣闻河南有几州县火耗最重，此外还有私派，臣当严行禁革。"[③]

与此同时，一些督抚也在寻找处理火耗的办法，康熙也在思考新策。康熙二十六年三月初四，山东巡抚钱珏陛辞时奏："臣知径阳县时，曾有火耗数厘。即于成龙巡抚直隶，亦许州县官加火耗一分，臣欲引以为例，过一分者，即行参奏。"[④]钱珏是在康熙十六年以举人授陕西径阳县知县，至二十年行取御史的。钱珏此处所说的于成龙是汉人巡抚于成龙，还是二十五年至二十九年七月的汉军旗人巡抚于成龙，没有说清楚，但两人皆是皇上钦定的清官。值得注意的是，钱珏是因揭发巡抚庇护州县加三加四征收火耗，而蒙皇上赏识擢升巡抚的，他能面奏自己当知县时，每两赋银收过几厘耗银，清官巡抚于成龙也许州县官每两赋银"加火耗一分"，并以此为例，可收耗银，但每两正赋所收耗银不许过一分。可见，他认为，皇上不是完全禁止收耗银，而是不许多收重收，收几厘银，不过一分银，皇上是允许的，至少是默许的。果然，康熙听后，未说不准、不应该之类的话。那么，据此而论，是否可以说，此时的康熙，已不是完全禁止收耗银，而是不许多收，不许重收，加三

①《清圣祖实录》卷130，第8页。

②《清圣祖实录》卷135，第19页。

③《康熙起居注》卷201，第24页。

④《清圣祖实录》第1601页。

加四，不行，收几厘、收一分，是可以的，至少他是默许的。

康熙二十八年九月十二日，浙闽总督兴永朝陛辞时，康熙问："湖南所收火耗何如？"兴永朝奏："臣严禁裁革，已减七八分矣。臣焉敢欺皇上？若断绝外官火耗，则外任实不能度日。"康熙说："然。"①不能完全取消、全革，否则地方官员"不能度日"，因此，只能采取轻耗政策，火耗银可收，但只轻收，不能重收，收一分银子，或七八分银子，还可以；加三加四，不行。

从顺治元年摄政王多尔衮严斥天津总督骆养性所奏的"止征正额并火耗"，宣布"违禁加耗，即以犯赃论"，即根除火耗，全禁火耗，改变为每正赋一两，可收银几厘、一分、七八分，可收千分之几、百分之几的耗银，乍一看来，增加得不多，一两正赋摊在地方，是20～50亩的田，增收几厘、一分、几分银子，每亩摊一厘还不到，好像不多，不严重；可是，就赋税政策而言，变化就大了，就从朝廷只征正赋、永不加赋的利民之惠政，滑落到加赋的弊政了。而且，口子一开，今天每两正赋只增收几厘银、一分银，明天后天就可增收一钱银、几钱银，形势正是向此发展的。

仅仅过了十来年，康熙四十二年十二月十九日，康熙谕大学士等："又闻各省火耗，俱是加一，钱粮最少者，唯有甘肃，通计正额共二十八万有奇，加耗亦止二万八千，州县官钱粮既少，加耗无几，不敷用者，宜或有之。其余赋额皆多，如一州县正额有二三万，加耗即至二三千，宜敷用矣，而州县官仍有以艰难告者，其故安在。朕随地咨访，督抚虽有不受遗者，然馈藩臬者若干，道府者若干，岂可尽云廉吏乎！"②

这次训谕，十分重要，表明了三个问题。一为知情。康熙对火耗之事，此时已经非常了解，知道今天的火耗，已经从过去号称禁绝、没有，或一两正赋收银几厘、一分，形成了加耗的通例。二为不治。康熙并未对此先皇时期定为赃银、定为弊政的加一耗银予以严厉斥责，惩处地方督抚司道州县官员，并未宣谕禁革取缔，或勒令减至一分数厘，说了，就算了。三系定例。从此进起，康熙对火耗的政策，算是定型了，即火耗可以收取，数量以"加一"为原则。

此论有六例为证。例一为此时知悉加一之情，但不追究，不禁革，不惩罚地方官员。

---

①《康熙起居注》第1899页。

②《清圣祖实录》卷214，第18、19页。

例二为五十一年川陕总督殷泰发布总督告示，“令州县征收银粮，每两加一火耗”，刑部等衙门会议后，拟议将殷泰“照律革职”。康熙谕：殷泰“居官之优”，通省无不尽知，“从宽免革职”。[①]

例三，五十一年六月广西巡抚陈元龙奏：私派当严行尽绝，而火耗不能尽革，广西火耗是加一，“民间亦情愿相安”。康熙阅后，朱批：“知道了。”[②]即默许了。过了五年，五十六年三月十九日，陈元龙奉命署理两广总督后奏报两省情形时说：“广西地脊官贫，而州且征粮加耗，实止加一，以资下吏养廉。”[③]朱批仍是“知道了”。

例四，五十八年三月二十八日，广东巡抚杨宗仁奏：“州县征收钱粮，离省稍远者，俱有杂派，而近省州县，无杂派，则火耗重。奴才即遵谕旨，通行禁革。如节礼一项，大抵文职出于加派，武职出于空粮，久在主子睿鉴之中。若各节礼不除，州县加派难绝，奴才衙门将州县及司道府各节礼尽行革除，则司道府自减州县节礼，而州县火耗不过加一，庶足办理公务。”朱批：“若如所奏，能始终一样，则广东百姓得其生矣。”[④]

例五，五十八年四月二十四日，山东巡抚李树德奏述弥补藩库历年相沿之流抵，亏空库银12万余两的办法说：山东省丁地钱粮共征收地丁银333万余两，“州县征收钱粮，向有耗羡，分别绅衿民户，多寡不等，每两约计一钱三分，相沿年久，在州县官则以此为养廉，在士民亦相安而输纳”。欲令州县各官于“所得一钱三分之耗羡内，捐出一分三厘，解司存贮，合计每年约有银四万余两”，以弥补亏空。朱批“具题”，即同意此法。[⑤]

最有力的例证是康熙六十一年陕西巡抚奏请加火耗弥补亏空之事。八月初五日，陕西巡抚噶什图奏请以加二征收的耗银弥补亏空，康熙阅后大怒，亲笔书写长达240余字的朱批，痛斥“尔等二巡抚昏愦受骗，布政使胆大，理应斩之”，不允其请。九月初六，康熙又谕告大学士、尚书、侍郎、学士等官说：“据陕西巡抚噶什图奏称，陕西亏空甚多，

---

①《清圣祖实录》卷251，第4页。

②《康熙汇编》册4，第303页。

③《康熙汇编》册7，第789页。

④《康熙汇编》册8，第435、436、438页。

⑤《康熙汇编》册8，第454、456页。

若止于参革官员名下追补，究竟不能速守。查秦省州县火耗，每两有加至二三钱者，有加四五钱者，臣与督臣商议，量留本官用度外，其余俱捐补合省亏空，如此亏空即可全完等语。朕谓此事大有关系，断不可行。定例，私派之罪甚重。火耗一项，特以州县官用度不敷，故于正项之外，量加些微，原系私事。朕曾谕陈瑸云：加一火耗，似尚可宽容。陈瑸奏云：此乃圣恩宽大，但不可明谕，许其加派。朕思其言，深为有理。今陕西三处亏空太多，不得已而为此举，彼虽密奏，朕若批发，竟视为奏准之事，加派之名，朕岂受乎，特谕尔等满汉诸臣共知之。”①

过了十天，九月十二日，康熙又谕扈从大臣：“总督年羹尧等将亏空钱粮各官题参革职，其亏空钱粮，至今不能赔补，今又因办理军需，陕西巡抚噶什图、总督年羹尧，会商将民间火耗加征垫补等情题请，第民间火耗，只可议减，岂可加增？朕在位六十一年，从未加征民间火耗，今安可照伊等所题加增乎！”②

过了十九天，十月初二日，康熙又谕领侍卫内大臣、侍卫、八旗都统、前锋统领、护军统领、副都统、参领、大学士、学士、九卿、詹事、科、道、直隶巡抚、守道等官：“去年陕西督抚题参亏空各官，奏请将此亏空银两追出，以充兵饷。后追比不得，伊等无可奈何，巡抚噶什图密奏，欲加通省火耗，以完亏空，此折，朕若批发，便谓朕令加征，若不批发，又谓此事已曾奏明，竟自私派。定例，私派之罪甚重。火耗一项，特以州县供应甚多，故予正项之外，略加些微，以助常俸所不足，原属私事，然若如其所请，听其加添，则必致与正项一例催征，将肆无忌惮矣，所以将噶什图奏折申饬批发。”③

以上所引史料，证明了两个重大问题。一是康熙以加一为收取耗银的原则。陈瑸奉旨于康熙五十四年十二月初从湖南巡抚任上来京觐见，当时，康熙“谕陈瑸云，加一火耗，似尚可宽容”。这最有力地证明了，康熙定下了耗银可收，但以加一为准的政策。这是康熙五十四年之事，而到六十一年康熙再重提此事，足见这就是他在康熙四十多年以来执行的对待火耗的政策。

二是清楚地反映了康熙力求成为尽善尽美的“古今一圣”心态，绝

①《清圣祖实录》卷299，第3页。

②《清圣祖实录》卷299，第6页。

③《清圣祖实录》卷299，第10页。

不背负“加派之名”。当他告诉陈瑸“加一火耗尚可宽容”时，陈瑸回奏：“此乃圣恩宽大，但不可明谕，许其加添。”康熙“思其言，深为有理”，所以，他可以允许收耗银，但要少收，加一为准，且绝不公开批示允许加耗，并凡遇奏请要求批准加耗之折，必予痛斥。因此，他才在不到一个月的时间，三次谕告大学士等官，斥责陕抚的谬误，严肃宣示：“民间火耗，只可议减，岂可加增，朕在位六十一年，从未加征民间火耗……加派之名，朕岂受乎！”[①]

有耗银之实，无加派之名，这就是康熙帝执政中后期的耗银政策。

（三）雍正帝实行耗银归公

耗银，是州县官根据业户的田地正赋银而征收的，实际上就是正赋之外的加派，本质上就是加赋。但是因为这并不是朝廷（中央政府）规定的额赋之外的征收，而是州县官员自行派征。从法律层面上，是州县官的私派，不能说是朝廷正式的加赋，但其性质实际上就是加赋。所以康熙就紧紧咬定这是地方官员的行为，是私派，不是朝廷下达命令征收耗银，不是朝廷的加派加赋。可是，这种说法，显然是站不住脚的，经不起推敲，经不起剖析，不过是敢做不敢当，掩耳盗铃而已。康熙既想捞取几百万两耗银，又不愿承担加派、加赋恶名，故而采取“有耗银之实，无加派之名”的做法，以博取尽善尽美的“仁圣天子”美誉。可是弊政并不能变成德政，从而使得耗银恶性膨胀，加三、加四、加五，黎民难以承担，以致被其自诩孝子的雍正帝，将父皇此项做法、说法，称之为“从来之积弊”。[②]

其实，革除耗银，并不是没有办法，没有条件，只要按照顺治帝福临亲政初期的决策，“起、存相半”和严惩贪官污吏，就能遏制耗银的越益加重，将其限制在很小的范围，迅速减少耗银。

康熙末年，大概征收耗银400万两，就可以给各省文官发放相当高的俸银，提高几十万名吏、役的工食银，支付数以十万两计的公务费用银。如果朝廷能筹集到400万两银子，用在这个上面，就可以为杜绝征收耗银提供财政方面的保证。

依照顺治初年“起、存相半”政策，康熙二十年平定三藩之乱，二

---

① 《清圣祖实录》卷299，第3、6页。

② 《清圣祖实录》卷3，第14页；卷22，第3页。

十二年统一台湾以后，直到康熙六十一年，40年里，除四十一年、四十二年两年田赋征银是2600余万两外，其余38年，年年赋银都是2700余万两，“起、存相半”，存留银应有1350余万两，超过顺治九年存留银1069万余两的30%，那么，比顺治四年定的总督一年828两俸薪等银完全还可增加，公务用费的经费也可多给；如果严惩贪官污吏，吏治好转，就根本不用征收耗银了。

康熙年间，一些有识之臣，早就看出取消顺治初年“起、存相半”祖制，大裁存留会祸国殃民。被刑部尚书魏象枢誉为“天下清官第一”的直隶灵寿县知县陆陇其，深知民间疾苦、官场积弊，特上《论直隶兴除事宜疏》与上司，极言存留大减必然导致吏治败坏贪污盛行。官俸太低，吏役乏食、衙署必需的公费“用度无出”，势必使官贪吏奸、役凶、侵吞公帑，重征耗银。陆陇其说：

“查《赋役全书》，旧额有一项人役，则有一项工食，有一项公务，则有一项钱粮，盖未有用其人而可不予之以食，办其事而可不费一钱者也。用人而不予以食，则必至于卖法办事；而求不费钱，则必至于派民。自兵兴之际，司农告匮，将存留款项尽行裁减，由是州县掣肘，贪墨无忌，私派公行，不可禁止。百弊之源，皆起于此。自康熙二十年以后，再颁恩诏，渐次奉复，海内始有起色。然尚有应复而未复者，敢为宪台陈之。

如衙役犯赃之律甚严，而书办之工食独不复，不知此辈能枵腹而奉公乎，抑将舞文弄法，以为仰事俯育之资也。给以食，而犯法，虽杀之无憾也，不给以食，使之不得已而犯法，加之以刑，其肯心服乎？此其当复者一也。

心红纸张、修宅家伙，此州县所必不能免者也，既奉裁革，不知天下有司，皆能捐俸而自备乎。抑或有责之铺户，派之里下者也。有正项开销，虽贪吏无由借端苛派，无正项可动，将借口以责之于民，朝廷之所省有限，而小民之受累无穷。此其当复者二也。

上司过往，下程中伙杂支供应，此州县所必不能无者也。既奉裁革，不知上官之临州县，皆能自备供应，自发价值乎？抑或有不能不资借于地方者也，有司之懦者恐触上官之怒，百计逢迎，贤者亦恐失事之体，多方补苴，无米之炊，不知其安从出也。此其当复者三也。

存留尽复，则私派可禁，私派尽禁，则百姓可足。在主持国计者，唯知复一项，则费一项之金钱，不知裁一项，则多一项之掣肘。掣肘之害，层累而下，总皆小民受之，小民疲罢逃亡，其害仍自国家受之。”[①]

身居藩邸45年的雍亲王、今系万岁的雍正帝胤禛，当然知道耗银泛滥情形及其祸根，故将父皇所行“有耗银之实，无加派之名”掩耳盗铃的政策，评定为“从来之积弊”，要予以改革。但是，他也舍不得那已经划入国家财政收入的已裁之五六百万两存留银，不愿恢复皇祖顺治帝“起、存相半”祖制，就采取了耗银归公政策。

耗银归公，也叫耗羡归公，或称耗羡提解。康熙晚年，就有官员提出，将部分耗银归公使用，遭帝否决。雍正元年（1723年）五月十五日，湖广总督杨宗仁奏陈给予官员俸银、吏役工食银说：“湖广州县以上，俸工报捐，已经十有余年，总无分毫给发，责成官、役枵腹办事，焉能禁不需索闾阎。”应自雍正元年起，“一切官、役，应支俸工”，“各照额编支领”。“从前凡有公事，无一不分捐州县，派累百姓。臣今通长核算，俱令州县，于所得加一耗羡内，节省三分，解交藩可，以充豫塘报，资甲兵养赡，并钦差过往必不可省之公费”。[②]

雍正帝在其奏折上，朱笔批示，称赞杨宗仁所说：“所言全是，一无瑕，勉之。”[③]

同年，满洲旗人内阁学士诺岷，授山西巡抚。当时，“各直省征赋，正供外旧有耗羡，数多寡无定。州县以此供上官，给地方公用，而私其余。上官亦往往藉公用，檄州县提解，因此自私。康熙间，有议归公者，至祖虑官俸薄，有司失耗羡，虐取于民，地方公用无从取办，寝其议不行。诺岷至山西，值岁屡歉，仓库多亏空”。诺岷“察诸州县亏空尤甚者，疏劾夺官，离任勒追”，上折奏请将山西省各个州县全年征得的耗羡银，通通上交藩库，一部分用作抵补无着落的亏空银两，一部分给予各官作养廉银。这就是“耗银归公”办法。雍正阅疏后，很高兴，谕其在山西实行。[④]

雍正二年正月二十二日，河南巡抚石文焯上折，详述河南亏空严重，以征收耗养银40万余两解库，弥补亏空，发给养廉，支给公务用费情形：

---

①《清经世文编》卷28，陆陇其：《论直隶兴除事宜疏》。

②《雍正汇编》册1，第401页。

③④《满汉名臣传》卷14，《诺岷传》；《清史稿》卷294，《诺岷传》。

“河南巡抚臣石文焯跪奏为奏明事。窃照州县亏空钱粮已成积习，种种弊端尽在圣明洞鉴之中。臣以钱粮关乎国帑，所当悉心筹划，务期旧有之亏空尽行补完，将来之库项永无悬缺方为尽善。是必使经征官丝毫不能侵那（挪），各上司无从恣其勒索，庶可永远行之而于国帑有益。臣上年查豫省历经出各案亏空，除吴柯等案系前抚臣杨宗义任内未经查参之亏空，如本犯力不能完，应着落杨宗义赔补外。所有从前追比年又任所无可变赔者，原议将臣衙门向有府州县节礼令缴存司库留为抵补详议具奏，蒙皇上朱批：如果将节礼以补亏空，即属员百姓未必不心服。臣凛遵圣训，铭刻于心。又未经参出之亏空，臣议令州县将自己所有羡余积累补苴，不许额外苛派丝毫，亦经具折奏闻，蒙皇上朱批：甚好。但不可难为新任无辜之属员，必将所进之羡余取多少为养廉用，多少以补苴，好言劝导，情理皆通，方与地方百姓有益臣捧读谕旨，仰见我皇上听德如天，明同日月，臣自知前议犹未周到。伏念臣蒙圣恩委任之重，敢不实心实力，细加斟酌，务使属员毫无偏苦，百姓实有裨益，勉尽职守，以报主知。是以自今年为始，将臣衙门所有司道规例，府州县节礼，及通省上下各衙门一切节寿规礼，尽行革除。地方一应公事，概不议捐，以杜州县借口之端，以塞上司勒索之路。今当开征之始，遵照新例，令各知府遴委贤员，将州县银柜封固，俟所收钱粮约可起解，另委一员验明柜封，眼同该州县拆封，将正项即行起解，是经征官丝毫不能侵那（挪），将来库项永无亏缺矣。所有耗羡，各州县轻重不等，以库平计之，大概绅衿一分内外，民户一分三四厘不等，通盘合算，约有一钱三分有零。统计全省额征地丁银三百六十万余两，约耗羡银四十万有零，除通省各官酌量分别给以养廉，及每年有各项杂用公费，并赔垫之项，久邀睿鉴无遣，悉于耗羡内支应不复议捐外，每年约可余耗羡银十五六万两解贮司库，以为弥补亏空抵还借项及办公事之用，是旧有之亏空可以补完，库帑不致悬欠矣。州县既不送上司之礼，又无公捐之项，所给养廉足资食用，不但永无亏空，抑可以砥砺廉隅。至于上下各衙门，俱有养廉，皆可专心供职，实力办公，即有不肖上司希冀苛求属吏，亦无所施其伎俩，是勒索之事亦可永绝。征收钱粮，既委员拆封，耗归公贮，州县更不能于额外加增，地方百姓自无重耗之累，所有亏空悉于所余耗羡内划补，无论新任旧任，皆无苦乐不均之叹矣。臣查地方公事，有必须捐资凑办方得无误者，如采买漕粮，部价每石六钱五分，上年粟米时价，较前平减，此皆仰赖圣主如天厚福，得庆丰收，然以部价采买，尚多不敷。臣以漕粮关系天庾支放，安容坐视贻误，是以那项于直隶大名及本省卫辉等处凑买起，运应于本年耗羡银两内抵补还项。统俟奏销时，将一年所收耗羡，及各官养廉，公事动用，归还借项，划补亏空各款，逐一开明具折奏闻，不敢丝毫隐饰。所有盈余，收贮司库，请旨遵行。臣受恩深重，未效寸长，惟敬礼宸表，谨遵训旨，实力办公，期无累于属员，有益于百姓，以上报天高地厚之恩情于万一耳。为此具折奏明，伏乞睿鉴。谨奏。”[①]

雍正看过石文焯耗羡归公支放存贮情形后，十分高兴，写了长达200多字的朱笔批示，夸赞石文焯“此一奏才着实了，非泛泛浮华之词也。封疆大臣，原当如此通盘打算，如何留用，如何补苴，如何养廉，属员如何那（挪）移公用，还朕一个行得通，作得去，人心服，事不误，朕自然说是的”。[②]

在皇上的支持下，山西、河南分别于雍正元年、二年实行了耗羡归公制度。

雍正想推广山西巡抚诺岷的改革，谕九卿会议具奏，不料官员多不赞成，内阁交出请禁提解火耗的条奏，认为“耗羡为州县应得之物，上司不宜提解”。山西布政使高成龄于雍正二年六月初八上折，驳斥条奏，奏请推行耗羡提解归公：

“臣近阅邸抄，见内阁交出请禁提解火耗之条奏，窃不能无议焉。普天之下，莫非王土，王道之大，本乎人情，故正赋以供国用，耗羡以养廉员，治人食人，相维相系，是此耗羡者，百姓之银钱，即朝廷之财赋，乃主上体恤群臣，通院司道府而酌盈剂虚，以补其常俸之不足，非专为州县而设也。今如条奏所云，竟以耗羡为州县应得之物，上司不宜提解，殊不知耗羡与节礼，原属相因，上司不提解耗羡，属官必呈送节礼，自督抚司道府厅，量其权势之重轻，定其规礼之厚薄，端阳中秋新年生旦，名为四节，四节之外，又加表礼，表礼之外，又有土仪，土仪之外，又供时鲜。夫下既送节礼以娱上，则有所恃而生其挟剥，必至肆行而无忌，上既贪节礼以取下，即有所闻，而碍于情面，亦将苟隐而不言，损名节，故官常朘民膏，亏国帑，实由于此。若禁止馈遗，一概不许收受，其不肖上司必将寻隙勒诈，别生事端，恣其无餍之求。即有淡薄自甘者思欲

①《雍正汇编》册2，第526、527、528页。

②《雍正汇编》册2，第528页。

屏绝馈遗，而上司衙门别无出息，枵腹办事，反不如州县各官安享厚利，谁能堪此。故臣愚以为，州县耗羡银两，自当提解司库，听凭大吏分拨，以公众之耗羡，为公众之养廉，天理人情之至，王法所不禁也。况耗羡提解于上，则通省遇有不得已之公费，即可随便支应，而不分派州县，上司既不分派，则州县无由借端科索里甲，是提解火耗，亦可禁绝私派，岂非因时制宜安上全下之要务乎。再阅条议，谓提解火耗，定限每两若干，不得寓抚字于催科，等语。近如山西一省，现将州县火耗，逐一详查，逐一酌减，较之昔日，轻其大半。

又钦奉上谕，旧欠钱粮分为三年带征，民力宽纾，乐随正项完纳，若不限以一定之数，则小民将无所遵依，而不肖州县反得任意多征。今既固封粮柜，又较定分数，州县不能入已，谁肯多征，是提解耗羡，即禁止滥加，亦抚字之一法。至若年岁歉收，则正项且不能完。安问火耗，此又不待智者而知也。又谓公取分拨，非大臣鼓砺属员之道。殊不知上司即清慎从躬，亦必有请幕宾养家口之费，与其暗收馈遗，常怀贪赃之惧，何如明分养廉，共拜圣主之赐。且既不受馈遗，则亦无所赡徇，廉洁者为之，贪污者劾之，正大光明，严威整肃，未必非砥砺廉隅之道也。又谓大州县不过给银千两，中小州县每两仅存三分，不能敷用，等语。窃思州县之分稍平，则用亦俭省，不送节礼，不出公费惟，在遵照定例，少带家口，恪遵圣谕，学俭学廉，则所得养廉及杂税盈余，尽可以供衣食。况晋省分拨州县养廉而外，又有倾销脚价，以及御塘马匹加增草料银两，总于羡余银内酌给，是冲繁州县原有二千余金，而简僻州县亦非每两仅留三分之二。以羡余赔补亏空，前任巡抚原有彼此通融之举，无幸者，为人赔垫亏空者，事外优游，廉员短气，奸徒得志，诚属不平。今抚臣诺岷将每年存贮耗羡银二十万两留补无着亏空之处，先经奏明，一遇亏空之员，即照例参革离任，先于任所原籍，搜查衣物产业，令其自行赔补，如果家产尽绝，逾限不完，将本犯正法之后，方以留贮耗银备其亏项。仍将补过某人亏空银两数目，造册题报，既无丝毫假借，又无分厘染指，何至有假捏亏，空希图帮银如从前之弊窦乎。惟是有治人，无治法，倘或上司不肖借名提解，自便其私，如条议所虑，亦未可定。臣请皇上敕下直省督抚，俱如山西巡抚诺岷所奏，将通省一年所得火耗银两，约计数目，先行奏明俟年终之日，将给发养廉若干，支应公费若干，留补亏空若干，一一具折题销，则电照之下，谁能侵吞。总之耗羡非州县之已资，应听分拨于大者，提解乃安全之善策，非为厉于属员。臣因吏治民生起见，如果微言可采，伏乞皇上睿鉴施行。”

雍正在高成龄奏折上，朱笔批示："总理事务王大臣、九卿、詹事、科、道，平心静气，秉公执正，会议具奏，少有一毫杂私尚气阻挠不公者，则因此事必有一二人正性也。各出己见，明白速议具奏。如不能划一，不妨两议三议，皆可札灿，仍着入议。"[①]

《清世宗实录》卷21，第12、13页载录了高成龄的奏折及皇上的朱笔批示，文字与高之奏折及朱批有些差异，现引录如下：

"山西布政使高成龄折奏：臣见内阁交出请禁提解火耗之条奏，臣伏思直省钱粮正供之外，向有耗羡，虽多寡不同，皆系州县入已，但百姓既以奉公，即属朝廷之财赋。臣愚以为州县耗羡银两，自当提解司库，以凭大吏酌量分给，均得养廉，且通省遇有不得已之费，即可支应，而不分派州县，借端科索。至以羡余赔补亏空，今抚臣诺岷，将每年存贮耗羡银二十万两留补无着亏空之处，先经奏明，臣请皇上敕下直省督抚，俱如山西抚臣诺岷所奏，将通省一年所得耗银，约计数目，先行奏明，岁终，将给发养廉，支应公费，留补亏空若干之处，一一具折陈奏，则不肖上司，不得借名提解，自便其私，如条奏所虑矣。奉上谕，此事着总理事务王大臣九卿詹事科道，平心静气，秉公持正会议，少有一毫挟私尚气，阻挠不公者，国法俱在，断不宽宥，各出己见，明白速议具奏，如不能画一，不妨两议三议皆可。"

虽然，上谕已表明了皇上支持高成龄耗羡归公奏折，但仍有不少官员不赞成这个办法。雍正二年七月初六，雍正下达上谕，果断宣布在全国实行耗羡归公制度，批评反对的官员见识短浅，不懂实行耗羡归公的必要。

《清世宗实录》卷22，第3、4、5、6页载：

"总理事务王大臣九卿科道等议覆，山西布政使高成龄条奏提，解火耗一疏。得旨：高成龄提解火耗一事，前朕曾降谕旨，令尔等平心静气，秉公会议，今观尔等所议，见识浅小，与朕意未合。州县火耗，原非应有之项，因通省公费，及各官养廉，有不得不取给于此者，朕非不愿天下州县，丝毫不取于民，而其势有所不能。且历来火耗，皆州县经

①《雍正汇编》册3，第143、144页。

收，而加派横征，侵蚀国帑，亏空之数，不下数百余万。原其所由，州县征收火耗，分送上司，各上司日用之资，皆取给于州县，以致耗羡之外，种种馈送，名色繁多，故州县有所借口而肆其贪婪，上司有所瞻徇而曲为容隐，此从来之积弊，所当剔除者也。与其州县存火耗以养上司，何如上司拨火耗以养州县乎。尔等奏称各属火耗，请将分数酌定，朕思一省之内，州县有大小，钱粮有多寡，地广粮多之州县，少加火耗，已足养廉，若行之地小粮少之州县，则不能矣。唯火耗不定分数，傥地方遇差多事繁之时，则酌计可以济用，或是年差少事简，则耗羡即可量减矣。又或偶遇不肖有司，一时加增，而遇清廉自好者，自可减除矣。若酌定分数，则将来竟为成额，必致有增无减，此火耗分数之不可以酌定者也。又奏称提解火耗，将州县应得之项，听其如数扣存，不必解而复拨等语，现今州县征收钱粮，皆百姓自封投柜，其拆封起解时，同城官公同验看，耗羡与正项同解，分毫不能入己，州县皆知重耗无益于己，孰肯额外加征乎。是提解火耗，既给上下养廉之资，而且留补亏空，有益于国计，若将州县应得之数，扣存于下，势必额外加增，私行巧取，浮于应得之数，累及小民。况解交督抚则显然有据，扣存州县，则难保贪廉，此州县羡余之不可扣存者也。又奏称巡抚诺岷，清勤敏干，布政使高成龄，操守亦优，应令二人尽心商榷，先于山西一省照所奏试行之，此言尤非也。天下事，唯有可行与不可行两端耳，如以为可行，则可通行于天下，如以为不可行，则亦不当试之于山西，譬如治病，漫以医药试之，鲜有能愈者，今以山西为试行之省，朕不忍也。且天下抚藩，岂尽不如诺岷高成龄，而谓二人独能行之乎。又奏称提解火耗，非经常可久之道，凡立法行政，孰可历久无弊，从来有治人，无治法，文武之政，布在方策，其人存，则其政举。朕谓有治人，即有治法，法有因时制宜者，譬如人有疾病，因症投药，病愈即止，今提解火耗原一时权宜之计，将来亏空清楚，府库充裕，有司皆知自好，则提解自不必行，火耗亦可渐减。今尔等所议，为国计乎，为民生乎，不过为州县起见，独不思州县有州县之苦，上司亦有上司之苦，持论必当公平，不可偏向。又朝廷之与百姓，原属一体，朝廷经费充足，民间偶遇歉收，可以施恩赈恤，百姓自无不足之虞，是清补亏空，于国计民生，均有益也。天下督抚，有如诺岷等，不避嫌怨，实心任事，自能酌量行之，通省羡余，丝毫不能隐匿，又孰敢此外多取一钱，以干罪戾乎。朕于臣下，期望甚殷，即州县官员，亦冀其为稷契，自此各加勉励，勿侵蚀国帑，勿贪剥小民，各省火耗，自渐轻以至于尽革，此朕之愿也。尔等所奏，与朕意不合，若令再议，尔等必遵朕谕，议覆准行，朕亦不能保其将来无弊否也。各省能行者，听其举行，不行者，亦不必勉强，可将此谕旨，并尔等所议之本，交存内阁。”

《雍正起居注册》雍正二年七月初六，亦记述了此谕，文字与实录相比较，完全相同，但在开始那一段叙述，实录说：“州县火耗，原非应有之项，因通省公费及各官养廉，有不得不取给于此者。”《起居注册》则在“不得不取给于此者”之后，还记述了“然非可公以言也”七个字。《清世宗实录》虽仅仅只删掉了这区区七个字，然此七个字分量很重，表明了雍正帝及《清世宗实录》纂修者都知道以征数耗银来支付养廉银、公务用费银，是不光彩的弊政，不能公之于众。必须对此弊政巧言诡辩，掩饰遮盖。

在山西、河南施行耗银归公办法及雍正二年七月初六帝谕于全国推行后，各省相继施行了耗羡归公。

直隶巡抚李维钧于雍正二年八月初六上折奏称：直隶共亏缺银413000余两，已从“耗羡”中提取20万两抵补亏空，剩余21万余两于雍正三年耗银中提取补完。雍正三年，除容城县、阜平县、新安厅左所钱粮不及5000两未计算外，直隶各县厅、卫所属，额征粮银2196320两，耗银为230271两，耗银率为加一零五（即10.5%）。除一些道员及藩司、臬司自有余银，不给养廉银外，一些知府给银2000两。府同知，通判16员，各500两。省辖92州、县卫，分为三等，大者给银1200两，中等州县卫，1000两，小者800两。①

（四）“耗银归公”简评

“耗银归公”，又叫“耗羡提解”或“耗羡归公”。在正式评论“耗银归公”制应否实行，性质为何、作用怎样及有无危害之前，有必要先弄清“归公”的耗银数量及耗银率两个问题。

耗银，又叫火耗银和耗羡。州县官收取田赋丁税时，各户交纳的银子多少不同，大小不一，形状各异，衙署要将这些银子熔铸成一定数量

①《雍正汇编》册3，第418、419页。

一定规格的银锭，在这熔化炼铸的过程中，当然有一定的折耗，官府把这个折耗摊在纳税人的身上，规定每两赋银要征收一定数量“火耗”银，或叫“羡余”银。此制早在明代就已盛行于各地了。以前各州县各自征收不同数量的耗银，用它的一部分作为自己正俸以外的一笔大收入，另一部分供奉送各级上司的节礼规银，还有一部分作为办公用费或弥补亏空。这种耗银由州县官自行征用，自行开支，不列入国家收支项目。雍正年间实行“耗银归公”，把各州县收来的火耗银通通运到各省藩库，其中一部分随正赋解京，另一部分存留，将此银的一部分转发与地方官，作为“养廉银”，另一部分作办公费和弥补亏空，人们称此为“火耗归公”或“提解耗羡”。

耗羡率，就是指每两正赋收多少火耗银。此数在各省各州县很不相同，有的州县每两正赋收火耗银1钱，名叫加一，有的收2钱，名叫加二，有的收1钱5分，有的收5分银子。

由于提解耗羡的地点、时间以及其他因素的变化，各省耗羡率也陆续在增减，大体上在乾隆年间基本定局，以后仅有细微变动。

耗银的数额，关系重大，弄清它的数量，对了解“耗羡归公”制度的确立和延续，以及它之所以没有被取消，具有十分重要的意义。雍正以后，全国每年共征收了多少火耗银两，一般论著对此很少提及。《清史稿》卷125，《食货六》载，“至乾隆三十一年，岁入地丁为二千九百九十一万两有奇，耗羡为三百万两有奇”。光绪十七年，“地丁二千三百六十六万六千九一百十两”，“耗羡三百万四千八百八十七两”。这是两条关于全国耗羡银两总数的记载，联系到前面所说各省耗羡率的材料，有必要对各省耗银以及各省加起来的总数，作些记述。

光绪《大清会典事例》卷169记载了各省起运包括正银和耗银的钱粮详细数字，现将耗银数目摘录于后：直隶起运耗银211856两（钱、分、厘省掉），吉林3298两，山东228638两，山西272846两，河南244109两，江苏113230两，安徽113998两，江西86651两，福建130379两，浙江83584两，湖北71262两，湖南74935两，陕西66451两，甘肃10535两，四川44696两，广东226259两，广西12153，云南47641两，贵州5044两，总计2047565两。

光绪《大清会典事例》卷17，又载录了各省存留钱粮中火耗的银两数目，计：山东45941两（钱、分、厘舍去），山西86200两，河南36272两，江苏24114两，安徽55370两，福建4864两，浙江10731两，湖北10922两，湖南9497两，陕西170760两，甘肃29903两，四川54900两，云南32684两，贵州14440两，共586597两。起运、存留的火耗银共有2634162两。这个数字没有包含直隶、江西、广东、广西存留的耗银，数字是不完全的。

同书同卷引录了嘉庆《大清会典事例》载录的存留火耗银两的数量如后：直隶1020523两，盛京3640两，山东207948两，山西98033两，河南173719两，江苏95665两，安徽55050两，江西96444两，福建94256两，浙江65628两，湖北50115两，湖南42220两，陕西173780两，甘肃32378两，四川54911两，广东52664两，广西26850两，云南63802两，贵州9701两。合计1498586两。把这个数字与起运耗银2047565两相加，总数为3546421两。

同书同卷还说道，乾隆“二十三年议准，各省耗竭章程，节次驳令删减，至嘉庆二十五年，始据各督抚陆续酌定”。联系到各省“额定耗羡章程”中一些款项载有“原额”字样，可见这个数字是可以作为乾隆嘉庆年间的数额来参考的。

关于耗银率，冯尔康教授在其《雍正传》中，列了一个《耗羡归公后各省耗率简表》，现引率于下：

耗羡归公后各省火耗率简表

省区	时间	火耗率（%）	原率（%）	说明	资料出处
山西	雍正元年（1723年）	20	30～40		《朱批谕旨·高成龄奏折》，雍正三年二月初八折
山西	雍正四年（1726年）	13			《朱批谕旨·伊都钧奏折》，雍正四年九月二十三日折

省区	时间	火耗率（%）	原率（%）	说明	资料出处
直隶	雍正二年（1724年）	15		钱粮 219万两，火耗23万两	《朱批谕旨·李维钧奏折》，雍正二年八月初六折
湖广	雍正元年（1723年）	10			《朱批谕旨·赵城奏折》，雍正六年十月十一日折
湖广	雍正九年（1731年）	14～15		加坐平等项	《朱批谕旨·王士俊奏折》
湖南		10			《朱批谕旨·王国栋奏折》
江苏	雍正六年以后（1728年）	10	5~10		王氏《东华录》雍正十三年十一月癸未条
江苏	雍正七年（1729年）	9		钱粮 372万两，火耗34万两	《朱批谕旨·王玑奏折》
浙江	雍正二年（1724年）	5～6	不及10		《朱批谕旨·石文焯奏折》，雍正二年十月十五日折
浙江	雍正五年（1727年）	6		钱粮 205万两，火耗14万两	《上谕内阁》雍正五年七月二十一日谕
河南	雍正二年（1724年）	13	80		《朱批谕旨·石文焯奏折》，雍正二年正月二十二折；《朱年谕旨·田文镜奏折》，雍正七年八月初三折

省区	时间	火耗率（%）	原率（%）	说明	资料出处
山东	雍正六年以前（1728年）	18	80		《朱批谕旨·田文镜奏折》，雍正七年八月初三日折
山东	雍正六年以后(1728年)	16			同上
四川	雍正五年（1727年)	30			《上谕内阁》，雍正五年十月二十七日谕
广东	雍正元年（1723年)	10	20以上		《上谕内阁》，雍正七年十二月初三谕

关于各省耗羡率的情形，常有增减，大体上于乾隆年间基本定局。现将光绪《大清会典事例》卷164，《田赋·随征耗羡》的记载，摘录如下：

“直隶天津、涿州等9厅州县，不征耗羡；遵化、丰润、独石口、张家口，每两收耗银5分；房山、正定，每两收耗6分；香河、武清，每两收耗8分；赞皇县，每两收耗9分；承德等5府州县和霸州等44州县，每两收耗1钱；唐县、广平、安平，每两收耗1钱1分；满城等15州县，每两收耗1钱2分；昌黎等23州县，每两收耗1钱3分；容城等10县，每两收耗1钱4分；献县等31州县，每两收耗1钱5分。盛京各州县，每两收耗羡银1钱。

山东各府属州县，每两收耗银1钱4分。山西大同等8厅州县，每两收耗1钱；岳阳3县，每两收耗1钱2分；丰镇厅、宁远要，每两收耗5分；其余州县，每两收耗1钱3分。河南封丘等8县，每两收耗1钱；祥符等5县，每两收耗1钱1分；杞县等14厅州县，每两收耗1钱2分；中牟等17州县，每两收耗1钱3分；商丘等21州县，每两收耗1钱4分；鹿邑等43州县，每两收耗1钱5分。江苏苏州、松江、太仓3府，每两收耗5分；常州、镇江2府，每两收耗7分；其余各府州属，每两收耗1钱。安徽歙县、黟县、每两收耗7分5厘；休宁、绩溪，每两收耗8分；其余各州县卫，每两收耗1钱。江西各州县，每两收耗1钱。福建各府州县，每两收耗1钱。浙江仁和4县，每两收耗4分；富阳等9县，每两收耗5分；临安等20县，每两收耗6分；海宁等18州县，每两收耗7分；临海等10县，每两收耗8分；太平等16县，每两收耗9分。湖北各府州属，每两收耗1钱1分，湖南各府州县，每两收耗1钱。陕西各府州属，每两收耗1钱5分。甘肃各府州属，每两收耗1钱5分。四川各州县，每两收耗银1钱5分。广东各府州属，每两收耗1钱6分9厘。广西泗城府、镇安府及临桂等57县，每两收耗1钱；恭城县民粮丁编，每两收耗1钱；怀集县民粮，每两收耗1钱5厘；崇善县民粮，每两收耗1钱；左州、养城、罗城3州县，每两收耗8分。云南各府州属，条丁每两收耗2钱。贵州荔波等6县，每两收耗1钱；贵阳府，每两收耗1钱2分；思州府、定番州，每两收耗1钱3分；镇远等7府州县，每两收耗1钱4分；安顺等46府丁州县，每两收耗1钱4分。”

叙述了耗银数量、耗羡率后，我们可以对“耗银归公”政策，作出以下五点评论。第一，征耗无理。雍正帝，山西巡抚诺岷、布政使高城龄、河南巡抚石文焯，讲了一大堆必须征耗、必须将“耗银”归公的理由，乍看之下，好像有根有据，振振有词，可是，联系历史实际，剖析前因后果，便可发现，他们所说的理由，是歪曲事实，强词夺理，巧言诡辩，是站不住脚的。现将其“理由”逐一分析如下。其一，他们所说必征耗羡的理由之一是既征正赋，就必收耗羡，因为，“倾销有费”，“解送有费”。这纯粹是诡辩。不错，上百万上千万的业户分别送纳1000多个州县的3000万两银子，大小不一，轻重不同，形状差异，是需要加工，熔铸成一定重量一定形状的银锭，熔铸过程中，必然有折耗，会耗掉不少银子，从各州县运到各省的藩库，再“起运”上千万两的银子到京师，运费也不少，可是，这个折耗了的“耗银”，这笔夫役解运银两的用费，该由谁出呢？当然应该由官府出。例如，县衙要张三纳交赋银30两，张三送到县衙，过秤之后存入仓库，张三的事就算完了，他的纳赋义务就算是尽到了，至于官府要将银子怎样熔铸，运解何地，那是县衙的事，是朝廷的事，与张三无关，为什么这笔用费要由张三承担，而不是县衙自己出呢？换一句话说，假如双方不是官与民，不是朝廷与百姓的关系，而是普通人家的关系，甲方给乙方50两白银，这笔银子之所以要付出的原因，不管是买卖货物，或是借贷还债，还是赠予送还，乙方收了50两银子后，绝不会再向甲方讨要熔铸加工的“耗银”和解送银子的运费银，也不可能提出这个要求，这种要求是太无理了，太荒诞了，根本提不出来。由此可见，县衙征收的“耗银”，说到底是绝对没有理由的，是凭借官府的权势逼迫百姓交纳的，是一种附加的赋税，从根本上就没有存在的理由，就是该取消。

其二，必征耗银的理由之二是官俸太薄。官员的俸银的确太少，管辖方圆数百里的一县之主知县，官阶正七品，每年俸银45两，另有薪银36两，还有纸张银30两、修宅什物银20两、迎送上司伞扇银10两，总共是141两，其中俸银、薪银是81两，平均每月只有俸银、薪银6.75两，加上纸张等银，每月也只有13.4两。这哪里能够养活知县一家，哪有银钱来聘请师爷，雇佣轿夫和跟役？管辖几个州县的知府，官阶从四品，每年领俸银105两、薪银72两、纸张银50两、修宅什物银50两、案衣银20两，合共297两，平均每月是24.7两。统辖一省的巡抚，官阶从二品，每年领俸银155两、薪银120两、蔬菜烛炭银144两、纸张银216两、案衣什物银60两，合共695两，每月平均是58两。这些银子当然不够巡抚、知府等官开销，确实很难养廉。可是，地方官员是由皇帝任命的，是为朝廷办事，为天子效劳，是万岁爷的臣仆，他们想方设法，从百姓身上征收赋税，每年给皇上给朝廷送来3000万—4000万两银子和800多万石米粮，难道说他们的官俸不该由朝廷支付吗？要给他们增俸养廉，这笔银两不该朝廷动用“正项”支出吗？

其三，必征耗银的理由之三是地方开支太大，必须有“公费”银两。是的，修桥补路，渡河撑船，等等开支，的确必要，应该筹备相当数量的银两，但是，问题是这笔开支该由谁来承担？一个县，官府每年征收好几万甚至20万—30万两的赋银税银，难道说它不该出这个钱？既是这个县的地方必需的“公费”，当然要由征收此县赋税的县衙来开支，扩大来说，该朝廷拿出这笔“地方公费”银两。何况，从光绪《大清会典·事例》卷170所载，经过朝廷批准各省可以开支的“额定地方公费”银两项目的500多款中，有相当大数量的银子，并未用于地方公益之用。以前面曾经列举细目的江苏省为例，该省“额定”地方公费的69款中，真正可以算是地方必需的公费款项的，只有：昭文县渡船水手工食银22两8钱，新阳县渡船水手工食银15两6钱，青浦县渡船水手工食银22两2钱，江宁救生船水手工食银301两2钱，清河县马船水手工食银150两，江都县瓜州马船水手工食银75两6钱，江都县救生船水手工食银400两，洪泽县救生椿木银500两。另外，都城隍庙住持工食银10两8钱，龙神庙香烛银24两，钟山书院膏火银1000两，这三款勉强可以凑合算是地方公益之用。其余绝大多数款项就很难说是地方必需的公费了。例如，“刑部饭银”2000两，“吏部饭银”1200两，“内阁饭银”200两，这哪里能说是江苏省之地方必需“公费”？又如，“户部奏销及投册饭银”2705两6钱，“户科奏销饭银”300两，“兵部奏销饭银”60两，这又与地方有何干系？再如，两江总督岁领“养廉银”18000两，这笔银子里面本来已经包括了总督的办公用费，可是江苏省额定耗羡开支项目中，却又列上了“总督、将军阅操赏兵银”420两，“总督衙门火药工料银”123两，“总督塘兵工食银”2121两，“督标京省提塘银”900两。属两江总督管辖的另外两个省，也要给总督献银，江西省有“总督吏役工食银”1301两，“总督纸张银”240两，“总督辕门火药银”123两；安徽省有“督抚坐京南北提塘纸张银”1506两，还有“总督衙门修理银”，“执事”银，“火药”银若干两。总督的这些款项银两能当成是真正的地方办公必需公费吗？又如，巡抚、布政使、按察使都有相当大数量的养廉银，江苏巡抚是12000两，苏州布政使9000两，江宁布政使8000两，按察使也是8000两，其中当然包括了办公用费，可是在“额定”的耗银开支款项中，有“巡抚阅操公费银”240两，“巡抚衙门书吏纸张工食银”5007两，“布政司书吏工食纸张银”2139两，“布政司军牢夜巡工食银”144两，“按察司书吏纸张银”540两。可以说，在各省额定的地方公费开支的款项中，真正用为“地方公费”的银两，仅占十之一二，绝大多数银子被总督、巡抚、布政使、按察使、驻防将军、提督等军政大员和京师的户部、刑部、内阁等部门占用了。

其四，必征耗银的理由之四是遇有亏空，无银弥补。这条理由也是难以成立的。为什么会有亏空？原因很简单，不外是官吏侵占公帑和因事挪用库银。因官吏侵占而使公帑亏空，当然应该由亏空的官员来弥补，因事挪用，如皇上南巡，办差用银，挪用了库银，那么此款该由朝廷支付，动用国库银两予以弥补，也不应该通过征耗的方式把它摊在百姓身上。

其五，必征耗银的理由之五是朝廷拿不出钱来给官员养廉，给地方做“公费”银。这也不对。问题首先是这两项开支是不是该由朝廷出，既然该出，朝廷就应该承担。其次是朝廷有没有钱，拿不拿得出来。从当时实际情形看，只要愿意，这笔钱是可以筹到的。山西一省最早实行耗羡归公，雍正元年就实行了。第二年，雍正帝下谕在全国各省实行此制。当时，国家收支情况并不坏，国库存银不少，尤其是雍正三年以后，库银更是急剧增加。雍正元年，国库有银2371万余两，雍正二年为3162万余两，雍正三年为4043万余两，雍正四年增为4740万余两，雍正五年又增为5525万余两，雍正六年是5823万余两，雍正七年、八年都超过6000万两，由于用兵准噶尔，军费开支大，库银减少了一些，雍正九年是5037万余两，雍正十年4439万余两，雍正十一年、十二年、十三年都是3000多万两。[①]13年中，国库存银长期在3000万两以上，而且其中有8年每年库银超过4000万两，有5年超过5000万两，雍正七年、八年更超过了6000万两，库银之多，超过以往任何朝代。那么，只要至高无上的天子有决心，愿意每年从国家正项4000万两左右的收入，从国库4000万—5000万两的库银，拿出300多万两银子，供地方官员养廉之用和必需的地方公事之用，还是办得到的，不致影响朝廷收支大局。雍正帝曾经提出“欲俟将来亏空全清，府库充裕之日”，将耗银“渐减渐革”，亏空之情，早已成为过去，十六七年以来，国库都未亏空，“府库充裕之日”早已来临。所以，要取消耗银，不征耗银，不提解耗银，取消耗银归公之制，经济方面的条件，库存银两的数量，是办得到的。当年雍正帝下谕在全国各省实行“耗羡归公”时所提出“欲俟将来亏空全清，府库充裕之日，渐减渐革”的日子已经来临，条件已经具备了，问题是天子能不能下决心了。

其六，必征耗银必行“耗银归公”制的理由之六，也是最主要的理由是，以前滥行科派，官员贪婪，吏治腐败，公私交困。实行“耗羡归公”后，“迹近加赋，而实减之”，耗银较前，减少大半，而且可以“禁绝私派”“吏治肃清”“民亦安业”，官员人人皆“能为清官”。揆诸历史实际，这个最主要、最有影响力的理由，其实是不能成立的，根本没有出现，也永远不能出现这样的局面。官员不仅不能“人人皆能为清官”，而且大多数地方官员并非廉臣，或者换句话说，多数官员都是苛索小民、侵吞公帑的不廉之臣，“养廉银”并未能使多数官员洁身自好。地方大员的养廉银确实也不少了，总督是13000两到30000两，巡抚是10000万两到15000两，布政使多是8000两，按察使6000两上下，而且总督、巡抚还有几千两的书吏纸张工食银，布政使、按察使也有进项，如果他们真想做到不贪不取，还是有经济条件的，但是，一则督抚藩臬多有贪婪之心，二则如果出现了“政以贿民”“官以赀进”的局面，内阁、军机处、六部大员索要“馈献”，皇上想得“贡礼”，那

① 中国第一历史档案馆：《康雍乾户部银库历年存银数》，《历史档案》1984年第4期。

么，这笔“养廉银”和“地方公费银”是不够用的，那就是只有贪婪而不重廉了。州县官的条件更差，不只要应酬督、抚、司、道上司的需索，而且“地方公事”的开支，也无银可用，按照会典所载，各省多达500多款可以开支的“额定公费”中，都没有州县的收入，一县、一州，一府，如果有“地方公事”，只能自筹银钱，或摊之于民，或挪用公帑，或用自己每年只领千两左右的“养廉银”（知县养廉银多是600、1000两，知州多是800、1000两，知府2000两上下）。处在这种压力之下，有多少州县官能一文不取，两袖清风？

第二，“耗外有耗”。雍正二年起在全国推行的“耗银归公”（官方喜欢称其为“耗羡归公”或“耗羡提解”），雍正帝讲得清清楚楚，今后只许减耗，不准增耗。然而煌煌圣谕，消灭不了劣官贪婪之心，相当多的州县，或明征，或暗算。实际上是“耗外有耗”，河南巡抚石文焯于雍正二年正月二十二奏请实行耗羡归公时，奏称，河南省“通盘合算，（耗银）约有一钱三分有零”。[①]可是，过了五年，雍正七年八月初三，河南山东总督田文镜奏：过去，“耗羡之多寡，则按各州县所披征收之数，而州县从前每有征多报少之弊”，“故豫省州县，自一钱一分起，至一钱二三四五六七分不等。其一钱七分者不及十处”。“而东省（山东省）州县卫所，每两概加耗银一钱八分，而百姓完纳，连戥额即需二钱，此奉公守法之员如此者，收戥略重，则又不止此数矣。臣查东省州县钱粮耗羡，其初亦多寡不一，有一钱二三分，至二钱以上者”。因带征康熙五十八年等钱粮，“所以昔年火耗本少者，亦以一钱八分为率，以肥私囊”。[②]

第三，敛银百万。康熙四十二年（1703年）十二月十九日，康熙帝玄烨谕大学士等官：“又闻各省火耗，俱是加一，钱粮最少者，唯有甘肃，通计政额共二十八万有奇，加耗亦且二万八千。”[③]这一年，官府册载征赋田地为561万余顷，征赋银2639万余两，按耗率加一计算，当征耗银263万余两。《清史稿》卷125，《食货六》载，乾隆三十一年，岁入为二千九百九十一万两有奇，耗羡为三百万两有奇。嘉庆《大清会典事例》记载，各省起运耗银2047565两，存留耗银1498586两，两者相加，各省共征收耗银3546421两。

---

①《雍正汇编》册2，第527页。

②《雍正汇编》册16，第266页。

③《清圣祖实录》卷214，第18、19页。

一年征收耗银300万～350万两，十年下来，就是3000万两。从雍正元年（1723年）年开始实行“耗银归公”起到宣统三年（1911年）清帝逊位，共188年，即使按一年300万两计，也征收了5.644亿两。何况，嘉庆《大清会典事例》又载称，嘉庆二十五年（1820年）规定，各省“耗定耗羡章程”载，各省征收额定耗羡并盐规，匣费、关税火耗羡余、盐茶羡余、杂税盈军、公体、铜价等银，一年共征银4787126两。[①]嘉庆二十五年到宣统三年为91年，每年比300万两雍乾耗银数多了178万余两，91年为161980000两，多了1亿多两。不管是什么样算法，都表明，清帝通过“耗银归公”，每年敛取了几百万两银子。

第四，帝获巨利。一年几百万两耗银，为雍正帝解决了官俸太低、公费无出、亏空严重的大难题。雍正规定，归公后的耗银，用途有三，一系官员养廉，二是公务用费，三为弥补亏空。一年几百万两耗银，为发给官员两三百万两养廉银和公费银，提供了财政保证，也弥补了数百万两各省藩库亏公。现以最早实行耗银归公的山西、河南二省为例。雍正三年二月初八，山西布政使高成龄具体奏述了年收耗银40余万两，支付养廉银11万余两及各种用费，扣存弥补亏空银20万两：伏查晋省州县征收钱粮向来火耗最重，每正项一两竟加耗三四钱及四钱五六分不等。雍正元年五月十二日抚臣诺岷到任后仰体皇上轸念民瘼至意的议裁减，如原来及加二者照旧征收，加二以外者尽行裁去，止以加二为率，通省耗银约计五十万两经。抚臣奏明，除应给各官养廉并通省公费等项需银三十万两外，扣存银二十万两，弥补无着亏空，统俟收齐耗银之日，将收除实在数目造册奏闻。等因遵照在案。今查雍正元年分按各州县收耗实数每正项一两有加一钱者。有加一钱二三分至一钱七八分者，亦有至二钱者，共应收耗银四十九万五千六十八两零，内除参革各官亏用未解耗银五万三千五百一十九两零，现在行追民欠未完耗银一万四百五十两零，仍随正项征收外，实收耗银共四十三万一千九十八两零。内扣存司库弥补亏空银二十万两，给发过各官养廉共银一十一万五百一十三两零，给发过各州县杂项繁费共银一万一百五十八两零，倾销脚费共银三千一十八两零，御塘马匹加增料草共银八千七百六十六两零，晋省公费共银七万一千一百两零，尚余剩银二万七千五百四十一两零。[①]

① 光绪《大清会典事例》卷170，引录嘉庆：《大清会典事例》。

第二年，雍正四年十月初四日，山西巡抚伊都立奏：雍正三年，应征加耗钱粮2865977两，“共该耗羡银四十九万五千七十七两零，已征过耗羡银四十六万七千七百九两零，共开除各官养廉、公费等项银二十九万四十六百三十一两零，共存库银一十七万三千七十七两零，未征完银二万七千三百六十七两零，俟征完之日内，拨存库银二万六千九百二十二两零，以足二十万两之数”。[②]

雍正二年正月二十二，河南巡抚石文焯奏：“窃照州县亏空钱粮，已成积习，现拟尽除节礼规礼，革除地方公事捐派，各州县征收耗银一律解送司库。赔垫之项久邀睿鉴无遗，悉于耗羡内支应不复议捐外，每年约可余耗羡银十五六万两，解贮司库，以为弥补亏空抵还借项及办公事之用，是旧有之亏空可以补完，库帑不致悬欠矣。州县既不送上司之礼，又无公捐之项，所给养廉足资食用，不但永无亏空，抑可以砥砺廉隅。至于上下各衙门，俱有养廉，皆可专心供职，实力办公，即有不肖上司希冀苛求属吏，亦无所施其伎俩，是勒索之事亦可永绝矣。征收钱粮，既委员拆封，耗归公贮，州县更不能于额外加增，地方百姓自无重耗之累，所有亏空，悉于所余耗羡内划补，无论新任旧任皆无苦乐不均之叹矣。臣查地方公丝毫不能侵那将来库项永无亏缺矣所有耗羡各州县轻重不等以库平计之大概绅衿一分内外民户一分三四厘不等通盘合算约有一钱三分有零统计全省额征地丁银三百六万余两约耗羡银四十万有零除通省各官酌量分别给以养廉及每年有各项杂用公费。”[③]

各省藩库亏空银，经过几年弥补后，数百万亏空银已经补足，耗银犹有剩余，贮于藩库。雍正十三年八月初五日，山东巡抚岳濬奏述藩库耗羡银、公费银情况，可以作为一个例证。

“山东巡抚臣岳濬谨奏为查奏东省藩库耗美存公二项实贮银数仰祈圣鉴事。窃照东省雍正十一年分地丁银两正值奏销之期，臣循例赴布政司衙门查验地，丁等项俱各实贮在库，此外有耗美存公二项经臣于雍正十二年岁底查明实贮银数，于本年正月二十四日缮折奏明，今盘查藩库，复经点验。查得耗美银两一项历年存贮地支剩，以及本年自正月起至七月底节次

①《雍正汇编》册4，第434、435页。

②《雍正汇编》册8，第228页。

③《雍正汇编》册2，第526、527页。

新收，现在实存银七十四万五千八百七十二两六钱九分零。又查得存公银两一项，历年存贮支剩以及本年自正月起至七月底节次新收，现在实存银一十九万一千一百七十一两四钱一分零。以上耗羡存公二项共计银九十三万七千四十四两一钱一分零，俱系实存在库并无亏缺。”[①]

第五，征耗即加赋。耗银是从田地正赋银之外，按正赋多少而分别征收的，就是田地正赋之外的附加赋，征耗就是明朝末年辽饷、剿饷，练饷的清朝版。康熙默认“各省火耗，俱是加一”，实行有耗银之实，无加派之名的耗银政策。雍正实行“耗银归公”政策，分别违背了父皇康熙帝、皇祖顺治帝的“永不加派”“永不加赋”的祖制。

四、革规礼　给养廉银

康熙中年以后，总督、巡抚、布政使、按察使、道员等地方大员，索要属下官员规礼银的行为，极其普遍，几乎达到无官不收的严重程度。两江总督一年有规礼银数十万两。两广总督、广东巡抚，一年有规礼银20万两。湖广有盐规16万两。山东巡抚有规礼11万两。全国有8位总督、18位巡抚、19位布政使、18位按察使、90几位道员、180余位知府，人人皆收大量规礼银，一年下来有几百万两，藩库怎能不亏空，百姓怎能不遭赋外之赋、役外之役、税外之税的残酷盘剥，吏治怎能不腐败，贪官怎能不大量产生？自诩要“振数百颓风”的雍正帝，便在实行“耗银归公”的政策时，宣布革除祸国殃民的规礼，给地方文官发放养廉银。

发放养廉银初期，标准不太统一，银数一般不多，常以“皇上赏给养廉银”名义办理。比如，雍正四年（1726年）七月初一，山西巡抚伊都立奏：“山西巡抚衙门，经前抚臣诺岷奏明，蒙皇上每年赏给养廉三万一千七百两。”[②]

一些省官员的养廉银的数量，定得很不合理，需要修订，如陕西省。

雍正三年（1725年）八月初四，陕西榆林道道员朱曙荪参劾年羹尧分配养廉银不公说：

①《雍正汇编》册28，第919页。

②《雍正汇编》册7，第555页。

“养廉之宜定有成数也。凡各省以火耗养廉，禁止馈送，俱视缺之大小繁简，从公酌议，苦乐相均。独年羹尧在陕西，则全无公道，唯以爱憎为有无。如西安府则有养廉银一万二千两，潼商道王全臣久在军前，反无分文。又当年因胡期恒署理驿道，则议养廉银四千两，而榆林、神木乃穷边最苦之缺，亦无养廉。是朝廷之公项，竟作年羹尧赏罚之资，则受禄公朝，感恩私室，阿谀逢迎，不堪问矣。伏乞敕谕督抚两臣，从公酌议，定有成数，则陕西大小诸臣皆沐圣主恩赐于无穷矣。”①

川陕总督岳钟琪于雍正四年二月十二，奏上新的陕西省分给各级官员养廉银方案，帝命再行试看。

岳钟琪于雍正五年九月初四，与四川巡抚宪德联名奏上四川巡抚、布政使、按察使、道员、知府、知州、知县、笔帖式养廉银、公费银的折子。奏折的第一部分是讲应给养廉银的理由：

“臣等查四川一省，各府州县历来私派甚多，钱粮滥加重耗，额外勒索陋规，地方官一举一动，莫不取之民间，以致供应浩繁，小民疲于奔命。我皇上澄清吏治，惠养群黎，时仅宵衣旰食之怀。臣等仰体圣恩，通行各属，凡一切地方，科派陋规尽数革除，又严加访察，稍有违犯，即行具疏题参，务期大法小廉，共矢精白。但居官清慎，分所宜然，而俸薪之外，若不留给羡余，则养廉无借，未免拮据称难，臣等以为，欲励各官之操守，必须酌给各官之养廉。”②

奏折的第二部分是讲参照陕西省养廉、公费银例定，分发给巡抚、布政使、按察使、道员、知府、同知、通判、知县、笔帖式的养廉银：

“而养廉之费，莫若照陕西省提解火耗之例，通盘核算分给。查四川通省正额条粮银共三十三万三千五百六十七两零，历来各州县征收火耗，多寡不等，钱粮多者火耗亦多，一年费用之外，常有盈余。钱粮少者火耗亦少，一年资给之薪。每苦不足，似觉偏枯不等。臣等从公会议，

①《雍正汇编》册5，第728页。

②《雍正汇编》册6，第798页。

自当裒多益寡，酌盈济虚，庶竟均平划一。今请将通省钱粮额征一两，止许加耗三钱，较之从前重戥滥征，已减其半。若将来田土日辟，正赋日增，火耗又可以酌减，小民既少派累，各官养廉有资。臣等就计川省实征粮银三十三万三千五百六十七两零，酌得火耗银一十万七十两一钱六分零，内查历来各州县解交布政司衙门粮规每两六分，共该银二万零一十四两三分二厘，内分解臣岳钟琪总督衙门粮规三千三百三十两，经臣题明，以充川省公用。又解臣宪德巡抚衙门粮规六千六百六十两。除分解外，实存司粮规一万二十四两三分二厘，即留为布政司养廉。尚余火耗银八万零五十六两一钱二分八厘。计道官四员，每员议给养廉银一千五百两。知府八员，内成都、重庆二府，地冲事烦，每员议给养廉银二千四百两，龙安府地僻事简，议给养廉银一千六百两，其余五府，每员议给养廉银二千两。同知通判等官共十员，每员议给养廉银四百两，内理事同知一员加银二百两。巡抚衙门笔帖式二员，每员议给养廉银六百两。此外各州县中冲僻不一，今列为三等，首冲州县十处，每员议给养廉银六百两，内绵州系新请改为直隶州，拟加养廉银二百两。次冲州县二十二处，每员议给养廉银五百两，内邛州、雅州、嘉定州、泸州系直隶州，并新请改设直隶州之资州、茂州，每处议加养廉银二百两。偏僻州县八十三处，每员议给养廉银四百两，内眉州、潼川州，系直隶州，每处议加养廉银二百两。统计留充公用，并巡抚司道府厅冲僻州县，以及笔帖式等官养廉，每年共合动用火耗银九万九千八百一十四两三分二厘，余银二百五十六两一钱二分八厘，亦应留充公用。”

第三部分是讲参考陕西给以官员公费银的情形，分发给四川公员公费银：

“但查陕省州县各官，于养廉之外，仍照冲僻，另给公费银两，以办公务。今川省火耗之钱，除给各官养廉之外，再无余银另给公费。今所给银数，不但办公无项，即于养廉亦恐不敷。倘遇地方一切公事，窃恐一时难以猝办。臣等再四踌躇，细加酌议，因查从前川省各州县衙役工食，自扣捐后，俱系里民帮贴，今各项杂派尽行革除，议留此一项工食银两，以资不足，且应定其数目，不致任意派累。今将首冲各州县，议留工食四十名，每名贴银十二两，共银两四百八十两，次冲每州县三十五名，共银四百二十两，偏僻每州县三十名，共银三百六十两，虽名为帮贴工食，实为该州县养廉办公之用，而各州县再有此项银两，庶于公私有济，凡事不致掣肘，是各官养廉，公费均为议给，自当洁己奉公，不敢再滋私派，而百姓于钱粮火耗并工食帮贴之外，别无派累，则官民两有裨益。倘不肖州县于此工食之外，再有借名科派之弊，一经臣等查实，即行参究。至于川省盐茶，现在彻底清查。其按察司衙门旧有盐茶规例银二万七千七百三十八两三钱零，内有陕西总督衙门规例银二千六百九十九两四钱八分八厘，经臣岳钟琪题明留充公用。又四川巡抚衙门规例银一万二千四百四十九两零，今议留臣宪德养廉，再酌留银五千两以为按察司之养廉，其余剩银七千六百八十九两九钱零，并已经议给养廉经管盐茶之州县，从前所得羡余银数俱应解贮藩库，以充通省公用。但盐茶羡余，数目不一，容俟臣等查清核定之日，另折会奏。再查叙永同知、建昌通判、遵议府通判、皆系经收税务之员，令税银已奉文尽收尽解，自不便再有动用。臣岳钟琪仰遵朱批恩旨，会同抚臣宪德，于税银内，每员酌留银六百两，以为养廉。其余收税之道府州县，既已议给养廉，应将经收税羡银两除俱量给收税书役工食外，余银统行报解，如有征多解少，即以侵蚀题参。臣等为官民两便起见，不揣愚昧，敬陈末议，理事缮折密奏……各官养廉银两，臣等公议，即以雍正六年为始，照数分给。”

各省养廉银的来源不尽相同，数目也不一样，尤其是司、道、府、州正员及佐二官员的养廉银及衙署公费，《通考》很少具体记述。现从《雍正朝汉文朱批奏折汇编》中，找出了云南、江苏、安徽、贵州四省官员养廉银及公费史料，很具体，很详细，很珍贵，一般读者很难看到，现分别引录如下。

“雍正七年正月初十日安徽巡抚魏廷珍上折奏称：臣奉上谕计议各官养廉一件。臣随查署布政司盐臣噶尔泰送到雍正六年各属实征册开安徽等属共额征丁地杂办芦课等项银两并本折米麦豆漕粮通计共银二百三十一万八千一十六两零，臣会同督臣范时绎计议，又据署布政司噶尔泰称，其漕粮正耗米二十六万六千二百七十七石零，所有耗羡止敷充运之费，其各属解司道本色米麦豆六万九千余石所有耗羡，亦止敷州县解省船脚舵脚沿途折耗之费，均毋庸提解耗羡外，实计共征银一百九十八万二千七百三十九两零，今请自雍正七年为始计提加一耗羡银一十九万八千二百七十三两零。又查康熙五十五年以后各州县府欠钱粮应将具征完解司之耗羡一并录入册报。至各府州县卫分给养廉，应照其征。解分数之多少，扣算给发。再如有钦工采办木植金砖物料等项所需诸费，以及府州县卫有紧急公务所需银两，许其具详，在司支领。司即核实其所需实在数目年底统报开销。再上江钱粮，止抵下江一半，所以各官养廉从俭，亦因地方钱粮之局面而定也。至折中所开各项公费之内，如有临时减存节省之项，仍存在库，一并具报。合将通省公务所费及各官养廉约计支存数目开陈睿览。计开：一、总督衙门赍表路费银一百二十两；一、总督衙门修理执事银九十六两；一、总督衙门吏书各役廪工纸张火药共银一千六百三十两；总督衙门奏清书银二百两；一、将军衙门纸张旗尉工食银三百八十两；一、将军公衙门皂役工食银一百八两；一、将军总督阅操银一百四十两；一、锦衣卫役工食银二十七两四钱；一、总督巡抚衙门攒造各标营粮饷各案奏册纸张银二百四十二两；一、巡抚衙门吏书廪工银一千二百两遇闰加银一百两各役工食银九百七十三两二钱；一、巡抚衙门心红纸张本章包袱本箱银五百一十两；一、巡抚南北提塘纸张饭食银一百六十六两；一、巡抚衙门京中提塘公费银四百两；一、巡抚衙门岁修执事银一百二十两；一、巡抚衙门造报马田奏销银六十两；一、巡抚衙门三年一次捐河工桩木银三百七十五两；一、总督衙门旗手人役工食银二百二十四两；一、提学衙门心红纸张书役承卷各役廪工银一千一百八十八两；一、巡察衙门缮奏书役工食银一百二十两；一、每年户部户科奏销费用银四千七百两；一、每年刑部饭食银一千八百两又水脚银九十两；一、文武科场供应上下江分理六年一次除开正项外仍协贴银六千两应每年扣出银一千两，今雍正已酉科轮应上江料理科场应当年扣银六千两如临时有整理号舍等项费用另行开报；一、坐京提塘工墨盘费银一千两；一、江宁塘饷银一千两；一、江宁岁修省城银五百两；一、江宁养喇嘛银一百八十二两五钱五分；一、每年藩库解饷到部约需解费等项二万余两；一、粮道每年解饷到部约需解费银四千两；一、每年藩司衙门采办颜料锡蜡等项每年市价低昂不一约需协贴银二万余两；一、布政司衙门各节表笺银一百四十两；一、布政司衙门书吏廪工银一千二百两；一、布政司衙门造册纸张银九百六十两；一、驿道奏销部科解费银二千二百两；一、总督衙门养廉银六千两；一、巡抚衙门养廉银八千两；一、提学衙门养廉银一千五百两；一、巡察衙门养廉银一千二百两上下江共二千四百两；一、布政司衙门养廉银八千两；一、按察司衙门养廉银六千两；一、粮道衙门养廉银三千两；一、驿道衙门养廉银三千两；一、凤阳道衙门养廉银二千两；一、安徽凤庐宁池太七知府养廉共银一万四千两；一、安徽凤、宁、芦、池、太等府七同知、七通判养廉每府二千两每人三百两，共四千二百两；一、大州县养廉一千两，等九处，共银九千两；一、中州县养廉八百两，怀桐等三十处，共银三万四千两；一、小县养廉六百两初黟等二十一处共银一万二千六百两；一、各卫养廉四百两新宣等十一处。共银四千四百两。

以上通省公务及衙门养廉共银一十七万八千八百零二两一钱五分，共提耗羡银一十九万八千二百七十三两零，内除通省公务各衙门养廉共银一十七万八千八百零二两余外，仍存银一万九千四百七十一两零，以为临时有公务急需及每年钱粮征解不能十分额数之开除。又据署司噶尔泰开徽州耗羡有不足加一者，此应查明另报，合并奏明，伏祈明示施行。谨奏。”[①]

雍正七年二月，江西巡抚李兰奏称：“江省公用、养廉，自雍正五年分款派提，于通省钱粮加一耗羡之内”支付。除去各项开支，雍正六年“共提解司库耗银十二万八千六百五十余两”，加上漕米耗银、京饷饭银12640两，再加上“各衙门盐规银四千六百三十三两”，“其实解司库银一十四万五千九百二十余两”。扣除“督、抚、藩司书役工食、纸张、火药、表笺等项银六千三十两。又臬司、粮驿二道未销部费、押运赴淮公用等银八千七百三十三两一钱”。“督、抚、司、道及知府、同知、通判，匀给养廉银共七万二千九百七十六两零”。另外，“余银五万五千三百八十余两，以充通省公务及春秋二饷解费、地丁奏销并颜料、铜斤、木植、水脚、塘饷、报资、科场等项之用”。李兰并详列养廉银及公用银开支清单：

“江西原议各官养廉银七万五千二百八十七两二钱，今酌定养廉银七万二千九百七十六两。内：一、总督衙门原议养廉银四千四百两，经原任抚臣布兰泰奏明增给银一千八百两，今六千二百两；一、巡抚衙门原议养廉银八千八百两，经署抚臣张坦麟奏明定额一万两内，除盐规三千两应于司库动银七千两；一、布政司原议养廉银八千五百四十七两，今酌定八千五百两；一、按察司原议养廉银五千七百六十一两五钱，今酌定六千两；一、粮道原议养廉银三千二百六十二两，今酌定三千五百两；一、驿盐道除盐规银一千九百二十九两六钱外，原议养廉银一千九

①《雍正汇编》册14，第316、317、318、319页。

百六十八两，今盐规一并归公，酌定三千两；一、饶九道原议养廉银一千六百七两八钱，今酌定二千两；一、赣南道原议养廉银一千五百六十七两九钱，今酌定二千两；一、南昌府知府原议养廉银二千七百六十三两，今酌定二千四百两；一、南昌府同知一员，原议养廉银一千一百五十两，今酌定六百两；一、南昌府通判一员，原议养廉银二千九十六两，今酌定六百两；一、瑞州府知府原议养廉银一千二百六十七两，今酌定一千四百两；一、瑞州府同知一员原议养廉银六百四十七两，今酌定六百两；一、端州府通判一员原议养廉银五百九十三两，今酌定六百两；一、袁州府知府原议养廉银一千二百九十八两，今酌定一千四百两；一、袁州府同知一员，原议养廉银六百五十九两，今酌定六百两；一、临江府知府原议养廉银一千五百六十二两，今酌定一千四百两；一、临江府通判一员，原议养廉银八百一十九两，今酌定六百两；一、吉安府知府原议养廉银三千七十四两，今酌定二千两；一、吉安府同知一员，原议养廉银一千二百二十九两，今酌定六百两；一、吉安府通判一员，原议养廉银一千三百五十九两，今酌定六百两；一、抚州府知府原议养廉银二千四百七十四两，今酌定一千六百两；一、抚州府通判一员，原议养廉银六百八十八两，今酌定六百两；一、建昌府知府原议养廉银一千四百三两，今酌定一千四百两；一、建昌府同知一员，原议养廉银六百四十一两，今酌定六百两；一、建昌府通判一员，原议养廉银三百二十三两，今酌定六百两；一、广信府知府原议养廉银一千四百九十四两，今酌定一千六百两；一、广信府同知一员，原议养廉银五百九十七两，今酌定六百两；一、广信府通判一员，原议养廉银四百一十二两，今酌定六百两；一、饶州府知府原议养廉银二千一百八十七两，今酌定一千八百两；一、饶州府同知一员，原议养廉银八百七十四两，今酌定六百两；一、饶州府通判一员，原议养廉银一千一十四两，今酌定六百两；一、南康府知府原议养廉银一千二百八十五两，今酌定一千四百两；一、南康府同知一员，原议养廉银六百五十四两，今酌定六百两；一、南康府通判一员，原议养廉银三百三十一两，今酌定六百两；一、九江府知府原议养廉银一千三百八十三两，今酌定一千六百两；一、九江府同知一员，原议养廉银六百三十三两，今酌定六百两；一、南安府知府原议养廉银一千二百八十五两，今酌定一千四百两；一、南安府同知一员，原议养廉银五百九十四两，今酌定六百两；一、赣州府知府原议养廉银一千四百五十两，今酌定二十两；一、赣州府同知一员，原议养廉银五百八十两，今酌定六百两；一、赣州府通判一员，原议养廉银六百两，今仍旧六百两；一、安远长宁定南三县共添给养廉银七百七十六两。

酌存均派各官养廉单江西额征一万两以下雩都等十县养廉，原议免提耗银，今仍旧。内：一、宇都县额耗银九百八十一两，今仍留为养廉；一、石城县额耗银九百七十二两今仍留为养廉；一、泸溪县额耗银八百一十八两今仍留为养廉；一、崇义县额耗银七百五十五两今仍留为养廉；一、瑞金县额耗银七百两今仍留为养廉；一、龙南县额耗银六百七十五两今仍留为养廉；一、会昌县额耗银六百一十一两今仍留为养廉；一、兴安县额耗银六百三十八两今仍留为养廉；一、永宁县额耗银六百三十三两今仍留为养廉；一、上犹县额耗银六百两今仍留为养廉。

额征五千两以下安远等三县养廉，原议免提耗羡，因养廉不敷今酌定添给。内：一、安远县额耗银三百二十一两今添给一百七十九两共养廉银五百两；一、长宁县额耗银二百三十三两今添给二百六十七两共养廉银五百两；一、定南县额耗银一百二十两今添给三百三十两共养廉银四百五十两；额征二万两以下武宁等一十五州县养廉原议存耗三分九厘，今酌存五分；一、武平县酌存养廉银九百九十九两；一、德安县酌存养廉银九百七十六两；一、萍乡县酌存养廉银九百六十八两；一、弋阳县酌存养廉银九百六十六两；一、德兴县酌存养廉银九百五十三两；一、安义县酌存养廉银九百二十三两；一、广昌县酌存养廉银九百六两；一、龙泉县酌存养廉银七百八十五两；一、宁州酌存养廉银七百七十九两；一、广永丰县酌存养廉银六百八十五两；一、瑞昌县酌存养廉银六百八十五两；一、大庾县酌存养廉银六百四十三两；一、靖安县酌存养廉银五百三十两；一、星子县酌存养廉银五百二十八两；一、信丰县酌存养廉银五百一十三两。

额征三万两以下赣县等二十二县养廉，原议存耗三分九厘，今酌存四分。内：一、赣县酌存养廉银一千一百九十七两；一、峡江县酌存养廉银一千一百七十二两；一、南城县酌存养廉银一千一百五十七两；一、上饶县酌存养廉银一千一百三十两；一、奉新县酌存养廉银一千七十三两；一、彭泽县酌存养廉银一千六十三两；一、德化县酌存养廉银一千五十二两；一、新城县酌存养廉银一千二十一两；一、都昌县酌存养廉银九百八十九两；一、南康县酌存养廉银九百七十八两；一、玉山县酌存养廉银九百五十二两；一、南丰县酌存养廉银九百四十九两；一、浮梁县酌存养廉银九百一十两；一、铅山县酌存养廉银八百八十八两；一、万年县酌存养廉银八百九十九两；一、万载县酌存养廉银八百七十八两；一、万安县酌存养廉银八百六十九两；一、兴国县酌存养廉银八百五十九两；一、湖口县酌存养廉银八百二十四两；一、上高县酌存养廉银八百一十四两；一、安仁县酌存养廉银八百八两；一、分宜县酌存养廉银八百两。

额征四万两以下泰和等一十六县养廉，原议存耗三分九厘，今酌存三分五厘。内：一、泰和县酌存养廉银一千三百八十三两；一、新淦县酌存养廉银一千三百六十三两；一、宜黄县酌存养廉银一千三百四十二两；一、吉水县酌存养廉银一千三百八两；一、余干县酌存养廉银一千三百一两；一、吉永丰县酌存养廉银一千二百二十二两；一、宁都县酌存养廉银一千二百五十两；一、新建县酌存养廉银一千一百六十三两；一、建昌县酌存养廉银一千一百四十五两；一、金谿县酌存养廉银一千一百三十二两；一、高安县酌存养廉银一千一百二十七两；一、宜春县酌存养廉银一千一百一十八两；一、贵溪县酌存养廉银一千一百六两；一、东乡县酌存养廉银一千六十两；一、新昌县酌存养廉银一千五十九两；一、进贤县酌存养廉银一千五十八两。

额征五万两以下安福等六县养廉，原议存耗三分九厘，今酌定三分。内：一、安福县酌存养廉银一千三百七十六两；一、永新县酌存养廉银一千三百六十六两；一、乐安县酌存养廉银一千三百一十三两；一、新喻县酌存养廉银一千二百四十七两；一、崇仁县酌存养廉银一千二百二十一两；一、乐平县酌存养廉银一千二百一十一两。

额征五万两以上丰城等六县养廉，原议存耗三分九厘，今酌存二分五厘。内：一、丰城县酌存养廉银一千七百一十两；一、临川县酌存养廉银一千五百三十六两；一、南昌县酌存养廉银一千四百七十六两；一、产陵县酌存养廉银一千四百七十六两；一、鄱阳县酌存养廉银一千三百三十七两；一、清江县酌存养廉银一千二百五十九两。”[①]

云南总督鄂尔泰于雍正五年十月初八上折，奏述将公件（即私派）、耗羡、节礼银等项银，通共计算后，分给司、道、府、州、县官员养廉银及给各属办公银情形，详细，具体。现引录如下：

---

①《雍正汇编》册14，第717—724页。

“云南总督臣鄂尔泰谨奏为奏明酌均公件耗羡以昭画一事。窃惟滇居边末，赋少事烦，通省民屯额赋，每年仅征银一十九万余两，秋粮止二十万余石，各属条粮秋粮火耗除起解司道二库平奏款费之外，余剩无几，而衙役工食等项原无额设，俱系自给，故谷从前各府州县薪水日用，以及夫马，一切公事，俱派民间办应，官派一分，衙役数倍之，地方乡保又数倍之，群虫分肥，每年私派不下三四十万，小民困苦异常，此滇省向年之陋弊也。迨杨名时到任，于康熙六十一年间，将各属公事核其应需者，每年照粮均派，随正完纳，勒石晓谕，名曰公件银两，此外不许再加派扰，使小民知有定额，不受书役之苛索，在有田之百姓，因向有隐射或侵占无粮之田，亦乐于完纳，数年以来，百姓安之，已视同正额。但各属粮额多寡不一，在当日酌定，亦仍有不均，臣再四思维，若将此公件银两概行革除滇省火耗无几，各项公事难以办应，转恐不肖有司复开私派之渐，若照旧听其自收自用，弊端百出，实无以善后。因檄今各属造册呈送，即按所送册内款目，面与司道逐一细核，有必需者斟酌议留。办公余各尽行裁去，节省办理。查通省粮条火耗，除去解费，约余银一万三千八百一十四两零，税秋羡余除去道款约余银一万四千九百二两零，公件银一十一万四千六百四两零，内除寻甸路南顺宁和曲禄劝等府州摊丁盐课共银三千三百三两零，实该公件银一十一万一千三百一两零，各项共银一十四万十七两零，除永北府并永平县原未定有公件外昆明等五十五州县并广南北元江开化顺宁鹤庆蒙化景东丽江等八府，共留办公银二万二百七十七两零。养廉银内，除元江一府，其广南昆明等六十二府州县，共给银四万五千二百三十六两零。所留养廉银，准其按月扣留应用，如无动用，仍存留移交，不得别用，倘有挪移亏空，典正项钱粮一例参追。实应解司库银七万四千五百四两零。此外尚有黑井提举司每年应送督抚布按节礼银一千六百八十两，白井提举司应送节礼银八百两，琅井提举司应送节礼银一千二百一十六两，仍应照旧起解通共该解司库银七万八千二百两零。至各属公项中，如督抚两院与布政司粮盐二道衙门俱有养廉节礼一项，应俱裁革。云南曲靖大理永昌楚雄元江六府向有税规，普洱通判有征收秋粮羡余，可以养廉，均毋庸议给。其临安澄江广西姚安武定等五府及按察司永昌道衙门，别无养廉，全赖节礼为日用盘费幕宾东修之需，应于解司公项内，每年议给按察司银四千两，永昌道银三千两，临安等五府银各八百两，共银四千两，按季赴布政司库请领。又云南曲靖临安开化大理五府同知通判各二员，永昌永北楚雄武定四府同知各一员，澄江广西鹤庆顺宁四府通判各一员，俱属冷署，亦别无养廉，每员应量给银四百两，共银七千二百两。以上司道府厅共该养廉银一万八千二百两，俱令按季赴司请领。臣通盘计算省中各项公费有纸张役食修理资助，并赍奏颜料兵丁犒赏部办饭食，以及三年文武科场等项，每年应需银二万两，尚节省银四万两，应请归公充饷，如此庶通省公事无误，而各属养廉有资矣。但公件名色既条例所无，亦别省所未有臣未便详叙，拟将归公银四万两作为火耗羡余，并各衙门节礼等项题报充饷。再滇省田地欺隐者，已陆续清出，未清者现在委员勘丈又开例招垦，钱粮自必渐增，如各府州县所得耗羡，可以办公养廉，则所征公朴一项，仍应渐次裁减，合并声明。除将公费并各官养廉银两数目另开清折，恭呈御览外，伏乞圣主睿鉴，批示遵行。臣尔泰谨奏。”

云南总督臣鄂尔泰奏折，开给各官养廉银数记录为：

“按察司给银四千两；永昌道给银三千两；广南、开化、景东、鹤庆、蒙化、丽江、顺宁以上七府各给银一千两；临安、澄江、广西、姚安、武定以上五府各给银八百两；云南、曲靖、临发、大理、永昌、楚雄、开化、永北、武定以上九府同知各一员各给银四百两；澄江、广西、鹤庆、顺宁、开化、云南、曲靖、临安、大理以上九府通判各一员各给银四百两；昆明县给银一千两；太和县给银九百两；沾益州给银七百三两四钱五分；安宁、晋宁、昆阳、嵩明、陆凉、罗平、寻甸、师宗、弥勒、建水、石屏、阿迷、宁州、新兴、赵州、賔川、腾越、剑川、镇南、云州、姚州、和曲、邓川、易门、禄丰、呈贡、宜良、罗次、富民、南宁、平彝、通海、河曲、嶍峨、蒙自、新平、河阳、江川、云南、保山、浪穹、楚雄、广通、定远、大姚、元谋以上二十三州二十三县各给银七百两；马龙州给银六百九十八两二钱八分；路南州给银六百六十两九钱八分二厘；云龙州给银五百二十六两六钱七分；南安州给银五百二十六两七钱一分六厘；禄劝州给银五百七十两二钱九分；定边县给银四百四十九两八钱八分；留给各属办公银二万二百七十七两；留办省中各项公事银二万两；节省归公银四万两。”①

雍正八年十一月二十四日，江苏巡抚尹继善奏述改定前给予各官养廉银数目。原议学政养廉银1500两，现议每年2000两；河库道除原有平

①《雍正汇编》册10，第781、782、783、784页。

余1000两外，再补银1500两；驿道原有平余500两并上江分给养廉银外，再补银2000两。苏粮道给养廉银6000两；原议苏松、淮扬、常镇三道各养廉银2500两，松、常、镇、淮、扬五府各养廉2000两，“殊觉太少”，应各加养廉500两；押运千总43员，原议未给，今“应各给二百两”。“江苏正杂钱粮加一耗羡照额统算，共银三十七万余两”。[①]

雍正九年正月二十八，云南总督鄂尔泰题奏贵州省以耗银、铜厂余息，给予各官养廉银的清单：

“云南总督臣鄂尔泰谨奏为筹酌黔省养廉请旨遵行事。窃惟圣主优恤臣下实至渥而极周，大吏因地权宜，应量入以为出，即宣劳无异，而不可以不分繁简为低昂，纵品秩相同，而不得不别新旧为增损，定额必给以足数，折扣不宜。教职本近在乡邦，议给殊过，杂职虽应量给，因数少而且俟将未试用，难定人员，待岁终而统归公用，此不得不通盘合算，较多论寡者也。臣查得贵州一省税赋本属无多，故羡余为数甚少，雍正三年经前署抚臣石礼哈将额征火耗秋粮耗，暨官庄学租各米折价，以及各属税羡，并府厅州县等官名下俸银，共银五万九千二百两零奏请归公。自巡抚学政以至司道府厅州县等官分给养廉银五万二千三百两，留支一切公费银四千八百余两，存银二千零九十两，以充不时需用之费在案。但地丁粮米耗羡系有常额，犹不致缺少，税羡一项盈缩不常，不能以一时查出之数遂为定额，是以当石礼哈任内，本年即缺银九千一百六十余两不得已议将各官养廉九扣给发尚有不至九扣者。又如官庄租米，历有支给孤贫赈济寒生及囚犯解审口粮等项，原不能尽行变价，其各官俸银遇有升迁缺罚，即应除归正项，亦不能概算充公，是此二项约又缺银二千余两，再永宁一县已归川省，应除去税羡银三千六百九十余两，更加以由川割归之遵义一府，暨所属之正安等五州县，由楚割归之闻泰等五县，又新设之南笼一府永丰一州，除将本地耗羡即匀给各官养廉外，尚少三千余两，在从前公费石礼哈原奏定四千八百余两之外，尚有必需公费各项未经奏明，盖因彼时尚有普安县属滥水敬水硐税羡数千两可以支垫，雍正五年经前抚臣何世璂将此项奏请归公，统计不敷数目，每年实共缺银二万余两。今又加新辟苗疆，现在题准设立道员并同知通判县丞等官，俱应给以养廉，约共需银六千二百两。又紧要苗疆并冲繁险难各缺，亦应酌增，又约需银五千七百两。再

①《雍正汇编》册19，第493、494、495、496页。

新添必需公费各项，又约需银六千余两，以上三项共又需银一万八千余两。并无别项羡余，可以筹酌，唯有矿厂一项，如马系岭丁头山大鸡砂硃大兴等五厂，除抽收铅课留供鼓铸外，借帑售运余铅，每年约可获余息五万余两，请将此项给予黔省，以便补足石礼哈原议缺少之二万余两，并新添苗疆各员及冲繁险难各员之养廉一万一千九百两。又各官厂官后费用工食五千余两，又新添必需公费各项之六千余两，四项约共需银四万三千余两，除各项支给余银按年扣算造册报部留作收买余铅工本，如有脚价银水戥头零星节省银两，以充新辟苗疆犒赏之需，如此量入为出，庶几经久可行。前臣过黔时，抚臣张广泗询商此事，臣嘱伊再同司道详细妥筹，续知其所奏，并议及教职在各省从无此例，且伊等俱在本省，又无地方应办之事，即有差遣，亦可于公费内酌给盘缠，原不必议及养廉者，臣已切札相责，张广泗深自愧悔。而臣在黔面议诸事，于此件未曾分别说明，亦属疏略，今详细筹酌，分其新旧书别其真繁简，辨其难易，拟以实数发给，不合九扣八扣。其余杂职，如经历照磨司狱史目长官司吏目典史巡检等，黔省共七十七员，原应议给，然又约需五千余两，俟各项盈余办有成数，再行奏明议给。又发往试用人员，数之多少不能预定，时之久暂亦难预期，况内有在省学习者，应止给以薪水之需，倘遇差遣，应量给以盘费，此应开入公费项下，不应入养廉册中。臣统计养廉共需银七万一千两，倘蒙圣恩俞允，以运售余铅获息，补足原缺及新添各员养廉俱照新定之额颁发，永为定例，则难易均平大小各得，而新设之员亦更知踊跃，几沐恩施之隆，益凛水渊之操矣。除另开清折恭呈御览外相应缮折具奏，伏乞圣主睿鉴施行，臣尔泰谨奏。雍正九年正月二十八日。朱批：卿料理自然妥协，照所议行。

云南总督臣鄂尔泰谨奏：窃查贵州通省养廉原额，经前署抚臣石礼哈报明在案，续据抚臣张广泗所议增减未协及新设苗疆各员应量添给处，分晰开明恭呈御览：一、巡抚学政司道养廉，巡抚原给银八千五百两，续议未增，今议不增。学政原给银二十两，续议增银五百两，今议照数增给。布政司原给银四千五百两，续议增银五百两，今议毋庸增给。按察司原给银三千两，续议增银五百两，今议毋庸增给。粮驿道原给银二千两，续议增银五百两，今议止增银二百两。贵西道原给银一千八百两，续议增银四百两，今议止增银二百两。一新设苗疆各员养廉，贵东道议给银二千四百两，今议给银二千二百两。古州同知议给银一千两，今议照给。清水江同知议给银一千两，今议照给。八寨同知议给银八百两，今议照给。永丰州知州原给银五百两，续议增银三百两，今议照给。永丰州州同续议给银三百两，今议照给。永丰州州判续议给银二百两，今议照给。普安州州判续议给银二百两，今议照给。施秉县县丞续议给银二百两，今议照给。紧要苗疆及冲繁险难各员养廉，贵阳府知府原给银一千三百两，安顺府知府原给银一千一百两，镇远府知府原给银一千一百两，南笼府知府原给银一千两，黎平府知府原给银一千两，平越府知府原给银一千两，都匀府知府原给银一千两，续议各增银二百两，今议照数增给。大定府知府原给银一千一百两，续议增银一百两，今议照数增给。铜仁府知府原给银八百两，续议增银四百两，今议照数增给。铜仁府正大营同知原给银四百两，续议增银三百两，今议止增银二百两。南笼府通判原给银五百两，续议未增，今议毋庸增给。大定府通判原给银三百两，续议增银二百两，今议止增银一百两。威宁州知州系大定州改移原给银六百两，镇宁州知州原给银六百两，永宁州知州原给银六百两，普安州知州原给银六百两，独山州知州原给银六百两，麻哈州知州原给银六百两，续议各增银一百两，今议照数增给。黄平州知州原给银五百两，续议增银二百两，今议照数增给。贵筑县知县原给银七百两，续议未增，今议增银一百两。普定县知县原给银五百两，镇远县知县原给银五百两，贵定县知县原给银四百两，龙里县知县原给银四百两，清镇县知县原给银四百两，安南县知县原给银四百两，普安县知县原给银四百两，安平县知县原给银四百两，平越县知县原给银四百两，清平县知县原给银四百两，施秉县知县原给银四百两，都匀县知县原给银四百两，清溪县知县原给银四百两，开泰县知县原给银四百两，铜仁县知县原给银四百两，玉屏县知县原给银四百两，续议各增银一百两，今议照数增给。不冲不繁无险无难各员养廉，遵义府知府原给银二千两，续议减去银八百两，今议照数减去。思南府知府原给银八百两，思州府知府原给银八百两，石阡府知府原给银八百两，续议各增银二百两，今议应毋庸增给。贵阳府同知原给银五百两，续议增银一百两，今议毋庸增给。贵阳府通判原给银四百两，续议增银一百两，今议毋庸增给。遵义府通判原给银六百两，续议无增，今议酌减一百两。定番州知州原给银六百两，广顺州知州原给银六百两，平远州知州原给银六百两，黔西州知州原给银六百两，天柱县知县原给银四百两，永从县知县原给银四百两，修文县知县原给银四百两，瓮安县知县原给银四百两，湄潭县知县原给银四百两，余庆县知县原给银四百两，安化县知县原给银四百两，婺川县知县原给银四百两，龙泉县知县原给银四百两，印江县知县原给银四百两，锦屏县知县原给银四百两，遵义县知县原给银四百两，仁怀县知县原给银四百两，绥阳县知县原给银四百两，桐梓县知县原给银四百两，续议各增银一百两，今议各毋庸增给。毕节县知县原给银五百两，续议未增，今议毋庸增给。开州知州原给银四百两，正安州知州原给银四百两，续议增银二百两。今议查二州虽属僻处，非苗疆冲繁险难各州县可比，但原定养廉仅同小县四百两之数实不敷用，各止增银一百两。杂职教职等官，经历照磨司狱吏目长官司吏目典吏巡检共七十八员，续议添给，今议俟有盈余再行酌议。各府州县教职共一百一十七员，续议各给银四十两，今议毋庸给。以上大小各官通计养廉银七万一千两，伏候批示遵行。臣尔泰谨奏。

雍正九年正月二十八日，云南总督臣鄂尔泰谨奏：窃查贵州通省每年应需公费银两，有经前署抚臣石礼哈及抚臣张广泗报明者，有未经报明者，有虽报而难定数目，须俟岁终造报者分晰开明，恭呈御览。署抚臣石礼哈原奏明必需公费银两，每年齐送表笺共盘费银二百二十两，奏销地丁钱粮部内饭钱一千二百两，齐送奏销本章盘费银四十两，解部水硍盘费银六十六两，秋审部内饭钱二百四十两，楚豫马塘津贴银九百两，总督衙门本章盘费银一百二十两，巡抚衙门书吏廪给银一百三十二两，巡抚衙门历来取赏三营存城兵丁银一千五百两，文武科场经费银两除杂支银一千五百余两外每一科尚需垫补银五六千两不等，每年应留备银二千两。总督衙门贵州书吏每年廪给银七百二十两遇闰加增银六十两，巡抚衙门书吏每年实廪给银九百八十四两遇闰加增银八十二两，巡抚衙门书吏每年应用纸张银银一百二十两遇闰增银十两。抚臣张广泗奏明新添必需公费银两奏销驿站钱粮部内饭钱一千二百两；通省添补民壮五百零六名，每名工食银六两，每年共需银三千零三十六两；试用知县等官凡奉公务差遣办理及分任藩臬两司衙门学习者应给予盘费薪水等项，应俟每年岁终入公用册内报部；各管厂官役费用约需五千两上下亦难预定，亦应俟岁终报部。以上除试用人员及各厂费用外，共需公费银一万二千六百三十两，连前养廉银七万一千两，共八万三千六百余两。再地方公事仍有不时之需，必须存贮数千金约共需银九万两，理合陈明。臣尔泰谨奏，雍正九年正月二十八日。”[①]雍正帝朱批：“览”。

根据以上叙述养廉银的朱批奏折，结合有关史料，可以得出六点意见。

①《雍正汇编》册19，第895-903页。

第一，银数之多，空前未有。千百年来，谈到官俸，史家们不赞三古，便颂汉唐。清初史学大家顾炎武在其《日知录》中说道："白居易为盩厔尉诗云：吏禄三百石，岁晏有余粮。其江州司马厅记曰：唐兴，上州司马，秩五品，岁廪数百石，月俸六七万，官足以庇身，食足以给家。今之制禄，不过唐人之十二三，彼无以自赡，焉得而不取诸民乎。"[①]

史载，西汉时，郡太守，秩2000石，一年实俸为720石。县令，秩600石，一年实俸420石。

清朝顺治十三年（1656年）前，知府一年俸薪等银为297两，道员为327两，比西汉太守略少一半，但有养廉银后，总督一年有养廉银1.5万两到3万两，可买米15000石到30000石。相当于郡的知府，如四川的重庆知府、成都知府，养廉银2400两，可买米2400石；安徽的南昌知府，养廉银2400两；赣州知府，养廉银2000两。安福等12县的知县，养廉银1200～1700余两。后来乾隆年间划一，巡抚一般是10000两，山西巡抚则为15000两，知府是1500两到2600两，知县1000两到2000两。皆远远超过秦汉以降至明朝官俸。

雍正七年闰七月初，兰州巡抚（即甘肃巡抚）许容上折，奏述甘肃将耗羡银、盐规、茶引规银等银合算后，分给各官养廉银、公费银的清单：

"兰州巡抚臣许容谨奏。为酌议养廉公用仰祈睿鉴事。窃照河西道府以下各官，荷蒙圣恩，令照陕省之例，议给养廉，已经督臣岳钟琪会同臣缮折奏闻。其河东各官并通省养廉公用并经督臣岳钟琪奏明交臣就近查核会奏。臣行据布政使孔毓璞将河东向有耗羡银粮并现议归公通省盐茶规例银两以及养廉公费饭食各数目分晰册报前来。臣查雍正三年，曾经前抚臣石文焯议派养廉，俱系因陋就简，多寡不均，或将税羡盈余照数留给，或以司茶管驿不复另议。更如布政司于州县起解耗羡银内扣收平规，均属陋习，仰蒙训旨明白开导，自应俱归藩库，从公分给，不便私相授受。所有通省都统学政布按二司并河东道府同知通判州县卫所佐杂等官养廉公费，以及部刑二部将军巡抚布按各衙门书办饭食，每年共需银七万九千七百四十两。令将河东额征耗羡逐一确核，除社仓银粮照旧扣贮外，每年应有耗羡银四万一百五十三两零，耗羡粮二万七百三十七石三斗零，每石约估价银六钱五分，共价银一

①《清经世文编》卷18，《俸禄》《日知录》。

万三千四百七十九两二钱零。又现议归公通省收茶各官引规银七千五百二十九两四钱零，管盐通判盐规银一千两。又查现今河西耗羡税羡除支用外，每年余剩解司银一万八千七百一十八两九钱零。又布政司孔毓璞报出雍正六年司库平余经臣奏明归公银三千一百八十一两七钱。以上六项共银八万四千六十二两二钱零，除议给各官养廉公费银七万九千七百四十两外，其余银四千三百二十二两二钱零，留贮司库，以为通省公用之需。但查甘省地界边陲，凡钦差进藏往来，以及达赖喇嘛班禅喇嘛来使过往盘费脚价，并地方公事杂项差使，需用浩繁，所余公费银两恐不敷用，若不预为筹划，必致临事周章。臣思陕甘虽分两抚，究属一省，可否仰邀圣恩，在于西安藩库公用银内每年酌拨银一万五千两解交甘省，连前余剩银四千三百二十余两，共银一万九千三百二十余两，均贮司库，遇有应用之处，令布政司详请动支，如有存剩，仍于年底将用过银两并余剩数目据实造册报销，臣等会核具奏。至司库平余银两，原无定额，应照该年实收之数支销。再河东耗粮价值，原比河西减少，是以每石止议六钱五分，应照督臣议奏之例，凡将耗粮作为养廉者，无论时值低昂，俱以六钱五分为定，其变价解司者，悉照时价，庶事皆核实，法亦公平，各属易于遵守。再各处当商，向有规礼，查系馈送私弊，且数目零星，不便归公，已据孔毓璞详明，严行禁革。又临洮道经管通省驿站，向以解部饭食为名，派有驿规，该道养廉即取给于此，臣现在咨询兵部，查明饭食确数，照旧令司驿各官办解外，其该道养廉已经一体议给，不许再有需索，并通饬各属，嗣后敢有借名科派扰累百姓者，察出严参治罪。缘系督臣岳钟琪奏明交臣就近查核会奏事理，臣恐闻见未周，或多错漏，今值督臣岳钟琪授为宁远大将军，领兵到兰，逐一面商酌议，所有通省并河东各官养廉公费书办饭食等项，臣谨缮具清折，会同宁远大将军岳钟琪、署督臣查郎阿合词具奏，恭呈御览，伏乞皇上睿鉴，为此谨奏。朱批：‘是’。

雍正七年闰七月初九日，兰州巡抚臣许容谨奏。今将甘肃通省都统学政布按二司并河东道府同知通判州县卫所佐杂等官应给养廉公费以及各衙门书办饭食银数缮具清折恭呈御览。今开通省官员内：西宁管理彝情副都统，每岁给养廉公费银一千五百两；宁夏管理彝情部中，每岁给养廉银四百两；陕西学政，每岁给养廉银一千六百两；臣衙门笔帖式三员，每员岁给养廉银三百两共银九百两；布政司向有平规今裁革归公，每岁给养廉银七千两；按察司给养廉银二千两实属不敷今酌量增添，每岁给养廉银四千两；河东道官三员内，平庆道一员，临洮道一员，洮岷道一员，每员各岁给养廉银三千两共银九千两；河东知府四员内，平凉府知府一员，庆阳府知府一员，府知府一员，巩昌府知府一员，每员各岁给养廉银二千两共银八千两；直隶知州二员内，秦州知州一员，阶州知州一员，每员各岁给养廉银八百两公费银四百，两共银二千四百两；河东同知六员内，平凉府固原同知一员，临洮府兰州同知一员，临洮府河州同知一员，巩昌府靖远同知一员，巩昌府岷州同知一员，巩昌府西固同知一员，每员各岁给养廉银八百两共银四千八百两；河东通判一员，巩昌府粮茶通判，每岁给养廉银六百两；河东首冲知州一员，临洮府兰州知州，每岁给养廉银六百两公费银六百两，共银一千二百两；河东次冲州县一十五员内，平凉府属泾州知州一员，固原州知州一员，静宁州知州一员，平凉县知县一员，隆德县知县一员，临洮府属河州知州一员，狄道县知县一员，渭源县知县一员，金县知县一员，巩昌府属陇西县知县一员，安定县知县一员，会宁县知县一员，宁远县知县一员，伏羌县知县一员，直隶泰州属清水县知县一员，每员各岁给养廉银六百两，公费银三百六十两，共银一万四千四百两；河东偏僻州县一十九员内，平凉府属崇信县知县一员，华亭县知县一员，灵台县知县一员，庄浪县知县一员，镇原县知县一员，庆阳府属宁州吏目一员，安化县知县一员，合水县知县一员，真宁县知县一员，环县知县一员，巩昌府属通渭县知县一员，漳县知县一员，西和县知县一员，直隶泰州属，泰安县知县一员，礼县知县一员，徽县知县一员，两当县知县一员，直隶阶州属成县知县一员，文县知县一员，每员各岁给养廉银六百两，公费银一百六十两，共银一万四千四百四十两；河东卫官一员，洮州卫守备，每员每岁给养廉银六百两；河东所官一同，归德所千总，每岁给养廉银四百两；河东佐杂官五十三员内，布政司库官一员，布政司照磨一员，按察司照磨一员，平凉府经历一员，庆阳府经历一员，临洮府经历一员，巩昌府经历一员，兰州州判一员，秦州州判一员，阶州州判一员，泾州州判一员，济州州判一员，兰州吏目一员，秦州吏目一员，阶州吏目一员，泾州吏目一员，河州吏目一员，固原州吏目一员，静宁州吏目一员，宁州吏目一员，陇西县县丞一员，平凉县典史一员，隆德县典史一员，崇信县典史一员，华亭县典史一员，灵台县典史一员，庄浪县典史一员，镇原县典史一员，安化县典史一员，合水县典史一员，真宁县典史一员，环县典史一员，狄道县典史一员，渭源县典史一员，金县典史一员，陇西县典史一员，安定县典史一员，会宁县典史一员，宁远县典史一员，伏羌县典史一员，通渭县典史一员，漳县典史一员，西和县典史一员，清水县典史一员，秦安县典史一员，礼县典史一员，徽县典史一员，两当县典史一员，成县典史一员，文县典史一员，河州茶马大使一员，洮州茶马大使一员，秦安县陇城巡检一员，每员各岁给养廉银六十两；内布政司库官一员向有平规裁革归公该员经管库务，有纸札灯油各项费用，每年除养廉之外另酌给银一百八十两，共银三千三百六十两；各衙门书办饭食内，户部书办每岁解饭食银一千二百两，刑部书办每岁解饭食银八百两；宁夏将军都统衙门书役工食等项，每岁给银一千二百两；臣衙门书办向给饭食银九百两，又因各书多籍隶西安，向给盘费银三百两，今照陕省裁去饭食银三百两盘费照旧每岁给银九百两，布政司各房书办，每岁给饭食银六百两，布政司管库书办向有平规今裁革归公，每岁给饭食银二百四十两，按察司书办向在甘州府税羡内支给今税羡俱已归公，每岁给饭食银二百两。以上统计各官养廉公费并各书办饭食共银七万九千七百四十两。"[①]

第二，借口公用，实则归己。一些总督、巡抚等官员，常常奏称，将养廉银的一部分用于公务，并未全部用于自己私事。如像吏部尚书兼江南河道总督嵇曾筠于雍正八年十二月初六奏：

"臣一介寒微荷蒙皇上天恩豢养，前在北河任内赏给养廉银六千两，食用有资，举家感戴。今南工旧例有盐规二千两，平余三千两，以作河臣养廉，臣于六月内到任，已经循例支用半年，但南工河务殷繁，一切钱粮工程案件，必得多延幕友，且奔走堤河，雇觅牲口，抢险攒工，犒赏兵丁，在在增费。伏查前河臣孔毓珣奏明平余等事，奉旨如有不敷用处，只管取用，一面奏闻可也。钦此。臣跪聆之下，仰见圣主体恤臣工，感深刻骨，今臣日用所需，每致不敷，既不敢暧昧多，支复不敢径行取用，可否于前项平余两，每年另再行赏给一两千两。"

朱批："览。卿酌量行之。"[②]

署广东总督阿克敦奏述养廉银供日用及请幕客、修路等用费情形：

"窃臣荷蒙皇上天恩，委署广东总督印务，夙夜冰兢，惟期俭约自持，庶可以整饬属员而勉供职守。查总督衙门养廉，向有东西两省税规业已

①《雍正汇编》册16，第43–49页。

②《雍正汇编》册19，第604页。

归公，其属员馈送之仪，经督臣孔毓珣于去岁陛见之前，即行屏绝。臣接署后，亦不敢丝毫沾染，只存有广东藩库平头银八千两一项，每月视所收之多寡，缴送臣衙门，为养廉之资。臣自雍正四年十一月十七日署任起，至雍正五年五月止，收过陞任布政使臣常赉现任布政使臣官达前后缴送平头银三千三百三十四两零，六月尚未缴到，所有臣日逐食用幕客修金操兵缉盗及差人进京盘费等项，悉取资于此，皆系白玉上恩赐，臣谨处实奏。”

朱批：“所用太觉少些。知道了。”[①]

雍正七年闰七月初十，长芦盐政郑禅宝奏述将养廉银用于公务、日用后，还有余银，请交广储司库。这是郑禅宝讨好皇上欢心而巧言之辞。奏折说：

“奏为奏明余银事。窃臣包衣下质，庸碌无知，叠蒙圣恩优渥，以长芦监政受事已经二载，报效毫无寸长。复奉命再留任一年，不胜感激惶悚之至，唯有恪遵圣训，益加勉励，朝夕敬慎，仰图报效。臣自雍正五年七月初四日到任起，扣至六年七月初三日，一年任内养廉银二万两，内除捐收天津黄铜器皿，并修抹水师营墙堡，以及臣一年薪蔬盘费公用等项，共动支过银七千七百两，尚存余银一万二千三百两，经臣缮折奏请解交广储司库等因，于雍正六年六月初九日面奉。谕旨：将银一万两赏包衣下官员，二千三百两赏予臣，钦此钦遵在案。今臣自六年七月初四日起……内除奏明捐修天津水师营仓工用银三千六百一十六两一钱零，修抹水师营墙堡银三百两，又奏明捐交水师营私监变价案内船十五只共银三十二两八钱，并臣一年薪蔬盘费节赏公用等项动支过银三千八百五十一两，零尚存余银一万二千二百两。臣叨沐皇恩，俯仰宽裕，家口侭足养赡，前项余银一万二千二百两檄令长芦运司照数收齐，倾销元宝贮库，汇解内务府广储司库交纳。理合缮折奏明，伏祈皇上睿鉴施行。谨奏。”[②]

雍正在其折上朱笔批示：“仍照旧事，将一万赏包衣官员。”

实际上，总督、巡抚，乃至司、道、府、州、县，除了支领养廉银外，还领公费银，并且不少公事也是属下官员自行凑银办理的。现列安徽巡抚魏廷珍前述总督等衙门的公费银的部分名单：

---

①《雍正汇编》册10，第99页。

②《雍正汇编》册16，第63页。

一、总督巡抚衙门攒造各标营粮饷各案奏册纸张银二百四十二两；一、巡抚衙门吏书廪工银一千二百两遇闰加银一百两各役工食银九百七十三两二钱；一、巡抚衙门心红纸张本章包袱本箱银五百一十两；一、巡抚南北提塘纸张饭食银一百六十六两；一、巡抚衙门京中提塘公费银四百两；一、巡抚衙门岁修执事银一百二十两；一、巡抚衙门造报马田奏销银六十两；一、巡抚衙门三年一次捐河工椿木银三百七十五两；一、总督衙门旗手人役工食银二百二十四两；一、提举衙门心红纸张书役承差各役廪工银一千一百八十八两；一、巡察衙门缮奏书役工食银一百二十两；一、每年户部户科奏销费用银四千七百两；一、每年刑部饭食银一千八百两。

乾隆年间，耗银归公及养廉银制有了统一规定，嘉庆朝以后基本延续。嘉庆二十五年（1820年）议准了各省“额定耗羡章程”，规定了各省耗银及其他银两数量及各项开支用费银数。各省共收耗银、盐规等银共4787126两。支付各省官员养廉银2848609两，支付总督、将军、巡抚、阅操赏兵银，督抚藩臬衙门吏役工食银，纸张等银，以及地方渡船等银，一共是1938517两。现引江宁布政司的收支清单，具体看看督抚等官员除养廉银外，还开支了多少钱：

“江宁布政司所属额定耗羡章程，并盐规匣费，共银三十五万七千四十八两有奇，有定款有定数者共二十八款，又增徐州镇饷务纸张，秋审公费二款银，共三十款，除裁汰总督衙门岁修执事银一百八十两，织造柴薪银六百四十八两，划归安徽省驿站饭银一千五百二两共三款，其余二十七款内，钟山书院膏火银一千两，总督衙门书吏纸张等项银一千五百十八两六钱六分，原额银一千六百八十七两四钱。总督塘兵工食银二千一百二十一两七钱一分，督标京省提塘银九百两，原额银一十两；总督将军阅操赏兵银四百二十两，总督衙门火药工料银一百二十三两六钱二分七厘。江宁救生船水手工食银三百一两二钱，清河县马船水手工食银一百五十两，江都县救生船水手工食银四百五十三两六钱，江都县瓜洲马船水手工食银七十五两六钱，洪泽湖救生桩木银五百两，文职各官养廉银十一万四千七百四十六两一钱四分六厘，江宁塘站书识工食银二十四两内阁饭银一百两，吏部饭银六百两，户部奏销投册饭银一千三百五十二两八钱，兵部兵马奏销饭银三十两，刑部饭银一千两，户科奏销饭银一百五十两，布政司书吏工食纸张银九百九十九两九钱有奇，原额银一千一百十一两二分八厘。驻京提塘拨兵工食银一百二十两九钱八分，祭祀银十四两四钱，江宁将军书吏纸张银一百二十两，督协各标营兵马奏销册费银一百四十九两三钱九分二里，原额银一百六十五两九钱九分三厘。布政司军牢夜巡工食银七十二两，布政司造办徐州镇标饷务纸张银十六两二钱，秋审公费银三百两，又与苏州藩司递年轮解木植水脚银六百七十二两五钱八分六厘，系在二十七款之外。”[①]

可以有根据地推测说，除了厨子、师爷的束修工钱以外，总督、巡抚、布政使等二品以上的封疆大吏，各种差事、各种服务人员、各种必要的开支，都可用“公费”银来支付，养廉银实际上就是全归于己了。

第三，养廉银的来源和性质。人们都说，养廉银来源于耗羡，即耗银。雍正帝钦定并由内阁大学士、六部尚书、督抚藩臬等军政官员贯彻执行的“耗羡提解”（实即耗银归公）政策，明文规定，提解的耗银用余之一，是给官员发放养廉银。但是，从前面引录的朱批奏折，可以绝对肯定地说，养廉银来源于多个方面，绝不仅仅只是耗银。甚至在给养廉银的初期，个别省的总督、巡抚的养廉银还与耗银毫无关系，不是从耗银中提取。

雍正五年七月初九，吏部尚书、署湖北总督傅敏奏请于盐规银内取银，发给总督、巡抚养廉银：

“奏为请旨事。窃查湖广通省向有盐规银十六万两，经前督臣杨宗仁禁革，唯留督抚衙门小礼银各四千两，帮贴养廉之需。上年楚省歉收，各商愿捐银二万两助，又愿捐银十万两积储，又愿捐银二万两修堤，先后共捐银十四万两，俱经臣敏节次奏明在案。内除二万两赈济湖北饥民外，其积储银两以六万两拨留湖北，以四万两拨留湖南，买谷存贮。至修堤之项，已蒙圣恩发邹汝鲁来楚修筑，毋庸动更盐商捐项。臣等以商捐积储之外，又有收捐贡监谷石，理合先建仓廒，工费无出，议将此二万两分拨湖南北建仓，俱经臣敏题明在案。唯是督抚养廉之项，奉旨着臣等酌议。臣等伏查前督臣杨宗仁酌定，原以盐规银内小礼银四千两并武荆二关羡余银两，留作湖北督抚养廉，相沿未革。今准部咨，钦奉上谕，凡关税羡余银两，俱许据实首出。钦此钦遵。现在严查题报，不便以此项复充养廉。臣等公同会议，窃思湖广督抚每年公私费用必须万金，今盐商所有各衙门陋规既已全革，所捐之银亦未

① 光绪《大清会典事例》卷170。

到往时一年盐规之数，可否自后每年于湖南北督抚三衙门仍各给一万两，充作养廉，则后任诸臣自可无忧不足矣。再查楚省司道以下各官，皆有羡余，可以养廉，唯保靖同知、永顺同知、乾州同知、凤凰营通判四员一无所资，然实系要，缺既在苗疆办事，操守尤为紧要，若食用缺乏，势难责其一尘不染，应请亦于盐规内酌留拨给，每员或六百金，或五百金，亦足度。总而计之，一督臣二抚臣及此三丞，一倅在商人每年所输不过三万余金，而大小臣工盆戴皇仁于无既矣。臣等皆系即日离任之员，仰体皇上体恤臣下之至意，理合据实具奏，伏乞御批训示施行，臣等谨奏。雍正五年七月初九日，大学士吏部兵部黄国材史贻直申大成朱纲会议具奏。”①

两个月后，雍正帝批准傅敏所奏。雍正五年九月二十二日，傅敏上折，奏谢龙恩：

“吏部尚书署理湖北总督印务臣傅敏谨奏为恭谢天恩事。窃照楚省督抚衙门养廉一项，先蒙师御，批经臣会同原任湖南抚臣布兰泰等议奏，蒙皇上俯允，总督每年于盐商规礼内给银一万五千两，湖北湖南巡抚各给银一万两。臣随知会南北抚臣钦遵外，从此接任诸臣，养廉有资，皆出皇上之恩赐，而臣自去年署事至今一载，合得一万五千两，又署巡抚印务半年，合得五千两，除现发银五千两委员买米，为赈饥修堤之用，并从前捐账赏兵，又用银九千两，及现在幕宾修仪并臣日用盘费，皆于此内取给。”②

从朱批奏折和会典看，养廉银的主要来源是耗银，但因一些省的正额田赋不多，征收的耗银不敷养廉、公费开支，有的省原本就收有大量盐规、匣费，所以养廉银的来源就多元化了。朱批奏折所列的养廉银来源的名目有：耗银、盐规、匣费、关税火耗羡余、关税盈余、各税盈余、税务盈余银、盐茶羡余、杂税盈余、落地税羡余、官庄、寺田租谷、秋粮耗米、官田荞米、军田租谷变价、公件、铜价。名目的不同，表明养廉银的性质也有差异。耗银，原系州县官员私派，性质是赃银，现改为朝廷增收的田赋，是加赋，是加赋之银，也不光彩。关税火耗羡余、各税盈余，落地税羡余、杂税盈余，等等税之盈余、羡余，是税外之税，是税官的

①《雍正汇编》册10，第158、159页。

②《雍正汇编》册10，第697页。

私派，是税官收取的赃银。盐规，是盐商向盐政等盐务官员和运盐、销盐地方督抚、藩臬献纳的银两，也是赃银，数量很大，仅两淮盐商向湖广通省衙署送的额定盐规银，一年就多达16万两。匣费，是两淮盐商向两淮盐政、运使及其衙署人员交献的银子，仅“院费”（盐政衙署）“省费”（督抚司道各衙门规礼）、“司费”（盐道衙门陋规）“杂费”（过往士夫），就从“匣费”中收19万余两，匣费也是盐政等官员收取的赃银。公件，是云南省特有的名目。云南田赋每年仅征银19万余两，秋银20万余石，耗银太少。“从前各府州县薪水日用，以及夫马一切公事，俱派民间办应，官派一分，衙役数倍之，地方乡保又数倍之，群蠹分肥，每年私派不下三四十万，小民困苦异常，此滇省向年之陋规也。迨杨名时到任，于康熙六十一年间，随将各属公事，核其应需者，每年照粮均派，随正完纳，勒石晓谕，名曰公件银两，此外不许再加派扰，使小民知有定额，不受书役之苛索”。“数年以来，百姓安之，视同正额”。云南总督鄂尔泰于雍正五年十月初八上折，奏请将火件银作为养廉银，①有时官方文书将此“公件银两”简称为“公件”。公件银两，起初是州县官员对百姓的私派，虽经巡抚杨名时出示办理，但总不是朝廷谕旨规定，脱不了“私派”之实。而“私派”，早在80多年前摄政王多尔衮就已经将正赋之外的私派银定为赃银。总的看来，养廉银的来源，除耗银是朝廷明文规定的额赋之外的田赋，是朝廷正式的加赋。此外，盐规，匣费、税的羡余、公件等等，都是赃银。因此，养廉银就是加赋之银和地方官员收取的赃银。

第四，贪根难除，廉臣极少。乍看之下，总督一年有养廉银1.5万～3万两，巡抚一年有1万～1.5万两，知府有2000两上下，知县有1500两左右，超过正式的俸银薪银十几倍几十倍，比人们盛赞的汉唐官员的高俸还多得多，应该可以养廉了，官员们应该可以不贪了。然而，揆诸历史实际，实情与此却大相径庭。按理说，总督、巡抚、布政使，一年分别有养廉银1万两到3万两，收入是很多的了，不要说娇妻美妾，仆婢如云，锦衣玉食，每年还可剩下几千到一两万两银子，可以求田问舍，几年下来，田连阡陌，庄园多所，资财万贯。就是官阶正七品的“芝麻官”知县，一千多两养廉银，养个一二十人，吃穿不愁，每年还可攒下几百两银子，为官五年，有银三四千两，可买良田千余亩，也算不负十年寒窗苦了，不需贪污，可以养廉了。然而，现状却与推理差异太大，贪根仍在，廉臣太少。

一方面，督、抚、藩、臬、道、府、州、县，很少有人能做到清廉

①《雍正汇编》册10，第780、781页。

自励，忠君爱民。两榜出身、历任知县、主事、员外郎、布政使、巡抚、左都御史、户部尚书的赵申乔，清廉刚直，深谙民情、吏习、官场积弊，他任湖南巡抚时，专门颁下《禁绝火耗私派以苏民困示》。告示的第一部分是讲官吏私派之害民累民：

“居官之要首重律身，民困之深，莫如横敛，顷者屡奉严纶，谆谆以暗派私征为戒，诚以唯正之供，尚烦敲扑，断难容无艺之录，不经之费，以重累小民也，年来锢弊日滋，流风莫遏，为有司者身居民上，罔恤民艰，凡害民秕政，非止一端，而唯横征私派之弊，其祸尤烈，如收解钱粮，私加美余火耗，解费杂徭，每浮额数，以致公私一切费用，皆取给于里民，若日用之米蔬供应，新任之器具案衣，衙署之兴修盖造，宴会之席面酒肴，上司之铺设供奉，使客之小饭下程，提事之打发差钱，戚友之抽丰供给，节序之贺庆礼仪，衙役之帮贴工食，簿书之纸札心红，水陆之人夫答应，官马之喂养走差，与夫保甲牌籍，刊刷由单，报查灾荒，编审丈量等项有使费陋规，难以更仆枚举，总之无事不私派民间，无项不苛敛里甲，而且用一派十，用十派千，以饱赃官婪蠹之贪腹，嗟嗟小民，膏血有几，而能满此漏卮臣壑哉，即使加意抚循，犹恐积疲难起，岂民穷财尽之时，灾告频加之后，而尚堪无端剥削也。”

告示的第二部分是讲州县官员多有贪婪之念。大抵士人厕身官籍其荣华享用之志，久已胶锢于胸中，即豢属亲朋之徒，尽仰周旋于鼻息，所以幸博一官，靡不身家念重，廉耻心堕，纵有稍知自爱者，亦谓地方用度无出，势不得不取于民间。责令州县官员“矢志狷介”“俭可养廉”。

告示的第三部分是讲官场恶习，“不肖上司，需索属员苞苴贿赂”；“乡亲游官”，讨要抽丰；过往官兵，将悍卒凶，勒索钱财夫马。[①]

赵申乔的告示，实际上讲到了要使小民免于官吏勒索私派，必须具备两个方面的条件，一是官员要廉洁奉公守法爱民，二是要吏治清明，后者才是根本因素。在当时，官员很少能“矢志狷介”，自奉俭约，“洁己爱民”，而是“荣华享用之志，久已胶锢于胸中”。所以，从官员主观方面来说，产生清官的可能性很小，极难有清官辈出的局面。

另一方面，从客观条件看，更难出现廉吏，吏治太难清明了。号称“康熙盛世”的时期，大学士明珠家，“货贿山积”。明珠、余国柱、

①《清经世文编》卷20，赵申乔：《禁绝火耗私派以苏民困示》。

佛伦狼狈为奸，委任总督、巡抚，布政使、按察使，“辗转征贿，必满欲而后止”。有这样的大学士、吏部尚书及送贿于彼等得以当上总督、巡抚、布政使、按察使，在这些官员辖属之下的道员、知府、知州、知县，有几个不侵吞公帑，鱼肉小民？知州、知县能够廉而不贪，能够养廉吗？还不用说钦差、要员过往供应献银、军需供应等费用。所以，雍正帝的养廉银制度并不能清除贪根，廉臣太少，雍正、乾隆及其以后各朝，实情就是这样。现仅举雍正年间一个贪婪知府之例为证。

雍正八年十一月十六，翰林院侍读励宗万上折，参劾山西蒲州府知府刘登庸私派、索银等贪婪不法罪行：

“翰林院侍读革职仍留山西巡察之任效力赎罪行走臣励宗万，谨奏为密奏贪劣不职之知府事。窃臣查知府职列郡守，承上接下，表率属员，最关紧要，仰蒙皇上训饬官方，于知府一官，尤加慎重，复蒙特颁谕旨，谆切训示，至再三。查晋省蒲州一府距省千有余里，为秦晋咽喉，俗习民悍，六属同风，尤非别府可比。全藉知府廉洁持躬正己率属方于官民有益。乃知府刘登庸者，因地方距省遥远上司耳目难周，又因原任河东道臣潘弘裔虽驻扎同城，年老宽软，范无查察，以致肆贪无忌，赃私累累，官民交受其害，怨谤沸腾，劣迹昭著，臣访闻既实，不敢隐徇，据实胪列，为我皇上陈之。

一、刘登庸于雍正七年借分赔蒲州参革知州董仲亏空银两为名，于所属五县内按粮摊派，每钱粮一两提并头银七厘解府，计赃三千余两，有府票可凭，各属知县可证。

一、刘登庸于雍正七年十月内承办军需驼屉，领银到府，从中取利，不令各属承办，谕令各属每副帮银二两，希图价贱，托人于口外采买，后因口外无从采买，有误起运，乃转派通省州县代为办造一半，其余仍令蒲属办备，五属州县因限有时刻，又值羊毛通省买完，价值腾贵，每副约费八九两，方如期办完，而奉部所定之价银，刘登庸全行侵吞入己，分毫不发返。借清还通省代办价值之名，传集五县到府，勒令各属每两钱粮加派三分火耗，除猗氏县宋之树临晋县胡南藩荣河县定柱每两三分加派百姓解府外，唯永济县阎柄不敢加派里下，另设银柜，劝民乐输。万泉县杜庭珠亦不敢加派累民，将该县本年养廉八百两印领一张提府。又差提找补银一百五十两，加派里下，勒索属县，侵吞部价，获利二万余两。有永济知县阎柄、万泉知县杜庭珠及各县听从加派之知县并各县受害里民等可证。

一、刘登庸占收裁汰卫所屯户本色米石在府征收，每米一石，勒收斗头耗米三斗，收役勒收规礼钱二十文，永济猗氏临晋夏县等屯户实受苦累。有各县屯户可证。

一、刘登庸有安邑县监生刘第柱于雍正二年买已故临晋县吴士裕之妾，随有浙江萧山县人金胜瑞并吴士裕妻侄串通现任临晋县胡南藩设局谋诈，刘第柱捏称有寄放银三千两并有金珠首饰等物，关移安邑县提解人犯。刘登庸闻知，乘署河东道印之时，以道牌差提各犯到蒲，吓诈刘第柱银五百两，随礼门包银一百两。刘登庸收受，遂释销案。有受害人刘第柱，同谋人胡南藩金胜瑞并吴士裕妻侄朱姓可证。

一、刘登庸因临晋虞乡两县分界，有五姓湖一区，不在虞乡县分界，原题之内，有虞乡县富户托试用知县李景芳贿嘱刘登庸，将五姓湖分入虞乡县，许银二千七百两，先交银七百两，以致临晋县愚民叠次闹县，并有府县卖五姓湖揭帖，四处投告。有过付人试用知县李景芳可证。

一、刘登庸骗诱临晋县知县胡南藩代谋保题绛州知州投拜门生，收受代礼银八百两门礼银四十两。胡南藩家人钱姓缴送。

一、刘登庸压吓永济县候选知县韩大渊投拜门生，收受貂裘古玩等项，值银八百两。有韩大渊可证。

一、刘登庸借盖造衙署为名，强拆永济县候选知县韩大渊厅房三间，约值二百金，监生王文焕万房五间，约值三百金，贡生孟仕房屋一所，约值五百金。监生郅廷镳房五间，约值五百金，又拆前任知州李六成所建存诚书院一所，内有御书碑亭，除所拆监生郅廷镳屋价五百两，刘登庸已经于钦奉上谕案内保举送部作算屋价外，其韩大渊王文焕孟仕等房价分厘未给。有各本人可证。

一、刘登庸于雍正七年署理盐道印务，仅止五日，贪污狼藉，抑且票差承差押令各商人馈送杯币玩器共值二千余金。盐道杨梦琰到任查出，亲告臣知。

一、刘登庸于本年中秋收受虞乡县刘培元节礼八十两，生日收受荣河县定柱寿礼银四十两，其余四属均系杯币。皆各县知县亲告知。

一、刘登庸有永济县人在夹马营开煤炭行刘姓，与民人赵炳为争车路互讼。刘姓托嘱教官段拴笏馈送刘登庸银五百两，立拿赵炳叠夹，将赵炳地十四亩七分断作刘姓车路。又差典史平衡将赵炳房屋三间烧毁。复将赵炳重枷，永远枷示，赵炳卸枷脱。逃有赵炳之父赵兴文典史平衡过付段笏可审。

一、刘登庸署内取用缎食物等项，两年之内，俱向各铺户取用，并不发价。即如肉铺裴宗烈一家，欠至银一百四十，两以致本年八月内通城肉行罢市。刘登庸出笺押令各屠户方行开市。有屠户裴宗烈可证各铺户可查。

一、刘登庸盖造卫署，原有部定价值，刘登庸盖造一年之久，方始完工，一年匠工人等约用数万工，俱系强捉里民应役，每名每日止给饭钱十文，部价分厘不发，每十日勒令永济县出具印领，以图掩饰。里民既苦于妨弃农业，又苦于工价不敷，纷纷逃匿。有永济县工房并各工匠可证。

一、刘登庸于属县内，各派幕宾长随串通一气，如临晋县则派沈姓幕宾钱姓周姓长随，虞乡县则派幕宾一人，又汤姓葛姓长随四人，荣河县则派秦姓兄弟二人，并各署厨子等项，俱系刘登庸私人分派下县，不时于府署往来，出入通信。

一、刘登庸在平阳府同知任内，有灵石县监生阎交生琰首告本县静升村贡生王奋志于雍正六年三月内聚众赌博，该知县梁映宸受贿不究。刘登庸探知王奋志家道殷富，有七八十万金之产，串通知府樊钱倬，行提王奋志到府，严加监禁，以通详重拟房产入官恐吓，刘登庸从中说合，王奋志出银二万一千两，知府樊钱倬同知刘登庸知县梁映宸各分银七千两，并不照新例治罪，乃指令王奋志贿买本县绅士李士吉、郑永祥等公呈恳息，随将王奋志释放不究。后因刘登庸等分赃不均，彼此争竞，竟至挥拳，通省官传为笑谈，以致抚臣闻知，行查到县。刘登庸主谋，谕令梁映宸不用申详，暗以禀帖朦胧回复。刘登庸又谕令王奋志亲身上省，觅坐省提塘卢文焯求宽销案。有被害人贡生王奋志、原告监生阎生琰、过付署灵石县典史杨九、经抽头人王珀，见赃人师行俭等可证。

以上各款或得之刘登庸本府各属，或访之于邻封州县、或受害人具呈，或士庶赴控，种种营私赃数，竟至数万余两，历有证据，殊骇听闻。臣查刘登庸系直隶人，臣在京时，素相认识但该员贪劣多端，赃款累累，臣既确知，何敢徇庇私交，而代为隐匿。臣谨据实缮折密奏，伏乞圣主睿鉴。”①

由此可见，“耗银归公”以后，仍有私派，是“耗外有耗”，仅凭着养廉银，并不能杜绝贪风，必须吏治清明，必须严惩贪官，必须擢用廉臣，必须严加监督，多方警示，使得大多数官员不敢贪，不能贪，不想贪，真正做到“大法小廉”。

第五，养廉银制也有可取之处。督、抚、藩、臬、道、府、州、县官员，分别有1000两到3万两的养廉银，可以保证其有相当充裕的日用养赡条件，特别是总督、巡抚、布政使，更可以成为富翁、大富翁。如

①《雍正汇编》册19，第460、461、462、463、464页。

果官员能知行合一，按照孔孟儒学忠君爱民、廉洁奉公、刚正不阿的教导，做人为官，有了这笔养廉银，可以解决经济生活上的后顾之忧，对于这些官员，养廉银可以起到养廉的作用。

第六，养廉银制本身是可取的，是应该建立的。但是，一则不能像雍正帝用额外加赋的耗银和实为赃银的盐规银、公件银等等银两拿来作为养廉银，源不洁，河水怎能清澈。而是应该动用合理、合法、不是额外盘剥百姓的正当收入的国库帑银，来设立养廉银制度，来给各级官员发放养廉银，才能名正言顺。再则必须整顿吏治，奖廉惩贪，革除害民弊政，以吏治清明来保证、促使养廉银真正能够起到养廉的作用。

五、摊丁入地

清朝的赋税制度，沿袭明朝，男子16岁以上至60岁为丁。人丁、田地分别载入官府档册。田地有赋粮，丁有差役，明朝万历年间推行“一条鞭”的赋役法，将田赋和丁的力役改为征银，此后一般就叫田赋丁银。

由于明末清初，连年征战，人口大量死、伤、饥、病和迁徙逃亡，豪强绅衿规避赋役，奸猾吏役上下其手，赋役制度出现了五大问题。一是官府册载的丁原额仍在，可实际上的人丁已大量死亡或逃走。像湖南省，湘潭县原客有丁7112丁，到康熙五十年（1711年），实在人丁只有3196丁，比原额少了3916丁。桃源县原额13156丁，到康熙五十二年，实在人丁只有8053丁，比原额少了5121丁。平江县原额7500丁，康熙五十年，实在人丁只有1673丁，比原额少了5827丁。①

二是实在人丁虽然大量减少，但官府仍按册载原额征收丁银，致现存之丁要被迫包赔死亡逃走之丁的丁银。

三是官府为了填补逃走死亡的丁之丁银，遂提高每丁的丁银数量。山西猗氏县（今临猗县），万历年间每上丁征银一两，中丁七钱，下丁三钱。到了清初，由于“以亡丁之差加之孑遗之民”，以致“稍存可活者，丁至数两。即贫无立锥者，亦每丁一两矣”。②陕西省延安府所属各县，当明代“全盛之时”，丁徭“已重于天下”。但当时因“众擎易

① 乾隆《湘潭县志》卷10，《赋役》上；同治《桃源县志》卷4，《疆役考·丁额》；乾隆《平江县志》卷10，《赋役》。

② 《明清史料》（丙编）册8，《汉誊录抄写奏议档残本》。

举，丁多徭均，自足供一县之用”。到了清初，“屡遭兵燹，人民逃死，存者止十分之二”，“而一县经费所需”，又“未能尽减于昔日”，于是就“以十分之用，而责之二分之民”，以“虚丁”责令“现丁赔累”，矛盾就十分尖锐了。“像延长县以一千六百余丁，而包七千六百余丁”，中部县（今黄陵县）“以一千一百丁，冒（包）至八千六百余丁”。安塞县也以一百七十一丁，包纳七百三十四丁之银。结果“每丁每岁有费至三两者，有费至四两者”，严重的还有“只身赤贫而岁纳至七八两不止”。[①]一丁要交丁银，少则一两，多则三四两，甚至七八两，已经是非常重了，这还只是州县官府征收的数字，如果再加上吏役的盘剥，又要多交好多银子。须知，山西、陕西，皆非沃土，产量不高，亩产大米一石，或小麦一石，已是了不起的丰收了。姑按平常米价计算，一石米价银七八钱，那么，每丁交丁银一两，就需卖米一石多，折合米500斤。交三两，则要卖米四石（每石400斤）1200斤，整整四亩上田的收成，全部交了丁银了，老百姓怎能活下去？不要说是自耕农，就是中小地主，只要摊上两三个丁，也无力交纳，只有全家背井离乡，逃往他地了。

四是丁银负担极不公平，豪强绅衿勾结吏胥，狼狈为奸，不仅将自己应交的丁银，分摊给无权无势小民，还包揽大量人丁的丁银，收入己囊，以致小民多纳丁银。清人王如玖在其所著的《以粮载丁原案》中，对陕西、甘肃一带的情形写道：“田连阡陌而载丁者甚少”，“家无尺土而丁额倍多”，[②]云南巡抚杨名时于雍正元年特上《条陈地方事宜疏》，奏述丁银不均，穷民受苦，请将丁银摊入田赋说：

“云省之民多有无寸椽尺土，而册载丁名，至有一人而当数丁，至有十余丁者，累代相仍，名曰子孙丁。盖缘老户人丁，各归本户承当，虽老病故绝，编审时历相沿袭，从不除减。又贫人转卖田产，丁银仍留

① 康熙《延安府志》卷3，《户口》；卷72，《文征》（3），《奏疏》；杨素蕴：《延属丁徭疏》；嘉庆《延安府志》卷74，《文征》（3）《条议》；许瑶：《民间疾苦五条》。

② 乾隆《直隶商州志》卷6，《田赋志》。

本户。以致拖累无休，计无所出，远徙他乡以避之。此弊各省皆有，唯滇为尤甚，在今滇南。阖省穷民受丁差之苦累者十之六七，更甚于直隶。”①

五是穷民大批逃亡，丁银难以征收。

因此，早在早朝末年，就有少数州县官员实行摊丁入地办法，将丁银摊入田地征收。康熙年间，这种办法有所扩大。雍正元年（1723年）六月初八，山东巡抚黄炳特上《为敬陈穷民苦累，请照按地摊丁，以苏积困事》密折，奏述时弊，请行摊丁入地：

“国家唯正之供，原有丁地两项，丁自为丁，地自为地，本不相涉也。唯查各州县中，往往有田连阡陌而全无一丁者，有家无寸土而承办数丁者。念此无地穷民，其在丰稔之年，已难措办，设遇歉收之岁，势必卖男鬻女不止。嗟此穷民，即或乞食，地方亦必闻拿追比。甚而逃亡流散，必至遗累亲支，此山东省之民所以易去其乡，而不顾也。臣既身任封疆，敢不念切民疾，力求善全之法，以仰俯皇上爱惠元之至意。因访知浙省丁银俱随地办纳，有地则有丁，无地则无丁，苦乐均平，诚为善政。且查州县钱粮，地银十居七八，丁银十居三四，自康熙五十二年以后，盛世滋生人丁永不加赋，是丁银已有定数，即推入地内，所加无几。况有地之家，坐摊（拥）膏腴收取租利，虽少增不至费力，而无地之民，资生乏术，措办艰难，得豁除而苦累可免。今请将东省丁银援照浙省之例，摊入地亩，输纳其中，裒多益寡，按亩分派。”②

一个多月后，七月十二日，直隶巡抚李维钧也上密折，奏请在直隶实行摊丁入地说：

“查直属丁银偏累穷黎，若摊入田粮内征收，实与贫民有益。臣见在具题请旨。但将丁银摊入田粮之内，有力之家皆非所乐，或有阻遏其请者，况部中止知成例，不肯变通，必议不准，仰祈皇上乾断，允臣所

①《皇清奏议》卷25，杨名时：《条陈地方事宜疏》。

②《雍正汇编》册1，第497页、198页。

请，则无地贫民永戴皇仁，而州县征收亦自此较易。臣为县令州牧时，确知其弊，曾在山东江西四川行之皆善，故且恳切题请，若推之他省，则利民无穷，伏乞皇上睿鉴。”①

雍正帝命户部复议，户部赞同李维钧意见。雍正又命九卿、詹事、科、道复议。九卿们提出一些质疑意见。帝命李回奏。李维钧于元年十月十六日上《酌议按地输丁之法》密折，解答了九卿的质疑问题，奏请实行摊丁入地办法说：“将通省之丁银，摊入通省地粮之内。查通省地粮共二百零三万四千七百两有奇，通省丁银共四十二万零八百两有奇。统为核算，将四十二万零八百两有奇之丁银，均摊于二百零三万四千七百余两地粮之内，仍照上中下三则之田，各计其纳粮轻重之数，而分摊其丁银，永无偏累之患。从乡绅富户目前自为之计，不无议臣多事，臣亦何敢顾避见在亿万无地穷民生生世世感戴皇恩于无既矣。”②

雍正帝于其奏折上，朱笔批示，大加嘉赞说：“览卿之奏”“甚明甚当”“原系准行的”。直隶省遂于雍正二年实行摊丁入地办法。

山西布政使高成龄于雍正二年九月十四日上折，奏请在山西实行摊丁入地办法说：

“则壤定赋，载在禹贡。自古财赋之出于田土，由来尚矣。迨后，有粟米之征，又有力役之征，即今地丁之谓也。但田土之生息有常，故地粮每易完纳，而人口之消长无定，故丁银多至缺额，则催科之政，固当因时制宜，稍为变通，以去其偏枯之弊。如晋省连遭歉岁，蔀屋流移，我皇上继统登极，眷兹西土，捐帑以保民生，缓征以纾民力，招来流移，豁免宿逋，是以感召天和，雨肠时若，嘉禾叠见，大有频书，固宜人知慕义争先悉公矣。而旧粮犹有逋欠，新粮亦有未完者，则穷丁之为累也。盖往日之饿殍不能复生，他乡之流民未尽复业，即现在穷黎多无恒产，或以执鞭为业，或以烧罐营生。富至田连阡陌，竟少丁差，贫民地无立难，反多徭役，以致丁倒累户，户倒累甲，甲倒累里。晋省俗例，相沿已久，在民有苦乐不均之叹，在官有征收不力之参，官民交

①《雍正汇编》册1，第658页。

②《雍正汇编》册2，第126、127页。

累，法宜变通。伏思我皇上留心民疾，每事咨询，臣职司钱粮，既知差徭苦累，敢不殚心筹划。查山西通省民屯田地上中下科则不等，共额征银二百三十二万六千四百六十五两七钱二分三厘零，通省民屯丁徭上中下科则不等，共额征银六十五万一千六百八十五两四钱六分七厘零，请照直隶新定之例，通盘合算，将通省丁银摊入通省地粮之内，约计应纳地粮一两者，随办丁银二钱八一毫零，如此则有粮者始有丁，有丁者即有粮，向之计口征徭，苦于独力难支，今则任土作贡，实为众擎易举，一转移之间，民累可以豁除，国课不致逋欠矣。至编审原为大典，五年仍一举行，清造版籍，推收钱粮，以储备稽查。其旧存之丁，与滋生之丁，俱永不加赋，则差徭之实已办，而户口之名不没，杜弊省烦，实为妥便。臣为国赋民生起见，如果微言可采，伏乞部议覆施行。谨奏。”[①]

雍正帝允准其奏，在奏折上朱笔批示：“此议甚好，现今山东，朕谕举行。此事可与巡抚商酌，具本来奏。本内引直隶举行甚益等意入奏。”

此后，各省陆续推行摊丁入地法。

岳钟琪于雍正三年七月实授川陕总督，加兵部尚书衔。他于雍正四年十二月上疏，奏请在四川、陕西、甘肃实行摊丁入地法：

“陕甘两属应征丁银，请摊于地亩征收，以雍正五年为始，着为定例。其有以卫改县，未经载丁，及原有丁银者，按其额赋，均载丁银。至陆续开垦，及现今新开渠闸屯垦之处，亦照此粮额，一例增载。再川省地方，多系以粮载丁，间有数州县以人载丁之处，亦就查改划一。”

户部议复岳之奏疏后奏称：“俱应如所请。”帝谕“从之”。[②]

此后，有位官员上条陈，对川陕摊丁入地问题提出意见，帝谕岳钟琪回奏，岳钟琪于雍正五年十月二十一日上折，奏称：

“窃臣面奉谕旨，发臣估拨兵粮、摊载丁粮条奏二件。臣业将估拨兵粮一件，恭聆圣谕详悉，交与大学士张廷玉，令其钦遵请旨。所有摊

①《雍正汇编》册3，第632页。

②《清世宗实录》卷51，第5、6页。

载丁粮一件，查陕西省西安等四府属各州县丁粮轻重不等，臣已一体均摊，现在汇册送部。其甘肃新设甘凉等四府，皆以卫所改设州县，原来本无丁粮，令亦应与旧四府一体分载，方得均平划一。臣亦经檄行甘肃布政司，遵照陕西省成式，均摊在案，册籍尚未造到，俟到日汇齐送部。至于条奏内，称丁粮有已经于条粮内征收，而复重纳丁粮者，此项情节，臣一时疏忽，未经请旨。但有无重纳之处，臣实未深知，容臣回陕确实行查，倘丁粮果有重纳，已收在官者，臣当备细查明，另折奏请训旨遵行。为此谨奏。”

雍正阅后，朱笔批示：

“前卿在都时，因酌计大事，类斯庶务，朕无暇思及，未经明谕者尽多。照此陆续奏请，遵奉批谕，次第施行可也。”①

摊丁入地，是古代中国封建赋税制度的一大改革，是益民、抑富、利国的好政策。浙江《嘉兴府志》说，摊丁入地，其利有四：“因田起丁，田多则丁多，田少则丁少，计亩科算，无从欺隐，其利一；民间无包赔之苦，其利二；编审之年，照例造册，无烦再为稽核，其利三；各完各田之丁，吏不能上下其手，其利四。”②

摊丁入地，有五大好处。一是丁银负担比较公允。有田就有丁银，田多丁银多，田少丁银少，无田无丁银。无田之家、田少之家，丁银或无或少，田多之家丁银多，改变了过去田连阡陌之乡绅豪强不纳丁银、少纳丁银而贫民包赔丁银的恶劣情弊。

二是地少的农民减轻了丁银负担。按照当时一丁耕田30亩计，过去一个丁要交丁银四五钱、五六钱（正额丁银及吏役盘剥），现在如果他只剩下5亩田或6亩田或7亩田，他这五六亩田应摊的丁银，肯定比他过去一个丁要纳的丁银减少了很多。

三是失去土地的无地之丁，也就是文书中所说“无地穷民”，现在不交丁银了，一则免了丁银负担，再则因为丁银摊入田地，官府对人丁的编审就不太重视了，因而对人丁的管制也放松了，很多失地、无地的

①《雍正汇编》册10，第849页。

②康熙《嘉兴府志》卷9，《户口》。

穷丁，或为地主佃农，或打工挣钱，或摆小摊，或到外地谋生，因而出现了一些史籍中所描述的“贩夫牧竖优游于光天化日之下，无征输之苦”“民不知役，百工执艺闻敲鼓至者，皆计佣受值”“赤贫无田持手而食之夫，悉得免于追呼”。①

四是官府丁银有了保证。清政府的丁银收入，数量很大。顺治十八年（1660年），“直省徭里银三百万八千九百五两有奇，米二万一千五百七十石有奇”。康熙二十四年（1685年），“银三百一十三万六千九百三十二两有奇，米一万二千七百一十五石有奇”。②过去，由于人丁逃亡，丁银很难征齐；现在，丁摊入地，田地是死的搬不走，总有人耕种使用，按出地征收丁银，也就有保障了，可以收入库里了。

五是无地少地之人，离开土地，佣耕打工，摆摊兴贩，进入城市矿山，提供了大量的劳动人手和经商之人，促进了手工业、商业、矿业、运输业的发展。

总之，摊丁入地是一个益民、抑富、利国的好政策。

六、禁私派

州县官吏，对属下商、民，巧立名目，滥征私派，祸国殃民，乃千百年来的顽症痼疾。顺治初年，摄政王多尔衮一再以帝名义，下诏严禁。多尔衮深以明朝之亡国，乃系今官吏贪婪，为戒。顺治元年（1644年）六月二十日，多尔衮谕告众官民：“明国之所以倾覆者，皆由内外官吏贿赂公行”“乱政坏国”，从现在起，“内外官吏，如尽洗从前贪婪肺肠，殚忠效力，则俸禄充给，永享富贵。如或仍前不悛，行贿营私，国法俱在，必不轻处，定行枭示”。③

顺治元年（1644年）十月颁行的少年天子福临即位诏书宣布：“自本年五月初一日以后，凡在京大小衙门，及在外抚、按、司、道、府、

---

① 乾隆《常昭合志》卷3，《户口》；嘉庆《宜章县志》卷8，《田赋》上；道光《贵阳县志》卷44，《食货略》。

②《清文献通考》卷19，《户口》。

③《清世祖实录》卷5，第20页。

州、县、镇、协、营、路、军卫等官，并书吏、班皂、通事、拨什库、粮长、十季、夜不收等，但有贪贿枉法，剥削小民者，照常治罪，不在赦例。”“有司征收钱粮，止取正数，凡分外侵渔，秤头火耗，重科加罚，巧取民财者，严加禁约，违者从重参处。”①

顺治二年六月二十八日的平定南京恩诏规定，“官吏加耗重收，或分外科敛者，治以重罪”。②

康熙初年，辅政大臣也曾一再下谕，斥责“守令贪婪者多”“或指公科派，或向行户强取，借端肥己，献媚上官，下至户书、里长等役，恣行妄派”“地方官员，滥征私派，苦累小民”。③

康熙年间的清廉官员对州县官吏巧立名目，滥征私派，深恶痛疾。康熙帝钦封的“天下廉吏第一”两江总督于成龙，颁布《兴利除弊条约》，宣布：

“一禁止私派。小民终岁勤苦，竭胼胝之力，难完输将之供。而不肖州县，往往巧立名色，借端私派，如条银则有倾销解费之派，漕粮则有修廒监兑之派，由单编审则有刊刻纸张之派，种种名色，弊难枚举。甚至江西地方有湖差芦差门差电差，横征苛敛，更可骇异。本部院颇有所闻，俟廉访得实，旦暮具疏纠参……断不姑息，以贻一路之哭也。”④

刚毅清廉的湖南巡抚赵申乔，针对私派泛滥、敲骨吸髓，特颁《禁绝火耗私派以苏民困示》，予以严禁。《禁示》说：

“居官之要，首重律身，民困之深，莫如横敛。顷者屡奉严纶，谆谆以暗派私征为戒，诚以唯正之供，尚烦敲扑，断难容无艺之求，不经之费，以重累小民也。年来锢弊日滋，流风莫遏，为有司者，身居民上，罔恤民艰，凡害民秕政，非止一端，而唯横征私派之弊，其祸尤烈。如收解钱粮，私加羡余火耗，解费杂徭，每浮额数，以致公私一

①《清世祖实录》卷9，第12、17页。

②《清世祖实录》卷17，第16页。

③《清世祖实录》卷14，第20页；卷26，第12页。

④ 于成龙：《于清端公政书》卷7，《兴利除弊条约》。

切费用，皆取给于里民，若日用之米蔬供应，新任之器具案衣，衙署之兴修盖造，宴会之席面酒肴，上司之铺设供奉，使客之小饭下程，提事之打发差钱，戚友之抽丰供给，节序之贺庆礼仪，衙役之帮贴工食，簿书之纸札心红，水陆之人夫答应，官马之喂养，走差舆夫，保甲牌籍，刊刷由单，报查灾荒，编审丈量，等项，皆有使费陋规，难以更尽枚举。总之无事不私派民间，无项不苛敛里甲，而且，用一派十，用十派千，以饱赃官婪尽之贪腹，嗟嗟小民，膏血有几，而能满此漏卮巨壑哉。"

赵申乔还在《禁示》的最后，着重强调说："不除横敛私派，而欲家给人足，有是理乎。"①

岳钟琪深知"私派累民"，雍正三年（1725年）五月十三日抵达西安，就任署川陕总督，一个月后，即于六月二十六日特上两道密折，奏请严禁私派。第一道密折，是说私派害民，有志督抚虽曾一度禁革，但只能暂时约束，不能长期生效，必须皇上下达圣谕，才能长期禁革。岳钟琪奏称：

"奏为密请特颁天语，永革病民积弊，俾万世遵行，流恩无极事。窃唯私派累民，暗伤元气，受病不觉，而为患最深。即如秦蜀两省，历代颇号殷蕃，乃圣朝培养，几及百年，而开辅编氓，依然凋敝，益州户口，远逊前朝。揆厥所由，皆私派苛烦，岁岁竭其膏血耳。伏读谕旨，以轻减一分，即民受一分之福，又有不忍西顾之密旨，仰见我皇上念切恫瘝，至明至圣。臣今奉命署理总督印务，敢不悉心体察，采访周详，务令私派尽除，以期上副圣主轸恤民瘼之至意。但查陕省从前督抚，亦有裁减十之二三或革除十之五六者，无如旋革旋复不能永远奉行。川省经前抚臣塞尔图、蔡珽革除尽绝，然二臣离任之后，属吏来免视为陈言。乃知禁令，但由督抚，不过约束于一时，必恩纶出自朝廷，方可著典章于万世。臣谨将川陕两省私派里民项款，逐一访实，胪列清折，密请圣主特降明谕，诫饬两省官员，但于正项钱粮之外，指称别样公事，科派百姓分厘颗粒者，告发访闻，严加治罪。其派行户工匠人等，承应

①《清经世文编》卷20，赵申乔：《禁绝火耗私派以苏民示》。

公事，不照民间价值，任意亏短扣克者，亦定处分严例，令大小衙门勒石署前，敬镌圣旨于碑之正面，而以禁革条款，详列碑阴，则天语煌煌，昭于日月，百僚兆姓共睹共闻，绝旷世之疮疣，流万年之膏泽，帝德与民生而俱永，恩纶偕覆载以俱长矣。碑成之日，令各摹墨本，由督抚汇齐送部存案，仍令州县各摹数百张，遍给城市乡村，使白发黄童，深山穷谷，无不仰悉圣天子视民如伤，永除积弊之至意，则官员人等亦万不能阳奉阴违，复萌故智矣。今将川陕两省革除各欵，另折详闻，恭呈御览，伏乞睿鉴施行。"①

第二道密折是逐一详列30种私派弊例：

一、督抚司道府厅州县上任之初，自椅桌床凳毡席一切什具，以至朱盒笔砚卓帏坐褥旗锣轿伞彩棚等项，有派里下备办者，又每年年终更换旗伞执事，亦有里下派银交官者，俱永行禁革。

二、各官到任中伙夫马有里下雇备者，有折银交官者，俱永行禁革。

三、陕省州县官到任之初，里下供给或一日或三日五日七日不等，凡米面油烛茶叶柴炭米酒等项，于一日之内，取储数十日之用者，永行禁革。

四、川省州县官有里下长年供给日用米面食物者，有借发价之名，里下采买者，俱永行禁革。

五、官衙日用米面肉酒各食物，买办人役着落行户，而官衙所发官价不敷市价，逐行逐店派钱帮贴者，如每斗每平出钱几文之数，亦有行户轮流承应者，僻小州县，行户无几，甚至派及里下者，俱永行禁革。

六、督抚司道府厅及州县等官寿礼、节礼、贽仪，并呈送土产等项，均干功令，有指派百姓者，俱永行禁革。

七、自心红纸张柬帖笔墨，以及官衙一切应用物料，每年科派里下者，永行禁革。

八、水火夫、灯夫、茶夫、仓夫、更夫、轿夫、马夫、伞夫、扇夫、门子、门军等役，其名数各处多寡不同，每名工食自四五两八九两至十一二两亦各处不等，有派里下者，俱永行禁革。

九、吹手、铳手、仵作、听差、长班、塘丁、就报、道府坐省抄报

① 《雍正汇编》册5，第399、400页。

看司各工食，有派里下者，俱永行禁革。

十、修理一切损坏城池衙署仓廒监仓各工料，俱派里下，又自器用以至刑具枷锁等项，每年派里下置造者，俱永行禁革。

十一、各行工匠以及裁缝厨役人等，或轮流听差不给工钱，或量给官价，以至匠头夫头帮贴赔垫者，俱永行禁革。

十二、收粮柜书纸笔饭钱，编审里书朱价，以及巡仓值夜兵役灯油炭火，派里下供给者，俱永行禁革。

十三、钱粮解费木鞘铁箍包银纸布车辆驴骡夫役工用盘缠，出于里下者，俱永行禁革。

十四、陕省里下买供州县官衙骑坐者，谓之拴养马，自四匹六匹八匹十余匹不等；又有里下买备听付差使者，谓之里马，自一二十匹至三四十匹不等，凡有倒毙，仍派里下买补。川省驿路州县有着里民雇买马匹，设立外号，令里民长年喂养听差者，俱永行禁革。

十五、官槽喂马草料槽铡鞍屉灯油药材，有派里下者，俱永行禁革。

十六、过往上司贵客家人及差催公件守提人犯，安置供应酒筵草料油烛柴炭程仪差礼等项，内有行户轮流承应者，有派里下出银者，俱永行禁革。

十七、地方官凡因公远出及奉上司差委盘缠牲口，亦派里下者，永行禁革。

十八、修理贡院物料，进举贡监花红马匹旗匾，科岁两考棚厂供应，宾兴会试程仪酒席，优等生员游学，童生花红酒礼，府县考试薪米油烛，有派里下者，永行禁革。

十九、公事应酬如遇祭陵祭岳行围供应，及每年储备火柴铅子价银，并帮贴裁站钱粮等项，凡由上司摊派州县，州县转派里下者，俱永行禁革。

二十、奏销钱粮秋审等部费，及各上司经承书役季终年终造册盘查各项使费，有派里下者，永行禁革。上司书役仍敢勒索者，许州县揭报严加治罪。

二十一、吏目典史查点烟户，或查排门册，有按村堡大小派钱者，有挨户科索甚至硬取粮食牲畜者，俱永行禁革。

二十二、省城地方及各府州县接诏迎官，搭盖棚厂铺垫毡席扎彩等项，科派户人等承值当官，永行禁革。

二十三、命案检验，凡搭棚挂彩供给酒肉，并地方官因公事经过村庄，民间各项供应陋规，永行禁革。

二十四、乡约里长场头单头最为民患，总由每年呈送州县官礼物陋规，有所凭借，以致武断乡曲欺凌百姓借端革索，种种病民，永行禁革。

二十五、外省协解四川饷鞘，因额设脚价不敷，万不得已方用里下人夫马骡帮贴迎送，有借此用一派二者，永行禁革。其借用民间马骡有伤损倒毙者，着落地方官赔偿。

二十六、凡额设站舡之处挠夫工食，并篙桨锅缸刀斧板片油针匠工等费，有派里下者，永行禁革。

二十七、饭店本利最微，凡公事取用桌凳等物，并过往迎解人犯所用驴头口粮，有令饭店承应者，永行禁革。

二十八、有碾榨磨课州县，指称上司需用，额外多索米面者，永行禁革。

二十九、田房税契每两已征三分之外，又索红钱解费，及州县官推收过割规礼者，永行禁革。

三十、指称采买仓谷或兵米等项，派累百姓，及发价派令里民采买者，俱永行禁革。①

（笔者注：以上所写的一、二、三、四等，是为让读者易于了解而写，原文皆是“一、一”。）

雍正帝看过岳钟琪的两道密折后，大加赞扬，朱笔批示说：

“所奏甚为公当明晰，岂止川陕，各省莫不皆然。朕从前原有禁谕数条，尚多阳奉阴违，兹概行禁革，但恐势不能行，反长百姓之刁风耳。自古有治人，无治法，尧舜之政，布在方策，人存则政举，假使不端其本，而齐其末，此实方塞他途又启，奈何。今卿统摄两省，姑且殚心竭力，随时厘剔，正己率属，察吏安民，巡抚两司以下，有

①《雍正汇编》册5，第402、403、404页。

败检逾关者，据款密奏以闻。至道府州县，朕亲检选多员，发往秦蜀，卿酌量审度，将向目庸劣不法之辈，陆续更替，是亦不禁之禁，殊为除弊之良法也。所开折单留中，俟朕详加斟酌，若发谕时，不专于川陕颁行，则通行直隶各省矣。”[①]

七、蠲免钱粮

雍正帝胤禛继承了皇祖顺治帝福临、父皇康熙帝玄烨力图轻徭薄赋广蠲钱粮的传统，多次谕蠲田赋。王庆云《石渠余纪》卷1载：“世宗即位，以昌平六州县为圣祖每年巡幸之地，及陵寝所经，免雍正元年额赋。时普免天下康熙五十年以前宿逋，江苏一省至八百八十万。”肖奭的《永宪录》卷2上，则记为，“（雍正元年四月）免江南江苏等府积欠康熙十八年至五十年（一作五十四年）地丁银七百二十九万六千两有奇，米豆四十三万七千二百余石，芦课银十九万二千七百余两。大学士王项龄等表谢”。雍正二年（1724年），免江西南昌等七县浮粮银75000余两，第二年，免苏州浮粮银30万两、松江15万两，永着为例。

雍正五年十月二十五日，谕户部：明太祖朱元璋恨苏州、松江、嘉兴、湖州四府支持张士诚，与明军对抗，死守江浙，故征收四府重赋，此举实为欠妥，必须纠正，谕命蠲免嘉兴、湖州二府浮粮8万余两：

“查各省之中，赋税最多者，莫如江南之苏松二府，浙江之嘉湖二府，每府多至数十万，地方百姓，未免艰于输将。其赋税加重之由，始于明初洪武时，四府之人，为张士诚固守，故平定之后，籍诸富民之田，以为官田，按私租为税额，夫负固之罪，在士诚一人，而乃归咎于百姓，加其税赋，此洪武之苛政也，有明二百余年，减复不一。我朝定鼎以来，亦照例征收，盖因陆续办理军需，经费所在，未便遽行裁减，我皇考圣祖仁皇帝常论及此。雍正三年，朕仰体皇考多年宽赋之圣心，将苏松二府，额征浮粮豁免，彼时颁发谕旨

①《雍正汇编》册5，第401页。

甚明，本欲一体加恩于嘉湖二府，因浙江风俗浇漓，正须化导，不便启其望恩侥泽之心，故而暂止。今见浙俗渐次转移，改而迁善，朕心深慰，用沛恩膏，查嘉兴府额征银四十七万二千九百余两，湖州府额征银三十九万九千九百余两，俱着减十分之一，二府共免银八万七千二百两有奇，永着为例。”①

“谕内阁，浙省为财赋重地，民力输将，朕所轸念，其旧欠钱粮，非不欲开恩豁免，只以屡年未完之项，乃顽户之所拖欠，若以抗正供而沾膏泽，则顽民获利，而良善转未邀恩，非所以化导人心风俗也，今据性桂折奏，浙省绅士庶民，咸能知朕教养之殷怀，感朕训诲之至意，踊跃完纳正赋，即此一事，可以见其感恩迁善之诚，朕实为浙省之士民风俗称庆，非重此数十万之国帑也。浙省向善之速，甚属可嘉，用沛鸿恩，将雍正七年额征地丁屯饷钱粮，蠲免十分之二，共计六十万两，着李卫，转饬各属，恪遵奉行，务使闾阎均沾实惠，并将朕加恩奖善之意，遍行宣谕，俾远乡僻壤，咸共知悉。”②

过了九个多月，十二月初三，雍正谕内阁，畅述即位以后，屡蠲田赋情形说：

“独不思朕爱养斯民，如江南，浙江，江西三省，额征钱粮，则永远豁免六十余万，各省每年蠲免之正赋，又一二百万不等，而发帑为地方兴修工程者，又不下数百万，岂有于数千百万之帑金，并不吝惜，而转与小民争此蝇头之利乎。”③

王庆云在其所著《石渠余纪》卷1，《纪蠲免》中，总述雍正年间蠲赋情形：

“世宗即位，以昌平六州县为圣祖每年巡幸之地，及陵寝所经，免雍正元年额赋。地普免天下康熙五十年以前宿逋。江苏一省至八百八十万。据会典则一千一百六十五万有奇。六年免直隶明年起运银四十余万，

①《清世宗实录》卷62，第26页。

②《清世宗实录》卷78，第33、34页。

③《清世宗实录》卷89，第9页。

福建逋赋三十余万。七年以浙省未完旧欠，踊跃输将，免本年额赋十之二，计六十万两。见会典。时西藏苗疆平，免甘肃、四川、广西、云贵明年租。又谕以国家经费已敷，宜藏富于民。于是次第免各省额赋各四十万。以直隶首善之地，山东被水之区，特再免之。甘肃地瘠，又值军兴，八年、九年免地丁，次年免粮草，又次年免额赋二十七万以赡之。自十年平台湾生番，十一年剿云南猓夷，大兵所过，复加优免。十三年免云南、贵州及湖南沅州今年田租，特诏贵州被兵之处给复三年。”

雍正的蠲赋谕旨，以永免苏州、松江、嘉兴、湖州四府浮粮60万两，起的作用最大。四府浮粮60万两，从洪武年间征起，到雍正五年止，长达320年，每年60万两，就要征收1.9亿多两，相当于雍正年间全年国家赋税收入近4000万两的5倍。单就雍正二年、五年两次免赋60万两计，十年就是600万两，可见其免赋之多。正因为事关国赋，事体重大，所以明朝历朝十二位皇帝没有一人敢于减免苏、松、嘉、湖四府重赋。连称“蠲租乃古今第一仁政”的清圣祖玄烨，也未碰触这一难题，减免其赋。可见，雍正此举表明，他确是一位敢于改变旧制的君主。

八、禁止压佃为奴　除豁贱民

清朝的绝大多数州县，实行封建土地所有制，佃农租种地主田地的主佃关系，盛行于全国。佃农无地或少地，生活贫困，但他们的社会地位，在法律上，他们的大多数人是平民，是凡人，与地主是少长关系，地位比地主要略低一些，而且要视地主的社会身份来决定，地主的构成复杂，有贵族、官僚、绅衿、平民，地主身份越高，佃农的地位相应就越低，不法地主欺诈佃农往往要残酷一些。绅衿生活于乡里，为恶较多。佃农纷纷反抗地主的阶级剥削、压迫、主佃矛盾相当尖锐。

在明末大起义的冲击下，在明末清初强大的佃农抗租斗争的压力下，一些较有见识的清朝官员，从维护地主阶级根本利益出发，提出了减轻地主对佃农的人身奴役的意见，建议不许欺压佃户为奴。顺治十七年（1660年），江宁巡抚卫贞元上奏，主张“将佃户为奴，请行禁止”，严禁“将佃户随田转卖，勒令服役”。[①]有的官员还在所辖地区予以施行，像康熙初年的江西按察司佥事邵延龄，“提调学政，按部所至，有公明声。吉赣俗以佃为仆，子孙无与童子试”，邵延龄“为按版籍，勒石永禁，破数百年陋俗”。[②]

清朝中央政府也采取了一些措施。康熙二十年（1681年），户部奉旨通令，禁止绅衿大户将佃户“欺压为奴”“随田转卖，勒令服役”，“如有将佃户穷民欺压为奴等情，各该督抚，即行参劾”。[③]

雍正二年（1724年），广西生员陈为翰踢死佃农何壮深，案子报到朝廷，雍正帝深知佃农必然不敢先动手殴打生员，陈为翰一定是劣衿，遂令巡抚李绂严审清楚。李绂以为读书人打死人，与其有知识的孔门信徒身份不合，应该对他们要求高一些，不应当按照常人案例论处，因此命刑部与九卿重议生员“欺凌百姓，殴人致死”，如何加倍治罪的法令。[④]河南监生郑当时诬告佃农高琰，“明火执仗，烧抢其家”，巡抚田文镜审实，革去郑当时的监生，张贴告示，传播此事，“使通省之绅衿皆以郑当时为戒，不敢依恃护符，违禁诬告”。[⑤]

雍正五年（1727年）九月，河南总督田文镜以豫省绅衿地主横行不法，压佃为奴，私刑拷打，奸淫妇女，地方官徇私舞弊，包庇绅衿，奏请严禁。吏部议复，拟请立法规定：“嗣后绅衿苛虐佃户者，乡绅照违制律议处，衿监吏员革去职衔。”雍正帝批示说：“立法贵得其平，倘有奸顽佃户拖欠租课，欺慢田主，何以并未议及。着再议。”

《清世宗实录》卷61，第26、27页载：“九月二十五日，吏部等衙门议覆，河南总督田文镜疏称，豫省绅衿，苛虐佃户，请定例严行禁止，嗣后不法绅衿，如有苛虐佃户者，地方官详报题参，乡绅，照违制例议处，衿监吏员，革去职衔。得旨，凡立法务得其平，本内但议田主苛虐佃户之非，傥有奸顽佃户，拖欠租课，欺慢田主者，何以并不议及，着再议具奏。寻议，嗣后奸顽佃户，拖欠租课，欺慢田主者，请照不应重律论杖，所欠之租，勒追给主，直省一体遵行，从之。”

---

① 张光月：《例案全集》卷下，《户役》；康熙《江南通志》卷66，徐国相：《特参势豪勒诈疏》。

② 邵长衡：《提调江西学政按察使司佥事加一级邵公延龄墓碑》，《清代碑传全集》卷80。

③《大清律例通考》卷27。

④《雍正朝起居注册》，雍正二年六月十二日条，册1，第258页。

⑤ 田文镜：《抚豫宣化录》卷3，《为通饬出示晓谕事》。

到雍正十二年（1734年），对此律条略加改订，收入大清会典。光绪《大清会典事例》卷100载称："擅责佃户。雍正十二年议准，凡不法绅衿，私置板棍，擅责佃户，勘实，乡绅照违制律议处；衿监吏员，革去衣顶职衔，照律治罪；地方官容隐不行，查究，经上司题参，照徇庇例处分，失于觉察，照不行查出例罚俸一年；如将佃户妇女，占为婢妾，皆革去衣顶职衔，按律治罪；地方官徇纵肆虐者，照溺职例革职不能详查者，照不行查出例罚俸一年；该管上司徇纵不行揭参，照不揭报劣员例议处，至有奸顽佃户，拖欠租课，欺慢田主者，照例责治，所欠之租，照数追给田主。"

这是清朝政府第一个明确规定主佃关系的法例，是通行全国的法例，影响很大，十分重要。这个法例，固然规定了佃农必须交租、不能抗租，保证了地主的经济收入，损害了佃户的利益，但是，它毕竟明文规定，不许地主非刑拷打佃户，不许奸污佃户妇女，违者，是乡绅，照违制律议处，即"凡奉制书有所施行而（故）违（不行）者，杖一百"；是衿监吏员，革去衣顶职衔，杖八十。这就从法律上一定程度地限制了地主对佃户的人身压迫，为佃农减少对地主的封建依附提供了一定的条件。

这条法例制定之后，虽然有一些地主，尤其是身任要职的官僚地主，对佃户的虐待仍然存在，拷打佃户、污辱佃户妻女的事件仍然层出不穷，但毕竟是违法的，毕竟要少一些，在一定的条件下，有的地主还因此而被依法惩处。

雍正帝还革除前朝弊政，使山西等省的乐户、浙江的"惰民"等贱民，除其贱民籍，改为良民。

清朝社会有许多种前朝遗留下来的贱民，如乐户、世仆、伴当、堕民、蛋户、丐户等，他们没有任何政治权利，从事卑贱的职业，为良人所不齿，地位在多数佃农之下。他们忍辱多年，不满意的情绪日益爆发出来。如徽州府祁门县的贱民，在康熙年间奋起反抗，于是"越分跳梁者比比，是为厉阶"。[①]被统治者视为严重的社会问题。宁国府泾县的"附丁"，于康熙二十七年（1688年）要求开户独立，争取摆脱主姓的控制，并实现了愿望。[②]同年，江苏常熟丐户中以制绳为业的，因地方势力勒派绳索，上告于江苏巡抚，经查实，系奸徒所为，于是县府立

① 同治《祁门县志》卷1，《风俗》引康熙志。

② 乾隆《泾县志》卷2下，《乡都》。

碑，禁止再差派丐户供应绳索。[①]官定的浙江惰民服制，早在明朝中叶，惰民就不太遵守了。[②]这是一些不稳定的社会因素。雍正朝采取削除一些贱民的名籍，允许他们成为平民，不过这在通常的情况下只是名义上的，他们的实际地位的提升并没有那么大。

雍正元年三月，监察御史年熙上书，请求开豁山西、陕西乐户的贱籍。山陕乐户是明朝初年遗留下来的贱民，明成祖起兵夺得帝位，加害建文帝的坚决维护者，除杀害他们本人，还将他们的妻孥罚入教坊司，充当官伎，世代相传，久习贱业。他们因身陷乐籍，无法脱离卑贱处境，不仅政府不准许，地方上的绅衿及恶势力以他们为蹂躏对象，也不容他们跳出火坑。年熙奏疏说他们是忠义之士的后代，沉沦至此，无由自新，请求皇帝除豁他们的贱籍，准许改业从良。

《雍正汇编》册1，第172页，载录了年熙的奏折，现引录如下：

“署掌陕西道事浙江道试用监察御史臣年熙奏为请除乐藉以广圣化事。窃唯人心风俗之正，以礼义廉耻为先。我国家累叶渐摩，薄海苍生莫不蒸蒸向化，独山陕两省有所谓乐户者，另编籍贯，世世子孙娶妇生女，逼勒为娼，无论绅衿贡监以及土豪地绳呼召，不敢不来侑酒宣淫，百般贱辱即有一二爱惜廉耻者，欲自附良民，而本地之人断不相容。且其祖先原属清白之臣，因明初永乐起兵，未肯附顺，遂将其子女发入教坊，编为乐籍。普天之下莫非赤子，雨露所施遍及昆虫草木，而若辈沉沦丑秽，自新无由，言念及此，殊堪悯恻。臣愚以为留之既无益于国家，去之实有裨于风化，伏乞皇恩特沛，立赐削除，不独两省黔黎饮圣德于无穷，而数百年忠魂当必衔感九叩于地下矣。臣昌胜惶悚之至。雍正元年三月二十日具。”

雍正帝朱笔批示：“此奏甚善。该部议奏。”

议政王大臣秉从旨意，奏称“压良为贱，前朝弊政，我国家化民成俗，以礼义廉耻为先，似此有伤风化之事，亟宜革除”。雍正帝遂批准革除山陕乐籍，同时下令各省检查，若有类似的贱民，一律准许出贱为良。[③]于

① 《江苏省明清以来碑刻资料选集》，第621页，三联书店，1959年。

② 书徐渭：《青藤屋文集》卷18，《会稽具志诸论·风俗论》，丛书集成初编本。

③ 阮葵生：《茶余客话》卷2，《乐户惰民丐户之世袭》，中华书局，1959年；《永宪录》卷2上，第102页。

是其他地区的贱民也得到开豁为良的机会。开豁乐籍，是一项仁政，后来年羹尧出事，署理山西巡抚伊都立参劾他，说他将皇上乾纲独断的乐户出籍为良的事攘为己功，且向泽州乐户窦经荣索取谢银10万两，雍正帝命年羹尧回奏，年羹尧辩白说：削除乐户，是“圣主首端风化”，没敢掠为己功。[①]此一番辩白，证明雍正朝君臣将除豁贱民视作仁政。

在山陕乐户除籍之时，雍正帝下命解除京中教坊司乐户。清初制度，凡宫悬大乐，均由教坊司演奏，雍正帝让乐户从良，另选精通音乐的良人，充当教坊司乐工，从事演奏。[②]这就使教坊司的乐人改变了属籍，成了良人的职业。雍正七年（1729年），雍正帝又把教坊司改名和声署，[③]由内务府管理，由内务府、太常寺、鸿胪寺官兼摄。教坊司乐工改用良人后，若仍用原来名称，由于习惯观念，人们仍可能将他们视为贱民，所以改变名称，使名实相合，进一步巩固乐户除豁的成果。

雍正元年（1723年）七月十一日，两浙巡盐御史噶尔泰因乐户削除贱民籍，上奏折请求除豁浙江绍兴府惰民的丐籍。噶尔泰奏折说：

“奏为请除惰民丐籍以广皇仁以端风化事。奴才于雍正元年三月内，见御史年熙以山陕乐籍沉沦日久题请削除以正风俗，当蒙圣恩悯恻，敕部遵行中外，臣民闻风欢舞。奴才今奉特旨巡视两浙，唯有绍兴府属之八邑，有所谓惰民者，细问土人，并查绍兴志书，相传为宋罪俘之遗，故摈之名惰民，其内外率习污贱无赖，四民中居业不得占，四民中所籍，彼不得籍，四民中即所常服彼亦不得服，特别以辱之者也。又籍曰丐户，即有产，不得充粮里正长，亦禁其学旧志，帽以狗头状，裙布以横不长衫扁其门曰丐，自言宋将焦光瓒部落，以叛宋故被斥曰惰民。男子只许捕龟卖饧逐鬼为业，妇则习媒，或伴良家新娶嫁，为人髻冠梳发，或穿珠花，群走市巷，兼就所私，丑秽不堪，辱贱已极，实与乐籍无二，间有流入他方者，人皆贱之。奴才细思，此辈在宋，有应得之罪，处之固宜，今已堕落数百年，生息繁衍，岂皆尽无廉耻，实因无路自新，若非皇恩浩荡，放出轮回，生生世世，终埋孽海。奴才体皇上好生之德，昆虫草木，一视同仁，伏乞特沛恩纶，请照山陕乐籍一并削除，使尧天舜日之中，无一物不被其泽，岂独浙省惰民，生者衔

①《文献丛编》第八辑《年羹尧奏折》，第43页。

② 光绪《大清会典事例》卷524，《乐部·设官》，册6，1043页。

③《清朝通典》卷63，《乐典》第2488页。

环，死者结草，即千万也之后，共视圣恩于无既矣。为此具折，专差家人吴福，赍捧跪奏，仰请皇上敕部议奏施行。”

雍正帝朱批：“该部议奏。”[①]

据讲惰民的来源是宋代罪人的遗胤，已有数百年的历史。惰民籍属丐户，不得列于士农工商四民的名籍，是为贱籍，不准改变。他们的职业，是四民所不屑于做的，男子作小手艺和小买卖，塑造土牛、木偶，拗竹灯檠，编机扣，捕蛙、鱼，卖饧、饼，或者当吹鼓手，演戏，抬轿子。女子保媒，当伴娘，充栉工，卖珠，做收生婆等。他们从事的是服务性的、被当时人贱视的作业。政府不许贱民读书应试，不能做官，不得充当吏员、里长，不准与良人通婚，也不可与良人平等相称。政府为侮辱他们，在居住地区、房屋样式、穿着打扮、行路乘车等方面，都做出规定，所以惰民同乐户一样是被侮辱被损害的贱民。

噶尔泰认为应该给惰民自新之路，请求照山陕乐籍例开豁，雍正帝命礼部议奏。礼部认为捕龟、卖饼、穿珠、做媒是贫民糊口职业，若除其籍，就是不许他们再从事这类营生，他们反倒无法维生了，因此不同意削籍。[②]雍正帝另有看法，说除籍“亦系好事”，礼部不要反对了。[③]于是命惰民放弃原来职业，别习新业，脱离丐籍，转为民户，按照良民纳税服役。雍正五年四月二十七日，雍正帝谕内阁，命安徽巡抚查明宁国府世仆、徽州府伴当情形，予以除贱为民。《清世宗实录》卷56，第27、28页记述了此事办理情形：“谕内阁，朕以移风易俗为心，凡习俗相沿，不能振拔者，咸与以自新之路，如山西之乐户，浙江之惰民，皆除其贱籍，使为良民，所以励廉耻而广风化也。近闻江南徽州府，则有伴当，宁国府，则有世仆，本地呼为细民，几与乐户惰民相同。又其甚者，如二姓丁户村庄相等，而此姓乃系彼姓伴当世仆，凡彼姓有婚丧之事，此姓即往服役，稍有不合，加以箠楚，及讯其仆役起自何时，则皆茫然无考，非实有上下之分，不过相沿恶习耳。此朕得诸传闻者，若果有之，应予开豁为良，俾得奋兴向上，免至污贱终身，累及后裔，着该抚查明定议具奏。寻礼部议覆安庆巡抚魏廷珍遵旨议奏，江南徽宁等

①《雍正汇编》册1，第652、653页。

②《永宪录》卷2下，第131页。

③《雍正朝起居注册》，雍正元年九月初六日，册1，第96页。

处，向有伴当世仆名色，请嗣后绅衿之家，典买奴仆，有文契可考，未经赎身者，本身及其子孙，俱应听从伊主役使，即已赎身，其本身及在主家所生子孙，仍应存主仆名分，其不在主家所生者，应照旗人开户之例，豁免为良。至年代久远，文契无存，不受主家豢养者，概不得以世仆名之，永地严禁，应如所议，从之。”

虽然事情还不是很清楚，但役使伴当、世仆既为恶习，就不该不理会，遂令安徽巡抚魏廷珍查核，提出处理意见。魏廷珍议请区别对待：绅衿之家的典买奴仆，有文契可考，未经赎身者，本身及其子孙俱应听从伊主使役；既已赎身，其本身及在主家所生子孙仍应有主仆名分；奴仆在赎身后所生子孙，与原主没有也不应再有主仆名分，应准许豁免为良；年代久远，没有文契，也不受主家豢养的，一概不许以伴当、世仆对待。雍正帝认为他所议允当，批准执行。世仆、伴当所受压抑，在雍正帝讲的以外，同惰民一产，习吹鼓，不得与大姓联姻，不能考试，不与大姓平等相称，同坐共食。政府的除豁，使他们中的一部分人免遭主姓的凌辱，得为编户齐民。然而在实行中，对年代久远、文契无存的贱民，如何区别豢养与不豢养，不好把握，纷争不已。

早在宋元时期，广东沿海有一种蛋民，采集珍珠，向政府纳贡，还被称作“乌蛋户”。[①]明代又称为“龙户”，清初则称为“獭家”，属于广州河泊所管辖的，每年按户按船交纳鱼课，少数人略通文字，上岸居住。[②]

屈大均在《广东新语》卷18中写道：

蛋家艇

“诸蛋以艇为家，是曰蛋家，其有男未聘，则置盆草于梢，女未受聘，则置盆花于梢，以致媒妁。婚时以蛮歌相迎，男歌胜则夺女过舟，其女大者曰鱼姊，小曰蚬妹，鱼大而蚬小，故姊曰鱼而妹曰蚬云。蛋人善没水，每持九棷水中与巨鱼斗，见大鱼在严穴中，或与之嬉戏，抚靡鳞鬣，俟大鱼口张，以长绳系钩，钩两腮，牵之而出，或数十人张罛，则数人下水，诱引大鱼入罟，罟举，人随之而上，亦尝有被大鱼吞啖

① 俞正燮：《癸巳类稿》卷12，《除乐户丐户籍及女乐附考古事》，商务印书馆，1957年；陶宗仪：《辍耕录》卷10，《乌旦户》，中华书局，1959年。

② 屈大均：《广东新语》卷18，《舟语·蛋家艇》，中华书局，1985年。

者，或大鱼还穴，横塞穴口，己在穴中不能出而死者，海鳝长者亘百里，背常负子，蛋人辄以长绳系舱飞刺之，候海鳝子毙，拽出沙浑，取其脂，货至万钱，蛋妇女皆嗜生鱼能泅汙，昔时称为龙户者，以其入水辄绣面文身，以象蛟龙之子，行水中三四十里，不遭物害，今止名曰獭家，女为獭而男为龙，以其皆非人类也，然今广州河泊所，额设蛋户，有大罾、小罾、手罾、罾门、竹箔、篓箔、摊箔、大箔小箔、大河箔、小河箔、背风箔、方网、辏网、旋网、竹、布篮、鱼篮、蟹篮、大罟、竹箕等户一十九色，每岁计户稽船，征其鱼课，亦皆以民视之矣，诸蛋亦渐知书，有居陆成村者，广城西，周墩、林墩是也，然良家不与通姻，以其性凶善盗，多为不乡祸患，曩有徐、郑、石、马四姓者，常拥战船数百艘，流劫东西二江，杀戮惨甚，招抚后，复有红旗白旗等贼，皆蛋之枭黠，其妇女亦能跳荡力斗，把舵司，追奔逐利，人言徭居而偏忍，蛋居水而偏愚，未尽然也。粤故多盗，而海洋聚劫，多起蛋家，其船杂出江上，多寡无定，或十余艇为一，或一二至十余为一朋，每朋则有数乡随之鱼，势便辄行攻劫，为商旅害，秋成时，或即抢割田禾，农人有获稻者，各以钱米有之，乃得出沙，其为暴若此，议者谓诚以十船为一甲，立一甲长，三甲为一保，立一保长，无论地僻船稀，零星独钓，有无罟朋及大小船，皆使编成甲保，互结报名，自相觉察，按以一犯九坐之条，则奸舸难匿，而盗薮可清，然清船及澳艇，尤为先务。”

雍正二年七月初四，西广总督孔毓珣接到皇上朱谕。朱谕说：“广东蛋民，编立埠次约束。”[①]“雍正七年五月二十八日，雍正帝谕广东督抚，调查蛋民情形，将其除贱为民：

“谕广东督抚：闻粤东地方，四民之外，另有一种，名为蛋户，即猺蛮之类，以船为家，以捕鱼为业，通省河路，俱有蜑船，生齿繁多，不可数计，粤民视蜑户为卑贱之流，不容登岸居住，蛋户亦不敢与平民抗衡，畏威德隐忍，跼蹐舟中，终身不获安居之乐，深可悯恻，蛋户本属良民，无可轻贱摈弃之处，且彼输纳鱼课，与齐民一体，安得因地方积习，强为区别，而使之飘荡靡宁乎，着该督抚等转饬有司，通行晓谕

①《雍正汇编》册3，第578页。

凡无力之蛋户，听其在船自便，不必强令登岸，如有力能建造房屋，及搭棚栖身者，准其在于近水村庄居住，与齐民一同编列甲户，以便稽查，势豪土棍，不得借端欺凌驱逐。并令有司劝谕蛋户，开垦荒地，播种力田，共为务本之人，以副朕一视同仁之至意。”[①]

这个上谕，为蛋户开辟了自新之路。

雍正八年五月十九日，户部议准除去蛋户惰民贱籍，改为平民：

“户部议覆，江苏巡抚尹继善疏言，苏州府属之常熟，昭文二县，旧有丐户，不得列于四民，迩来化行俗美，深知愧耻，欲湔前污，请照乐籍惰民之例，除其丐籍，列于编氓，应如所请，从之。”[②]

除豁贱民，改为良民，确系德政。

①《清世宗实录》卷81，第38页。

②《清世宗实录》卷94，第17页。

第二编 延续弊政

一、加税额　征余银

清朝前期，国家的财政收入有四大来源，一是田赋丁银，二是盐课，三为关税，四系杂赋（又叫杂税）。

税关制度沿袭前明，对商人过往的商品征收关税。顺治年间，由于相当长的年月战火纷飞，一些省府州县非清所有，百业萧条，所以，税关是陆续设立的，税额的银两数量不多。顺治二年（1645年），定芜湖、扬州、龙江、荆州、清江五处税关税额，每年征税银129631两。顺治十八年（1661年），定张家口年税（万两），杀虎口13000两，左翼、右翼各6000两。

康熙年间的关税，有三个特点。第一个特点是税关的设立已经定局，共有户部24关和工部5关。户部关主要征收衣食百货税，工部关主要征收行木船料税。户部24关是：崇文门、左翼、右翼、坐粮厅、淮安关、浒墅关、扬州关、芜湖关、西新关、凤阳关、江海关、天津关、临清关、九江关、赣关、北新关、浙海关、闽海关、太平关、粤海关、山海关、张家口、杀虎口、归化城。工部5关是：龙江关、芜湖关、宿迁关、临清砖版关、南新关。

第二个特点是税额不断增加。比如，天津关，康熙八年定额税银3万两，而康熙五十六年（1717年）直隶总督赵弘燮奏称，“天津关一年额定正税银四万四百六十两”，[①]增加了10460两，比原额增加了35％。

扬州关，康熙八年（1669年）定额税为3万两，康熙三十四年

① 嘉庆《扬州府志》卷20，《关税》。《康熙汇编》册8，第4页。

（1695年）已是49854两，[①]多了19854两，高达66%比例。

淮安关，康熙八年（1669年）定额税银5万两，淮安仓2万两，共7万两，康熙五十八年（1719年），已是“照例征收额税银十九万两”。[②]19万两减7万两为12万两，比康熙八年（1669年）的额税多了191%。

浒墅关，康熙八年（1669年）定额税银为14万两，康熙五十九年（1720年）已是“额解税银十九万两零”，[③]多了5万两，比例为26%。

临清关，康熙八年（1669年）定额税银2万两，康熙五十三年（1714年）增为29000余两，[④]多了50%。

九江关，康熙八年（1669年）定额税银9万两，康熙二十年（1681年）移至湖口，“于旧额外，岁增至一十五万三千八百余两”，[⑤]多了63800两，比例为71%。到雍正二年（1724年）又增为172282两，比原额多83282两，比例为91.4%。

山海关，康熙三十四年（1695年）定税额为25000两，康熙末年担任山海关监督的本钖“将所收正项钱粮银三万五千二百四十一两，照数交付户部”，[⑥]多了15241两，比例为61%。

以上7个税关，每关超出原额税银多少不一，最多的超出12万两，比例为191%。最少的为1万两，最低的比例是26%。若将7个关的税银总加起来，则超出的额税银为29万两，比原额多出75.3%的比例。仅仅三四十年的时间，额定税银就增加了75%，比例不为不高了。

第三个特点是创征余银及铜斤银。余银，顾名思义，为剩余之银，而税关的余银，则是正额税银之外征收的银两。清初，曾有抽税溢额者议叙规定，康熙四年（1665年）取消。后，康熙十三年（1674年）三藩之乱，需筹措大量军费，康熙十四年（1675年）题准，各关欠额税不及半分者，降一级留任。照例全完者，记录一次。溢额者，每千两，加一级，至五千两以上者，“以应升缺先用”。康熙十七年定，关税足额者，不准议叙。溢额者，仍议叙。这里所谓溢额之银，就是余银，送交

①嘉庆《扬州府志》卷20，《关税》。

②《清圣祖实录》卷283，第22页。

③《李煦奏折》第273页。

④《雍正汇编》册1，第886页。

⑤《雍正全译》第107页。

⑥《雍正全译》第204页。

户部。康熙二十五年二月，帝命停止。但此后各税关仍照样多征商民，呈报余银，解交户部。康熙五十八年二月间，河道总督汉军旗人赵世显更公然上疏，奏请兼管税务，每年多交余银15万两。三月二十五日，户部等衙门议覆河道总督赵世显疏称，请管理淮安关税务，“照例征收额税银十九万两零外，节省浮费等项，可余十五万两，交河库，以济工需”。[①]户部等议准其请，康熙允准。此事表明了三个问题。一系额外余银，欠已存在，故赵世显才敢申请，户部等衙门会议时，才敢议允其请，而皇上确又谕准其奏。二是余银量大，一个淮安关就可征收额外之税银15万两，照此类推，全国二三十个税关征收的额外余银岂不高达数十万甚至上百万两。三为余银的比例很高，相当于正额银19万两的79%。

康熙末年，各税关奏交国库的余银已多达数十万两。

《清实录》《会典》等官书，以及一些文人、官员的笔记，都说雍正帝继位以后，谕令停征余银，取消了这笔几十万两余银的收入。就连大学士们也是这样说的。雍正二年八月二十二日，大学士马齐、嵩祝、王顼龄、白潢、张鹏翮和协办大学士尚书田从典、徐元梦等奏称：“今岁四月间，皇上轸念商民，恐致苦累，格外施恩，特谕户部，将各关续增余银数十余万两查明，尽行裁革，通行直省在案。”[②]

实情果真是这样吗？精明过人、善于盘算、竭力增加国库内库帑银的雍正皇帝胤禛，真舍得这笔几十万两余银的收入吗？须知，此乃每年可征之银，一年几十万两，十年就是几百万两，雍正二年他是46岁，按父皇享年69岁计算，他还可望再当23年万岁爷，姑其以每年40万两计，23年可就是9000多万两！雍正帝绝对舍不得丢掉如此巨量的银子。其格外施恩的特旨，不过是做做样子罢了，他还是要让税关官员征收余银的。

从康熙六十一年（1722年）十一月雍正帝胤禛继位为君起，各税关都在继续征收正额税银之外的盈余银。

郎中木锡管山海关税务一年零三十四日。雍正元年七月初二木锡奏：任内共收正项钱粮银三万五千二百四十一两，已“照数交付户部”。又收“余银五千五百四十两”，自己整修房屋、盘缠、还债，用

①《清圣祖实录》卷283，第22、23页。

②《雍正汇编》册3，第481页。

了2800两，还剩下2740两，“愿将此献圣上”。[①]

雍正元年十月初四，直隶巡抚李维钧奏天津钞关“每年额征正税及铜斤水脚等银，向共四万八千一百五十六两有奇”。因从前钞关“监督连年缺额”，康熙五十五年奉旨交与巡抚监收，“除正额及铜斤水脚外，每年增解盈余银二万四千三五百两不等。至六十年十二月内，奉旨加增额定盈余银三万五千两。见今每年应征额税、铜斤、水脚、盈余银共八万一千一百五十六两零”。但是，“额定盈余，岁不定额，前督臣于盐规银内盈余帮垫”。[②]李维钧说得非常清楚，直隶税关从康熙五十五年交巡抚监收时，奉旨增收盈余银二万四千余两，康熙六十年又奉旨增加盈余银，连前共增收盈余银三万五千两，康熙六十一年、雍正元年皆按此数征收，直隶巡抚（以及直隶总督）虽然征不到额定盈余银三万五千两，也得想法凑足，只好用盐规银的盈余银来补上，每年交足额定盈余银三万五千两。

朱批奏折汇编还有好些雍正元年及雍正二年四月以前税关征收余银的奏折，因其在所谓雍正帝谕革余银之旨以前，暂不赘引。

就在雍正二年四月禁革征收余银之旨下达后，福建海关照旧征收羡余银。雍正三年二月十六日，福建巡抚兼理福建海关事务的黄国材奏称：

“奏为起解税羡银两事。窃臣荷蒙恩将闽海关税交臣令地方官兼管，接准部咨，即委粮驿道韩奕管理在案。今据粮驿道韩奕报，自雍正二年二月二十七日接管起，至雍正三年正月二十六日止，连闰已满一年，各口共收过税银一十万六千六百五十六两一钱，除闽海关税额银六万六千五百四十九两五钱四分六厘七毫，照数解交布政司库，取具库收同册档送部外。共有羡余银四万一百六两五钱五分，内解铜斤水脚银七千两，给发经制各役工食银二百五十八两又解户部银三万二千八百四十八两五钱五分。臣非常监督可比，不用盘缠，所有羡除税银尽收尽解，不敢糜费，有负我皇上委任至意。”[③]

黄国材讲得很清楚，从雍正二年二月二十七日他接管海关征税后，到雍正三年正月二十六日，共收过税银十万六千六百五十六两，其中，

①《雍正全译》第204页。

②《雍正汇编》册2，第66页。

③《雍正汇编》册4，第464页。

“闽海关税额银六万六千五百四十九两”已解交布政司库，还剩下“羡余银”40106两。这笔羡余银，交付铜斤水脚银7000两、工役工食银258两后，剩余32848两已解交户部。可见，雍正二年四月禁革征收余银旨下达后，各税关仍在征收余两。

孤证不足为凭，清朝国土辽阔，三两条史料也可能难以表明真相，现引八例为证。例一，雍正八年十二月初六江宁织造隋赫德奏：

“七年十二月初六日接管龙江关税务，至八年十二月初五，‘已满一年之期’，‘除应解正额、铜斤水脚银九万八千八百六十余两外，共得盈余银四万七百三十五两六钱，现在附同冬季钱粮汇行解部’。”[①]

例二，雍正九年正月初三，内务府总管管理淮安宿迁关务年希尧奏：

“雍正七年十一月二十四日至雍正八年十一月二十三日，‘一年之内，淮安关征收正额银二十万五千九百一十四两零，宿迁关征收正额银五万两，俱照款解发外’，‘通计一年盈余银十五万五千八百八十二两零。宿迁关盈余银三千四百五十三两零。其归并微臣管理之庙湾海口，一年之内，除收正额银四千二百九十三两有零外，盈余银九百五十九两零。以上盈余银现同解部正额，委员起解’。”[②]

例三，雍正十一年十一月二十五日，内务府总管管理淮安关、宿迁关税务年希尧奏：

“自雍正十年十月二十四日起，和至雍正十一年十月二十三日一年内淮安关征收正额银二十万八千三百两零宿迁关征收正额银五万两又归并之庙湾口征收正额银四千二百两零俱各照额分晰解发外通计一年淮安宿迁两关并庙湾口共盈余银二十八万二千一百两零现同各正额银委员解部理合恭折奏闻。”[③]

例四，雍正十一年十一月二十七日，兼管广东海关税务毛克明奏：粤海

①《雍正汇编》册19，第606页。

②《雍正汇编》册19，第777页。

③《雍正汇编》册25，第504页。

关，自雍正十年九月二十二日起，至十一年九月二十一日止，“共收大关及各口岸税钞、耗规、分担、缴送等银三十九万二千三百一十三两”，“内正税钞银一十三万九百六十九两”，“移交布政司库正项银四万三千五百六十四两”，“支付衙役工食银四百八十六两”，“应解部正羡银八万六千九百一十九两”。此外，“尚有耗规、分担、缴送等项银，共一十九万一千三百四十四两”，除支付杂用外，“应解部银一十二万八千一百一十八两”。另外还有一些进项和开支，收支相扣外，一共“实应解部银三十七万四千九百八十一两”。[①]

例五，雍正十三年七月二十六日，广东总督鄂弥达奏述粤海关征收“正羡锐”、耗规、分担等银情形：

“广东总督臣鄂弥达谨奏，为税羡分项解部谨据实奏闻事。窃臣兼管粤海关税务，查自雍正十一年九月二十二日起，至十二年九月二十一日，一年期内，共到外洋船六只，本港洋船十五只，内除红毛吁咭船系每岁来广贸易，暨本港洋船例无缴送外，所有征收税钞并耗规分担缴送等项，以及解支银两数目，俱于雍正十二年十一月十五日具疏，又于二十七日缮折题报奏明在案。兹解部正羡银五万二千三十三两五钱四分七厘，耗规分担等银五万七千七百四十三两一钱四分八厘，节省银一万四千三百五十六两二钱五分八厘，缴送银三万九千七百三十二两二钱七分二厘，又节省养廉银一万八千六十六两四钱六分一厘，实共银一十八万一千九百三十一两六钱八分六厘，业经起具批文，于雍正十二年十二月十七日一并委人解交户部兑收。”[②]

例六，雍正十三年六月十二日，江西巡抚常安奏述浔关盈余情形：

“奏明浔关盈余数目事。窃江西九江府浔关税务，向例以本年十月十七日起，至次年十月十六日止，一年报满正税之外，旧有盈余。查前此盈余之数，每年有三五万两不等，唯雍正十一年分盈余一十五万三十两有零，为从来最多之年。兹臣自十二年六月二十日抵任，严察弊端，不令员役人等中饱，期于关课商船均有裨益。至十二年十月十六日通行合算计，前抚臣谢旻任内八个月零三日，盈余一十万一千八百九十两有零，臣受事之后三个月零二十七日，盈余六万一千一百五十两有零，以臣所收，较之谢旻所收数目，

①《雍正汇编》册25，第515、516页。

②《雍正汇编》册27，第593页。

臣实多收银一万余两，即以臣多收之银补谢旻任内不敷之数，合之十一年盈余，尚多出银八千九十两有零。所有臣经收过十二年分浔关盈余银数，理合缮折具奏。至赣州府赣关税务，俟八月间一年报满之期再行奏。[①]

例七，雍正十三年四月二十七日，杭州织造隆升奏述北关（杭关）正税、盈余银情形：

“奏为恭报北关一年钱粮事。窃照北关向例一年考核，自雍正十二年四月初一日起，至雍正十三年三月底，合计一年收过税料等银一十七万二千五百六十一两九钱三分一厘六丝，又减存余平银二千五百八十八两四钱二分九厘，计共正余银一十七万五千一百五十两三钱六分六丝，内除该正额并铜斤水脚银一十二万三千五十三两六钱五分外，计盈余银五万二千九十六两七钱一分六丝。

查北关上年考核共收银一十八万一千一十八两九钱三分零，今自雍正十二年四月初一日起至十三年三月底，北关一年收过正税盈余并火耗猪羊便民小票季税余银通共计银一十九万四千二十两七钱五分八厘六丝，缘年岁加丰比上年富收银一万三千两零。合并声明，谨将正额盈余循例恭缮黄册具题。”[②]

例八，雍正十三年七月初三，管理浒墅关税务海保奏报正税、盈余银情形：

“自十二年七月初六日到十三年六月初五日，一年内，通共收银四十一万六千三百五十八两二钱四分八厘八毫，内除一年起解四季正额税银一十九万一千一百五十一两三钱八分八厘实收额外，盈余银二十二万五千二百六两八钱六分八毫，除现在汇解户部交收外，所有一年内共收正额盈余钱粮数目，理合缮折奏明。”[③]

以上八例可以说明三个问题。一是羡余银、盈余银、节省银等名目正额税银以外征收的余银，数量很大。龙江关一年的盈余银是40735两。雍正七年十一月起，一年内，浒墅关的盈余银是155882两。雍正十二年

①《雍正汇编》册27，第673页。

②《雍正汇编》册28，第139页。

③《雍正汇编》册28，第726页。

七月至十三年六月，一年内浒墅关征收盈余银是225206两。全国户部、工部29个税关，征收的余银可能多达上百万两。

二是余银数量还在不断增加。雍正十三年二月十二日江西巡抚常安奏称，九江关，“前经盈余之数，每年约有三五万两不等，唯雍正十一年分盈余一十五万三千两有零……今本人征收，一年内盈余银征得163040两”。淮安关、宿迁关、庙湾海口，从雍正七年十一月二十四日起，一年内征得盈余银160294两。而从雍正十年十月二十四日起，这三处，一年内共征得盈余银282100两，比三年前多征了盈余银121806两，增加了75%。

三是盈余银在关税银总数中占的比率很高。淮安、宿迁、庙湾海口三处的盈余银，在雍正七年十一月起的一年内，占税银总数260207两的62%。三年后，一年内这三处的正额税银是262500两，盈余银是282100两，比正额税银多了19600两。这一年，税银总数为544600两，盈余银为282100两，占总数52%。

由此可见，雍正帝完全延续了其皇父创立的税关征收余银的弊政，并且还有所发展，征收的余银更多。

二、广收内帑

康熙帝玄烨，大设皇庄，以“节省银”“盈余银”名目和“罪产”进献等方式，每年收取几十万、上百万两银子，存贮内库（内务府广储司库），雍正帝即位后，完全延续了其皇父先年创立的这种“内帑如山”弊政，获得大量银子。税关交纳的“盈余银”，是内帑的一个主要来源。署理江宁巡抚兼管海关税务何天培雍正元年九月初九日奏：“海关每年额征钱粮二万三千一十六两零，应解交户部。又正额外增盈余银一万五千两。”旨康熙六十一年七月初一起，至雍正元年六月三十日止，“一年届满，共征收税钞银二万三千二十余两”，已报销钱粮具题。“其额增盈余银一万五千两，例应解交户部，转交内库”，已差人起解。[①]

雍正二年三月二十八日，江西巡抚奏：“本年二月十六日一年期满”，“共抽收税银，除正额一十七万二千二百八十二两九钱零按季解交户部外，所得盈余银五万二千六百四十六两”，已“起解户部，交送内库”。[②]

雍正二年四月初十，江苏巡抚何天培奏：龙江工关一年额征商税银

①《雍正汇编》册1，第919页。

②《雍正汇编》册2，第726页。

46838两，赔铜斤水脚银10769两，又归并两新关商税银33684两，赔铜斤水脚银7692两，共计98983两，已分四季报部解送。“正额之外，计有盈余银八千一百十六两零，解交内库”。[①]

雍正三年二月初三，广东巡抚年希尧奏报粤海关雍正二年二月至三年正月一年期满所收正额税银数及“羡余银”转交内库情形：

“奏为奏解海关税美银两事。窃臣蒙圣恩兼管粤海关税务，于雍正二年二月接管起，至三年正月止，连闰一年已满，共收过洋船及各口税银九万七千二百九十四两零。查粤海关额银并铜斤水脚及加征湖丝共银四万三千七百八两零，发布政司兑收贮库取具库收送部给发经制各役工食及解费各项共用银六千五百八十六两，尚剩美余银四万七千两，臣现在解部兑收，转解内库，理合具折奏报，伏乞皇上睿鉴。谨奏。”

“雍正帝朱批：‘知道了。业经报明该部之事，又何必多此一奏。’”[②]

雍正三年五月二十六日，江西巡抚奏：九江关，本年正月十六，一年期满，“抽税银，除正额一十七万二百八十二两九钱零，按季解交户部外，所得盈余银六万七千八百一两”，已“赍解户部，交送内库”。[③]

除税关征收的盈余银解户部转交内库外，还有好些项目银两交入内库。雍正三年二月初九，两广总督孔毓珣奏，追完广东盐价银四万两，“理合解送内库，用备犒赏”。雍正帝朱笔批示：“知道了。”[④]

清政府每年要铸造5亿多文铜钱，需铜358万斤和铅160万到200万斤。以前铜由各税关买，康熙四十年改由内务府商人承办，每斤铜定价银1钱5分，一年是53万两，由户部国库支付。商人以每斤铜1钱5分中，扣银近4分，总共是14万两，作为“节省银”，孝敬皇上，交给内库（广储司银库）。康熙五十五年，帝谕铜由江苏等八个税关采买，岁交盈余银若干两，解送内库。但是铅（160万斤）仍由内务府商人张鼎鼎、范毓镔、刘世泰、七哥、丘道微等六人承办，每斤扣节省银2分，送交内库。张鼎鼎每年承办铅461087斤，陆续交过节省银61499两，但拖欠铅842455斤，欠催不还。[⑤]

①《雍正汇编》册2，第771页。

②《雍正汇编》册4，第409页。

③《雍正汇编》册4，第528页。

④《雍正汇编》册4，第437页。

⑤《雍正汇编》册1，第97、98、99页。

朝廷每年需用纸几百万张，交内务府买卖人领银购买，扣取节省银若干两，交与内库。总督户部三库和硕怡亲王胤祥于雍正元年三月初七，偕户部尚书、侍郎孙查齐等六人，联名奏述额定纸张，添购纸张及扣节省银情形：

“查得每年交与买卖人李四哥，额办江浙二省毛边纸十万张，毛头纸十四万张，棉料呈文纸六十万张，白棉榜纸四十万张，三线布二万匹，京高纸二十万张，竹料呈文纸四十五万张，黄榜纸二百五张，白榜纸二千二十五张，照定价合算，共银四万九千九百二十三两零，每年节省银五千两，俱交与珐琅处所应用。荷蒙皇上命臣总理三库事务。据买卖人李四哥呈称，前项额办纸布价银内除原节省银五千两外情愿又节省银五千两，等因，将纸价银两行令该处照数给银办买在案。此额办纸张一年所解不敷一年之用，六十年添办清水连四纸二万张白鹿纸三万张，照定价共银一万三千四十两，六十一年添办清水连四纸二万张毛边纸十万张棉料呈文纸二十万张白鹿纸三万张竹料呈文纸十万张黄榜纸五千张竹料连四纸二十五万张红黄脆榜纸各二十万张京高纸三十万张，照定价共银三万九千七十五两俱交与买卖人李四哥办解，交库无节省银两。今买卖人李四哥应添办清水连四等项纸张价银，令其加一节省，伊称情愿节省，等语。此项添办纸张因不敷用，于六十、六十一此二年俱经添办系应添办之项仍令添办解送，节省银两照臣所定，令具节省。此二项节省银共有一万三千九百七两五钱，除照例将五千两交珐琅处外，其余银八千九百七两五钱相应存库。嗣后每年添办纸布等项不敷应用情由，题明再行添办可也。为此谨呈奏明。”①

额办纸张、布匹价银，一年是49923两，节省银为5000两，节省银的比例是加一。添办纸张价银39075两，节省银也是加一。每年帝、后、妃、嫔、宫女、太监的吃、穿、日用，费钱不少，宫殿的维修、新建，用银数以十万两计，节省银加一，每年可为内库送进大量白银。

旗人罪臣财产入官，是内库一个重要来源。两江总督满洲旗人两江总督长鼎，贪婪敛财，籍没病卒。其子灵德以父“留有银六十四万九千两、金二千四万两”，“全数交给广储司”。②

原总督仓场侍郎李英贵侵吞公帑亏空银20余万两，其畿辅房屋、田

①《雍正汇编》册1，第140、141页。

②《雍正全译》第692页。

土、人口、器物变价，将银送交广储司库，其盛京田地1434亩及人103口，亦变价，将银送交广储司库。①

原登州知府李元龙，贪婪革职籍没。李元龙供，其现有房屋，各照原价，俱银46052两，借出本利银161569两，其家人王二等应追银114073两，交给诚亲王银13300两。一共是334990两。帝谕严行催交，大部分银两解交广储司库。②

原总管太监魏柱，“幼侍圣祖，甚蒙宠眷”，因罪籍没，田地、房屋、金银、皮张等物，或变银，变广储司库，或交内务府有关单位。步军统领衮泰、内务府总管李延禧于雍正元年十月十一日奏报了魏柱籍没的田房金银物品情形：

“太监魏柱及其家人张成全房产。经查，京城房宅、游廊、楼阁、灰房共九百零三间，热河庄等处有房宅、游廊、灰房共四百零一间，田一百二十二顷，家奴丁妇子女二百四十一口，当铺二爿、本金一万三千二百三十三两五钱。太监魏柱银内。以民人张继善之名买兵部曹头之缺之银为九千六百两，金簪、金盅等物重为六十六两六钱，银簪器皿重为六百七十六两七钱，现有银一百六两，珍珠三千二百零三颗、重十两三钱九分八厘，貂皮四十九张，白灰鼠皮六百二十四张，黑灰鼠皮一百八十张，蟒缎、闪缎、绸缎、纱葛毡整匹半匹共计六百八十八，旧彩绸二百六十五，貂皮、骚鼠皮、毡帽、凉帽六十八顶，貂皮狐肷灰鼠皮羊皮裘服二百二十件，蟒缎绸纱葛、星星毡、哔叽缎等袍褂布衫裤子裙子共一千三百三件，闪缎、缎绸、裘皮布被褥一百五十五，缎绸靴袜六百十二双，玉、玛瑙、铜、瓷器、手卷册页等可赏玩之物为一百三十二件，玉石铜瓷手卷画等物一千六十六件，各种各样图书九十二套零二百七十八册，铜灯台、蜡台等物重七百九十四斤，锡灯台蜡台等物为一千三百五十二斤，铁器皿共计一百三十斤，瓷碗碟盅等物共计二千一百十八只，花梨楠木碗、漆木床柜子橱箱桌椅等物共为四百八十六件，帘子毡子帐子桌围倚势枕头铺垫共二百六十五件，腰刀二把，弓十五张，车鞍、帐篷、围屏、灯笼、坛罐瓮锅缸银鞘铁锹镢头等物共二百七十五件，马三十八匹、骡六头、猪五只、羊十九只。阜成门外定慧寺旁有房一爿，算游廊共计九十五间。此宅内有床、帐幔、毡

①《雍正汇编》册2，第583-592页。

②《雍正汇编》册2，第112、113页。

子、坐褥、围屏桌椅等物二百六十件。”[①]

雍正元年四月二十五日，两江总督查弼纳奏述岁收规礼银两情形，并奏请将两淮盐商送的礼银2.4万两及税官、粮官、盐官送的几万两银子“送交内库”。现摘录如下：

“每年二省布政司秤兑多余之银，粮道、驿盐道、两淮运使等多余之银，两淮盐商赠礼银，皆送臣衙门。加之各关监督及属下官员馈送之四时礼物。核计岁得共近二十万两。是以凡属下所送礼物，臣一概未收，更不敢效仿前人假名收受，有辜圣恩。查得两淮盐商每岁给臣衙门之礼银二万两，随封银四千两。前任督抚用盐商馈送银两垫赔江南各官亏欠之钱粮时，将此二万银两填补其中而未奏明，故适才尚书李先复奏将盐商礼银列入商人亏欠钱粮之项时，亦未将此项银两计算在内。倘若不收取，则白白便宜了商贾豪门，于诸商贩亦为不利。故每年此之二万银两，臣照收不误，送交内库，以备皇上赏赐之用。（朱批：此不可也。尔留下用于公务，果诚无用，则数年为一段陈情缮本具奏，予尔议叙。朕绝不担私受省臣贡银之名，虽可百般伪装巧饰，但帝王所行，名留天下万世，岂能隐瞒。）再江南江西有关九个，前每岁皆向臣衙门馈送礼物。因淮安、凤阳、龙江、上海、湖口五关归漕粮总督、巡抚兼管，其多余银两由该管督抚奏缴，故而停送礼物。其余浒墅关每岁送银六千两、扬州关二千两、芜湖关一千六百两、赣关一千二百两。此四关现仍由监督管辖，不收其礼物，岂不白白便宜之，于商于帑皆无益处。故臣将自到任以来及至该等之人任满移归巡抚之日止应受之礼物照数收取，亦送交内库，以备赏赐之用。至两省三布政司，每年每布政司交臣衙门秤兑多余之银各四千两，共计一万二千两。督管钱粮之江安粮道交银四千两，苏松粮道、江西粮道皆各交三千两，江西驿盐道交银二千两，两淮运使交银一千六百两，共计一万三千六百两。此等官吏皆职掌钱粮衙门，有多余款项，故除礼物之外，每岁皆给送此项之银，已成惯例。但臣尚未奏请恩准，故不敢留取。臣处虽有协济满洲臣员之事及赈济身亡领催披甲、劝赏属下官兵赡养家眷等项之用。但此项银两颇巨，用之不尽，伏乞恩准从中酌量赏用。其余之银臣照数收纳，亦送内库以备赏赐之用。至盐商所送轻赍银四千两，恳请用于备买银鞘等物，支付雇募租金及给送银官兵盘费等

①《雍正全译》第427页。

项。臣不胜惶悚候旨。”①

简而言之，康熙帝创立的广收内帑，使内帑如此的弊政，雍正帝全部继承下来了，每年敛取大量银子，存入内库。

三、定名粮　立公粮

名粮，最早叫空粮，是绿营将领吃兵士的空缺饷银。比如提督，向上呈报有提标（提督标兵）兵士3000名，每月支领了3000名兵士的饷银食米，但实际上只有2800名或2700名，这200名或300名兵士的饷银食米就纳入提督私囊了。最初，法律上，吃空粮是违法的，后来康熙皇帝默认了，允许了，一般就将其称为名粮或叫亲丁粮、随粮，等等。公粮，是公费名粮的简称，或叫公费粮，是绿营各级衙署的办公用费。

历朝皆有将领吃兵士空缺领空粮行为，清朝康熙中年以后，名粮、公费名粮更是泛滥成灾。这除了将领贪婪、军律松懈等客观主观原因以外，将领的俸银太少，也有很大关系。

各省绿营的最高军事长官是提督，辖兵一两万三四万四五万，官阶从一品，与六部尚书同级，号称封疆大员，可是每年只有俸银81两6钱9分3厘，薪银144两，蔬菜烛炭银180两，心红纸张银200两，四项相加，提督一年共领银605两6钱9分3厘。总兵、副将、参将、游击、都司、守备、千总、把总，依次递减。

现根据嘉庆十二年编修的《中枢政考》卷14，列提督等官俸薪等银简表如下：

官阶	品级	俸银（两）	薪银（两）	蔬菜烛炭银（两）	心红纸张银（两）	共计（两）
提督	从一品	81.693	144	180	200	605.693
总兵官	正二品	67.575	144	140	160	511.575
副将	从二品	53.457	144	72	108	377.457
参将	正三品	39.339	120	48	36	243.339

①《雍正全译》第105、106页。

续表

官阶	品级	俸银（两）	薪银（两）	蔬菜烛炭银（两）	心红纸张银（两）	共计（两）
游击	从三品	39.339	120	36	36	231.339
都司	正四品	27.393	72	18	24	141.393
守备	正五品	18.705	48	12	12	90.705
千总	从六品	14.964	33.035	—	—	47.999
把总	正七品	12.471	23.529	—	—	36.000

提督每月得银五十两有奇，总兵官每月得银四十二两有奇，副将每月得银三十一两有奇，参将每月得银二十两有奇，游击每月得银十九两有奇，都司每月得银十一两有奇，守备每月得银七两有奇。千总、把总两级，都只有俸银和薪银，千总每月得银不到四两，把总每月得银三两。

绿营将领法定俸薪等银确实太少了，当然要在兵士身上打主意，冒领名粮，克扣兵饷，侵吞公帑。

康熙帝不止一次讲到，天下提督，总兵吃空粮很多，“近来常闻空兵空粮，各省皆是如此”，“各省兵丁，空粮甚多”，“各省提督、总兵以下，千把总以上，皆有空粮”。[①]江南提督张云翼吃空粮多达1000余名。其继任提督逐步减少，但数量也多，提督师懿德有“随丁”480名，每月饷银970两，一年就是11640两。陕甘提督张思克及其继任者殷泰、江琦，“历传公费名粮300分”。[②]广西提督张朝年，“向有空粮二百五十名”。[③]

在皇上多次下谕，斥责名粮泛滥形势下，一些巡抚、提督、总兵官上折，要求减少自己和部下将备的名粮和公费名粮数目，康熙四十二年正月，以湖广提督林植的标兵“于城内公行焚劫”，帝谕林解任，以大同总兵官俞益谟升任湖广提督。俞益谟上任后，奏请减少提督以下，千总、把总以上名粮，各按其职，定下亲兵名粮数目。经九卿议准执行，但并未对其他省绿营将备名粮议定具体数字。[④]

贵州提督王文雄，原系两江总督的督标中军副将，一升山东登州总兵

①《康熙汇编》册4，第144页，册8，第1102页；《清圣祖实录》卷282，第6页；《康熙起居注》第2312页。江南提督张云翼吃空粮多达1000余名。

②《康熙汇编》册5，第846页。

③《康熙汇编》册4，第695页。

④《清圣祖实录》卷211，第4页；嘉庆《大清会典事例》卷24。

官，再升贵州提督，上任之后，于康熙五十一年六月十二日奏："营中积弊，莫过于虚冒克扣"，因此，"到任之初，即为正本清源之计"，将提督空粮减为60分。并奏请"总兵议留亲兵名粮四十分，副将二十分，参将十六分，游击十五分，都司、守备十分，千总六分，把总五分"。朱笔批示："知道了。"①

康熙五十二年二月十二日，广西提督张朝年奏，"衙门向有空粮二百五十名，今裁减空粮一百名"。并令"副将以下，守备以上，各减仪从"。招募壮丁当兵。一共添出兵丁1780名即裁减空粮1780分。②

康熙五十三年十一月初六，京口将军何天培奏："本标左右二营兵马共一千八百五十四名，内奴才标随丁名粮一百分，副都统随丁名粮二十四分，副将随丁名粮二十分，游击随丁名粮十二分，守备随丁名粮八分，千总随丁名粮三分，把总随丁名粮二分。江阴水师协左右二营兵马，共一千九百名，副将以下等官随丁名粮，亦照本标一样数目。"③

康熙五十七年四月初三，四川巡抚年羹尧奏："四川提督衙门，例有亲丁坐粮八十分，坐马二十四。""原有公费银一百分"被前提臣康泰私用。康泰又于亲丁坐粮之外，有家人马步粮六十二分，"后又加马兵空粮三十分。"④

雍正帝继位以后，照样沿袭康熙年间名粮、公费名粮制，雍正元年二月二十四日，广西巡抚孔毓珣奏："抚标历有亲随步粮一百名"。⑤

雍正元年九月十五日，广西提督韩良辅奏："前任提臣左世永亲丁粮四百九十五名"，经巡抚清出二百五十名，现存二百四十五名，"提标公费名粮一百五十名"。"谨请"照例只留马粮三十分，步粮五十分，作为提督名粮。韩良辅又奏，查出广西各协营亲丁粮、公费名粮数多，请照例予以减少：

"查得粤西各协营亲丁粮，副将多至六七十名，参将四十名，游击三十七八名，都司守备二十一二名至二十五六名不等。查亲丁名粮，久有定例，岂容多占，奴才现在通行各协营，止许遵照定例，副将留亲丁粮三十名参将二十名，游击十五名，都司十名，守备八名，千总五名，把总四名，给发亲随家丁顶补，其余尚约有千名，令各协营尽行查出，招募壮

①《康熙汇编》册4，第241、242页。

②《康熙汇编》册4，第695、696页。

③《康熙汇编》册5，第841、842页。

④《康熙汇编》册8，第77页。

⑤《雍正汇编》册1，第114页。

勇，实伍操练，如有仍前隐瞒多占者，奴才查访确实立即特疏题参。

“查得粤西各协营向有公费名粮，副将六七十名不等，参将四五十名不等游击三十名，守备一二十名不等。查此项粮饷，公用无几，其余尽以供不肖将弁钻营献媚馈送节寿等礼诸费，本应尽革但操练兵丁，必须火药铅子，穷兵不能自办，若令将备捐用，倘或惜费，必致惰废操练，况有领饷盘缠及修补军器旗帜等费，无项可抵。奴才愚见，副将酌留公费十五名，参将十二名，独营守备八名，其提镇协营各标之都司守备不许存留一名。其余约空粮八百余名，现在清查名缺尽行招募壮健，补伍操练，如有欺隐，访实题参。”①

雍正八年二月初一，河南山东总督田文镜上了一道长达1800多字的重要奏折，讲述名粮情形，这道奏折，主要是针对兵部咨文而写的，反对兵部通令各省将亲丁名粮一律按步兵饷粮支领。田文镜虽然只是监生，逐步升至总督，未曾中过举人、进士，不是两榜出身，非仕途之“正途”官员，但此人精明干练，“有吏才”，论事清晰严密有根有据，理直气壮。以这道奏折而言，谈到兵部咨文，奏折是这样写的：

“雍正七年九月内，准到兵部议覆南阳镇臣马世龙疏请买补缺额亲丁马匹一案。内称南阳镇所食马粮四十八分，应令该镇遵例于标下步兵内拔补充伍。其亲丁应食名粮，于步兵缺内照例顶补，如遇离任，即将所食步兵名粮交与接任官随丁顶补报部，并通行各省遵照等因，移咨到臣。随即转行遵照在案。”

照咨文所述，这是兵部议覆南阳镇总兵的文书。既是议覆，又要通行各省照办，显然这个“议覆”是“议准”了的，即得到皇上批准的，这个“议准”就相当于圣旨、上谕，各省当然只有遵谕而行的义务，没有反对的权利。田文镜于雍正二年从河南布政使升任河南巡抚，巡抚有抚标，辖兵近千名。巡抚有名粮50分。雍正六年，田文镜升任河南山东总督，有督标兵士若干名，并节制山东河南二省绿营官兵，二省总兵副将等将均有名粮，所以田文镜对将领名粮的饷银多寡，颇为了解。田文镜一看，兵部议准各省绿营将领的名粮，皆按步兵饷银数目领取，改变了、取消了名粮兼领马兵步兵饷银旧制，减少了将领饷银收入。这样一来，固然节省了朝廷兵饷的支出，但是却严重损害了将领利益，于军于

①《雍正汇编》册1，第949页。

国弊大于利，应该反对。可是，议覆之后得到皇上批准的“议准”臣仆哪能反对？反对，是抗旨，将被严惩；不吭声，照咨文执行，害军害国。田文镜整整反复思考九个月之后，才于雍正八年二月上了一道请求取消兵部“议覆”（实即“议准”）规定的奏折。对于这道迹似抗旨的奏折，田文镜非常用心，非常精细，写得很好。奏折的第一段，引用皇上申斥原湖广提督俞益谟刻薄接任官员的圣旨，颂扬皇上“笃念臣工恩施无外”，臣子们“均颂皇仁，咸深感激”。奏折一开始就写道：

“臣查雍正六年十月内奉上谕：康熙四十二年定例，自提督以至千把各给亲丁名粮，以为养育家口仆从之需外，此则不许一名虚冒。夫有一武弁，即有亲丁，此项名粮理应前后官弁接受者。闻湖广原任提督俞益谟于离任之时，将伊标下所有名粮，一一招募补实，使接任之员陆续得缺而后扣除，竟有至数年之久不能扣至原额者，此等行事，但知有己，而不知有人，甚为刻薄。只因俞益谟曾经如此举行，至今相沿，不敢改易，甚非体恤武弁之道。嗣后武弁去任之时，即将名粮停扣，不必募补，留此与接任之员，俾其得沾余润。若他省营伍中，有与湖广提标相类者，俱着遵朕此旨行。钦此。”

第二大段仔细列举，按照兵部议覆（即议准）名粮皆按步兵饷银计算后，将领所领银两数目：

“兹准部议通行改步。伏查步粮一分，除每月支米一斗外，扣去朋银小建，实支饷银九钱有零，每年十二个月，合计共支饷银十一两四钱有奇。提督亲丁八十分，每年约支饷银九百二十余两。总兵六十分，每年约支饷银六百八十余两，副将三十分，每年约支饷银三百四十余两，参将二十分，每年约支饷银二百二十余两，游击十五分，每年约支饷银一百七十余两，都司十分，每年约支饷银一百一十余两，守备八分，每年约支饷银九十余两，千总五分，每年约支饷银五十余两，把总四分，每年约支饷银四十余两。”

提督官阶从一品，与六部尚书、各省总督同级，各自辖领本省绿营官兵一两万、两三万、四五万，位列封疆大员，每年才领名粮银926两。总兵官阶正二品，比巡抚从二品还高半级，每年只领名粮银680余两。而此时，总督、巡抚、司、道等文官皆可领养廉银。总督一年的养廉银大致是1.5万两到3万两，巡抚是1万两到1.5万两。文官武将的俸银，相差太悬殊了。

奏折的第三段是奏述绿营将领名粮银太少，难以养家糊口，贻害军务：

“臣思提镇列在封疆，不惟食指浩繁，其经年差使酬应，操兵犒赏之类，均难缺费。副参、游、守等官家口多寡不等，大约不下数十人，微至千把亦有八口，今以步兵亲丁计之，量入为出实有不敷。夫分职授糈者，朝廷之典，先事后食者，臣子之义，我皇上深仁恤下，无不周至，必欲其养赡宽裕，俾得尽心公事，以励操守。况武职亲丁，尤其计口待哺之需此外，别无所资，倘内顾不给，而不肖员弁又或借端蠹五克扣虚冒等弊更将因以滥起。”

奏折的第四段是建议，名粮需马步兼算：

“臣愚谓亲丁名粮似应少为酌定，如提督八十分，应给马步各半，并其俸薪，一年约可得银二千两。总兵六十分，马步各半，并其俸薪，一年约可得银一千四百两。副将三十分，马步各半，并其俸薪，一年约可得银八百两。参将二十分，马步各半，并其俸薪，一年约可得银五百两。游击十五分，马七步八，并其俸薪，一年约可得银四百两。都司十分，马步各半，其俸薪一年约可得银三百两。守备八分，马步各半，并其俸薪，一年约可得银二百两。千总五分，一马四步，并其俸薪，一年约可得银一百两。把总四分，一马三步，并其俸薪，一年约可得银八十两。如此则较于全食步粮，丰裕过半，庶武弁养赡有资，益得感励操守整饬营五，图报圣恩矣。”

奏折既恭颂皇上爱恤臣工之龙恩，又详列名粮尽按步兵饷银支领，大大少于马步兼计的具体数字，再联系文官养廉银，铁证如山地证明了兵部议覆咨文之不妥，当然能打动皇上，允予改正。

雍正帝阅折后，大为嘉赞田文镜，朱笔批示：“部议通行改步之案，实朕疏忽未留心办理之事”。“此奏，朕岂止嘉是而览也”。“另有旨谕”。随即命部再议，最后按田文镜之意，“部议通行”。[①]

经过长期观察，雍正帝决定对绿营将弁的名粮，做一个全国统一的规定，于雍正八年定制：提督亲丁名粮八十分，总兵六十分，副将三十分，参将二十分，都是马步各半，即一半领马兵饷银数，一半按步兵饷银数。游击

①《雍正汇编》册17，第831—833页。

十五分，马七步八。都司十分，守备八分，皆马步各半。千总五分，马步四。把总四分，马一步三。各省一律遵行，如果定额之外，再行虚冒兵饷一名，定行重罚。①

张德泽教授在其《清代国家机关考略》中，记述了各省绿营将领数目，虽然各朝有新增减，但还是可以作一参考，看其大致人数。此书载称，除巡抚兼提督外，全国共有提督18名，总兵83人，副将137人，参将177人，游击370人，都司494人，守备887人，千总1918人，把总3620人。一共是7704人。各按其职所领亲丁名粮计，这7704位提督、总兵副将、参将、游击、都司、守备、千总、把总，共计当领55726名兵丁的名粮饷银。

嘉庆《大清会典事例》所记雍正八年提督、总兵等武将所领名粮数及马步兼计的规定，与田文镜所提建议基本相同。现在按照田文镜所列提督等将弁所得名粮饷银及其俸薪银数，列一简表，如下所示：

官职	人数	每人俸银（两）	俸银加名粮(两)	合计（两）	每人扣除俸银后之名粮银(两)	合计（两）
提督	8	605	2000	16000	1395	11160
总兵	83	511	1400	116200	889	73787
副将	137	377	800	109600	423	57951
参将	177	243	500	88500	257	45489
游击	370	231	400	148000	169	62530
都司	494	141	300	148200	159	78540
守备	887	90	200	177400	110	97570
千总	1918	47	100	191800	53	101654
把总	3620	36	80	289600	44	159280
合计				1285300		687967

① 嘉庆《大清会典事例》卷203。

从这个简表可以看出七个问题。一是这次名粮制的规范化，大大减少了高级将领特别是提督占有空粮的数量。比起过去提督张云翼有亲丁空粮1000余名，提督师懿德有“随丁”480名（每月领饷粮970两，一年是11640两），提督赵珀吃空粮910名，提督左世永有“亲丁粮495名”，提督的名粮饷银减少了很多。

二是名粮（即空粮）的总数也较过去减少了很多。这次规范化，提督、总兵、副将、参将、游击等高级、中级将领的额定名粮数，与他们过去实际占有的空粮数量，基本上都有相当大程度的减少，因而绿营全军的空粮数也有了较大的减少。

三是名粮制基本上能够保证提督、总兵有足够多的固定的合法收入，可以过上与他们官职相适应的相当富裕的生活。当时物价，基本上是1两银子可以买1石米，1石米是400斤，提督的俸银名银是2000两，可以买米80万斤，养几百人不成问题。雍正二年十二月河南巡抚田文镜奏称，“田价每亩一两四钱起，至三两二钱止，合计平均二两六分”。[①]每亩田价银2两零6分，2000两银可买田970亩。每亩收租米4斗（160斤），一年可收租米388石，折米15万多斤。至于参将、游击，一年分别有银500两、400两，也可过上省府富人生活了。千总年领银100两，可买米100石（折米4万斤），把总年银80两，可买米32000斤，全家也可过上中上等生活了。

四是名粮的总数还是相当多。提督有名粮80分，总兵60分，副将30分，参将20分，游击15分，都司10分，守备8分，千总5分，把总4分，总加起来，一共是54966分。这就是说，全国绿营军队中，有空粮54966分，即有54966名兵是有粮无兵，虚兵多达54966名。如果加上公费名粮，又要增加虚兵几千名。雍正五年，全国册载绿营兵总数是584899名，名粮（即空粮、虚兵）占全军总数的10％还多。绿营将领及千总、把总吃了空粮5万多分，这个数字也够惊人了。

五是名粮银数很多。仅将领们的名粮银就有68万余两，再加上公费名粮银十几万二十几万两，共有八九十万两。雍正二年，面积广达60万平方公里的四川，年征田赋银225535两，赋米57119石。福建省年征田赋银117445两，米127080石。云南省年征田赋银92257两、米141378石。广西省年征308124两，米120726石。广东省年征田赋银865927两，米

①《雍正汇编》册4，第123页。

247804石。[①]两相比较，可见名粮银也可以说是一笔很大的开支。

六是“名粮制”是弊政，损军害国。虽然雍正帝实行“名粮制”，减少了绿营将领吃空粮的数量，但不管怎么修饰，名粮就是将领们吃空粮、吃空缺，历朝没有一个皇帝、官员敢于说吃空粮好，虚兵冒领饷银好，敢于下达圣旨上谕，规定实行名粮制，把将领吃空缺、吃空粮给予合法化，承认其法律上的正当性，公然写入大清会典。名粮多了，空粮多了，虚兵多了，军营的兵士实际数量就少了，这当然会削弱军队的战斗力，当然会影响国防，所以，历朝皆齐声痛斥虚兵冒饷。

七是可为而不为。康熙帝、雍正帝实行名粮制的主要理由是，绿营将领武弁俸银太少，难以办好差事和养家糊口，故以“名粮”来提高其收入，使其能专心差事，为国效劳。绿营军队的职责是，协助八旗军“拱卫宸极，绥靖疆域”，将弁俸银太少，不能养家糊口，就难以履行职责，为帝效劳。但是，用兵卫国，国家就必然要担起养兵之责，要养兵，并且要养好兵，好好养，当然要给予将弁足够俸银，这是朝廷、皇帝不可推卸的责任。养兵的钱、增加俸银的钱，当然要由朝廷出，由国家出。康熙中年以后到雍正年间，朝廷没有余钱来增加将弁俸银吗？不是，朝廷有钱，有很多钱，财政上年年都是入多于出，国库存银愈益增加。康熙三十三年起，每年国库存银基本上都在4000万两以上，康熙四十八年还达到5000余万两。雍正二年国库存银3100余万两，雍正三年4043万余两，雍正四年4740万余两，雍正五年5525万余两，雍正六年5823万余两，雍正七年6024万余两。雍正八年，也就是雍正帝谕令全国实行名粮制这一年，国库存银多达6218万余两。[②]绿营将领武弁个人领的名粮银不过六七十万两，仅仅为雍正八年国库存银数的八十分之一。对于年收赋税4000万两左右的雍正帝，对于国库存银多达6000余万两的雍正帝，拿出几十万、一百万两银子，增加将领俸银，而不实行“名粮制”这一弊政，只要他愿意，可以说是毫不费力，易如反掌。但是，康熙帝、雍正帝父子俩，自诩圣君贤帝，爱恤兵民，却舍不得这几十万两银子，而实行“名粮”弊政，真是令人难以理解，更难以使人称赞雍正帝是改革之君。

①《清文献通考》卷3。

②《康熙乾户部库银历年存银数》，载《历史档案》1984年第4期。

第三编 加强君主专制权力

一、七大钦案

（一） 四位皇弟不死则囚

雍正帝胤禛自命盖世英君，儒释道三教之主，又潜居藩邸四十余年，深谙国情、官风、吏习、民俗，能够洞察秋毫，先机识奸，料事如神，判案无误。他又特别喜欢大权独揽，疑心太重，生怕帝位不稳，君权损伤，因而连续制造了七大钦案。

七大钦案中的四个大案，是严厉地甚至残酷地惩治四位皇弟。

胤禛即位后，对其在图谋嗣位时的政敌既不放心，又很厌恶，逐步采取措施，一个一个地打击迫害，刀锋主要对准皇八弟胤禩。胤禩是康熙朝后期争夺嗣位的主要人物，友朋甚多，深孚众望，文武大臣大都举荐他为皇太子，对胤禛继位为君极端不满，是妨碍胤禛行使绝对君权的严重障碍。因此，胤禛采取擒贼先擒王的手段，在一段时间里集中对付胤禩。

胤禛爱弄权术，习于诡辩，既要行清除政敌之事，又要谋孝悌公正之名，常用先予后取之策。他一即位，便命胤禩总理事务，且位列四位总理事务王大臣之首，随即将其由贝勒超晋廉亲王，兼管理藩院和上驷院，后改兼管工部，晋其党羽贝子苏努为贝勒，授苏努之子勒什亨署领侍卫内大臣，阿尔松阿为刑部尚书，闲散宗室佛格也升任刑部尚书。此举颇出胤禩一些亲友的意外，他们纷纷至府祝贺廉亲王。胤禩深知兄长之为人及对己之仇恨，对此“殊恩”毫无喜色，反而忧心忡忡地对人说："皇上今日加恩，焉知未伏明日诛戮之意。"其妻嫡福晋乌雅氏亦对贺者讲："有何喜可贺，恐不能保此首领耳。"果不出夫妇所料，随之而来的是世宗对胤禩一而再再而三地严厉斥责和处治——雍正四年正月削胤禩王爵，拘禁宗人府，易其名曰"阿其那"，黜宗室，逐其福晋回娘家。六月，诸王、贝勒、贝子、公、满汉文武大臣议奏胤禩四十大罪，请予正法，帝命布告其罪于天下。

王、贝勒、贝子、公、满汉文武大臣，对以胤禩为首，其党羽皇九弟贝子胤禟（帝谕改其名为塞思黑）、皇十弟敦郡王胤䄉、帝之同母亲弟弟郡王胤禵，议定了四十大罪。《清世宗实录》卷45，第7—25页记述了这四十大罪。

（雍正四年六月初三日）

"康亲王崇安，及诸王、贝勒、贝子、公、满汉文武大臣等，公同议奏，阿其那罪状四十款。阿其那秉性奸险，立心诡诈，康熙四十七年冬，圣祖仁皇帝圣体违和，奉旨检视方药，阿其那毫无忧色，医药之事，漠不关心，唯与塞思黑，允禵等，促坐密语，情状叵测，及圣躬平复，毫无喜色，反有目前虽愈将来之事奈何等语，惊骇听闻，众所共知者一也。素蓄异志听信相士张明德诳言，遂欲谋杀二阿哥，希图储位，又与大阿哥暗蓄刺客，谋为不轨，众所共知者一也。趋奉裕亲王福全，令其保荐，及二阿哥既废，揆叙与廷臣，暗通消息，各人手心俱写一八字，众所共知者一也。诡托矫廉，而凡有用财收买人心之处，皆取之于塞思黑，托人重价购书，夸其好学，九流术士，招至家中，藏之密室，厚加赏给，俾各处称扬，众所共知者一也。平日受制于妻，一日与何焯共谈，任听伊妻门外大笑，不知省避，又将何焯之幼女，私养宅中，以为己女，众所共知者一也。二阿哥初废时，希冀储位，邪谋日炽，结党钻营，及事情泄露。圣祖仁皇帝震怒，提拿发审，问所犯情由，俱已显著。圣祖仁皇帝召集诸王大臣等，细数其奸恶，降旨革去贝勒，为闲散宗室，众所共知者一也。康熙五十三年冬，圣祖仁皇帝驻跸遥亭，阿其那遣人以将毙之鹰进献，又称伊在汤山等候进京，并不请旨，行止自由，圣祖仁皇帝愤怒，严讯伊之护卫及太监等，朋党奸谋，尽行显露，其太监冯进朝，供称鄂伦岱，阿灵阿系伊逆党，彼时鄂伦岱，阿灵阿，理屈词穷，仓皇退避。圣祖仁皇帝降旨云，朕与伊父子之情绝矣，众所共知者一也。圣祖仁皇帝又降旨谕众阿哥云，八阿哥允禩，大背臣道，觅人谋杀皇太子，竟未念及朕躬也，前朕患病，诸大臣公保八阿哥，朕甚无奈，只得将不可册立之允礽放出，五载之内，极其郁闷，允禩仍望遂其初念，与乱臣贼子等，结成党与，密行奸险，谓朕年已老迈，岁月无多，及至不讳，伊曾为众人所保，谁敢争执，后日必有行同狗彘之阿哥，仰赖其恩，为之与兵构难，逼朕逊位，而立允禩，若果如此，朕唯有含笑而殁已耳。朕深为愤怒，特谕尔等众阿哥，俱当念朕慈恩，遵朕之旨，始为子臣之理。允禩因不得立为皇太子，恨朕切骨，伊之党与，亦皆如此，二阿哥悖逆，屡失人心，允禩则屡结人心，此人之险，实百倍于二阿哥也。此圣祖仁皇帝之谕旨，众所共知者一也。又因伊乳公雅齐布之叔厩长吴达礼，与御史永泰同出关差，永泰所给银两不多，阿其那不顾国体，将永泰私行棰楚。

“圣祖仁皇帝将雅齐布赏与公主，阿其那背旨，潜留雅齐布在京，致将雅齐布夫妇正法，嗣后圣祖仁皇帝曾降谕旨云，允禩因朕将雅齐布正法，遂欲为伊乳公报复，与朕结仇愈深矣。为臣子者，竟敢与君父结怨成仇，逆乱已极，众所共知者一也。又自知种种不法，唯恐搜其字迹，家中恶党书札悉行焚烧，将圣祖仁皇帝朱批折子，一并销毁，悖逆不敬，众所共知者一也。二阿哥复行拿禁之后，阿其那径到圣祖仁皇帝御前密奏云，我今如何行走，情愿卧病不起。

“圣祖仁皇帝知其志望非分，作此试探之，语降旨切责，众所共知者一也。见储位未定，与塞思黑，允䄉、允禵交结弥固，必欲遂其大志，谲诈万端，致圣祖仁皇帝愤恨感伤，时为不豫，不孝之罪，上通于天，众所共知者一也。既革贝勒之后，暗以银马等物，要结汝福等人入党，又密同太监李玉，擅革膳房行走之厄穆克讬，又与翰林何焯，固结匪党，盗取名誉，潜蓄异心，众所共知者一也。阿其那母妃丧时，凡事逾礼沽取孝名，已及百日，尚令人扶掖而行，而受塞思黑，允禵、允䄉等，每日轮班送饭豕羊狼藉筵席喧嚣，脱孝后面貌愈加丰硕。

“圣祖仁皇帝降旨切责云，虚伪不孝，实属奸诡，众所共知者一也。康熙五十五年秋，阿其那偶患伤寒，正值圣祖仁皇帝自热河回銮，冀以病症，幸邀宽宥，故托大病，恳求魏珠谎奏，将所停俸米赏给，病愈，仍称病重，魏珠往看，乃下炕迎接，在地叩谢，奸伪无耻，众所共知者一也。

“康熙五十六年春，阿其那病痊。圣祖俯垂慈悯，将赐食物，遣人降旨云，尔病初愈，不知何物相宜，故未敢送去，而阿其那忽起疑端，谓未敢二字，承受不起，即往宫中叩恳。圣祖仁皇帝复降旨切责，僭分妄疑，大亏孝道，众所共知者一也。外作矫廉，内多贪鄙，数遣护卫太监等，私向赫寿，吴存礼满丕，索要银两，众所共知者一也。

“圣祖仁皇帝宾天时，阿其那并不哀戚，乃于院外倚柱，独立凝思，派办事务，全然不理，亦不回答，其怨愤可知，众所共知者一也。

“皇上龙飞御极，情敦同气，冀其改过自新，念其尚有才干，晋封亲王，俾同总理事务，阿其那全无感激，受恩之日，出口怨诽，众所共知者一也。自蒙恩委任后，挟私怀诈，遇事播弄，冀以归过主上，摇惑众心，如奉移圣祖仁皇帝梓宫，诳请裁减人夫一半，意欲迟误山陵大事，众所共知者一也。

“皇上孝思罔极，特命莽鹄立恭写圣祖仁皇帝御容，供奉瞻仰，阿其那乃奏称不当供奉，语言狂谬，众所共知者一也。任理藩院时，科尔沁蒙古，乃累朝近亲，蒙圣祖仁皇帝六十年厚恩，其台吉等叩谒梓宫，阿其那令人于边口拦阻，致蒙古呼天号泣，众所共知者一也。任上驷院时心怀叵测，请减内厩历来所蓄马匹，众所共知者一也。任工部时，盛京陵寝所用红土，旧例自京采买运送，阿其那奏请折银就彼采买，借节省脚价之名，轻慢陵工，众所共知者一也。监造列祖神牌，漆流金驳，全不经心，实大不敬，众所共知者一也。预备祝版之案，朽烂不堪，制造军前之器，钝敝无用，众所共知者一也。雍正元年春，桃汛将发，耍儿渡等处河工，关系紧要，地方官正值办理陵工大事，乃奏请将河工交与地方官，不令监督看守，欲使彼此交代耽误，堤岸冲决，殃害百姓，众所共知者一也。

“皇上乘舆法物，以断钉薄板为之，更衣幄次，以污油恶漆涂之，众所共知者一也。清查工部钱粮，于应追者反与蠲免，于应免者，反令严追，颠倒是非，使人怨望，众所共知者一也。工部说堂之稿，将伊抬写，伊看过并不改正，径用印而行，妄自尊大，众所共知者一也。庇护私人，谋集党与，以私财数千金，代岳周完公补项继又以典铺数万金，助其作奸犯科，众所共知者一也。包衣披甲额数，在御前密奏之时，则请裁减在公廷议覆之日，则请增添及至奸伪败露，众怨沸腾，争闹其门，皇上降旨察讯，伊又枉陷无辜，以乱国法，众所共知者一也。阿其那之妻，不守妇道。圣祖仁皇帝谕旨甚明。皇上降旨遣回母家，伊女婢白哥劝伊于皇上前谢罪奏恳，乃愤然曰，我丈夫也，岂因妻室之故而求人乎，白哥见伊日在醉乡，屡次劝谏不从，遂愤恨自缢而死，逆理昏乱，众所共知者一也。门下太监闫进，代伊隐瞒所行不法之事，则厚赏银币，护军九十六，据实供吐违其本意，则立弊杖下长史胡什吞，以直言触怒，痛加棰楚，推入冰内，几致殒命，身为人臣，敢操赏罚生杀之柄，众所共知者一也。清查太常寺奏销黄册迟至一年之久，尚不查奏，违圣旨而轻祀典众所共知者一也。门上佐领，系管理事务之员，阿其那所用哈升，乃掳来之厄鲁特，用为头等护卫佐领，众所共知者一也。称工部郎中三泰亏欠银两，寻隙参奏，众所共知者一也。

“皇上所交利益旗下银十万两内，擅自动用五六万两，私买人口，益张羽翼，众所共知者一也。奉旨谕令悛改，乃含刀发誓云我若再与塞思黑往来，一家俱死，一家二字，显行诅咒，众所共知者一也。奉旨拘禁宗人府，全无恐惧，反有不愿全尸之语，凶恶之性，古今罕闻，众所共知者一也。

“塞思黑罪状二十八款，塞思黑行止恶乱，谋望非常，暗以赀财买结人心，且使门下之人，广为延誉，收西洋人穆经远为腹心，夸称其善，希图储位，众所共知者一也，康熙五十六年冬。圣祖仁皇帝召诸王子，面询建储之事，塞思黑陈奏之语悖谬。圣祖仁皇帝面加切责是夜三鼓时。圣祖仁皇帝念及塞思黑之言，益增愤怒，中夜起坐，次日，塞思黑即畏惧称病，平日结交近侍，密行伺察探听，众所共知者一也，诈称有疾，私向穆经远云。皇父欲立我为皇太子，是以诈病回避，佞妄无耻，众所共知者一也。

“圣祖仁皇帝稍加教训，即生怨恚，每云不过革此微末贝子耳，又每云，如大阿哥，二阿哥，一例拘禁，我倒快乐，出言悖逆，众所共知者一也。因封贝子，未遂其望，令秦道然各处称其宽宏大量，慈祥恺悌，图买人心，以谋大位，又密结何图，令其姑赴同知之任，如有用处，即速来京，不轨之情，公然出口无忌，众所共知者一也，康熙四十七年。圣祖仁皇帝降旨，凡非本王门上之人，俱不许在别王子阿哥处行走，而塞思黑抗不遵奉，仍复召集私人，往来无忌，众所共知者一也。圣祖仁皇帝将阿其那锁拿发审，塞思黑与允禵怀藏毒药，愿与同死，又令人携带锁铐从行，以示同患之意，及阿其那蒙恩宽免，塞思黑当众取出毒药，与众人看毕而弃之，固结死党，凶暴悖乱，众所共知者一也。向秦道然言，生有异征，又言曾患病，见金甲神满屋梁，诡诈妖言，欲惑人以图非分，众所共知者一也。将伊子弘晸，认内侍魏珠等为伯叔，窥探宫禁信息，行事卑污，众所共知者一也。允禵往军前时塞思黑私与密约，若圣祖仁皇帝圣躬欠安，即遣人驰信军前，以便计议，众所共知者一也。伊女聘与明珠之孙永福，索取赀财累百万金，夺据各处贸易，贪婪无厌，众所共知者一也。

“圣祖仁皇帝宾天时，皇上正在哀痛哭泣，塞思黑突至上前，对坐箕踞，无人臣礼，其情叵测，众所共知者一也。

“梓宫前上食举哀，塞思黑全无滴泪。皇上降旨询问，即出悖忿争，情状不逊，众所共知者一也。允禵往军前时，塞思黑遣太监随从，复差人往来寄信，允禵回京时，又差人迎遇大同，暗筹幺事，众所共知者一也。又私与允䄉、允禵相约，彼此往来密信，看后即行烧毁，图谋不法之处显然，众所共知者一也。

“圣慈曲加保全，发往西宁居住，伊屡次延挨日期，既到西宁，寄书允禵，内称事机已失，追悔无及，逆乱之语，公然形之纸笔，众所共知者一也。初到西宁时，向穆经远云，越远越好，心怀悖乱，众所共知者一也。伊妻路经山右，纵容手下人骚扰百姓，殴打生员，公行不法，众所共知者一也。应赔钱粮，抗不还项，乃将诈取明珠家财数百万两，带往西宁，凡市买物件，听人索价，如数给予，图买人心，又越礼犯规，僭称王号，众所共知者一也。纵容属下人在地方生事。

“皇上特遣都统楚宗往行约束，及楚宗到彼宣旨，伊不出迎接，亦不叩头谢罪，口称我已出家离世之人，种种怨望，众所共知者一也。寄予伊子及所属官员人等字，俱用朱批，伊子称塞思黑之言为旨，僭逆已极，众所共知者一也。别造字样，巧编格式，令伊子学习，打听内中信息，缝于骡夫衣袜之内，传递往来，阴谋诡计，俨同敌国，众所共知者一也。

“太祖高皇帝钦定国书，臣民所共遵守，塞思黑径敢添造七字头，私行刊刻，变乱祖制，众所共知者一也。在西宁时，于所居后墙，潜开窗户，密与穆经远往来计议，行踪诡秘，众所共知者一也。又将资财藏匿穆经远处，令其觅人开铺，京中信息，从铺中密送，诡秘若此，众所共知者一也。又向穆经远云，前日有人送字来，上写山陕百姓说我好，又说我很苦的话，我随着人向伊说，我们兄弟，没有争天下的道理，穆经远劝将此人拿交楚宗，塞思黑纵之使去，身在拘禁，尚为此悖逆之语，众所共知者一也。具折请安，称奴才弟，折请皇后安，亦有弟字，悖谬已极，众所共知者一也，自康熙元年以来，并无民人投充旗下之例，塞思黑不遵法度，隐匿私置民人一百四十七名，又有投充入档者五名，不入档者二十五名，引诱民户，纠合恶党，众所共知者一也。

“允禵罪状一十四款，允禵性质狂悖，与阿其那尤相亲密。

“圣祖仁皇帝于二阿哥之案，将阿其那拿问时，名入众阿哥，谕以阿其那谋夺东宫之罪，现交议政究审，允禵与塞思黑，同向圣祖仁皇帝之前，允禵奏云，阿其那并无此心，若将阿其那问罪，我等愿与同罪。

“圣祖仁皇帝震怒，拔佩刀欲杀允禵，经允祺力劝稍解，将允禵重加责惩，与塞思黑一并逐出，众所共知者一也。康熙四十八年夏，圣祖仁皇帝避暑口外，恐伊等聚党生事，止令阿其那跟随行走，允禵敝帽故衣，坐小车，装作贩卖之人，私送出口，日则潜踪而随，夜则至阿其那帐房歇宿，密语通宵，踪迹诡异，众所共知者一也。圣祖仁皇帝知允禵昏愚狂妄，必生事端，因遣往军前，使不得朋匪为恶，而允禵与阿其那、塞思黑，密信往来，曾无间断，机计莫测，众所共知者一也。在西边时取青海台吉等女子，日夜纵酒淫乱，不恤军政，修造房屋，劳民费帑，众所共知者一也。指称杂项名色，靡费国帑三四十万，而进兵止到穆鲁乌苏，将所运粮饷迟误，身未到藏，乃于无用之处，伤损官兵千余，马驼死者数千，众所共知者一也。私受哲尔金银六万六千两，将疲瘦马匹，留与白讷喂养，令其买办驼只，信用蓝翎铁柱，任其招摇撞骗，向噶什图等索银十二万两，又惧铁柱举发，始终庇护，众所共知者一也。在西宁时，张瞎子为之算命，诡称此命定有九五之尊，允禵大喜称善，赏银二十两，众所共知者一也。将到京师，一切礼仪，并不奏请皇上指示，及到京后，不请皇太后安亦不请皇上安大亏臣子之义，众所共知者一也。叩谒梓宫，并不哀痛，至皇上向伊哭泣相见，伊并不向前抱膝痛哭，拉锡微加扶携，令请上安，反肆咆哮，奏称拉锡侮慢我，求连我交与宗人府等语。皇上降旨开谕，伊愈加愤怒，退出，将拉锡痛骂，众所共知者一也。

“孝恭仁皇后上宾。

“皇上仰体慈恩，将允禵晋封郡王，并无感恩之意，反有愤怒之色，众所共知者一也。

“皇上谒陵向跸，遣拉锡等降旨训试，允禵并不下跪，反使气抗奏，良久，阿其那见众人共议允禵之非，乃向允禵云，汝应下跪，便寂然无声而跪不遵皇上谕旨，止重阿其那一言，结党背君，公然无忌，众所共知者一也。允禵之妻病故，皇上厚加恩恤，乃伊奏折中，有我今已到尽头，一身是病，在世不久等语，怨望非理，众所共知者一也。不以礼葬其妻，乃于居室之后，幽僻之处，私造两金塔，一为伊妻葬地，一备己身葬地，不遵国制，反从番僧之教悖理不经，众所共知者一也。奸民蔡怀玺，造出大逆之言，明指允禵为皇帝，塞思黑之母为太后，用黄纸书写，隔墙抛入允禵院内，允禵不即奏闻，私自裁去二行，交与把总，送至总兵衙门，令其酌量完结，及钦差审问，始理屈词穷，悖乱之心显然，众所共知者一也，以上款迹，皆举臣等所知者言之，即秦道然，何图，穆经远三人，所供阿其那恶迹，繁不胜书，臣等谨按阿其那等以邪党为足恃，而要结之念弥坚，以大位为可干，而构祸之心不已，不孝不忠，蔑天伦而干国典，罪恶满盈，昭彰耳目，实朝廷之罪人。宗社之蠡贼，圣祖仁皇帝尝降旨严责阿其那云，乱臣贼子，人人得而诛之。

“圣明远鉴，正谓今日，伏乞皇上大地乾断，将阿其那、塞思黑、允禵等，即正典刑，以为万世臣子之炯戒。疏入。”

雍正帝下旨，免允禩死，拘禁。三个月以后，雍正四年九月，允禩死于禁所。

在此之前，雍正帝多次下谕，指责皇九弟贝子允禟、皇十弟敦郡王允䄉犯下悖逆大罪，于雍正四年削允禟爵，随即削宗籍，改名为塞思黑，拘于保定，八月死于幽所。允禟被夺爵，拘禁于京师。允禩之亲信友人贝勒苏努，二等公、领侍卫内大臣、刑部尚书阿尔松阿，一等公、领侍卫内大臣鄂伦岱等，或削爵革职流徙和诛戮，或革职籍没，收拾得一干二净。

就连世宗唯一之同母亲弟皇十四弟允禵，亦未幸免。允禵原来一直唯允禩马首是瞻，康熙四十七年圣祖怒削允禩贝勒爵位时，允禵冒颜谏阻，差点成了皇父刀下之鬼。但帝因允禵生性直率，且聪睿有才，事后并未对其处治，且于第二年封其为贝子，康熙五十年“随上幸塞外，自是辄从”。康熙五十七年（1718年）欲征准噶尔汗策妄阿拉布坦时，废太子允礽便想担任大将军领兵往征，建功立业，东山再起，可是圣祖玄烨却将此重任委付于允禵，授其为抚远大将军，命用正黄旗纛，封以王位，奏疏用“大将军王”字样。允禵统领大军，驻镇青海，并于康熙五十九年（1720年）根据帝旨，遣平逆将军都统延信、定西将军噶尔弼分率中路、南路人马入藏，驱逐了侵藏之准噶尔兵，册立达赖六世，安定了西藏，建树了奇勋。不少大臣见帝如此宠爱允禵，认为其将被帝立为太子，因而对其十分尊重，甚至恭敬备至，当其于康熙六十年回京述职时，辅国公阿布兰竟出班跪迎。

雍正帝胤禛对允禵之受皇父宠爱，既嫉妒，又担心。允禵尊为“大将军王”，统率驻防漠北、青海、甘肃十数万满汉官兵和外藩蒙古士卒，“掌生杀重任”，又颇有才干，一朝生变，势难控制。故一旦登基，他即谕调允禵返京赴丧，命亲信川陕总督年羹尧协助延信管理军务，夺了允禵的兵权。允禵虽对帝兄极不满意，但未怀异心，火速回京哀悼皇父。一到京师，雍正就令允禵祭奠之后，随先帝灵柩至遵化景陵，在此留守，不许外出，实际上将其囚禁起来，并削其王爵，降为贝子。雍正元年（1723年）五月二十三日，雍正之母暴卒，据说因其疼爱允禵，担心允禵被兄加害而自杀。允禵的太监讲：“太后要见允禵，皇上大怒，皇太后于铁柱撞死。”[①]母后一死，可能雍正心有不安，或系畏人讥讽，有损孝名，即于当日谕封允禵为郡王说：“贝子允禵，原属无知狂悖，气傲心高，朕累加训谕，望其改悔，以便加恩……朕唯欲慰我皇妣皇太后之心，着晋封允禵为郡王，伊从此若知改悔，朕自叠沛恩

①《大义觉迷录》。

泽，若怙恶不悛，则国法俱在，朕不得不治其罪。”[①]

允禵虽暂免重惩，但不久也遭严办，雍正三年（1725年）三月被加上当大将军时苦累兵丁、骚扰地方、靡费国帑等罪，降为贝子，雍正四年五月革爵拘禁，六月诸王、贝勒、贝子、公、满汉文武大臣揣摩帝意，议定允禩、允禟、允禵悖乱大罪时，给允禵定上与允禩、允禟结党谋乱，不孝皇父、太后，不敬皇上，靡费国帑，损伤官兵，心有异志等十四大罪，请将其与阿其那、塞思黑一起斩杀。帝命仍拘禁于寿皇殿左右，“宽以岁月，待其改悔”，允禵总算留下一条性命。至此，阿奇那、塞思黑之大案告一段落。

与此同时，雍正帝又改革分封制，陆续分封皇子入下五旗并且全部进占下五旗王公佐领，限制王公对属下人员的役使范围，规定王公家有丧事，其属下人员有重要公务者免于为主子服丧，都统、副都统可以越旗委任，不必非由本旗人员充任，取消下五旗王公委任本旗都统、副都统的权力，停止亲王、郡王荣任议政王的传统等，一定程度上改革了旗制，削弱了下五旗王公权势。

（二） 赐死年羹尧 幽禁隆科多

雍正三年（1725年）十二月十一日，原抚远大将军、川陕总督、一等公、世宗胤禛的敦肃皇贵妃年氏之兄年羹尧，被关在大牢之中，浑身战栗，面无人色，跪听议政大臣、三法司、九卿议奏其大逆、欺罔、僭越、狂悖、专擅、忌刻、残忍、贪赎、侵蚀之大罪九十二款，及帝之朱批谕旨。

九十二条大罪，确极惊人，清朝实属罕见。大逆之罪款五条中有，年与人谋为不轨，家藏锁子甲，多贮铅子等，显系锻炼成狱、欲加之罪，根据不足。欺罔之十条罪状，如家人魏之耀有财产数十万两，年却妄奏其毫未受贿，郃阳用兵致死无辜良民八百余口等，有些过分夸张。其僭越之罪十六条，如出门时黄土垫道，官员穿补服净街；总督李维钧、巡抚范时捷跪道迎接，受之不辞；令扎萨克郡王额驸阿宝下跪；行文督抚，书官书名；进京陛见，沿途垫道叠桥；坐落公馆，辕门鼓厅，俱画彩色四爪龙，给予属员物件，令其北向叩头谢恩，确有其事。其贪赎三十八大罪，累计赃银达数百万两，等等。三法司等奏称：按照律

①《清世宗实录》卷7，第23页。

令，凡谋反，不分已行未行，皆凌迟处死，大不敬者斩，诈传诏旨者斩，年羹尧身犯九十二条大罪，请将其立正典刑，其父及兄、弟、子、孙、伯、叔、伯叔父兄弟之子年十六岁以上者俱斩，十五岁以下及母、女、妻妾、姊妹及子之妻妾，俱给予功臣之家为奴，正犯家产入官。雍正帝批示：令年羹尧自尽，子年富处死，父年遐龄、兄年希尧革职，宽免其罪，十五岁以上之子发极边充军，家产籍没，现银一百一十余万两补抵亏空，其父兄族人皆免抄没，族中现任及候补文武官员俱着革职。

帝又遣领侍卫内大臣、一等公马尔赛及步军统领阿齐图恭捧谕旨，传谕年羹尧说："朕待尔之恩，如天高地厚，将西陲之事全委于尔，文官自督抚以至州县，武官自提镇以至千把，俱听尔分别用舍，尔乃犯下大罪，理应处以极刑，今特宽减，令尔自裁。""此皆朕委曲矜全莫大之恩，尔非草木，虽死亦当感涕也。"①

年羹尧被迫自尽，但并非感恩戴德而痛哭流涕，却是心怀怨恨，委屈满腹。这也很难责备年是忘恩负义和死不悔改，因为，他之所以落到这样的下场，不能全怪于他，也不能像三法司所说的那样一无是处。

年羹尧是汉军镶黄旗人，湖北巡抚年遐龄之次子，康熙三十九年（1700年）中进士后，即吉星高照，仅过五年，就当上了四川乡试正考官，康熙四十八年便擢任四川巡抚。康熙五十七年十月，圣祖谕奖年羹尧于用兵征准以来，"办事明敏"，运饷接济，甚属可嘉，着授四川总督，兼管巡抚事，康熙五十九年又授其为定西将军。年充分供应入藏驱逐准兵的军粮，把守隘口，剿抚里塘、巴塘属下桑阿坝等生番，于康熙六十年升授四川陕西总督，又剿平了青海郭罗克番。康熙六十一年（1722年）十一月十三日圣祖玄烨去世，世宗召抚远大将军胤禵还京，命年管理军务，雍正元年（1723年）三月封三等公。雍正二年（1724年）年奉帝命，遣提督岳钟琪入青海，平定了罗卜藏丹津叛乱。帝命进其为一等公，再给一等子爵，赐双眼花翎、四团龙补服、黄带、紫辔，极其宠信。年羹尧就是这样仗恃帝之宠信和军功之大而飞扬跋扈骄纵妄为的，如若雍正帝不是开始时对年过分宠信放纵，后来又蓄谋将其清除，年羹尧不能手握西北军政大权，也就有可能不像罪状所说那样忘乎所以而走上绝路。

与年处境多有相似之处的是隆科多。隆科多乃一等公佟国维之第三子，其姑是圣祖之生母孝康章皇后，其姐是世宗之嫡母孝懿仁皇后。康

①《清世宗实录》卷39，第6、16页。

熙二十七年（1688年）隆科多任一等侍卫，康熙五十年晋至提督九门步军统领，康熙五十九年又擢理藩院尚书仍兼步军统领，甚受圣祖宠任。对胤禛继位为君起了很大的作用。因此，世宗一即位，就先以“舅舅”尊号赐予隆科多，命其袭封佟国维遗下的一等公爵，任命他为总理事务王大臣和吏部尚书，仍兼步军统领，后加太保，兼管理藩院，赐双眼孔雀翎、四团龙补服、黄带、鞍马紫辔，雍正三年正月解步军统领任，雍正四年正月前往阿尔泰，与策妄阿拉布坦议定准噶尔和喀尔喀游牧地界，事毕同俄国使臣谈判两国疆界。隆科多坚决据理力争，要求俄国归还侵占中国的大片蒙古地区，捍卫了国家利益。

隆科多很早就感觉到新君不会始终如一地信任他，可能不久将遭处治，于雍正二年就主动提出辞掉步军统领一职，并针对皇上喜爱抄家之习性，预把财产分藏各亲友家里和西山寺庙。果然不出他所料，从雍正二年十一月起，他便不断被皇上训斥和惩处，雍正三年削太保及一等轻车都尉世职，雍正四年正月革吏部尚书，雍正五年三月革公爵。十月议政王大臣、内阁、九卿遵旨审理后，议定隆科多大不敬、欺罔、紊乱朝政、奸党、不法、贪婪之罪四十一款，其中有：“妄拟诸葛亮，奏称白帝城受命之日，即是死期已至之时”；“狂言妄奏提督之权甚大，一呼可聚二万兵”；“皇上谒陵之日，妄奏诸王心变”；索诈收受贿银五六十万两，等等。诸臣奏请将隆科多立即正法，妻子入辛者库，财产入官，帝谕：皇考升天之日，“大臣之内承旨者，唯隆科多一人”，免其正法，着于畅春园外造空房三间，“永远禁锢”，家产免籍没，追征赃银数十万两，妻子免入辛者库，其子岳兴阿、玉柱发往黑龙江当差。过了八个月，隆科多死于禁所，年仅五十余岁。雍正帝对于年羹尧、隆科多之严厉处治，颇为不妥，显系居心不善，锻炼成狱，加强了他专制帝君之威，在军政方面产生了消极影响。

（三）囚禁署抚远大将军、贝勒延信

延信，《清史列传》与《清史稿》均为其立传，但对其事迹言之甚少，特别是对其功绩轻描淡写，一笔带过，尤其是《清史列传》更对其所谓“党援（党附阿其那、年羹尧）”“大不敬”“负恩”“贪婪”二十大罪，大书特书。这样的论述，偏离历史实际太远。其实，延信是位很有谋略、勇克困难、颇有作为的将帅，是顺治年间以后，二百五十多年里，清朝皇族中唯一的一位对国家的统一、巩固建树了重大功勋的宗

室，也是受到了雍正皇帝残酷迫害，冤死狱中的无辜将帅。

编写《清史列传》之《延信传》的翰林，缺乏史臣应有的秉笔直书的春秋笔法精神，一味阿谀帝旨，为君文过饰非，不仅贬低埋没延信之功，而且行文粗糙。就连写其担任西安将军和署抚远大将军这样重要的官职，也仅仅用了区区二十个字“六十一年十二月，摄抚远大将军事，寻，授西安将军”。抚远大将军，何等的尊贵，全国只有这样一位大将军，前任是皇十四子“大将军王”胤禵。延信能“摄抚远大将军事”，即暂时代理抚远大将军，在延信一生中，是其最为重要、最为荣耀的官职。那么，他“摄”到几时？有无建树？翰林们总应该写清楚吧，哪能用“寻，授西安将军”这样稀里糊涂的字句来表述！这样写，不仅粗疏草率，而且一共二十个字，却犯下四错。一错是时间不对，雍正帝谕授延信暂时代理抚远大将军的时间，不是康熙六十一年十二月，而是十一月。二错不是摄大将军事，而是命其“管理大将军印信”。虽然这样安排，有“摄大将军事”的意味，但也有可能不是“摄”，而是署理。三是雍正帝不是仅仅命其暂时管理大将军印务，而是委任延信为“署理抚远大将军”。四是延信之“署抚远大将军”，不是三五天、十天半月，而是长达十一个月。

《清世宗实录》卷1，第5、6、8页载：康熙六十一年十一月十三日，康熙帝去世，遗命皇四子胤禛继位为君。第二天十一月十四日，雍正帝谕授延信管理大将军印务：

“谕总理事务王大臣等：西路军务，大将军职任重大，十四阿哥允禵，势难暂离，但遇皇考大事，伊若不来，恐于心不安，着速行文大将军王，令与弘曙二人驰驿来京。军前事务，甚属紧要，公延信着驰驿速赴甘州，管理大将军印务，并行文总督年羹尧，于西路军务粮饷，及地方诸事，俱同延信管理。年羹尧或驻肃州，或至甘州，办理军务，或至西安，办理总督事务，令其酌量奏闻。至现在军前大臣等职名，一并缮写进呈，尔等会议具奏。”

康熙六十一年十二月十二日，“以辅国公延信为西安将军，仍署抚远大将军印务”。①

雍正元年正月初五，平郡王纳尔素折奏：“十二月二十四日，辅国

①《清世宗实录》卷2，第22页。

公延信到甘州，臣遵旨将抚远大将军印、敕交明。”[1]

《雍正朝满文朱批奏折全译》第1页载，署理抚远大将军延信奏请在西藏设第巴总理藏务，帝于折上作了朱笔批示：

“署理大将军事务宗室公臣延信、四川陕西总督臣年羹尧谨奏：

“臣等查得，西藏自古以来兵即不到，先前，策妄阿喇布坦派兵作乱，先皇天威远播，遣将军兵丁，分两路进讨，逆贼皆败亡远遁。臣延信先前领兵入藏，奉先皇之旨：尔进兵平定西藏后，倘达赖喇嘛、青海之人未求留兵，大军全部撤回，事情方可清楚。钦此。嗣后平定西藏，呼毕勒罕、唐古特之人皆恳称，请大军暂留，保护我等等语，故臣等方留下大军。现今思之，贼断不敢复进藏，派兵驻守二年余，往数千里地之遥运粮甚难，且钱粮靡费亦多。目今虽令伊等于彼处采买，按兵丁给发，然西藏地方较小，米谷等物价亦渐涨。再，我大军在外日久，甚受苦累，而唐古特兵民亦盼望事毕。况且，命兵丁久留异域，妄加滋事之处，亦不可料。唯达赖喇嘛年岁尚小，坐床未久，西藏又无总理事务之人，倘不抚慰其心，亦不副先皇抚远至仁。臣等愚意，令达赖喇嘛、各地堪布、番目等保举一名忠厚可靠、平素遂唐古特人意者，作为西藏第巴，总理其事可也。此第巴并非封给，故嗣后倘不能事，即行更换，亦不难。目今驻藏大军，于雍正元年四五月内出青草之时，将蒙古兵丁经木鲁乌苏路撤回，满洲、绿旗兵丁经巴尔克木路撤回。驻察木多之四川绿旗兵暂驻一千名，简选贤能副将一员管理，防守西藏地方。再，晓谕达赖喇嘛圣主惠爱唐古特至意，命伊等由招至察木多地方，沿途修建乌拉，以备报军机之事可也。万一逆贼又进藏，则作速报至察木多，即可领兵前往救援等语。若如此，既能保护达赖喇嘛，亦可得唐古特人心，钱粮亦可多有节省。俟策妄阿喇布坦遣使认罪，诚意来投后，再将驻察木多官兵全部撤回，惟军机之事所关最为重大，应否如此办理之处，俟上指示后，臣等再另缮折奏闻。为此谨密奏，请训旨。”

“雍正帝朱批：‘尔等此奏是。朕意尚未定。事属重大，朕已寄信召年羹尧。若年羹尧前来，地方诸事尔更应勤奋留心，谨慎效力。’”

雍正元年十月初二，雍正帝谕授川陕总督年羹尧为抚远大将军，改授延信为平逆将军。《清世宗实录》卷12，第2页载：

① 《清世宗实录》卷3，第28页。

“戊申，谕兵部，据川陕总督年羹尧奏称，青海罗卜藏丹津，恣肆猖狂，臣领兵于九月二十日，自甘州起程，十月初间至西宁，相机行事等语，总督年羹尧既往西宁，办理军务，其调遣弁兵之任，甚属紧要，须给大将军印信，以专执掌，着将贝勒延信护理之抚远大将军印，即从彼处送至西宁，交与总督年羹尧，其贝勒延信，现有防守甘州沿边等处事务，将库内现存将军印信，着该部请旨颁发一颗，送给寻议应将平逆将军印信，送给贝勒延信。从之。”

延信任“署理抚远大将军”，直到雍正元年十月，才改任平逆将军，足足当了十个多月尊贵的“署理抚远大将军”。

以上《清世宗实录》、朱批奏折，白纸黑字，铁证如山地揭露了写《延信传》的翰林，史学品德太差，治学太不严谨，不足为训。

现在，转入正题，看看延信的身份、才干、言行、功过。

延信，既非凡夫俗子，又非达官显贵。论血统，高祖是清太祖努尔哈赤，曾祖是清太宗皇太极，皆系至高无上的君汗。祖父豪格是清朝八个铁帽子王之一的和硕肃亲王，乃顺治皇帝的大哥。父亲猛峨，是康熙帝玄烨的堂弟，封温良郡王。这些人员的尊号爵位，不是天朝大皇帝，就是一人之下（亲王）、十几人之下、万民之上的尊贵王爷，官阶一品的大学士、二品的尚书等大官，与其相遇之时，都要下轿下马向其跪拜行礼，延信可是交了好运，投了好胎，幸福之极了。可是，延信虽生在王府之家，是郡王之子，却谈不上什么好运，成年之时，仅仅封了个奉国将军的低级爵位。康熙年间，宗室封爵分为十二等，即亲王、世子、郡王、长子、贝勒、贝子、镇国公、辅国公、镇国将军、辅国将军、奉国将军、奉恩将军、镇国将军以下，皆分一等二等三等。延信的奉国将军是宗室封爵十二个大等中之第十一等，只能算是很低很低级的爵位了。

延信不仅爵位很低，收入也因爵低而大受影响。清制，亲王岁俸白银万两，郡王5000两，贝勒2500两，贝子1300两，镇国公700两，辅国公500两，一等镇国将军410两，二等镇国将军385两，三等镇国将军360两，一等辅国将军310两，二等辅国将军285两，三等辅国将军260两，一等奉国将军210两，二等奉国将军185两，三等奉国将军160两。如果延信有一妻二妾丫鬟老妈子，他这个年俸160两怎能度日过活。

为什么延信是郡王之子，却只封了一个很低很低爵位的奉国将军？《清史列传》《清史稿》皆未写明其因。查看会典通考，才恍然大悟，原来延信虽是郡王之子，其母却系郡王福晋的陪嫁丫鬟，丫鬟就是奴婢，乾隆八年改定，郡王嫡福晋之子封长子，候袭郡王，嫡福晋的其他儿子封一等镇国将军。郡王侧福晋之子封三等辅国将军，郡王妾之子封三等奉国将军。在此之前，郡王妾之子封奉国将军。[①]妾，是郡王娶的没有嫡福晋、侧福晋名分的小老婆，地位低下。是陪嫁之人，即跟随郡王福晋来府的陪嫁丫鬟。只是因为郡王偶然看上了她，和她上床，风月之后生了儿子，母以子贵，才能摆脱丫鬟低贱身份，不与其他丫鬟同位，被郡王给了一间房，单独居住。而延信也就因为命不好，投生于丫鬟之母，只能屈尊封了一个三等奉国将军。

延信虽然爵位太低，母系卑贱丫鬟，然而他并不气馁，人微志不短，仗凭自己文武才干，努力奋斗，又遇上一位慧眼识英才的堂伯父康熙皇帝，因其才干功劳，不断擢升。康熙二十六年正月，封延信为三等将军。《清史列传》没有写明延信的生卒年岁，但是，按照清制，皇子十五岁、王子二十岁封授爵位，照此推算，延信应生于康熙六年。康熙三十七年，延信31岁，授二等侍卫，官阶正四品。仅仅过了三年，康熙四十年十月，延信就被帝升为满洲都统，成为议政王大臣会议的成员。都统，官阶从一品，与六部尚书、各省总督同级，并且还是满洲、蒙古、汉军三个八旗之中地位最高最为皇上信任和依靠的满洲八旗的八个都统之一，可以说是大清国的军政大臣了，这时延信才34岁，足见皇上对其的赏识和擢升。延信没有辜负皇上的青睐，虽因病于康熙四十五年解任，但五十一年复任都统，并于康熙五十七年随抚远大将军王胤禵统军往征漠西厄鲁特蒙古准噶尔汗策妄阿喇布坦。皇上谕命今年暂不进攻。延信向大将军建议大军留驻边内，不要出口外，说："准噶尔与青海勒世婚，我军众寡，青海知之，准噶尔亦知之。今年既未进兵，我军可无出口驻扎。"

这里所说的征讨策妄阿喇布坦，并不是指进攻准噶尔部伊犁地区，而是进剿侵占西藏的策妄阿喇布坦所派的准噶尔军队。延信建议暂不出边，驻扎边内，是很好的战略决策。一则不出边，没有进入准军占领的地区，也就是说没有进入敌区，从军事上说，清军处于安全地位，是驻扎在自己的国土，不会陷入敌军四面包围的窘境。二则当时清朝的辖地，仅限于西宁附近几万平方公里，辽阔的72万平方公里的青海，90%

① 以上宗室封爵及岁俸，引自《清文献通考》第42、246卷。

的地区系厄鲁特蒙古和硕特部十几位贝勒、台吉的地盘，其中多数贝勒、台吉与准噶尔汗贝勒世为婚娶，清军要进入西藏，必须通过青海，如进入西藏驻扎，既要被准噶尔军队及其挟制的藏兵包围，后方的接应（兵士、粮、械）要通过青海蒙古地盘，既运输困难，又不安全。三则今年既不进攻（而且说不定明年也不会用兵），不如驻扎边内，既安全，又省运费。四则万一明年也不进剿，如若进驻敌区或青海蒙古地盘，长期屯兵敌城之下，已是兵家大忌，何况长期屯驻敌区，更是不妥。

抚远大将军王觉得延信建议很好，立即转奏皇上，康熙帝认同此议，谕命大将军。王统军驻扎西宁。

正因为延信见识超群，有将帅才，康熙帝决定倚以重任。历经多次商议、思考后，康熙帝谕于康熙五十九年进军，兵分两路，授延信为平逆将军，为主力北路军统帅，由青海进攻，授护军统领噶尔弼为定西将军，为南路军统帅，率四川、云南绿营军10000名，从四川进攻。抚远大将军王坐镇青海西宁，统一指挥。

延信膺此重任，面临五大难题。一是敌兵剽悍，酋系名帅。准噶尔兵勇猛凶悍，领军者又系名帅大策零敦多布，有勇有谋，曾大败凶狠沙俄殖民军，威震大西北，三年前他仅领六千精兵，就能远袭西藏，大败拥有几万藏兵的和硕特部汗王拉藏，占领了全藏，并于康熙五十七年九月在哈喇乌苏全歼四千余名清军，击杀其主帅西安将军额伦特，俘虏了另一主将一等侍卫色楞。

二是道路遥远，气候恶劣。从北京到西藏拉萨，由四川走，长达10020里，由青海去，北京到拉萨是8180里。其中，西宁至拉萨是4629里。途经多座大山，峰高险峻，天寒地冻，瘴气弥漫，秦汉以来两千年里，历朝中央政府还从未派遣大军远征拉萨。

三是百官畏难，无人主战。康熙以征藏之事命议政王大臣、满汉大员集议之时，因敌凶路远，险恶，又曾全军覆没于哈喇乌苏，众皆胆怯，无人请缨。

四是，将难驾驭。北路军将领众多，官大位尊，有喀尔喀土谢图亲王、和硕额驸敦布多尔济、厄鲁特贝勒和硕额驸阿宝、公策旺诺尔布，都统楚宗、海山、普奇、穆森、汪古利，西安将军宗扎布，散秩大臣钦拜、拉忻，护军统领五十八，副都统阿林保、赫世亨、伊里布、包色、壮图、乌里布、徐园贵，兵部侍郎渣克丹，陕西巡抚噶什图，固原提督马贝伯，山东总兵官李臣。这一大堆官阶一品二品的高官，能听你这位未经战阵没有军功的都统指挥吗？

五是兵难调齐，北路军调集了满兵5100名、蒙古兵1900名、绿旗兵3000名、土番兵2000名，共12000名，这些兵皆早早调齐，来到军营，但是征调青海和硕特部王公的兵士，却因蒙古王公在清军惨败哈喇乌苏以后，畏惧敌军，胆小怯战，迟迟不带兵来。延信费尽心力，协助大将军催督，好不容易，青海蒙古王公才凑齐10000名蒙古兵前来大营报到。

延信克服种种困难，调齐了22000名大军，协调了众位将领，精心指挥，于康熙五十九年四月二十二日从西宁出发。

准军统帅大策零敦多布算准了清军北路军是主力，南路军绿营兵好对付，故亲率绝大部分准兵，并征集藏兵，迎战北路军，诱敌深入，待清军远途跋涉几千里后，于黑河（即哈喇乌苏）消灭敌军，取得了决定性胜利，再回过头来，收拾清南路军。

尽管大策零敦多布一向善于谋略，多次料准敌军弱点，屡战屡胜，可是这次他低估了清军统帅延信的才干。延信可不是那位少谋无略、贪功心切、官位不尊、大权独揽的侍卫策楞，让大策零牵着鼻子走，孤军深入，全军覆没。延信的士卒，固然在途中有伤亡，但那是险恶环境所致。他之深入，是为驱准而前进，不是受敌之骗而掉入陷阱。所以既不致缺粮而败，也不会对敌偷袭，毫无防备。

延信率军，有序而行。每日驻营，即分兵防卫，防止准军突然来袭。驻扎之时，将军之营居中，次则新达赖，满汉各营，依次排序，从外圈围。四角安置大炮四尊，周围安置子母炮180尊。四面卡子之兵皆挖小坑，点粪火，以备报警之用。放哨之兵，日则远去侦察，黄昏撤回，于围护兵之外二三里许，两两相接，坐听风声。又将全部兵士分作三分，每夜两分在营外围护，每十名为一队，皆手牵战马，营外值班。其余一分，营内支更，各备一马。其余马匹，白天则放牧于围护之外，夜则牧放于围护之内。防卫十分严密。

大军行进到黑河地区，正是上次策楞败亡之地，延信更是加倍警惕。八月十五日，驻扎卜克河地方，当天晚上，大策零率兵偷袭。延信早有防备，枪炮齐放，箭矢如雨，击败准兵，夺获马匹器械。十九日从卜克河出发，二十日驻齐嫩郭尔地方，三更时，准兵两千余人偷袭，清军严整备御，准兵力不能敌，败走。二十一日从齐嫩郭尔出发，二十二日驻扎绰马喇地方，五更时分，准兵千余劫营。营中四面哨兵，枪炮矢石齐发，准兵被伤死者甚多。三次交战地方皆在黑河地区，斩杀俘虏敌兵上千。[①]

大策零三次劫营皆败，又得悉噶尔弼军已入拉萨，准军的粮草、马匹、器械、人员的供给已被截断，藏兵纷纷逃走，大势已去，便率军急速向伊犁逃去。道路崎岖，天寒地冻，粮草缺乏，瘴疠严重，将士得以回到伊犁者，不到一半，侵藏之战，彻底失败。这下，藏地才是真正平安了。

延信为了减少拉萨供应困难，将大军留驻达木，于康熙五十九年九月初八，轻骑简从，护送新达赖前往拉萨，沿途受到僧俗藏人热烈欢迎，延信奏称："所经过雷多、喷多等处，居住喇嘛人等，感激圣主再造弘恩，罔不踊跃欢欣，男、女、老、幼，襁负来迎，见我大兵，群拥环绕，鼓奏各种乐器，合掌跪云：自准噶尔贼兵占据土伯特地方以来，父子分散，夫妇离别，掳掠诸物，以致冻馁，种种扰害，难以尽述，以为此生不能再见天日。今圣主遣师，击败贼兵，拯救土伯特人众，我等得脱患难，仍前永享升平乐业之福，似此再造弘恩，何以报答，纷纷叩陈，出于至诚。"[②]

九月十五日，延信等满汉大臣，召集青海蒙古各部王公、西藏黄教众多大喇嘛、藏区贵族，在拉萨布达拉宫为新达赖喇嘛噶桑嘉措举行隆重的坐床典礼，宣布圣诏，册封噶桑嘉措为弘法觉众第六世达赖。废除第巴藏王体制和和硕特部蒙古汗王体制，设立噶伦地方政府，任命康济鼎、阿尔布巴、隆布鼎为噶伦，集体处理西藏地方大小事务。留蒙汉官兵3000兵驻守西藏。从此，123万平方公里的西藏纳入大清国版图。[③]

延信办完主要事项后，遵旨领军回京，康熙六十年六月初六，帝以延信功高，谕宗人府，封延信为辅国公："平逆将军延信，朕亲伯之孙，朕之侄也。此番统领满洲、蒙古、绿旗兵丁，过自古未到之烟瘴恶

①《清圣祖实录》卷289，第16、17、18页。

②《清圣祖实录》卷291，第4页。

③《清圣祖实录》卷290，第4页；卷291，第11、12页。

水无人居住之绝域，歼灭丑类，平定藏地，允称不辱宗支，克展勇略，深属可嘉，着封为辅国公。”[①]

雍正帝继位为君以后，最初为了夺掉皇十四弟抚远大将军王允禵的军权，以延信署理抚远大将军，对其优礼有加，晋其爵位，于雍正元年二月十五日，以延信之侄辅国公揆慧昏聩不端削爵，命延信袭其辅国公。合二为一，晋延信为贝子。[②]半年以后，八月十七日，再晋延信为贝勒，《清世宗实录》卷10，第18页载：

“兵部分别议叙陕西、四川、云南官兵，平定西藏功，得旨，平定西藏，乃自古未至之绝域，所以皇考曾有从优议叙之旨，况皇考当春秋高迈，备兵于极边，宣扬威略，峻德鸿功，允垂亿万斯年之美政也，此一次议叙军功，前固无例可援，后亦不得为例，将军延信，着封为贝勒，两路率领八旗官员，进剿之将军等，着给予世袭三等阿达哈哈番，参赞大臣，给予拜他喇布勒哈番，副都统，营总等，给予拖沙喇哈番，其护军校，骁骑校，给予头等功牌二面，仍加一级。”

对于延信任署理抚远大将军期间的一些奏折，雍正也曾朱笔批示，予以嘉赞，比如，《雍正朝满文朱批奏折全译》第17页载：雍正元年正月三十日延信奏折：

“臣延信谨密奏：为奏闻事。

（朱批：朕安。京城内外甚为太平安谧，雨雪调均，尔好么？）

“本年正月十三日，接奉兵部咨转大将军王咨文封套一件。臣开阅内称，大将军王咨行署理抚远大将军印务之公延信，为遵旨事。雍正元年正月初三日。将舅舅等族人奏呈御览，有领侍卫内大臣阿尔松阿、舒鲁传旨，将护军校明舒、海旺、八十五自军中带来，其到之时，着递补引见。钦此钦遵。除海旺已与我后队人马相继到来外，护军校明舒、八十五，则令文到之时，即各御事整备，只身驰来。为此咨文。等情。再封套内装有漆封信札一件，上书交护军校明舒。臣遂唤来明舒，给其阅看大将军王之咨文，将漆封信札交给之。明舒遂当臣之面，启封开阅，内称，文到之

①《清圣祖实录》卷293，第4页。

②《清世宗实录》卷4，第14页。

时，尔等即刻收拾，只身前来。此次前来。将皇考赏朕之二万两银两带来。钦此。故臣交付明舒，尔收拾完后，即速起程。正月二十日，明舒来臣处禀告，我已收拾完毕，于二十二日起程。随行之人为二十五人，备马骡四十，鸟枪一枝，腰刀六柄，撒袋六个，沿边从大同、宣府入南口前往京城。请给勘合。臣遂给之。伊已于二十二日起程矣。为此谨具密奏。”

雍正帝在延信奏折上，朱笔批示：“知道了。此奏可嘉，所办甚善。”

《雍正朝满文朱批奏折全译》第18页又载延信正月三十奏谢御赏皮帽等物奏折：

“署理抚远大将军印务、辅国公臣宗室延信谨奏为谢恩事。

“御赏黑貂皮帽一顶，琥珀素珠一挂、腰带一副、棉褂子、袍子一套、火镰一个、荷包一个、鼻烟壶二个、胶一块、千里眼一个、银盒子一个，于正月二十六日赍至，臣跪奉祗领讫。伏惟，延信我本为一平常宗室，叠荷大行皇帝之恩，拔至首辅，又授以将军之职，尚无丝毫效力，又越格封为公。兹圣主又以西陲事务甚重，命臣署理大将军印务，办理大事。蒙皇上如此重用，尚无报效，兹复蒙隆恩颁赐，委实难承。捧尚方之宝，不禁心如刀绞，潸然泪下。遂将御赐宝物供奉在上，以感激皇上重恩，俾子孙后代永世瞻供。臣对皇上任用之恩，除竭心尽力仰报万一外，别无奏言。故此望阙叩恩。谨此奏闻。”

延信于雍正元年三月二十七日，奏报严守边关以防生变，讲述了调兵遣将，预防第妄阿喇布坦扰害西藏的布置。奏折长达2000字，雍正帝在其折上，朱笔批示：“尔如此办理，甚合朕意。”“览尔所奏，朕甚嘉许。”①

雍正元年七月初七，延信给皇上的请安折，说：“臣延信恭请圣主万安。”朱笔批示：“朕躬安，尔好吗？”九月初七日延信又上请安折，雍正帝朱笔批示：“朕躬甚安，已恢复了原貌。尔切勿为朕担心，一心一意勤慎料理交付尔之事。”②

然而，随着君权的巩固和空前强大，随着阿其那、塞思黑、允䄉、允禵、隆科多、年羹尧六大钦案的调查和结案，疑心特重的雍正帝，认定延信与阿其那、允禵是一伙，是其党羽，便决定除掉延信，给延信安上与

①《雍正全译》第62页。

②《雍正全译》第217、324页。

阿其那、胤禵结党，庇护年羹尧，贻误军机，侵吞军帑等多项大罪，革其爵职，命议其罪。《清史列传》卷3，《延信传》称：雍正五年九月，延信回京，“十二月，上以延信与阿其那、阿灵阿、拉锡、普奇、苏努等结党，在西宁军前，又因结胤禵，徇隐年羹尧”，“侵帑十万两”，“在御前傲慢无礼，种种罪恶，尽行败露，命革贝勒，交王大臣逐款严审，定拟具奏”。至尊无上的皇上已将延信定了罪，臣仆当然阿附帝旨，给延信安上几十大罪，《清世宗实录》第64卷，第8、9、10页载述了雍正五年十二月初六日，王大臣给延信安上大罪20条，议拟斩立决及帝之圣旨：

“诸王大臣等审奏延信罪状二十款，查延信向与阿其那、阿灵阿、拉锡、普奇等，结为党羽，与二阿哥为敌，党援之罪一，奉旨询问年羹尧之处，并不据实揭报，为之徇隐具奏，党援之罪二，在西宁时，阳为不附和允禵掩人耳目而阴与允禵交结党援之罪三，及复令其进藏时，钻营年羹尧代伊解释保全，党援之罪四，延信原系阿其那，阿灵阿，苏努等同党，奉旨交问，伊身为将军贝勒，明知其事，反将无干之汉人路振扬举出，党援之罪五，遵奉阿其那，倾心效顺称阿其那朴实，称阿灵阿为人杰，将伊女与阿尔松阿结亲，党援之罪六，捏造逆言，告知年羹尧，希脱党谋，党援之罪七，当御前昂然伸足，大不敬之罪一。皇上谕旨训责，坐听不行跪聆，大不敬之罪二。

“时届万寿圣节，不俟庆祝，蓦自起程回任，大不敬之罪三，在西安时，不遵谕旨，将地方要务，并未奏闻一事，大不敬之罪四，假捏病状，扶杖行走，及令伊署大将军印务，弃杖前往，欺妄之罪一，谕旨训练士卒不行钦遵，反怀怨望，将士卒混行痛责，扰乱国政之罪一，奉旨询问应否进藏之处，并不实心筹划，但云路有烟瘴，希图惑众，扰乱国政之罪二，在将军任内，不亲加训练，只图晏逸，负恩之罪一，妄行保题官兵一百九十余人，市恩邀结人心之罪一，在甘州时值青海用兵，乱行调动远处兵丁，几致可危，失误兵机之罪一，身为将军，闻贼寇临边，并不发兵，迨新城子失陷之后，始行发兵，失误军机之罪二，将拿到逆贼阿扯布坦温布属下蒙古七人。并不究审，竟行释放，失误军机之罪三，进藏时将国帑十万两入己。贪婪之罪一，以上各罪案，延信俱自认不讳，请按律斩决，以彰国法，妻子发往右卫，财产入官，所属佐领下人等，交该旗办理，得旨，延信从宽免死，着与隆科多在一处监禁，伊子不必革去宗室， 凡闲散宗室，原有在王府佐领兼辖之例，伊等着入显亲王府佐领管辖驱使，至伊属下佐领人等，原从显亲王家下分出，仍着赏与显亲王，家产不必入官，交与旗下大臣查明还项。”

行军万里，风吹雨打，冰冻筋骨，立功绝域，为大清国拓土开疆，将123万平方公里的西藏纳入大清版图的平逆将军、西安将军、署理抚远大将军、贝勒爷延信就被这样虚构的、莫须有的罪名，革职削爵，冤死狱中，妻儿遭罪，真可是天大的冤案！

二、文狱繁兴

雍正帝在严厉惩治政敌同时，又实行文化专制政策，一再兴起文狱。首先是审理与年羹尧有关系的汪景祺案和钱名世案。汪景琪是浙江钱塘县人，中举之后，很不得意，投靠年羹尧，阿谀逢迎，尊称年系“宇宙第一伟人”，是自古以来唯一能制敌出奇奏功迅速的大将军。他写了《读书堂西征随笔》，送与年看，其中有诗句“皇帝挥毫不值钱”，被当作讥讽清圣祖，非议圣祖的谥号和雍正帝之年号。书中还有在年于青海建功后所写《功臣不可为》一文，列举历史人物事例，责备君主怀疑、畏惧、愤怒、怨恨功臣，将他们置之于死地，最后自毁长城，亡国倾邦。世宗处治年羹尧时抄出此书，读后亲批“悖谬狂乱，至于此极”，于雍正三年十二月谕令立斩枭示汪景琪，妻、子发遣黑龙江，给予穷兵为奴，其期服之亲兄弟、亲侄，俱革职发遣宁古塔，五服以内之族人，现任及候补官员者，俱革职，交本籍地方官约束，不许出境。钱名世是江南武进人，康熙三十八年与年羹尧同岁中举，任至侍讲。雍正二年年羹尧进京，钱赋诗相赠，有“分陕旌旗周召伯，从天鼓角汉将军”，“钟鼎名勒山河誓，番藏宜刊第二碑”等句，其意是劝帝仿效圣祖为胤禵调兵进藏大功立碑纪念之事，为年羹尧平定青海而立一碑。世宗指责钱名世“谄媚性成，作为诗词，颂扬奸恶，措辞悖谬”，即“以文辞为国法”，亲写“名教罪人”四字予以羞辱，并革其职，发回原籍，且命在京由举人、进士出身的官员，“仿诗人刺恶之意，各为诗文，记其劣绩，以儆顽邪”。

紧接着就是查嗣庭案。查系浙江海宁人，康熙四十七年（1708年）

进士，因隆科多荐举，任内阁学士，后蔡珽保举，兼礼部侍郎，雍正四年（1726年）点任江西乡试正考官，被人告发试题荒谬。九月二十六日世宗谕治其罪说：查嗣庭向来趋附隆科多。今阅江西试题，“显露心怀怨望讥刺时事之意”，遣人查出其日记二本，“悖乱荒唐怨诽捏造之语甚多，又干圣祖仁皇帝之用人行政，大肆讪谤”，“以戴名世获罪，为文字之祸”，等等，着革职拿问，交三法司严审定拟。查嗣庭所出试题是：《易经》第二题“正大而天地之情可见矣”，《诗经》第四题“百室盈止妇子宁止”。世宗认为试题“前用正字，后用止字”，就是把正字去掉一横成止字，是攻击雍正年号是一止之象，不是好兆头。雍正五年帝谕将查嗣庭戮尸枭示，家属流放三千里，家产没公，充海塘用费。

此后，相继发生了谢济世等案。谢济世，广西全州人，康熙四十七年乡试第一，康熙五十一年进士，雍正四年任浙江道监察御史，疏劾河南巡抚田文镜营私负国贪虐不法十罪，帝正宠信田文镜，览疏大怒，革谢之职，谕令大学士、九卿、科道会审，务要谢供认要给朋党，受人指使，陷害忠良。谢不为威武所屈，毅然对称：指使上疏者，乃孔子、孟子，因“读孔、孟书，当忠谏，见奸弗击，非忠也”。帝谕：谢济世显系受人指使，革职发往阿尔泰军前效力。世宗又谕，工部主事陆生楠是广西人，“平日必有与李绂（原直隶总督，革职下狱）、谢济世结为党援之处”，亦着革职，发往军前效力，命将军、顺承郡王锡保细心察看其言行著作。雍正七年（1729年）锡保奏称，谢济世注释《大学》，毁谤程朱，陆生楠著《通鉴论》十七篇，显系非议时政。世宗连续下谕斥责二人说：“谢济世所注之书，不止毁谤程朱，乃用《大学》内见贤而不能举两节，言人君用人之道，借以抒写其怨望诽谤之私也”，“其注有拒谏饰非，必至拂人之性，骄泰甚矣”，显系讥讽朕躬保护忠直大臣田文镜。陆生楠之《通鉴论》，主张分封制，以讥讽今日郡县制乃大祸害，借引汉武帝戾太子事，讽刺圣朝不立太子之制，以赞扬唐朝府兵来非议八旗军制，力言君主“愈专，权愈重，则身愈危，祸愈烈”，以讽刺朕躬，等等，“其意专以摇惑众心，扰乱政纪为务”，著九卿、翰林詹事、科道议罪。随即谕令将陆生楠于军前正法，谢济世交与顺承郡王锡保，令当苦差效力赎罪。

更为严酷的是曾静投书与吕留良文字狱。吕留良，号晚村，浙江石门人，顺治十年（1653年）中秀才，后思想大变，极悔不该应考，于康熙初弃青衿，操选政，名气甚大，人们尊称他为“东海夫子”。他在著述中十分强调“华夷之分，大于君臣之义”，有不少怀念明朝痛恨清朝的字句。他坚决拒绝了康熙十八年（1679年）的博学鸿儒科考试及山林隐逸的荐举，为免再被纠缠，便削发为僧。吕的门人严鸿逵等敌视清朝，希望大变革。吕留良声望甚高，“海内士子尊崇其著述非一日矣”。

湖南秀才曾静非常崇拜吕留良，深受其著作中反清思想的影响，遣弟子张熙于雍正六年至西安，将信及《生员应诏书》递交川陕总督岳钟琪，鼓动岳率兵反清。岳以巧妙权术骗诱张熙供出了曾静，曾静又供认受了吕留良的影响，于是辗转株连，案犯甚多，世宗命一律解送北京审理。曾静的著作《知新录》及其供词，主要讲了三个大问题，一是世宗乃患有“谋父”、“逼母”、“弑兄”、“屠弟”、“贪财”、“好杀”、“酗酒”、“淫色”、“怀疑诛忠”、“好谀任佞”十大罪的暴君。二是主张“华夷之分大于君臣之伦”，讲说“中原陆沉”；“八十余年，天运衰歇，天震地怒，鬼哭神号”，反对清朝统治。三是希望拯救百姓于贫穷，改变近来“土田尽为富室所收，富者日富，贫者日贫”局面。

世宗借此案多次下谕，讲述自己为允禩党羽所诬陷，大力驳斥加之于己的十大罪状，同时大讲清朝应运而兴，为国为民做了许多好事，极力批驳华夷之别。最后，他谕令将有关此案的前后谕旨及曾静的口供和忏悔的《归仁录》，集成《大义觉迷录》一书，刊发全国各府州县学，供士子阅览，释放曾静、张熙，令他们现身说法，讲解此书。同时，严惩吕留良及其弟子，将吕留良及其子已故榜眼、进士吕葆中、弟子严鸿逵戮尸枭示，其家属及其他弟子和有牵连之人，分别斩杀，发遣宁古塔给予旗兵为奴，家产籍没，革职为民。吕留良的同乡朱振基，因在任广东连州知州时，供奉吕留良牌位，革职下狱，死于狱中。

此后，雍正帝更加注意加强对人们的思想控制，文狱一再发生。署理广东巡抚傅泰看到《大义觉迷录》中有“屈遇山”，就断定是明末清初广东著名学者屈大均，遂查其书，发现“多有悖逆之词”，遇到明朝称呼之处俱空抬一字（当时屈是明朝臣民），其子只好投监自首，交出已故三十多年之父亲的诗文，被帝谕令流放其后人于福建，毁禁诗文。原刑部尚书徐乾学之子进士徐骏，作诗有“明月有情还顾我，清风无意不留人”，这本是文人骚客滥用的辞藻，被皇上说成是讥讪悖乱言论，照大不敬律斩杀。福州上杭县童生范士杰读过《大义觉迷录》后，投书官府，指责曾静，歌颂万岁，赞颂雍正世道比三代还强，世宗继位之前，孝顺父母，忠心事君，授受之际，再三谦让，始登大宝。这样一个利欲熏心、欲图讨好天子、求取官职的谄谀小人，不料因其肉麻吹捧文字中有一句“三兄有抚驭之才”，被官府当作是恭颂皇三子诚亲王允祉，而将其逮捕严审，最后以其造言生事而押交原籍地方官，严加管束。这些案子都充分表明了世宗极力加强文化专制，对文风士习乃至政局军务，都产生了严重的坏影响。

三、军机处　朱批奏折　秘密立储

（一） 设立军机处

军机处，是清朝特有的重要中枢机构，于雍正七年（1729年）为办理对漠西厄鲁特蒙古四部之准噶尔部用兵事宜而创立，初名军机房。第二年改名办理军机处（军机处），雍正十年始铸“办理军机处”银印。

曾于乾隆二十一年以内阁中书官职入直军机处充任军机章京的史学家赵翼，在其《檐曝杂记》卷1，“军机处”、“廷寄”、“军机大臣同进见”、“军机不与外臣交接”、“军机直舍”等条目中，对军机处作了比较真实的、恰当的叙述，现摘录于下：

军机处

军机处，本内阁之分局。国初承前明旧制，机务出纳悉关内阁，其军事付议政王大臣议奏。康熙中，谕旨或有令南书房翰林撰拟，是时南书房最为亲切地，如唐翰林学士掌内制也。雍正年间，用兵西北两路，以内阁在太和门外，儤直者多，虑漏泄事机，始设军需房于隆宗门内，选内阁中书之谨密者入直缮写。后名“军机处”。地近宫庭，便于宣召。为军机大臣者，皆亲臣重臣。于是承旨出政，皆在于此矣。直庐初仅板屋数间，今上特命改建瓦屋。然拟旨犹军机大臣之事。先是世宗宪皇帝时，皆桐城张文和公廷玉为之。今上初年，文和以汪文端公由敦长于文学，特荐入以代其劳。乾隆十二、三年间金川用兵，皆文端笔也。国书则有舒文襄赫德及大司马班公第，蒙古文则有理藩院纳公延泰，皆任属草之役。迨傅文忠公恒领揆席，满司员欲借为见才营进地，文忠始稍假之，其始不过短贴幅片纸，后则无一非司员所拟矣。文端见满司员如此，而汉文犹必自己出，嫌于揽持，乃亦听司员代拟。相沿日久，遂为军机司员之专职，虽上亦知司员所为。其司员亦不必皆由内阁入，凡部院之能事者皆得进焉，而员数且数倍于昔。此军机前后不同之故事也。

本朝则宦寺不得与政。世祖章皇帝亲政之初，即日至票本房，使大学士在御前票拟。康熙中虽有南书房拟旨之例，而机事仍属内阁。雍正以来，本章归内阁，机务及用兵皆军机大臣承旨。天子无日不与大臣相见，无论宦寺不得参，即承旨诸大臣，亦只供传述缮撰，而不能稍有赞画于其间也。按五代、宋、金枢密院，皆有学士供草制。今军机司员，亦犹是时之枢密院。

廷寄

军机处有廷寄谕旨。凡机事虑漏泄不便发抄者，则军机大臣面承后撰拟进呈，发出即封入纸函，用办理军机处银印钤之，交兵部加封，发驿驰递。其迟速，皆由军机司员判明于函外。曰马上飞递者，不过日行三百里。有紧急则另判日行里数，或四、五百里，或六百里，并有六百里加快者。即此一事，已为前代所未有。机事必颁发而后由部行文，则已传播人口，且驿递迟缓，探事者可僱捷足先驿递而到，自有廷寄之例，始密且速矣。此例自雍正年间始，其格式乃张文和所奏定也。军机印存大内，需用则请出，用毕即缴进。自用兵以来，军报旁午，日或数起，难于屡请屡缴。故每请印出，则钤就封函数百，以便随时取用。而封函无专员收掌，不免狼藉遗失，宜专派一员登记月日、数目、庶更为慎重。

军机大臣同进见

军机大臣同进见，自傅文忠公始。上初年，唯讷公亲一人承旨。讷公能强记，而不甚通文义，每传一旨，令汪文端撰拟。讷公唯恐不得当，辄令再撰，有屡易而仍用初稿者。一稿甫定，又传一旨，改易亦如之。文端颇苦之，然不敢较也，时傅文忠，在旁窃不平。迨平金川归，首揆席，则自陈不能多识，恐有遗忘，乞令军机诸大臣同进见。于是遂为例。诸臣既感和衷之雅，而文忠实亦稍释独记之劳。然上眷倚有加，每日晚膳后阅内阁本章毕，有所商榷，又独召文忠进见，时谓之晚面云。

军机不与外臣交接

往时，军机大臣罕有与督抚外吏相接者。前辈尝言，张文和公在雍正年间最承宠眷，然门无竿牍，馈礼有价值百金者辄却之。讷公亲当今上初年，亦最蒙眷遇。然其人虽苛刻，而门庭峻绝，无有能干以私者。余入军机，已不及见二公。时傅文忠为首揆，颇和易近情矣，然外吏莫能登其门，督抚皆平交，不恃为奥援也。余在汪文端第，凡书牍多为作答，见湖抚陈文恭伴函不过僮锦二端。闽抚潘敏惠，公同年也，馈节亦不过葛纱而已。至军机司员，更莫有过而问者。闽督杨某被劾入韦，人各送币毳者数事，值三十余金。顾北墅云入直，诧为异事，谓“生平未尝见此重馈也”。王淑田日查所识外吏稍多，扈从南巡，途次间有赠遗，归装剩百金，过端午节充然有余，辄沾沾夸于同列。是时风气如此。

军机非特不与外吏接也，即在京，部院官亦少往还。余初入时，见前辈马少京兆璟尝正襟危坐，有部院官立阶前，辄拒之曰：“此机密地，非公等所宜至也。”同直中有与部院官交语者，更面斥不少假，被斥者不敢置一词云。

军机直舍

余直军机时，直舍即在军机大臣直庐之西，仅屋一间半，又逼近隆宗门之墙，故窄且暗。后迁于对面北向之屋五间，与满洲司员同直，则余已改官不复入直矣。扈从木兰时，戎帐中无几案，率伏地起草，或以奏事黄匣作书案，而悬腕书之。夜无灯檠，唯以铁丝灯笼作座，置灯盘其上，映以作字，偶萦拂，辄蜡泪污满身。非特戎帐中为然，木兰外有行宫处，直房亦如此，惟多一木榻耳。余归田后，岁庚子上南巡。余恭迎于宿迁，见行宫之军机房明窗净几、华裀绣毯，当笔者倚隐囊欹而坐，颇顾盼自雄，余不觉爽然失也。

军机处设有军机大臣及其属员军机章京。军机大臣最初称“办理军机大臣”，后来又称为“军机大臣上行走”、“军机大臣上学习行走”，由帝在大学士、尚书侍郎等官员中拣任，无定员，是兼职。军机章京由内阁、六部等衙署中的中下级官员选任，如内阁中书、郎中、员外郎、主事七品小京官。

雍正七年初设军机房时，只有三员大臣，一是怡亲王允祥，二是汉大学士张廷玉，三是汉大学士蒋廷锡。雍正八年加了一个满洲大学士、公马尔赛。雍正九年，允祥已去世，马尔赛于七月授抚远大将军，八月出京，只剩下张廷玉、蒋廷锡两人，雍正十年，蒋廷锡病故，增加了大学士鄂尔泰和贵州提督哈元生。雍正十一年军机大臣是鄂尔泰、张廷玉、马兰泰、平郡王福彭、讷亲、班第。雍正十二年是鄂尔泰、张廷玉、讷亲、班第。雍正十三年八月二十三日雍正帝去世，十月二十九日裁革军机处，乾隆二年十一月复设军机处。

雍正十年到十三年，军机处主要办理战争、军政和八旗事务，乾隆以后，权限才不断扩大，成为“军国大计，罔不总揽”的权力机构。

具体来说，军机处的主要职责是“掌书谕旨”，即当面承受皇帝的谕旨，把它写成文字，转发给下面有关衙署和官员。其次是“赞上之机务”，即被皇帝咨询，参议军政大事。第三项工作是为皇帝管理文书档案。

军机大臣处于机要之地，承旨行政，受到皇帝的特殊信任，是皇帝的亲臣和重臣，但是，他们之所以能参议军政要事，是受皇帝安排的，军机处基本上是皇帝的秘书处，军机大臣是皇帝的秘书，他们的参政权利来源于皇帝的信任和安排。

军机处的设立和朱批奏折的盛行，大大地增强了皇权，削弱了内阁和议政王大臣会议的权力，使清朝的君主专权达到前所未有的高度。

（二）朱批奏折

朱批奏折，是经过皇帝用朱笔批示过的奏折，这一官文书的出现，是清朝独创的。

清初，沿袭明制，公事用题本，私事用奏本，文武官员奏述事情的题本、奏本都要送到内阁，由内阁大学士票出处理意见，经皇帝认可，再由大学士用红笔在题本奏本上用红笔批出，称作“批红”，然后交六科发抄，分别执行。这种方式，赋予了大学士参政的机会，有利于相权的增强与皇权的削弱，也易泄密。康熙皇帝玄烨深恶鳌拜、权臣的专权乱政，竭力增强皇权，其子雍正帝胤禛更是想要真正的乾纲独断，所以创立和扩大了朱批奏折。现存的康熙朝汉文朱批奏折有3119件，满文朱批奏折有4297件，雍正朝汉文朱批奏折33000余件，满文朱批奏折5434件，分别藏于北京中国第一历史档案馆和台湾的故宫博物院。

朱批奏折，规定由奏事官员亲自书写，直按送到皇宫的乾清门，由内奏事处太监呈送皇帝，不经过内阁，然后按照既定程序，退与奏事官员。

现存的汉文朱批奏折，最早是康熙二十八年二月二十七日大学士伊桑阿、王熙、梁清标，学士拜题、迈图、索诺和、彭孙遹、郭琇的《恭谢天恩事》，此折也用满文写，是满汉合璧奏折。康熙帝在满文折上朱笔批示："知道了"（原批是满文，现译为汉文印出）。[①]

现存的满文朱批奏折，最早的是康熙十二年十一月二十九日（内库）银库皮库郎中尚吉图马尔岱的《为奏闻事》奏折，奏述太监等指称上谕，领银40两、铜洗脸盆，园转熏炉、铜腰提护。[②]

奏折不是任何官员都可写的。开始时，只是皇帝的亲信官员或满洲驻防将军、内务府总管等官。比如，康熙十八年九月十八日，帝亲书上谕，密命奉天将军安珠瑚查明东北等地有无金、银、铜、铅矿产，以供国用：

"密谕镇守奉天等处地方将军安珠瑚。因尔等奏文未曾用印，故未批发，除口谕来朝笔帖式外，近来因京城地方地震，朕昼夜不安，屡次训谕本朝大小官吏廉洁奉公，复又看得，京城地方钱价大涨，以致商贾忧愁。此等通货弊端，理应严查详议。

"朕前闻得，宁古塔、吉林、盛京、辽东等地有含金、银、铜、锡、铅之沙子。等语。确实有之，似与国用，大有裨益。前虽开矿，但未受益。所谓良莠齐集滋事者，皆因无人才、不得法之故，况盛京地方不可与内地相比，系满洲地方，驻有满洲兵，有谁为首以行，唯尚未翔实，且又不知出矿地方，故未准行。将军尔细加体访，若可行则如何是好，或断不可行之处，详奏请旨。特谕。"[③]

安珠瑚奉到帝之口谕后，于十月二十二日写满文密折、奏述情形：

"镇守奉天等处地方将军安珠瑚谨奏为遵旨密奏事。

"窃为狩猎而驰驱之笔帖式法尔萨于九月二十三日来传口谕，颁赏玉、火链、火链包。又转奉密旨，臣不胜欢忭，恭设香案跪读。至因遭地震，朕甚不安之旨，臣即心烦意乱，不知所从。钦惟皇上时以民事为念，宵衣旰食，虽出猎巡幸仍在马上、轿上阅卷，驻营歇息用膳之前，即阅成堆书札，赦罪赈济，施以洪仁，连天下妇幼，皆合掌祈祷，故理应显示祥兆。此皆我等分驻地方各官庸懦，未能仰副圣仁所致。因此，臣既驻发祥

---

①《康熙汇编》册1，第1、2、3、4、5页。

②《康熙全译》第3页。

③《康熙全译》第5页。

重地，凡有所闻，与己有关，欲奏请治罪，消除变异，但皇上知臣愚蠢，仍擢拔为臣。念此擢拔洪恩，愿来世变犬变马，以图仰报万一耳。正在此时，反颁仁旨，赏赐穿戴，为此羞愧无地。将臣实情，伏乞皇上睿鉴。

“再，开采金、银、铜矿之事，前曾奉旨：细加体访。钦此。臣念查之过甚，恐被张扬，故将粗访情形，除另缮折奏览外，以臣之见，属宁古塔地方之事，颁谕该将军，转交副都统萨布素，派牛录章京喀特虎等质朴勤勉章京，酌携匠役前往有金、铜矿石之地，翔实找寻，若其获利似比内地多，则彼地闲人罕至，且本地人前来贸易，路途遥远，不能隐藏，可长久大量开采。若蒙准行，则由盛京地方选淘金、采铜人各二名，令乘驿前往萨布素处。至盛京地方之矿，据小民指称，系青苔峪、蘑菇峪等处，但若属先祖陵寝所在之山，则不可开采，而其开采量，若如于有才等所报，似无裨益，况且民人繁杂，不可轻举。情势如此，请降旨该部，选派贤能官前往盛京，普查原采矿人等，详细询问，若系忌讳之山，即行停止，属可开采之山，则详核有利与否，必得其实。故将臣所欲，具折遵旨密奏！”①

康熙二十年十二月初八日，帝又亲书密谕，命安珠瑚密遣官员将御路、行宫等，详察绘图，以备东巡祖陵。康熙二十一年二月初二日，帝对安珠瑚所奏，亲书上谕：

“密谕奉天将军安珠瑚。今云南等处俱已底定，天下永归太平。祭告天地、太庙、社稷毕，复又祭告陵寝。盛京乃祖父初创根本之地，朕不时思念。现值天下无事，欲诣山陵致祭，亦未料定。朕前巡幸，未至永陵，至今悔恨。今若幸彼，必至祖辈旧址观看。着尔密遣副都统穆泰及贤能章京等，将御路、行宫、应经之地，并自佛阿拉通往乌拉之路，详察绘图，由同往章京内简选晓事者一员来奏。唯恐其阅历浅薄，不能详记地理山川也。为此欲公开降旨，但尚未定，故未明示。但念定后再议，又恐不及，故特密谕。

“将军身体可好？谕将军安珠瑚。尔所奏逐一阅览，尔言虽是，但今祭告平定云南大喜之事，不宜推迟，朕在此详议定于二月十五日启程。其余事宜，口谕奏事人毕遣之。”

①《康熙全译》第5页。

此后，允许写朱批奏折的官员，逐渐扩大，到了雍正年间，地方的文武大臣如总督、巡抚、布政使、按察使、提督、将军，一般都可向皇上递密折，一些中级官员，经帝特许，也可上折。皇子也写密折。

文臣武将以及皇子的奏折，涉及康熙、雍正朝军、政、财经、文教、民族等方面，还记述了帝、相、督、抚一些私房事情，史料价值非常珍贵，现举八例为证。

例证一，曹寅奏修葺明陵情形：

“江宁织造郎中巨曹寅谨奏为奏明事。前月恭膺恩旨，命臣寅监修明陵。钦此钦遵。自署总督臣陶岱到省，会同巡抚臣宋荦，臣寅以及在省大小官员踏勘现在估计工料，遴委江防同知臣丁易管工。公议于官吏俸工银两内动支修补。因暑月雨水连绵，难以兴工，俟秋凉即便择日兴修。其颁赐御书，用垂永久，候修补将竣，即便制匾勒石，此皆皇上远迈上古之善政，除署总督臣陶岱、巡抚臣宋荦会同臣寅具红本奏陈外，臣寅系家奴，理合先将会议情由具折奏明。（朱批：知道了。）”①

此折不仅记述了康熙帝为笼络汉官汉民人心，谕命修葺南京明太祖朱元璋陵园，而且还记述了修葺费用，全由两江总督、江苏巡抚等官员“公议”，“于官吏俸工银两内，动支修补”。

例证二，康熙四十三年十一月二十二日，新兼两淮盐政的江宁织造曹寅奏述盐商献与官员、卫署的规礼银，以及帝之朱批：

“一、院费，盐差衙门，旧例有寿礼灯节代笔后司家人等各项浮费共八万六千一百两有零。一省费，系江苏督抚司道各衙门规礼共三万四千五百两有零。

“一、司费，系运道衙门陋规，新运道李灿系皇上特用之人，能依臣檄减革书承衙役家人杂费共二万四千六百两有零，尚存一万两有零，养济各项人役。

“一、杂费，系两淮杂用交际在阿山条奏别敬及过往士夫两款之外，共六万二千五百两有零。

①《康熙汇编》册1，第43页。

“以上四款皆出匣费派之众商。”

康熙在奏折中“省费”一款，朱笔批示：“此一款，去不得，必深是罪于督抚，银数无多，何苦积害。”①

例证三，两江总督傅拉塔于康熙三十一年三月初九日写折，奏谢朱批谕示并陈报家计情形：

“江南、江西总督傅拉塔谨奏：为奴才捧接圣明奇旨，不胜欢忭，恭谢天恩事。（朱批：知道了。京城三月初三日得雨沾足外，自三月二十日起大雨，二十二日方晴，似大有可望。朕体大安，尔好？）

“窃奴才本年正月恭请圣安，并奏闻仰赖圣主奇福，去岁秋冬江南地方雨雪甚调，麦收大有可望，诸物价贱，兵民熙攘腾欢等情一本，奉旨：朕体安。去冬雪足，想今年麦子似有可望。总之，收获后方才可信。尔好？此等密本，文虽不好，勿令他人写。此事应慎之。钦此。钦遵明旨外，奴才承蒙圣主奇旨问好，实不敢当。荷蒙圣恩，奴才身体好。再其徐乾学之子徐树谷案如何措置了结一事仰祈圣训，巡抚郑端等每日会议，企图诬陷奴才等情奏闻皇上一折，于徐树谷一段奉御批：此案仍宜从宽处置，若往深究，尔岂能避免与人结仇。钦此。除钦遵明训施行外，于郑端等一段奉御批：此等之事，朕心里很明白，尔唯图公正清廉，切勿玷辱此旨，日后事必明了。把心放宽些。钦此。蒙圣主推心置腹训示奴才放宽心，及尔岂能避免与人结仇。等语。伏见神圣明旨，奴才无地自容，不胜欣慰，独入府内佛堂，口祝圣主万岁万岁，叩谢天恩。奴才全家皆获平安，丝毫无虑。奴才唯有昼夜铭记圣主所谕力求公正清廉之明训，益加谨慎，始终不渝。奴才仰赖圣恩而存，莅总督任满三年，将近四年矣，唯一心感戴圣主殊恩，诸事竭力谨慎秉公办理，拒贿守法。圣主天赋聪睿，奴才所行之真伪，谅必洞鉴。圣主如此擢用奴才至臣位，赏给奇物，以资鼓励，又谆谆教诲，而奴才若又一改固有品行，为取信于皇上，有一言谎奏，则不但背负圣主慈父无穷之恩，罪不可赦，而且苍天亦不容。再将奴才安心居官之情谨奏圣上。奴才先前生计贫寒，后蒙圣恩，以监察御史前往河东盐差，返回后买房七八十余间，买奴仆百余口以为差役，又买五、六十余个汉子田耕种，生活富裕。此皆圣主之恩，奴才甚为知足。蒙圣主体恤，奴才妻子俱随臣前来任所，家中尚无须消费，将宅地租赁，以收租银。仰赖圣恩如此生活，岂可言之不足。唯奴才本意，奴才居官之情，若蒙御知，死而无

①《康熙汇编》册1，第35页。

怨。今因圣主洞悉训示，死则无怨矣。奴才幸逢明君盛世，自到任以来，凡旧习之逢承馈赠，人之怨恨，不屑一顾，唯感念圣主无穷之恩，将地方所属官员每年所送四时礼品及盐商、备关恭送银共计数十万两，皆拒而未受。每年张示严饬地方官员、关衙人等禁止此等旧风俗，酌减商盐昂贵盐价并奴才未领份额，使民有所余。因张示遍喻，至今皆各遵照施行。此等未曾受礼之处，谅在圣主访查之中也。再将奴才数年任职所用盘费衣食之处据实奏闻。奴才赴任时，经面奏皇父，将奴才家人真名报部，领取六十兵丁月饷、口米一百二十两，除给二名汉相公雇银外，以此所得钱粮供家人穿戴，若马干草料、木炭等物不足则予添买。再收取十余司、道以上官员吉日所送猪畜米面等食物、大关章京等所馈送之缎钟。蒙圣主之恩，奴才及眷属生活即系如此。嗣后无论身任何职，断不玷辱圣主所谕公正清廉之明训，勤勉效力。奴才之事成俱陈奏，故字少逾，惶悚奏闻。”[①]

这是目前发现督抚收受规礼银的最早史料。傅拉塔“先前生计贫寒”，当了一年河东运司盐差后，便买房买地买奴仆，“生活富裕”了。现在又当上官阶从一品的两江总督，一年中收规礼银数十万两。

例证四，康熙四十四年，康熙朱笔批示，谕“入直内廷”的工部尚书王鸿绪：“京中有可闻之事，卿密书奏折与请安封内奏闻，不可令人知道，倘有泄露，甚有关系。小心。”王鸿绪收到御批后，连上几道奏折，其中之一折讲述山东银捐养民事中的弊端：

“又山东养民一案，凡养民银数，皆是地方官造册报户部，每饥民一口，有一月给米一斗者，有五升者，有给衣服者，总是以物折银算作数目，非比捐纳交库银两分毫不可假借也。其中造报数目，悉由本人，从实者少，虚增者多。今奉旨议叙，户部大臣宜秉公持正，照例议叙，倘有格外殊恩，仰候出自圣裁，方为得体。乃唯事贿赂，一概从优两三倍，骇人听闻。向来议叙捐银，最多者不过升一层次之即用即补加级纪录，如有罪者免罪，已经免罪者给予虚衔，或给予几品顶戴，如此而止。今户部议升一层又升一层，又有即用，又有加级，公论以为太滥。即如员外查尔钦捐养用过银三千八十两，员外颛图捐养用过银四千一百两，俱升两层，以侍读学士等官即用。同知牟钦元捐养用过五千四百余两，以道缺即用加三级。借通仓米同知魏荔彤以道缺即用。员外刘启桢以道府缺即用。候选同知李元龙捐养用过六千七百两，以道员即用。

①《康熙全译》第26页。

员外程建捐养用过四千余两，以道府缺即用。其余如此数人一样，即升两层而又有即用者甚多。凡笔帖式及主事各小京官，与旗下官员，亦俱升两层又加即用者甚多。又向来贪酷官员不准复用，原任知州钮公琪以酷刑致死三命革职，今议准以原官用。向来有罪者止准免罪今议原任侍读秦布免交刑部以原官补用革职知州谢廷玑有应追库帑五万两米一万石未完今止捐银一千二百两，即议以原官补用。郎中靳治豫，员外席永勋俱以行止不端革职，靳治豫捐养用过银一万三千两，今议复原官以应升之缺即用。席永勋止捐养用过银六千二百两，亦议复原官以应升之缺即用。席永勋乃洞庭山富商也。其中舛错及过优之处，难以尽举。又三路养民大臣，止有卞永誉一路，伊奏折内曾有旗员子弟养民之语，然并未曾启奏姓名出来今该抚补咨到三十余员内二十六员皆东平州印结闻名字多有挖补，不无虚冒，今户部亦一概从优议，叙公议不平。”①

例证五，福州驻防四旗，编制兵额是2000名，按一兵三马规定，当有马6000匹，可是，康熙五十七年六月十三日，福州将军黄秉钺奏述营务废弛情形说：

“从前倒毙其多，四旗现有马止七百余匹：奴才于六月初一日到任，随细查旗营事务，皆因前任将军祖良壁久病不能办事所以诸事废弛。奴才仰体皇上圣心，现在逐一整饬。如放甲兵，前任皆于私衙放出，以致旗营人皆不服。今奴才凡遇甲兵，必亲身至公衙，门会同副都统，协领参领等官，将人才壮健弓马优娴者补放。至于放饷，前任止凭小拨什库等，随领随扣私债，所以穷苦甲兵愈难度日。今奴才遇放饷之期，亲至公衙门，传集协领，参领等官，逐一验封，当堂点名给散，甲兵皆沾实惠，无不感颂皇恩。再驻防四旗兵丁马匹，奴才到任即行稽查，从前倒毙甚多四旗现有马止七百余匹，历年缺额之数竟不买补。今若令全补，甲兵力量一时不能。奴才再四思维，现在差操，一兵一马断不可少，其余当陆续责其全补，奴才当与督臣酌量妥当，另行会题。再原任将军祖良壁等，题参防御刘云庆违例放债一案，奉旨交奴才，带来与督抚会审，奴才到闽，即细加察访，其重利扣克是真，奴才于到任之次日，即移会督抚，现在逐一审理，俟审明之日会题外，合先奏闻，伏乞圣主睿鉴施行。谨差奴才标下马兵贾茂勋、家人袁荣贵折呈奏。”

①《康熙汇编》册1，第276、314—316页。

康熙阅折后，朱笔批示，嘉赞黄秉钺说："览所奏折，详细明白。须要十分留心，不可太急了。"①

例证六，康熙五十五年七月三十日，议政大臣、固山贝子、都统苏努审理原西安将军席柱贪婪废弛营务之罪时说："尔所率满洲、绿旗，全军内无甲胄者，有八千余人，查看兵丁之马匹，共缺少一万四千四百六十匹。""补授官员，录取领催披甲时"，都要索取银两。"正白汉军旗披甲刘孝文袭其父之职时，索银一百二十两"。"正蓝旗苏拜承袭其父护军校时索银一百两"。"镶蓝旗永泰佐领下披甲济尔章阿承袭其父护军校时，索银一百两"。②

例证七，康熙五十五年十一月初一日，西安将军额伦特奏称："西安原有额定马甲兵共七千人，每马甲兵配备马三匹，甲胄一应军械皆齐备。今奴才抵达之后，查得共计欠马五千一百六十八匹，甚至甲胄军械等项亦不齐全。"③

例证八，浙江监生高士奇，"徒步来京，觅馆为生"，"因其字学颇工"，特谕入直南书房，康熙对高士奇非常赏识，破格擢升，特别宠信。

康熙十七年，帝赐敕曰："尔在内办事有年，凡密谕及朕所览讲章、诗文等件，纂辑书写甚多。特赐表里十匹、银五百两，以旌尔之勤劳。"康熙十九年，谕吏部曰："高士奇学问淹通，居职勤慎。供奉有年，应授为翰林院，从优议叙。"部议授为额外翰林院侍讲。康熙二十年六月，奉敕曰："尔内直以来，勤慎尽诚，夙夜匪懈。近日闻尔偶得暑病，特赐颐养之资，尔当安慰自怡，辅以医药。"康熙二十二年，补侍读，充日讲起居注官，康熙二十三年，迁右春坊右庶子，寻擢翰林院侍讲学士。康熙二十四年，转侍读学士，充《大清一统志》副总裁官。康熙二十六年，迁詹事府少詹事。官阶正四品。

高士奇仗帝宠信，结交党羽，贪婪不法，售卖官职，骤升为数百万大富翁，康熙二十八年九月，左都御史郭琇上疏，痛斥士奇之罪说：

"而日思结纳谄附大臣，揽事招权以图分肥。凡内外大小臣工，无不知有士奇之名。夫办事南书房者，先后岂止一人，而他人之声名总未著闻，何士奇一入办事，而声名赫奕，乃至如此，是其罪之可诛者，一也。

①《康熙汇编》册8，第168—170页。

②《康熙全译》第1130—1132页。

③《康熙全译》第1154页。

久之羽翼既多，遂自立门户，结王鸿绪为死党，科臣何楷为义兄弟，翰林陈元龙为叔侄，鸿绪胞兄王顼龄为子女姻亲，俱寄以腹心，在外招揽。凡督、抚、藩、臬、道、府、厅、县，以及在内之大小卿员，皆王鸿绪、何楷等为之居停哄骗，而夤缘照管者，馈至成千累万；即不属党护者，亦有常例，名之曰'平安钱'。然而人之肯为贿赂者，盖士奇供奉日久，势焰日张，人皆谓之曰'门路真'，而士奇遂自忘乎其为撞骗，亦居之不疑，曰'我之门路真'。是士奇等之奸贪坏法，全无顾忌，其罪之可诛者，二也。光棍俞子易在京肆横有年，唯恐事发，潜遁直隶天津、山东洛口地方，有虎坊桥瓦房六十余间，价值八千金，馈送士奇，求托照拂。此外顺城门外斜街，并各处房屋，总令心腹出名置买，何楷代为收租。打磨场士奇之亲家陈元师、伙计陈季芳开张缎号，寄顿各处贿银；赀本约至四十余万。又于本乡平湖县置田产千顷，大兴土木，修整花园杭州西溪，广置田宅。苏、松、淮、扬。王鸿绪等与之合伙生理，又不下百余万。窃思以觅馆糊口之穷儒，而今忽为数百万之富翁，试问金从何来？无非取给予各官。然官从何来？非侵国帑即剥民膏。夫以图帑民膏而填无厌之溪壑，是士奇等真国之蠹而民之贼也，其罪之可诛者，三也。"[①]

康熙谕令高士奇、王鸿绪等"俱着休致回籍"。康熙三十三年，帝命大学士于翰林官员内推举长于文章学问超卓之人，大学士等举荐徐轮学、王鸿绪、高士奇，帝命召三人来京修书。高士奇至京仍入直南书房。《清史列传·高士奇传》称，康熙三十六年，高士奇以养母乞归，特授詹事府詹事，允其归，康熙四十一年授礼部侍郎，以母老未赴。詹事，官阶正三品，闲职，为什么足足过了五年，帝又忽然授其为礼部侍郎？礼部侍郎可非詹事闲职可比。礼部是六部之一，位列第三。礼部总的职掌是管理国家的祀典、庆典、军礼、丧礼、朝贡与学校、科举，涉及面广，权限不小，礼部的尚书，侍郎的升迁机会很多，常见帝君，易被君主赏识而入阁拜相或外任总督巡抚。《清史列传》没有写明为什么高士奇突然又被皇上想起而予擢升？但是，下列高士奇的一道奏折、一张夹片、一篇赋文，可能会回答这个问题。

康熙三十九年四月，高士奇上了一道奏折、一张夹片和一篇赋。

奏折是："臣高士奇谨奏请皇上万安，皇太子安，众位阿哥安。臣

①《清史列传》卷10，《高士奇传》。

于九月初一日具有奏折，并进呈微物，定已早达御前。今岁西方秋成十分丰稔，万民乐业，莫不欣然沐浴于化日之中也。谨效野人芹献恭进金华枣，叩乞皇上俯鉴愚诚，臣曷胜瞻仰依恋之至。”

夹片是：“臣叨沐圣恩，闲居养母，今年长子高舆，蒙上恩选庶吉士，真为荣华感激之至，奈臣命蹇福薄，臣之弟二子颇能做文，自今春怯症，日甚一日百药不效，冬春之间恐难保全。臣母老病隆钟，何堪此痛。臣日夜忧愁，不能远离。回思向日，叨恩居住禁城，夙夜之余，全家团聚，今十年来，妻亡母老，若再失次子，臣犬马颓龄，真无生人之味，言之涕泪，但愿延过冬春，皆仗皇上恩芘矣。仰承天高地厚之恩，敢陈臣鳏茕无告之苦，臣不胜悚惕之至。”

赋文是：“恭纪赋御赐东珠赋康熙三十八年八月以至德如天皇恩似海为韵长白山高混同水异符命所钟孕灵产瑞河图既呈洛书亦至讵汹汹之波洪结荧荧之川媚海客见而惊顾骊龙时其或睡诚撷取之有方更为用之不器夫其湍濑韬精平沙晒日浩瀚渊沦潜沉孰测阴阳契合视明月之亏全隐见随宜与珠星为矩则运际会乎清明出光招乎帝德其为色也缁涅莫加皎洁难如皓同霜雪莹过璠玙疑琉璃而坚润较砗磲而静虚吉士洁其素行之子协其温舒其为体也不假雕琢浑沌存不畏物规恒象天盈掌夸夫径寸置地羡夫盘旋疑鲛泪之滴沥荡荷珠之清圆若乃照月传九华之盖编星联五纬之芒诧鲜霞之溢目恍晨曜之炳梁漩冰灌璨映烛焜煌洵明鉴之不渝庆遇赏于圣皇于是登之席珍品重瑶琨仁政方其汤穆王化拟其胚浑昼琛贡瑜边徼怀恩至于蛇衔著报于隋侯洞穴称奇于稗史燕昭避暑以招凉黄帝记游于赤水匣以桂椒为华袭以翡翠耀美或取譬于弹雀或寓意于饰履惟善楚之得贤庶比议之近似乃为颂曰夜光烂烂睥色皠皠不掺丹泉不征粤海鸭绿松花山环水汇政平德和万物流采晶明的珎亭毒是在小臣何修赍自真以喻持躬毋浼毋怠永保藏之恩隆百琲陋室萧斋葱茏瑞霭。臣高士奇恭纪。”①

奏折是恭颂仁政，国泰民安，浮现昔日君臣相处沐浴帝恩情景。夹片哭诉了十年来丧妻、母老、次子将折，鳏茕无告之悲惨处境。赋则再显我高士奇仍是才华横溢的文豪大家，字字珠玑。三管齐下，当然就能蒙帝嘉赞，委授高官，封授礼部侍郎了。

《清史列传·高士奇传》说“授（高士奇）礼部侍郎，以母老未赴”，似乎是说高士奇不是侍郎。但是，康熙四十二年七月初三日江宁

①《康熙汇编》册1，第50—52页。

织造曹寅奏称：

“五月十九日侍郎臣高士奇、内务府郎中臣丁皂保，赍捧御书金字心经宝塔一轴，送到金山。臣寅率领阖寺僧众跪迎，敬悬大殿，俾亿万士民瞻仰，永为镇山至宝。臣寅与本地官民当经叩头谢恩，其谢心奏辞已托高士奇、丁皂保转奏。”[①]

同年七月，苏州织造李煦奏：“礼部侍郎臣高士奇，于六月一十日，已在籍病故。”[②]

清朝康熙至光绪朝的朱批奏折总数为72万余件。北京中国第一历史档案馆和台北故宫博物院，共藏有汉文朱批奏折48万余件和满文朱批奏折8万余件。

康熙朝朱批奏折，存世的约9000余件，其中汉文4000余件，满文5000余件。

档案出版社1984年出版了《康熙朝汉文朱批奏折汇编》（以下简称《康熙汇编》），收录朱批奏折3119件。中国社会科学出版社1986年出版《康熙朝满文朱批奏折全译》（以下简称《康熙全译》），收奏折4297件。江苏古籍出版社1991年出版《雍正朝汉文朱批奏折汇编》（以下简称《雍正汇编》），收奏折35000余件。黄山书社1998年出版《雍正朝满文朱批奏折全译》（以下简称《雍正全译》），收奏折5434件。

（三）秘密立储

秦汉以降，历朝汉族中央政权，基本上实行设立太子预立储君的制度。此制有利有弊，弊大于利。册立太子以后，皇帝与太子，帝权与储君权，常有矛盾，太子与皇兄、皇弟、皇叔之间，争斗者多，和谐者少，于是，废太子，弑父皇，诸王争位，骨肉相残悲剧，多次出现。姑以清之前朝明朝而言，靖难之师，燕王朱棣起兵，夺了亲侄儿建文帝的皇位；夺门之变，实为废帝之太上皇英宗，杀皇弟景泰帝，重登宝座。宁王宸濠叛乱，欲夺武宗帝位，兵败被擒诛死。

清太祖努尔哈赤，初立第一位大福晋所生之嫡长子褚英执政，欲命其将来继主金国大政，但褚英与弟代善、莽古尔泰、皇太极、堂弟阿敏

---

①《康熙汇编》册1，第96页。

②《康熙汇编》册1，第98页。

等四位贝勒和费英东等五大臣不和，四位贝勒、五大臣向英明汗告状，指责褚英，褚英愤怒，言行不当，初被汗父剥夺其执政之位，后并斩杀。

努尔哈赤又立嫡次子大贝勒代善为太子，且明告众人，“吾身殁后，大阿哥须善养诸幼子和大福晋”。代善二十来岁就披甲领兵从征，屡败敌兵，军功累累，位居四位大贝勒之首，身为正红、镶红二旗旗主，儿子岳托、硕托、萨哈廉及亲侄杜度皆骁勇善战，佐父治国统军，在立为太子之前，是众皇子、皇侄之中军功最为卓著之人，也是十几位贝勒中权势最大的贝勒，所以汗父立其为太子。

但是代善的处境和遭遇，和其同父同母的亲兄褚英有颇多相似之处，功高震主，势大胁君，众目睽睽，窥伺汗位，兼之本人在几个问题上又处置不当，不该过分计较府第大小好坏，惹怒汗父，不该宠爱继妻，厚赐其子牛录，薄待前妻之子，更不该听信继妻谗言，诬陷前妻之子硕托与己妾通奸，要求汗父准许他将硕托杀死。努尔哈赤勃然大怒，痛斥代善过错说：你若听信汝妻之诬陷而杀亲子岳托、硕托，又将怎样对待其他兄弟？这种人“哪有资格当一国之君执掌大政”！当即宣布对代善的处置：“先前（欲使代善）袭父之国，故曾立为太子，现废除太子，将使其专主之僚友，部众尽行夺取。”代善见势不妙，赶忙亲手杀死继妻那拉氏，向汗父认错请罪。努尔哈赤乃仅仅废其太子之位，让代善仍为大贝勒、辖领两红旗佐治国政。

两立嗣君，皆被废革。爱妻叶赫那拉氏所生之子四贝勒（即皇太极）又仗智勇兼备，功勋卓著，网罗党羽，谋为嗣君，且傲视诸兄，遭诸贝勒厌恶和告状。努尔哈赤大怒，痛斥其过，且明确指出：“岂置他兄不顾，而令尔坐汗位乎！”

环顾诸子，找不到合适的继位人选。努尔哈赤于金国天命七年（1622年）三月初三日，向八和硕贝勒宣布，今后实行八和硕贝勒共治国政制：八和硕贝勒拥有立汗、罢汗之权，八和硕贝勒掌握了议处军国大政之权，八和硕贝勒拥有审断案件之权，八和硕贝勒有权奖惩和任免各级官将，八和硕贝勒有权裁处各旗之间争执，八和硕贝勒享有“八分”特权（即共享金国所掠人畜财帛），八和硕贝勒与继任之位并肩共坐， 同受国人朝拜。

努尔哈赤于天命十一年八月十一日去世，诸贝勒依据先汗所定共治国政制，任置四贝勒为新汗，改次年国号为天聪。朝会之时，大贝勒代善，二贝勒阿敏，三贝勒莽古尔泰与新汗皇太极并肩共坐，齐受国人朝拜。

皇太极历经多年奋斗，压抑了贝勒王权，提高了君权，废除了汗父创立的八和硕贝勒共治国政制。

皇太极本想立爱妻宸妃所生之皇八子为太子，但皇八子岁余即殇，连名字都来不及取，只好作罢。

崇德八年（1643年）八月初九，52岁的清太宗皇太极中风逝世。十四日，八旗王公大臣议立新君，正黄、镶黄二旗大臣欲立帝之皇子，正白、镶白二旗欲立正白旗旗主睿亲王多尔衮。争议激烈，险至兵刃相交。多尔衮临机应变，议立皇九子福临，由他和郑亲王济尔哈朗辅政。众人同意，定议六龄幼童福临就这样成为清国之新君。

由于多尔衮善用权术，又在打败李自成部大顺军、张献忠部大西军、南明福王、鲁王、唐王政权及抗清武装数百万军队，入主中原过程中功勋卓越，因而很快排挤了郑亲王，压抑住两黄旗，处死肃亲王豪格，独掌清国军政大权，并初晋“叔父摄政王”，再晋“皇叔父摄政王”，后更尊为“皇父摄政王”，成为大清国真正的帝君。幼主福临，名为至高无上的天朝大皇帝，实则无权无势无官无兵，只能仰叔鼻息，眼睁睁地看着长兄肃王冤死，亲嫂被叔霸占，母后也受难言之辱，愤怒之极，亲政后，立即追罪多尔衮，将其焚尸扬灰，尽力压抑下五旗旗主（亲王、郡王）权势，提高君权。临终之前，口述遗诏，谕立皇三子玄烨“为皇太子”，“特服二十七日，释服，即皇帝位”。

康熙帝玄烨，继续削弱下五旗诸王权势，谕令皇子参政治国。结果，君权是大大提高了，下五旗王权进一步削弱了，但是各位皇子的权力和势力却迅速强大，窥伺储位，骨肉相斗，钩心斗角，起初是针对皇太子，流言蜚语，阴谋陷害，致使太子两立两废，后又互相争斗，无法了结。

雍正帝胤禛即位以后，吸取建储之争教训，思前想后，决定实行秘密立储制度。《雍正朝起居注册》雍正元年八月十七日记载：“是日巳时，上御乾清宫西暖阁，召总理事务王大臣、满汉文武大臣、九卿入，面谕曰：‘我圣祖皇帝为宗社臣民计，慎选于诸子之中，命朕缵承统绪，于去年十一月十三日仓促之间，一言而定大计，薄海内外，莫不倾心悦服，共享安全之福。圣祖之精神力理默运于事先，贯注于事后，神圣睿哲高出乎千古帝王之上，自能主持，若朕则岂能及此也。皇考当日亦曾降旨于尔诸臣曰：“朕万年后，必择一坚固可托之人，与尔等做主，必令尔等倾心悦服，断不致贻累于尔诸臣也。”朕自即位以来，念圣祖付托之重，太祖、太宗、世祖创垂大业，在于朕躬，夙夜兢兢，唯恐未克负荷。向日朕在藩邸时，坦怀接物，无猜无疑，饮食起居，不加防范，死生利害，听之于命。盖未任天下之重，自视此身甚轻。今身膺圣祖付托神器之重，安可怠忽不为长久之虑乎！当日圣祖因二阿哥之事，身心忧瘁，不可殚述，今朕诸子尚幼，建储一事，必须详慎，此时安可举行？然圣祖既将大事付托于朕，朕身为宗社之主，不得不预为之计。今朕特将此事亲写密封，藏于匣内，置之乾清宫正中世祖皇帝御书正大光明匾额之后，乃宫中最高之处，以备不虞。诸王大臣咸宜知之。或收藏数十年，亦未可定。尔诸王大臣等当各竭忠辅弼朕躬，俾朕成一代之令主，朕于尔等亦必保全成就，笃厚恩谊，岂非家国天下之大庆乎！朕意若此，诸王大臣其议之。’舅舅隆科多奏曰：‘圣祖皇帝恩待群臣如子若孙，皇上缵承大统，诸臣莫不以事圣祖之心事皇上。圣虑周详，为国家大计发明旨，臣下但知天经地义者，岂有异议，惟当谨遵圣旨。’于是诸王大臣九卿等皆免冠叩首。上曰：‘尔诸臣既同心遵奉谕旨，朕心深为慰悦。’乃命诸臣退，仍留总理事务王大臣，将密封锦匣收藏于乾清宫正大光明匾额后乃出。”

以上史料，可以说明六个问题。一是嗣君人选，全由雍正帝自己一个人决定，是他君权乾纲独断，不容任何外人干涉。二是立储之旨是帝“亲写密封”，没有任何外人参与，无人知晓密旨内容，不知嗣君是谁，绝对保密。三是当众宣布立储密旨是置放正大光明匾额之后，百官、太监自然不敢公开登高，取夺存放密旨的匣子。四是着重指出，此旨“或收藏数十年”，意味着不再公开建储。五是既然密旨由帝一人决定，一人亲写，那么，如果发觉嗣君人选有过有罪，不合帝意，雍正便可谕将密匣取下，打开匣子，取出所写密旨，烧毁，另书新嗣君名字，改换储君，不需像过去立太子、废太子那样，要告诉群臣和百姓。立也罢，换也罢，完完全全由他雍正帝一人说了算，写了定。为了保证秘密建储万无一失，雍正帝又“另书密封一匣，常以随身”以备将来需用密旨之时，与正大光明匾额后匣内密旨相核对，辨明真伪。六是此乃当着“总理事务王大臣、满汉文武大臣、九卿”之面宣布的。总理事务王大臣，有贝勒胤禩、怡亲王胤祥、大学士马齐、尚书隆科多。九卿有吏、户、礼、兵、刑、工六部满汉尚书12位，有都察院左都御史、通政使司通政使、大理寺卿满汉官6位，共18位。满汉文武大臣，没有明文规定是哪些官，但是，至少应有：内阁大学士，雍正元年的大学士有马齐、肖永藻、嵩祝、王掞、王顼龄、白潢、常宁安、张鹏翮；理藩院的管理院务大臣、尚书；翰林院掌院学士满汉各1员。詹事府满汉詹事各1员；光禄寺大臣1员及满汉卿各1员；鸿胪寺大臣1员及满汉卿各1员；领侍卫内大臣、内大臣各6员；銮舆卫的銮议使3员；骁骑营八旗都统24员；前锋营的前锋统领2员；护军营的护军统领8员；内务府总管大臣；步军营提督九门步兵统领1员；宗人府的宗令、宗正、宗人5员。宗室王、贝勒、贝子、公，自然也会参加。约略算来，人员上百。当着这样多的王公大臣面前宣布实行秘密建储制及其具体内容，以后便不可能出现少数人否认此制的行为。

简而言之，秘密建储，既是雍正帝乾纲独断一人独掌军国大权的体现，又反过来促进、加强了帝君专制权力。

立储密旨，并非仅仅书写立某皇子为储君，只写储君姓名，而是一道完整的立储传位诏书。12年以后乾隆帝的继位，就是依照雍正帝之规定，按部就班、有条不紊地进行的。

中华书局出版的《张廷玉年谱》载称，雍正去世后，在张廷玉、鄂尔泰的建议下，总管太监从圆明园宫中找出“朱笔亲书传位今上之密旨”，王大臣“同捧至今上前，廷玉于灯下宣读，上伏地大恸良久，王大臣等叩头敦劝再三，上始载拜受命”。当夜寅刻，弘历、王公大臣等将雍正遗体运入紫禁城。《清高宗实录》卷1，第8页记：

“寅刻，上进宫，内侍将雍正元年缄藏乾清宫正大光明扁后封函，敬谨取下，捧至上前。

“上命待庄亲王允禄，果亲王允礼，大学士张廷玉，原任大学士鄂尔泰等，齐入，始启封，跪阅亲书御名，伏地大恸，庄亲王允禄等，请上止哀，钦遵大行皇帝遗命，恭宣诏旨，曰，宝亲王皇四子弘历秉性仁慈，居心孝友。

“圣祖仁皇帝于诸孙之中，最为钟爱，抚养宫中，恩逾常格，雍正元年八月间，朕于乾清宫，召诸王满汉大臣入见，面谕以建储一事，亲书谕旨，加以密封，藏于乾清宫最高处，即立弘历为皇太子之旨也，其仍封亲王者，盖令备位藩封，谙习政事，以增广识见，今既遭大事，着继朕登基，即皇帝位，上恭听毕，感恸号呼良久，寻谕。

“皇考遗命，着庄亲王，果亲王，大学士鄂尔泰。张廷玉，辅政思鄂尔泰，系因病解任调理，今既辅政着复任。”

《清高宗实录》卷1189，第23页又载称：

“皇考敬法

前征，虽不豫立储位，而于宗社大计，实早为筹定。雍正元年，即亲书朕名，缄藏于乾清宫正大光明匾内，又另书密封一匣，常以随身，至雍正十三年八月，皇考升遐，朕同尔时大臣等，敬谨启视传位于朕之御笔，复取出内务府缄盒密记，核对吻合，人心翕然，此天下臣民所共知者也。”

乾隆四十八年（1783年）九月三十日，乾隆帝降谕，详述前朝册立太子之制不妥，力言秘密建储之是：

“夫尧授舜，舜授禹，唐虞固公天下，即禹之传启，亦非于在位时，有建立太子之事，三代以后，人心不古，秦汉豫立太子，其后事夺废立，祸乱相寻，不可枚举，远而唐高祖立建成为太子，至于兄弟相残，建成被害，近而明神宗朝，群臣奏请豫立国本，纷纭扰乱，大抵皆为后来希荣固宠之地，甚至宵小乘间伺衅，酿为乱阶，如梃击等案，神宗召见太子，泣为慰藉，父子之间，至于如此，阅之真可寒心，可知建储册立，非国家之福，召乱起衅，多由于此，即以我朝而论。

“皇祖时，理密亲王，亦尝立为皇太子，且特选公正大臣如汤斌者，为之辅导，乃既立之后，情性乖张，即汤斌亦不能有所匡救，群小复从而蛊号，遂至屡生事端，上烦皇祖圣虑，终至废黜，且理密立亲王，幸而无过，竟承大统，亦不过享国二年，其长子弘晳，纵欲败度，不克干蛊，年亦不永，使相继嗣立，不数年间，连遭变故，岂我大清宗社臣民之福乎，是以皇祖有鉴于兹，自理密亲王既废，不复建储迨我皇祖龙驭上宝，传位皇考，绍登大宝，十三年励精图治，中外肃清。”[1]

此后历朝，皆循此制。

①《清高宗实录》卷1189，第22页。

四、恰克图条约

明末以来，沙皇俄国一直阴谋侵占中国西北、东北边疆地区，不断派遣远征殖民军，到我东北、西北少数民族地区烧杀掳掠，修建城堡，霸占土地。顺治帝福临先后派昂邦章京（固山额真）宁古塔总管沙尔虎达及其子宁古塔总管巴海，率军痛击侵略军，将其驱逐出黑龙江中下游流域。

但是，沙皇俄国贼心不死，继续派遣殖民军、多次吞食中国领土。康熙帝玄烨派军两征雅克萨，夺取其城，迫使侵略军退走，双方签订了《尼布楚条约》，划定了中俄东段边界。

此后沙皇俄国违背条约，继续派遣殖民军蚕食大清国所属喀尔喀蒙古地区。康熙多次遣使催促沙皇俄国谈判划定中俄中段（即喀尔喀蒙古地区与俄国之间的边界）边界，俄国一直拖延不谈。康熙五十六年（1717年）七月二十日，康熙帝玄烨谕宁古塔将军致文尼布潮（楚）城头目，斥其无礼，不许其交易时，言及俄国拖延十余年不回文之事。《清圣祖实录》卷273，第6、7页载：

“壬申，召理藩院尚书赫寿侍郎特古忒，协理理藩院事一等侍卫色楞等入，谕曰，俄罗斯尼布潮城头目争逃人之事，部义非矣，此并非为逃人，特错此来通交易耳，将军扎留，即宜驳回，今尔等当代托留作文云，尔边城头目，因欲交易故以争逃人为名，借以行私，原系小事，乃尔所呈之文，辄写两国讲和以来等大言。由此观之，尔唯知图利，以交易为重也，前尔察罕汗之臣噶噶林呈文云，我察罕汗交易之外，凡一应物件，无我印记者，概不交易等语，又前两国议定疆界，后因定议喀尔喀事，曾行文于察罕汗。今十余年，未尝回文，和议在先，喀尔喀之事在后，尔何得妄言及此，且喀尔喀之人，既入尔俄罗斯后，泽卜尊丹巴胡土克图，土谢图汗，将金银缎匹等物赎回，尔乃称将所卖之人已死，欺诳尔察罕汗，若察罕汗索人，尔能以骸骨示之乎，尔边方头目，任意行私之处，我皆深知，我大国待尔交易来使数百人，俱令乘驿，送至京城，留住数月，给以廪食，饲喂马匹，诸事应付，所费钱粮甚多，圣主此恩，尔自宜感戴，倘我国如是多人，到尔地方久住，所食所乘，如此烦扰，尔其何以堪，我乃圣朝镇守北藩等处将军，尔乃边塞一小头目，如有察罕汗之言噶噶林之文，始听，若尔头目之言我皆不听，此后察罕汗之言，噶噶林之文，呈于大部，我亦将尔行私之处，行文知会于噶噶林，因此将尔带来货物，不许交易，一并驳回，尔等可会同将此文，交与托留发往俄罗斯。”

此段史料除了说明俄国有意拖延回文谈判外，还写清楚了俄国对中国贸易之有利可图，舍不得对中国的贸易利益。所以清国一宣布暂停中俄贸易，俄国就着慌了，忙派使臣伊兹玛依诺夫来京谈判。到康熙六十年三月，双方谈定，今后俄国商队来华贸易，需持有中国官员与伊兹玛依诺夫共同盖章的证书，否则不许入境。

关于缔结中俄通商条约，中方指出，在划分中国蒙古与俄国边界及交换越界边民未合理解决之前，中国不考虑缔结此项条约。

但沙俄不改扩张野心，又在中国西北地区搞颠覆活动，清政府于康熙六十一年四月宣布驱逐在库伦的俄国商人，七月又命居住北京的俄方代理人及伊斯托普尼科夫商队离开北京。

清政府中断中俄贸易，给沙俄带来巨大压力，沙俄政府不得不于雍正二年（1724年）初，通知清政府，准备遣返84名越境的中国边民，至此，中俄边界谈判才有机会进行。清政府即于七月派一等公、领侍卫内大臣、都统鄂伦岱前往边境，会见俄国负责对华事务的官员部格，要求两国就划定边界和引渡越境边民订立新的条约。雍正三年初，彼得一世去世，其妻叶卡捷琳娜一世即位。夏天，叶卡捷琳娜一世派萨瓦·务拉迪思拉维赤伯爵（以下简称萨瓦）为特命全权大使出使中国，进行谈判。雍正四年正月二十一日，帝命原理藩院尚书、舅舅、一等公隆科多在视察阿尔泰山后，往喀尔喀蒙古边境查看疆界，与俄使谈判。《清世宗实录》卷40，第25、26页载：

“甲寅，谕大学士九卿等，隆科多深负朕恩，种种罪恶，应置重典，但伊办事之才，尚属可用，现今与策妄阿喇布坦，将阿尔泰岭，定为边界之事，甚属紧要差往彼处官员，计已将回，应预为详审也势，明晰定议今已派出额驸策凌，贝勒博凡散秩大臣伯四格，护军统领喀尔吉善前去者隆科多一并同往，至阿尔泰岭，再由空鄂罗东至楚库拜姓地方，详察地势，公同定议具奏，再由楚库拜姓之东，额尔古纳，以至黑龙江之源旧定边界，亦未清晰，俟阿尔泰事竣，隆科多即从彼处，前往楚库拜姓将此等地方，亦详审定议，现今俄罗斯国，为定边界之故，差使前来，隆科多，候伊使臣到日即将定边界之处，会同议结，此事隆科多非不能办者，伊若实心任事，思盖前愆，朕必宽宥其罪，若心怀叵测，思欲愤事，所定边界，不合机宜，于策妄阿喇布坦，俄罗斯地方生事，朕必将伊治罪。"

帝又命皇妹和硕纯悫公主之夫婿喀尔喀部郡王、和硕额附、定边左副将军策棱和散秩大臣四格、兵部侍郎图理琛为谈判团成员。

这次谈判，清政府处境优于俄国。其一，就军力而言，清强俄弱。虽然俄国火枪比清军鸟枪火力更强，但远征几千里外，兵士数量、给养皆系少而困难，天时、地利、人和远逊于清，所以，真正打起来，顺治朝沙尔虎达父子两位宁古塔将军，皆大败俄军，将其驱逐出境。康熙朝，一等公、都统彭春，黑龙江将军萨布素，先后围攻雅克萨，取其城，俘俄兵，逼其认罪投降退走。康熙五十四年（1715年）彼得一世派遣的东路远征军首领布赫戈利茨，率领两团步兵、700名骑兵、一小支炮兵、70名工匠，带马1500匹，侵占了准噶尔部策妄阿拉布坦汗的亚梅什湖地区。策妄阿拉布坦派堂兄弟大策凌敦多布，集兵1万名，前往围剿。沙俄当局立遣援军，往救布赫戈利茨。大策凌敦多布首先歼灭了沙俄援兵，又继续围攻殖民军。由于伤亡惨重，疫病流行，布赫戈利茨不得不收拾残部逃走。亚什梅湖之役，使俄军损失了三千人，其中数百俄军官、兵被俘。而这位大败俄军的大策零敦多布，却在四年以后，败于延信、岳钟琪统领的清军手下，狼狈撤出西藏，逃回准部，六千准兵大半战死、病死、饿死。两相比较，俄军军力显然逊于清军。何况，雍正二年二月，升任奋勇将军、四川提督的岳钟琪，仅领绿旗官兵、士兵5000名，出征半月，就消灭青海蒙古罗卜藏丹津亲王叛军十余万，统一了72万平方公里的青海，岳钟琪用兵如神所向无敌的声望正如日中天。俄军哪是清军对手！

其二，国家财力，俄国更是远远弱于清国。俄国，地盘本来就不大，财政收入有限，又经过二十来年对瑞典的战争，财政更是困难。而此时的大清国，疆域辽阔，国土面积广达1100余万平方公里，康熙朝，一年财政收入4000余万两，国库存银多达5000余万两。雍正帝继位以后，岁收年年增加，国库存银也急剧增多，雍正三年国库实在存银

4043万余两，雍正四年为4700余万两，雍正五年是5500余万两，雍正六年5800余万两，雍正七年、八年皆是6000余万两。俄国的国库存银，恐怕只是清国国库存银的零头，真是天壤之别。

其三，主客势殊，沙俄有求于清。沙俄远在万里之遥，增兵、送粮、运枪，难比登天。清军驻扎巴尔库尔、科布多，蒙古喀尔喀兵就在本地，兵士、粮草、枪炮，源源不断，又以守待攻，迎击疲惫不堪缺粮少弹的沙俄远征殖民军，显然占据了主动地位。何况，沙俄急切需要通过贸易，赚取大量利润，弥补财政缺陷。清国不说遣军驱赶，只是关上通商大门，沙俄就熬不下去了，就只有乞求贸易。

简而言之，清政府完全有可能凭借自己的军、财实力，凭借自己的有利条件，通过谈判，保护自己国家领土，获得有利于国家安全、财贸权益的结果，然而，结局却非如此，反让沙俄侵占了我国喀尔喀蒙古地区的辽阔领土，捞取了很多政治、商业利益。这在中俄双方签订的《布连斯奇条约》和《恰克图条约》上，显现得非常清楚。

雍正五年（1727年）七月十五日，中俄双方签订界约，因订约地点在布尔河畔，故名为《布连斯奇条约》。条约有满、蒙、俄、拉丁四种文本。代表俄方签字者为萨瓦和格拉什诺甫，中方为策凌、四格和图理琛。这个条约规定了中俄中段边界：以恰克图（靠近今俄蒙交界的俄罗斯境内）和鄂尔怀图山之间的第一个鄂博（道路和境界标志）为起点，由此向东至额尔古纳河，向西至沙毕纳伊岭（即沙宾达巴哈，位于唐努乌梁海地区的西北端）以北归俄国，以南属中国。条约签字之后，策凌于八月二十二日向雍正帝奏报了《布连斯奇条约》的签订经过和内容。萨瓦和郎克也随即分别报告了本国政府。他们得意扬扬地说："边界的划分十分有利于俄罗斯帝国"，"大量空旷的蒙古土地现在并入了俄罗斯帝国的版图"，"有的地方扩大了几天行程的面积，有的则扩大了几个星期行程的面积"。他们还说，俄国所以获得成功，是因为"隆科多的被召回，巴多明和马齐提供的情报"，收买了个别蒙古王公作奸细，以及中国方面急于达成协议、俄国显示军事实力等原因。[①]

《布连斯奇条约》签订后，中俄双方随即派人前往恰克图以东和以西地区，划定地段，勘分国界，设立界标，订立界约。在勘界过程中，俄方贪得无厌，进一步将一些原属中国的土地划入了沙俄的版图。例

① 策凌在划界问题上所提出的具体意见，见《雍正朝满文朱批奏折全译》第1492—1493页。

如，在东面勘界的格拉什诺甫向萨瓦报告说：这次划界将最好的产貂地区楚库河上游约三百俄里的土地划归了俄国，“给俄罗斯帝国带来莫大的好处”。阔留赤甫在西面的勘界过程中，也侵占了不少原属中国的蒙古土地。俄国历史学者班蒂什·卡缅茨基在《1619—1792年俄中外交资料汇编》一书中说：“这样，（萨瓦）大使在四十八次会议中未能从中国人那里得到的东西，已由界务官全部得到了，和蒙古建立了四千俄里有利而固定的边界，并增加了二百零五户的貂皮纳贡者，得到了《布连斯奇条约》中没有规定，甚至给大使的训令中也没有规定要得到的土地。”勘界工作完成后，双方订立了中俄《阿巴哈依图界约》（雍正五年九月九日），新定界线与《尼布楚条约》所定旧界相连，以北属俄国，以南属中国，共设界标63个。九月二十四日，又订立了《色楞格界约》，确定自恰克图西向至沙宾达巴哈之边界，共设界标24个。

雍正六年五月十八日，中俄两国代表在边境正式签订规定两国关系之总条约，即《恰克图条约》。代表中国签字的是郡王策凌、内大臣四格、兵部侍郎那彦泰。代表俄国签字的是萨瓦及格拉什诺甫等。该条约有满文、俄文、拉丁文3种文本。共11条，主要包括以下几方面内容：

（1）边界方面。将《布连斯奇条约》所划定之边界，写入了本条约之第三条，这也就是说，《恰克图条约》包括了《布连斯奇条约》。此外，本条约还重申了《尼布楚条约》第一条的规定，即“乌第河及该处其他河流既不能议，仍保留原状”，双方均不得占据这一地区。

（2）贸易方面。基本上仍维持康熙年间做法，人数“不得超过二百人，每三年去北京一次”，中国不收赋税。除俄国国营商队来北京通商外，“在两国交界处进行零星贸易者，可在尼布楚和色楞格之恰克图选择适当地点建盖房屋、墙垣和棚子”，作为贸易市场。雍正六年（1728年）下半年，俄国在恰克图建造市场，与此同时，清政府在紧靠恰克图的中国边境建买卖城，作为两国贸易的商埠。

（3）宗教和留学生方面。俄国原在北京住有传教士1人，条约规定可增加3人，来京后居住俄馆，照向例供以膳食。此外，中国接受俄国学童4人来京学习满文和汉文，另接受通晓俄文、拉丁文2人，居住俄馆，“由俄皇室供其膳费”。同时中国政府帮助俄国在北京建立一所东正教堂。

（4）关于越境人犯问题。以往逃人容其留于原处，不再追究。嗣后逃犯，双方均不得收容，并严行查拿，送交对方守边人员。逃兵、逃犯、越境行窃、杀人者和其他逃民，按不同情节依法判罪。[①]

《清世宗实录》卷60，第22、23页载录了策凌的奏疏及议政王大臣的议覆。雍正五年八月二十二日：

"议政王大臣等议覆郡王额附策零等奏称臣等与俄罗斯使臣萨瓦等相见议定疆界事宜，臣以应为界址之处详告萨瓦云，东边额尔古纳等处，昔年内大臣索额图等，与尔使臣费耀多尔等，议归尔国，毋庸再议，今自额尔古纳河岸，以至阿鲁哈当苏，阿鲁奇都勒齐克太，奇林，俱系我处斥堠，应以相对之楚库河为界，自此往西，沿布尔古特山等处以博木沙毕鼎岭为界，定界之后，不得不混杂居住，及容留逃盗人等，犯者互相查拿随与伯四格，侍郎图理琛等，以应立界石地方，缮写给予萨瓦萨瓦及布里雅特，吴梁海等，俱皆心服据萨瓦云，此次幸为使臣，瞻仰天颜，既优赐我察罕汗，复赏赉奉使人众，皇恩优渥，今既秉公办理，即可永为定界，臣等随派侍卫胡毕图，郎中纳延泰等，与俄罗斯副使一番一番诺费池等指定东西界址，议立界石，俟其回时即将界址山河地名，缮写绘图，恭呈御览，应照策凌等所议，立石定界，晓谕喀尔喀汗，王，各扎萨克，黑龙江将军等，令其约束属人，不得越界生事，违者从重治罪，至恰克图口，定为贸易之所，应派理藩院司官一员管理，贸易人数照例不得过二百，其京城俄罗斯馆，应为修整，令使臣居住其来京读书幼童及教习等，亦令同居官给养赡，如愿回者，听其归国至领侍卫，内大臣克什图，前派往代隆科多办事，今疆界已定，应令其来京，从之。"

《布连斯奇条约》和《恰克图条约》的签订，使俄国得到了明显的好处。首先，条约在领土方面也给俄国"以相当可观的利益"。它除了把其通过蚕食的方法已侵占的我国蒙古地区的土地划入了俄国版图外，还通过勘分边界侵占了蒙古地区更多的土地。它把贝加尔湖东南一带和唐努乌梁海以北的叶尼塞河上游地区都划入了俄国版图。其次，俄国不仅恢复了对华的商队贸易，更重要的是它开始通过恰克图进行两国的边界贸易，这种贸易发展十分迅速，地位越来越重要，给俄国带来了巨大的经济利益。到18世纪后半叶，通过恰克图进行的中俄贸易，已占俄国整个对外贸易的7%到9%，占俄国对亚洲贸易的67.6%。同时《恰克图

① 何秋涛《朔方备乘》卷9，《北徼条例考》；《文献丛编》第27辑，《俄罗斯档》第4页上；《清世宗实录》卷60，第22、23页。

条约》签订以后，俄商不再像从前那样经由尼布楚、黑龙江进入北京，而是径直由买卖城，经张家口抵达北京，免去了东绕一圈，从而大大促进了俄国对华贸易的发展。恰克图贸易的发展，推动了西伯利亚经济的成长，使其城市人口迅速增加。最后，《恰克图条约》的签订，使沙俄的侵略势力进一步渗入中国。雍正五年（1727年），中国接受了俄国东正教学生4人，次年，雍正命翰林院选派满汉助教各一人，充任俄国学生的教官。雍正十年（1732年），为俄国兴建的新教堂建成。从此，俄国人得以按期向中国派遣教士团和留学生。这些人后来都成了俄国外交的工具，干着搜集政治、经济情报和进行文化渗透等罪恶勾当。清政府在贸易、宗教等方面给予俄国人的优厚待遇，正是其他西方殖民主义者所一再企求、均为清政府所拒绝的，可见俄国人的确从这两个条约中得到了不少便宜。[①]

为什么会出现这样的局面？有的学者认为沙俄特命全权大使萨瓦伯爵老谋深算，诡计多端，力搜清国情报，收买了清国首席大学士马齐，所以取得巨大胜利。

萨瓦在来华前，已弄到了法国驻俄大使给法国在华耶稣会士巴多明的介绍信，到北京后即与巴多明紧密勾结，刺探中国的情报。他还通过巴多明收买了多年来即负责对俄事务的清朝大学士马齐。他竟把清政府的有关决策和动向“全部告诉了萨瓦”，萨瓦后来扬扬得意地报告沙皇政府说：“当我在北京逗留期间，通过耶稣会的神父们，并利用礼物，找到一些善意的人。……在这些人中，现任大学士马齐——即在我以前的报告中所指的那人——给我很大援助，并答应今后继续协助我。我通过商队给他送去一千卢布的皮货作为礼物，并给中间人巴鲁尼（即巴多明——引者注）神父一百卢布。”[②]这样，萨瓦在谈判中一直处于主动地位，为扩大沙俄权益而勒索清政府。

雍正五年（1727年）闰三月十四日，萨瓦一行离开北京，前往中俄边境，谈判划界问题。他在途中颇为高兴地报告沙皇政府说：中国“热望和平”，而且“远不如一般所认为的那样强大”；就两国全权大臣即

① 中国社会科学院近代史研究所编《沙俄侵华史》第1卷，第240-255页。本题的写作，参考了朱批如主编《清朝通史》之雍正朝分卷《恰克图条约》，谨志谢意。

② 加恩著，江载华译：《早期中俄关系史》第194页之附录《原始文件，俄罗斯外交部档案》1727年第9号，使节工作报告第2卷，第654页。

将在中俄边境签订最后确定的条约，他认为“是会很顺利地”纳入俄国的事先计划。

谈判中，隆科多要求俄国归还侵占中国之蒙古大片土地，态度十分坚决。萨瓦等人认为：“隆科多对俄国朝廷明显地心怀不善”，他“似乎想把俄国赶出黑龙江流域，或者最低限度收回被俄国蚕食的土地，把边境划定在色楞格斯克与波尔河之间”。在这种情况下，萨瓦一面收买奸细噶尔丹（此人系一蒙古台吉，而非准噶尔汗的噶尔丹），大量窃取中方的机密情报，一面实行军事威胁，在边界各城堡加修防御工事，将托博尔斯克的卫戍团调到边境，还致书边境地区的中国蒙古王公，声称由于隆科多的态度，“可能导致两国永世不和”，并公然扬言“俄国在欧洲的战争已告结束，现在可以把注意力集中于另一方面的边界了”。蒙古王公将俄方的动向奏报雍正帝。图理琛也以隆科多“固执己见”奏报，并将萨瓦致中国皇帝的信件转呈雍正帝，内容也是抱怨隆科多的强硬态度。萨瓦又利用巴多明神父等在北京进行活动，通过大学士马齐，劝说雍正帝让步。雍正帝在得知边境情况后，不愿意谈判破裂，决定对俄国让步。

笔者认为，沙俄大使萨瓦伯爵确实为沙皇效尽犬马之劳，为沙俄侵占我国喀尔喀部蒙古地区的领土，建树了功勋，但是清国失利的根本原因，却应归之于雍正帝的决策失误。

雍正帝胤禛的1100多万平方公里的国土中，1000来万平方公里来源于继承父皇康熙帝的遗产，70来万平方公里的青海是岳钟琪用兵半月，5000兵消灭了青海蒙古叛王的军队，而比较轻易地到手的，他这位自负天纵英明、儒释道三教之主，并未有太多贡献，也未吃过用兵艰险的苦头。不像康熙帝，八年征剿三藩叛王，三征噶尔丹，两下雅克萨，进军雪域，赶走大策凌敦多布，才统一全国，收进喀尔喀三部蒙古和西藏，他的1100多万平方公里的国土，可以说是他的“百战封疆”，来之不易，当然视若珍宝，寸土不让。雍正帝可没有这个心态，这个气度，对喀尔喀三部土地，并不觉得多么重要。此时，他正忙于要做一番惊天动地、震吓鬼神超越列祖列宗的宏伟事业，那就是用兵准噶尔，灭其部，奴其人，得其地。

雍正帝在川陕总督岳钟琪雍正五年二月二十二日的奏折上，朱笔批示：“或于今冬明春，来京见朕。至时，大约策妄阿拉布坦必露情形，朕与卿面为斟酌一番，方可决定机宜，更有密谕卿之事也。”[①]过了三个多月，雍正帝又在六月二十二日岳钟琪的奏折上，朱笔批示："今岁明春，或有关于策妄处，召卿面商事宜，彼时到京，朕尚有面谕之旨。"[②]又过了两个月八月二十五日，帝谕岳钟琪"即驰驿来京，朕有面降谕旨之处"。[③]岳钟琪急忙赴京，与皇上、怡亲王胤祥、大学士张廷玉、户部尚书蒋廷锡秘密商定用兵准噶尔。岳钟琪并遵谕密奏兵分二路征准，所需将士、马驼、粮草等情形，以及用兵之法、进征时间。[④]

所以，雍正帝便对俄使无理要求，一再迁就、妥协、退让，终于导致谈判结果大大有利于俄而有损于清。

另外，雍正帝急于诛除隆科多，召其回京，也削弱了清国谈判力量。恰巧谈判的时候，早就在接受审查的隆科多，又因私藏玉牒底本的事情被揭发，处境愈加不利。当时议政大臣等认为，隆科多正与俄罗斯谈判划界的事情，应等他将此事办完，再革职拿问。但雍正帝却不听议政大臣等的意见，于六月初八日颁发谕旨，说隆科多于查问私藏玉牒之事，并不据实具奏，在边界又妄行搅扰，毫无裨益，可将其调回，边界之事，令克什图前往，与四格、图理琛等共同办理。隆科多被调回后，还让马齐参与对他的审理。察察为明的雍正帝在这里误信非人，过分看重他的过失，而不顾他正坚持原则、实心工作，在边界谈判的关键时刻将其调回治罪，这对维护国家的主权是很不利的。隆科多于七月初三日启程回京。此前同俄方共谈判7次，与萨瓦"各持己见"。隆科多离开后，因克什图未至边境，由策凌充任中方的首席代表。他对沙俄妥协退让，使谈判从此急转直下，迅速按照俄方提出的划界方案，达成了协议。

《布连斯奇条约》和《恰克图条约》的签订，对中国来说也有其积极的方面。清廷之所以不惜付出相当代价来签订这两个条约，一是为了阻止沙俄进一步蚕食蒙古的土地，保卫国家的领土主权；二是防止沙俄和准噶尔相勾结，安定西北边疆。由于这两个条约的签订，边界已经明确划分，两国建立了正常关系，沙俄如不愿与中国发生战争，它就不能

---

①《雍正汇编》册9，第163页。

②《雍正汇编》册10，第46页。

③《雍正汇编》册10，第48页；册11，第291、292页。

④《雍正汇编》册11，第548、549页。

任意违反条约。清政府在条约签订后，也加强了喀尔喀蒙古地区的防务，设立了卡伦（边防哨所）59个，其中东边12个属黑龙江将军统辖，西边47个由喀尔喀四部管理，因而沙俄也不敢轻易违反条约。所以，雍正五年以后，在100多年的长时间中，西起沙宾达巴哈，东迄额尔古纳河，漫长的中俄中段边界没有发生过重大的变动。同时，条约的签订也确实孤立了准噶尔，使雍正帝和乾隆帝得以无顾忌地对准噶尔用兵，最后平定了准噶尔的叛乱，巩固了祖国的统一，安定了西北的政局。由此可见，雍正帝签订这两个条约的目的，基本上是达到了。但他在签订条约的过程中，中途撤换坚持原则的隆科多，信用非人，对俄一味让步，导致大片领土的损失，则是他的不可饶恕的过失。订约过程中马齐等的受贿，则不仅表明清朝官员在对外事务中的腐败作风，更说明沙俄殖民主义者用行贿作为侵略中国手段的卑鄙。

第四编　平定青海蒙古罗卜藏丹津亲王叛乱

一、罗卜胁迫八台吉叛清

青海省，地处我国西北青藏高原，以境内有全国最大的内陆咸水湖青海湖，而为本地区之名，面积有72.23万平方公里。从明末到清朝雍正年间（1630—1735年），居民主要是藏族和蒙古族，还有回族等族人员。

青海，古为羌地。西汉时，青海东部属汉王朝统治，曾设西海郡、河源郡、金城郡、湟源郡。唐朝，西藏吐蕃势力强大，曾控制了青海全省。北宋末，吐蕃势衰，宋军进占河湟地区，改鄯州为西宁州。元政府统一青海，设甘肃行中书省管辖甘肃青海。明政府改西宁州为西宁卫，又设安定、阿端、曲先、罕东、必里等卫。

明朝末年，漠西厄鲁特蒙古的和硕特部固始汗，率军占了青海。不久他领兵入藏，成为藏王以后，命长子达延及其子孙住藏区，世袭汗王，第九子衮布察珲无子，其余八个儿子住青海，分辖青海以及四川、甘肃、陕西藏人，人们称固始汗在青海的八个儿子及其后裔为“八台吉”。康熙三十六年（1697年），青海八台吉进京朝拜。康熙以固始汗唯一尚在世的第十个儿子达什巴图尔台吉，是“青海台吉之统领”，与其他七房台吉土谢图戴青、那木扎尔额尔德尼台吉、盆楚克台吉等，“率其所属，诚心归化”，封达什巴图尔为亲王，命其总理青海事务，颁给“总理青海”之印。封土谢图戴青、那木扎尔额尔德尼为贝勒，盆楚克为贝子，其余封公等爵位。[①]并厚赐财帛，还派驼马送其出边，命司

①《清圣祖实录》卷186，第8页；卷187，第2、6、10页。

官陪送。达什巴图尔等，“以受恩深重，感激叩辞”。[①]

达什巴图尔亲王去世以后，其子罗卜藏丹津奏报朝廷，袭封亲王，并袭总理青海事务。

由于青海长期没有大的战争，蒙古族、藏族以及回族、撒拉族、维吾尔族、哈萨克族等族人员，休养生息，80年来，人口有所增加，男女老少，当在百万以上。

八台吉的势力，也日渐强大，到了雍正初年，以罗卜藏丹津亲王及其堂侄察罕丹津亲王势力最大。雍正元年（1723年）二月，以青海蒙古王公台吉率部从征西藏，或供给马、牛、羊，有功，予以封赏。亲王罗卜藏丹津加俸银200两，郡王察罕丹津晋亲王，贝勒额尔德尼厄尔克托克托奈晋郡王，贝子巴尔珠尔阿拉布坦、拉查卜、晋贝勒，辅国公吹拉克诺木齐晋贝勒，辅国公噶尔旦达锡、敦多卜达锡晋镇国公，公诺尔布彭苏克加俸银50两，贝勒阿尔坦温布加俸银100两。[②]

此时，固始汗的子孙封授亲王、郡王、贝勒、贝子、公爵位的，有19人，所以人们也常称他们为十九家或十九部。[③]

既然十九部是倚靠清帝的封爵而有利于他们扩大势力，那么双方关系应该是比较融洽，八台吉应对清帝恭顺效劳了。可是，形势并非这样，反而就在封赏之后，发生了以亲王罗卜藏丹津为首的大多数青海蒙古王公参加的叛清之战。这一对于军政财经民族影响很大的事件，《清世宗实录》虽有一些记载，国史馆史臣所修的《年羹尧传》《岳钟琪传》也有叙述，但不少地方不甚准确，过于简略，甚至还颇有谬误。

例如，罗卜藏丹津召集八台吉会盟议定叛清的时间，“实录”和“传”，都说是雍正元年（1723年）八月。《年羹尧传》说：“八月，青海罗卜藏丹津胁众台吉叛，劫亲王察罕丹津，侵掠青海诸部。”[④]《清世宗实录》说，八月二十三日，侍郎常寿奏：七月二十二日，抵罗卜驻地。罗卜诉称，察罕台吉诬陷他要谋叛，“是以众台吉等不服，会盟兴兵”，“拟于数日起程渡河”，“与决胜负”。其后，“又据众蒙古告称：罗卜藏丹津，勒令众等呼伊为达赖浑台吉，其余台吉，俱令呼旧日

①《清圣祖实录》卷187，第10页。

②《清世宗实录》卷4，第32页。

③《雍正汇编》册1，第218页。

④《清史列传》卷13，《年羹尧传》。

名号，一概不许称呼王、贝勒、贝子、公封号”。①

因此，魏源在《圣武记》卷3，《雍正两征厄鲁特记》中写道：罗卜藏丹津，“阴觊复先人霸业，总长诸部，乃于雍正元年夏，诱诸部盟于察罕托罗海，令各仍故号，不得复称王、贝勒、公等爵，而自号达赖浑台吉以统之，欲胁诸台吉奉己如鄂齐尔汗，据唐古特以遥制青海”。现在的论著，也沿袭此说。其实，按照朱批奏折的记述，这种说法是错误的，至少也是不准确的。

早在雍正元年二月十八日，署定西将军策旺诺尔布、额驸阿宝、都统武格、布政使塔林等，在其满文密折中，就奏报了罗卜召集各台吉于康熙六十一年（1722年）十月会盟，密谋反叛的消息。密折说，策旺诺尔布的族兄、居住在青海的台吉诺颜哈西哈等，向策旺写信说：“今有一言相告：青海大小诺颜于本年十月会盟……密曰：自我祖父，乃至我辈，皆遵奉阿穆呼郎汗旨意而行，如今看来，毫无益处……昔日阿穆呼郎汗曾言，取土伯特国后，自尔等之内授以汗位，故思我等之内，或有受命为汗者。今时隔三四年，仍无动静，由此看来，我等亦无指望矣。我等与准噶尔，自祖父一辈及至此辈亲密无间，唯因拉藏汗妖孽方才为敌，但此与我何干？兹即自今冬十二月始，速遣使于策妄阿拉布坦，转达从前我等祖父和睦相处，如今我等仍望和好之意，嗣后我等要同心协力。”“罗卜藏丹津聚会商议时……云：一旦打箭炉至喀木、藏、卫、土伯特国俱为我所占领，何人将敢惹我。”②

策旺诺尔布等除了雍正元年二月十八日写满文密折奏禀皇上外，还将此文密报抚远大将军王，并咨会云南、四川督抚提督，“令其探防”。云贵总督高其倬于元年四月初二，收到策旺诺尔布的咨文，内容与其密折相同，也有“若自打箭炉至喀木、藏、卫俱行占取，还有侵害我等的人吗？”高其倬一面于四月初五写密折上报皇上，除照抄咨文所述青海台吉会盟的内容外，并奏述调兵遣将、严密守御边境的情形。③

雍正元年四月十二日，处理青海事务的钦差大臣侍郎常寿上密折奏称，青海亲王察罕丹津于三月下旬遣人向常寿告诉说：去年十一月十九日，“亲王罗卜藏丹津前来见我说：我九月从招地返回，你去了木兰围

①《清世宗实录》卷10，第26、27页。

②《雍正全译》第35页。

③《雍正汇编》册1，第218页。

场，未在家。我宣布所有兄弟于十月在巴颜诺尔会盟。此次会盟，有亲自前来者，亦有遣使前来者。我向到会之人说，停止使用伪号。我与诸兄弟商议，我等皆系固始汗子孙。自我祖固始汗创立黄教始，固始汗、达延汗、达赖汗已有三世在招为汗，弘衍黄教矣。达赖巴图尔我父达什巴图尔统领青海，教养子孙，共成一体，同心同德，凡事俱照总领长辈指示而行，故而多年平安无事。后来，我等可以号令之长辈皆已谢世，兄弟内各行其是，已成散沙矣。以我之意，我等共推一人作为总领，凡事俱照其指示而行，同心同德，结为一体，既有利于我等祖父所立之黄教，且于事皆有裨益。尔等之意若何？兄弟齐言，尔乃固始汗嫡孙，总理青海之亲王达什巴图尔之子，身份贵重，现又掌有总理青海之印，嗣后我等共遵尔之指示，结为一体，同心同德，决不背离，若有背离者，我等共将其人责以治罪等语。议定，共同舔枪口为誓”。[①]

四月二十四日，常寿又写密折奏报说：青海贝勒拉察布于三月下旬，遣“身边侍卫鲁格”告诉常寿说：“去年九月亲王罗卜藏丹津从招地（拉萨）返回后，变得不同于以往。伊派人向诸兄弟宣谕各备兵马，立即配齐马匹兵器，违者抄家。兹其属下未配齐兵器之数人，已被治罪，将所罚马牛等牲畜尽归于己。去年十月，诸兄弟台吉会盟，伊声言停用伪号，嗣后凡事俱照伊之指示而言，违令不行者，诸台吉则通力惩处。伊与众台吉俱舔枪口为誓……（罗卜已遣使准噶尔）大抵是请准噶尔速派援兵，言曰：我等此地众台吉业已盟誓，准备就绪，我等共同讨伐汉人。”[②]

常寿又于元年五月二十四日写密折奏称：因为回子台吉阿洪、参将级官员回子伯克博罗特是罗卜藏丹津之父达什巴图尔亲王的“宠爱之人”，遣二人去劝导罗卜不要叛逆。阿洪二人于五月十六日见到罗卜，劝其说：“今若举事，人心不顺，断不能成，全青海之人反遭灭顶之灾。”罗卜说：“我祖固始汗、伯父达赖巴图尔、我父达什巴图尔三世对圣祖恭顺而行……进兵招地，我、吹拉克诺木齐、丹仲三人，比别人皆多效力，驻守招地。公策旺诺尔布对我亲王、贝勒、贝子毫不留情，凡事独断专行。”“自准噶尔投顺于我之十二人，有八人已为策旺诺尔布送往内地。”“苏尔咱乃固始汗之孙，系我等处支兄弟，其奴仆家业

①《雍正全译》第77页。

②《雍正全译》第99页。

亦从我等这里分出矣。我固始汗子孙，有奴属才称王、贝勒耳，一步步将奴属分割完了，我等则为谁之王、贝勒乎！在此等事上，我等怒愤是实。”[1]

阿洪二人还说，罗卜欲于五月二十二日出兵，攻打不随他叛乱的郡王额尔德尼额尔克托克托奈，还要捉拿索诺木达什。

阿洪、博罗特根据所见所闻，断定罗卜藏丹津“叛逆之心，显然已是确定无疑”，请求朝廷“调各地大军前来”，“出边征讨叛逆”。[2]

常寿奏称，罗卜“反叛之心已昭然如揭”，“宜调大军以行天讨，将罗卜藏丹津等为首叛乱之人绳之以法”。拟派凉州两千火器精兵，配备大炮，暂驻该处预备，调固原兵两千前往西宁，宁夏兵两千驻庄浪，西安满兵一千、督标火器兵一千，前往兰州。[3]

以上青海台吉诺颜哈西哈、亲王察罕丹津、贝勒拉察布、台吉阿洪四个方面的人，向清朝署定西将军策旺诺尔布，处理青海事务钦差大臣常寿，禀报的情形基本相同，可以确凿无疑地说明八个问题。一是罗卜召集众台吉会盟的时间，不是雍正元年八月，而是康熙六十一年十月。二是清帝不于八台吉之内，立一台吉为土伯特国之汗，遵帝旨意而行，“毫无益处”。三是会盟决定叛清，命令各位台吉准备兵马器械。四是尊奉罗卜为达赖浑台吉，为青海蒙古的“总领”，“凡事俱照其指示而行”，惩治“背离”之人。五是“停止使用伪号”，不再使用清帝封授的亲王、郡王、贝勒、贝子、公的称号。六是遣使准噶尔汗，与其和好，“共同讨伐汉人”。七是目标是“自打箭炉至喀木、藏、卫、俱行占取”。七是处理青海事务的侍郎常寿，已经断定十月会盟是罗卜藏丹津召集的叛清会盟，经过劝导，罗卜毫无悔改，只有出兵征讨了。八是目标是“自打箭炉至喀木、藏、卫，俱行占取”。喀木、藏、卫，皆是昔日固始汗的辖地，罗卜既要承袭祖父固始汗的汗位，当然要当这些地区的和硕特汗。并且，藏、卫地广，达赖是藏、蒙古族人员奉如神明的宗教领袖，喀木富裕粮多，占据了这些地方，连同青海，广阔无边，多达两百余万平方公里，成为一个强大的蒙古大汗，那时，“何人将敢惹我？”

既叛清，不受清帝辖治，又可望成为威震西北的蒙古大汗，何乐而不为？但是，此梦虽美，要实现还有不少障碍，特别是大清国皇帝能答

①《雍正全译》第151、152页。

②③《雍正全译》第152页。

应吗？一则，西藏已是清帝之地，能让他夺据吗？二则为保川、陕、甘、青、蒙安全，康熙皇帝不仅派遣大军入藏驱准，还在巴尔库尔、阿尔泰设立西路、北路两大军营，驻有士卒、跟役十万人，随时准备伺机远征伊犁，灭掉准噶尔部。罗卜若夺据西藏和西宁，清帝能放心吗？必然视罗卜为边疆大患，派军来剿，以现在罗卜之力，能顶住吗？

罗卜藏丹津当然知道，只靠自己和几个王公的实力，是办不成叛清、夺地、称雄西北的大事的，因此他采取了四大措施。一是遣使准噶尔汗策妄阿拉布坦，求他发兵，“共同讨伐汉人”。二是清除异己势力，迫使19部王公归附于己，尊自己为达赖浑台吉，听从自己驱使，胆敢不从者，严厉惩治。三是不向清帝公开宣战，只是借口受到某些王公诬陷，而兴师问罪，不是背叛大清。直到雍正元年七月二十二日，侍郎常寿对其宣谕皇上“令伊等兄弟，罢兵和睦”的圣旨，令其不要攻打郡王额尔德尼额尔克托克托奈与亲王察罕丹津时，罗卜还声称只是为了擒拿诬陷自己背叛天朝的坏人郡王额尔德尼、亲王察罕丹津，不是叛清，隐瞒了自己召集八台吉会盟议定与清朝脱离关系、遣使准汗、阴谋夺据藏康的行为。四是想方设法使用奸计，诱使塔尔寺堪布（住持、方丈）察罕诺门汗附从自己，凭其威望，诱使青、甘、川、陕、藏、蒙人员归顺于己，向清开战，在数千里的广阔地区遍地开火，使得清军不可能对己作战。

等这一切都做好了以后，再围攻西宁，公开地正式叛清。

二、诺门汗蛊惑人心 数十万蒙古人反叛

此处所说的“诺门汗”，《清世宗实录》卷14，第10页称其为“堪布诺门汗”。魏源的《圣武记》卷3，《雍正两征厄鲁特记》称其为“察罕诺门汗”，这都是外人对其的称呼。“诺门汗”本人则自称为“达赖诺门汗”，此乃藏传佛教中的尊号，是清朝皇帝对呼图克图（即“活佛”）中学识、品德、善行好的活佛，赐予的尊号。他出家之前的名字，叫洛桑丹白坚赞，是青海第二世朝藏呼图克图（有时也译为却藏呼图克图），此时是塔尔寺的方丈。朝藏呼图克图，是青海塔尔寺的几大活佛系统之一。

塔尔寺位于西宁市南25公里处的湟中县，是我国藏传佛教格鲁派六大寺院之一，是藏传佛教格鲁派（黄教）寺院，全称衮本绛巴林，意为十万金身慈氏州，是格鲁派即黄教创始人宗喀巴的诞生地。该寺正式建于明朝万历五年（1577年），1749年，乾隆皇帝曾御赐寺额“梵宗寺”。

由于塔尔寺是宗喀巴大师的降生地，成为信徒们向往的著名圣地。历史上，第三、四、五、七、十三、十四世达赖喇嘛和六、九、十世班禅大师均在这里驻锡过。同时，它也受到历代中央王朝的高度重视。根据记载，从清康熙以来，朝廷向塔尔寺多次赐赠，有匾额、法器、佛像、经卷、佛塔等。该寺的阿嘉、赛赤、拉科、赛朵、香萨、西纳、却西等活佛系统，清时被封为呼图克图或诺门汗。其中，阿嘉、赛赤、拉科为驻京呼图克图，有的还当过北京雍和宫和山西五台山的掌印喇嘛。正是因为这些特殊原因，塔尔寺迅速地发展，规模越来越大，成为藏传佛教格鲁派蜚声国内外的六大寺院之一。现存的塔尔寺总建筑9300余间，占地600余亩，殿堂25座，主要为大金瓦殿、大经堂、九间殿、小金瓦殿、花寺、大拉浪、弥勒佛殿、释迦佛殿、依怙殿等。最盛时有僧侣3600多人。塔尔寺以大金瓦殿为中心，主要建筑依山傍塬，有大金瓦寺、大经堂、弥勒殿、九间殿、花寺、小金瓦寺、居巴扎仓、丁科扎仓、曼巴扎仓、大拉浪、大厨房、如意宝塔等，组成一个庞大的藏汉结合的建筑群，占地面积45万平方米。

大金瓦寺又称大金瓦殿，藏语称为“赛而顿”，即金瓦的意思。始建于明嘉靖年间，面积456平方米，下为藏式“须弥座”，上为重檐歇山鎏金瓦顶，回廊周匝。底层前出附阶，为信徒礼拜场所。檐口饰鎏金云头挂板，正脊安装鎏金宝瓶及火焰宝珠等。殿内有高达11米的大银塔一座。外壁墙面遍贴绿琉璃砖，间有黄琉璃花饰。殿两侧各建弥勒殿一座。

大经堂始建于明万历三十四年（1606年），毁于火，1917年重建。土木结构，为藏式双层平顶建筑，汉式楼阁遥相呼应。经堂面阔13间，进深11间，面积1981平方米。堂内四壁存放着数百册经卷。

九间殿又称文殊菩萨殿，为汉式硬山顶建筑，面阔9间，进深3间，面积592平方米。初建于明万历二十年（1592年），清雍正十二年（1734年）扩建。廊柱为藏式朱色八楞柱。整座大殿以3间为一单元，由北向南分别为狮子吼佛殿、文殊殿和宗喀巴殿。

花寺又称祈寿殿，建于清康熙五十六年（1717年），是一座独立的小庭院，殿为两层重檐歇山顶建筑。柱头梁枋都饰以飞禽、走兽、花卉、文纹。院墙饰琉璃砖雕。殿内供奉释迦牟尼、十六罗汉和四大金刚等塑像。

小金瓦寺藏语称“旃康”，是塔尔寺的护法竦睿诿鞒珈跛哪。殿分上下3层，底中层面阔7间，进深5间。底层为三面封闭的殿堂，中层为明窗式，在藏式双层平顶建筑上增建面阔3间的汉式歇山顶单檐建筑，清嘉庆七年（1802年）改为鎏金铜瓦顶。殿内有佛像、鎏金宝塔、经卷、白马标本等。院内两侧和前方有绘满各式壁画的壁画廊，为两层藏式建筑。

大拉浪由经堂、华门、牌坊3座殿堂组成，为汉藏合璧式建筑，是塔尔寺总法台的居住处，达赖、班禅曾驻跸于此。居巴扎仓（密宗学院）是藏式平顶建筑。曼巴扎仓、丁科扎仓属汉藏结合建筑。宝塔数10座，其中并列于寺前的8座如意宝塔，方座，瓶形塔身，尖顶，根据释迦牟尼一生的重要经历和传说建成。最后终于有了塔尔寺。

塔尔寺内收藏有大量的鎏金铜佛像、铜佛像、金银灯、金书藏经、木刻版藏经、法器、灵首塔、御赐匾额、壁画、堆绣等文物。其中壁画与堆绣、酥油花被誉为塔尔寺三绝。壁画多以矿物颜料画在布幔上，内容主要为经变、时轮、佛像等。堆绣是用各色绸缎、羊皮、棉花等在布幔上堆绣成佛、菩萨、天王、罗汉、尊者、花卉、鸟兽等图案。

塔尔寺的“总法台”（即堪布、方丈、住持），多是著名的活佛，基本上由本寺的阿嘉、赛赤、朝藏、赛朵、拉科、香萨等活佛系统中的活佛，轮流担任。二世朝藏呼图克图洛桑丹白坚赞生于顺治九年，是第一世朝藏呼图克图南杰环爵尔的胡毕勒罕（转世灵童），曾在塔尔寺的显宗、密宗学经部门学经，后赴西藏学经。返青海后，任塔尔寺密宗学经部门法台（即方丈），康熙十九年被封为呼图克图。康熙三十五年起，连任塔尔寺总法台17年。在任总法台期间，他提倡学习，整饬戒律，兴修扩建经营，成绩显著，被康熙帝封为诺门汗。康熙五十二年以后，又赴拉萨，久住招地。后返回青海。康熙五十九年，六世达赖住塔尔寺时，聘时任塔尔寺总法台的诺门汗为经师。

诺门汗，即二世朝藏呼图克图，在青海，以及川、陕、甘、康广大地区威信很高，为这些地区的“黄教之宗，番夷信响”。[1]所以，在雍正元年青海局势动荡之时，罗卜藏丹津与清政府，双方都在争取诺门汗，尤其是罗卜，只有争取到诺门汗站在他那一边，支持他，他才敢决心与清公开对抗。因为，一则，八台吉，即十九部的固始汗子孙之王公台吉，并非全部真心实意归附罗卜，坚决叛清。十九位王公台吉中，亲王察罕丹津、郡王额尔德尼额尔克托克托奈，郡王色布腾扎勒、台吉阿喇布坦、噶勒丹岱青诺尔布、巴勒珠尔、察罕喇布坦、班舒克喇布坦，皆未随从罗卜叛清。起初附从罗卜，随即悔改而投诚者，有贝勒罗卜藏察罕、策零敦多布，贝子济克济扎布、拉扎布，台吉兖布、色布腾、纳罕伊什。罗卜的死党只有吹拉克诺木齐、阿喇布坦鄂木布、藏巴扎木三人，另外有“从党”巴尔珠尔阿喇布坦、扎什敦多布、格勒克阿喇布坦、巴苏泰等几人。可以说，真心反叛清帝的王公台吉，在十九部中，只能占到百分之二三十。罗卜及其死党、“从党”，其部下人数总共不过几万人，靠这点力量，根本没法与清帝对抗。

再则，青海和硕特部蒙古王公台吉，除了各有自己的和硕特部蒙古部下外，他们还有散处青海、四川、甘肃等地的大量的蒙古、藏等族人员，为其纳租服役，是其私属，这些数以十万计的蒙古、藏等族人员，虽然要听从各自的青海王公主子的命令，但依附程度并不太强，他们更多的是唯诺门汗马首是瞻，随其意旨行动，争取到诺门汗，既可得到罗卜等王公所辖部下人员的效劳，又可得到数十万“蒙番”的拥护，随其叛清。故而罗卜拼命争取诺门汗。

对于诺门汗这样具有重大影响的人物，《清圣祖实录》《清世宗实录》以及《清史列传》等官方书籍，居然没有什么记述。《清世宗实录》卷14，第10页，简略记载说：雍正元年十二月十三日，抚远大将军年羹尧奏：“堪布诺门汗，亦率属人来投。”“堪布诺门汗系边口内塔尔寺喇嘛，乃察罕丹津亲侄，唆令罗卜藏丹津叛逆，又令伊等喇嘛与我兵交战，虽势穷来投，情难姑恕，到日，臣即行正法。”这段记载，说明诺门汗是亲王察罕丹津亲侄，是塔尔寺喇嘛，但是诺门汗是否一直是反清的，是塔尔寺的什么喇嘛？该寺有三千余名喇嘛，诺门汗担任什么职务，不清楚，查看朱批奏折，才知道，诺门汗曾经是表态支持和拥护清帝，反对罗卜藏丹津叛清的。

---

① 魏源：《圣武记》卷3，《雍正西征厄鲁特记》。

雍正元年三月十一日，诺门汗遣其属下人员，向处理青海事务的钦差大臣常寿问好。常寿让楚和拉转告诺门汗说："喇嘛，尔系固始汗之孙，亲王察罕丹津之子辈。尔等生活安好，皆因仰承圣主厚恩。尔等因系诚心图报之人，故将我内心所想告之于尔，以为提醒。亲王罗卜藏丹津自去年自招地返回后，情形非同以往，其四处派人调兵，查看马匹，催办兵器，召集诸台吉会议，议定向准噶尔遣使，引诱准噶尔共同举事。当即舔枪口发誓。盟誓内之数台吉寨桑等遂将此情禀告于我。尔宜转告亲王察罕丹津，告诉我青海情形。"

四月初九，诺门汗遣其寨桑额尔克塔苏尔亥，察罕丹津遣寨桑卫征楚和拉，向常寿告诉说，察罕丹津心向天朝。额尔克塔苏尔亥说："我席勒图达赖诺门汗曰：我乃王察罕丹津兄长之子。因系喇嘛，曾久居招地。来青海后，蒙圣主赏识，命于名庙坐床，赐以诺门汗，颁以册文，每年赏给庙俸经银两。适又赐给圣主御用神服等物，使我荣耀至极。我一僧人何以为报？唯于佛前诵经，祈祷恭祝圣主万万岁外，别无所报之处也。""亲王察罕丹津乃我亲叔父，荷恩重厚。伊曾发誓，除感念圣恩之外，从今以后，决无二心。此事，我们神灵担保。"[①]

诺门汗所言，看起来确实深感承受圣祖厚恩，既封授其为诺门汗，地位高于其他呼图克图，又让其在名庙塔尔寺坐床，当上名庙大方丈（总法台），还赐其庙"俸经银两"及"圣主御用神服等物"，还说是恩比天高，也可以说是龙恩深重了，当然不会有反叛之念。

过了三个月，八月中旬，罗卜藏丹津率领上万兵士进攻察罕丹津时，诺门汗还竭力劝阻。侍郎常寿于八月二十五日奏称，据回子台吉阿洪说：罗卜藏丹津领兵至察罕诺门汗所居之舒尔对岸后，察罕诺门汗亲自前来，将其袈裟在地上张开，谓罗卜藏丹津曰："尔若不听我言，一定征伐戴青和硕齐，尔即自己践踏我这张开之袈裟，我等师徒之义即绝矣。"罗卜藏丹津正犹豫不决。[②]

雍正帝看到上述奏折后，还谕告川陕总督、抚远大将军年羹尧，令其查访，有无此事。其朱笔批示说："察罕诺门汗是一可矜之人。先罗卜藏丹津渡河，欲侵察罕丹津，以袈裟铺于地，劝谏罗卜藏丹津之处，真乎？伪乎？"[③]

---

①《雍正全译》第78页。

②《雍正全译》第309页。

③《雍正汇编》册2，第516页。

年羹尧遵谕上奏说："喇嘛察罕诺门汗，臣向为川抚时，即与之往来，知其为西海各寺内之守分喇嘛也。罗卜藏丹津侵伐察罕丹津时，路过其寺，伊当面劝解。及罗卜藏丹津犯我内地，伊遣人来劝，闻已与我兵对敌，其使者半途而返。并无置袈裟于地，令罗卜藏丹津跨过，以劝之之事也。臣羹尧谨奏。"[①]

但是，人是可以变化的，大喇嘛，大活佛，也不是一成不变的。一方面，罗卜藏丹津想方设法，极力争取诺门汗，"以术诱骗（诺门汗），使从己"。另一方面，罗卜藏丹津于元年五月发兵攻打不从于己的郡王额尔德尼额尔克托克托奈父子，逼其父子丢下故里，狼狈逃入边内，靠大清国发给银米，苟安偷生。又于八月初进攻亲王察罕丹津，迫使这位部属上万、肥马几千匹的大亲王，仅带家眷百余人，仓皇逃到河州边外，求助清将，进入边内。整个青海和硕特部王公台吉皆归附于罗卜。形势变化如此之大，诺门汗就归顺于罗卜，成其从党了。

这一下，青、甘、川、陕局面大变，数十万蒙、藏等族人员，皆归顺于罗卜，罗卜藏丹津乃于十月正式发动叛清之战，命令各地藏、蒙古等族人员攻打清兵，抢掠牛马。史称，诺门汗跟随罗卜后，"大喇嘛既从，于是远近风靡，游牧番子喇嘛等二十余万同时骚动，犯西宁，掠牛马，抗官兵"。[②]十几万叛兵围攻西宁城。

三、抚远大将军年羹尧被困西宁

青海和硕特部蒙古亲王罗卜藏丹津的叛清是当时的一件大事，但是，对这件大事，清朝文献和现在的清史书籍，对其叙述，既不详细，又有谬误，连罗卜藏丹津是什么时候正式公开叛清的，都没说清楚。《清史列传》卷13，《年羹尧传》载称："八月，青海罗卜藏丹津胁众台吉叛，劫亲王察罕丹津，侵略青海诸部。十月，羹尧自甘州率师至西宁，疏请进剿，特授抚远大将军。"同书卷17，《岳钟琪传》仅记为"雍正元年，青海罗卜藏丹津叛，钟琪率松潘及土司兵助剿"，未写明是元年的哪一个月。《清世宗实录》卷8，第8、9页载，署理抚远大将军延信奏，郡王额尔德尼额尔克托克托奈因不听罗卜藏丹津指使为乱，被

①② 魏源：《圣武记》卷3，《雍正两征厄鲁特记》。

罗卜藏丹津打败，投入口内。此后，七月初二、十二、十五日，八月二十五日，边臣陆续奏报罗卜侵扰不附和他的王公台吉。九月十三日，帝谕川陕总督年羹尧整备兵马，准备征剿罗卜藏丹津，十月初二，帝正式授年羹尧为抚远大将军，统兵进剿罗卜藏丹津。但是，直到这个时候，所有的奏折和谕旨都未明确说明，罗卜藏丹津是什么时候叛清的。或者准确点说，清政府认定罗卜藏丹津是在什么日子公开叛清而予以征剿的。

为什么会出现这种情形？从以下的朱批奏折叙述的情形，才明白，自雍正元年二月以后到十月，青海形势动荡、混乱。清政府对形势的判断不准确，有反复，拿不准，罗卜藏丹津既在康熙六十一年十月召集各台吉会盟议定叛清，且陆续攻打索诺木达什台吉、郡王额尔德尼额尔克托克托奈等不顺从他的王公台吉，但又再三向清帝上奏，巧词辩解，声称是被对方诬陷的，自己是忠于朝廷，没有二心的。并且，直到九月底以前，罗卜藏丹津都只是侵扰蒙古王公台吉，没有进攻清朝边区，是年羹尧所说的“肆行边外”，“骨肉相残，与我等毫不相干”。[①]清帝远在数千里以外，既难及时了解真实情形，又因新君刚刚继位，雍正帝忙着对付政敌，力求稳定政局，对青海动乱，抱有“多一事，不如少一事”的想法，故迟迟不能断定动乱的性质，未能下定决心征剿。这在很大程度上，又与川陕总督，后又兼任抚远大将军的年羹尧，对青海局势的判断有密切的关系。

雍正元年（1723年）二月十八日，署定西将军、总理西藏事务的公策旺诺尔布写满文密折奏称，族兄居住青海的台吉哈西哈和台吉巴尔珠尔遣人来告，“青海大小诺颜于本年（指康熙六十一年）十月会盟”，以清帝不立八台吉之一为“藏王”，于八台吉无益，议定遣使准噶尔，共同反清，欲夺取喀木、藏、卫。除将此情奏报皇上外，并咨告大将军王、侍郎常寿及四川、云南总督、巡抚、提督。过了十三天，雍正元年三月初一，驻柴达木的西安将军宗扎布写满文密折奏，二月二十七日亲军额尔格报告，青海达颜贝勒的部下霍罗海说：王罗卜藏丹津遣使准噶尔策妄阿拉布坦说，“我青海皆为固始汗之后裔，何故仍受汉人国管辖，欲要与汉人国反目”，“我等诸台吉会盟之时，皆舔枪口为誓，嗣后我等皆与王罗卜藏丹津同心携手而行”。[②]此后，常寿等人陆续奏报青海动乱情形。五月二十四日，处理青海事务的钦差大臣、侍郎常寿在其

①《清世宗实录》卷12，第21页；《雍正全译》第165页。

②《雍正全译》第35、42页。

满文密折中，根据几个月来的形势，断定罗卜藏丹津“反叛之心已昭然若揭，毫无疑问”，“宜调大军以行天讨，将罗卜藏丹津等为首叛乱之人，绳之以法”，拟调凉州、固原、宁夏、西安兵共8000名前来。因曾奉旨，紧急之时，可与川陕总督年羹尧“商议而行”，故除上密折外，已咨告年羹尧，建议如果征讨，除西宁现有兵丁外，需调“上万兵马”，若暂不征讨，亦需调兵四五千加强防御。①

西宁的军政大臣奏本，限定送到京师的时间是24天，基本上是日行200里，若是300里加急、600里加急，则分别是16天和8天。也就是说，雍正帝在元年六月初二或六月初十收到了常寿奏请征剿罗卜藏丹津的密折。川陕总督在这期间，也已收到了常寿的咨文。当时雍正帝最宠信年羹尧。尽管署理抚远大将军是宗室贝子延信，但雍正以延信驻甘州，太远为由，于五月二十二日谕：“将一切事务，俱降旨交年羹尧办理。”年羹尧成了无名但有实权的“大将军”。所以对青海局势的看法和决策，实际上取决于年羹尧的意见，帝皆依其议而行。

在雍正元年正月到八月这至关重要的七八个月里，年羹尧对青海局势的判断，有正确的一面，也有错误的一面。正确的是，他断定罗卜藏丹津必将叛清，必须对其征讨，剿灭其叛军。错误的是，有几点他未判准，有失误。这在雍正元年六月初九年羹尧致四川提督岳钟琪的书稿中，显示得十分清楚。其书稿说：

“固始汗以勇力奄有西海，非功德及于民物者可比。其子孙大率皆骨肉参商，以叔而奸媳，以弟而妻嫂，行同禽兽，视为常事。数十年来受我国家深仁厚泽，一旦而悖负，悖德者不祥，负恩者不昌。此以天道揆之，固始汗之儿几不食矣。自我抚川以后所目睹者，达颜贝勒诚心内附，丹仲贝子竭厥王事。今皆以壮年身故，无子。此以人事揆之，西海无福，势将为乱，灭亡不远矣。然西海十九家部落地大人众，莫如罗布藏丹津，而其人才庸性傲、年少心高，以不得藏王之故挟乱求封，会盟结党，出言不逊。近益狂肆，遣兵擒台吉索诺木达什，护送阿尔布坦俄木布，奸占常马儿，见无与为敌者。又聚兵七千，往征郡王额尔德尼额尔克托克托奈。以不赴会盟为词，凶横之状，几于独霸。其不敢遽犯内

①《雍正全译》第152页。

地者，特以察罕丹津尚未同志耳。查罗布藏丹津现今住牧地名乌兰布拉克，在西海之西。若有事于罗布藏丹津，非陕兵不可，而陕兵非少为简练不可遽用，是以决意为延缓之计，就形迹而论，似有怯懦之嫌不顾也。又西海十九家部落，心奸行诈莫如察罕丹津。其兵马数目不及罗卜藏丹津，而强弱足以相当。十数年来不敢明为横逆者，丹仲掣其肘耳。今春不赴罗布藏丹津之盟，非其心不欲往，一则置身局外以观衅，一则假此内附以求得丹仲之部落，特不应硬占而后请命也。察罕丹津住牧地名一克海留免，于松潘为近，若有事于察罕丹津，非川兵不可。是以密咨世恩、领兵出口，临之以兵威，说之以利害，事可结也。然兵机如转圜，不可执一。今日之时势非复前日矣。丹仲部落于其叔察罕丹津为有分，若台吉索诺木达什、苏尔扎之妻常马儿，郡王额尔德尼额尔克皆非罗布藏丹津之所得过而问者，今则擒索诺木达什矣，奸占常马儿矣，出兵侵伐郡王矣。较之奸配丹仲两妻，此则亚魁而彼则元凶矣。此则恶迹尚未全露，而彼则叛逆显然。舍元凶而问亚魁，于兵为不武，于事为倒置，不足以服察罕丹津之心。兵既动而不可中止，适足以驱察罕丹津，而使其合势于罗布藏丹津以乱西海，未可旦夕靖也。为今之计，俟前差外委通事回营，伊必有寨桑同来，若其词柔顺，世恩相机料理，与之以易从之路，暂且完结。丹仲两妻置之不问，以为将来问罪张本。若词涉抗拒，则外示严厉，谕以汝等先去，我即当请旨，领兵与你亲王相会云云。遣伊去后，飞驰寄信于我，我当专人赍捧旨意到营，赏其暂为管理丹仲部落，俟有承嗣之人再议。如此则倍感皇上之恩而畏提督之狠，于事可以将就完局。世恩仍与彼说明松潘附近之阿坝即惰铁布作革，河洲附近之千家喀家听我节制，不得违拗。事竣还省，遣一明白解事之游击或守备驰驿来陕，我面告以来春进兵事宜与两省调遣汉土官兵数目，道路，期会，竭力料理四五个月，明年春尽，口外草枯，马瘦跛行而西，使西海各部落知我皇上天威神武，有征无战，则目今之忍耐正如猛虎之蹲而后扑，伏而后攫也，庸何伤乎？通盘筹划，略尽于此，幸毋违错，统冀留神。”①

年羹尧致岳钟琪这封满文密信，讲了四个问题。一是青海和硕特部蒙古固始汗（骨什汗）的子孙，“大率皆骨肉参商”，互相倾轧厮杀，

①《雍正全译》第168、169页。

道德败坏，“叔奸其媳，弟妻其嫂”，“行同禽兽”，悖负天朝厚恩。“悖德者不祥，负恩者不昌”，“西海无福，势将为乱，灭亡不远矣”。目前只是内部争斗。

二是罗卜藏丹津，在青海“十九家部落中”，地最大，人最多。但其人，才庸性傲，年少心高，以不得藏王之故挟乱以求封，会盟结党，出言不逊。近又狂妄横行，往擒公索诺木达什，护送（其党）阿尔布坦俄木布，奸占拉藏汗之子苏尔杂之妻常马儿，又发兵7000名往征郡王额尔德尼额尔克托克托奈，“叛逆显然”，乃乱之“元凶”。

三是西海十九家部落中，“心奸行诈莫如察罕丹津，其兵马数目不及罗卜藏丹津，而强弱足以相当”。“十数年来不敢明为横逆者，丹仲掣肘耳”。今丹仲已死，察罕丹津“奸配丹仲两妻”，乃为青海乱之“亚魁”，但“恶迹尚未全露”，不宜先征察罕丹津。

四是对策。罗卜藏丹津住牧地乌兰布拉克，在西海（即青海）之西，需用陕兵，但陕兵不训练，不能打，故“决意为缓兵之计”。请岳钟琪派一干练之人来西安，商议明年川、陕两省调遣汉、土官兵的人数、道路、时间，料理四五个月，明年春尽之时出兵，“使西海各部落知我皇上天威神武，有征无战”，不敢作乱，不战而屈人之兵。

年羹尧讲的一、二两个问题，中肯、准确，但第三个问题，说察罕丹津心存叛念，乃青海乱势之“亚魁”，却看错了。察罕丹津是有过失，是有错误，不该强行占夺刚死不久的侄儿丹仲贝子的妻子、奴仆、部属，但对清并无悖乱谋逆之念。并且，在郡王额尔德尼额尔克托克托奈被罗卜藏丹津打败逃入清国境内时，察罕丹津虽然知道自己不能抵抗罗卜藏丹津的进攻，但是仍然拒绝罗卜藏丹津的邀请，不与其同谋抗清，表示要坚决与罗卜藏丹津斗争，效忠清帝。

侍郎常寿在雍正元年八月十七日写的满文密折奏称：已遣人告诉察罕丹津说，罗卜藏丹津“已决意征伐于尔，八月初将渡河而来”。“已交付格勒克济农、台吉额尔德尼、科纳克额尔克等三千兵马向衮方向渡河。尔子辈贝勒拉察布亦出二千兵马，与伊等一同讨伐尔。然观此地兵马，人有上万，马匹半膘，器械不好，干粮不足，兵丁彼此尚有偷杀马畜为食者。再观人心，多属被迫而行者。故而王切不可轻视，务应作为强敌而加强准备。”察罕丹津马上用蒙文写了回信，于八月十六日交到常寿手中。察罕丹津在信中说：“我顾念皇上，委曲求全，却迎来了兵戈，对此侍郎何以速援于我，若大军开往王之牧场，虽不伐之，于我亦极为有利。此事当初如何筹划帮助我的，敬请明示等语。”据领催费颜图告称：亲王察罕丹津言曰，“请告诉侍郎，蒙圣主仁爱，将丹仲属奴赏赐于我，我尚感激不尽，何敢报复加害伊等。我将遵旨照旧抚养之。我承圣主厚重之恩，诚心感戴，竭厥效力，引起罗卜藏丹津等不快，其将领众兵前来掳我。侍郎若派西宁大军向王罗卜藏丹津牧场起程，虽不讨伐，因声威显赫，于我大有裨益。再请咨行河州、洮州官员，我若能敌罗卜藏丹津则已，如敌不过往投边内，请毋阻拦，准予入边。在此之后我还将遣使前去”。[①]

可见，年羹尧断定察罕丹津有叛清之心，且可能与罗卜藏丹津合伙叛清，这个结论是错误的。

年羹尧对察罕丹津的了解和判断，还有一点也是错误的。他认为察罕丹津势力强大，可与罗卜藏丹津相抗衡。雍正元年六月初九，他写道：“心奸行诈莫如察罕丹津，其兵马数目不及罗卜藏丹津，而强弱足以相当。”[②]过了十一天，六月二十日，年羹尧奏称：“西海营古十九家部落，情乖势散，虽有凶横之人，一时不能成事，而近日之可虑者，惟察罕丹津与罗卜藏丹津两家最为强盛。”[③]过了一个月，听说罗卜藏丹津已领兵进攻察罕丹津时，年羹尧还认为后者能与前者“相敌”，不致惨败，他于元年八月二十二日，呈上奏折：

“太保公四川陕西总督臣年羹尧为奏明事：八月十九日，侍卫达鼐自西宁遣拨什库扎什先至西安云：达鼐已于察罕丹津处事竣的，于八月二十三日回至西安。臣谨遵前旨，恭具清字奏折，请暂留达鼐在陕，一则预备西海办事，再则从容劝勉，使知大义为国家出力之人。据伊寄臣折稿看来，察罕丹津虽非实心内向者，而既得丹仲部落，满其所欲，又为罗卜藏丹津所逼，目前颇有恭顺之象。亦正不妨因其恭顺，且示宽大，以羁縻之耳。臣又探闻得侍郎常寿前往罗卜藏丹津处排解，而罗卜藏丹津情词倨傲，诈而无礼，恐是自取败亡之兆。又闻罗卜藏丹津已领兵前往侵略察罕丹津，若果有此事，察罕丹津兵力足以相敌，断不似额

①《雍正全译》第295、296页。

②《雍正全译》第169页。

③《雍正汇编》册1，第545页。

尔德尼额尔克托克托奈之无能为也。”①

然而，就在年羹尧写察罕丹津能与罗卜藏丹津“相敌”，不会惨败的前五天，雍正元年八月十七日，拥有上万部属、兵马数千的亲王察罕丹津，已经大败，仅只携带家眷男妇一百四十余人，狼狈逃到河州老鸦关外，求进关内逃命。年羹尧于元年九月初三奏称：

“九月初二日申刻，署理河州协副将印务西宁镇标左营游击岳超龙报称，八月二十一日据起台堡守备李文举报称，察罕丹津差人二名至老鸦关口称，我们王子与罗卜藏丹津打仗败了，带领家眷随后就到，等语。该游击岳超龙随亲赴老鸦关外，见察罕丹津同伊子带领家眷男妇一百四十余口，问其情由，据云八月十七日罗卜藏丹津的兵到我地方上，将我的人赶散了，我如今到这里投奔主子来了，先要差人到西宁大人们处说话，等语。”②

精明干练、颇谙用兵之道的年羹尧，还在另外两件事的分析处理上，犯了错误。一是对待青海蒙古郡王额尔德尼额尔克托克托奈被罗卜藏丹津攻打之事。额尔德尼额尔克托克托奈，是固始汗第三子达兰泰之孙，初袭贝勒，从征西藏，有功，雍正元年二月晋郡王，还是左翼盟长。额尔德尼额尔克托克托奈忠于清帝，坚决拒绝参加康熙六十一年十月罗卜藏丹津召集的叛清会盟，并一再将罗卜藏丹津叛谋奏报清朝。罗卜藏丹津对其恨之入骨，要派兵攻打。侍郎常寿遣人将此消息告诉郡王，额尔德尼额尔克托克托奈即与一些台吉商议共同对抗的办法，并向清抚远大将军延信报告。

雍正元年六月初四，延信写满文密折奏称，六月初三日，青海郡王额尔德尼额尔克托克托奈遣寨桑伯勒克来报告军情。伯勒克说：五月二十八日晚，得悉罗卜藏丹津等领兵前来。“观罗卜藏丹津等领兵前来一事，必因吾等不入其盟而来掳我等几家者也。我等王台吉加上阿旺达克巴之人，共有四千余人。一闻罗卜藏丹津等之消息，我王即遍谕属下人等整备马畜器械，来我牧场。现只到了四百余人，其他人马尚未来到。

①《雍正汇编》册1，第867页。

②《雍正汇编》册1，第908页。

我王所仰赖者唯圣主也，此外另无他人，祈请贝子庇佑。等情来告”。[①]

雍正帝看过延信的满文密折后，非常生气，立即在折上批驳，并降下圣谕：

“朱批：尔如此料理，令人不堪入目，错不堪言。朕另有旨。此旨一到，速即照旨以备。朕颇担心如果在此之间发生何事，恐会赶不及，如此岂非胡说，岂有此理。着驰送呼毕图，分秒毋误。”[②]

其所降上谕是：“谕贝子延信。尔奏言郡王额尔德尼额尔克托克托奈如若抵挡不住罗卜藏丹津之势被迫来投，其仅偕妻子及属下要人寨桑等，即准入大度马口，若其尽偕属下前来，则其属下不得入关一语，甚属非也，乃一派胡言。额尔德尼额尔克托克托奈一向感恩戴德，而与罗卜藏丹津不和，如若确实被迫来投，理应全部入关保护。尔竟言将其奴仆任由罗卜藏丹津掳去，而后来寻其主，此断不可也。此旨一到，务必全力保护额尔德尔克托克托奈。如果罗卜藏丹津追入边内，即要考虑下大力收拾，兴师问罪。宜从何处调兵以备，着尔从速调遣，万不可耽误。为此谕之。”[③]

川陕总督年羹尧的看法和处理之策，较之延信，更加错误。他收到侍郎常寿五月二十四日叙述罗卜藏丹津“反叛之心已昭然若揭”，“宜调大军以行天讨”的奏折转抄与他的咨文后，反对立即遣军征讨罗卜藏丹津。他在元年六月初六的满文奏折中写道：“窃臣钦惟，青海之人，俱系固始汗后裔，且今伊等背我国重恩，骨肉相残，与我等毫不相干。罗卜藏丹津若果能剿灭额尔德尼额尔克托克托奈，则系伊等自削力量，尚于我等有益。额尔德尼额尔克托克托奈若不及罗卜藏丹津之力归降，伊亦非诚意归降，日后我大军出师后，伊定又归降前来。（朱批：额尔德尼尔克托克托奈倘请求入内，准伊进入寨内保护方是，否则有失安远抚外之道。额尔德尼额尔克托克托奈等系心向我朝之人，甚属可怜。目今收留，日后可得力。此情已降旨延信。）此毫无费心之处。虽然不保护心向我朝之人不妥，唯目今正值蒙古草原青草长出，马长膘之际，倘我自今起兵兴讨，伊等靠肥马妄加远遁时，即白浪费我等军力。查得，

①《雍正全译》第162页。

②③《雍正全译》第187页。

西宁有绿旗兵五千余名，甘州、凉州、肃州亦各有驻军，虽不足进剿，然守边口尚敷用。伊等即使前来犯界，亦无妨。故臣行文贝子延信、沿边之提督、总兵官等，此间妥善整齐兵丁，小心防守边口，我亲率满洲、绿旗大军前往等语，又缮蒙古字书致额尔德尼额尔克托克托奈曰：闻尔等兄弟内兴兵，欲进犯尔等。尔应妥善预备。我大国之兵已沿边处处防备。伊等之兵若来，尔妥善抵御，勿惧，我大军立即出师，往援尔等之语。（朱批：是，倘有事，不食言才好。否则，中国将失信，且外人亦心寒。）伊驻地既然距甘州、肃州近，除将信送至贝子延信处转送外。"[①]

年羹尧所言罗卜藏丹津之进攻不附从于他的青海蒙古王公，是他们"骨肉相残，与我等毫不相干"，且系"伊等自削力量，尚于我等有益"，是极端错误的，危害极大。青海和硕特部蒙古王公，即固始汗的二、三、四、五、六、七、八、十等八个儿子之子孙，人称"八台吉"，此时封有亲王、郡王、贝勒、贝子、公的爵位，有19个，即年羹尧所说的"十九家部落"，其属下官将、兵士，各有几百、几千名不等，人数最多的，要数亲王罗卜藏丹津，也不过上万人，察罕丹津父子的兵士，不到一万，郡王额尔德尼额尔克托克托奈，比察罕丹津还少一点。所以，单个王公，没有力量能与清军对抗。但是，如果加在一起，如果罗卜将各个王公征服或收服，凑个十几万兵士，还是可以办得到的，那时可就有可能对清朝甘肃、青海、陕西、四川、西藏、内蒙古的安全，带来重大的威胁。如果此时清军出动，斥责罗卜藏丹津不遵朝廷法度，侵扰天朝大皇帝授封的亲王、郡王、贝勒、贝子、公，就是冒犯朝廷尊严，对大皇帝不敬，就要遭到天朝大军的严厉惩治，剿灭逆酋，荡平逆部，予以制止。那么，既保护了忠于天朝的郡王额尔德尼额尔克托克托奈，也给那些人少力弱但又不愿附和罗卜藏丹津作乱的王公台吉，提供了安全保障，增加了他们效忠天朝的决心。假如清军坚决痛击罗卜藏丹津对任何一位不附和为乱的王公的侵扰，可以肯定地说，"西海十九家部落"的多数王公，是会站在天朝一边，不会跟随罗卜藏丹津叛清。这样一来，罗卜藏丹津只有其死党吹拉克诺木齐贝勒、阿喇布坦鄂木布贝勒等五六位王公，加起来也不过能凑个六七万乌合之众，就很容易平定下去了。

---

①《雍正全译》第165页。

年羹尧的另一失误，就是迟迟不愿出兵征剿。雍正元年六月以前，他不太相信罗卜藏丹津真的是会盟叛清，还认为这只是青海蒙古王公多年以来就有的内讧，互相争夺人口、牧畜、财帛。他于六月初九致四川提督岳钟琪的信中，一开始就讲道："骨什汗（顾实汗、固始汗）以勇力奄有西海，非功德及于民物者可此。其子孙大率皆骨肉参商，以叔而奸媳，以弟而妻嫂，行同禽兽，视为常事。"[①]

但是，等到罗卜藏丹津要发兵攻打郡王额尔德尼额尔克托克托奈时，年羹尧虽然已经断定罗卜藏丹津要叛清，需征剿，可是却强调兵力没有准备好，时间不合适，要忍让，要克制，第二年春再出兵。

也就是在致岳钟琪的信中，年羹尧说："今日之时势，非复前日矣。""台吉索诺木达什，苏尔杂之妻常马儿，郡王额尔德尼额尔克托克托奈，皆非罗卜藏丹津之所得过而问者，今则擒索诺木达什矣，奸占常马儿矣，出兵侵伐郡王矣"，"叛逆显然"。然而，"若有事于罗卜藏丹津，非陕兵不可，而陕兵非少为简练，不可遽用"。"是以决意为延缓之计。""就形迹而论，似有怯懦之嫌不顾也。"待岳钟琪派一干练之人来，"我面告以来春进兵事宜，与两省调遣汉士官兵数目，道理，期会竭力料理四五个月，明年春尽，口处草枯马瘦跛行"，再出兵。[②]

过了十天，六月十六日，年羹尧再写汉文奏折，论述现在兵弱，明春方可大举征剿，说：

"西宁兵马固守有余，进取不足。臣若另行调兵前往，而臣自去年巡边通省营伍，臣所悉知，止图兵数多而好听，聚集西宁，坐费帑银，或因此声势，一切信息寂然消灭，则兵马不得不撤，我撤而彼又别起衅端，将如之何。此犹是贼人不知我之虚实也，倘罗卜藏丹津待其马肥人众，东侵西掠，仍然如故，则矢在弦上不得不发，帅未练之兵，而欲其战必胜，攻必取，事同儿戏，臣不能自信，又焉敢承任大事，上欺圣主，下干罪戾耶。莫若听其自相拼斗，以重其罪，我亦因而知其力量，以为准备，自七月至冬底，一切粮饷帐房枪炮弓矢金鼓队伍，无不制演齐备，明年二三月间，一举而定，兵威远播，十年安静，臣之所能知己知彼，百分忍耐，以图万全，乃为善策。至于西宁，臣以全家保

①②《雍正全译》第169页。

其无失，此臣之所以遵奉谕旨，便宜行事，不避人缓我急、人急我缓之嫌也。”[①]

直到九月十一日，年羹尧仍奏称须“设法延缓”，待明春敌军马瘦时，出兵征剿。他奏称：罗卜藏丹津若要“别生事端，皆在明年，为今之计，兵少，不足以威远，兵多，则我事未备。且彼待其马肥，闻我兵出口，遁避千里之外，则我进退两有所不可矣。唯有设法延缓，待其马瘦，不必多杀，而大事可了”。“西安兵马，废弛已久，现在上紧操练”，“以待来春”。[②]

其实，年羹尧起初主张，青海八台吉一向内讧，不必派遣大军往征，后来看到罗卜藏丹津虽然“叛逆显者”，可是，考虑到兵力来不及准备和怕敌远避，故需在雍正二年春间，才出口征剿，与皇上的看法是一致的。雍正元年夏秋时间，正是新君登基不久，雍正帝全力稳定政局，防止八贝勒允禩等兴风作浪，故决定多一事不如少一事。他在雍正元年六月初九年羹尧致岳钟琪书稿的时候，降下一道上谕，说：“大概看此光景，罗卜藏丹津不过挟乱以图藏王。”“但朕意佥谋，皆以多一事不如省一事。”“问罗卜藏丹津之罪，情理有十分当行，不问按下，时势有六分，当置之，候彼之先举。”“宁可忍小辱而图省事。”[③]

雍正又于常寿七月十一日的奏折上，批示：“青海内争，素来即有，非方才而起，现军务当前，不如暂时息事宁人。如将此事交其内部论是非，非者认错，偿还全部所掳人畜，暂且息事为宜。”[④]

由于雍正的“多一事不如省一事”，年羹尧的青海王公骨肉相残，“视为常事”，及以后的“设法延缓”，来春“一举而定”，没有及时严惩罗卜藏丹津侵伐郡王、亲王的叛逆行为，客观上纵容了罗卜藏丹津作乱，多数王公看到清帝如此怯懦，不能保护他们，被迫归顺罗卜藏丹津。再加上诺门汗蛊惑人心，原本只有万把士兵的罗卜藏丹津，在大半年里，竟成了能够号召几十万蒙番人员的大汗了。

雍正元年八月二十三日，侍郎常寿奏折送到京师，奏称，罗卜藏丹

①《雍正汇编》册1，第513页。

②《雍正汇编》册1，第926页。

③《雍正全译》第169、170页。

④《清世宗实录》第232页。

津欲攻察罕丹津，勒令众蒙古“呼伊为达赖浑台吉”，“其余台吉，俱令呼旧日名号”。“细揣其意，先灭额尔德尼厄尔克托克托奈，再灭察罕丹津，独占青海，会同众台吉，奏请赏伊汗号，驻占藏地，遥管青海。”帝谕：“此事甚大，行在总理事务王大臣、议政大臣详议，并发在京之总理事务王大臣、议政大臣等，详议具奏。”[①]

过了四天，八月二十七日，议政王大臣等奏称，罗卜藏丹津“殊属悖逆”，应发兵办理。

又过了十五天，九月十二日，帝谕川陕总督年羹尧，“将西宁、松潘、甘州等处军兵整备，务期剿灭”罗卜藏丹津等贼人。[②]

过了二十天，十月初二，雍正帝授年羹尧为抚远大将军，办理征剿罗卜藏丹津军务。

年羹尧于九月二十日带领部分督标兵士离开西安，十月初六赶到西宁，立即紧急调动兵民，抓紧防御工作。[③]

幸好年羹尧及时赶到，否则，西宁能否守住，就很难说了。

原来，罗卜藏丹津一直忙着攻打郡王额尔德尼额尔克托克托奈和亲王察罕丹津等王公，抢夺他们的马牛人畜财物，降服他们的部下，额尔德尼额尔克托克托奈郡王“属下奴仆即有数万人马”。又将察罕丹津亲王的“牧场内之奴仆马畜全部收缴，带过黄河”。[④]

罗卜藏丹津一见人马多达十余万，便于雍正元年十月十七日，拘拿前来劝和的清朝处理青海事务的钦差大臣侍郎常寿，同时下令各地人马攻打清朝边上的城堡，并亲率十余万人围攻西宁。声势浩大，十分嚣张。史称，“羹尧初到西宁，师未集，罗卜藏丹津诇知之，乃入寇，悉破傍城诸堡，移兵向城。羹尧左右数十人，坐城楼不动”。[⑤]

在十万叛兵，重重包围，狂呼乱叫，高声乱骂，放炮射枪，箭矢如雨，震天动地的形势下，年羹尧左右只有数十人，能够端坐城楼，稳如泰山，岿然不动，固然显示了大将军藐视敌军、胸有成竹、无畏无惧的英雄气概，可与一千三百多年前笑演空城计的孔明先生媲美。但是，作

---

①《清世宗实录》卷10，第24、25页。

②《清世宗实录》卷10，第24、28页。

③《雍正汇编》册2，第62页。

④《雍正全译》第199、445页。

⑤《清史稿》卷295，《年羹尧传》。

为天朝统领13万官兵的川陕总督和号令满蒙汉大军的抚远大将军年羹尧，竟然被区区小酋罗卜藏丹津围困于西宁孤城，这也未免有损颜面吧！

四、年大将军的用兵之法

青海和硕特部蒙古“总理青海事务”的亲王罗卜藏丹津发动叛清之战，有蒙古、番、回纥人几十万，战火燃烧，北至甘肃嘉峪关，南至四川打箭炉，战火绵延边外5000里，可以算是一次大战了。按照过去80年的战争情形，从顺治元年山海关一片石之战起的入主中原统一全国，顺治年间先后派了18位大将军领兵征战。康熙年间，平定三藩之乱，三征噶尔丹，入藏驱准，皆是以八旗军为主，绿营为辅，从各地调兵，有的战争，士兵十万以上，超过敌军，主要将领是满洲、蒙古、汉军八旗的将官，军费耗银数以千万两计。这次年羹尧大将军是否也是沿袭了过去的传统，摆脱不了昔日征战之窠臼？对于平庸的大将军来说，哪怕他也熟谙兵书，颇会用兵，但是缺乏果断的处理问题的能力，多半也只能照搬前例，至多只是小有修改而已。可是，今天的青海形势，今天的叛乱元凶，与当年大不相同。青海叛乱的元凶，是年羹尧所说的“才庸性傲”，匆忙裹胁十几位蒙古王公率其部属临时凑合的乌合之众之“达赖浑台吉”。罗卜藏丹津不是身经百战、统兵20万辖治云贵的平西王吴三桂，也不是横行西北、多年征战、部属百万，称汗数十年的准噶尔汗噶尔丹、策妄阿拉布坦。如果沿用先例，像三征噶尔丹的第二次亲征，兵分三路，东路有盛京、吉林、黑龙江满兵5000名，还有蒙古兵4000名，由三省满洲将军率领。西路满兵8000多名，绿旗兵5000名，官兵厮役共24260名，由满洲抚远大将军费扬古统领。中路是主力，康熙帝亲征，皇长子、皇三子、皇四子、皇五子、皇七子、裕亲王、恭亲王、简亲王、康亲王、信郡王、恪慎郡王等王、公、贝子，或分领八旗八大营、八小营，或随驾，内大臣、八旗都统，前锋统领，护军统领等满洲高级军官，通通出征，以满兵为主，绿旗为辅，分29营，官兵厮役共32970人。另有陕西一路满汉官兵厮役两万两千四百余人，后合并于西路。不包括随征的漠南蒙古兵，总共有官兵厮役七万九千六百余名，几倍于噶尔丹兵力。[①]

如果抚远大将军年羹尧援引前例，兼之皇上敕谕中也讲到大将军“统领满洲蒙古绿旗大军”，他完全可以奏请调动京师八旗劲旅和东北满洲八旗驻防军队，遣派京师及地方满洲将领，前来领兵征战。也可以奏请调动八旗、绿营数万官兵，大举进剿。

年羹尧有这样做的权力，也完全可以做到，皇上会批准他这样做的，会批准其议。但是，年羹尧就是年羹尧，他可非庸官懦将，也非凡夫俗子，而是官宦之子，且系皇亲国戚，还是两榜出身，又被选为庶吉士，三年学习期满后，授检讨，选充四川、广东乡试考官，多次升迁，任官阶从二品的内阁学士，康熙四十八年外任四川巡抚。以其“治事明敏”，处理军务成效显著，康熙五十七年被皇上特授四川总督，兼管巡抚事务（即兼任巡抚），康熙六十年又升任四川、陕西总督。

如果不是熟谙兵法，处理军务卓有成效，特别是胆识过人，敢于果断决策，不囿于陈规俗例，仅凭这些官职和只是巡抚之子及皇上的贵妃之兄这些条件，是难以对军制做出重要改革的。可是，史称“才气凌厉”的年羹尧，就有这个胆识，有这个才气，不墨守成规，对平定青海战乱的用兵之法，制定了新的战略战术，做了重要改革。主要是采取了六大措施。

这在年羹尧于雍正元年九月、十月、十一月写的三道满文密折中，显示得十分清楚。

第一道满文密折是九月十八日。九月十三日，上谕送到。上谕说：八月二十三日，河州署副将岳超龙报告，察罕丹津遣人来告，抵御罗卜藏丹津一次，未成，倘再不能抵，我拟入边。“罗卜藏丹津之事，已甚明了，即叛乱矣。”“尔竭力筹备后，其大军出边，声讨罗卜藏丹津之处，宜尽力筹划而行。”年羹尧思考以后，于九月十八日写好满文奏折，叙述调兵、办粮等九项意见。帝皆允准：

“一项：率兵前往，四川之兵由提督岳钟琪率之，西宁之兵由总兵官黄喜林率之可也。此间若有调动之处，臣亲自各量才交办。若总兵官黄喜林带兵出边，暂由前锋统领苏丹署理总兵官事务。再，遣往军前之

①《清圣祖实录》卷169，第2、4、8、9页；卷170，第2、9、12页；卷171，第12、14、15、18、30、31页。

游击以下之官员名衔，拟缮档报部。（朱批：好。）

“一项：派出之兵丁数目：陕西：臣所属之营马兵、火器营鸟枪兵，共一千三百名。固原提督下属营马步兵一千名，西宁总兵官下属营马步兵二千五百名，土司杨汝松之兵二千名。四川：提督下属营、松潘总兵官下属营之兵共派二千名，倘有多用兵丁之处，仍咨文提督岳钟琪，就近酌量派遣松潘土司之兵可也。惟兵行之时，依仗兵力。臣所驻甚远，此兵丁数目，不可揣定。（朱批：是。）

“一项：应预防贼躲避、脱逃。罗卜藏丹津虽于口外妄行，倘闻大军往征，躲避、脱逃之处亦不可料，故臣派甘州提督下属营兵丁八百名、永昌营兵丁二百名，由永昌副将刘绍仲带，命额尔德尼额尔克托克托奈率其属下兵丁（朱批：从前已另降旨）出边都口，带路迎接可也。再，恐贼又来西藏倡乱，为示军威，业经行文驻察木多总兵官周瑛。（朱批：甚佳。）

“一项：行军、进讨时，有军械、所食干粮，故驮物之马畜甚要。臣等业经拨给臣属下营兵丁，亦即拨给西安、固原提督属下营兵丁，业经由伊乡营及属下营、附近宁夏营马匹内拨给。西宁兵丁，就近拨给。惟拨给甘州提督属下营兵丁时，不敷用，故由从前大将军十四贝子所留之五百三十四马内，除臣帮助新建之塘台及给郎中佟治骑用之总共一百六十二匹马外，（批示：为何给佟治如此多马匹骑用？）所余马匹俱给发甘州提督下属营兵丁，作驮运马匹。再，提督岳钟琪适才从军中返回，兵丁所用马匹亦瘦弱不可用，臣咨文副都统法喀，由八旗官马选给可也。仍动用库钱粮采买，补足原数。（朱批：甚佳。）

“一项：从前钦命截留送来户部之二十万两银，臣动用令预备西宁之米谷、草料。再，目今出兵用银皆系此项钱粮，倘不敷用，西安布政使之库银甚多，臣酌量动用，事竣之时，再销算。若四川省，仍交付巡抚蔡珽办理可也。事竣后再销算。（朱批：好。）

“一项：查得，定例内载，官兵行军沿途给发粮草。倘抵西宁，不出塘口边寨，兵丁每人每日给发口粮八合三勺。马匹不可不喂料，骑用、驮物马匹，每匹每日给料四升、草二捆。官兵之盐菜银，口内不给，由出口之日核算给发。

“一项：自四川、陕西两省用兵以来，兵丁每次行军，俱借库银治备，业经沿袭成例。故臣动用库银，借给营中官员每人各二百两，守备每人各一百两，千总、把总等各五十两，马兵各八两，步兵各五两，年满千总亦照现任千总各五十两。此所借银与前几年相比虽少，然此次行军敷用。再，四川官兵所借银两，因臣相距甚远，数不可定。此两处官兵所借之银，俱俟返回后，由伊等应领俸禄、钱粮内按季扣还。（朱批：知道了。）

“一项：采买军前所用米谷、豆、草及核给官兵时，倘俱用文官分散办理，事竣易于奏销，今臣于现任官员、军前效力行走之官员内拣选交付使用之处，仍缮档送部。（朱批：是。）

“一项：各地土司，虽受主子官衔，然其所属兵丁原并不给发钱粮、米谷，调动时，倘诸项俱令自力预备，确实困难。倘如此调用，亦徒有其数，果到地方，又焉能出力？故臣先捐银五千两，交西宁总兵官黄喜林，转给土司官杨汝松，令预先准备可也。又捐银一万两，令送四川提督岳钟琪，赏与土司兵丁。此等人若出边，亦照内地官兵之例，给发口粮、盐菜银。（朱批：甚有理，甚是。）

“以上九项，皆系臣愚意所办。此外倘有未到之事，臣再尽力详筹办理。现派出官兵，俱系臣自力捐助，酌量赏赐，并晓以圣主简选官兵培养之恩，遍谕各勤奋效力等语。再，办理钱粮之处，臣惟开列奏请，伏乞圣主降旨该部复议施行。为此谨奏，请旨。

“朱批：所办甚佳，毋庸议。惟兵丁数目，集中为好，因分二三处，兵力似稍单。若汇聚一处，亦难成何事，惟周详筹度而行。西安满洲兵丁为何未调？此皆朕闲问也。尔既亲在此处酌办，谅不致错。”①

第二道满文密折是十月十六日，是对从西藏撤回将士的安排。此时，帝已于半个月前，即十月初二授年羹尧为抚远大将军，统兵征剿罗卜藏丹津，但年羹尧还未收到任命的上谕，还是以川陕总督的官衔，奏述处理意见。密折说：

“臣伏思，用兵不在多寡，若用一人即得一人之力，方于事有益。若兵多而不拣选，徒有其名，果到该处，不可用，徒靡费钱粮。青海之事主子既然俱交付与臣，臣观由藏前来之兵，额驸阿宝之蒙古兵数不敷，且马、军器俱不可用。阿宝亦固始汗之孙，在青海断不可用伊之兵。（朱批：实未想到，得体之极，甚是。）阿宝进藏时效力，且身体

①《雍正全译》第354、355页。

致残，臣给发伊兵丁口粮，廪饩羊，交付阿宝，由三眼井出边，已于十月初九日令起程前往。观公策旺诺尔布带来之察哈尔兵丁，汉壮好，且马匹、军械亦有，稍加补充，即可用之。伊等之兵丁原有四百名，拟补满五百名，已将伊等之子弟、跟役补进，凑足五百。故将察哈尔兵选留四百，由都统武格统领。所余兵丁七十三名，俱给发三个月野外钱粮，交付公策旺诺尔布，带伊所带之定西将军印信、敕书及原随印布政使塔林，出横城边口，由鄂尔多斯路前往等因，已于十月十五日起程前往。因公策旺诺尔布远道而来，且马匹、廪饩俱短少，斯路前往等因，已于十月十五日起程前往。因公策旺诺尔布远道而来，且马匹、廪饩俱短少，故臣自力捐给马驼、盘缠遣往。再都统西伦图原往察汉托罗亥探信，因称察汉托罗亥之地寒冷且有气，不断内迁，现住东库尔庙，东库尔庙距西宁口子只有四十里。住察汉托罗亥尚可得信，住东库尔庙不能得信，且徒处口外，甚属无益。目今西宁之通事、番子多，各地之信俱可得。适才奉旨：将西伦图之奏折交付臣下，命酌量定夺料理，臣钦遵，看得西伦图之兵丁及京城之一百三十八名兵丁，因出师日久，马匹、军械短缺，故给发此一百三十八名兵丁两个月野外钱粮，交付侍卫统领阿齐图，已令于十月十八日起程前往。看视该队之章京，二等侍卫兼护军参领常明、王府护军参领色尔图、护军参领钦丢、二等侍卫土默车，汉仗好，于军中可用，俱已留下。再，参领常凌由副都统获罪，乃效力之人，亦留下。其余之侍卫、官员，俱于十八日遣回。都统西伦图，汉仗尚可，察哈尔之前锋兵交伊统领。因西安距西宁近，故西安之兵一百名兵丁亦留下。其余之侍卫、官员，俱于十八日遣回。再，臣来西宁前，曾令西安之满洲兵预备，今满洲兵既然稍少，故拨给署理西安将军印信公普照鸟枪甲兵四百名，前锋兵一百名，由副都统伊礼布统领前来可也等因，业经行文，前来兵，连同现留于此处之西安一百名兵丁，俱交付伊礼布统辖。西安之满洲兵、察哈尔兵总共有一千名。再陕西绿旗兵、土司兵及四川绿旗兵、土司兵合一起，用时敷用。再，用兵时不可无参赞大臣，现今前锋统领苏丹已领兵前来。苏丹阅历甚多，拟授苏丹为参赞。由提督岳钟琪统领四川绿旗兵、土司兵，岳钟琪领兵前来时，亦授参赞。（朱批：大奇。朕谕即此三人。）唯青海之事俱系蒙古之事，侍郎常寿、一等侍卫达鼐，亦令参与军机。为此恭奏以闻。

"朱批：甚是，甚尽。知道了。"[①]

第三道满文密折是雍正元年十一月十四日写的。年羹尧在西宁站稳脚跟，并连续三次遣将领兵，击败西宁附近逆番，西宁已完全解围以后，准备大举进攻，剿灭罗卜藏丹津，密折讲述了征剿之法，共五条：

"抚远大将军太保公川陕总督臣年羹尧谨奏：为奏明事。

"窃臣抵达西宁后，三次击败逆贼佑助罗卜藏丹津，靖剿沿边之回、番，值汇奏青海概况之际，十一月十二日到来之兵部寄送谕旨，谨展阅之，圣主为青海事务熟虑，确属甚详。

"臣窃思，青海民众世代蒙受我国鸿恩，毫不思图报，反生叛心，侵犯我等边界者，实乃获罪于天，自取灭亡矣。今圣主虽百般宽宥，而伊等自作自受，断不可留。现青海之众，与策妄阿拉布坦沟通。倘不剿灭此等，致嗣后我等边界不得安宁，即策妄阿拉布坦亦不死心（朱批：甚是。）。唯现正值寒冷时节，不将我兵加固，则关系甚大（朱批：甚是。）故此，臣自今始，将兵马、器械、廪饩等物，办理牢固，来年返青时，遣派大军，剿灭逆贼。为此事，议政处所议者亦甚详尽。惟此处之状况，微有异处。臣仅将管见数项，恭谨议奏。依序开列：

"一、不可不较多备兵力。现讨伐之内，备办西宁总兵官标下营兵二千，西安满洲兵五百，总督标下营兵一千三百，固原兵一千，宁夏兵一千五百，四川提督岳钟琪率来绿旗、土司之兵共六千，总督标下营兵子弟二百，自宁夏送马前来之兵二百二十三，臣又增调标下营兵八百。陕西、四川兵共一万三千五百余。惟提督岳钟琪率来之兵内土司兵有不能远行者，我等大军越边关，西宁所余之乡勇兵，足以守城，西宁东方诸边关不可不守。此土司兵二千，我等兵五百，留之，镇守诸边关。自西宁、松潘二路进发之兵，共一万一千。臣于甘州先备之兵一千，今大同兵一千，土默特鄂尔多斯之兵一千，共三千兵出边，兵力仍不足。查得，驻于巴里坤之榆林总兵官李尧为好汉，士兵整齐。故此，臣咨行靖逆将军富宁安，连同现在彼处李尧标下之兵计之，或固原，或臣标下在彼处之营兵内，共拣选一千，由李尧率领，前来甘州，与该三千兵相会，共为四千兵。因凉州关口多，然未调凉州兵。既永昌兵少，调遣陕

①《雍正全译》第437、438页；《清世宗实录》卷12，第15页。

西巡抚营下士兵五百，镇守永昌。甘州发兵后，城中余兵亦少，调西安满洲兵五百，饬付平逆将军、贝勒延信，镇守甘州。自甘州讨伐之兵共四千。驻布隆吉尔兵一千，由巴里坤调派之兵二千，协理将军阿喇衲率领之吐鲁番兵二千，布隆吉尔留兵一千，除镇守地方外，由布隆吉尔进剿之兵共四千，西宁、松潘、甘州、布隆吉尔此四路进剿兵一万九千，兵力甚足，此等兵出边，则将满洲蒙古兵均饬付协理将军阿喇衲督管。阿喇衲亦为议政大臣，将绿旗兵均饬交提督岳钟琪督管，等语。（朱批：均是。唯今巴里坤、吐鲁番之兵力单薄，尔亦尽谋之。）

“二、军马、驼甚要。陕西近数年歉收，难获草料，马匹羸瘦，现臣动拨钱粮购马。一匹马值银十二三两。虽尽能采购，惟获千匹马。既马不甚足，伏祈或由归化城采购，或由太仆寺、商都达布逊诺尔之牧群解送马三千匹。先由内地解送之马，抵达此处后，均瘦弱残疾，徒有虚名，而无实用。今圣主差派诚意效力之大臣一员，拣选六岁以上，九岁以下，膘壮无残之马，今年八月末，驱至宁夏。臣于宁夏留二千，中卫留一千，饬交署理兰州巡抚事务、布政使傅德，遣派妥员，每马每日拨草二捆、料五升，妥善饲喂。来年三月从容驱赶，解送西宁。再，军内驮运粮饷等物，不可无驼。现自巴里坤往调布隆吉尔驼一千，巴里坤仍有驼四千。现巴里坤既然无事，咨致靖逆将军富宁安，总兵官李尧来时，拣选驼二千，鞍、屉、绳一并携至。往甘州、凉州、肃州等地采购，可获驼一千五百。膘壮可用之驼一头，无银五十两则未得。臣现动拨正项钱粮采购，共有驼四千五百，故毫不误西宁、甘州、布隆吉尔等处进兵。（朱批：将办理马四千匹，遣往宁夏。马匹到后，接收之官员等，及饲秣之处，均预先备办，驱马之人即返回益佳。）

“三、军粮甚要。臣在西安时，青海之众云：今年有事不可料定，故即于西安购米六万石以备。现兵丁赐给充足之米，均此项运至之米，今既又增至多兵，臣谋办足用，断不致耽搁。（朱批：亦应办理续备。）

“四、剿灭贼匪，火器甚要。臣先于四川制造之炮、鸟枪，于西安制造之炮、鸟枪，以供足用。惟原有之火药不可用；臣今年制造之火药，此数次交战，余者不多。现既然赶造不及，伏祈将荆山制造之火药、红药一驮，计一百八十斤，赏一百驮，明年正月内，送至西宁。（朱批：赶送好药二百驮。）

“五、镇守边关者甚要。提督岳钟琪率兵六千由松潘关，总兵官周瑛率兵一千，进入藏地，此二地之边关不可不牢固镇守。今副将张成隆率兵五百，镇守巴塘。理塘现有兵二百，复增派四川巡抚标下营兵三百，镇守理塘。着署理松潘总兵官事务之副将张英，率伊标下所属兵一千，适才保举之副都统黑色，率成都满洲兵五百，均于明年二月，出松潘关，于黄胜关驻守扬威。再，察木多地方为前往藏地之要路，既与云南相近，差遣云南兵二千，提督郝玉麟等率领，于察木多驻守扬威，罗卜藏丹津等断不敢前往巴尔喀木等地。

“以上共五件事，均仅臣之管见，据按此处情形谋议，其调兵之事，若候商议解送，再予执行，以致迟误。（朱批：甚好。）故此，臣一面具奏，一面咨行诸处。惟西宁距云南，既然遥远，驻察木多之云南二千兵之事，俟议政处议定后，自京城准行。为此谨奏，请旨。（朱批：议政议之，即依尔之所奏执行。）”①

以上满文密折，表明了年羹尧的用兵之法，与以往清朝的历次大战，差别很大。其一，强调兵贵精锐，以少胜多。面对几十万蒙番叛人，年羹尧并不要求派遣十万大军，进行征剿，而是着重讲道：“用兵不在多寡，若用一人即得一人之力，方于事有益，若兵多而不拣选，徒有其名，果到该处，不可用，徒靡费钱粮。”他不只是口头说说，笔下写写，而是按照这个方针，具体奏请调派官兵。在第一道密折，即他离开西安前往西宁统军平叛前夕，雍正元年九月十八日，他奏要的官兵只有督标马兵、火器营鸟枪兵1300名，固原提督标兵1000名，西宁总兵官标兵2500名，四川提督标兵和松潘总兵官标兵2000名，再加上陕西土司杨汝松的兵2000名，总共才8800名。

即使在西宁解围，罗卜藏丹津十余万叛军退归老巢，清廷决定大举进攻，将其彻底消灭时，年羹尧也才奏请调兵19000名，担此重任。他于元年十一月十四日的第三道密折中写到：备办西宁总兵官标兵2000名，西安满兵500名，总督标兵1500名及营兵800名，四川提督岳钟琪带来的绿旗兵、土司兵6000名，其中官兵500名、土司兵2000名留守，另调甘州兵1000名，大同兵1000名，土默特鄂尔多斯蒙古兵1000名，驻马里坤之李尧总兵官之兵1000名，布隆吉尔之兵4000名，合共19000名。

其二，以绿旗兵为主，辅以土司兵，少用满兵和蒙古兵。清朝的军

①《雍正全译》第503、504页。

队，有满洲、蒙古、汉军八旗兵20万，绿旗兵六十余万。长期以来，征战以八旗军为主，绿旗兵只起配合作用，满洲大臣、将领，都瞧不上绿旗兵。尤其是号称英明天子的常胜统帅康熙皇帝玄烨，更不止一次地发表轻视绿旗兵，不相信绿旗兵的谕旨。康熙五十六年九月二十日，玄烨对大学士马齐、都御史徐元梦说："朕料理军务年久，亦曾屡次亲统大军，看绿旗兵丁较满洲、蒙古兵相去甚远。满兵只用两千，蒙古兵只用五千，朕亲统时，任意所向，绰然可以成功。若绿旗兵丁，任伊众多，朕心亦难倚恃。适于议政大臣处，亦下有此旨。今扎萨克蒙古等，虽不给予粮饷于伊等，该管王、台吉等，皆实心奉以为主，思所拥护。推而至于苗蛮，尽知各为其长。若绿旗兵丁，粮饷必以时给发，稍有不如其意，即至相怨。"[①]

两广总督赵弘灿，是甘肃宁夏人赵良栋之子。赵良栋是平定三藩之乱中立下大功的"河西四将"之一，行伍出身，率领绿旗官兵南北征战，军功赫赫，多次升迁，历任守备、都司、游击、副将、总兵、提督、勇略将军、云贵总督加兵部尚书，封一等伯，世袭罔替。赵弘灿，初以荫生授总兵，参加了平定三藩之乱，立有军功，后历任提督、两广总督。就是这样一位汉人杰出勇将之子的赵弘灿，也贬低绿旗官兵，于陛见之时，奏称："绿旗兵丁与贼相遇，悉观望不前。"[②]

然而，今非昔比，昔日所向披靡的满洲八旗劲旅，已经军威不再，怯战退缩，如再墨守成规，囿于传统，大调满兵，不仅靡费钱粮（满兵的饷银月粮及有关费用，几倍于绿旗兵），而且耽误征战，招致失败。年羹尧敏锐地看到，军力的强弱很大程度上取决于将领的好坏。所谓增兵不如选将，勇将特别是智勇双全的杰出将领，善待士兵，不贪不暴，严格操练，善于用兵，身先士卒，就能将所领绿旗官兵训练成百战百胜的精锐军队。所以，他破除传统，不奏请多调满兵。在九月十八日的第一道密折奏请调用的一万多兵士兵中，没有一名满兵。在十月十八日安排从西藏撤回的满蒙一千余官兵的奏折中，虽然因为西宁的满兵"稍少"，但对从西藏撤回的京城满兵138名，以其"出师日久，马匹、军械短缺"，将他们全部遣回北京。仅另调西安满兵500名前来西宁。过了二十多天，十一月十四日，在准备一举歼灭罗卜藏丹津的大战中请调19000名的大军里，满兵只有500名，仅占全军的2.6%，其比例之少，简直是到了不值一提的程度。并且，这从西安调来准备参加大举剿灭罗卜藏丹津的满兵500名，到了第二年雍正二年二月正式进攻时，也没有用，

①②《康熙起居注》第2433页。

而是留在西宁。剿灭罗卜藏丹津的重担，全由绿旗官兵承担了。

其三，康熙帝十分重视蒙古兵，他所说，有满兵2000名，或蒙古兵5000名，由他亲自统领，就可以所向无敌，足见其对蒙古骑兵是何等的赏识和倚赖。但是，年羹尧却不这么看，不这么用。从西藏撤回的蒙古兵1000名，他只留下察哈尔蒙古兵400名，其余蒙古兵遣回其部落。[①]后来，在组建的19000名大军中，也只有土默特鄂尔多斯蒙古兵1000名，并且在正式进攻罗卜藏丹津时，也没有用蒙古兵。

其四，依靠绿旗兵，以绿旗兵为主，辅以土司兵。在九月十八日第一道密折中，紧急调兵赶往青海，加强防御时，是要调总督标兵1300名，固原提督标兵1000名，西宁总兵标兵2500名，四川提督标兵、松潘总兵标兵2000名，陕西杨汝松土司兵2000名，没有一名满兵和一名蒙古兵。在这要调的8800名兵中，绿旗兵为6800名，占总数的77%，土司兵占23%，在十一月十四日第三道密折中，拟调兵19000名，其中绿旗兵为11900名，占总数的63%，土司兵5600名，占总数的29%，满兵500名，占2.6%，蒙古兵1000名，占5.3%。岳钟琪的6000名兵士中，绿旗兵为2400名，土司兵3600名。后来正式进攻时，就是岳钟琪率领的5000名精兵。

其五，汉将为主将。在清朝以往的历次大战中，虽然汉人中出了不少勇将，像平定三藩之乱时的“河西四将”中之张勇、赵良栋和王进宝，皆是身经百战、军功累累的勇将，任至提督、将军，张勇为靖逆将军，赵良栋是勇略将军，王进宝是奋威将军，但是他们都未当上统军征剿的主将。这次青海平叛，年羹尧是抚远大将军和川陕总督。川陕总督可节制四提督，固原提督（陕西提督）和甘州提督（甘肃提督）及10个总兵官，抚远大将军更有权在各地的满洲、蒙古、汉军和汉人中奏调将领，可以说，有一二十位供他挑选的将官。然而，别人他不要，偏偏挑中岳钟琪。他在第二道密折中奏称：“用兵时，不可无参赞大臣。现今前锋统领苏丹已领兵前来，苏丹阅历甚多，拟授苏丹为参赞。由提督岳钟琪统领四川绿旗兵、土司兵，岳钟琪领兵前来时，亦授参赞。”[②]岳钟琪所统领的绿旗兵、土司兵为17500名，占征剿大军19000名的92%，他又是参赞大臣，当然就成为征剿大军的主将了。

雍正帝看这道密折所说的参赞大臣的地方，朱批表示赞同和欣赏

①②《雍正全译》第437、438页。

说："大奇，朕谕即此三人。"

其六，准备充分的粮草、马驼、枪炮、火药，要解送"六岁以上，九岁以下，膘壮无残之马"3000匹，驼4500头，火药18000斤。

雍正元年十一月二十二日，年羹尧十一月十四日的征剿罗卜藏丹津的用兵密折，送到皇帝面前。远在距北京4629里的西宁的大将军密折，才用了8天的时间就送到北京皇宫，平均一天要跑578里，速度也够快的了，这就是"六百里加急"。雍正帝看后，下旨："着总理事务王大臣、议政大臣会议具奏。"

议政大臣和硕裕亲王臣保泰、总理事务和硕廉亲王臣允禩、总理事务和硕怡亲王臣允祥、议政大臣多罗果郡王臣允礼、总理事务大学士伯臣马齐、总理事务吏部尚书舅舅公臣隆科多、协理总务多罗贝勒臣阿布兰、协理总务领侍卫内大臣公臣马尔赛、议政大臣管理正白满洲蒙古汉军三旗事务宗人府左宗正多罗贝勒臣满都呼、议政大臣火器营总统大臣世子臣弘升、议政大臣都统宗人府右宗正公臣德普、议政大臣领侍卫内大臣公臣鄂伦岱、议政大臣委署领侍卫内大臣都统臣马尔萨、议政大臣户部尚书兼理大学士事务之臣徐元梦、议政大臣兵部尚书臣逊柱、议政大臣尚书臣卢询、议政大臣刑部尚书臣宗室佛格、议政大臣都察院左都御史臣尹泰、理藩院尚书且理侍郎事务之臣特古忒、办理部务散秩大臣都统臣拉锡、兵部右侍郎臣牛钮、郎中且办理藩院事务之臣恒德等会议后，于十一月二十三日奏称，除大将军行文各处调兵不需会议外，所请解送马3000匹，拟增加为4000匹，火药也增加，"火药乃兵备之要"，"工部新制火药九万余斤"，应运送火药36000斤，增加一倍，其余诸事，照大将军所说办理。雍正帝看过后，朱笔批示："依议。速行。"①

年羹尧于九月二十日，带领总督标兵1300名从西安出发，十月初六到达西宁。他在九月十八日下令调派的西安满兵500名、固原提督兵1000名，不久也赶到西宁，加上西宁城内原有的五千余名绿旗兵，以及拣派城内的民兵，凭借西宁城墙坚固、将士奋勇和大炮威力，抵挡住了十余万叛兵的进攻，并且从十月十九日起，半个月内，连续四次遣兵打败进攻的叛军，向皇上报捷。

曾经跟随罗卜藏丹津作乱的蒙古王公台吉宰桑以及诺门汗，相继向清军投降，到了十二月初，平叛之战已经到了转折阶段，罗卜藏丹津败

①《雍正全译》第525、526、527页。

局已定了。所以，魏源写道："十二月，各蒙古贝勒、贝子、公、台吉，各杀贼来归，降其胁从部落十余万。"[①]

清军即将大举进攻，剿灭罗卜藏丹津叛军，这一光荣、艰巨的任务，由年羹尧大力推荐的奋威将军、参赞大臣、四川提督岳钟琪来完成了。

五、剿平郭罗克　转战五千里

岳钟琪参加了入藏驱准之战以后，康熙六十年（1721年）初回到四川，五月被皇上越级晋升，授四川提督，成了辖地六十万余平方公里、统领绿营官兵三四万名的川省最高军事长官。升官，固然意味着权力大了，地位高了，收入也多了，不是上千年来流行的四个字"升官发财"吗！但是，另一方面，升官也表示，责任大了，事情多了，风险也大了。尤其是军界，"将领"二字，与战争紧密相连，一有风吹草动，特别是发生较大的战争，刀枪无眼，箭矢无情，负伤、阵亡，亦难避免，当然，也是立功升官的大好机会。

岳钟琪上任不久，就接到了朝廷令其征剿郭罗克的命令。

郭罗克，是藏族的部落，包括上郭罗克、中郭罗克和下郭罗克，主要居住在青海的东部今果洛藏族自治州的玛沁县。这个地区，魏晋南北朝是党项羌的驻牧地，唐朝在此设羁縻州，元代归中央政府的吐蕃等路宣慰使司都元帅管辖，明代中叶前属朵甘行都司，明末为和硕特部固始汗在青海的子孙"八台吉"的属下。

玛沁地区，是黄河上游的山原、河谷地带，平均海拔4000米以上，既有高山峻岭，又有众多河流，地处西宁之南，西藏及青海西部的商贾行人，经常经过此地，也常遭到郭罗克人的抢掠，甚至连官兵的马匹、财物，也常被掠走。于是，驻兵西藏的参赞大臣、固始汗的孙子、和硕额驸、郡王阿宝，就奏请朝廷发兵征剿郭罗克。

《清圣祖实录》卷294，第23页载，阿宝奏："青海索洛木地方之西，有郭罗克部落唐古特等，肆行劫掠往来行人，曾将驻扎索洛木兵马匹盗窃而去，查郭罗克地方。与归附我朝之多隆汗地方相近，应行令多

① 魏源：《圣武记》卷3，《雍正两征厄鲁特》。

隆汗晓谕伊等，嗣后宜遵守法度。不得仍前肆行。倘伊等不遵训谕，理请即发兵前往，将首恶之人惩治。今多隆汗于伊属下之人。拣选有才干者，使为郭罗克部落之首，则西宁青海等处往来使人及商贩之人。俱获安静。”

议政大臣们于康熙六十年九月二十八日奏请允许阿宝的奏请。康熙帝降旨说：“额驸阿宝请将郭罗克部落惩治，所言甚当。郭罗克地方，近四川松潘一路。与多隆汗接壤。应行文总督年羹尧、提督岳钟琪等，着向多隆汗处，详询郭罗克地方形势若何，发兵进剿，用力几何，如易于攻取，即令岳钟琪带领松潘兵进剿，倘地险势众，应酌量派遣满洲蒙古兵丁，及附近之察罕丹津处，亦令派兵协助，前往进剿。着大将军允禵，侍郎常寿，总督年羹尧，提督岳钟琪，会同定议而行。”①

川陕总督年羹尧上疏，奏述对付郭罗克的安排说：“郭罗克各寨有隘口三处，俱属险峻。利用步卒，不宜骑兵，若多调官兵。恐口外传闻，使贼得潜为准备。不如以番攻番，量遣官兵带领，较为便易。臣向知郭罗克附近之地如杂谷等处土司土目，亦皆恨其肆恶，愿出兵助剿。臣自陛辞回任。即与提臣岳钟琪商议，遣官约会杂谷土司等，据称宜及时进剿，恐冬天雨雪冻阻难行。适据额驸阿宝移文，奉旨命臣与岳钟琪酌量进剿机宜。臣遵即移咨提臣，令速赴松潘，选领镇兵出口，并督率土兵前进。其西宁满洲兵及青海蒙古等兵，不必再行调遣。”②

十月初六议政大臣建议允其所请，帝谕同意。③

四川提督的衙署，长期设在雅安，离省城成都340里，当时叫“雅州”。岳钟琪升任提督后，因离省城太远，与其他衙署联系不方便，将衙署迁往成都。

岳钟琪接到京城下达的上谕和议政大臣的公文后，遵谕前往四川总督衙署晋见总督年羹尧，商议用兵事宜，然后他具体安排执行。

成都离边境城松潘950里，松潘到郭罗克有1000余里。岳钟琪根据郭罗克的天时、地理及番兵情形，仔细思考后，确定四条用兵之法。一是以番制番，重用土兵。郭罗克地势险峻，绿营官兵不善山战，而川西辽阔地区，系番人（藏族）居住，土司众多。各土司地方，跬步皆山，番人长期跣足披发，步行山箐，民俗尚武，尤其是金川、杂谷番人，勇于厮杀，拣调他们从征，可以扬其所长，充当先锋。二是一旦开战，勇猛

①《清圣祖实录》卷294，第23页。

②③《清圣祖实录》卷295，第4页。

冲杀，两军相逢勇者胜。三是乘胜前进，不给对方喘息的机会，四是剿抚皆用，在大树无敌军威的压力下，招抚对方归降。果然，这些方法很有效，迅速剿服了郭罗克。

康熙六十年十一月下旬，岳钟琪奏报用兵情形说："贼番伏兵千余突出对敌，被我土兵连败数阵，逃奔过河，复攻取下郭罗克之吉宜卡等二十一寨，杀死贼番甚多。连夜进兵，直抵中郭罗克之纳务等寨，贼番犹敢对敌，我兵奋不顾身，自卯至酉，连克一十九寨，斩杀三百余级，擒获贼首酸他尔蚌，索布六戈。复亲督官兵抵上郭罗克之押六等寨，正欲攻取，该寨头目旦增等，将首恶假磕，并为从格洛等二十二名，绑出，率领阖寨男妇老幼，叩头求饶缚献，只将为从贼番，尽行正法。首恶酸他尔蚌、索布六戈、假磕解送。"

康熙帝于十二月十六日降旨，盛赞其功说："殊属可嘉。在事官兵，着议叙具奏。"①

随后，授予岳钟琪以骑都尉世职。

紧接着，于康熙六十一年春天，岳钟琪领兵平羊峒番，在其地设南坪营。

雍正元年（1723年），三月十八日，处理青海事务的侍郎常寿奏述防备罗卜藏丹津阴谋叛乱的情形时，即将奏折内密咨延信、西安将军宗扎布及川陕总督年羹尧。雍正帝看过奏折后，即传谕常寿说："四川松潘口既然邻近青海，已交付总督年羹尧调提督岳钟琪领兵前往以备。"②

年羹尧收到常寿咨文后不久，又接到上谕令其调岳钟琪备兵，年羹尧即咨告岳钟琪。岳钟琪于元年四月十六日接到总督咨文后，立即遵谕调遣兵马，支领银米，准备前往松潘驻扎，并于四月二十四日写好密折，向皇上奏报准备的情形：

"四川提督臣岳钟琪谨折奏为奏闻事。雍正元年四月十六日接准川陕总督臣年羹尧咨文，令臣速将提标并松潘镇标各营挑选精兵二千，亲身带领前往松潘巡边侦探，相机行事，至口粮月饷等项，备咨川抚支取应用。此系奉旨密咨事，理即为钦遵施行。等因，密咨到臣。该臣随即钦遵，于臣标五营挑选精壮马兵二百名，步兵三百名，一面飞饬松潘镇

①《清圣祖实录》卷295，第19页。

②《雍正全译》第57页。

属各营挑选马兵三百名，步兵一千二百名，齐集松城听候。臣于四月二十四日自省城起行，前赴松潘附近隘口，酌量驻扎侦探防御外。臣查西海若果一有蠢动确信，则兵马刻不容迟，一切驼戴鞍马以及皮衣皮帽等项，自应照例预为料理，若待临时备办，必致迟误。故密咨抚臣蔡珽，按马兵十两、步兵八两于司库借支银一万七千两，给发各兵，令其制备衣帽等物。至于驼戴马匹，照二兵三马之例，兵二千名需马三千匹，但附近营汛已于察母道驻防摘调应用，其远路营汛，一时摘调不及，且天暑路远，易致疲毙，除就近于臣标摘马五百匹，再于松潘镇属摘马五百匹，尚少马二千匹。当此备兵之际，操骑驮戴俱不可缓，臣随照每匹价银八两，于司库支领价银二万四千两，分发摘调马匹各营，即速购补，加意喂养，并分发松潘各营，于附近番寨，将所少二千匹照数购买应用，既可迅速，亦且免长途瘦损之累。至于鞍屉绳索，俱照例支银备办停妥。复准抚臣蔡珽移捐赏需银五千两，臣随带前往，以备军中赏需外，唯有兵丁行粮，例应出口支给，其如松潘地方，历来不产米谷，即杂粮亦所产无多，今官兵二千余人前往驻扎，不给以口粮，实无购买之处。臣再四思维，查松潘现有督臣年羹尧在川之时捐贮米石青稞存仓，伏乞我皇上恩准，将各兵应得米折，按数给以本色，即以此项米石青稞，照依行粮半半搭配支给，则兵丁得免枵腹之虑，而于各兵米折按数扣除，在定例亦无增改也。因系钦奉密旨事宜，所有微臣料理兵马，起程日期，支用钱粮数目，俱不敢缮疏题报，亦未便造册报部，谨具密折恭奏，伏乞睿鉴施行。”①

十六日接到总督咨文，二十四日即已办妥调派马兵500名、步兵1500名及马匹、行李、饷银等项，速度快，细微、妥帖，充分显示了岳钟琪的才干及其尽心办好差事的效忠态度，所以雍正帝在密折上予以褒奖。

岳钟琪于四月二十四日送出奏折后，即于当天率领2000名兵士从成都出发，路上走了10天，五月初四抵达950里的松潘，驻扎在附近的黄胜关等处。初七，探子来报，听说罗卜藏丹津要征讨的革。岳钟琪分析了的革情形，确定了招抚的革，以利于防止罗卜藏丹津叛乱。遂向皇上奏

①《雍正汇编》册1，第290、291页。

述说："的革相近理塘、巴塘，系西海通巴尔克木之要路，其地山险人强，是唐古特一大部落也。原属西海台吉那项群奔管辖，因那项群奔死后，其子幼弱，不能钤制，已数年矣。臣于康熙五十八年领兵驻劄巴塘时，的革头目差人到。臣探其来意具有向化之心，因系西海所属，恐致边衅，未敢擅自招抚。前准署定西将军公策旺诺尔布密咨到臣，臣窃思罗布藏丹津等若果生悖逆之心，则巴尔克木地方更属繁要，几我驻防各处，自应预为防范。随于四月十一日，遣差臣标外委千总冶大雄等，持赏前往的革，宣布皇恩，并令该寨头目遣亲信之人，前往罗布藏丹津所属之霍耳一带地方，密行探听，如西海果有蠢动，一面飞报理塘等处胜防官弁，一面调集番兵，堵截要路，果能实心效顺，自当题请授职。并令冶大雄必候确信，方可回报，去讫。此时谅已到彼。今罗布藏丹津征取的革，的革如已归诚，自能竭力抵御。但恐罗布藏丹津逆谋既实，必致骚扰理塘一带熟番，且泸定桥路通霍耳，甚属繁要。臣是以即刻飞檄署化林协副将张成隆，挑带化林兵丁四百名，更调拨黎雅、峨边两营兵丁各二百名，并调木坪土兵五百名，俱交该署副将带领，于泸定桥驻扎防探。更飞咨领兵赴察母道之松潘镇臣周瑛，令其俟到理塘，暂驻探信，倘西海征取的革，扰及熟番，该镇即一面调遣沿途驻防官兵，相机堵杀，一面知会泸定桥官兵，直出霍耳，截其归路，前后夹攻，则仰伏天威，逆恶之扑灭，料亦无难也。臣于初八日带领各营兵丁，赴黄胜关屯驻，并密咨督臣年羹尧，知会西宁一带大人提镇外，所有臣已抵松潘，接准西泸咨报，调遣官兵，于泸定桥、理塘两路暂驻防御，及臣屯驻黄胜关情由，合即具折密奏，伏乞睿鉴施行。"①

雍正帝看后，在岳钟琪这道雍正元年五月初九的奏折上，朱笔批示："览。一切筹划，甚为得当，朕深为嘉悦。西边世（事）务，朕之旨意，总交年羹尧料理调度，你凡有所奏，将折底一面通知年羹尧，一切划一，免有疑二参差之处。尔地方情形，商得及者，与年羹尧商酌而行，若有紧急当行者，你一面便宜相机而行，一面奏闻，一面通知年羹尧照应……朕虽未与你言面，每闻年羹尧称道尔之谋猷才略，朕实信得极。边事交付尔二人，朕实无一点西顾之忧。"②

过了三十多天，六月十六日，岳钟琪上折，奏述的革头目丹巴测伦

①《雍正汇编》册1，第364页。

②《雍正汇编》册1，第365、366页。

的回信，表示其愿意归顺。丹巴测伦在回信中说："我见大人给我文书缎子，我很喜欢。大人在巴塘坐的时候，我要讨牌票，不许外人糟蹋我的百姓，大人往藏里去，没有发。如今给文书来，要叫我出力，如有功之日，奏请皇上，赏我印信号纸。皇上大事，叫我出力，我也出得力，办得事。我原是西海那项群奔台吉管的人，每年差事原不多，我也还给他。我们地方都在山沟里，我的人远处出兵，十分也不得力，若有兵马到我地方来，我也敌得过他。"岳钟琪据此，奏称："的革乃唐古特一大部落，的革今既归顺，则巴塘、理塘一带，皆可借为藩篱。……因此，可让周瑛不再驻扎里塘，前往察母道。"

雍正帝在此奏折上朱批示："知道了。所奏甚明悉。"[①]

雍正元月九月二十三日，接到总督年羹尧咨文，告知奉上谕，令岳钟琪即带标镇官兵，先抵松潘暂驻，待总督另外发来咨文，"与西宁定期出口"。岳钟琪敏锐地感到，即将大举进剿西海罗卜藏丹津，便立即调派官兵土兵。完毕之时，于九月三十日上折，奏称办理情形，并于当日带兵从成都出发。奏折说："窃思罗卜藏丹津叛逆之迹业已显著，声罪致讨刻不容迟，臣随将臣标前次挑就随带出口撤回兵丁五百名，又另挑壮健兵丁一百五十名，一面飞差檄调松潘镇属前次挑就随带出口撤回兵丁一千五百名，今又另派镇属标营及成都城守、潼绵两营兵丁四百五十名，共官兵二千六百五十员名，更调杂谷、瓦寺、包坐三寨土兵共三千四百名。臣即于本月三十日随带本标官兵自省城起身，兼程赴松，点验汉土兵丁，暂驻松城，听候督臣另咨，与西宁定期出口外。但伏读上谕：据侍郎常寿奏报，罗卜藏丹津侵伐王察罕丹津，已过黄河等语。臣窃思兵贵神速，机难预料，罗卜藏丹津既过黄河，恃强横行，则贪取察罕丹津所属唐古特部落，亦未可定。万一臣到松之日，罗卜藏丹津不知天讨，迅速潜至附近松边住牧之番寨处所，则臣自当相度机宜，一面飞咨督臣，知会西宁，臣一面力图扑灭，断不敢以西宁定期未至，坐待迟缓，致令彼得以预备，或至西遁也。此臣愚率之见，不敢不先为奏明，至期更当另折密报。至于续挑官兵摘给马匹支给皮衣粮饷等项，俱照例咨移督臣抚臣会疏另题外，所有臣自省领兵起程日期，合即具折密奏。"

雍正帝在此奏折上，朱笔批示："知道了。朕信得你。但凡百以持

①《雍正汇编》册1，第514页。

重为上。西边有年羹尧、你二人，朕岂有西顾之虑。愿尔等速速成功，朕喜闻捷报。”[①]

在岳钟琪即将于雍正元年十一月初三领兵出口，前往西宁前夕，帝将岳钟琪的长子岳濬授为荫生。岳钟琪立即于十一月初一上折，恭谢天恩说：“奏为受恩已荣四世，恋主未遂寸心，谨沥诚仰祈睿鉴事。窃臣自臣祖镇邦荷蒙国恩，由行伍历任绍兴协副将，遂以介胄传家。臣伯叔父兄皆得仰沾天禄。而臣父升龙更蒙圣祖仁皇帝宥过录功，畀以节钺。及臣之身，由文改武，毫无报效，随师西藏，方愧识浅才庸，不能歼厥巨魁，乃蒙先皇帝念奔走微劳，越寻常资格，由副将特擢今职，臣虽驽钝，岂敢一刻忘非分之荣一事，忘捐躯之报。更伏遇我皇上丕承大统，广沛弘恩，庸碌如臣，叠邀眷注，极稀世之珍赏，沛慈祥之温纶，臣何人斯，膺此异数。兹臣子濬又得邀覃恩受荫，于本年十月二十九日遵例咨送川陕总督臣年羹尧给咨赴部，随谨缮疏，恭谢天恩，又何敢更有渎奏。窃臣一门，自祖及臣，三世受圣朝眷养，今更垂及四世，而臣猥以边防事务，远羁万里之外，不能趋叩阙下，仰瞻天颜。本年四月领兵出口，八月回署，正拟疏恳陛见，又准督臣年羹尧咨会带兵前赴松潘。至臣恋主之私，抑郁多年，寤寐不安，是以冒昧具折，嘱臣子濬代叩阙前，稍展微臣瞻依之愿耳。但臣子虽幼曾读书，儒业未就，伏乞我皇上恩施格外，因材训育，将臣子置诸繁苦之地，令其行走学习，将来倘有寸进，皆沐皇上作人圣化矣。臣谨薰沐九叩缮折，不胜惶悚，唯乞我皇上矜小臣孺慕之诚，有武夫愚直之罪，俯赐睿鉴施行。为此具折交臣子濬恭捧奏闻。”[②]

雍正帝在此十一月初一岳钟琪的奏折上，朱笔批示：“览尔所奏，在他人朕犹认为虚应故事，在尔皆出于真诚，朕信得极。但此子聪明老成，甚有可观，况是你长子，留京不能学习，还恐少年未定之性，流于卑污，非朕待尔之意也。因此另旨，发交大将军年羹尧，过一半年，文途武途，皆可随你情愿，朕即加恩，用在川陕地方，庶便就近教导，将伊造成一大器，与朕出力报效，顾不美欤。为此，特谕尔知之。”[③]

雍正帝的这次朱笔批示，是对岳钟琪破例的特殊奖赏和额外优遇。

①《雍正汇编》册2，第48页。

②《雍正汇编》册2，第195页。

③《雍正汇编》册2，第199页。

岳濬的受荫，本身并非特例，按清制，顺治二年定，文官京官四品以上，外官文官三品以上，武官二品以上，“俱送一子入监（国子监太学）”。岳钟琪是提督，官阶从一品，有资格送一子为荫生，入北京国子监太学学习。但是，帝之朱批，有两点与其他荫生不同。一是皇上批示，不让岳濬进京到国子监学习，因为此子“聪明老成，甚有可观”，“留京不能学习”，怕其受到不良影响，学不好，且“流于卑污”，而皇上是要将岳濬培养“成一大器”，为国家、为朝廷担当大任，为帝“出力报效”。所以要叫岳濬就在川陕，以便岳钟琪“就近教导”，助其成才。

更为重要的是，皇上竟金口许愿，允诺“过一半年”，文职、武职，随岳钟琪所愿，授岳濬官职，在川陕地方作官，以便将来成为国家“大器”之臣。这时，岳濬不过是18岁左右的青年，竟能得到皇帝的如此关爱和提拔，真是天大的隆恩。纵观清朝，皇上对大臣之子如此优遇，如此朱批，即便不是绝无仅有，也是极为罕见。

雍正帝对岳钟琪的如此优遇，并非一时心血来潮，草率从事，而是他慧眼识英才，认准了岳钟琪是一个智勇双全的、罕见的“将才”、“帅才”，要委以重任，为朝廷平叛治乱，安邦定国。雍正帝对岳钟琪的高度评价和寄予厚望，来源于三个方面的因素。一是父皇康熙对岳钟琪的赏识和擢升。康熙六十年五月，进藏驱准大军凯旋不久，岳钟琪就由辖兵三千余名的永宁协副将，越过官阶正二品的总兵，一下子就升任官阶从一品、辖兵三四万名的四川提督，成为广阔的60万余平方公里的四川省最高军事长官，升迁之快之高，超过任何一位入藏征准的满汉提督、总兵、副将、都统、副都统。康熙帝之所以这样破格优遇岳钟琪，是因为他知道了岳钟琪在入藏征准时的卓越表现和特大军功，从而很赏识岳钟琪。后来，在岳钟琪向雍正帝奏上的请安折上，帝朱笔批示：“朕安。尔乃干城名器，国家梁栋。皇考当日不时嘉之。朕虽未曾见你，深知你忠诚为国之心。唯勉尔莫移初心四字。余无他谕。圣祖所遗亲用数物，赐尔。来人口谕。”[①]

父皇都经常嘉赞岳钟琪，赞其才干，嘉其“忠诚为国之心”，使当时的皇四子、雍亲王胤禛，虽然未曾见过岳钟琪，都知道了岳的“忠诚为国之心”，以及其之才干，当然会令今日的雍正皇帝器重和优待岳

①《雍正汇编》册32，第253页。

钟琪。

二是川陕总督年羹尧对岳钟琪的赞扬和力荐。岳钟琪当永宁协副将和入藏驱准时，年羹尧是四川总督，节制川省绿营将领。青海平叛时，岳钟琪是四川提督，年羹尧于康熙六十年五月升任川陕总督，又是岳钟琪的上司。按清制，没有皇上的特许，副将是不能向皇帝上折奏事的。入藏征准的南路军奏述战情的折子，只有定西将军噶尔弼和四川总督才能写。作为四川总督、川陕总督的年羹尧，对其节制的永宁协副将、四川提督岳钟琪，也有权、有义务向皇上报告此人的操行功过。而年羹尧是非常赏识岳钟琪的，故向皇上竭力推荐，在岳钟琪五月初九的奏折上，雍正朱笔批示："朕虽未与言面，每阅年羹尧称道尔之谋猷才略，朕实信得极。"①

三是雍正帝自己的观察。雍正即位以来，将近一年。这段时间里，从岳钟琪上的几道奏折看，岳确是忠于皇上，忠于朝廷，始终在为朝廷着想。岳钟琪不过是一个四川省的提督。成都与西宁相距太远，要在青海征剿蒙古，主要是陕甘的事。陕甘总督衙署所在地西安，固原提督（即陕西提督）衙署在固原，甘州提督（即甘肃提督）衙署在甘州，皆比成都到西宁更近，并且近得很多，成都到西宁的途程，比起甘州、固原，要远两三倍。陕甘的绿营官兵，有九万七千余人，比起四川的绿营兵三万四千余人，多了两倍。仅只是与西宁紧紧相邻的甘州提督所辖兵士，就有五万余名，比四川多了40%—50%。即使按照雍正元年十一月川陕总督年羹尧所上大举征剿罗卜藏丹津的用兵奏折，也不过是要19000名，兵分四路，齐进剿杀。这1.9万名兵士，完全可以从甘州提督所辖5万多兵士中调遣。甘州提标、固原提标和陕甘八个总兵的镇标，兵士就有3万余名。从这3万余名标兵中，挑出1.9万名健壮兵士，是完全办得到的。何况在全国60万余名绿营官兵中，排在首位的当属陕甘劲旅。而川兵的声望并不高，若在南方丘陵、山区行走交战，战斗力还可以，如在大平原大草原驰骋疆场，那就显然不如陕甘劲旅和关宁铁骑了。换成平庸的四川提督，他根本不可能想到川兵会成为征剿青海的重要部队，也不愿意、不敢承担这个重任。就是十分赏识岳钟琪军事才干的川陕总督年羹尧，在雍正元年九月十三日接到命其统军征剿青海时，也足足花了五天时间紧张思考，于九月十八日奏上征剿的九项安排中，还是以陕甘

①《雍正汇编》册1，第365页。

兵士为主，在要调遣的八千八百余名兵士中，只要四川绿营兵2000人，其余6800余名，皆是陕甘的兵。[①]只派四川2000名兵士，而四川提督有标兵3000名，四个总兵有镇标兵8000名，三个协的副将各有标兵1000名，总加起来，专职征剿的标兵就有1.4万名，从中挑选精兵2000名，一点不难。如果这个提督是纨绔子弟荣升的，或者是苟安怯战平庸之辈，对这个数额是求之不得，是喜称奉命了。可是，岳钟琪既是胸怀壮志又是忠心事君的将军，他当然知道，一般川军兵士，不善骑战。可是，青海虽是平原，但它是高原，是青藏高原，有不少高山，要山战，丘陵战，可是川兵强项，尤其是土兵（主要是藏族），更是登山越岭，如履平地，奋勇争先。所以，他立即紧张调拣兵士，在九月二十三日收到总督咨文，令他派兵2000名之后的第七天，九月三十日，即上折奏称，率领绿营兵2000名及将弁50名和杂谷、瓦寺、包坐三寨土兵3400名，一共是6000名兵士和50员将弁，从成都出发，前往松潘驻扎，听候总督来咨，择期前往青海。[②]

所以，年羹尧在十一月十四日上折奏请调兵1.9万名大举进军时，才写上调四川提督岳钟琪率领的“绿旗、土司之兵共六千”。此事充分显示了岳钟琪既有忠心，为朝廷着想，又有前瞻眼光，胸怀征剿大志，确是难得的忠君之臣，智勇兼备的名将。嘉奖，宠遇，寄予厚望，使其忠君、效力，为帝倚任、解忧，当前首先是剿灭罗卜藏丹津，平定青海，这就是雍正特别优遇岳濬的原因。所以，这道授予岳濬荫生的咨文，要赶到岳钟琪领军出口之前送到军营，让岳钟琪知晓皇上的宠遇，勇往直前，灭敌立功。

雍正的苦心，没有白费，岳钟琪的确是万分感激四世受恩，竭力图报，于十一月初三率领绿旗官兵、土兵6000名出口，赶往西宁。

出口以后，走了12天，探子报告，青海蒙古尔根台吉差派寨桑（宰生）勒墨库，统领百余蒙古兵，指使其属下热当等十二部落番子（藏人），焚烧沿途草场，阻止粮运。岳钟琪率兵，利用晚上下雪，敌兵松懈未曾防备的大好时机，突然进袭万余敌兵，奋勇冲杀，大获全胜。

岳钟琪于十一月十八日的奏折上，详细奏述了败敌情形，奏称：“窃臣奉命出征，于本月初三日领兵出口。随差漳腊营把总汤义美前往

①《雍正全译》第354、355页。

②《雍正汇编》册2，第48页。

尔根台吉所属部落，探听声息。及臣行至班若地方，汤义美回报，有尔根台吉差寨桑勒墨库带领蒙古兵百余人，统率热当等十二部落番众。将沿途草场放火焚烧，整饬器械兵马，意在迎敌我师，拦截粮运等情。臣思兵机贵于神达，因出其不意，随将辎重派后，各令官兵轻骑星夜前进，果见遍野灰烬。于十五日夜抵哩嘛隆地方，查得逆番十二部落，共计一百一十余寨，其中人最强悍素行不法者尤以热当、播下、物藏、下作革四部落为巨恶，前此掳掠竹浪人口，并抢马匹解送西海，令复阴谋显露，逆我王师，若不扫除党羽，势必饷道中断。适逢是夜雪月交辉，臣随令副将张玉，游击岳含寄领官兵一千攻打热当，参将张元佐领官兵一千攻打下作革，副将纪成斌领官兵一千攻打物藏，周开捷领官兵一千攻打播下，臣仍亲领汉土官兵四路接应。复行传令凡遇老幼妇子，不许杀戮。我师众用命，昼夜攻克。于十六日，据副将张玉等报称，计杀逆番首级一千八十二个，生擒二百七十二人，余皆逃窜。共获牛羊五千余只，大小马五百余匹。至于现存老幼妇子，臣仰体皇仁，按寨安插。又查生擒之人内有番目阿朗等九名，随差威茂营参将张元佐带领，召集逃窜番众，许其投诚。约抚番民五千余人，悉令各安住牧。臣仍分发汉土兵丁五百名，驻防播下地方，暂资弹压。又查出竹浪被掳部民成丕等男妇一百四十一名口，随给口粮牛马，差送亲王察罕丹津收管。所有阵亡受伤兵丁姓名，及招抚各寨户口，俟臣回师之日，造册送部。所获牛羊马匹弓箭器械，尽数赏给兵丁，以示鼓励。臣随于十九日统兵前行，沿途机宜，容臣另折报闻。除将剿过逆党缘由，申报抚远大将军臣年羹尧处，理合奏明。臣谨具折恭奏，伏乞睿鉴施行，为此具折，由驿递送兵部，进呈奏闻。”①

这一仗，大树军威，6000名兵士大败逆番十二部落万余敌兵，威名远扬，沿途曾经被罗卜藏丹津煽惑、裹胁、随从作乱的蒙古、番人丁，闻风丧胆，纷纷听从招抚。岳钟琪乘胜，剿抚并用，以抚为主，顺利前行，行军5000里，十二月初十，抵达青海西宁东边的归德堡。

岳钟琪又奉抚远大将军年羹尧命令，率四川绿旗兵及杂谷、瓦寺、三坐、包寨士兵（藏族），打败上寺、东策布等番部，解了被困在归德的清军之围，荡平作乱的郭密番，平定郭隆寺作乱的喇嘛，准备远征罗卜藏丹津了。

---

①《雍正汇编》册2，第289、290页。

六、五千精兵　半月全歼叛军十万

雍正二年（1724年）正月十三日剿平郭隆寺后，抚远大将军年羹尧就开始部署全歼罗卜藏丹津叛军的行动。

年羹尧告诉刚于正月十二日授为奋威将军的岳钟琪说："已奉旨，命公统领马步兵一万七千，于青草发生时出口。"①

如果是平庸将领，或是虽谙用兵，可是私心太重，只知遵旨而行，明哲保身，不是真正的忠心事君、为邦国安危祸福着想的人，就会口称谨遵圣旨，依旨而行。但是，这样就误了大事了，就很可能既无法取胜，又将会损兵折将，败溃后撤。岳钟琪可非以私误公、盲目服从，置朝廷安危大局于不顾的庸臣劣将，他向年羹尧直言此旨不妥，说：叛军"不下十万"，"以兵万七当之，不及十分之一"，敌众我寡。并且"口外地势衍圹，无住牧定所"，敌兵集聚一处，可以与其决战，一举歼灭，如果敌军分散，我军将"四面受敌"，"非策也"。"某请选精兵五千，马倍之，于二月初旬即发，庶合攻其无备之旨"。②

的确，敌军10万人，我仅17000人，敌众我寡，正式交锋，难保必胜。况且青海高原，地势平坦广阔，如果敌军分驻四五处、六七处，你若进攻一处，其他敌军可袭你后方，攻你两侧，四面包围，断你粮运，处境就危险了。设若趁其聚齐一处，飞骑突袭，攻其不备，一举全歼，这才是唯一制胜之法。岳钟琪此计，确是妙计。

但是，此计虽妙，可却冒着极大风险。一是抗旨。圣旨明明白白写道，命你岳钟琪领兵17000名，于青草发生之时，出口征剿叛军，你却抗旨不遵，且言此旨欠妥，犯下欺君之大不敬之罪。二是违令。此旨虽是皇上所下，但却是来源于抚远大将军年羹尧之奏请。早在雍正元年十一月十四日的满文奏折中，年羹尧就奏请调兵19000名征剿罗卜藏丹津，其中满洲、蒙古兵由协理将军阿喇衲管领，绿旗兵由岳钟琪督管。皇上朱笔批是："均是"，"依尔之所奏执行"。年大将军可不是温良恭俭让之人，向来是言出令行，违抗者、阻挠者，严惩不贷。岳之所言，显有指责年之安排、帝之谕令不妥之意，冒犯了年大将军，今后有你的苦日

---

①② 岳炯：《岳襄勤公行略》。

子过。三是军令如山，岳之建言，岳之请求，是自愿立下了军令状的，《岳襄勤公行略》没有写下这句话。如果岳钟琪领兵5000名，不能全歼罗卜藏丹津叛兵，是要军法从事的，是要砍头、抄家、株连族亲的。想一想，区区5000名兵士，真能全歼10万敌兵吗？难，难，太难了，风险太大了。

但是，岳钟琪为报先皇与当今圣上赐予的四世龙恩，甘冒忤君抗帅斩首籍没危险，奏上唯一正确的用兵之法，剿灭叛军，安邦定国，确是忠心耿耿，尽忠报国。此情，此景，此心，感动了年大将军和皇上，年大将军立即转呈岳之奏请，并尽力推荐这个妙方，皇上也收回前旨，下谕允准岳钟琪的奏请。君、臣一致，将帅融洽，罗卜藏津丹就只有远逃异邦了。

岳钟琪之所以敢于冒着天大风险，奏请改变帝旨，具结请命，领兵5000名去剿灭敌军10万，并不是心血来潮，孟浪行事，或是赌棍心态，闭眼豪赌，而是胸有成竹。从康熙五十年当松潘镇中军游击开始，他已在军界任职13年，翻雪山，过峻岭，穿峡谷，抗瘴疠，大小数十战，“身先士卒”，百战百胜。雍正元年十一月初三从松潘出口，转战5000里，降服蒙番数以万计。到青海后，又与一些和硕特部蒙古王公打过交道，军威远扬，吓得属人众多的墨尔根戴青拉查卜贝勒，因曾随同罗卜藏丹津抢掠亲王察罕丹津，又将自己的妻子达赖喇嘛之姐给予罗卜藏丹津，怕被问罪，仓皇率兵百余人逃往巴尔喀木，其子察罕喇卜坦、旺舒克喇卜坦，率领属下人员，来到岳钟琪军营投降。曾经为青海蒙番数十万人奉为神明，被其蛊惑从乱的塔尔寺大堪布、察罕丹津亲王之侄喀木诺门汗，“亦率属众”，向岳钟琪投降。所以，岳钟琪既会用兵，又很了解青海蒙番情形，尤其是对罗卜藏丹津方面的蒙古王公情形很有研究。对青海的天时、地理条件，已有两个月的经历，知道该怎么做。因此，他断定，此时敌方，虽然有十几个王公贝勒及其家眷、属下人员十余万人，但基本上会集聚一起，随同罗卜藏丹津行走，是全歼敌军主力的最好时机。而蒙古王公，虽然人数众多，十几倍于我军，但已是败兵之将，惊弓之鸟，不敢抗敌，只要飞骑突袭，攻其不备，定可获胜。这从其曾孙岳炯给曾祖父重刻的《岳襄勤公行略》所记的青海之战，可以有所了解。《行略》载称：“议征青海，大将军曰：‘已奉旨命公统领马步兵一万七千，于青草发生时出口。’公曰：‘青海之众不下十万，以兵万七千当之，不及十分之一。且口外地势衍圹，无住牧定所，贼人并集一处，何难与决死战，若散而诱我，反四面受敌，非策也。某请选精兵五千，马倍之，二月初旬即发，庶合攻其无备之旨。’大将军以其言奏，世宗壮之，加奋威将军。二月初八日兵出塞，初九日至哈喇乌苏，贼俱寝，就砍其帐，擒斩千余，其惊觉者皆觅骑而遁，公尾之。驰一昼夜未得饮食，官兵饥甚，四觅无水，塞外严寒，冰冻未解，左右以为忧。公曰：‘可忧不独我也。吾闻军井未汲，将不言渴，军食不熟，将不言饥，冬不服裘，雨不张盖，所以同于众也。今兹之困，忧在众，不在我。’遂竭诚祷之，水声淙淙，自涸泉涌出，味甚甘，一军欢呼。事后具奏，宪皇帝嘉之，遣官致祭。我兵既得甘泉，益加饱腾，探知贼已遁入崇山，勒兵攻之，擒台吉阿尔布坦温布与其妻常马儿，及青黄台吉兄弟，并台吉吉吉札布等二百余人，械系行营，乘势前进。路见野兽奔逸，公曰：‘此前途有放卡贼也。’裹粮疾驱，击擒百余，自此贼探信者断矣。黎明，至哈达河，贼夹河而营，我兵歼河南贼一空，而贼首之在河北者已有备。整旅渡河，始用铳箭，继接短兵，自辰至午，擒斩贼番千余。吹喇克诺木齐挈其妻奔吉卜，弟端多札什及台吉札什端多布等五十余人窜而西。其党贝勒彭错、贝子噶尔旦代庆及台吉吹因率所部千余迎降，为言罗卜藏丹津同额尔德尼、藏巴札布、格尔格竹囊、额尔克代庆、库勒等七台吉，驻牧乌兰木呼儿，有众数万，去此一百五六十里。公拔营夜行，行其处，贼尚卧，马未衔勒，闻官兵至，惊不知所为，各鸟兽窜。生擒藏巴札布等六台吉，并获罗卜藏丹津母阿尔太哈与其妹阿宝，唯罗卜藏丹津衣番妇女，携其妻妾走噶尔顺。公留兵守柴旦木，而躬自驰追。至一地，红柳蔽目，不能望远，夷人曰：‘此桑驼海也，路穷矣。’公乃班师。贝勒彭错亦擒获吹喇克诺木齐夫妇并其弟台吉等五十余人来献。是役也，公以王师五千深入十数万虎狼之窟，往返未两月，扫穴犁庭，降王三，擒王十有五，斩贼八万余人，俘获男女数万口，军器驼马甲帐无算。”

以上的简略战情，可以表明，此战之所以能够取胜的因素有五。一是身先士卒，同甘共苦。岳钟琪，“御卒严，而同甘苦”，[①]每逢征战，“身先士卒，官兵无不共见”。[②]岳钟琪所说：“军井未汲，将不言渴。军食未熟，将不言饥。冬不服裘，雨不张盖，所以同于众也。”此话确

① 周正：《四川提督威信公岳公传》，载《清代碑传集》卷116。

②《清高宗实录》卷329，第3页。

是至理名言。将帅，尤其是大帅、将军、提督、都统、总兵等高级军官，如果能够以身作则，身先士卒，官兵同甘共苦，全军将士定能一心一意，勇战敌兵，成为所向披靡的无敌劲旅。二是奋勇冲杀，军威无敌。三是速战速决，必歼敌军主力。四是昼夜飞驰，攻其不备。两次大的战争，俱系夜行一二百里，将敌兵杀死于睡觉之时。五是乘胜穷追，不给敌方喘息机会。从而创下了中国古代军事史上5000名精兵深入敌巢，半月之内全歼敌军10万，以少胜多的光辉战例。

考虑到《清世宗实录》《清史列传·岳钟琪传》及四篇《岳钟琪碑文行略》，对青海之役的记载过于简略，无法了解征战详情，还看不到雍正帝对几次大战的批示，故将抚远大将军年羹尧奏述战争情形的四道满文密折，引录如下：

第一道密折是雍正二年二月十四日写的：

"抚远大将军、太保公川陕总督臣年羹尧谨奏为奏闻事。

青海人众内叛乱，有掠夺弱者，增加兵力而远遁之情形，机不可失，臣遣派大军之处，先业已奏闻。二月十四日，将军岳钟琪禀报：我依大将军令，率绿旗、土司官兵，于二月初八日出边，急速行军，本月十一日，抵至巴尔齐老，获悉巴勒珠尔拉布坦在乌兰博尔克地方。其间相距者近，恐伊得讯而逃，即于深夜将兵分为三路，紧急汇剿伊，我兵抵达彼处，伊即败逃，以此令侍卫达鼐率察哈尔兵三十追踪，拿获阿拉布坦鄂木布下步兵五人。审伊等据供：我等台吉阿拉布坦鄂木布同巴勒珠尔拉布坦暂移驻此处。当日晚，据策零敦多布告称：内地大军即到。故我等台吉同巴勒珠尔拉布坦，率妇孺而逃，不晓逃往何地。等因。岳钟琪我令总兵官吴征阿率一千五百兵士，从北路进攻；令总兵官黄喜林、副将宋可进率一千五百兵士，从中路进攻；我亲与侍卫达鼐率一千五百兵士，从南路进攻。又对副将王松、纪成斌等各拨兵五百，遣之搜山。余兵护送粮驮。我自亥时追至卯时，抵达伊克哈尔吉，阿拉布坦鄂木布知我等后追紧急，即躲进哈尔吉山内。我兵即进入山内，执获阿拉布坦鄂木布。黄喜林率兵追至三十里后，执获巴勒珠尔拉布坦及伊叔伊克拉布坦前来。吴征阿率兵追赶，追及贼匪后，贼匪等即进山，汇集一处，向我等交战，我兵奋战，斩贼五百余。今已执获阿拉布坦鄂木布、巴勒珠尔拉布坦、伊克拉布坦，而属下部族均逃散。岳钟琪我理应将现执获之贼阿拉布坦鄂木布等即解送大将军处，收服分散之部族。惟征剿贼首罗卜藏丹津事甚要，不可怠慢。故我亲携此三贼进剿，又令一千兵镇守昌马尔，收归分散之部族。俟剿灭罗卜藏丹津后，我亲将所俘之贼匪等交与大将军。等情报来。为此谨奏以闻。"

雍正帝看过后，非常高兴，朱笔批示：

"岳钟琪尔等二人，真正大将军，真正将军，朕惟作揖感激天恩、圣祖神灵保佑，嘉奖尔等效力外，忘了喜悦。朕览此奏书，虽然喜悦，而内心稍有不踏实。续俟复奏，一并下旨。初一日闻吹喇诺木齐败之，现心内甚为踏实。大喜，唯尔如此效力，耗费心血，共同效力，对尔等施以何恩，方能嘉奖尔等赤胆忠心。朕之喜悦实不能以笔叙述，惟屡闻喜报。"①

第二道满文密折是雍正二年二月二十三日写的：

"抚远大将军、太保公川陕总督臣年羹尧谨奏为奏闻事。

"二月二十二日，将军岳钟琪来报：本月十四日，我率兵抵达西尔噶罗萨，率北塔勒民团之游击马中孝禀报内开：我擒一吹喇克诺木齐所差探讯之贼，问之据供：现吹喇克诺木齐驻于天城察罕哈达。命一寨桑率百人，于四面山设卡伦，差我探取大军讯息。当日我若得讯报伊等，伊等尚不逃遁，今日我若不返回，则必被大军所执，伊等即逃遁等情。岳钟琪我获此讯，不可怠慢，于酉时即遣兵，十五日晨即到达天城哈达，据前锋等来报：前有五六十余蒙古包后，我即进兵剿杀，斩五十余贼，生擒七十余男女，又速行军，渡一大河后，即抵哈喇克诺木齐，观之，有空蒙古包数百，而吹喇克诺木齐已逃遁。复发兵追踪，四面山搜寻，又斩贼三百余，生擒之男人妇孺甚多，获马有三百余，牛羊不计其数。当即审问擒拿之贼，据供：吹喇克诺木齐于十四日夜闻大军到达之讯，率三百余人，驱四群之马，夜半逃遁，我等未同逃之，均被大军拿获，祈求饶命等语。故此，我即令游击王有勋、守备张显志率兵三百，戍防天城察罕哈达地方，收驻散逃之部。我于当日即令兵速追，十六日

①《雍正全译》第670页。

午时抵达色尔科克，先遣之千总古松林、外委把总王国栋，率盆苏克汪札勒、噶尔丹戴青等台吉，会我告称：我等率六百兵士，镇守路口，于本日晨，吹喇克诺木齐属下都喇勒寨桑及札西敦多布之母，共率部一百四十余户、携马三百余往时，我等拿获伊等。审都喇勒寨桑，据供：吹喇克诺木齐率家口，沿噶斯路逃遁，我等均不愿随遁，欲逃往山内，被尔等拿获等语。吹喇克诺木齐率妇孺沿噶斯路往，观之，何能远逃？故我赏给盆苏克汪札勒等绸、银、茶叶，令伊等率蒙古兵五百，自噶斯路往追，务擒拿吹喇克诺木齐，不准逃遁等因，交付之。又念盆苏克汪札勒等，蒙古本性不可靠，除令守备刘廷燕、李英龙率兵二百，共同速伐外，探得讯息，罗卜藏丹津现仍在原驻处。伐伊之事甚要，我率兵务于十九日抵达伊之驻处，等情。

“臣窃思之，吹喇克诺木齐今虽逃遁，而伊属下之部族、牧群、牛羊均未能携往，既又发兵追赶，伊即逃出，亦系一困迫至极之人，又能如何？故此，臣咨饬将军岳钟琪，俟罗卜藏丹津事竣后，返回之时，务将巴勒珠尔拉布坦、阿拉布坦鄂木布、吹喇克诺木齐属下部族均收取之等情。为此谨具奏闻。

“（朱批：大喜，大喜！吹喇克诺木齐虽逃出，唯往策妄阿拉布坦处为奴而已。此情拿获罗卜藏丹津。虽如此，均在天佑之。）”①

第三道满文密折是雍正二年三月初一写的：

“抚远大将军、太保公川陕总督臣年羹尧谨奏为奏闻事。

“二月三十日，据奋威将军提督岳钟琪禀报内称：卑职岳钟琪率兵出，先已将拿获罗卜藏丹津匪伙巴勒珠尔喇布坦、阿拉布坦鄂木布、伊克拉布坦之处，均已报明。十八日，抵至博尔哈屯地方，罗卜藏丹津属下寨桑绰依率妇孺来投，问其贼罗卜藏丹津现在何处？据供：罗卜藏丹津同台吉藏巴札布驻于额木讷布隆吉尔。闻大兵来，移向彼方，为同内地军而战，均有备兵等因。卑职以为军机不可迟误。即急速而行，十九日晚，抵至额木讷布隆吉尔，令侍卫达鼐、总兵官黄喜林、副将王松、宋可进率兵一千，从北路先抵柴达木，堵截逃往噶斯之要道。我亲率官

①《雍正全译》第677、678页。

兵，从南路乘夜急进，二十日卯时，抵达毕留特，生擒二喇嘛问之，供称：罗卜藏丹津已迁往乌兰木虎地方。我又速令兵至彼处，贼匪又已逃往柴达木。以此，命参将马吉勋、游击周凯捷、范世鲁等，共率一千兵，分路追踪，我亲率兵，殿后赶行，沿途所遇贼匪，欲归降我等者，均收留之。向我等动手而斩杀者甚多，拿获罗卜藏丹津之母阿勒泰卡屯、伊之二贼目格勒克济浓、苍巴加，以及获男丁、妇孺无数，牛羊数千。以此，拨总兵官吴征阿兵一千留戍地方。我仍令兵日夜兼行，二十二日抵达柴达木，参将马吉勋、游击周凯捷等报称：我等追赶贼匪，执台吉藏巴札布，问之，据供：罗卜藏丹津惟率二百余人，逃来柴达木，见有守兵，又逃往他处，不晓往何处，等语。岳钟琪我即责令总兵官黄喜林等跟踪拿贼。俟捉贼后，除另报外，是日守备刘廷延、李英隆等来报：我等率兵，与盆苏克汪札勒共同追赶吹喇克诺木齐，十九日午，抵达乌兰伯克地方，将吹喇克诺木齐、札西敦多布一并执获。斩贼百余，俘获马二千余、驼百余。将伊等属下男丁、妇孺均解送天场察罕哈达等情。今胁从罗卜藏丹津反叛之八台吉，均被我等拿获。斩杀贼匪甚多，收归男女人口概计万余，获马、牛、羊、军械等物不计其数。罗卜藏丹津虽逃，其贼羽均被执。今伊只身亦甚孤单，力乏已极。现将拿获之罗卜藏丹津之母阿勒泰卡屯、贼羽阿拉布坦鄂木布等八人及来投盆苏克汪札勒等四人，俟班兵时，送交大将军前等因。

“臣查得，自二月初八日出兵，至二十二日，十五日间，除投来之盆苏克汪札勒、噶尔丹戴青、多尔济纳木札勒、达西策凌等外，将同罗卜藏丹津叛乱之首犯阿拉布坦鄂木布、巴勒珠尔拉布坦、伊克拉布坦、吹拉克诺木齐、藏巴札布、敦多布达西、札西敦多布、格勒克济浓等人拿获。由平定青海地方看来，均仰圣主至厚之恩，官兵感激，倚仗天威，各自奋发效力所致。罗卜藏丹津贼羽均被拿获。其部属我等均收取。今惟索罗木处仍有伊属之一部人居住。臣饬付奋威将军岳钟琪，命此一部人速降。罗卜藏丹津并未获藏身之处，仅率二百余人逃之。虽逃遁，想亦不能出。为此谨具奏闻。”①

第四道满文密折是雍正二年三月初八写的，奏述五日五夜追赶行驰八百余里，全歼罗卜藏丹津主力，“罗卜藏丹津丧魂，牵乘壮马”，昼

①《雍正全译》第700、701页。

夜远逃的情形：

“抚远大将军、太保公川陕总督臣年羹尧谨奏为奏闻事。

“前同罗卜藏丹津为首反叛之厄鲁特贼匪阿拉布、吹喇克诺木齐、巴勒珠尔拉布坦等已执获。又速遣兵追赶罗卜藏丹津情形，奋威将军岳钟琪三次来报，皆业已奏闻在案。

“今三月初七日，奋威将军岳钟琪来报：二月二十五日，参将马吉勋、游击周凯捷等禀报：率兵自索洛木路追赶罗卜藏丹津，沿途斩贼一千一百余。又生擒三蒙古人，严讯据供：罗卜藏丹津自柴达木路逃遁等语。因我等追赶之路，距柴达木路遥，故率兵返回等语。二十九日，侍卫达鼐、总兵官黄喜林禀报：二月十九日三更时，我等照将军交付即整兵，追赶至四更时，抵达博木苏处，闻罗卜藏丹津下属贼匪在前面行，便令侍卫达鼐率察哈尔三十，紧急追赶，沿途斩贼一百九十余。生擒二人，获马三百余。游击马中孝率白塔儿民兵，由右路追赶，斩贼一百八十余。副将王松率川陕总督标下兵，由左路追赶，斩贼一百六十余。总兵官黄喜林、副将宋可进等，各自率兵，斩贼二百一十余。五更收兵后，经查，共获马三百余，驼一百余，牛羊一千余，妇孺甚多，因赶追罗卜藏丹津，将少年、壮汉斩七十余，余者均弃之，驼、马选膘壮可用者，赐给诸军士。余者因均不可用，亦弃之。继续追赶，二十日午时，抵达柴达木。此一昼夜，行二百余里，因四面均系沙地，不得罗卜藏丹津之踪迹，遣兵四面追之，擒四贼问之，据供：罗卜藏丹津闻大军抵至之讯，十九日晨，率五人，均牵壮马，由山沟路逃往索洛木处，即率此等引路，午夜追赶，二十一日巳时，抵达山沟地方，擒获罗卜藏丹津属下一百余人，斩带军器年少悍匪九十余，剩余之老幼均弃之。又罗卜藏丹津之色卜滕恰等二十户归降，问伊等罗卜藏丹津逃往之路，据供：罗卜藏丹津逃往柴达木西北山林内，即率色卜滕恰引路追赶，抵达西什之地，擒罗卜藏丹津属下五十余人，获驼二十余，牛、羊甚多，彼时即二更矣，急行一百五、六十里，（朱批：皆成飞虎将矣，真正可嘉。）且因黑夜难行，即令兵止于西溪地方，斩所擒获少年顽匪三十余。二十二日五更时启程，日出后，擒获台吉色卜滕博硕克图兄弟二人，及伊属部落二百余户，即率色卜滕博硕克图引路追赶，抵达桑托罗海之地，令侍卫都嘿、嘿车、色勒图率兵七十，往遣寻踪，擒四贼、二山西商人，问之，据供：罗卜藏丹津乔装女人模样，（朱批：千古未闻之奇丑。）三日前率二人，夜半由此处经过，向役均乘壮马，行路甚急，翌日千名男妇牵驼马牛亦由此处经过，行路稍缓等语。夜暗林又大，歇马间将此四蒙古均斩之。四更时，追赶一百三十余里，二十三日申时，抵达巴哈诺木浑之地，二路官兵追及随罗卜藏丹津逃之三百余男妇，斩一百余男人，获驼七十余，马三百余，牛羊千余，生擒四头目，严询据供：罗卜藏丹津三日前牵壮马、驼即过，伊在林内夜半而行，因岔路甚多，我等不能追赶，不知伊往何处？斩此头目及壮汉共一百四十余。是日，行军一百二十里，乃止兵。二十四日五更时，启程追赶，行一百十余里，抵达腾格里地方，获罗卜藏丹津属下六十余口、马百余。问伊等：均称罗卜藏丹津舍命远逃，前面之四台吉，大军抵至，恐杀伊等，故逃进戈壁内。等语。以此斩强悍之徒三十余，即整兵急追，二十五日日偏，追及台吉楚鲁木、班第达，均擒之。另台吉额尔德尼、巴勒丹因马乏殿后。获此四台吉属下一百余户。罗卜藏丹津丧魂，牵乘壮马，昼夜逃遁者远矣，而我兵五日五夜追赶，行八百余里（朱批：如此方是效力，朕实观之不忍。）均为沙碱地，因于林内行，水草甚缺，马均瘦弱疲惫，腾格里西有三日戈壁路程，难以追赶，经会议班兵。（朱批：完全如意，甚当之极。穷贼出尽丑，要生不如死，况虽暂寄偷生，逃往何处？真属庆快！）二十五日，于萨里地方搜山，获罗卜藏丹津属下蒙古男丁八人、妇女十余人。将八名蒙古男丁均斩之。二十六日，于鄂索勒吉地方搜山，并无蒙古贼匪。共斩贼匪一千二百余，等情。

“卑职岳钟琪窃思：罗卜藏丹津虽日夜逃遁，并无廪饩，随者仅数人，断不能远去。窃查，驻哈尔吉地方三十三家台吉，均系固始汗兄弟之子孙，前由达彦贝勒管辖伊等。去年迫于罗卜藏丹津，无奈随从，罗卜藏丹津甚窘迫，往投此三十三户，不可料定。故缮蒙古书，昭告伊等，罗卜藏丹津若往投尔等，尔等共擒送之。我必报大将军，具奏圣主，施恩晋封尔等。倘擅释逆贼，以至逃遁，或有隐匿（朱批：想及得好。即便收留隐匿，亦不过苟活数日耳！）必遣大军，与布隆吉尔官兵从二路共征剿尔等。等因咨饬。再索洛木处仍有罗卜藏丹津属下部落，此间若不收服，又生变，不可料定。故此，令侍卫达鼐、副将纪成斌等率兵八百，遣之收服伊等。（朱批：是。）我等诸路官兵，追赶罗卜藏丹津，前后共斩罗卜藏丹津属下人三千一百一十余人。岳钟琪我于三月初一日，率兵返回柴达木。将此次生擒、降服诸部之人口数及所获武器、马驼牛羊数查核，造册禀报，等情。

“臣窃查，逆贼罗卜藏丹津于去年被我大军击败后，除陆续来归之贝勒、贝子、公、台吉等外，我等大军出后，被伊胁迫未得归来之众，均往投奋威将军，归降我等。从伊为首反叛之阿拉布坦鄂木布、吹喇克诺木齐、台吉桑巴札布巴勒珠尔拉布坦等，均已擒之，伊属下能战者消灭之。罗卜藏丹津已窘迫至极，乔装女人模样，惟率数人，匿于林内，沿山逃遁。今伊之羽翅均灭除，我等除将所余之下属部落均收取。前遣派噶斯路之部落，亦被我军擒斩。罗卜藏丹津身即活命出，惟仅存只身，狼狈不堪，至何时被我等擒获，未获伊并无干系。（朱批：原无干系，大事已十成，完全如意。朕惟感上苍之赐佑，嘉尔等之勤劳外，实无可谕者也。）今青海事皆竣，或集青海诸王、贝勒、贝子、公、台吉等大会盟，若不指明各自牧场，及辨别伊等所行事之是非，罪之轻重，后日不定永遵行之例律，此等众人亦不晓主之威严法度。（朱批：是。妙不可言。）今布隆吉尔之巴噶阿拉布坦、台吉阿尔萨兰，此数日内即抵至西宁。沿存之公丹津、台吉阿拉布坦、巴苏泰、诺尔布、库伦之喇嘛额尔克鄂木布，均尚未擒，故此，本月初二日，咨行伊等牌文，现青海事均已定，尔等各携户口数，速来西宁，今为尔等西宁民众永享安居乐业会盟。（朱批：是。好。）此间，伊等亲来归会盟，定办青海诸事。倘有不来者，现已至布隆吉尔地方生长青草时，乘机遣兵，剿灭伊等。（朱批：相机而行。）为此谨具奏闻。

“（朱批：彼此除喜字外，实无另语。大喜！）”①

《清世宗实录》卷17，第11页载：雍正二年三月初九，雍正帝收到抚远大将军年羹尧奏报，“青海部落悉经平定”的报捷奏折。第二天，帝谕总理事务王大臣等，嘉赞剿叛大军将士说：“青海逆贼罗卜藏丹津之事，大将军年羹尧，奋威将军岳钟琪，以及兵丁，皆奋勇杀贼，于十五日内，即能将逆贼剿灭平定，殊为可嘉，年羹尧着授为一等公，再赏一精奇尼哈番（即一等子），岳钟琪着授为三等公。凡效力官兵，俱加优恩策勋外，着户部动用钱粮二十万两，送至大将军年羹尧处，分别官兵效力等次赏给，以示格外加恩之意。”

①《雍正全译》第709、710页。

四月初二，以青海平定，遣官告祭暂安奉殿、孝陵、孝东陵、景陵。[①]

四月十五日，以青海平定功成，雍正帝御太和殿，亲王、郡王、贝勒、贝子、公及文武官员上表，行庆贺礼。[②]

闰四月初十，以平定青海所获叛逆俘囚吹喇克诺木齐、阿尔布坦温布、藏巴札布三人解送至京，行献俘礼，遣官告祭太庙、社稷。

在太庙献俘这一天，早晨，宗室亲王、郡王、贝勒、贝子、镇国公、辅国公，身着朝服，进入太庙，恭请中殿列圣、列后神位，转奉安于中殿。兵部司官率押解被俘的吹喇克等三个叛军头目，以白练一条系在俘酋颈上，由长安右门至天安右门入，等在太庙街前。时候一到，俘酋跪伏在地上，随祭官进入太庙，宣告献俘。礼毕。兵部司官领着押解俘酋将士，将俘送回原来关押的地方。[③]

过了两天，闰四月十三日，举行受俘礼。这一天，设御座于午门楼檐下正中。武备院张黄盖于楼檐外，銮仪卫设丹陛仪仗于阙门之北。设仗马于御道左右，设辇辂于天安门外金水桥之南。设驯象于辇辂之南。设丹陛乐于仪仗之南。诸王以下文武各官咸朝服会集。内阁翰林院堂官立于午门外之东丹陛仪仗之北。都察院堂官立于午门外之西丹陛仪仗之北。咸于仗外立。王公于阙门之北丹陛仪仗之外按翼序立。文武大臣及有顶戴官员于丹陛仪仗之外按翼序立，纠仪御史左右各四人，分立于丹陛仪仗之下，均东西相向。鸿胪寺官八人，分立于丹陛仪仗之末。兵部司官率解俘将校立于西翼金鼓之外。将俘囚押立于后，刑部司官立于兵部之次。鸿胪寺官报班齐。礼部堂官至乾清门奏请。

皇帝御龙袍衮服，乘舆出宫。午门鸣钟礼部鸿胪寺堂官前引至太和门内。十大臣前引圣驾出太和门。钟止，雍正皇帝由东磴道至午门楼前降舆。升宝座。乐止。十大臣于檐外陛上东西序立。豹尾班于御座后左右序立。起居注官立于西豹尾班之末。承旨大臣二人，鸿胪寺官二人，立于陛下，内大臣散秩大臣侍卫分翼，接连豹尾班，依次排列，至雨观廊下。銮仪卫官赞鸣鞭。校尉三鸣鞭。鸿胪寺官赞解俘将校排班，引解俘将校，于仪仗前进至御道西北向立，赞进，赞跪叩，兴。丹陛乐作。

①《清世宗实录》卷18，第1页。

②《清世宗实录》卷18，第19页。

③《清世宗实录》卷19，第8页；光绪《大清会典事例》卷414。

解俘将校行三跪九叩礼典，兴乐止。赞退班。解俘将校退复原位立。鸿胪寺官赞受俘，兵部司官率解俘将校押俘至金鼓之下，向上跪。兵部堂官由仪仗内趋至御道之旁，奏平定青海所获叛逆俘囚，谨献阙下，请旨刑部堂官趋至御道之旁，恭立，承旨大臣候旨宣制曰：所献俘交刑部。鸿胪寺官接宣。刑部堂官跪领旨。兵部司官引俘押出金鼓之外，交与刑部司官。刑部司官将俘押出天安门右门讫。鸿胪寺官赞排班。引王公于丹陛仪仗画戟前入。文武大臣及有顶戴官员于丹陛仪仗前入，均至行礼处向上序立。鸿胪寺官赞进，赞跪叩，兴。丹陛乐作。王以下文武各官行三跪九叩礼，兴。赞退。各归本班立，乐止。銮仪卫官赞鸣鞭，校尉三鸣鞭，铙歌鼓吹大乐全作。圣驾还宫。王以下文武各官皆退。赐解俘官员兵丁银币有差。其擒获俘囚之将校及管领擒获之人，分别各加赏赉。①

对于平定青海的特大功臣奋威将军、四川提督岳钟琪，雍正帝除封其为世袭三等公外，还破例给予了特殊赏赐和嘉赞。他在岳钟琪雍正二年四月初四恭谢钦赐御用盔甲、封公的奏折上，朱笔批示："朕原许你国家梁栋，不世出之名将。朕实愧尚未酬尔之勤劳也。若能体朕爱重之意，凡百慎重惜力，保养精神，舒心畅意，受朕之恩就是矣。朕生平，不负人三字，信得极的。但年羹尧与你，朕实不知如何待你们，方于良心无愧也。"②

雍正二年四月十一日，大将军年羹尧对岳钟琪口传上谕，授其三等公，世袭，赐"四团龙褂、五爪龙袍"。岳钟琪于四月十五日奏上恭谢皇恩的奏折。雍正帝在其奏折上，朱笔批示："卿智勇兼济，忠勤懋著。前者主奏青海之功，克壮国威，荣膺殊典，昭示允宜，兹值炎天，复有靖番之行，念尔孔劳，实用弗安，想自能肤功早奏，慰朕远怀也。"③

雍正帝还亲写五言诗二首以赐：

"岷峨称重镇，专阃赖干城。旧著宁边略，新闻奏凯声。风霆严步

①《清世宗实录》卷20，第26、27页；《雍正汇编》册3，第27-33页。

②《雍正汇编》册2，第750、751页。

③《雍正汇编》册2，第797、798页。

伐，云日耀麾旌。三捷成功速，欢腾细柳营。一扫欃枪净，师旋蜀道中。锦城休战马，玉塞集飞鸿。智勇原无敌，忠诚实可风。丹书褒伟绩，还与锡彤弓。”

又赐金扇一柄，书御制诗七言一道：

“星驰露布自遥荒，青海西头武烈扬。帷幄由来操胜算，烽烟早已靖殊方。远宣王化金汤固，丕振军威壁垒张。风送铙歌声载路，鼎钟应勒姓名香。”①

此时，岳钟琪真是功勋盖世，殊荣特宠，步入他人生旅程的高峰。

七、“青海善后事宜十三条”

雍正二年（1724年）四月十五日，三等公、奋威将军、四川提督岳钟琪统兵两万，分成十一路，从西宁出发，进剿庄浪番，平定之后，于五月初九回到西宁。对于青海的安排，抚远大将军年羹尧于五月十一日写了“青海善后事宜十三条”和“禁约青海十二事”奏折，长达三十三页，一万一千余字。②总理事务王大臣遵旨会议后，于五月二十六日奏上议覆意见，根据年羹尧的奏折删减为三千五百余字。雍正帝阅后，降旨“依议”。《清世宗实录》卷20，第26—37页，记载了总理事务王大臣的议覆意见及帝旨。

已经出版的几部论述青海用兵的《雍正传》《雍正朝》历史书籍的学者们，根据《清世宗实录》所述，对平定罗卜藏丹津叛乱及善后处理，作了总结性的、肯定性的评述：

平定罗卜藏丹津的叛乱及善后处置，清朝政府加强了对青海地区的统治。康熙虽封固始汗子孙，但对青海多数地区乃是间接的管理，甘肃、四川一些地方也因和硕特人和藏人的联合使清朝削弱了控制力，平定罗卜藏丹津，就大大改变了这种情况。雍正在青海派驻办事大臣，处

① 岳炯：《岳襄勤公行略》。

②《雍正汇编》册3，第27-43页。

理蒙藏民事务，把西宁卫改为西宁府，下置西宁县、碾伯县、大通卫，将青海的重要地区直隶于中央。又改甘肃省的凉州卫为凉州府，新设武威县，改镇番卫、永昌卫、古浪所为县，改庄浪所为平番县，改甘州左卫、右卫为张掖县，改高台所为县。随着建制的改变，清朝中央政府对青海地区的统治巩固了。

青海问题，主要是解决青海蒙古人的问题，同时也涉及西藏人，由“善后十三条事宜”中的有关规定可以看出来。青海、西藏毗连，中央加强对青海的治理，有利于西藏的进一步经营。

平叛以后开展屯田，兴办农业，促进少数民族地区的经济发展，这也具有积极意义。

我认为，这些学者的评述，是比较科学的，对于了解青海之役很有帮助。但是，人们常言，人无完人，金无足赤，比较好的学术评论，也可能会有不尽完备之处。因为，他们没有看到抚远大将军年羹尧那道长达三十三页，多达一万一千余字的青海善后事宜奏折，从而没有发现《清世宗实录》的撰修者、审定者对此奏折作了重大的删减和改动，从而严重地影响到了他们判断的科学性、准确性。

年羹尧的奏折，讲了“青海善后事宜十三条”，一是西海诸部宜定功罪而行赏罚；二是蒙古部落宜定分地而编佐领；三是朝贡互市宜各有期而定章程；四是喀尔喀台吉等宜有定所而成部落；五是抚戢西番收其赋税而固边圉；六是达赖喇嘛宜予恩赐而定岁额；七是清查喇嘛，稽查奸徒以正黄教；八、九是甘凉西宁宜筑新边而别内外；十是添设镇营；十一是川省松炉宜添镇营；十二是内地兵马当议裁减；十三是新辟地方宜广屯种。川陕总督年羹尧遵旨回西安料理川、陕、甘三省事务，至于青海之“能无反侧之虞，蒙古编立佐领，西番征纳钱粮”，等等，留奋威将军、四川提督岳钟琪统兵四千，“驻扎西宁，未完诸事”。[①]

现将善后事宜中的几条，摘录奏折原文与《清世宗实录》的记述，以资对比和分析。

“善后事宜”第二条分定蒙古部落，奏折原文约四页，一千三百余字：

“蒙古部落宜定分地而编佐领也。自汉设河西五郡，昔人谓断匈奴

①《雍正汇编》册3，第27—43页。

之右臂。臣于康熙六十一年两赴肃州，因往军前，路经卜隆吉，事竣而抵沙州，沙州即汉之敦煌也，今又久驻西宁，益信昔人之言，实有至理。盖由兰州渡河而西，庄、凉、甘、肃，直抵沙州，东西二千六七百里，皆为内地，则南北隔绝，声息不通。若缘边迂绕，以通往来，则亦力竭而气衰矣。明季虽曾于哈密沙州设卫，而不久弃之，失地千余里，遂以嘉峪关为西塞。迨及本朝，声灵赫濯，古什罕居青海而备西番，其子孙世受爵赏，历年繁衍，非特在西海也，已入甘州之大黄山，西宁之巴暖玉川，松潘之潘州矣，且盘踞卜隆吉而至沙州矣。所谓断右臂者，不将由此而又续乎。又西海未编佐领，强者每行侵夺，弱者势不能支，罗卜藏丹津世为盟长，凡其同枝异派，得以颐指气使，所以逆首一呼，群犬同吠。我皇上好生恶杀，与天同量，不得已而命将出师，罗卜藏丹津尚稽授首，而西海已经平定，凡逆贼部落强悍者略已诛除，所存者难留西海。经臣宣旨分赏满汉官兵，共计男妇一万余名口，以杀强暴之气。见在诸王台吉，部落户口有多寡，地方水草有广狭，若不斟酌安插，非久远之计。且势力强弱不等，弱肉强食，蒙古之常，是以因其地方之险易，量其户口之众寡，配其势力之均敌而安插之，庶不至于滋事耳。如郡王额尔德尼额尔克托克托奈与伊弟阿旺达克巴噶尔丹达什，人户众多，应令住牧工格脑儿沙拉兔一带地方。亲王察罕丹津，仍令住牧海留图地方。贝勒色布滕扎勒，应令住牧乌图一带地方。贝子索诺木达什，部落无多，应与公策冷、公诺尔布住牧柴达木一带地方。喇嘛察罕奴木汗，应令仍住舒儿古尔一带地方。贝子阿尔布坦，已经正法，其弟达麻林色卜滕，达赖喇嘛之妹也，所有部落应令达麻林色卜滕管辖住牧齐七儿哈纳地方。扎萨克阿尔布坦，应住牧图申兔地方。贝子拉又布与罗卜藏察罕，应令住牧恰克图一带地方。贝勒策零敦多布，应令住牧托素脑儿索罗木一带地方。噶勒丹岱青与其子达什策零，仍令住牧阿巴海雅素地方。盆楚克王渣尔与其弟伊什朱尔扎布多尔济那木札尔，应令住牧克鲁尔呼儿呼纳地方。公阿尔布坦扎木素，仍令住牧库库乌苏地方。芨芨克扎布，应令住牧席拉朱尔格鄂伦布拉克地方。台吉伊克拉布坦出鲁木两家，应令住牧训尔鲁克地方。喇嘛诺颜格隆，应令住牧库库赛里地方。台吉色卜滕拨什兔，仍令住牧柴达木之西席地方。台吉罗卜藏盆苏克与其弟噶克巴，部落甚少，再，苏尔杂属下之巴尔出海与春木珠儿，久归内地，其带来户口亦为数无多，应俱令住牧那尔隆朗地方。各家部落悉照北边蒙古之例，编立佐领，其如何分隶佐领之处，另具清字奏折请旨遵行。如此即便稽查，亦杜侵占。每年盟会，不许自称盟长，必择其老成忠顺者，听候俞旨点定，使其主盟，盟讫各散，固不许干犯内地，并不许同类相侵也。

“百户之职，丹仲部落内有寨桑革美色复坦达什等，既不愿归察罕丹津，又不甘为罗卜藏丹津所管，是以于罗卜藏丹津狂悖之日，携其部落数百余人，投奔松潘，见令住牧潘州，若仍令察罕丹津管辖，日久必生事端，不如顺其归附天朝之愿，查明户口，将革美等给以土千百户号纸，永作边地藩篱之为妥耳。”①

《清世宗实录》卷20，第28页将此简化为：“奏稽青海部落宜分别游牧居住也。请依照内扎萨克编为佐领，以申约束，每百户编一佐领，其不满百户，为半佐领，将该管台吉俱授为扎萨克。于伊等弟兄内拣选，授为协理台吉。每扎萨克俱设协领、副协领、参领各一员，每佐领，俱设佐领、骁骑校各一员，领催四名。其一旗有十佐领以上者，添设副协领一员、佐领两员，酌添参领一员。倘蒙俞允，请将一等侍卫副都统达鼐暂留办理。其每年会盟。奏选老成恭顺之人委充盟长。不准妄行私推，以致生事滋扰，均听如所请。”

奏折原文清楚地表明了，中央政府有权分定各个王公的住牧地区，谁的部落住居什么地方，由朝廷规定，不是各王公的意愿，想住什么地方，就住什么地方，住牧地想要多大就住多大，这一切由朝廷定。并且分定了各王公住牧地，后来就照此而具体划定了各王公属地的四至，这也为查明青海的界线提供了可靠的根据。奏折还明确地规定不许“盟长”妄行私推，不准“蒙古王公”干犯内地，也不许“同类相侵”，凸显了各个王公是清帝的臣仆，必须遵照朝廷法令。这些重要史料被《清世宗实录》删掉了。

“善后事宜”第五条关于西番的部分，奏折的原文是：

“抚戢西番收其赋税而固边围也。查古什罕之子孙占据西海，未及百年，而西番之在陕者，东北自甘、凉、庄浪，西南至西宁、河州，以及四川之松潘、打箭炉、理塘、巴塘，与云南之中甸等处，沿边数千

①《雍正汇编》册3，第31、32页。

里，自古及今皆为西番住牧，其中有黑番有黄番有生番有熟番，种类特殊，世为土著，并无迁徙，原非西海蒙古所属，实足为我藩篱。自明季以来，失于抚驭，或为喇嘛佃户，或纳西海添巴，役属有年，恬不为怪，卫所镇营不能过问。西海之牛羊驴马取之于番，麦豆青稞取之于番，力役征调取之于番，番居内地，而输赋予蒙古，有是理乎。乃罗卜藏丹津倡逆，西番蜂起，一呼百应，俨然与官兵为敌，止知有蒙古，而不知有厅卫，不知有镇营，此非一日之积矣。西宁凉庄各处番子，贼来而番为之导，贼去而番之劫掠久久不息，西番之为害，不让于西海也。幸赖圣主威德，剿抚兼施，见在西番皆已向化，认纳粮草，愿为盛世良民，若不及时抚戢，将来又必如鸟兽散矣。且西番之民，皆我百姓，西番之地，皆我田畴，彼西海各台吉何为而得役属之耶。即太平无事，虑及久远，尚当取而抚之，况因其狂逆而改定焉，谁曰不宜。今凉庄西宁之番，大创之后，可施恩泽，松潘口外之包坐，与理塘、巴塘、乍丫、察木多，久已服从。近据巴塘文武各官呈报，凡罗卜藏丹津所管之番部，悉来投顺，而中甸等处亦归云南。臣愚以为，各番既经归附，即为编氓，择其土地之宽广者，添设卫所，以资抚驭，以征赋税，再于番部之中，有为番民信服之头目，请给以土千百户及土巡检职衔，分管番众，仍听附近道厅及添设卫所管辖。臣见在确查，另容造册达部，其应纳粮草，则照从前纳于西海纳于喇嘛者，少减其数，以示圣朝宽大之恩。但甫经归顺之番民，若必逐户细查人口数目，未免惊疑，今止令总造户数，送部存案，而免其造报细册，则非特可以为我藩篱，而数十年之后，沐浴圣化，必使犬羊之性驯化为良善之民矣。如蒙俞允，臣当酌议另疏题请，务使沿边数千里川陕云南三省西番，咸令内属，其非附近我边，或住帐房移就水草住牧者，听仍旧俗，则边圉固或亦内安外攘之一法也。”①

《清世宗实录》将奏折这部分原文，删改为：

“奏称西番人等，宜属内地管辖也。查陕西之甘州、凉州、庄浪、西宁、河州，四川之松潘、打箭炉、理塘、巴塘、云南之中甸等处，皆系西番人等居住牧养之地，自明以来，失其抚治之道，或为喇嘛耕地，或为青海属人，交纳租税，唯知有蒙古，而不知有厅卫营伍官员。今西

①《雍正汇编》册3，第33、34页。

番人等尽归仁化，即系内地之良民，应相度地方，添设卫所，以便抚治。将番人心服之头目，给予土司千百户、土司巡检等职衔分管。仍令附近道厅，及添设卫所官员管辖，其应纳粮草，较从前数目，请各为减少，以示宽大，至近边居住帐房，逐水草游牧者，仍准伊等照旧游牧，均听如所请。”

这样删减，显然不太符合原折之意。

“善后事宜”第六条，奏折原文是定达赖恩赐岁额。年羹尧力言喀木之地，昔为青海所有，今则应归天朝，分辖于川、滇，但为了照顾达赖收入，可赐予茶叶。原文是：

“达赖喇嘛宜予恩赐而定岁额也。夫巴塘以西与中甸等处，所有番部，既令四川、云南收而抚之，不知者，或疑有碍于达赖喇嘛所有地方。臣考之甚悉，可得而详言其说。查西海、巴尔喀木及藏与卫，此唐古特之四大部落也。古什罕逞其凶暴，奄有其地，以西海地面宽广，便于畜牧，喀木居民稠密，饶于粮粮，将此两处，分隶其子孙，是以住牧于西海。而洛龙宗以东，凡喀木之地，皆纳添巴于西海诸王台吉者也。其洛龙宗以西，藏、卫两处，昔日布施于达赖喇嘛与班禅喇嘛，以为香火之地。是知洛龙宗以东，巴尔喀木一路，皆为西海蒙古所有。今因西海悖逆而取之，当分属于四川、云南，无疑矣。救十数万之番民，使出水火之中，而登之衽席，其词正，其义严，并非取达赖喇嘛香火田地，未可因此而借口者也。然达赖喇嘛既为黄教之宗，蒙圣祖仁皇帝赐册授封，我皇上善继善述，已经屡次加恩矣。今议岁定赏额。盖达赖喇嘛、班禅喇嘛遣人至打箭炉贸易，自察木多、乍丫、巴塘、理塘所住之喇嘛，每货一驮，收银一钱五分或三钱不等，名为鞍子钱，至打箭炉而后输税，此从前之例也。臣已行查，达赖喇嘛、班禅喇嘛每岁赴炉贸易，共货物若干驮，察木多以东，不许收其鞍子钱，仍令打箭炉税差免其货税，再每岁赏给茶叶五千斤，班禅则半之，而茶叶务令雅州荥经县择其最佳者，动正项钱粮购买运炉充赏，以明扶持黄教之意。”[①]

《清世宗实录》删掉了年羹尧所述，洛龙宗以东原为青海蒙古占

①《雍正汇编》册3，第34、35页。

据，今当归入天朝的有力论证，实为不妥。

“善后事宜”第七条关于喇嘛寺庙部分，奏折的原文是：

“清查喇嘛，稽查奸徒，以正黄教也。窃念佛教自入中国以来，数千百年，历代相因。我朝崇儒重道，迥迈汉唐。而佛教与道教并垂者，盖以僧人之中，不乏清净勤修明心见性之人耳。沿边一带喇嘛实阐黄教，非特蒙古奉之，西番奉之，而百姓亦崇信之，国家亦保护之，是黄教原未可废也。然建盖寺院，以为清修之所，收录徒众，以永法教之传，不过诵习经典，祝国佑民而已。乃西宁各寺，喇嘛多者二三千名，少者五六百名，内有西番，亦有蒙古，并有汉人。其人既众，奸良莫辨，更有各处奸徒，干犯法纪，遁入喇嘛寺中，地方不能追，官吏不能诘，而喇嘛寺院渐成藏奸匿宄之薮。且西番纳租，同于输赋，西海施予，岁不乏人，又莫不潜藏盔甲，制备军器，其力足以制西番，其心亦渐生悖逆，而蒙古之串结喇嘛，犹寄财于外库。彼罗卜藏丹津率其丑类，敢于长驱内犯者，恃有各寺供其粮草，引为响导耳。岂意各寺喇嘛，竟为逆贼之东道主人。况又率其属番，以僧人而骑马持械，显与大兵对敌，尚得谓之黄教中人乎。此臣谓喇嘛欲阐黄教，而奸徒之冒充喇嘛者，实坏黄教也。如郭莽寺、祁家寺、塔尔寺、郭隆寺，搜获盔甲军器，见存可验。节次与官兵抵敌，众目昭彰，势不得不火其居，而戮其人，非除喇嘛也，所以除叛逆也，非轻佛法也，正以扶黄教也。盖各寺聚此叛逆之喇嘛，而黄教日坏。今惟除此叛逆之喇嘛，而后黄教复兴也。揆其致此之由，皆因地方无从稽查，而各寺遂致容奸。臣念其奸良不一，岂可玉石俱焚，爰于塔尔寺内，择其诚实者三百人，给以大将军印照，谕令守分清修。臣请自今以后定为寺院之制，寺屋不得过二百间，喇嘛多者止许三百人，少者不过数十人而已。仍请礼部给以度牒填写姓名年貌于上，每年令地方官稽查二次，取寺中首领僧人出给，不致容留匪类奸徒甘结存案。如喇嘛遇有物故者，即追其度牒，缴部，每年另给度牒若干张，交地方官查收，遇有新经披剃之人查给。臣又思尺地莫非王土，各寺院既未上纳钱粮，岂得收租于番族，当使番粮尽归地方官，而岁计各寺所需，量给粮石，并加以衣单银两，如此则各寺喇嘛奸良有别，衣食有资，地方官得以稽考，而黄教从此振兴矣。”[1]

---

①《雍正汇编》册3，第35、36页。

奏折这样写，强调了“尺地莫非王土”和管好寺院的重要性，要使寺院真正成为“清修之所”，“以永法教之传”，“黄教复兴”。而《清世宗实录》卷20，第31页，却简单地摘录为：

“奏称喇嘛庙宇，宜定例稽查也。查西宁各庙喇嘛，多者三千，少者五六百，遂成藏污纳垢之地。番民纳喇嘛租税，与纳贡无异。而喇嘛复私藏盔甲器械，前罗卜藏丹津侵犯时，喇嘛等带领番民，与大兵抗衡。今臣于塔尔寺喇嘛内之老成者，拣选三百名，给予大将军印信执照，谕令学修清规。请嗣后定例，寺庙之房，不得过二百间，喇嘛多者三百人，少者十数人，仍每年稽查二次，令首领喇嘛出具甘结存档。至番民之粮，应俱交地方官管理，每年量各庙用度给发，再加给喇嘛衣服银两，庶可分别其贤否，地方官得以稽查。均应如所请。”

限于篇幅，不再引录对比了。现在，我以年羹尧奏折原文为主要依据，分析出以下七个论点。第一，平定青海之前，清政府在辽阔的七十多万平方公里的青海，只占1%—3%的地区，或者换句话说，90%以上的青海，还未纳入大清国版图。奏折原文说，“汉设河西五郡”，断了“匈奴之右臂”，但后来世事变迁，地多丢失。“明季虽曾于哈密沙州设卫，而不久弃之，失地千余里，遂以嘉峪关为西塞。迨及本朝，声灵赫濯，固始汗居青海，而备西番，其子孙世受爵赏，历年繁衍，非特在西海也，已入甘州之大黄山西宁之巴暖玉川松潘之潘州矣，且盘踞卜隆吉而至沙州矣”。[①]

除了和硕特蒙古王公占据辽阔地区以外，西番又占有大量地段，奏折原文说：

“固始汗之子孙占据西海未及百年，而西番之在陕者，东北自甘凉庄浪，西南至西宁河州以及四川之松潘打箭炉理塘巴塘与云南之中甸等处，沿边数千里，自古及今，皆为西番住牧，其中有黑番有黄番有生番有熟番，种类虽殊，世为土著，并无迁徙，原非西海蒙古所属，实足为我藩篱。自明季以来，失于抚驭，或为喇嘛佃户，或纳西海添巴，役属有年，恬不为怪，卫所镇营不能过问……番居内地，而输赋予蒙古……

①《雍正汇编》册3，第30页。

止知有蒙古，而不知有厅卫，不知有镇营。”[①]

清政府只在西宁附近几万里的地区，有西宁卫、靖逆卫、赤斤卫和沙州所，设西宁镇总兵官，算是清之版图。

第二，“蒙古、西番，皆为编户”，七十余万平方公里的青海，全部纳入大清国版图。抚远大将军年羹尧、奋威将军岳钟琪，统领大军，征剿蒙番，所向披靡，军威震慑，抗拒者死，降者得生，青海各部蒙古编设佐领，分定住牧地，服从朝廷裁处，遵旨率部从征，严禁侵犯内地和互相吞并。西番地区设立卫所，任命土千户、土百户，征收赋税，佥派出征，从而蒙、番皆为编户，青海尽隶清帝，川、陕、甘之“番民”亦“认纳赋役”，为大清国“百姓”。[②]

过去辽阔青海，为固始汗的八个儿子分别领有，号称“八台吉”，后来八子各有子孙，各有属人，演化为“十九部落”，被清帝授封亲王、郡王、贝勒、贝子、公的爵位有19人，这些王公既有和硕特部蒙古属人，还有一些喀尔喀蒙古、土尔扈特部蒙古，人多势众。像郡王额尔德尼额尔克托克托奈及其子、弟，就有近万属人，“加上居于西宁之东北等地及居噶山、喀拉格尔之属下奴仆，即有数万人马”。[③]亲王察罕丹津有兵数千。亲王罗卜藏丹津人马更多，领地更广。现在，经过大军征剿，“凡逆贼部落，强悍者略已诛锄”，“八台吉”势力大减，编其余人为29旗，喀尔喀蒙古单独另外编旗，脱离了原来的主子，西番亦摆脱了各个蒙古王公主子，或编为土司，或隶厅卫营所，蒙古王公属人减少，又不许互相并吞，扩充势力。因此，直到清末，没有发生大的王公滋事叛清的行为。青海牢牢地隶属于清帝，加强了国家的统一。

第三，川、甘、青、宁收复失地，边内安宁。汉、唐、元朝，甘肃、青海、四川、宁夏，或全部或大部分地方，曾是中原王朝辖地，但年代久远，时有变迁，遗失不少。年羹尧在奏折中讲道，必须把遗失之地收回来。甘肃、青海失地很多。奏折说：

①《雍正汇编》册3，第33页。

②《雍正汇编》册3，第33、40页。

③《雍正全译》第199页。

“西宁由内地东北至庄浪，又折而西北至甘州，一千三百里。若从西宁北川口外至甘州南北，捷径不过六百余里，其间水草肥美林木茂盛，此故明于西宁之西南有安定，阿端两卫，西北有曲先，罕东两卫也。迨正德间，逆酋名亦不喇者夺占四卫，终明之世不能复取。我朝边界大抵皆从明旧，未有议及于此者。附近内地虽有边墙蛇蜒而抵甘州，但沿边隘口不可胜计。贼聚而前易，我分而守难，欲以百十汛兵抵敌千百之贼，亦必不可得之数矣。且甘凉之间，有曰黄城儿者，两山如阙，原为天设之险，乃舍此而不守，而守内地，则边地所有险隘，蒙古与我共之。又顺治年间，甘州总兵开市于洪水，蒙古遂据大草滩，并牧马于昌宁湖，无论黄城儿已在蒙古界中，而大黄山祁连山天之所以限南北者，皆不足恃。而内地如昌宁湖既为彼据四通八达，无所限隔，仅于永固黑城大马营马营墩设立营汛，亦计之下者耳。今应于西宁之北川口外，由上下白塔至巴尔海至大通河至野马川至甘州之扁都口，筑新边一道，计程五百余里，计日三年可就，则前此蒙古西番扰攘之区悉为内地矣。其自甘州口外祁连山以南直至卜隆吉党色尔腾，昔皆蒙古所占，亦宜乘时更定，如有蒙古一人敢居于此，即擒拿正法，使肃州以西讨来川常马儿河源等处膏腴之地，令我百姓耕凿于此，布隆吉建城设镇之后，宁不渐成富庶乎。若夫河州，内有三十四关，足资防御而西南瓯脱之地，曰河曲，俗谓之小河套，河流屈曲，未可以筑边。而榆林城堡，原在河东，河套千里，唐设六郡，兹且未暇其论……若兵民日用食盐，在所必需，今西海所称巴尔，即盐池也，凡西海所有蒙古与西宁一郡之兵民并各种番回人等，莫不取给焉，自古皆属内地，而弃之于外，令蒙古专其利，而内地资食货于外番，当无是理。所以罗卜藏丹津猖獗之时，西宁竟至断盐，兵民不免于淡食也。且蒙古或进西藏，或往噶斯，皆取道于此，所宜亟为收复者也。应于新边之内……移西宁通判经理盐池课税。又河州之河曲，原有保安、归德二堡，各设守备，保安之兵向系土人充当，岁支粮饷，皆土目散给，守备不能清查，亦不能操练，是土目且将挟制守备，而守备几同虚器矣。归德距河州千余里，所谓鞭长不及马腹者也。西至西宁不及二百里，虽属河州，而道路阻绝，每借径于西宁，则知河曲各番，皆为西海所属，理宜更张，以收实用，今亟清其疆界。”[①]

①《雍正汇编》册3，第36、37、38页。

关于宁夏，奏折说：

“论宁夏之险，莫如贺兰山。固始汗之子孙，如阿宝额驸等，有住牧于山后者。近且入于山前，一切田地山场，蒙古虽未种植，亦不许居民过问，彼生聚渐繁，我无险可恃，即无日前之虞，能免异日之忧耶。况长流水、营盘水为御塘必由之处，向属口外，是我借径于人，岂可垂示后世。宜令阿宝等，严饬所属部落，悉仍旧住牧于贺兰山北面之下，不得住牧山南，其营盘水，长流水等，当为内地，则于边民边计，或亦不无裨益乎。”①

在四川边外，失地不少，亦应收复。奏折说：

“川省松炉宜添镇营而资弹压也。查打箭炉外霍耳，得尔格瓦述乃西海通炉之要道，久存向化之心。雍正元年，松潘镇臣周瑛出口时，曾亲往招抚，俱已归诚。值兹平定西海，凡系巴尔喀木地方，皆当收取，自洛龙宗以东，除察木多、乍各有呼图克图管辖外，其余番目俱给予印信号纸，使为内地土司，备我藩篱，不徒开辟疆土，且消蒙古藏番蠢动之心……其洛龙宗、察木多等处，相距甚远，不便设立营汛，止令其每年贡马贡粮，以为羁縻之法而已。至于松潘，自黄胜关外，惟包坐为我熟番，其余虽有因剿而抚者，然率皆西海藏巴扎布所属，前此川兵出口时，曾剿杀下作革、热当、播下、物藏四部落，招降班佑、上作、革阿、革甲、凹、辖漫、合坝、阿细、巴细九部落，今藏巴扎布已经剿减，则作革等番丞宜内附。又松潘口外南通打箭炉有阿坝、狼堕、阿树等番部，亦已归诚，除阿树已奉旨给以安抚司职衔，而阿坝土目墨丹住等，带领土兵四百名，随师进剿，屡立战功，亦请给以安抚司职衔。其余分别勤劳，量给土职，酌收粮马，毋使再为西海所役属。而营汛控制，亦正难缺，离黄胜关外三百里，昔之潘州也，原有旧城基，宜设游击一员兵六百名。潘州之西相去百里地名合坝，襟带三河，实系紧要之区，当设副将一员，兵一千五百名，分隶都司两营。”②

①《雍正汇编》册3，第37页。

②《雍正汇编》册3，第39、40页。

这样一来，不仅使数以万里计的土地重新纳入中原王朝大清国的版图，也对保障四川、甘肃、青海、宁夏边内州县的安全，起了积极的作用。

第四，增设镇、协、营、汛，驻兵成守，保卫边防，维护地方安全。青海、甘肃方面，在西宁之北300余里处，大通河北，设大通镇，总兵官一员，兵3000名。盐池设协、副将一员，兵1600名。另设营、汛若干，马兵、步兵若干名。打箭炉之外的木鸦，“踞鸦龙江之险，实西川之门户，番部之上游也”。故于木鸦的革达地方，添设一镇，设总兵一员，兵2000名。名曰安西镇。理塘“乃四卫之要路”，设副将一员，兵1200名。松潘镇之黄胜关外300里古代潘州的旧城，设游击一员、兵600名。潘州之西100里的合坝，设副将一员，兵1500名，等等。从而巩固了边疆。

第五，屯田垦荒，开发边区。“蒙古之俗，唯资畜牧，不事树艺，虽有肥饶之地，不过借其水草而已”。现已筑新边，则边内蒙古牧地，皆可开垦。决定令将直隶、山西、河南、山东、陕西五省佥妻军犯内，除盗贼外，遣往布隆吉尔地方，官拨地土，给予种子2石、耕牛1只，令其屯垦。新边其他地方，招西宁等处兵民开垦。这对开发甘肃、青海，起了积极的促进作用。

第六，抚远大将军、川陕总督年羹尧，功不可没。年羹尧在平定青海、拓地开疆、巩固国家统一、开发甘肃上，立下了大功，自应记入史册。年之功劳有四。一是力主大军进剿罗卜藏丹津。雍正帝以罗卜藏丹津攻郡王额尔德尼额尔特托克托奈是蒙古王公弟兄之间内讧，欲“多一事不如省一事”，“暂时息事宁人”。年羹尧开始也是认为其是“骨肉相残，与我等毫不相干”，[①]但很快他就看准了罗卜藏丹津必然叛清，并且已经在行动，便奏请遣派川陕大军进剿，雍正帝采纳了他的意见。二是他调集了征剿大军，亲自指挥，守住了西宁，并剿清西宁附近蒙番兵士，招降十万蒙古军。三是奏准将全部青海纳入大清版图。仗是打赢了，但以后怎么办？是统一，收归清有；还是仅将其作为羁縻之藩属，封授爵位，令其朝贡，但仍让这些王公为该地之主，听其照旧君临其

①《雍正全译》第165页。

部，自主决断？如果是要将青海全部纳入大清国版图，那可是困难重重。用兵之前，清政府仅在西宁附近几万里的地区，设置了西宁卫及西宁镇，有兵士七八千、八九千名，居民也不多。可是青海，一望无垠，七十余万平方公里，百万蒙番人员，区区几千绿营官兵，摊在辽阔的土地上，平均两里才摊上一名兵士，万一百万蒙藏人员心有异念，滋生事端，怎能防守和控制？何况，发生战事或大的灾荒，青海人少、民贫，本身的人力、兵力、财力和物资，不能保证供应，必须远从一两千里之外的兰州赶运，从兰州再向川、陕、晋等省内地调拨。也就是说，单从物质利益、财政角度考虑，把全部青海纳入大清国土，是得不偿失，弊多利少。所以，如果没有高瞻远瞩的眼光和果断决策的胆识，是很难这样做的。雍正帝本是敢作敢为之君，但军事才干有限，而且正忙于新君登基之后稳定政局的关键时刻，没有对青海安排提出决策性意见，一切交付年羹尧处理。不像康熙年间，平定三藩之乱后的政治、军事的重大改变；郑克塽投降后台湾的弃与守；喀尔喀三部逃入边内后的编立旗分佐领；赶走大策零敦多布准军以后，西藏是议政大臣们所拟议的“唯行看守”，还是“三藏阿里之地，俱入版图”，皆是康熙帝亲自决断，指令臣僚贯彻执行。在皇上没有钦定方案的条件下，年羹尧如果是目光短浅、苟安保身之臣，最保险、最省力的建议就是对青海施行羁縻之法，否则，如果将其纳入国土，则必须兴筑新边城堡，添设镇营兵弁，筹办粮草，增加军费，劳神费力花钱，万一蒙番叛逆，再起战争，并又征剿失利，损兵折将，那时定将被定上靡财误国的大罪，革职籍没斩绞。可是，实行羁縻，则错过了统一全部青海，保障甘肃、陕西、西藏、四川边防安全的大好机会，丢掉了开疆拓地六十多万平方公里、扩大和巩固国家统一的千载良机。年羹尧就是年羹尧，是位“才气凌厉”、胆识过人的大将军，紧紧地抓住这一纵即逝的绝佳时机，果断奏请将全部青海及和硕特部蒙古纳入大清版图，并提出一整套完备的“善后事宜十三条”和“禁约十二事”，保证这个方案贯彻执行。年羹尧之所以敢于冒险提出这个重大的绝对是正确的方针，极有可能是与他在三年前面见康熙皇帝之事有关。康熙六十年五月，四川总督年羹尧到热河觐见皇上，升任川陕总督，六月初二，“陛辞，请训”。年羹尧“亲承训旨：欲将西海蒙古部落，悉照北边，分编佐领”。[①]年羹尧在青海善后事宜奏折中

①《康熙汇编》册8，第844页。

的第二条，分定蒙古部落土地时，明确写道："各家部落，悉照北边蒙古之例，编立佐领。"[①]康熙帝的圣谕，既给年羹尧安排青海指明了方向，又给予了年羹尧坚不可摧的保险盾牌，万一日后有人就此事刁难，他可拿出先皇圣谕予以抵挡。四是力荐四川提督岳钟琪为军务参赞大臣，为绿营官兵统帅，为贯彻执行善后事宜的主管大臣，倚其剿平青海，统一青海。

第七，岳钟琪再建新功。年羹尧在青海善后事宜奏折中，荐举岳钟琪统兵留守，办理"未完诸事"。奏折写到：

"善后事宜期于久远而便遵守也。西海既平，蒙古无不丧胆，西番已定，各众亦尽归诚。然边远之区，非内地可比，新经惩创，能无反侧之虞。况蒙古则编立佐领，西番则征纳钱粮，经划定于一时，法制宜垂久远，自当暂留兵马弹压，详察而熟筹之。今军务已竣，臣无兼领大将军印信久驻西宁之理，臣钦遵谕旨，当回西安，料理三省案件，留奋威将军川提督岳钟琪暂驻西宁，留臣标兵一千二百名，陕提标兵八百名，宁夏镇兵八百名，四川兵一千二百名，令其统领，驻扎西宁，未完诸事。"[②]

筑建新边，"计日三年可就"。编立蒙古各部佐领，将业已归顺，成为"编氓"的"西番"，"择其土地之宽广者，添设卫所，以资抚驭，以征赋税"设置土司、土千户、土百户，招民屯垦田地，等等，皆需时日，皆需大臣主管。岳钟琪既以奋威将军、四川提督的官职，被授予贯彻执行善后事宜的主管大臣，又于第二个月即雍正二年六月，兼任甘肃提督，再于三年三月兼任甘肃巡抚，四月署理川陕总督，七月实授。他尽心竭力地做好皇上交付的工作，完成了筑新边，设镇营，编佐领，设卫所、土司，招民垦荒等任务，在将青海纳入大清版图，蒙古、西番成为编氓，开发建设甘肃、青海上，立下了新功。

①《雍正汇编》册3，第31页。

②《雍正汇编》册3，第42页。

第五编　改土归流

一、改土归流刻不容缓

改土归流，是指将土司地区改为州县，派流官管理。《清史稿》卷512，《土司》，总述土司历史说：

“西南诸省，水复山重，草木蒙昧，云雾晦暝，人生其间，丛丛虱虱，言语饮食，迥殊华风，曰苗、曰蛮，史册屡纪，顾略有区别。无君长不相统属之谓苗，各长其部割据一方之谓蛮。若粤之僮、之黎，黔、楚之瑶，四川之倮罗、之生番，云南之野人，皆苗之类。若汉书：‘南夷君长以十数，夜郎最大。其西，靡莫之属以十数，滇最大。自滇以北，君长以十数，邛都最大。’在宋为羁縻州。在元为宣慰、宣抚、招讨、安抚、长官等土司。湖广之田、彭，四川之谢、向、冉，广西之岑、韦，贵州之安、杨，云南之刀、思，远者自汉、唐，近亦自宋、元，各君其君，各子其子，根柢深固，族姻互结。假我爵禄，宠之名号，乃易为统摄，故奔走唯命，皆蛮之类。”

清代土司职衔和承袭办法，基本上因袭明制，明代土司请封，即以原官授给。但清土司职衔比明代更多，承袭办法也比明代规定得更加具体。清代土司仍分文职与武职，文职隶吏部，西北有少数土司隶理藩院。

文职职衔有：

土府六等：土知府，从四品；土同知，正五品；土通判，正六品；

土推官，正七品；土经历，正八品；土知事，正九品。

土州四等：土知州，从五品；土州同，从六品；土州判，从七品；土吏目，从九品。

土县四等：土知县，正七品；土县丞，正八品；土主簿，正九品；土典史，无品级。

此外，还有土巡检、土驿丞为土官支庶，降授所不及，不列于等。

武职职衔有：

指挥使以下（包括指挥使）七等：指挥使，正三品；指挥同知，从三品；指挥佥事，正四品；土千户，正五品；副土千户，从五品；土百户，正六品；百长，无品级。

宣慰使司四等：宣慰使司宣慰使，从三品；宣慰使司同知，正四品；宣慰使司副使，从四品；宣慰使司佥事，正五品。

宣抚使司四等：宣抚使司宣抚使，从四品；宣抚使司同知，正五品；宣抚使司副使，从五品；宣抚使司佥事，正六品。

安抚使司四等：安抚使司安抚使，从五品；安抚使司同知，正六品；安抚使司副使，从六品；安抚使司佥事，正七品。

招讨使司二等：招讨使司招讨使，从五品；招讨使司副使，正六品。

长官司二等：长官司长官，正六品；长官司副长官，正七品。

土弁五种：土游击，从三品；土都司，正四品；土守备，正五品；土千总，正六品；土把总，正七品。

此外还有土舍、土目等，无专职品级。

凡土司皆世袭之职，由王朝中央发给号纸（证书），上写土司职衔、世系及袭职年月。如遇土司故去、革职或年老有疾不能视事者，准予袭替。文职承袭隶吏部验封司，武职承袭隶兵部武选清吏司，手续是一样的。

土司虽然是朝廷册封的命官，有守土、保境、安民的责任，有纳贡赋、听征调的义务，但没有官俸，并且不得犯上作乱，不得劫掠为非，土司之间不许互相征战，遇有纠纷，必须听从省府州县官将裁处。尽管朝廷多次申禁，责令土司守法，但一些人多地广兵强的土司，经常抢掠州县兵民，攻占其他土司，劫驿道、杀官兵，甚至还进攻县城兵营，与官兵公然对敌。《清史稿》卷512，《土司一》总评说：“云、贵、川、广，恒视土司为治乱。”

对于四川的土司，《清史稿》卷513，《土司二》说："四川边境寥廓，历代多设土司，以相控制。"

能否驾驭土司，使各个土司安分守法，不扰害地方，确实是清政府面临的一大难题，尤其是湖广、云南、广西、贵州、四川的总督、巡抚，更要认真对待，妥善处理。

以四川而言，清初的四川，省界、府界，基本上沿袭明制。在四川的60万平方公里的地方，世代居住川省的少数民族有彝、藏、羌、苗、回、满、白、壮、傣、蒙、土家、纳西、布依、傈僳等14个民族，他们居住的地方，宽广多达30余万平方公里，超过全省一半。贵州、云南也是这样。广西、湖广少数民族地区也很广阔。这些省份，清初以来，经常发生土司扰害地方案件，到了雍正年间，更已达到令人无法忍受的严重恶劣程度。

雍正二年（1724年）五月十九日，雍正帝谕四川、陕西、湖广、广东、广西、云南、贵州各省的总督、巡抚、提督、总兵，严厉斥责土司罪恶说：

"朕闻各处土司，鲜知法纪，每于所属土民，多端科派，较之有司征收正供，不啻倍蓰。甚至取其马牛，夺其子女，生杀任情，土民受其鱼肉，敢怒而不敢言。孰非朕之赤子，方令天下共享乐利，而土民独使向隅，朕心深为不忍。然土司之敢于恣肆者，大率皆由汉奸指使，或缘事犯法避罪藏身，或积恶生奸依势横行，此辈粗知文义，为之主文办事，助虐逞强，无所不至，诚可痛恨。嗣后督抚提镇，宜严饬所属土官，爱恤土民，毋得肆为残暴，毋得滥行科派，倘申饬之后，不改前非，一经发觉，土司参革，从重究拟，汉奸立置重典，切勿姑容宽纵，以副朕子惠元元，遐迩一体之至意。"①

雍正帝又于四年六月二十日谕告户部，令其转谕各省督抚，加强流官稽查土司的职责。圣谕说：

"土司沿袭世职，远在边陲，恐其骄悍自恣，不循礼法，故设立流

①《清世宗实录》卷20，第17、18页。

官，以司稽查，必官职声势，足以弹压，方于地方有益。查各省流官大小不一，有设立同知州同者，有设立吏目者，同知州同，于土知府、知州尚可弹压，至于吏目，则职分卑微，既无印信可行，又无书役可遣，土司意中倘有轻忽之念，则未必肯遵其约束。令可否酌土司之大小，将微员如何改设，重其职守，使流土相适，地方各安，该督抚会同密议具奏。特谕。钦此。”①

湖北容美土司田旻如，更是潜比帝王，建造“九五居”，设龙鼓、凤鼓，铸大将军印：

“容美司田旻如以高罗、忠建二土司为心腹，高罗司敢于私铸大将军印信，并私造炮位，忠建司于前岁敢于永顺殷家坝阻拒建营，烧毁塘房，驱逐百姓，皆田旻如为之指使。前永顺司献土之后，伊竟传谕十八土司云，爵禄受之朝廷，江山传之祖宗，宁可与江山同朽，不可使祖宗贻羞，此固楚省大小文武所共知共闻者。再忠峝土司田光祖曾密详恩施县言容美司侵凌暴虐，近尤不法，新造鼓楼，设龙凤鼓，景阳钟，凿池名玉带河，架桥为月宫桥住房九重，堂房五重称九五居。更私建观星台，着门客观望，擅拿民间幼童，阉割为太监，共有二三十人，现在土民土妇庚生儿韦氏等纷纷哭禀。又有东乡土司覃楚昭误听容美，私铸印信。”②

川陕总督岳钟琪接到上谕，与四川巡抚法敏密商后，于雍正四年八月二十二日上折，奏述遵谕办理的情形说：

“川省大小各土司，除属知府，同知、州县并营卫所等流官弹压，及郭罗克一司，原交保县杂谷土司，就近防辖，俱系流土相适，甚资约束，似毋庸另议外。所有重庆同知属之酉阳司，设经历一员，雅州属之天全、招讨宣慰二司，止设经历一员，泸州属之九姓司设吏目一员，职分均属卑微，恐土员性蠢，或生轻忽之念，亦未可定。今蒙我皇上睿虑

①《雍正汇编》册7，第909页。

②《雍正汇编》册19，第532页。

周详，无微不烛，臣敢不属遵酌议，上负皇主整饬绥柔之至意。臣愚以为，酉阳司附近重庆属之黔江县界，与石耶土司，均属重庆同知所辖，应将该同知移驻黔江，令其就近约束，其原设酉阳司经历一员似属闲冗，相应裁汰。至雅州、天全二司，原设经历一员，较之吏目虽不甚卑微但天全系招讨宣慰二司，均属大衔，而经历又系雅州属吏，则声势实未足以弹压，应请改设州同一员。再泸州九姓司原设吏目一员，亦请改设州同一员，仍令驻扎各原设地方，令其专司稽查。但查州同原无印信，今为约束土司，特行改设，似应各颁给关防一颗，重其职守。再重庆同知，亦请颁给关防，更属合宜。是否允协，臣谨会同川抚臣法敏密议具。"

"雍正帝朱批：'该部议奏。'"[①]

雍正三年（1725年）四月，云贵总督高其倬奏准，在贵州省贵阳府广顺州仲苗长寨等地修建官兵营房，多设兵汛，以资弹压仲苗。抚标游击赵文英、提标游击卜万年、广顺州知州带领官兵、工匠、役夫前往修建，遭群苗阻挠，"自宗角至长寨五层关口，俱用挡木垒石，每关加五六十人把守"。云南巡抚管云贵总督事务鄂尔泰决定，"制苗之法，固应恩威并用。然恩非姑息"，"用得着威时，必须穷究到底，杀一儆百，使不敢再犯"，遂一面派遣绿营官兵2700名和土兵番兵900名前往，命令官弁，"务当杀一儆百，使群苗畏法"，一面于雍正四年四月初九具折上奏。

雍正帝阅折后，朱笔批示，大加嘉赞。[②]

鄂尔泰增调兵马5000名，征剿三月，虽杀苗降苗无数，但"渠魁未擒"。鄂尔泰于雍正四年六月二十四日上折，奏述征剿情形，欲将沾益土州安于蕃、镇沅土府刀瀚等元凶首恶，"先置于法，改土归流，为惩一儆百之计"。雍正帝阅折后，朱笔批示："知道了，甚是甚当。近者石礼哈奏到，光景似大有头绪可为之举。"[③]

按照各地奏疏到京师的限期规定，北京到昆明的驿站里程是5910

①《雍正汇编》册7，第910页。

②《雍正汇编》册7，第118—121页。

③《雍正汇编》册7，第493、494页。

里，限30日送到。鄂尔泰于六月二十四日写的奏折，不加急的话，应在八月初四左右送到，若加急日行400里，需15天，应在七月十日左右到。这就是说，雍正帝朱笔批准鄂尔泰实行改土归流的时间，应是七月十日到七月二十日左右，而鄂尔泰收到皇上准许改土的朱批谕旨，应在七月底到八月初，这当然是对鄂尔泰的极大鼓励。正当鄂尔泰要厉行改土归流、大展宏图之时，突然又接到皇上“不改土归流之旨”。[①]一大盆冰凉冷水泼到鄂尔泰头上。他尽管十分不情愿，但煌煌圣旨，谁敢不遵，设若违旨抗命，再言改土归流，定将触犯龙颜，难逃罢官严惩之祸。可是，就此收手，又错过了显示本人智超群臣、胆识过人，可为本朝旷代奇才、建立殊勋、爵封公侯的大好机会，心有不甘。左难、右难，想来想去，这位虽然只是考中举人，在成百上千两榜出身的进士、探花、榜眼、状元面前，只是晚辈后生的鄂尔泰，不愧为雍正帝钦封的能臣、能干督抚，想出了一条妙计，既不再力提改土归流，又利用六月二十日皇上谕令各省督抚加强流官稽查土司的圣旨，于八月初六上折，奏述在土司地区编立保甲，严责捕快与汛兵。奏折说：

“流土之分，原以地属边徼，入版图未久，蛮烟瘴雾穷岭绝壑之区，人迹罕到，官斯地者，其于猓俗苗情实难调习，故令土司为之牵制，以流官为之弹压，开端创始，势不得不然。今自有明以来，已数百年，中外一体，流土同官，既有职衔，宁无考察，乃仍以彝待彝遂致以盗治盗，徒令挟土司之势，以残虐群苗，随复逞群苗之凶，以荼毒百姓，横征苛敛，贡之朝廷者，百不一二，而烧杀劫掳扰我生民者十常八九。前于乌蒙事，荷蒙圣谕不改土归流之旨，此诚圣主之轸边氓良法美意，臣等所当仰体圣心，以推类及余，虽不必明示大举而为之，相其形势，察其事机，可改归者，即行改归，其不可改归者，不必改归者，姑暂归其旧，但必须控制有方，约束有法，使其烧杀劫掳之技，无能施为，而后军民相得以安。……臣窃念流官固宜重其职守，土司尤宜严其考成。土司之考成不严，则命盗之案卷日积。大凡杀人劫财，皆系苗猓，虽一经报闻，随即缉捕，而潜匿寨中，已莫可窥探，故无论吏目等微员，任呼不应，即使府州关移臬司牌标，亦置若罔闻，十无一解，非

①《雍正汇编》册7，第851页。

知情故纵，即受贿隐藏，其在流官，束手无策，大吏深难其事，不敢咨题，多从外结。其实得外结者，亦复无议，故劫愈多，盗贼益盛，掳人男女，掠人财物。苗子无追赃抵命之忧，土司无降级革职之罪，有利无害，何禁不为，此土司之考成不可不严，所当与文武流官，尽一定例者也。据臣愚见，事各有专责，应分为三途，盗由苗寨，专责土司，盗起内地，责在文员，盗自外来，责在武职。

"……按保甲之法，旧以十户为率，云贵土苗杂处，户多畸零，保甲之不行，多主此议。不知除生苗外，无论民彝，凡自三户起，皆可编为一甲，其不及三户者，令迁附近地方，毋许独住。则逐村清理，逐户稽查，责在乡保甲长。一遇有事，罚先及之。一家被盗，一村牵连，乡保甲长不能觉察，左邻右舍不能救护，各皆酌拟，无所逃罪。此法一行，则盗贼来时，合村百姓鸣钟呐喊，互相守望，互相救护，即有凶狠之盗，不可敌当，而看其来踪，尾其去路，尽在跟寻访缉，应亦无所逃。至于保甲之外，最重者莫如严责捕快与汛兵，盖内地之盗，捕快多有知情，外来之盗，塘兵且为通气，平时缉盗之捕快，皆宜分定乡村，某方失盗，罪在某捕快。而捕快之中，亦有奸良不一，能否不齐，又须每十人立一快头，如缉盗不获者，捕快与快头一同治罪，大抵盗情，未有能欺捕快者。其塘兵之设，原以昼则盘诘，夜则巡防，伊等平日毫无所事，每昼则看牌赌钱，夜则饮酒酣睡，甚或乘空偷窃，出人不意，种种非为，又或伙众结强，唆使动掠，阳防阴助，其恶不可胜言。必须严加号令，定为成法，使不得不留心尽力，盘诘稽查，则盗贼既弭，而兵丁亦皆可用矣。"

"雍正帝朱笔批示：'兵部、刑部、都察院妥议具奏。'"①

此折，除了能表明鄂尔泰的见识以外，重要性还在于奏折中说"荷蒙圣谕，不改土归流之旨"那一句话，是用笔抹掉的。此乃督抚给皇帝写的密折，只供皇帝一人阅看，其他任何人，哪怕是大学士，也无权拆看，更不用说修改了。此一句的抹掉，显是皇帝所为。这说明，雍正帝在七月中旬看阅鄂尔泰改土归流的奏折时，曾朱笔批准其议，但随即改

①《雍正汇编》册7，第851、852页。

悔，专门给其下达“不改土归流之旨”，可见在这关系重大，历朝皆因循其旧，不愿、不敢大刀阔斧改革的大事，雍正也是难以决断，故而时而愿改，时而又维持旧法，没有太大的把握。

然而，雍正毕竟是锐意改革之君，鄂尔泰又是胸怀大志、极想做番事业的果敢大臣。鄂尔泰是否奉有帝之改土归流密旨，或只是本人冒险之举，不得而知，但他终究在“心长力短，时切惶悚”的情形下，奏上了请求在云南、贵州两省实行改土归流。鄂尔泰于雍正四年九月十九日上折说：

“为剪除彝官，清查田土，以增租赋，以靖地方事。窃以苗猓逞凶，皆由土司，土司肆虐，并无官法，恃有土官土目之名，行其相杀相劫之计，汉民被其摧残，彝人受其荼毒，此边疆大害，必当剪除者也。臣受恩深重，职任封疆，日夜寻思，若不尽改土归流，将富强横暴者，渐次擒拿，懦弱昏庸者渐次改置，纵使田赋兵刑尽心料理，大端终无头绪。稍有瞻顾，必不敢行，稍有懈怠，必不能行，不敢与不能之心，必致负君父而累官民。故以臣愚昧统计，滇黔必以此为第一要务。然改归之法，计擒为上策，兵剿为下策，令自投献为上策，勒令投献为下策。前镇沅土府刀瀚沾益土州安于蕃，经臣拿禁题参，后随分委干员，将各田亩户口银谷数目，逐细清查。缘土州安于蕃地土更广，私庄尤多，清册尚未造报。现据游击杨国华、威远同知刘洪度造报镇沅土府清册前来。查该土府每岁额征米一百石，今每岁应纳米一千二百一十二石零，每岁额征银三十六两，今每岁应纳银二千三百四十八两零，是其征之私囊者，不啻百倍，数十倍，而输之仓库者，十不及一二，百不及二三，由此类推，又何可胜计。再查附近镇沅之者乐甸地方，与元江新平景东接壤，四面皆邻汉土，一线紧逼哀牢，素为野贼出没门户，其江形山势尤为险阻，且当按版各井，驼盐要道，原系世袭土长官司管辖。该长官司刀联斗昏庸乖戾，受汉奸把目主使，为害地方，民彝怨恨，若不一并改流，终难善后。臣就告发各件，即委杨国华同刘洪度，止带兵一百名，径至者乐甸，质审案拟，相机行事。而联斗自知罪无可逃，随即出迎，投献印信号纸，但求免死，情愿归流。据此情状，犹有可原，除俟臣题参改土归流外，仰恳圣恩，但收其田赋，稽其户口，仍量予养赡，授以职衔，冠带终身，以示鼓励，则强不如安于蕃刀瀚，势不如刀联斗者，皆将遵法输诚，不烦威力，而边地粮饷，亦不无小补矣。先此敬陈大略，俟各册汇齐，另疏题报。至于黔省土司与滇省异，一切凶顽，半出寨目，因地制宜，更须别有调度。臣已面与新提臣杨天纵，详细密商，并将各要件，逐一开单交付查访，以便会办，务期两省边方永远宁谧，俯圣怀，而心长力短，时切惶悚，伏乞圣主训示遵行。臣尔泰谨泰。”

雍正阅后，十分称赞，朱笔批示：“朕中心嘉悦，竟至于感矣，有何可谕，勉之。”[①]

然而，“土官自汉唐世袭二千余年，雄富敌国”，要将其直接纳于省府之下，谈何容易，必将反叛，故文武百官，很少有人赞同其议。更多的是胆怯畏惧。时人评述其情说：“疏上，盈廷失色。”[②]

在这百官多对改土归流心存疑虑，缺乏信心的时候，岳钟琪于雍正五年正月二十九日上折，力言必须改土归流说：

“窃臣伏查土司之设，原以番苗蛮猓之属，远处边荒，向居化外，故择其中之稍有功者，授以世职，俾其约束，此历代权宜一时之计也。自我朝定鼎以来，德教覃敷，无远弗届，山陬海澨，一道同风，固已尺土尽为乐郊，一民莫非赤子矣。保况逼居腹地，本与汉民杂处，而日亲圣世之熏陶者哉。臣查川省土司，较之他省为多，而其中桀骜成性，每有恃其世职，悖恩狂肆，逞志虐民，无所不至者。此实深负天朝宽大之恩，而自暴自弃，断不可一日姑容，以贻边氓之害者也。”[③]

雍正阅后，十分高兴，于折上朱笔批示：“应如是者。从前地方大臣，皆贪其小利，从不肯如此彻底清楚，以图永远之计。今卿既有此为国久长生民安享之念，凡百当谋一劳永逸之策，凡有似此贻害地方者，皆当斟酌料理可也。”[④]

①《雍正汇编》册8，第115、116页。

② 袁枚：《武英殿大学士太傅文端公鄂尔泰行略》，《清代碑传全集》卷22。

③《雍正汇编》册8，第965页。

④《雍正汇编》册7，第233、234、235页。

这对坚定皇上推行改土归流，去除百官疑虑，加快改流步伐，起了积极作用。

二、牛刀小试 鄂尔泰平定广顺仲苗

土司改土归流，历朝也有，但都是零星的、少量的，像雍正年间大规模地将众多土司改土归流，使中央政府直接统治的地区一下子就增加了几十万平方公里，这还是清朝的独创。

雍正帝推行的改土归流，废土司，设州县卫所，涉及云南、贵州、四川、湖南、湖北、广西六省，除四川是由川陕总督岳钟琪负责办理外，其他五省皆系鄂尔泰主持进行。

六省的改土归流，以云南、贵州为重点。鄂尔泰于雍正三年（1725年）八月升任广西巡抚，刚上任，即于十月移任云南巡抚管理总督事务。

在此之前，贵阳府属广顺州的长顺、者贡、同苟、焦山一带地方及其附近数百仲苗苗寨，“为乱二十余年”，贵州巡抚石礼哈、提督马会伯奏请用兵3800名前往征勦，帝未许。新贵州巡抚何世璂于雍正四年四月初二日上任后，分析形势，于四月初八上折，主张招抚，不赞成立即征勦：

“窃臣荷蒙圣恩，巡抚贵州，入境以来，闻贵阳府所属广顺州之长寨等处狆苗顽梗，阻建营房。臣抵省城面晤署抚臣石礼哈及，准提臣马会伯，咨扎佥云长寨地方，经前任督抚于谨陈调剂等事案内奏准设立营房防汛。仲苗以出入未便，遂尔拦阻，曾经差员再三化导，苗性顽梗如故，业经调拨各营兵丁二千七百名、各司土兵壹千壹百名，令游击等领兵前往，勦抚兼施，等语。臣窃思，仲苗固属凶肆，然其中亦有强弱良顽之不同，为臣子者，果能仰播无威，勤宣圣德、分别其善恶，显示以信义，彼自当相率而归化。若一旦骤行进勦，无论约束少宽，不无骚扰之累，路径未熟，不无蹉跌之虞。即使动出万全，而大兵所到玉石难分，仰体我皇上好生之德，必有恻然不忍者。臣以事关重大，不得不极为详慎。因屡扎致提臣，嘱其养威持重，严饬各营将弁，毋得恃勇躁进。臣一面差委臣标守备徐希达持示飞往宣布皇恩，多方晓论头目，劝令众苗向化。如彼就抚归诚，即将头目重赏，以示鼓励。倘仍怙恶不悛，臣与督、提二臣商酌，相机而行。

“除俟差员回日再将情形驰报外，合将遣员化诲缘由先行陈奏。唯是臣迂拙庸儒，未谙军旅，既恐失之疏率，又恐过于畏葸。伏乞恩赐指示方略，以便遵行，则地方民苗均沐洪慈于无既矣。为此，具折专差把总王永祥赍奏请，伏乞皇上睿鉴批示施行。”①

雍正帝阅折后，对何世璂颇为不满，朱笔批示：“朕无方略，唯喜得中恩威二字，只求得当。鄂尔泰非寻常督抚，其人之才，其心甚公，其诚实难多得，有此等事，听其指挥而行，不可另立主见掣肘。”②

鄂尔泰于雍正四年四月初九上折，奏述用兵之法。奏折讲了三个问题：一是“制苗之法”，“固应恩威并用，然恩非姑息，威非猛烈，然到得用着威时，必须穷究到底，杀一儆百，使不敢再犯”。二是已知贵州提督杨天纵调遣官兵2700名前往征勒，现再派遣士兵900名前往。三是用兵之时，晓谕各苗，只诛渠魁，不扰顺苗，破苗之后，号令严明，招抚苗人，好使众苗失所。奏折全文如下：

“奏为请肃清顽苗以靖边防事。窃查雍正三年四月据前督臣高其倬谨陈调剂黔省事宜等事一案内开，广顺州所属之长寨、者贡、同苟、焦山一带之苗多系仲家，性好抢掠，其附近各寨不下数百处，与长寨等处居地相连，暗相依倚，以数百里深阻之地，数百寨凶顽之苗连成一片，地方文武相离甚远，鞭长不及，应多设官兵，安立营汛巡防等因。奉旨：依议，钦遵在案。雍正四年二月初一日，臣受事后于二十八日据贵州提臣马会伯咨称，广顺州称奉本军门批委盖造长寨等处衙署营房，已将宗角一处盖造。其长寨、羊城、土屯、者贡、谷隆、同笋、焦山一带地方尽系仲苗，性最狡悍，地更深入，建造营汛兵房，若非多方卫护匠后人工，难以进修。请檄发大定分拨驻扎广顺兵三百五十名，檄行领兵官协同卑职，带领匠役人工，引兵前往长寨驻扎，庶仲苗慑服，营房易

①②《雍正汇编》册7，第115页。

于完竣，地方早得宁谧。该提臣据情移咨到臣，随经移复拨兵去后，续据署抚臣石礼哈手扎云，烧毁房抗阻建造已差官领兵持示相机剿抚去讫。臣念仲苗顽抗实因循积玩所致，必先出示明切晓谕，虽引兵前往，应俟示后看其情形办理妥帖，再行用兵，一面奏闻。若情形未定，不须先烦圣虑。总之，制苗之法固应恩威并用，然恩非姑息，威非猛烈，到得用着威时，必须穷究到底，杀一儆百，使不敢再犯，则威仍是恩，所全实多。随具扎答复，略中此意。三月三十等日又接抚、提二臣手扎称，据委员抚标游击赵文英、提标游击卜万年、广顺州牧卢兆鹗等禀称，职等帝赍带告示花红前往晓谕，顽苗不遵化诲，每日离营五里吹角呐喊，自宗角至畏寨五层关口俱用挡木垒石，每关加五六十人把守，马棉益甲，药弩长枪俱已准备等语，今现在酌拨官兵听候进剿。已于本月二十日将始末具折奏闻，诚恐将来天气炎热，抑或雨水过多，兵丁率多未便，务于四月内剪此丑类，安辑地方。其调遣各路兵马，及檄移邻省阻遏去路等事，正在速为料理等语。臣念黔省诸苗仲家恶焰独盛，每小有争斗，辄构连各寨，一呼百应，凶狠久著，实为通省大患。今既明肆顽梗，杀之有名，借此一举以慑服群苗，诚两得之计。然先须晓论各苗，只在专诛长寨一二渠魁，其余驯懦各皆安堵，不唯秋毫无犯。倘诸苗中有能协力擒凶者，仍有厚赏。其官兵经过之处，无论为民为苗皆我赤子，更须多方安慰，毋许惊扰。若早知降服授首，只需擒其渠魁一二人。设仍负固抗拒，即行深捣巢穴，歼除丑类。事定之后，尤宜号令严明，另立营守，各还完聚，毋令苗众失所。因复详细具扎，以复二臣外，兹四月初六日准提臣移知，已调平远协游击翁世雄、守备杨俊，挑选千把二员、兵丁三百名；黔西协游击张朝宣，挑选千把四员、兵丁三百名；都匀营挑选千把三员、兵丁二百名；贵阳营游击官禄挑选千把二员、兵丁二百名；平越营游击田玉挑选千把二员、兵丁二百名；抚标游击赵文英带领兵丁二百名；提标游击卜万年、詹天祥挑选千把八员、兵丁一等标协营兵共二千七百名，前往广顺州会同定广副将及地方官兵，多拨土兵相机抚剿。臣窃思滇、黔二省远极边末，顽苗杂处，前入黔境沿途访察，苗情略已知悉，曾面与提、抚二臣切实商酌，平日务当整肃营伍，视无事为有事，却以镇静为主，示以无事，以仰体圣主如天好生，一视同仁之至意。倘仲家苗凶狠如故，罔知顾忌，切不可隐讳，务当杀一儆百，使原苗畏法。二臣亦深然臣言，俱有同心。今臣到任两月，仲苗凶恶种种频闻，兹复敢显肆顽梗，目无官军，若复稍事姑息，恐群苗望风长其恶焰，将贻后患。虽官军一至，势如腐鼠，原不须多兵，但此一举不独为剪此丑类，实欲慑服群苗，故不得不稍张军威。闻贵抚臣何世堪于四月初二日到任，请将总兵臣石礼哈暂免回镇，同投臣马会伯调度办理，二臣必能了此事，终应无烦圣虑也。

"再，查土苗种类多忌少和，互相仇杀者甚众，不能报复者亦多。臣已咨调定番州属克把郎苗兵一百名，平选州属熊家苗兵二百名，定番十二土司土兵六百名，俾作前队，许事竣之日，将所获人口、什物即行赏给，仍行分别奖赏，庶以苗击苗更省兵力。"①

雍正帝阅折后，非常高兴，在折上朱笔批示，高度嘉赞鄂尔泰，并下定了改土归流决心。朱批：

"前者马会伯奏到，朕恐其孟浪，后见何世堪之奏，朕又恐其怯懦因循，正在忧疑，览汝此奏，朕始宽怀。量尔料理必得事情之中也。事定之时，此事朕意应具题奏，当以军功赏叙。石礼哈调用他广州将军，因汝此奏，复急命暂止往粤，料理此事毕再赴新任矣。特谕尔知。"②

过了一个多月，雍正四年五月二十五日，鄂尔泰上折，奏述剿平仲苗收获诸寨情形：

"五月初六日，据称焦山、长寨等寨顽苗纠党放枪放弩来惊营盘，拾得药箭十余枝，拿获顽苗三名，并药箭一筒。初七日，诸将官议定三路进兵，一由谷隆，一由焦山，一由马落孔，而以宗角为老营应援。初

①《雍正汇编》册7，第118、119、120页。

②《雍正汇编》册7，第121页。

八日，分布队伍，整齐号令，于初九日会同进剿。十六日，据提臣马会伯咨称，初十日申时据游击田玉、官禄禀称，于初九日丑时将官兵分三路前进，由谷隆关而入越岭登山，直抵谷隆关上占据关口，攻打焚烧，立破附近谷隆关之岩底寨、冗把寨、桑打寨、摆架寨、桐林寨、大谷隆寨、小谷隆寨等处。诸寨贼苗擅敢对敌，官兵奋不顾身施放大炮，枪箭齐发，打死贼众无数，理应取贼首呈验，奈贼众颇多，打死一贼旋即抢去。官兵共烧七寨，占一谷隆关等因移咨到臣。十七日又据提臣咨称，十一日卯时据刘业浚呈称，本月初十日未刻准游击卜万年移称，于初九日子时自焦山起营，游击詹天祥分兵两路前进，抢遇焦山竹林关口，四围鸣角呐喊，路俱塞断，官兵冒险攀缘而上，直抵苗穴翁忙险关，满山俱安药签，顽苗率众挡敌，礌石弩弓乱发，官兵争先，顽苗败走深入穴内，夺险关而下，兵马渡河，顽苗又复拼命拒敌。官兵力战开得翁忙，顽苗复败入井口，官兵齐追又开得井口，四野顽苗蜂拥接阵，炮伤顽苗数人，往取首级，彼已先抢而归，遂分兵前后，先踞长寨之后山，后借势而入，男女奔窜一空，及齐入长寨，而顽苗复奋力拒敌，是夜喊声震也。箭发如雨，令兵丁施放枪炮，严加固守。所有顽苗拒敌并得长寨情形移咨到臣。”

雍正帝在鄂尔泰的奏折上朱笔批示，赞同鄂尔泰的处理，谕令“凡百皆令听汝（鄂尔泰）调度”。[①]

雍正四年六月二十日，鄂尔泰上折，奏述进剿之后情形说：“长寨虽空，然犹散据各寨，不时窃发。”“就目前论，苗胆已丧，苗焰尽衰，然而渠魁未擒，群苗观望，凶心未死，难尽宁帖。”“今前后调兵，共及五千，官军延时，已逾三月，犹未曾歼其魁，散其党。”鄂尔泰建议修建大营，增驻多兵。[②]

雍正四年七月初九日，鄂尔泰上折，具体建议在苗寨建一大营，羊城等地亦建兵营，共设守兵870名，设游击统领。雍正帝批准其奏。[③]

①《雍正汇编》册7，第323页。

②《雍正汇编》册7，第493页。

③《雍正汇编》册7，第635页。

雍正四年八月初六，鄂尔泰上折，痛斥汉、苗奸人狼狈为奸，掠夺、拐卖人口，现已擒获首犯若干名，在逃渠魁，继续搜捕。

“云南巡抚管云贵总督事臣鄂尔泰谨奏，为严缉黔省汉奸川贩据实奏闻事。窃以黔省大害，阳恶莫甚于苗猓，阴恶莫甚于汉奸、川贩。盖夷人愚蠢，虽性好劫掠，而于内地之事，不能熟悉；权谋巧诈，非其所有。唯一等汉奸，潜住野寨，互相依附，向道引诱，指使横行。始则以百姓为利，劫杀捆掳，以便其私，继复以苗猓为利，佯首荫庇以估其财。是虐百姓者苗猓，而助苗猓者汉奸，虐苗猓者亦汉奸也。至于川贩，即汉奸之属，串通苗猓，专以捆掳男女为事。缘本地既不便贩卖，且不能得价，故贩之他省，而川中人贵，故卖至川者居多。其往来歇宿，半潜匿苗寨，沿途皆有窝家，既可免官府之擒拿，又可通汉夷之消息。居则有歇家为之防卫，行则有党羽为之外援，无从盘诘，莫可稽查。及其路径既熟，呼吸皆通，不独掠汉人之丁口，亦复拐苗人之男妇，而苗人既堕其术中，遂终为所用。臣入境以来，深知二者之患，留心访察时，欲穷其根株，猝难寻其巢穴，及长寨之役，知若辈多藏匿其中。随乘此大举密令诸将中有才略者细心访缉，借讨顽苗之名，为搜川贩之计，合前后所获男妇大小数百口，令文武各员将要犯阿捞、阿捣、杨世臣、王有余等共十二名详加审讯，鞫其渠魁，究其胁从，探其窝巢，诘其踪迹，无论已获未获，俱逐一得实。除将现在要犯严行监禁，情罪可原者尽行释放，其已逃诸要犯隶黔属者通行捕拿外，伏祈圣恩，谕令川省抚提诸臣按姓名、居址，同心密缉，务期擒获，尽绝根株，毋使漏网，庶两省汉苗皆安，而劫杀捆掳之风永靖矣。所有已获未获各犯另揩开注，恭呈御览。伏乞圣主睿鉴施行。

“臣尔泰谨奏，奏谨将已获要犯逐一开注，恭呈御览：

“阿捞，者贡大寨人，素与川贩李奇、李嵩山、杨世臣等勾连，贩卖川贩等皆窝藏其家，素为罪魁，及抗阻建营，实为倡首，歃血要盟，各寨附和。

“阿捣，者贡小寨蛮拱寨人，素与阿捞捆掳男女，交与李奇、李嵩山、杨世臣等贩卖，阻修营房，亦属同谋。

“李嵩山，四川垫江县人，与李奇、杨世臣等同伙川贩，擒获后病故。

“杨世臣，四川重庆府人，与李奇、杨老么等作川贩来者贡，五年前在四川巴县犯事，曾监禁八月，今值建营，又与李奇、李嵩山等纠集阿捞、阿捣等号召众寨同心抗阻。

“王有余，即杨老么，系杨世臣之弟，四川巴县人同伙往来贩卖。

“陈应甲，定番州人，当身在谷隆大寨邓胡子家，伙同贩卖。

“饶江，即杨老大，系杨漆匠之子，本姓饶，江西丰城县人，今住安顺，来者贡附杨世臣故姓杨，同杨世臣四川贩卖，曾在当阳山犯事。

“饶正胜，即饶江之父，善漆盔甲，父子常为苗子漆盔甲、器械等件，又屡次赊人交儿子典李奇、杨世臣等同卖，但已七十三岁。

“饶世昌，即饶江之叔，专为苗子漆盔甲，未做川贩，其罪稍轻。

“阿兜，丙爱寨人，正当官兵进剿各寨时，阿兜与阿鸡等攻烧生员金可鸣等寨，伤死金殿玺，劫掳牛马等项，与寻常盗案不同，应照军法律拟。

“杨擢胡，平远州剁鸡黄家寨人，系川贩窝家，据称李奇到寨须问李鸿杰。

“李鸿杰，平远州剁鸡人，系川贩窝家，五月二十八日李奇弟兄三人同舅子复姓并陈姓、穆姓、游姓、张姓共八人歇宿，次日起身往李芳柱家。”

雍正阅折后，非常高兴。朱笔批示，高度嘉赞鄂尔泰，并让其推荐两江总督人选。朱批：

“卿此心此行，不但当代督抚闻之可愧，实可为万代封疆大臣之法程，朕实嘉赖马，勉之。

“上苍照察，再无不倍增福寿，子孙荣昌之理。再两江非卿不能整理，如朕之意，云贵一切事宜，料理有头绪时，还向卿要一可代之人来两江，与朕出此一大力。留心。但诸务不可因此旨促迫为之。”①

这样一来，鄂尔泰当然成为皇上非常嘉赞、非常信任的能臣贤臣了。因而，雍正四年十月，鄂尔泰便升任云贵总督，官阶从一品，一年多后，再升任云南、贵州、广西三省总督，连湖南、湖北土司事情，帝亦命鄂办理。

三、奉旨联姻　鄂尔泰侄女许与郡王

鄂尔泰，满洲镶蓝旗人，清朝开国有功之人的后裔，先祖获授佐领世职。鄂尔泰生于康熙十六年（1677年）。论科举资格，鄂尔泰只是乡试中举，一榜出身，而非通过乡试、会试、殿试考上进士的两榜出身，且举人人数众多，每三年举行一次乡试（考举人），基本上要取中1200名举人，与每三年一次会试殿试，取进士二三百人，相差悬殊。讲政绩，中举之后，整整17年，除袭先祖佐领授三等侍卫外，未任任何实职，年满40岁，才当上内务府员外郎，官阶从五品，工作7年，没有突出政绩，未升一级。讲武略，鄂尔泰未任武将，没有征战经历和军功，不知其有何等武略。眼看已是年近半百之老人，大局已定，将以区区从五品的普通司官致仕（退休）了，却蒙皇天眷佑，境遇陡转，一下子就飞黄腾达了，因为，新皇帝看上他了。史称其任员外郎时，皇四子雍亲王胤禛以私事相求，被其拒绝，深得胤禛好感。胤禛即位后，召鄂尔泰说：“汝为郎官，拒皇子，其执法甚坚。”予以慰奖，遂于雍正元年（1723年）擢鄂为云南乡试考官，江苏布政使，由从五品升为从二品的一省之大员。雍正三年（1725年），再升云南巡抚兼理云贵总督，第二年，实授总督事务，官阶从一品，升迁之快之高，实为罕见。

雍正帝除了嘉赞鄂尔泰，予以封赏外，还谕命将鄂尔泰的胞兄鄂临泰之女，许与怡亲王允祥的第四子弘晈。允祥乃雍正帝唯一信任和倚重的皇十三弟。允祥曾因代兄受过，被父皇康熙帝圈禁多年，雍正帝继位

①《雍正汇编》册7，第835、836、837页。

为君后，将允祥释放，倚以重任，封和硕怡亲王世袭，任总理事务王大臣之首，兼总理户部、总理户部三库，王俸加倍，加封一郡王，任允祥于诸子中指封。弘皎是允祥第四子，后封郡王。雍正年间，允祥是实实在在的一人之下，万官、诸王之上，具体处理军国大事的唯一王爷。而鄂临泰，仅仅是一个官阶从七品，没有实权的低级官员，并且久已退休，沾弟之光，最近才被恩赐给以八品顶戴。亲家双方，可以说是天壤之别，门不当，户不对。所以鄂尔泰是“不胜忻跃”，“无任踊跃，欢忭感激”。立即于雍正四年六月二十日上折，恭谢天恩：

“伏读恭请圣安折，（原朱批：朕躬甚安，你好么，可如旧否，钦此。）臣跪捧之下，气咽神怆，万里之外，如闻慈父声。臣独何心，敢不自爱。其实自到任后。精神气力比旧加强，前折已备细详陈，谅蒙圣鉴，少慰慈怀。及臣接开家信，知荷蒙圣主，以臣胞兄鄂临泰女，特颁恩谕，许字怡亲王弘皎阿哥。臣随率同臣妻席他拉氏，并臣子恕奴、的奴、孚奴叩头谢恩外。窃臣先世，自从开国，代沐皇恩。至先臣鄂拜虽忝列儒官，历阶祭酒，依然寒素，凡属朱邸，何敢跻攀。今臣叠荷圣恩，不次超擢，以巡抚管理总制，方时深惴栗，莫报涓埃。臣胞兄临泰，旧曾任中书，退归已久，近叨圣恩，给以八品顶戴，虽家居辇下，而礼仪疏简，朴野自甘。侄女未娴姆教，鲜谙闺箴，性虽近于淑柔，质难辞于固陋，忽蒙圣主，顾以蓬门弱息，上配宗潢，闻命之余，不胜忻跃，不胜悚惶。岂唯臣兄弟一门，并叨恩耀，其自臣始祖下逮高曾祖父，皆荷光宠，沾沐殊麻。臣自度身力，断不能报称，期唯此赤心，勉始勉终，不敢稍懈，以仰答高深已耳。”

雍正帝在鄂尔泰的奏折上，朱笔批示了一大段十分重要的话：

“怡亲王实不世出之贤王，卿实国家之名器，真皆朕之股肱心膂，联有意做此门亲也。卿当庆喜者。尔前陛见时，朕已有旨，言你起身促迫，未得见怡亲王，王查勘河务，尚需时日，可图他日会面之旨。及你动身，王回京，朕告以你为人居心，王之代朕庆喜之意，动诸辞色。你一切奏折，朕多与王看，王之一种敬慕称赞你之怀，实难笔谕。王实人之有技，若已有之，实能容之，而兼爱敬之人。王之好贤嫉恶之公忠，实为稀有。朕所悉知者，当代唯高其倬汝二人，朕保再不移志者，其他朕实不敢信矣。尔等皆朕心腹，王大臣相识，并非尔等之私交。今即奉旨联姻，一切书札，问候来往，彼此规谏，以报朕知遇之恩，同心合德，赞襄朕，与苍生造福。凡形迹影像之怀，一点不必存中，遵旨行，莫疑。”①

以这段朱批为主，结合有关材料，可以看出三个问题。其一，雍正帝竭力筹组忠君能干的御用军政要员集团。常言一朝天子一朝臣，尤其是胸怀大志欲创伟业的英明新君，更会极力物色效忠新君的能臣勇将。康熙末年的内阁大学士、部院尚书和两江、川陕、湖广、云贵、闽浙、直隶、两广七大总督，或是廉亲王允禩、贝子允禟、敦亲王允䄉、恂郡王、原抚远大将军允禵的党羽，或是其属下，或是年迈老朽尸位素餐，或系唯思保官晋职，不以民生政务为重，或是因循苟安不求进取，甚至是索贿受贿，贪赃枉法，廉洁、精明、胆识过人、敢作敢当的能臣太少，必须尽快物色到一批忠于新君、有才有勇的新人，将他们提升到军政要职。

其二，到雍正三年，雍正帝已经找到一批效忠新君的能干臣仆，予以升任要职。一是张廷玉，汉大学士张英之次子，进士，庶吉士，到康熙五十九年（1720年），历任检讨、洗马、侍读学士、内阁学士、侍郎，雍正元年（1723年）升任礼部尚书，二年户部尚书，三年署大学士，四年二月再升任大学士。二是汉官蒋廷锡，举人，康熙时任至内阁学士，雍正元年升礼部侍郎，二年移任户部侍郎，四年二月升户部尚书，六年升大学士，仍兼户部尚书。三是满洲人尹泰，笔帖式，任佐领，因病退职，雍亲王胤禛与其交谈，“奇之”，雍正元年，升内阁学士，再升工部侍郎，二年升左都御史，六年升额外大学士，七年为大学士。四是满洲人迈柱，康熙时任御史，雍正四年任侍郎，署江西巡抚，雍正五年升湖广总督，直到十三年再升大学士。五是高其倬，汉军，进士，康熙五十八年任至广西巡抚，雍正元年升云贵总督，后相继移任闽

①《雍正汇编》册7，第489、490、491页。

浙总督、两江总督。六是李卫，汉人，入赀为兵部员外郎，康熙五十八年升户部郎中，官阶正五品，雍正元年升云南盐驿道，官阶正四品，二年升云南布政使，三年升浙江巡抚，六年升浙江总督，十年任直隶总督。七是田文镜，汉军，监生，康熙时历任御史、内阁侍读学士，官阶从四品，雍正元年署山西布政使，二年升河南巡抚，六年升河南山东总督。当然还有岳钟琪、鄂尔泰。

其三，特别赏识鄂尔泰。这与民族、家世有密切关系。鄂尔泰，西林觉罗氏，满洲镶蓝旗人。始祖屯泰率七村投太祖努尔哈赤，授牛录额真；其子图扪，随太宗皇太极征明国大凌河，阵亡，授备御世职；图扪之子图彦图，袭职，历任佐领、参领、户部理事官，从征入主中原。图彦图的第三子鄂拜，即鄂尔泰的父亲，历任户部、工部郎中，更是品、学、业绩皆优的国子监祭酒。据名列八位总裁之首的大学士、三等伯鄂尔泰等人奉旨纂修的《八旗满洲氏族通谱》卷17载：鄂拜，“幼好读书，稍长即嗜正学”，“平生耿介，以义命自安，不妄交于一人，尤严于权要。历户部工部郎中，至国子监祭酒，累四十年，祖业之外，未尝长尺寸。致仕后，园居十五载，足迹不入城市，读书课子，暇日教以射，曾不及碎务。每诫诸子曰：吾本旧族，家世忠孝，自汝高、曾，以迄于今，无临阵不勇之男，无夫死再嫁之女。汝曹读书，当以明理为准，得官不为难，功名亦非所急，但能敬念先人，争自树立，即便贫贱困顿，亦不失为完人”。这样一来，鄂尔泰既是满洲人，又是开国有功之臣中级官将的后裔，未曾腐朽堕落，还保持了先年满洲人勇于进取的优秀传统，不像那些爵封公侯伯、联姻皇室的满洲勋贵之家的子孙，大都已腐朽奢纵，不求上进，难以倚任。入关以来，清帝的基本国策是“首崇满洲”，“满汉一家”，实质是满洲为上，利用汉人，以汉制汉，重满轻汉，并且信满、疑汉、防汉。多次宣谕厚待汉官、重用汉官、信任汉官的康熙皇帝，直到康熙五十年，还在一位满官的秘密奏折上，朱笔御批：“南方汉人甚奸猾。”在这样的政治气氛下的政界军界，鄂尔泰的从政为官的条件，当然远远优越于汉官和汉军旗人官员。

但是，仅只具备族别、开国官将的后裔条件，也不能得到皇上特别赏识，这样的满洲子弟太多了，可以说是千千万万。鄂尔泰之所以能受到雍正皇帝的赏识，更主要的因素还是他此时的操守和才干。康熙末年，众皇子或身任要职，或奉帝特差，交结大臣，干涉朝政，权势很大，文武大臣无不听其指使，唯命是从。像康熙皇帝十分信任的两淮盐政、江宁织造曹寅及其内弟李煦，便不得不服从太子、皇子的命令，奉上巨量银两，以致亏空国帑几百万两。康熙四十八年，两江总督噶礼奏上密折，指责曹寅等官“亏欠国帑三百万两”，要上疏公开参劾。康熙帝在其密折上，朱笔批示：“尔这奏的是。皇太子、诸阿哥用曹寅、李煦等银甚多，朕知之甚悉，曹寅、李煦亦没办法。”而鄂尔泰一个小小从五品的员外郎，却敢拒绝权势赫赫的雍亲王之所私求，忠于职守，忠于朝廷，这样的忠臣实系凤毛麟角，当然会得到雍亲王的高度赏识。兼之，雍正元年鄂尔泰被擢任江苏布政使时，在任不过半年，却能于衙署中建“春风亭”，礼请能文之士，“录其诗文为南邦黎献集”，“以应得公使银买谷三万三千四百石有奇，分贮苏、松、常三府，备赈贷”，还察看太湖水利，准备疏浚下游吴淞、白茆。足见其不贪银钱，能于任事。被帝升任广西巡抚，刚上任，即移任云南巡抚，兼总理云南总督事务。雍正帝看中鄂尔泰可当大任，故才谕其侄女嫁与怡亲王允祥之子（后封郡王），将其视为“朕之股肱心膂”。

四、东川乌蒙镇雄　改土归流

鄂尔泰于雍正三年（1725年）十月移任云南巡抚管总督事，45岁，正是年富力强之时。这位胸怀大志、雄心勃勃、“自命过高、常卑视古人，气出其上”的大人物，当然想做出一番大事业。但是，目前地理、财经条件不好。他是云南巡抚，且管总督事，极有可能是云贵总督（一年后实授云贵总督），地盘虽然很大，云南有30多万平方公里，贵州18万平方公里，但云南、贵州是高原地区，山多，丘陵多，土司多，土司们占据的地区非常辽阔，贵州更是半系苗区，经济不发达，生产低下，赋税收入很少。雍正二年（1724年），全国册载征赋田地6837914顷，征赋银26362541两、粮4731400石，而云南省却只有田地64114顷，征赋银92257两、粮141378石。贵州省有田地12290顷，征赋银57788两，粮110610石。①

①《清文献通考》卷3。

鄂尔泰要办大事，就要用大量银米，这点点银米，哪能支撑他的宏伟事业？换成一般的平庸官员，绝大多数只能是但求苟安，熬上三几年，走门路，谋求皇上欢心，任内不发生大的事故，最后凭资历、任职久，而移任两江总督、两广总督或调任京师六部尚书。但是，鄂尔泰就是鄂尔泰，耻与彼等为伍，不仅不但求无过，不图有功，反而是困境中找机遇，变不利为有利，要在皇上大搞改土归流、百官谈改色变之时，勇肩改土归流大旗，奋勇前进。第一步就是奏请将现属四川的东川府改隶云南，第二步就是奏请将现属四川的乌蒙府、镇雄府亦改隶云南。

《清史稿》卷74，《地理十一·云南》载：东川、镇雄，元属云南，明属四川。乌蒙府，元属四川，明初属云南，随即改属四川。雍正四年，"割四川之东川府"隶云南。五年，以四川乌蒙、镇雄二府隶云南。

《清史列传》卷14，《鄂尔泰传》载：先是，四川乌蒙土司禄万钟扰东川府，与滇接壤，鄂尔泰奏改东川归滇。从之。命会同四川督抚岳钟琪办理乌蒙事，嗣招其魁禄鼎坤为土守备，万钟不就抚。至是，檄总兵刘起元整兵直入，各寨投诚。万钟遁镇雄。五年正月，万钟潜投四川，被获，解钟琪军前。其党镇雄土司陇庆侯亦赴川缴印献土。《清世宗实录》卷55，第5页载：镇雄"归并云南，就近管辖"。

按照以上叙述，东川三府之脱离四川，改隶云南，是一般的正常的情形，没有什么值得考证、分析的必要。然而，查阅雍正朝朱批奏折，联系东川三府及滇川督抚实际，不禁使人产生了两个疑问。

其一，三府改隶云南的理由，是与云南接壤，就近管辖，是否真是如此，或是另有隐情，此说不过是借口而已？其二，三府改隶，必然涉及巨大利益，对谁有利，谁遭损害？

现先谈谈第一问题，就近管辖。提出将四川东川府拨归云贵管辖的，是署贵州巡抚石礼哈、贵州提督马会伯和云南巡抚管云贵总督事鄂尔泰。石礼哈、马会伯联名，于雍正四年（1726年）三月二十日上折，奏请将东川府就近改归云南管辖说：

"臣镇守威宁，习闻东川一府，自改土归流以来，设立游击一员，守备一员，千把总六员，兵丁一十名，向隶川省管辖。每见该营弁兵赴川领饷，必由黔属之威宁府、毕节、永宁等县，方入川境，计程约有两千余里，往返须得两月有余，甚为遥远。兼之川省界限，中隔黔属地方，纡途至省，遇有紧要之事，多有缓不及济。查雍正三年十月内，乌蒙府土目禄鼎坤领兵欲占巧家地方，该东川府飞报本省抚提诸臣，并就近禀报云贵总督。臣高其倬于十月初三，发曲寻镇兵五百名，援剿左协兵五百名，前往弹压，该土目见云南发兵，畏惧退回。迨至十二月十七日川省差千把各一员，始到毕节，持令箭往彼饬查，讵知此事，消弭已久，是鞭长莫及之明验也。查东川府距云南省城，按站须得七日，遇有紧要事件，兼程三日可到，距云南之援剿左协计程四日，兼程两日可到，若将东川一府就近改隶云南……"[①]

也就是在这三月二十日，云南巡抚管云贵总督事鄂尔泰，也上密折，奏请将东川改隶云南，理由也与石礼哈所述大体相同：

"窃查四川东川一府，原系土酋禄氏世守的地方。考禄氏籍隶马龙，分据东川，明季并未归版图，至康熙三十一年始献土改流，议归四川管辖。其地与云南省寻甸、禄勤、沾益三州接壤，距寻甸州界二百四十里，距禄勤州界三百里，距沾益州界一百八十里，距云南省城四百里。方隅广阔，地土肥饶。昔遭流寇蹂躏之后，缘半未开辟，兼之土人凶悍，专事劫掠，川民不肯赴远力耕，滇民亦不敢就近播垦，故自改土以来，历今三十余载，风俗仍旧，贡赋不增。该府每年征折等银止三百余两，俸工兵饷不敷，悉赴成都支领，往返维艰。以天地自然之利，致为荒芜不治之区，良属可惜。况东川去成都二千八百余里，一切事宜俱有鞭长不及之势。即如上年十月内，乌蒙土府禄万钟之叔禄鼎坤，统众攻打东川村寨，东川知府周彬虑川省远不可恃，具报滇省。前督臣高其倬随檄寻镇拨兵五百名，寻甸协发兵五百名，寻沾营发兵二百名，遣官应援，始获解散。解散之后，而川省所发令箭，方得到府，是川省之无济于东川，而东川之无益于川省也明矣。况寻甸、禄勤、沾益三州之民，时遭东川土人之害，绑掳人口，劫抢牲畜，不一而足。及至赴官告理，备文关提，川省官例问土目伙头，而土目伙头惟就中攫利，曲为隐

①《雍正汇编》册7，第7页。

庇，经年累月，竟不拿解一犯，洵为滇省之累。臣虽未亲历其地，难知备细，然按稽志图，博访与论，若得东川府改隶云南，云南路近，声教易及，凡滇黔两省商民，有力能开垦者，广为招来，以实其地，并将附近营汛斟酌移驻，以资弹压，不但兵民众多，土人自不敢横肆，且从前茂草，皆焚为膏腴，民受福利，国增钱粮，似亦因地制宜及时变通之一端也。再查乌蒙土府与东川接壤，骄悍凶顽，素称难治，不惟东川被其杀掳，凡黔滇属接壤之处，莫不受其荼毒。而且产富田肥，负固已久，若不早图，终为后患。如蒙圣恩允，东川归滇，俾臣指令将备，先怀以德，继畏以威，然后徐议改流，不二三年间，或可一举大定。至于防守官兵，亦毋庸另设。查督、标援剿左右二协，原备调遣，并非扼要，应止留一协，去左右字，改为援剿协，将一协裁省，移驻东川府，改为东川协，其东川原驻官兵，是否应裁，均听部议，是一转移间，地无弃土，兵无冗食，节饷便民，而地方赖以宁辑矣。臣受恩深重，报称实难，倘言有可采，伏乞圣主睿鉴，敕部议覆施行。臣鄂尔泰谨奏。”①

对于乌蒙、镇雄是否应该脱离四川，改归云南管辖，此时鄂尔泰并未直接奏请将二府并入云南。但一则鄂尔泰强调乌蒙离四川省会成都太远，川陕总督衙署在西安，岳钟琪和四川巡抚、提督对乌蒙皆是鞭长莫及。再则他已讲到乌蒙土府扰害东川府及滇蜀交界地方，必须及早处理，免致后患，待东川归滇后，两三年间，或可一举大定，明确地表示了要进取乌蒙府。

所谓就近管辖，是否合适，是否有理，得看具体条件。像四川这样宽广多达六十万平方公里，有一百三十余个州县的大省，其东、南、西、北部的最远地区，起码有二三十个厅、州、县和十几个土司，要分别划归陕西、甘肃、湖北、云南、广西等管辖，因为这些州厅县和土司，离省会成都，都比到陕、甘、滇、楚、桂省的省会西安、兰州等地远。就以东川、乌蒙、镇雄三府来说，三府距省会成都，的确比昆明远，但是，一则鄂尔泰所说东川到昆明，只有“四百余里”，②乌蒙“去滇省(指昆明)不过六百里”，是不准确的，是错误的，是大大减少了的。《清史稿》卷

①《雍正汇编》册7，第11、12页。

②《雍正汇编》册8，第707页。

74，《地理志》载称，东川府“南距省治(昆明)五百九十五里”，乌蒙府“东南距省治九百二十里”，皆比鄂尔泰所说的距离多了50%。再则，以离昆明近的理由，将乌蒙府、镇雄府并入云南，那么，与乌蒙平行甚至还比乌蒙更靠近昆明的四川会理县、会东县、普格县、布拖县、盐源县、盐边县、德昌县等地区，也就是今天的攀枝花市的全部和凉山彝族自治州的20%强的几万平方公里，都应并入云南，为什么鄂尔泰只要东川、乌蒙、镇雄三府，不要上述会理、会东等县？须知，这些地区都非常穷。

查看云南、贵州财经情况，才找到了鄂尔泰要吞并东川、乌蒙、镇雄三府真正原因的答案。原来，云南、贵州是最穷的省，这两个省，加起来只有田地76408顷，仅占全国(17省和奉天府)田地6837914顷的1.1%。田赋银更少，仅占全国田赋银26362541两的0.56%，比不上江苏、浙江一个县的赋银。①

再从云贵总督和云南巡抚衙署所在地云南府而言，它是云南省最富之府，但面积太小，广370里，袤298里。东西叫广，南北为袤，广袤相乘，为面积，云南府面积只有110260平方华里。

可是，加上东川、乌蒙、镇雄三府，就大不一样了。《清史稿》卷74，《地理二十一》载：东川府，“广500里，袤420里”，广袤相乘，东川府的面积是21万平方华里，比云南府将近多了1倍。乌蒙府面积更大，“广550里，袤630里”，广袤相乘，面积是346500华里，比云南府多了2倍多，镇雄府的面积也不小。吞并了东川、乌蒙、镇雄三府，使云南省的面积增加了几万平方公里，达到39万平方公里，成为当时名列第三的大省，仅次于四川、甘肃。

更重要的是，这三个府的田地质量都相当好。鄂尔泰奏述东川府情形说：东川府“方隅广阔，地土肥饶”。“固膏腴之府，物产之区也。东至乌撒，西至会川，南至寻甸，西北至会理。东西广四百二十里，南北袤三百七十里，周围延袤一千七百余里。前有金沙江，后有牛栏江，复有五龙、纳鸡、马鞭、云弄诸山，群峰环峙，坡坂宜荞，原湿宜稻，田高水活，旱涝无恐”。乌蒙府是“产富田肥”。②

①《清文献通考》卷3。

②《雍正汇编》册7，第11、12页；册8，第702页。

特别是东川府，更有丰富的铜矿。清朝的流通货币是白银和铜钱，清政府的一项重要工作，就是铸造铜钱，户部、工部均设立钱法堂和铸钱局，钱法堂由侍郎兼管。户部的铸钱局名叫“宝泉局”，工部的铸钱局叫“宝源局”。两个局每年铸的钱，多少未定。康熙二十三年（1684年）定，大体上宝泉局每年铸钱23万～29万串，每串1000文，宝源局铸13万～17万余串。康熙六十年，两局各铸36卯，共铸钱67392串。

铸钱需用大量铜、铅。宝泉局每卯用铜72000斤、铅48000斤，铸钱12480串。宝源局每卯用铜36000斤、铅24000斤，铸钱6240串。这673924串钱，当用铜388万余斤和259万余斤铅。铜由各省官府购买，运抵京师。康熙五十四年定，每年宝泉局额定需铜292万余斤，宝源局额铜151万余斤，从第二年开始，令江、浙、赣、皖、湖、楚、粤、闽八省分买，每省办铜554400斤，共443万余斤。京局所需铅294万余斤，由户部招商购买。每斤铜的定价1钱5分5厘(铜价银1钱2分5厘，水脚费3分)。铅每斤6分2厘5毫，水脚费3分。照此计算，每年443万余斤铜需银69万两，294万余斤铅，需银19万两。[①]

鄂尔泰看准了东川的铜矿，会带来巨大经济利益。他在升任总督之后，于雍正五年五月初十上折，奏述从东川铜矿上赚取到巨量银子说：

“为铜矿大旺工本不敷，恳恩通那以资调剂事。窃照滇省铜厂二八抽课，余铜归官采买，以供鼓铸，奉有成例。查每岁额课银止九千六百二十五两零，每岁所获余息银约一万七八千两不等，计所办铜斤除供鼓铸一百余万斤外，多不过二三十万斤。从前收铜工本，俱用铸局买铜银两，办铜既无多，故买铜工本足用。臣自去岁抵任后，督率清查，细心调剂，厂务渐有头绪，雍正四年分办获铜斤余息银已四万七千两零，业经奏明在案。今岁闰三月以来，仰赖圣主福庇，山祇效灵，铜矿增盛倍常，数十年来所未有。即就现在核算，五年分铜斤可办获三百数十余万，合计应获余息银不下十数万两。”[②]

你看，一年可从东川铜矿上获取“余息银不下十数万两”，2倍于云南全省两年的田地赋银，更不要说这产铜三百余万斤(很快就年产五百多

①《清文献通考》卷14。

②《雍正汇编》册8，第767、768页。

万斤铜)的大工程，可养活几十万甚至几百万人口。简而言之，经济利益巨大，每年云南政府可以捞取几十万两银子的“公帑”和相应的“外快”，这才是云南巡抚兼理云贵总督事务的鄂尔泰要吞并东川、乌蒙、镇雄三府的真实原因。

第二个问题，川滇相争。鄂尔泰能知道东川、乌蒙、镇雄的重要性、有利性，难道川陕总督岳钟琪就不知道吗？鄂尔泰能争过岳钟琪吗？老实说，岳钟琪的文韬武略、政绩军功，以及皇上对其之特宠，远逾于当时任何一位总督、巡抚，要想和岳钟琪争这三个府(本来这三个府就是四川的)，是绝对争不过的，必输于岳钟琪。但是，鄂尔泰不这么想。鄂尔泰就是不同于一般人的鄂尔泰，他就敢在太岁头上动土，就敢虎口拔牙。

鄂尔泰既被皇上特别赏识、信任、提拔、倚任，当然有与川督相争的条件，何况史称其人“自命过高，常卑视古人，气出其上”。[①]既然他对古代众多先贤先哲都看不上，都予以“卑视”，何况你一汉人武将督抚，鄂尔泰焉能屈居岳钟琪之下？一有机会，就要比个高低，跃居其上。

鄂尔泰既胸怀大志，雄心勃勃，又傲视古今名人，还被皇上亲书朱批，赞为“卿实国家名器”，是“朕之股肱心膂”，当然想要做出惊天动地的伟大事业。可是，讲经史，论文章，这个普普通通的举人，没有学富五车，没有满腹经纶，写不出洛阳纸贵、流传千秋万代的名著，想不出改革时政、富国富民强军的治国之道。谈军功，入藏驱准、青海平叛，刚奏功勋，准噶尔部还在自保休整，没有边患，自然也就没有建树不朽功勋的机会，怎么办？思前想后，环顾全国，鄂尔泰抓住了时代需要、皇上重视的改土归流问题，力图在此建功立业。所以他绞尽脑汁，于雍正四年三月二十日奏上密折，尽力论述东川改隶云南及徐图乌蒙改土归流的必要性、迫切性，果然说动了皇上。

雍正帝在其奏折上，朱笔批示：“所奏甚合朕意。东川归镇，高其倬未到之先，已有旨矣。其余所论，极是。应题请者具题。钦此。”[②]

雍正帝又在此折上，给鄂尔泰降了一道圣谕，命其与岳钟琪会同办理乌蒙土司(详后)。

雍正帝也在川陕总督岳钟琪雍正四年五月初五奏述进剿凉山金格的奏折上，降下同样性质的上谕：

---

① 袁枚：《文端公鄂尔泰行略》，载《清代碑传集》卷22。

②《雍正汇编》册7，第12页。

“谕川陕总督岳钟琪知悉：沿边土司，各占据地方不一，其处控驭之法，须宽严得宜，随时约束，方能使民彝获安，疆圉无扰。即如川省乌蒙土司，界连三省，向时土官禄鼎乾信任土目木那，苛虐土民，劫掠邻境，甚属不法。今鼎乾虽故，木那就获，而鼎乾之子承袭土职，童幼无知，其叔禄鼎坤及各土目等，专纵自恣，重蹈故辙。去岁擅敢率众，侵扰东川所属巧家地方，似此若不戒饬约束，将来益无忌惮，必至滋事愈多。尔其悉心筹度，将该土目等先行严加戒谕，令其毋虐土民，毋扰邻境，务俾实改前非，恪遵法度。倘仍怙恶不悛，不肯敛戢，应作何惩治之处，尤宜预计，将来若可改土归流，似与地方大有裨益。但诸凡料理，务出万全，固不可因循养奸，亦不可轻举滋事。缘乌蒙与云贵接壤，联已降谕鄂尔泰，令与尔尽心同办，一切事宜有应通知会同之处，尔等彼此和衷，互相商酌，详细措划可也。为此特谕。”①

雍正帝对岳钟琪的谕旨，表明了三个问题：一是必须迅速严斥或惩治乌蒙土司。二是岳身为川陕总督，理应早日奏述其不法情形及处理办法，哪能让远在5000里以外日理万机的皇上挂怀此事，已有失职之过。三是此事本应川抚、川陕总督处理，但现在却谕命川、滇同办，显有不信川督的决心、能力，要更多地倚赖滇抚完成此事之意。

岳钟琪此时正忙于执行垦荒甘肃之圣旨和征剿凉山金格之战，很可能没有体会到皇上的心意，所以直到接谕之后一个半月，才于六月二十日上折，奏述处理之法说：

“窃臣奉到朱批谕旨，开示安顿乌蒙土司之事。臣伏读再四，仰见我皇上睿照周详，彻始彻终，无征不悉。臣敢不恭体圣怀，以图事无纷扰，而功可易成。查乌蒙土司历来抗顽，今禄万钟以幼稚袭职，故豪奴悍婢益肆跳梁，此时木那虽已就擒，而余党终难尽灭，专纵自恣。臣已严饬，而怙终不悛，即今仰伏天威，再行化诲戒谕，亦不过稍有知识者，勉遵一时，其恣纵恶党未必尽能改悔。我皇上念切生灵，欲裨以共

①《雍正汇编》册7，第235页。

享安全，必须改土归流，方可永期奠定。而圣朝威令，尤必明正其罪，乃可慑服远人。臣查乌蒙部落，直通梁山生番，若遽加以武事，易致遁逃，转滋延缓难结。臣愚请将现今拘提未结之案，臣会疏题参，请旨发审，俟奉明旨，臣会同鄂尔泰，饬委川黔两省该管文武大员，于两省交界处所，檄提禄万钟、禄鼎坤亲赴内地质审。彼畏法前来，则审断之后，羁縻其身，按其罪款，题请改土设流，固可不劳而定。倘或恃其负嵎，抗不赴审，则臣一面与鄂尔泰据实题参，声罪改土。一面选差入其巢穴，结其腹心，彼地虽系苗蛮，久通声教，料必向化有人。即使或有应示兵威之处，臣与鄂尔泰悉心筹划，务期万全，断不敢轻举滋事，亦断不敢因循养奸。然此乃臣迂拙之见，未能悉合机宜，伏乞我皇上恩赐垂察，批示遵行。倘蒙俞允，臣回陕之日，即当会同抚臣法敏，具疏奏请，庶可渐次举行，以免监事周张，而边境亦得早乐升平矣。抑臣更有请者，乌蒙、镇雄实相唇齿，去一留一，势必不能自安，且镇雄屡行不法，亦属驽骜，如乌蒙改土之后，镇雄亦可即改。虽非臣所能预料，然临事亦必与鄂尔泰斟酌妥确，另行请旨者也。”①

岳钟琪所奏之法，先拘其到案审问，来后定罪，改土归流，土司不来，再派人进入巢穴策反，然后用兵。此法看似稳妥，故雍正在行间朱笔批示：“有何可谕，妥当之极。”但是，土司很可能拒不到堂，康熙末年，官府就要拘拿乌蒙土司审问，土司拒不前来，官府不得不派位官员前去当作人质，土司才来，敷衍了事。此次如果土司故技重施，一再借口不来，岂不耽误了时间。所以，雍正帝又在岳说会同巡抚法敏上奏的地方，朱笔批示：“法敏平常人，原系将就用者，所论皆不可为准。诸事劳神。如有特不妥当处，据实奏闻。鄂尔泰伟器也，乃国柱石之才，可悉心商酌，尽善而为之。”这样训谕，一则让岳钟琪碰了个钉子，你怎么能靠着“平常人”之法敏办事，再则明确告诉岳钟琪，朕把鄂尔泰视为“伟器”，“国家柱石之才”，你必须要与他“悉心商酌，尽善而为之”，一定要仰仗鄂尔泰。

此后，岳钟琪就就按着这稳妥的、慢慢的思路办事。雍正四年九月

①《雍正汇编》册7，第370页。

底十月初，岳钟琪奏请拘提土司禄万钟及其叔土司禄鼎坤审问，雍正帝谕示会同鄂尔泰共审，并命岳钟琪前往成都，相机调度乌蒙事宜。岳钟琪直到十二月十六日才到达成都。太慢了。

与此相反，鄂尔泰却极其迅速、敏捷地处理此事。鄂尔泰于雍正四年三月二十日上折奏请将东川府改隶云南并徐图乌蒙后，不待批示，即秘密派人到东川，查访地方情形。五月末，接到圣谕和朱批。圣谕要鄂尔泰"与岳钟琪和衷酌办"，"会同办理"乌蒙事宜：

"谕云南巡抚管理云贵总督事务鄂尔泰：四川乌蒙土司纵恣，擅扰东川府巧家地方，似此若不惩戒料理，将来益无忌惮，滋事愈多。云贵与乌蒙接壤，朕正在写谕，令尔会同岳钟琪，悉心筹划料理。尔所奏之折适至，具见留心地方。尔可与岳钟琪和衷酌办，将乌蒙土官土目先行详加戒谕，令毋虐土民，毋扰邻境，实改前非，恪遵法度。倘敢怙恶不悛，不知敛戢，应作何惩治，当悉心筹划，将来若可改土归流，与地方大有裨益。但凡一切机宜，务出万全缜密，勿少轻易，致生事端。其会同办理，岳钟琪处，朕已颁旨谕知矣。特谕。"①

此谕只说鄂尔泰"会同岳钟琪悉心筹划料理"，未说以谁为主，谁是协助，似乎双方是完全平等的关系，都有一样大的权力。这是有悖于清朝常规的。在清朝，凡是有几位官员共同办理一桩差事时，职权的大小，名次的先后，有严格的规定，同是总督、巡抚、亲王、郡王，谁为主，谁为助，界限明确，共同署名上疏时，名次的排列，谁先谁后，不容错位，往往还由皇上钦定。

这次雍正帝给鄂尔泰、岳钟琪的上谕，都只讲"会同"办理，未明确主从先后，显然是有意抬高鄂尔泰。因为，论官阶，岳钟琪是三等公，公爵是高于官阶正一品的官员(大学士、驻防将军)，一般称之为超品；而鄂尔泰此时，还无爵位。讲职衔，岳钟琪是川陕总督，而鄂尔泰只是云南巡抚管总督事务，因为云贵总督还是杨名时，正在办另外差事，不在云南，何况这又是办四川乌蒙土司的事，所以，上谕本来应该写明让鄂尔泰协助岳钟琪办差，但雍正帝心里早已打定主意，要重用、

①《雍正汇编》册7，第12页。

提拔鄂尔泰，并主要依靠他来办好这个差事，因而故意使用“会同”字样。

换作一般官员，虽领有皇上特赐的“会同”办事之特宠，也会唯岳钟琪马首是瞻，毕竟人家是三等公、奋威将军、川陕总督和皇上宠信的大臣。兼之，鄂尔泰刚任巡抚不久，既未身先士卒杀敌立功，又无指授方略布阵用兵之才，连一个区区的贵州广顺州长寨苗变，调兵5000名，时逾三个月，“犹未曾歼其魁散其党”。包括以后所有的征战，鄂尔泰都是安坐衙署，只是檄令总兵、副将带兵前去打仗，本人既不亲临战场，又不指授方略，坐享其成。这样的巡抚，还能跟岳钟琪争高低吗？

别人不能，鄂尔泰却敢。他紧紧地抓住了“会同办理”四个大字，迅速采取处置乌蒙的行动。雍正四年六月二十日，鄂尔泰奏上密折，述说接到朱批谕旨和上谕后，对乌蒙的处理办法：

“奏为钦奉圣谕事。窃照四川东川府，接连云贵，逼近乌蒙，骄悍横肆，为民大害，荷蒙圣主洞烛几先，令东川归滇，俾就近料理。特颁朱谕一道，并臣折朱批：所奏甚合朕意，东川归滇，高其倬未到之先，已有旨矣。其余所谕极是，应题请者，具题。钦此。臣伏读详绎，仰见我皇上大知用中至仁兼勇，生杀予夺一出无心，臣当字字深思，事事反体，务出万全，勿少轻易，终身诵之，终食不忘可也。臣自折奏后，随密差人至东川细访，确勘其地方疆界、形势、险要、山川、城池、衙署、营汛、兵丁、户口、粮饷、赋役，并现在风俗，一切矿厂，俱得悉大概。俟部文到日，应即遴委大员，逐一查明，妥拟详报。详报后，臣更当亲往细勘，再酌议会题。盖事在初定，每易简略，始之不慎，终成弊端，不可不熟虑。至于料理乌蒙一事，即当扎商岳钟琪，并密致黔省抚提二臣，着先事筹划，统俟臣亲勘后，稍有定见，再将臣所见，酌商岳钟琪，妥议奏闻。大约乌蒙土官凶恶习惯，可以威制，似难以恩化，不改土归流，终非远计。然威止可一举，恩可以先施，归滇之后，臣当宣示皇仁，晓以国法，练兵屯田，以壮我军，渐离其心腹，徐剪其党羽，俟机有可乘，设法招致，庶可一劳永逸。其防守官兵，臣拟以援剿左协移驻，已蒙圣鉴，但将备千把，仍须选调，其左协原设防汛，拟即以右协弁兵内分发，合先声明。再元江修城一件，现据府协详行司确估，安顺府改站一件，据司道勘详，俱称不便，臣又委知府主鼎宏本身查覆，尚未详到，合并声明。为此具折。恭缴圣谕一道，并朱批原折一扣。臣尔泰谨奏。”①

“朱批：‘是当之极。卿与岳钟琪商酌，不烦朕谕也。’”

对比一下雍正帝对岳钟琪奏折的朱批，便可明显地看到区别之大。岳折上，只是行间小批，最后在奏折上该写朱批的地方，只是写了冷冰冰的三个字“知道了”。而对鄂的朱批却是“是当之极”，“不烦朕谕也”，等于是授鄂以便宜行事之大权，今后乌蒙土司，按鄂之令办理。

精通权术的鄂尔泰不胜欢欣，大胆放手办理，一面继续派人秘密查探乌蒙情形，一面物色妥当将领，筹划士卒。

岳钟琪处理乌蒙的方略是，在面上，参劾禄家土司有罪，需拘提审问，而给土司的通知却是“调乌蒙土兵五千名，协剿凉山，效力赎罪”。②岳钟琪这样安排，是想施用调虎离山计，待土司领土兵出来后，即夺其巢穴，又可避免双方人员伤亡。但这样做，就太慢了，给鄂尔泰抢先下手提供了机会。

鄂尔泰通过派人密查，了解到“乌蒙兵马，共不及一万。所恃者唯标刀、弓弩，火炮仅二座，乌枪不过三百杆。渠魁只禄鼎坤，握其大势，又与禄万钟母子不和，而禄万钟年才十五，一听刘建隆主使，毫无知识，但得禄鼎坤，其余均可应手”。③于是，鄂尔泰不奏报皇上，不通知岳钟琪及四川巡抚提督，即调集官兵3200名，征召土兵，“声言进剿”。大军压境后，又差署东川知府黄士杰前去劝降。禄鼎坤愿降，领两个儿子及各头目到东川降顺。禄万钟母子拒降。

禄鼎坤虽降，但官兵尚未进入乌蒙，禄万钟还拒降，此事并未了结，但鄂尔泰即向皇上奏报大局已定，基本上大功告成。可是，此事毕竟是未奏朝廷，先斩后奏，没有等待拘提无效之后才奏请出兵；事先，又未通知四川，有违与岳钟琪“会同办理”之上谕，严格说来，是很不妥的，是应该受到朝廷惩治的。但是，鄂尔泰早就预料到这个麻烦，他

①《雍正汇编》册7，第491、492、493页。

②《雍正汇编》册8，第923页。

③《雍正汇编》册8，第703页。

了解皇上，他知道有办法对付，只要能拿下乌蒙，又巧言诡辩，此事是可以搁平的，还很可能得到皇上的奖赏。

鄂尔泰于雍正四年十二月二十一日，写了一首长达1800字的奏折，讲了八个问题。一是既要谨慎从事，又要不失时机。窃臣乌蒙、镇雄折内荷蒙朱批："徐徐斟酌为之，此事急不得。岳钟琪已请身到成都，就近料理梁山、普雄等事。朕已允其请。此一大事，全赖二卿协衷勉力为之也。钦此。伏念臣身受殊知，叨膺重寄，边方大事，敢不谨慎。但事在审机，法唯遵制，若机无可乘，原不妨迟缓，倘事有可图，则务宜神速。如乌蒙土府一案，既经川督臣岳钟琪题参革职，奉旨各委大员会审，则禄万钟等出而听审，自应按罪定招，抗不赴审，即应遣兵擒剿，名正言顺，不待再计者也。"

二是史事证明，拘审计策欠妥。"臣自接准部咨，访查乌蒙旧事，康熙五十三年，曾奉钦差侍郎噶敏图会同云贵督抚诸臣，齐集毕节县，提审各案。土府禄鼎乾抗不赴质，坐待两月余，不得已令流官入乌作当，换出禄鼎乾，及至到案，并无严讯一语，亲供一词，遂尔完结遣回，换出流官。从此凶焰益炽，而至今主文刘建隆犹有不敢正视乌蒙之语"。这既影射岳钟琪不认真，不查历史案卷，不知禄鼎乾狂妄顽劣不服训斥之事，又为自己擅自行动做铺垫。

三是乌蒙力弱，可以轻取。"查乌蒙兵马共不及万，所恃者唯标刀、弓弩，大炮止二座，乌枪不过三百杆。渠魁只禄鼎坤握其大势，又与禄万钟母子不和，而禄万钟年才十五，一听刘建隆主使，毫无知识，但得禄鼎坤，其余俱可应手"。

四是断定四川官将不能将土司拘提到案，故调集兵马，大军压境。"料川省委员必不能拘提到案，因先示以不可犯，次示以不忍杀，随于赴黔之便，沿途酌派官兵，镇兵一千名，左协兵五百名，右协兵三百名，寻沾营兵二百名，威宁镇兵八百名，大定协兵二百名，毕赤营兵百名。并各土兵，俱令各在营候调，声言乌蒙稍抗，即拟进剿"。

五是派人劝降。"密檄署东川府黄士杰密差干役，入乌打探，并觅熟识土目之人，前去开导，晓以利害，明告臣举动"(示以威胁之意)。

六是论述调虎离山计策欠妥。禄万钟以川省提拿人员之牌，"止提达木一人，并无禄万钟、禄鼎坤等，且无革职拘审字样，遂得借口，支吾不前"。

七是叙述土司禄鼎坤遵谕降顺情形。“禄鼎坤狡黠，自领数十头目，并土兵数百人，前来江界，差头目请黄士杰会话。黄士杰禀明总兵粮道，带领数人，亲往江界，谕以顺逆，晓以祸福。禄鼎坤见并无一兵，感泣畏服，遂率伊二子并各头目，随至东川，并剃头改服，以明输诚之意。及臣本月十三日抵东川，前一日禄鼎坤父子迎至百里外，匍匐道左，情词哀切，随行至郡。臣各赏给缎匹银牌，面加饬谕，并委为土守备，令随同游击张鹤，前去土府，召唤禄万钟等。禄鼎坤恳禀，鼎坤蒙不杀之恩，必能叫他出来，倘再执迷抗拘，当率领土兵，并将刘建隆、杨阿台等一并缚献。随于十五日遣行去”。

八是乌蒙、镇雄归隶何省。“该臣看得，禄鼎坤既经投到，乌蒙大势已无能为，虽遣官兵直抵土府，料亦不敢抗拒，大约半月内，俱可平定。乌蒙改流，目下不难。乌蒙改流后，镇雄改流更易。但所虑者，一经改流，善后事宜，大须调剂。岳钟琪驻扎陕省，鞭长不及，即川省抚提二臣，恐闻见不确，亦艰遥度。若照前东川旧例，合乌雄两府，现在钱粮不及三百两，而设官安营，岁需费帑银数万，有名无实，终于无补。况恩威宽猛之间，少有未协，犹恐滋后患。臣受恩至重，循分尽职，不足以图报，此疆尔界，不敢稍存分别，稍蓄嫌疑，谨据实陈明，伏乞圣主睿鉴。或准两土府改归云南，俾臣就近料理，或俟乌蒙事定，仍隶四川，臣但加意钤制，迅赐训示，以便预先筹划，有所遵循。至于川省诸臣，相隔辽远，不能逐一同商，恐失事机，所委大员，至今未到，亦不能待，合并声明”。[①]

虽然鄂尔泰没有直接奏请将乌蒙、镇雄改隶云南，但一则言岳钟琪驻扎陕西，“鞭长莫及”，四川巡抚、提督，亦恐闻见不确，难以遥制，当然显示了滇抚更宜就近辖治。再则又举东川改隶云南之例。三则还说，如果仍归四川，可由他“加意钤制”，这算什么？云南巡抚，云贵总督，“钤制”四川乌蒙、镇雄，简直是天大的笑话，说来说去，还不是要吞并乌蒙、镇雄，只不过是巧妙说辞而已。

果然，雍正帝被鄂尔泰说动了。鄂的奏折论述确实精彩，读者很难不被说服。但更重要、更起关键作用的是，乌蒙可以平定了，可以了却雍正帝一大心事。所以，雍正帝非常高兴，既在行间边看边写批语，又在奏折上总结性地写道：“为此一事，朕不能释怀，万不料其如此完

①《雍正汇编》册8，第706、707、708、709页。

结，实非人力，朕唯以手加额，心叩苍穹，我圣祖君父在天之灵赐佑耳。此事岂不用张弓持矢所能了者，国家祥瑞之事，卿之奇功也。朕之庆喜，笔难谕矣。”[①]

雍正帝虽然朱笔批示说，此事未张弓持矢即了结，乃国家祥瑞之事，可是哪有这样便宜，上万彝兵，岂能凭鄂尔泰遣去之人三言两语，就会俯首帖耳，恭称归顺，最后还不是要兵戎相见，大开杀戒。

雍正五年正月二十九日，鄂尔泰又上了一道长达2000字的奏折，主要讲了五个问题。一是论述岳钟琪调虎离山之计欠妥。鄂尔泰奏称：

“自臣委游击张鹤与投诚土弁禄鼎坤前往乌蒙，谕革职土府禄万钟赴审去后。续据钞呈，禄万钟奉有川督臣岳钟琪印牌，调乌蒙土兵五千名，协剿凉山，效力赎罪，求宽期赴审。随据威宁镇总兵臣孙士魁、游击哈元生、知府杨永威称，有四川永宁千总孟如林，因乌蒙出来，到威宁，细加访问，该千总云：奉川督臣印牌，准调土兵效力赎罪是实。臣愚两月以来，仰赖圣主仁威，招致禄鼎坤来归，宣慰彝众，涣散彝兵，即土府母子亦屡欲投献，事已垂成。乃禄万钟忽接该总督发兵印牌，见无革职会审字样，而乌蒙主文刘建隆、杨阿台等，镇雄范掌案、纽纽巴等，遂有革职并无明文，提审亦无员到，我们自属四川，不要理云南贵州官。等语。臣料岳钟琪此举，虽系调虎离山，欲先夺其巢穴，以便改流之计，殊不思禄万钟即出界，刘建隆、杨阿台必不肯出界。即使刘建隆等一同出界，遵调效力，则既许以赎罪，势难再行问罪，若竟行宽免，是特参革职请旨会审之案，难以了结。如仍行究治，则失信于彝人，所关更大。”

二是鉴于调离之计不妥，遂派兵进剿，土司禄万钟等逃走，官兵进入乌蒙，接管地方。鄂尔泰密令总兵刘起元等各位将领，俱限于十二月二十五日各自营起程，二十七日各驻扎所指汛地，相机行事，径取土府。“臣随自东川起程，于本月二十九日回署，示以缓势，以安彝心”。续据各员禀报：“自臣回署之后，汉奸刘建隆、杨阿台等，每日计议，整点彝兵，潜窥内地，且有镇雄之范掌案，纽纽巴等，前往协

①《雍正汇编》册8，第709页。

助，带领两千余人，来攻鲁甸，又有一千余人围绕后山，欲杀归滇之禄鼎坤，以坚众志。时左协游击张鹤已驻鲁甸，随分发弁兵，与禄鼎坤带领土兵三千余人，由山坳往迎，彝贼闻四山炮声齐起，知官兵已到，众始溃散。总兵臣刘起元亦抵鲁甸，檄令游击张鹤及威宁游击哈元生、知府杨永斌等，一面整兵，一面招抚，直进乌蒙。而乌蒙各寨头目鲁华、阿杂、阿扳并汉人邹记升等，沿途投诚者，前后已三千余户。相约剃头者无算。各为宣扬圣德，播告天威，给以安插告示，赏以银牌绸缎布匹羊酒等物，一时欢声雷动。贼等见大势已去，计无所施，而乌蒙之刘建隆、杨阿台，镇雄之范掌案纽纽巴等，遂将万钟母子簇拥上马，并男妇数百名口，马匹财物尽行搬运而去。义逼勒乌民相随从行，有行不数里，或数十里，逃回者甚众。是时游击张鹤、哈元生、知府杨永斌等既驻扎土府，随将乌蒙仓库钱粮户口什物等件，眼同禄鼎坤逐一查勘，只余枪炮弩弓等件，并无多物，当即封固，仍交看库人机固、李和尚等看管。而总兵刘起元亦于正月初二日带兵抵乌，随分发后丁，跟踪禄万钟等去路。”

三是奏报镇雄土司陇庆侯给予禄万坤的书信。“续据寻沾营守备朱廷贵并禄鼎坤等，行至戈奎河，拿获李三、阿固二人，手持汉彝两书，称系镇雄土府陇庆侯与禄万钟书，内有云贵即有毒意，岳公爷自为做主，我们自然来盐并渡相会等语。”鄂尔泰述彝信所言，显会引起皇上对岳钟琪不满。乌蒙、镇雄之事，乃是皇上谕令鄂与岳“会同办理”，“云贵即有毒意，岳公爷自会做主”，即你岳钟琪就算是川陕总督，也是万岁的臣仆，这个官，是万岁让你当的，你哪能跃居万岁之上主宰乌蒙之事。鄂之为人，由此可见。

四是喜报大功告成。“臣看得乌蒙、镇雄互相朋比，唇齿为奸，今乌蒙已遁，土府一空，土地人民尽皆内附，势如釜鱼笼雀，安所脱逃。而镇雄怙恶不悛，土府陇庆侯，年才十五，皆由范掌案、纽纽巴等为之主使，又有胞叔陇联星为之养奸。臣于进兵乌蒙时，即令取道镇雄，以慑其胆。又密令威宁镇臣孙士魁、知府杨永斌诱致联星。联星自知服罪，归命军前，愿求效力，两土府山川形势俱能熟谙，不独为镇雄前道，并愿为乌蒙先驱。臣以镇雄之有联星，亦犹乌蒙之有鼎坤，姑令善为羁縻，镇雄之势又已分其大半。复严饬各将，并密致提臣扬天缇，调发健兵，一同会剿。俟庆侯擒获，则万钟愈孤，即奔命入川，实自投罗网。”

五是再述岳钟琪来咨，重申己之速办之意。鄂尔泰说，正月十四日接到岳钟琪咨文说：“已令遵义协副将张玉，带领官兵一千五百名，前来听候调遣。川抚臣马会伯来扎，亦称共调汉土兵三千名前来等语。总俟川省官兵一到，或授意诱擒，或勒兵立剿，为今之计，须先制陇庆侯，后及禄万钟，以乌蒙已穷，镇雄未艾，先难后易，一举两得，料此二凶，皆可计日成擒，无烦圣虑。在臣与岳钟琪禀遵和衷办理务出万全之明谕，两地一心，原无同异。缘岳钟琪远驻陕省，难知虚实，不得不少有迟迴。臣以身经其地，亲见事机，不敢不勉效神速。总期宁谧边方，何分彼此疆界。谨将现在情事，据实奏闻，伏乞圣主睿鉴施行。”①

鄂尔泰的这两道奏折，粗看起来，似乎有理有据，逻辑严谨，论述明晰，充分说明了鄂尔泰处理乌蒙镇雄之果断、正确、忠诚，建立了大功，也反映出岳钟琪是优柔寡断，迟疑延误，谬误颇多。换作是其他人当川陕总督，肯定是会被惩治了，但这个总督是岳钟琪，皇上对他是了解的，对岳之忠心是不怀疑的，所以看过奏折后，雍正帝虽然对鄂尔泰大加奖赞，但只轻轻地贬了岳钟琪一下：

“所奏知道了，禄万钟已投到川省，岳钟琪即奏闻，欲问罪正法，改地归流。朕已批谕，审明定案，一面奏闻，一面解送与卿，明白云贵未了案件后，方可定拟旨速奏。有二折，待回檄时，将朕批谕，随便发来。卿可密观便知朕办事之道理矣。此事在岳钟琪略务巧些，彼意未免存凉山冕山之事不就，乌蒙未能轻了。见卿调发神速，似少有怪意，但皆存为国效力之心，即便争功，亦属快事，朕亦欣悦嘉之耳。内外大臣，但患不争功也。戏笔。”②

写到这里，似乎一切都是鄂尔泰的对，岳钟琪是错，雍正帝也是这样认为的。可是，是非曲直，最后是由事实裁定的，三寸不烂之舌，也许会一时惑人心思，巧文妙辞，或能暂时诱人误信，但最终是会显露真相的。乌蒙、镇雄之事，一开始，雍正帝就犯下错误。既然雍正认为乌

①《雍正汇编》册8，第923、924、925页。

②《雍正汇编》册8，第926页。

蒙、镇雄土司不法横行，当然应该责令其所在地的督抚提镇办理，何必要谕命外省巡抚处置，这是盛行之规，除非你断定四川巡抚、四川提督、川陕总督没有能力办理这件重大差事。可是，这时的川陕总督是军功赫赫、政绩卓著、忠于朝廷，被雍正视为“智勇兼济”的“股肱心膂大臣”的岳钟琪，为什么不让他主办，而要倚任于没有征战经历、没有军功，刚刚超级快速提拔，仅仅任职一年多的巡抚鄂尔泰，这不会引起岳钟琪的不满和鄂尔泰的骄狂吗？不会产生川滇不和而贻误差事吗？

其次，任鄂尔泰说得天花乱坠，巧词诡辩，但根本事实是，他违背了皇上在奏折上的朱批圣旨：“徐徐斟酌为之。此事急不得。岳钟琪已请身到成都，就近料理梁山、普雄等事，朕已允其请，此一大事，全赖二卿协衷勉力为之也。”[①]不遵兵部复准，拘提土司之后再定行动的谕旨，事先不奏报朝廷，不通知岳钟琪，即先斩后奏，擅自派兵，声称进剿，派人劝降禄鼎坤，而禄鼎坤正想吞并已故兄长禄鼎乾及年方15岁的土司禄万钟的部属、财产，故表示降顺，利用官方实现其阴谋，因而招安成功，禄万钟、陇庆侯被迫到四川投降岳钟琪。这样违背谕旨、擅自出兵的行动，本应惩处，却因雍正帝宠信鄂尔泰、喜获捷报及鄂之诡辩，从而错误决定，不惩反奖，并对岳钟琪有所不满，批其“乖巧”争功。

再次，乌蒙、镇雄虽因禄鼎坤降顺，禄万钟、陇庆侯被迫入川归顺，而号称大功告成，并改土归流，设立乌蒙府、镇雄州，改隶云南，并设乌蒙镇，授刘起元为总兵。鄂尔泰为此，叙功，加二级，雍正帝又格外嘉奖，特降圣旨，授鄂骑都尉世职。骑都尉为世爵之第七等，官秩为正四品。然而，鄂尔泰忙于邀功，对乌蒙、镇雄土司、土舍、土目并未认真处理，基本上仍沿其故，特别是禄鼎坤家族、亲戚权势仍旧。鄂尔泰虽奏准升授守备禄鼎坤为河南参将，但禄鼎坤以世袭乌蒙土府数十年，自在过活，不愿外任，指使其子禄万福串联各地，于雍正八年八月，借口乌蒙镇总兵刘起元“侵欺粮饷，扣克马价，私派公费，擅扰兵民”，“将各寨头人逐日拷打追比”，起兵造反，乌蒙、东川、镇雄等地数万彝人，围攻官衙，杀死总兵刘起元。鄂尔泰忙调四川、云南“官兵共一万数千名，土兵半之”，分路进剿，好不容易才镇压下去。

鄂尔泰奏准，“禄酋族姓，务应尽戮。逆目恶党，务应尽除。所有

① 《雍正汇编》册8，第706页。

家口，自应赏给兵丁”。“附和之人，迁徙宁古塔，或剁去右手，割去脚筋”，仍留原地。事后鄂尔泰于雍正九年四月初九奏：“前后擒拿解省之逆目要犯共四百七十名，逆犯眷属共一千余名口。”“统计各路临阵斩杀及擒讯枭示之逆犯共一万一千余名，其滚岩落水并自杀自尽者亦不止万数。所有擒获分赏过之贼妇男女共八千余名口。查明未报准其投诚者先共六千三百余户，续有八十余村寨续又招出八千余名。”仅只斩杀、枭示、落水死者就多达两万余名，加上逼为奴婢分与官兵的八千余名，投诚者六千三百余户和八千余名，人数已达五六万了，可见乌蒙、东川、镇雄等府起兵彝人人数之多，不说是全部，也是大多数吧。这就是鄂尔泰之功！

还需指出的是，岳钟琪是忠于皇上的，并且可以说是死忠、愚忠，一向是唯旨是从，唯谕听命，但这次处理东川、乌蒙、镇雄之事，太让鄂尔泰挤兑了，受到不公正的待遇，虽然不能埋怨皇上，但对鄂尔泰也有些不满，难免在奏述乌蒙事务的过程中有所流露。不料，雍正帝又火上浇油，将岳钟琪关于乌蒙的12件秘密奏折交与鄂尔泰。所谓密折，乃皇上特命督抚提镇大员秘密奏禀皇上，不许任何人私看，奏上之后，奉有朱批，发还本人看后，还须上缴朝廷，一般不给外臣看，更不会给当事人看。雍正此举，太离谱、太不应该了。鄂尔泰接到岳钟琪这12件有朱批的奏折，看过之后，十分生气。他本来就是目空一切，“卑视”古今名人之天下第一人，哪能容忍岳钟琪的如实奏述辩解，于是于雍正五年六月二十七日，奏上密折，一一驳斥辩解。现仅引录四折之回应：

“二月十二日二折。臣看折内大意，乌蒙既倾心归附，川员业经安抚，而云贵兵马乃深入大关，以致伤亡官兵，似属自取。及编查户口，已逐一安置，而云贵官兵尚驻扎乌蒙之内，更似多事。又乌蒙、镇雄既先后具呈，情愿缴印献土，一并带至叙州府，酌议安置，是云贵原无容搀越，并不用臣会办也。伏读朱批：总在云贵划一归结好。看此光景若咨文会商，将来彼此必有不便处。圣鉴如神，臣惟当自慎。二月二十二日二折。臣看折内，岳钟琪以两土府俱幼稚无知，请原情略法，将公用银两，于四川省城置买房屋庄田，分给安插。情词恳切。臣查两土府各有赀财，即便安插，亦不须动公用。且禄万钟两次参案，又何以了结。

及伏读朱批：以此二事，宜于云贵归结。前已有谕，云贵四川皆与其故土相近，内省安置，或京师山西河南等处相宜。则知川省之不可留，而党羽勾连之或能贻患也。以各案明白后，自然从宽发落。则知汉奸恶目之并应究治，而先宽土府之未便明告也。以冕山、普雄得以成功，夺其屏障，所以从容就绪，则知二事之完结，亦岳钟琪先事之功，关非臣力之自能料理也。其乌蒙大关屯所，有藏蓄等项，三省所共知。臣前委员会勘，业经川员查点封贮，云不必再查，亦不告知件数。”①

在鄂尔泰野心勃勃、正想做出一番伟大事业的时候，突然被百官公认的文武全才、功勋卓越、政绩卓著的川陕总督岳钟琪，批评为“搀越”，“多事”，“以致伤亡官兵，似属自取”，等等贬词，他这位傲视古今贤人名人的“伟人”，怎能忍受。君子报仇，十年不晚，总有一天，会让你岳钟琪苦果自吞。

五、云南土司改设州县

云南土司众多，有彝、苗、哈尼、纳西、佤、白、景颇等25个少数民族。鄂尔泰趁雍正四年(1726年)五月进剿长寨苗胜利之机，进行云南改土归流工作，先从镇沅土府、沿益土州着手。

雍正四年七月初九，鄂尔泰上折，奏述镇沅(今镇沅县)土知府刀翰、沿益土知州安于蕃祸害苗民罪行，现已擒拿，改土归流：“为擒制积恶土官事。窃以滇黔大患，莫甚于苗猓，苗猓大患，实由千土司。臣自到任至今几遇彝情，无不细心访察所有镇沅土知府刀瀚沾益土知州安于蕃势重地广，尤滇省土司中之难治者也。查刀瀚人本凶诈性嗜贪淫，自威远盐井归公，长怀不法，强占田地，阻挠柴薪威吓灶户，擅打井兵，流毒地方，恐贻后患。前升任临元镇总兵臣杨大纵在省，臣业与面商，续于六月初二日，因密交臣标前营游击杨国华等前往，如法擒拿。据禀已于十九日就擒，并撤取印信号纸，押赴临安转解。至于安于蕃，势恃豪强，心贪掳掠，视命盗为儿戏，倚贿庇作生涯，私占横征，任其

①《雍正汇编》册10，第75页。

苛索，纵亲勾党，佐其恣行，卷案虽多，法不能究，比刀瀚更甚。臣屡据呈诉访，察确实，于六月二十九日，密檄臣标左营游击署寻沾营参将祝希尧设法拿解，据禀亦于七月初四日就擒，押赴曲靖转解。以上二土司除俟押解到省，审讯确供，具题参外，务须按律比拟，尽法惩治，将所有地方悉改土归流。上之尽其根株，次亦令其贫弱，庶渠魁既除，而群小各知儆惕矣。"

雍正甚喜，朱笔批示嘉赞："是。当之极。实慰朕怀。"①

镇沅土府改为镇沅府，命同知刘洪度暂时代理知府职责，刘洪度贪婪不法，鱼肉苗人、彝人、倮人(倮人，万彝族的一支)。苗倮忍无可忍，数千人于雍正五年正月十七日起事，愤怒说道：镇沅府地方，"自雍正四年六月改土归流，百姓无不倾心悦服。不意刘太爷家人踢打人民，苛索银两，今日要草料，明日要柴薪，终朝苦打，每日谢银三四钱不等，哀求才罢"。众苗众倮围攻府衙，"将刘府衙署及下衙盐店尽行烧毁"，把刘洪度绑在柱上，杀死。②

云南总督鄂尔泰于正月二十六日得到报告，即一面移咨提督郝玉麟，一面调兵遣将，命总兵孙弘本、副将张应宗、参将曹登云、李登科立即率兵前往征剿。

雍正五年（1727年）三月十二日，鄂上折，奏述擒杀情形："刀滤即刀二等，纠合猓黑共千余人，放火劫杀等语，当即揭示各村寨，许附和彝民将主谋造意之人擒拿首报准免其罪。并遣拨弁兵，将威远、普洱、者乐一带凡通镇沅隘口，严加堵截，毋令越界兔脱。屡次招谕投诚，乃各贼自知谋叛已成，又勾约邻境，胁令同谋，而威远头人刀国相等，不肯从逆，回书拒绝，到营出首，各贼益加猖獗，差抚之兵丁刘肇庆竟被杀害，井民周国鼐等被其羁留，把总何遇奇被陷不放。巡至营盘山后，见林中箐下有贼四五百人，各带器械，在彼埋伏，即发弁兵前往邀堵，贼竟鸣角放炮，呐喊来迎，我兵放枪打死贼党三人，贼众始退。于慢连拿获逆目一名，袁正网拿获一名，刀廷杰、于者乐拿获一名。其贼首尤普运即尤普应，系率领四五百人，同左老大等，在托写地方号召百姓从伊为逆，被众拿获。把总洪朝望等行至优里山，有贼千余人拒敌，及被兵截散，当晚复来劫营，活拿叛贼余老二一名，并投出贼党三名，周奉之、李四老二斩获贼首两颗，伤死贼七八十人。讯问余老二

①《雍正汇编》册7，第632、633页。

②《雍正汇编》册9，第64页；魏源：《圣武记》卷7。

供，同移伙彝人有五百，窝泥有四百，猓黑有三百，大头猓猡有二百，摆彝有四百，领头是土官的老兄弟刀应才，圈猡的周猓猡，黄庄的张把司。我们山背后的猓猡，原说到镇沅再齐些人，还要打者乐，出景东去等语。各将查访既确，议以元江协副将张应宗带领官兵，由他郎界牌中路直冲其前，新增营官兵由袁牢者乐横捣其左，景蒙营官兵出景谷至抱母径断其后，普威营官兵于威远各井分御其右。定期于二月十四日，会同进兵，直抵旧府，众贼各皆逃散。”①

随后官兵又继续追捕、招抚，事变平定了。

鄂尔泰接着又处理云南广南府改流之事，雍正五年八月初十，云南总督鄂尔泰上折，奏述明朝广南府土同知侬鹏后人及其属下土目情形，决定设法擒拿土目陆尚安父子，改土归流：“查该土同知侬鹏，系侬智高之后从吴逆作乱，受其伪职。及王师平逆农鹏投顺，给以世袭土丞。其始从逆四川时，曾经抢掳遵义府民间女子濮氏为妾，后奉文稽查，发回原籍，嫁与张大为妻。及侬鹏身故无嗣，鹏妻禄氏听信土目龚胜等捏称濮氏原系怀孕而去，遂将濮氏并其后夫张大之子接回，认为侬氏之子，改名侬绳英，冒袭世职。后因不法拟绞，未议削土，绳英妻严氏遂滥膺抚幼管理土丞事，自此土官权柄俱归土目。其四大头目，曰内甲、曰总管、曰板榈、曰内兵，此四目把持线索，任意指挥。四目中内甲又最权重，凡调拨土兵，发纵指使，皆系内甲。旧时内甲，俱侬氏族人选用。康熙三十五六年，有陆尚贤与侬克昌争此内甲，劫杀连年，官兵攻剿不胜，后设计招抚，陆尚贤出降，一守备乘间击之，事得稍息。而农陆之仇至今不解。陆尚贤是现今板栏陆顺达之侄辈，始则陆顺达诱出尚贤，继而尚贤死后，顺达与其子陆尚安等互相济恶，更甚于尚贤。官府传唤，从不入城，即偶至城外禀事，亦必四路埋伏，势若临敌，其于村中恃强占夺，不遂其意，便肆烧抢。伊既盘踞险远瘴恶之处。急则竟入粤安藏匿，无从追踪，曾于五十六七年间各头目遍起土兵，围城几陷，攻杀相寻，逐年皆有，近虽稍知敛戢，不敢猖狂然凶恶难化，终为后患。臣念土官无权，权在土目而土目巢穴又逼近交粤，缘粤彝未靖，交彝有事，若不筹划万全，相机而动，即剪除土官，亦难以善后。先经大张告示，明书陆顺达、陆鲁、陆尚平、陆尚安等名，晓以改过从宽，怙恶必戮大意，复切谕广南文武，明示宽纵，密计擒拿，续奉清查边界的设游巡之旨。现议于广南要隘驻扎官兵，更替防汛，且泗城既定，粤交丧胆，料不敢助恶，一俟交趾事定，便当剿抚兼行，汉彝并用，务擒其渠魁，收其土地，为一劳永逸之计。凡臣屡次扎檄，皆该经历所知闻，故其言之确凿也。至于该土丞征取属彝钱谷，名

①《雍正汇编》册9，第244、245页。

曰年例，每年约得六千余两，色系七成上下，实计纹银四千余两，与吴啟文所称八成吹熟银五六千两不等之数二亦大概相符。此外复不时需索夫役牲畜，稍不如意，则捶楚拘囚，无所不至，皆有不愿服土司管辖之望，统俟擒获陆尚安父子时，一面参革土职，尽归流管辖，将向所入年例，再疏请圣恩酌为减少，以恤边彝其余尽归公帑，银米各半输纳，庶按绪就理，一举可成，而广南边境得以宁谧矣。谨备细陈覆，伏乞圣主睿鉴。”[①]

随即设立广南府，隶临安开广道。府距省会昆明850里，广720里，袤430里，从面积而论，是个大府。

鄂尔泰乘胜前进，征剿附和镇沅苗、倮起事的威远新平倮人。尽管山高箐密盛暑瘴厉，将士多病，鄂尔泰仍坚持进军，终于大获全胜。雍正五年九月十六日，云南总督鄂尔泰上折，奏述进剿情形：

“为乘借兵威剿灭猓贼事。窃临元镇属威远新平一带地方，猓贼猖獗，潜匿鲁魁、哀牢，出没江内江外，为害最凶，由来已久。虽从前屡经用兵凶顽难以就擒，烟瘴难以深入，或及至代为支饰互相容隐，已非一日，久在圣明洞鉴之中。前以镇沅逞逆，因而威远猓贼扎铁匠周大妹等，乘机聚众打井劫寨，掳掠乡村，又有新平野贼李百迭等，亦率众报仇抢杀。臣闻禀报随严檄官弁，趁此兵威，前赴威远、新平二处协力擒剿，务尽根株。又遣臣标游击李化龙带领弁兵，星往会擒，始而群凶啸，聚凶勇异常，及见官兵奋勇直前，有战必克，贼势溃解，四散奔逃，潜伏深箐，无从踪迹。其时正值盛暑，瘴病熏蒸，官兵染瘴，甚至病故者，屡报到臣。臣思若不及此剿灭，又行撤兵，纵暂时安帖，后必猖狂，姑息之恩，适所以养祸。因复差臣标守备席嘉旺赍臣令箭，遍饬行营，谓猓贼一日不除，官兵一日不撤，纵触锋冒瘴，宁死必前，能灭贼，死有余荣，不能杀贼，生有余辱等语。去后，仰赖圣主仁威，将士奋励，冒险深入，搜箐搜山，于是杀斩过半，多所擒获。据临元镇总兵官孙弘本详报，各处地方，所有猓贼生擒解省者六十名，当场拒敌枪炮伤死者九百四十一名，内斩首级三百八十四颗，拿获眷口安插者一百八十二名口，向来猓贼从未睹此兵威，从未经此大创，兹见官兵所到，抗拒尽行剿灭，投诚一概从宽，于是有威远凶贼黑老胖等奔赴行营，想求免死，旋擒献贼首扎铁匠等，以求赎罪。而新平凶贼李百迭等亦来投诉，愿为良民，各皆从宽安插。其解到擒获人犯现在番拟具题。

①《雍正汇编》册10，第350、351页。

“从此威远新平一带地方，谅可安堵。纵有一二狡贼潜踪漏网，然渠魁尽获，终难逃匿。再从宽安插之李百迭，实系新平贼首，既强悍横肆，且狡狯不测，有时一人数名，易于免脱，复有时一名数人，难于蛰擒。现在投诚之李百迭，即前经查明枭取首级之白得也，姓李名白得，又名百迭，又名迫德。前经官兵追急，乃取贼中年貌近似之人，故令贼党指引，就前追杀，一时弁兵亦无从辨认，自此匿迹藏踪，今复乘机劫掳，被官兵穷追，势难别窜，乃哀恳求生，率党服罪，此贼不除，江外终难宁帖。臣令就计许降，不必惊破，暂行安插，以宽伙众，随密嘱孙弘本，如法布置，务绝祸根，缘本内未便陈叙，合先声明。至于此番官兵，颇受难苦，染瘴病故，千总二员、把总二员、巡检一员、带伤把总二员，阵亡兵丁十三名，带伤身故兵丁三名，染瘴身故兵丁一百八十九名，阵亡土练六名，染瘴病故土练四十名，带伤土练三十五名。臣每念此举，实切难安，欲一劳永逸，势不能不出于此，固莫可如何。”①

雍正五年十一月十一日，鄂尔泰奏述了进剿车里宣慰司地方的窝泥弟人情形：

“奏为报明进剿窝泥逆贼事。窃查车里宣慰司地方，近逼老挝，遥连缅国，有窝泥一种，虽具人形，而生性冥顽，与禽兽无异。借江外为沟池，倚茶山为捍卫，盘踞万山之中，深匿岩险之内，入则借采茶以资生，出则凭剽掠为活计。前镇沅逆案，刀如珍等勾结各种猓贼，輙有窝泥四百，臣于三月内已折奏在案。及官兵进剿，窝泥四散，于四月二十八九等日，据普威营参将邱名扬、茶山守备李定海等，先后报称，有窝泥逆贼沙比一名，在架布地方砍伤客脚，当被汛弁查知，前往追拿。沙比即脱逃于倚邦谷地等处，纠结贼党，随有莽芝凶贼麻布朋与克者老二。二人原系窝泥渠魁，率同众凶于四月初六七两日在慢课慢林等处，要截路口，劫杀行人，茶商客众多被杀伤，各皆奔命。随经严饬将弁，带领官兵，星速擒拿。嗣据守备李定海、把总廖文魁、王朝选等陆续报称，在谷地地方，拿获麻布朋家小共五名口，拿获克者老二家小共四名口，以及麻布朋交枪小炮马匹等件，又于小寨地方拿获首犯沙比一名，又沙比之父弩鲜一名，又拿获麻布朋儿子悲哟一名。”②

①《雍正汇编》册10，第650、651页。

②《雍正汇编》册11，第15、16、17页。

鄂尔泰奏，已调集官兵两千、土兵一千，继续进剿。

在进剿窝泥成功以后，鄂尔泰又于雍正六年正月初八日上折，奏述荣山孟养地理条件、彝人为患数百年，以及大军进剿，招抚情形，要在该区改土归流，设立州县：

“云南总督臣鄂尔泰谨奏为窝泥既靖规划宜周敬陈管见仰祈睿鉴事。窃滇省边疆大局，东则东川、乌蒙、镇雄，西则镇沅、威远、恩乐、车里、茶山、孟养等处，皆系凶彝盘踞，素为民害，诚欲规划全省边疆，必将此数处，永远宁谧，斯为长策。今仰赖圣主仁威远，暨俱已渐次平定，悉有规模，唯车里、茶山、孟养一带地方，界连交趾、老挝、蟒缅诸国，各种蛮贼，凭陵江外，忽出忽没，并无定所，肆其凶残，莫可踪迹，不独劫人烧寨视为泛常，即杀兵伤官亦目为故事，而文武专司，懦者辄言羁縻，巧者熟筹等利害，纵报知督抚提镇，率皆互相隐讳，以为妥计。问有建议征剿者，非心为好事又指为喜功，此数百年相沿之锢习即近今十余年，来亦石无瞻顾者也。盖贼之种类，散处甚多，贼之巢穴深邃难入，一有军期，彼且号召异类，声息远通蛮国，酋长皆可向应，故自元迄明，每一兴师，辄调兵数万，支饷四五省，所费不赀，然后仅入孟养之界。而兵都尚书王骥辈，曾率师到此，诸部皆震怖曰，自古汉人无至此者，洵天威也。及其班师而归，又旋服旋叛，总缘未经妥办，故遂贻累至今。臣自受事以来，深察情形，必欲将此等地方悉归荡平，永远服帖，庶滇省大局始无遗憾。但以事未就绪，恐词涉铺张，致骇天听，故于雍正五年十一月十一日进剿窝泥折内，犹未敢陈明逆状。今合计官土兵数千人，已直抵孟养地方，并深入攸乐、莽芝、橄榄坝等诸凶寨，俱已捣破贼巢，斩获贼首，羽党就擒，群蛮归附。此固机有可图，实势难再缓，用敢敬陈大概，仰祈圣裁。臣自檄调临元镇总兵官孙弘本带领官兵，进剿去后，续据各报称，车里宣慰司刀金实并版目刀正彦，屡经差催，会兵剿抚，并无确复，徒延时日。而逆贼等擅将通茶山九龙江一带路径，如普远慢哀、关铺、官坪、板角，以至孟养等处地方，砍伐大树，重栅垒石，尽行堵塞，沿途并掘深坑，伏地弩竹签等件。元江副将张应宗、普威参将邱名杨分遣弁兵，各持巨斧、鸳鸯锄诸器械，前驱砍路，纵火烧栅，以搪牌防备亏弩，以滚龙遍收竹签。行至思茅，前进普藤，会合驻扎。于是彝贼恐惧，哀求版目转恳免死牌，情愿投诚。随经该将严谕版目贼等，先则杀客继则杀官杀兵，又复阻塞道路，罪当必诛，若不献出首凶断难免死等语。又据防汛九龙江千总陈安邦并称，宣慰司刀金宝于十月二十三日往橄榄坝，会刀正彦，至今尚未回江，传说刀正彦有谋夺宣慰之意，故暗起此衅，欲以驾祸。随据副将张应宗、参将邱名扬带领兵练兼程奋进，直抵孟养，凡三大站彝贼等，鸟散兔奔，尽皆逃窜。其地离九龙江六十里，离攸乐七十里，离橄榄坝一百四十里，闻群贼皆啸聚攸乐邱名。扬于十一月二十日带领兵练，行至蛮破地方，忽有贼千数鸣角呐喊，放弩拒敌，及官兵枪炮齐施，贼皆遁匿，追至攸乐，贼占踞山梁，官兵三路直上，贼皆滚箐溃散，伤死者甚众。遂破攸乐大寨，就寨扎营，并分兵驻扎蛮破地方，以通声息，以资粮运，自此彝贼始知畏惧。乃日令弁兵遍搜各箐，有群贼在对面火山喊叫我们情愿投降，见弁兵等争前擒杀，遂齐跪哀告，我们原是好百姓，俱系被莽芝麻布朋克者老二逼勒帮助，若不依他，便要烧要杀，有火头一百余人领众至行营恳求免死，情愿引路拿贼。随据邱名扬报称，茶山地方，绵亘数千里，彝民不止数万。而六茶山之最大者，莫如攸乐一山，所管大小四十余寨，穷一日之力，不能搜遍一箐。及搜到山寨，贼已潜踪，形势若此，所以麻布朋等敢于肆横。今官兵云集，网罗已密，何难扑灭，但渠辈既畏死来投，不如以贼诱，贼于是阳示宽仁，暗查正贼。及查访确实，乃于十二月初五日由攸乐起程，沿途穷搜，于初六日酉时，抵莽芝大寨，只有老幼窝泥封布朋和尚布朋等数人迎队来投，随加细讯，得知贼首麻布朋藏匿于大箐石崖之下，该将即刻星驰，四面围合，于初七日寅时生擒贼首麻布朋并妻子媳三名口，又以慢了、慢五二寨之贼前则坐草拒敌，后又伙党杀兵，正欲往擒，适有慢五布朋二名阿臭阿戍、慢了火头一名呀蚌，带领窝泥三名来投。又拿获贼首坡颇一名。因查得慢了之贼潜藏于蛮空山箐，慢五之贼潜藏于蛮别山箐，是月十二日邱名杨复带领官兵，由慢达渡河前往蛮别，于十三日寅时三路合围，杀死逆贼二十人，割取首级生擒贼党六名，贼妇女大小三十六名口。是日守备孙科等带领官兵，由慢林过整版渡口，前往蛮空。午时邱名杨亦到，两面交攻，枪伤逆贼二十七人，随割取首级，生擒十六人并贼男妇大小六十九名口。其生擒慢五寨之贼犯啰孽学白勒厦哟白勒学遮白勒，慢了寨之贼犯妙邦约茄邦茄车学车休口崩颇约乜彪乜期沙蚌等，俱监禁行营，其余妇女小娃悉分别安插其首级四十七颗分发悬示。又据孙弘本于是日初九日，当夜，遣千总李万春等围搜慢岗箐，杀死拒敌逆贼二十七名，生擒男妇四十一名口。又据守备王曜祖等于十五日午时搜至慢拱寨，群贼皆执标弩拒敌，及见官兵众多，围困严紧，遂放下标弩，哀恳投诚，获有慢拱逆贼男妇一百七十四名口，内贼人三十六名，贼妇子女一百三十八名口，即遣伊等带领拿贼，又拿获克梅大箐逆贼男妇四十四名口，内贼人十八名，贼妇子女二十六名口。又斩获甲奔等首级十七颗悬示，其克者老二及羽党等俟擒获日再报，等情各到臣。臣查车里地方，江内江外，原各设有土司，除车里宣慰司外，有茶山土司、孟养土司、老挝土司、缅甸土司等员，总因遣方口远，各土司争相雄长，以强凌弱，以众暴寡，其茶山、孟养等地方，皆被车里吞并，向来均置不问，以致凶彝肆恶，渐及内地，若不乘此大加惩创，布置周密，江以外仍付宣慰，江以内分设营防，不但普洱、威远等处终难安贴，即永昌顺云各汛亦难借声援。况土目刀正彦占踞江内版纳，蓄谋已久，此人不除，尤难以善后。臣已密扎严檄，令该将等务必将贼首尽数擒解，并乘机借势，将六茶山所属千余里地方，尽行查勘，按其疆界，察其形势，度其险要，凡与蛮国酋长通连隘口，应如何防汛之处，一一亲查确勘，俟其详禀到日，臣拟亲往覆勘，以图一劳永逸。如西藏军务或料理未毕，臣难以分身，当嘱提臣郝玉麟亲往勘覆，以便定议，此实滇省大局所关，并非黔省长寨比也。且查六茶山地方，向因未经人到，皆称地寒土瘠，不产五谷，今据各员禀报，所至地方，粮谷丰收，牲畜繁殖物价皆贱，兼出盐卤，是并可设立郡县，以资控制矣。至此外滇省边境凶彝，如东川府之土目禄世豪，禄天佑，素性跳梁，断难革面，而禄天佑横肆尤甚，臣前因有事乌镇，恐激其助恶，故暂缓擒治，今禄世豪已被知府黄士杰诱擒解省，业经审究。而禄天佑恃险聚众，明肆抗拒，臣近派本标弁丁，会合武定营，协同东川官兵四路进剿，并照会四川建昌镇，截其去路。兹据参将魏翥国等已攻破险隘直抵法戛巢穴，谅不日可以成擒，无所逃遁。俟擒解到日，分别审拟，缮疏题报外，谨将进剿茶山情形，敬陈大概，伏已乞圣主睿鉴。”

“雍正帝朱笔批示，嘉赞鄂尔泰说：‘览此调度，可谓勇略兼备，其属可嘉’。”①

鄂尔泰欲在茶山及其附近几千里地方，设立普洱府。雍正帝朱笔批示：“但闻此地方烟瘴甚盛，向后如何料理？”流露出犹豫担心，颇有不

①《雍正汇编》册11，第366、367、368、369页。

愿改流之意。鄂尔泰于雍正六年六月十二日上折，说明地方甚好，烟瘴或无或轻，并具体规划设立府县、官兵，推荐文官武将人选，且不增兵费：

“云南总督臣鄂尔泰谨奏，为钦奉圣谕备陈愚知事。窃臣前具首凶就擒，外域效命折内，荷蒙朱批：‘嘉悦览之。此役如此完结之顺，速出朕望外。此番在事官兵，破格效力矣。但闻此地方烟瘴甚盛，向后如何料理也。钦此。’伏查车里等处地方，虽素称烟瘴，然烟瘴所聚，大率皆密林深箐低洼蒸湿之区，其高厂平阔处所，则半无烟瘴，即有亦甚轻。如思茅猛旺整董小猛养小猛仑六大茶山，以及橄榄坝九龙江各处，原俱有微瘴，犹未若元江府之甚，现在汉民商客来往贸易，并不以为害。且应设官驻兵处所，又并非密林深箐低洼蒸湿之区，烟瘴之说似无足虑，亦向来传言之过也。今渠魁刀正彦已获，首恶麻布朋等尽缚，即前逃脱之要犯熊老二及克者老二父子等，近据禀报，亦皆或擒或斩，地方平靖，彝民皆愿内附。而车里宣慰司刀金宝，自知年幼，不能约束，业经具呈，情愿将江内各版纳归流官管辖。其田土肥饶，其人民蕃庶，现据查造已不下数万户口，而银厂盐井少加调剂，即足充俸饷，及此设官安营，以图久远，实滇省大局所关，似毋庸再计。至应设文武官兵府州营汛，皆宜预先定议，庶得从容料理。臣详查地方形势，普洱居中，镇沅、恩乐、威远居普洱之右，在西北一带，车里所属十二版纳并六大茶山居普洱之左，在东南一带，拟将普洱改为府治，设普洱知府一员，经历一员，扼要总理，将普威营改为普镇协，设副将一员，中军都司一员，守备二员，千总六员，把总十员，马步兵丁共二千二百名，副将一员带千把四员兵丁五百名驻扎普洱，与知府同城，并分防通关哨，俾左右兼顾，可以举重驭轻。思茅地方居民稠密，地土宽阔，为九龙江橄榄坝六茶山之咽喉，但紧连普洱，仅百余里，拟将普洱通判移驻思茅，设巡检一员，安千总一员，带兵二百名，与通判同城以联声势。”

鄂尔泰推荐沅江府知府佟世荫担任新设普洱府知府，丁忧候补知州郭隆为新设州的知州。

雍正帝朱笔批示：“嘉悦览之”，“甚是妥协”。[①]

鄂尔泰据旨安排，成立了普洱府，辖地广达45385平方公里，成为云南省第一大府。

①《雍正汇编》册12，第671、672、673页。

六、桂、湘、楚改土归流

广西、湖南、湖北三省，少数民族众多，土司也多。广西有壮(僮)、瑶、苗、侗、仫佬、毛南、回、京、水、彝、布依、 仡佬等族，以壮(僮)族最多。湖南少数民族更多达50余个，世世代代居于湖南的有苗、土家、侗、瑶、回、壮、白等族，土家族、苗族人数最多。湖北也有50多个少数民族，以土家族人数最多。

清朝调兵征剿，改土归流，在广西、湖北、湖南三省，是从雍正五年(1727年)用兵广西泗城开始的。

泗城府，明朝为泗城州。顺治初，改为泗城土府，顺治十五年（1658年）又改为府，不久再改为军民府，仍为土府属思恩府。

泗城土府，居民多充彝倮，地方二千余里，土知府岑映宸家，世代传袭数百年，虐害彝倮，劫杀邻近汉民兵役。鄂尔泰于雍正五年闰三月二十六日，上折奏称：奉旨于用兵之时，命臣节制广西巡抚、广西提督，现对泗城土知府岑映宸家采取了下述措施：

“查泗城地方虽无甚险隘，然绵亘三省，最称辽阔，土府岑映宸狂妄虐民，挟势滋扰，不独邻境受害，即所属彝倮无不怨恨切齿。臣前于赴黔之便，已面交各界附近干员，并扎嘱安笼镇臣蔡成贵，各令访查密报，今已知其大略。据臣度料，若调离巢，穴实无能为，倘潜匿负固，亦不易治。今伊现驻边界，越境拿人，又经贵州署永宁州事蔡维申通详，臣已檄行前委两省道员，传土府与该署州质讯，示以至公。并密扎蔡成贵勿失机会，更谕黔员暗差干役潜入土境，将陋额苛派，将来一概减免，出民汤大等语，四处散布。如此计得行，则事不劳而定，倘必须用兵，查粤西附近黔边等汛兵力单弱，不敷调遣。唯田州土司岑应祺奉公守法，且曾保荐旌赏，堪令带领土兵前导，臣酌派官兵，即委蔡成贵总统擒治，虽稍需时日，仰赖天威或亦不难就绪也。”①

①《雍正汇编》册9，第520页。

雍正五年五月三十日，鄂尔泰上了一道2000字的奏折，讲了五个问题。一是泗城土知府岑映宸地广兵多，骄横不法，借口会勘地界，率领土兵5000名，携带红衣大炮七位、竹节炮3位，扎营盘七座，枪、刀、标杆、弩弓，屯驻会勘地方，不仅不退还所占田地，还想侵占新的地方，耀武扬威，恐吓官民。二是闻听云贵总督要执法严惩，早前亦知乌蒙、镇雄被迫改土归流之事，畏惧遭祸，赶忙撤走土兵，烧掉营盘，带走枪炮兵器，回到自己地盘，准备缴印归顺。三是各寨的土司具曾集至岑映宸屯驻营盘，每人各献土知府白银30余两。四是安顺知府何经文据见土知府探信土目，巧言劝导威胁，土目告称，土知府畏惧天威，已打定主意，缴印求饶。五是鄂尔泰奏称，预料土知府岑映宸“必当审时度势 ，缴印献土，必不肯蹈乌、雄之覆辙”，可以不必用兵进剿。现将奏折摘录于下：

“宁州蔡维申详称，泗城土府岑映宸差有土役十余人，各执器械，越境拿人。随经臣一面令蔡维申将土役等拿下，一面批发贵西道吴应龙，并将两省边界，如泗城西隆等处历年不结各案，一并会审。而左江道以泗城、西隆等处俱系右江道所辖，且自有盘查事，遂已回粤。其时普安知县瞿鹏佳因泗城土府侵占疆界，劫杀不休，曾经臣等委同清镇知县，与泗城土府，并泗城同知会勘。据瞿鹏佳禀称，该土府会勘之时，不唯不肯清所已占，并欲吞所未占，每日率土众数千云集境上，故作耀武扬威，不知意欲何为，等语。而安笼镇臣蔡成贵亦报称，泗城土府岑映宸借会勘疆界之名，率领土兵四千有余，分扎七营于者相地方，其伏藏箐中者出没不常尚不知其数。又发银两于黔境收买米石，且托词开挖鱼池，以为壕堑之计。此种情形，必该土府接阅邸抄，预为整备，等语。又据安顺知府何经文禀称，探得岑映宸在者相地方，逐日调集土兵，带有红衣大炮七位，竹节炮三位，下大营盘一个，同周围打起鹿角，对面又下小营盘数个。后因永宁州拿解土役军器，闻得云贵总督欲严加追究，始将盔甲器械藏于顶岗岩邑等处，等语。先是提臣杨天纵差役，托名往桂林采买药材，路经者相，佯言泗城土府因公差人，永宁州将差役拿下，云贵总督怒欲执法，贵州提督却说永宁州的不是，要代他分辨，吹入土府之耳。土府果差家人李二、土目黄琏等，至安顺府探事。知府何经文招至，婉言诘问。具言土府因见了上谕，甚其是惊惶，具有手禀，差到提督处，求转恳云贵总督。何经文答云，我们尚没见钞，你土府知何就知道了，此信恐怕不确。回称土府早知信了，现在乌蒙、镇雄俱已改流，大势是个确信。何经文答云，既然如此，料你土府不敢抗拒，银钱又无使用处，你们土府是什么主意。回称土府怎敢违拗，只是立定主意缴印罢了。何经文答云，若果如此我们云贵总督一定替你土府请祈天恩，赏以冠带，给以养赡。若稍有抗拒之意，乌蒙镇雄的样子，是你们晓得的了。回称，但得如此，就沾恩了，小的们就写禀帖与土府云，等语。次早，土目等又到提臣处投禀，提臣亦答以好语去后，近据提镇各臣又皆探称，土府已连夜陆续撤兵，从者相退归，行至珉球地方，遇有泗城协副将王大绶及泗城同知刘典第前来接见，相商，复驻扎珉球。据贵州安南营守备周士达禀称，本营分防定头汛把总李富，前往珉球望，禀见王副将。据王副将云，我来此并未见土府带兵四五千枪刀炮位等件。李富回称，自土府正月二十八日到珉球，原止随带从人数百，及驻扎者相，陆续调兵四五千有余，扎营七座，枪刀标杆弩弓炮位都有，是卑弁同众人亲眼见的。王副将云，土府出门，岂不带千数人，就是他的大兵目出门，也要带三四百人，这是他土人的规矩。李富回云，土府便带数百人也就招摇了，何况调兵四五千人。王副将云，这是人家毁谤他的，他才做官一年多些，又无人告发他，颇有什么盗案，是他祖父的事，他买米千余石，原是接济土人，等语。又探得有三百六十寨兵目，齐至者相，每名各献土府银三十余两、马二匹以备使用。口称数百年之业，一旦坏于今日乃于四月初七日。撤营而回，其枪炮器械等项尽行带去，所建子营亦皆烧毁，在于黔省交界之处，该土府各添造卡房，安设兵丁等情，各到臣。据臣看得，泗城土府地方二千余里，承袭数百余年，举动仪从，盛于制抚，而富饶强悍，复倍于乌蒙镇雄，且倚贵交结，藐视流官，彝民受其鱼肉，边境肆其凭陵，皆习为故常，群不知怪。若不及此惩创，使归法度，目今虽无能为，日后必将贻患。臣为封疆大计，酌量轻重，故于诸土司事，宁刻毋宽，不敢稍有隐讳，实非敢好事，非敢越俎，以自取嫌怨也。今仰赖圣天子仁威，略加震叠，遂尔敛踪，虽增卡设汛，亦不过探听风声，决不敢别施伎俩，臣料土府岑映宸必当审时度势，缴印献土，必不肯蹈乌雄之覆辙，自取殄灭，兵可毋用，或能了事。”

“雍正帝朱笔批示：‘卿斟酌为之。’‘何经文是一老成之员，但恐少粗些。’”①

过了一个多月，雍正五年六月二十七日，鄂尔泰上折，讲了三个问题：一系岑映宸缴印献地，求免死奉祀。二是允其缴印，许免其死，将其迁徙浙江祖籍安插，以其弟武举岑映翰袭承土知府，赏给顶戴，约束岑姓，不许干预地方事务。三是改土归流，将其地一分为二，江北划归贵州，新设永丰州；江南仍属广西。四是推荐泗城同知刘兴第任泗城府知府。

“臣于六月初二日抵镇，映宸遂具详呈恳请从宽，越数日始缴印信号纸，求免死存祀。臣看得泗城土府岑映宸庸妄人也，祖籍浙江，伊父岑齐岱贪淫暴虐，肆行杀害，彝民怨恨已久，竟以病故漏网。及映宸袭职，性既愚顽，习仍骄纵，业已众叛亲离，无人依附，兹议革职设流，发回浙江安插，访之彝众，并无异词。唯是兄弟亲支及使令兵目土目恐不无疑惧，臣与韩良辅、李绂熟商，岑姓繁衍，势不能尽行迁置，彝目中良顽不齐，亦未便尽行究治。遂大张告示，历数土府罪状，其余宗族概不波累，其从前助恶彝目已往免究，后犯必诛。一面委田州土牧岑映祺先回泗城，遍行晓谕，复委两省文武，前去查勘钱粮田土，革除陋例苛条。及十五六等日，大头目十五人投到，臣俱面加开示，喻以利害，各给赏银牌，立即放归，着各寨传谕。二十二十一日等日土府子一人并亲弟七人，俱投到叩见，内一武举两贡生两监生，臣复宣示皇仁，恳切开导，并喻以流土荣辱之辨，勉其努力功名，希图上进，各给绸缎银牌等物。伊等皆能解悟感泣领受。臣等随复酌议，武举岑映翰年次居长，人亦柔善，且曾两次会试，颇见世务，恳请圣恩赏给顶戴，准其奉祀，及令约束岑姓，石许书与地方，似更可宁帖。再既经议设流官，营制尤宜周密，查泗城地方原分内哨外哨，内哨属江南，外哨属江北，泗城一协向止驻守泗城，其接壤黔苗数百里之地，原无一兵防汛，故悍目凶狠，往往恣肆。且西隆州西林县虽久经改流，两营额兵共止三百名，又远在思恩九土司及土田州泗城土府之外，一切军务俱至柳州提督处请示，往返必须两月，每至缓不及事。今议划江分理，韩良辅李绂俱深然臣说，以为两益。业经臣等会议，将割归黔省江北一带地方，统设一

①《雍正汇编》册9，第769、770、771页。

州，添知州、州同、州判等员分治，总设一营，添兵五百名，官弁调拨，不须添设，统属安笼镇管辖。其江南一带地方，应设营汛之处，查广西右江地方，倍于左江，左江设有一镇，右江亦应设一镇，庶权重兵多，可资弹压，可任调度，一切营制官弁驻扎汛地并抽拨兵丁等项，俱经酌商定。”①

雍正六年七月二十一日，鄂尔泰上折，奏述这泗城改土归流后赋税收入及革除陋规情形：

“雍正六年六月三十日，准两广督臣孔毓珣扎开，泗城改土归流，其田土未清，人情尚属未定。前据刘守议详各款，据以具奏，今奉朱批谕旨抄录奉商，应作何料理，粤省已详委左江道思明府同知土田州岑应祺丈量，边氓夙未经见，前任刘守谕白征收之处，未识是否可行。”等因。并录原奏折略，内开，奉朱批：

“卿斟酌合宜，委令办理，朕不洞知地方情形，难以悬谕，当与鄂尔泰商酌可也。钦此。”臣查泗城与西隆江北地方，议归黔省，若丈量田地，恐致滋事，当经委员将每年应征钱粮，并随粮征纳陋规，及历年遇事滥派各项银两，查明造册。据报应征粮米计有一千九百六十余石，应征粮银仅三千二百一十两零，除官役俸薪工食等项外，不敷放给兵饷。西隆册亨等四甲半向有破收银二千四百五两零，因官无养廉，役无工食，是以改流后历任征收，相沿已久，而各甲彝民俱遵循完纳，应将官役所得之项，革去四百余两，酌留二千两，归入正项。又泗城长坝等十七甲半，有公议盐，银乃土官收用之项，若照旧额征收，仍不免苦累，应每亭酌留一半，共留银五千六百六十两零归入正额。统计合算，新设永丰一州，共征银一万八百七十一两零，共征米一千九百六十六石零，则官俸兵饷并衙役工食皆已足用。又泗城土府借称修理衙门名色，每年每亭派银六十两，共银七千九百五十两，今设官安兵，应建衙署塘汛营房等项，亦暂留一半银三千九百七十五两，为修建之费，俟修盖完日，另行裁减。其余滥派各项，逐细开列出示，永行禁革，以苏民困。续又据南笼府知府黄世文详称，清查各亭村寨内，有水冲荒绝田土无存无可拨补者，共六亭半，应征银米，请予豁免，共应免银四百两零、米七十七石六斗零，并免征收修理衙门银六十五两，其一百三十五亭应完

①《雍正汇编》册10，第81、82、83页。

之银，除俸工兵饷，已自有余，恐日后完纳维难，徒多积欠，每亭再恳量减银一十一两二钱四分，共减银一千五百一十七两零。臣义批行准其减免，并出示晓谕，彝民无不悦服，现在饬令造册详题按数征收。兹接奉商酌之谕旨，臣随将泗城江北原未经丈量，系酌照旧时额数徵收，以资官兵俸饷胥役工食，内有水冲荒绝田土，将原征银米准予豁免，所有土官陋规，业尽行禁革，彝民安之，现俱宁帖。在粤属江南一带，虽措置应有不同，然丈量一事，似断不应轻举，缘人心未定，遽绳以官法，旧主未忘，复增以新怨，恐非所以便目前计久远也。昨岁奏命协办泗城事，曾据愚知，向粤前抚详切言之，即如重参土府，提问土目，究从前之苛派，追既往之赃私，虽事属应行，亦不妨少缓，新定地方，先务不在此。前据滇黔委员禀，庄田等事，随经严饬，而粤前抚或未之深思耳。兹读奏略，如援前任泗城知府刘兴第之详，分给岑映翰存祀并养土官眷口以及族目各役之田等议，甚属妥协。第每白止田二亩，约令上税一两，即为己业，谁不乐从。但不论肥瘠，每白概征银四钱，未免轻重不一，此系遥度之见，未知当否。”①

泗城之改土归流，影响很大。梧州府、柳州府、思恩府、庆远府土目们横行不法，伤害兵、民、商、役，案积如山，“边民争备粮请兵”。鄂尔泰先向西隆州八达寨彝民首领颜光色、颜光东用兵。

西隆州，康熙五年改安隆长官司成立西隆州，属思恩府，今广西隆林各族自治县。八达寨在山里，“贼寨只五六百户，壮丁不过千人”，②广西绿营兵编制，“不足2万”，“营务废弛，兵丁怯懦”，其原因系，“提、镇、将弁等官，私食空粮，并捏充公费粮者，已不下数千名，其管队、领旗等又不敢不分给伙粮。并且，一切军器，皆不堪用，帐房锣锅无一齐备，一经拨调，将弁先已畏缩，仅令现在之兵丁前往，兵丁又不甘心，以故相与因循，渐成疲敝”。③

雍正六年（1728年）三月二十二日，两广总督孔毓珣上折，奏述广西西隆州属的八达寨土目作乱，遣兵进剿：

---

①《雍正汇编》册13，第23、24、25页。

②《雍正汇编》册13，第346页。

③《雍正汇编》册17，第695、696页。

“奏闻拨兵擒捕西隆土目事。窃广西西隆州之八达寨，其地山深而险，有土目颜光色、颜光东弟兄最为顽恶。今于本年三月初五日准广西提臣田畯咨，据署上林营守备钟得胜呈称，颜光色、颜光东于正月十八日带领土蛮千余，与弄忙亭寻仇，掳去者莫者岗等寨人口牛只，杀伤人命，至今不肯解散，请拨兵擒剿，等语。臣查土蛮逞凶掳杀，自须大加惩儆，右江镇臣段宗岳尚未到任，西隆文武力难捕治，随经咨会提臣田畯，拨发官兵，会同该地文武，务期将为首之颜光色等擒拿到案。并行广西布政司酌拨口粮，一面知照贵州安笼镇臣蔡成贵于黔滇交界营汛堵御，以防遁逸，俟捕获之日究讯另行具奏外，所有臣饬拨兵丁擒捕土蛮颜光色等缘由，合先奏闻。”[①]

雍正元年六月二十八日，两广总督奏报用兵情形说，广西提督田畯派游击常显虎率官兵700名、土兵300名，于三月二十八日从泗城出发，前往征剿。四月十三日与敌兵交战，互有伤亡，又添派官兵300名、土兵400名，但至今仍未攻下八达寨。[②]

七月初四日，广西提督田畯奏，已添派官兵580名，与敌军交战，但“蛮恶深沟高垒，聚集不下千余人”，攻不下，现已移咨贵州安笼镇标兵400名，云南广南营官兵200名，前来会剿。[③]

贵州安笼镇总兵蔡成贵于七月二十日上折，奏述游击常显虎指挥不当，贻误军机情形：

“广西西隆州属八达寨逆获颜光色、颜光东盘踞山陬，势如嵎虎，近复纠合岑颠、岑杻等，杀掳村寨，拥众拒捕。广西提督臣田畯檄委前任提标游击常显虎，统领汉土官兵，相机剿抚。臣准咨堵御，于三月二十日即拨弁兵二百名前赴黔粤交界等处，沿江把守。该领兵官常显虎等，直至四月二十日方到八达攻其无备，犹未为晚，乃驻师两月，茫无调度，一任逆侬增垒筑垣，纠党备械致有损弁折兵、偷营夺帜、截路劫粮种种不法，而在事官兵闭营株守，全不救援，间或遣兵御敌，非技艺不精，即器械不利，旷日持久，玩寇养奸，一则靡费钱粮，一则骚动边境，如此行军，竟同儿戏。而广督臣孔毓珣遣委右江镇臣段宗岳统师攻

①《雍正汇编》册12，第15页。

②《雍正汇编》册12，第777、778页。

③《雍正汇编》册12，第845页。

剿，可谓慎重其事，但初蒞新任，一切营务未暇整理，及抵八达，验试前后，官兵虽有千余，素非训练，且天气炎蒸，诸军染瘴指臂之人，终难扑灭，遂咨调臣标官兵协力会剿。伏思镇守虽分疆界，黔粤总属版图，介在邻封，敢不策应，臣准咨之顷，檄令右营游击田昌友、中营署守备李文仲，率领弁兵四百名，于六月二十六日兼程赴粤，听候镇臣段宗岳调遣。去后，随据田昌友飞报前来，果见粤兵怯弱，贼巢坚固，恐黔省兵单，不足分布。臣于七月十一日复令中军游击贺成，带领官兵三百名，驰赴八达应援。所恨出师将及半载，已成猖獗之势，挫衄官兵，有辱国体。”①

安笼镇派去的官兵会同广西兵作战，亦先到官兵伤亡不少。总兵官蔡成贵向云贵总督鄂尔泰报告战绩，请求添派官兵。

雍正六年（1728年）九月初三，鄂尔泰上折，讲了三个问题。一系添派官兵进攻，八月初又遭损伤，“立即咨会贵州提臣杨天纵就近拨发，并行云南广罗协广南营府添拨官兵土勇，多带大炮，令该协副将杨洪统领，飞往八达后路堵截，相机会剿。又照会曲寻镇拨兵，令游击顾纯祖统领前往，断贼粮道，饬安笼镇确查游击田昌友等是否贪功冒险，以致失事，即经具折奏报在案。八月初六据蔡成贵呈报，该镇驿扎邑皓，复行调安南营在笼防守兵五十名，抽调普安营城汛兵五十名，合该镇所带兵共三百五十名，土兵七百五十名，率领前进。八月初八准提臣杨天纵咨会，已檄调提标安顺长寨等营官兵七百九员名前去。据广南府知府贾秉臣广南营参将冯鸾联衔报称，酌调土勇二千名，给委土目陆尚安、陆尚贵带领，复差千总高长生带兵监同督率。又据广南革职土同知侬绳英之子侬振裔情愿效力，职等复联衔给委，选带土勇二千名，酌遣把总王玉林带兵监同督率，俱往八达，统听右江镇调遣。又于八月初十、十六等日，据广罗协副将杨洪报称，职协前后共调兵五百名，除千总黄士玠已领枪手二百名前往外，今职亲身带领千把总杨文举、郭玉贵兵三百名，又五嘈土兵三百名，炮八位，于八月初六日自广西府起程前往粤境会剿。途次法白，据军前千总黄士玠禀称，八月初三侬振裔、陆顺达领土兵，甫到八阳，右江镇遂于戌时传令会兵，丑时攻打，千总带兵，率广南土兵过河，攻至坉边，而粤省官兵直至辰刻尚未下山，八达逆党蜂拥前来，千总与兵丁奋勇力敌，自午至申，伤毙兵丁一十四名，重伤者三名，伤死土兵二十六名。又准右江镇移开，据广南营把总王玉林到八阳面禀云，奉委监同侬振裔带领土兵前来，听候调遣，初四早齐到八达山后扎坉。本镇见得后路要紧，贼徒性悍，土兵先到，营垒未

①《雍正汇编》册13，第6、7页。

备，随传令各路汉土官兵分路攻进，又令广罗官兵二百名同陆尚安土兵攻贼西边炮台，以分其势，俾广南土兵得以安营下寨。讵料贼多谲猾，先于深箐中埋伏数百人，候土兵扎营之际，突出齐攻，土兵不备，不能抵敌，本镇速令攻打西后山炮台之兵奋勇冲敌，伤死贼二十余名，救出汉土官兵过河，复于八阳山后屯扎等情，转报到臣”。

二系分析战情，主动担起指挥广西、贵州、云南三省会剿之后重任，指令各将遵己命令进攻，并起运火箭、瓜炮送往军前：

“（鄂尔泰说）阅报之下，臣实不胜愤恨，以么么小丑，而屡挫官军，将士何颜，边疆何赖。况八达贼寨只五六百户，壮丁不过千人，若使粤员预有筹划，先安抚附近各寨，绝其党援，奋力速进，亦何至猖獗如此。敬诵臣折朱批：‘前者田畯奏闻，举行此事，朕即恐其料理未必妥协，况抚臣又系阿克敦，此田畯一面举行，一面奏闻，一面知会孔毓珣之事，所以不得其人，诸事不可举也。钦此。’臣看粤西诸臣，独孔毓珣可资料理，然而驻扎辽远，呼吸难通，臣若复避越俎之嫌，不身任协办，恐愈缓愈炽，反难擒制。因不得已，明檄通饬，大意谓土兵新到，尚未安营，即何得黑夜传令，骤督进攻。况以进攻为安营之计，尤所未闻且此等埋伏，皆不能料，是智短于贼，何以胜贼。今贵州汉土官兵，令只听安笼镇调遣，广罗协汉土官兵，令只听副将杨洪调遣，右江镇如有会合，应知会该镇协遣发，务须和衷妥商，然后进取。再粤贼狡狯，多设伏陷，应先侦探确实，四面布置，各于通达贼寨隘口十数里以外，断其粮路，一月以后，三省约齐，各离贼寨三二里以外扎营，计我军大炮可以打寨，贼寨枪弩不能到营，只用大炮轰打，渐次逼近，看贼势不能支，再用鸟枪连环排进，仍用大炮打寨，用火箭烧房，并力齐攻，自可一举成功。若毫无定算，徒以躁气，乘之在官兵奋勇杀贼，虽死有余荣，而屡损军威，徒长贼志，将何所底止。总之立于不败之地，而后可以战，料有必胜之势，而后可以攻，机无可乘，不妨缓待，势料可图，务须神速。本部院职任邻封，谊同切肤，况皆属王事，何敢分彼此，倘嗣后仍敢畏缩，或复躁妄。军法胥在，干系匪轻，等语。除照行右江镇安笼镇广罗协遵照外，并咨会广西督抚提及云贵抚提去后，复随差臣标把总李显解送火箭三千枝、火毒瓜炮二十二个，软挡牌一百面，前赴军前。”

三系讲述大军重重包围，彝寨内乱，杀死敌酋颜光色、颜光东：

“讫至八月二十四日，据蔡成贵报称，因闻八达附近彝寨，誓死合党，若不解散，率难扑灭。本职于起程日，即发牌示，分头招抚，八月初四日前抵八达。相度贼寨，独踞山中，黔粤营垒高扎山顶，官兵稍有举动，贼人皆知，预备匿形，以少应多，所以屡遭挫折。俟滇兵齐，集扼其后，黔兵分布，攻其前，使贼众四顾莫及，破之实属不难。初六日据差通事带泥硐助贼头目抱表等八人到营投顺，并帮兵效力。又花贡各寨率众开路，当赏花红牛酒，给示免死，俱各悦服。初七日光色、光东等到本职营盘山脚，大呼饶命，本职恐土酋狡，诈枪炮逐去。初八日伊等复率众前来，极口称冤，恳求申雪，死亦甘心，且有情愿归黔，不愿归粤，等语。又将盗去马匹，遗失器械，逐项投缴。本职思剿之止戮其身，抚之兼服其心，除其首，从徙其余党，惩劝并施，恩威兼济，虽粤民素多顽梗，借此亦可化导，倘阳奉阴违，以缓我师，则克期会剿，合寨诛戮，可谓杀之无怨，俟投到再报，等情。臣查颜光色等凶恶横肆，为粤害已久，今见滇黔兵势，期在必剿，遂尔极口称冤，大呼饶命，又有愿隶黔不愿隶粤之语，此固计穷力尽，欲寻生路，而亦势不得不出此。随扎覆蔡成贵，若果颜光色等自缚投见，即应受降，审问实情具报，如不自出，仅差彝众传禀，断不可轻信，务当神连取之，以完粤案。去后，适八月二十九日据广南府知府贾秉臣参将冯骞禀称，据军前把总王玉林等禀报，本月二十二日，八达寨知官兵齐到，必欲屠寨，遂将颜光东杀死，颜光色业已脱逃，即夜又将颜光色杀死，等情。除再飞行该镇等确查公验，是否果系光色光东，抑或顶替搪塞，并严拿凶恶，安抚附从，据实逮报外，所有会剿情形，及欲行投降，首凶就戮缘由，合再奏闻。”①

雍正六年九月，广西布政使张上怀上折，奏述了用兵八达寨情形：

“九月初十日，西隆州知州刘德健报到，土贼颜光色、颜光东聚党拒捕被围自溃，于八日二十二日为其寨内土众所杀，蒙田抚臣具题在案。……伏查广西十府三州，俱系汉土错居，山环水绕，其中庞远、太平、思恩、

①《雍正汇编》册13，第344、345、346页。

泗城四府所属州县，尤为地少山多，且界连交趾云贵，摇獞狑狼种类不一，恶习相沿，唯以仇劫为事，甚至以仇寻仇，报复不已。以前督抚有司，狃于土蛮仇杀旧例，事多外结，事既外结，则有罪者未及明正典刑，既不明正典刑，示之以法，则土人不知畏惧，仇劫恶习仍不能改。即如颜光色，在土人之中尤属充顽，所恃者八达寨山势险，阻深林密箐，结党劫掠，已非一日。西隆州知州刘德健详请官兵剿擒，三月二十八日，提臣田畯委游击常显虎带领官兵八百名往擒，土田州岑应祺带土兵七百名从之，西隆州知州带土勇八百名驻扎弄高，西林县知县韩三善，带土勇一千名驻扎八阳，汉土官兵不为不多。此时土贼，寨中炮台未筑，木栅未树，颜光色见官兵骤至，令人诈降，乞缓攻五日，率众出投。游击常显虎信而许之，以致土贼炮台木栅暗行修筑，遂敢抗拒官兵，希圆苟延性命。自四月以至八月，官兵陆续增添，广西提镇各标官兵一千六百五十四名，贵州安笼镇总兵蔡成贵汉土官兵二千五百五十四名，云南广罗协会同广南营汉土官兵二千二百名，前后三省共发汉土官兵九千七百零八名，俱系准咨开载兵数，其运粮守隘土兵不在此内，至于军前需用粮饷，奉督抚二臣牌行司库，共发银二千六百两，西林宣化隆安武缘等县，共报发银二千五百五十二两，俱于二厘耗羡暨公用银两项下动支。其军前支给口粮，以及沿途供应军糈，应俟旋师之日，各该州县册报到日，汇核实数，具折奏闻。”①

区区一寨，1000余丁，派了三省官兵土兵9908名，历时半年，若非鄂尔泰指挥正确，很难平定，可见官兵之弱，官府之无能。

经过此战，更显示了鄂尔泰的忠君效力，才干出众，当然会受到皇上嘉奖提升。八达寨破之后一个多月，雍正六年十月，雍正帝正式授鄂尔泰任云南、贵州、广西三省总督。

雍正八年正月十三日，鄂尔泰奏称：“泗城府、镇安府，西隆州、土田州、土镇安州各属土目，各赴镇呈缴军器，同愿永为良民，祈请转达。计所呈缴鸟枪共二千二百四十二杆，腰刀共四千零七十二口，标子共一万零一百七十五根，弩刀一千七百零一张。”②

鄂尔泰随即又督剿邓横寨不法彝首。广西太平府属思明州的邓横

①《雍正汇编》册13，第580页。

②《雍正汇编》册17，第696页。

寨，“通计不过一百九十余户，丁壮不满千人，聚集凶徒，专事劫杀”，强暴恣横，积恶多年，[①]地方官惧其寨坚凶悍，难以攻克，不敢坚决进剿，一味遮饰，专主招抚，鄂尔泰就任云南、贵州、广西三省总督后，决定派兵进剿。于雍正八年六七月间，移咨广西提督张溥，委思恩协副将尚清，统领绿营官兵1900名，于七月二十九日进剿。[②]

但是，该寨“收藏军器，缮治险阻，家栽箐竹，高砌石墙，遍挖深壕，窄开曲径，经理坚固”。官兵来到寨前，彝兵先发枪炮，杀伤官兵。

广西巡抚金鉷于雍正八年十一月十三日上折，奏述用兵失利，副将、总兵束手无策情形说：七月添派官兵400名，八月初一，副将尚清领兵来到邓横寨，八月初二进攻，失败，“不但不能入寨，反致亏损兵丁。自此之后，唯务役使民夫，筑墙坚垒，为自守计”。总督派广西左江镇总兵齐元辅赴军指挥，齐又带兵1080名，前后官兵多达3390名，还有不少土兵，一共有兵6000名，几倍于邓横寨兵，枪炮又远远超过土寨，本是必操胜算，马到成功，剿平土寨，不料主帅齐元辅贪生怕死，怯战不前。十月初十日，兵分四路进攻，遭敌挫败，伤亡官兵437名、土兵90余名。齐元辅遂唯务招降，不再进攻。[③]

广西右江总兵蔡成贵于雍正九年正月二十四日上折，痛斥齐元辅贻误军机，以“汉土兵练”6000名进攻邓横，不仅不能攻克敌寨，反致伤亡官兵土兵500余名，要求亲自带兵上阵攻剿。[④]

云南贵州广西三省总督鄂尔泰十分恼怒，于雍正九年正月二十八日上折，奏请革齐元辅职，委蔡成贵任右江总兵，统领全军进剿。

奏折的第一部分是指责广西布政使、按察使、道员、府厅官员及将领庸碌无能，胆小畏敌，姑息养奸，致“贼寨”益狂：

“奏为委替总统严剿贼蛮事。窃以广西思明土府所属之邓横寨，强暴恣横，积恶多年，一寨之内，分为三贯，通计不过一百九十余户，丁壮不满千人，聚集凶徒，专事劫杀，左有雷蓬，右有那练，暗为党羽，

① 《雍正汇编》册19，第892页。
② 《雍正汇编》册19，第51页。
③ 《雍正汇编》册19，第433、第859页。
④ 《雍正汇编》册19，第859页。

互相勾结，密竹层栅，阳当外卫，深壕险坎，阴设内坑，筑土如城，建台安炮，枪箭能出不能入，兵役敢近不敢前，欲与问罪之师，则恳陈悔罪，及追逞凶之犯，则委卸他辞，凡属各员，多因循而讳盗，遂尔成习，致文过以养奸。臣前有访阅，曾经屡奏，及奉恩命，兼制粤省，复确查密访，情事无虚，随扎致抚提二臣，并密行藩臬及文武各员，公同查议。及接抚臣金鉷扎称，历委文武各员亲往查勘，实属顺民，具有不敢为非，不敢藏匿器械干结，并取具地方官印各干结，等语。而司道府万并将弁等官，据各详禀，俱代称恭顺，同口一词，所有劫杀各案，皆置之不问。”

奏折第二部分是斥责统兵主将广西左江镇总兵齐元辅怯懦昏庸，屡中贼计，唯务招安，致士气低落，成功无望：

“复准提臣张溥，调委左江镇齐元辅亲往调度，并详切扎嘱，不谓该镇庸懦更甚，日事迁延，视贼党为腹心，以招安为长策，不能杀贼，每为贼愚，不过数百贼，已先伤数百兵，仍不知悔悟，屡堕计中，毫无定算……又复历月逾时，而确探军情，但闻今日诱抚，明日诈降，朝见武生，暮商贼党，旁观者皆知为左计，当局者犹秘为密谋，以致军气日颓，贼志愈肆，似此心胆，扫荡无期，倘复姑容，边疆何赖。……攻剿之策，一筹莫展，其有往来贼寨者不问，馈送贼寨者不问，帐外呐喊者不问，营盘偷挖者不问，甚至有营内土兵鸣锣暗号约贼杀兵者，亦不问，以致三五成群，出寨窥探，不能擒杀，数十结队，出寨猖狂，不能剿捕，明知贼乘夜必来，并不设伏，而专借土勇，明知贼暗枪屡中，并无防备，致日伤兵丁，贼不出寨，转能杀兵，贼既出寨，尚不能杀贼，伎俩止此，谋勇安在，况屡示机宜，频加策励，利害胜负分析详明，不谓血气全无，肺肝如见，直至此日，仍望投诚。”

奏折的第三部分，是撤齐元辅，委右江镇总兵蔡成贵统兵进剿，指示用兵方法：

“除飞檄左江镇立速回任，听候参处外，合行专委右江镇，即便于所属辖选带将弁，并酌派汉土兵丁，星赴邓横军前，总统一切军务。须先绝贼党援，断贼粮路，敢有私通私馈者，审明其寨，即先将其寨屠灭，毋得姑息，亦毋得牵累。并明白晓谕附近各寨，及各路土兵，不许于近贼寨处所出入行走，以防递信，倘有故违，初犯者插耳游营，再犯者枭首示众。其军中号令，有明有暗，阵前金鼓，有缓有催，务使通知或令各记，犯者皆依军法。其将弁土司，有畏缩观望不齐心努力者，立即据实揭报，以凭严究。其鼓勇抒谋誓期灭贼之将弁土司，奋不顾身争先杀贼之汉土兵练，立即奖赏，并分析呈报。至于攻击擒制，不外审测变疑，但知活法，都是先机，矧此幺魔，有何转幻，唯该镇审度大势，运用一心，毋撼于烦言，毋胶乎成见，即本部院从前屡檄，须善为体会，并不必拘泥，总期灭此朝食，勿使更留荄孽，庶少振军威，用伸国宪，立扑蛮焰。以重边防。”①

广西右江镇总兵蔡成贵遵总督命令，赶往前线，三月二十日开始进攻，五月初六，蹈平全寨，大功告成。鄂尔泰于雍正九年五月二十六日上折，奏述“贼寨”状况及官兵进攻情形：

“窃照广西太平府属之邓横寨蛮贼，积恶猖狂，逞凶肆横，左江镇已革总兵齐元辅不能剿捕，唯事因循，致贼势愈张，军威不振。经臣改委调任右江镇总兵官蔡成贵，详悉指示，令往料理，业经奏明在案。续据军前禀报，并参阅图形，计该寨共分三甲，贼众本甚凶横，地势原属险阻，加以驻兵半载，既损声威，玩寇多时，反驱准备，以至邻寨畏势，亦暗许勾连，土兵相机，更明行观望，因而壕塘之浅窄者，复得开宽深，墙垣之低薄者，复得砌筑坚厚，且墙壕层间，路径纡盘，兼有地道，数寨相通，而又环筑炮台，密开枪眼，贼在内有以藏身，兵在外无从驻足，故枪炮不能入，入亦不能伤，而贼则处暗击明，半无虚发，是此时之进，取实较从前为倍难。该镇蔡成贵自二月十四日抵军营后，遵照臣言，先将掺杂之土兵尽行遣回，复将营盘渐次前移，逼近贼寨，得步进步，即抢筑炮台扎营驻守，示以围困之意。一面卷土砍竹，置备火具，为填塘攻寨计。蔡成贵初次督剿，虽夺取一二炮，贼已惊恐，亦互有伤亡。臣据禀报，恐或欲图万全，复将濡滞，又以时已入夏，恐雨水连绵，瘴疠渐发，或疫作气馁，更何能克期竣事。因激以营辱利害之语，示以必胜不败之机，详扎切嘱，严檄飞催。随复发三等纪功牌，并医创治疫等药，专差持谕速往督进。兹于五月二十二日，据该差回滇，并报捷千总王廷彩禀称，自三月二十日进剿起，兵分中左右三路，以敌

①《雍正汇编》册19，第892、893、894页。

贼之四六九三甲，无分昼夜，不避险难，伺隙即攻，乘间即夺，计经一月，始直逼贼巢，凡寨外各要隘，皆为我兵占踞。四月二十四日，参将刘成、游击王钦、袁士杰等，督率汉土兵丁，斩栅坏垣，奋勇杀入，将九甲全平。二十八日，副将尚清，游击陈典等，先于天未明时遣用土练，暗进四甲埋伏，至二更时分，令各站墙兵丁，沿寨举火，乘势攻进，亦将四甲全平。所有贼众，除斩没烧死外，余皆窜入六甲，合伙死拒。因即于四九两甲，各暂扎营，会合各官土兵，并原攻六甲之参将周仪、游击严玉秀、刘钦等，并力围攻，至五月初四日，已将六甲贼寨占夺大半，贼众危急，奔赴游击袁士杰守备俞大勇营盘求抚，当即拘留看守。复据投出之贼首冯韦高带领贼党十二人进寨，杀取首恶级呈献，有蛮贼百余人知必不准抚，又突出砍栅，意在冲围逃窜，被官土兵乱枪密杆，尽数杀死，各割取首级，并获鸟枪长杆藤牌腰刀挑刀大旗等件，缴送营盘。随复督兵攻进，生擒一百余贼，皆绑赴营门，立即枭首，致祭旗纛，并阵亡官兵。其贼蛮男妇除伤毙外，尚余六百余名口，俱解赴省城候审发落。初六日俱经全平各寨壕塘，现在督填寨外，密竹现已尽砍，该寨恶类并无一漏网，等语。合诸镇将及军前道府各禀报无异。臣查邓横三甲，虽强贼不满千人，而巢穴险固，器械坚利，即论炮台竟多至百余座，黔苗滇猓从无此凶悍。是非独庸懦如齐元辅辈原不能克期剿灭，即全粤文武，见臣必欲剿灭，不但有难词，且将作笑柄，意谓事必不能，不如将就。及见臣严行通饬，委蔡成贵前往，尤不以为然，殊不知以全省兵力，不能制一邓横，任其顽抚，历时数十年，则侬、俍、瑶、壮、尚何所忌惮。是以，臣于此举，多有激烈之言，从无和逊之意，谓置之死地而后生，此外决无胜算，非止为邓横，实为全粤计也。

“今仰赖圣天子仁威，终于屠灭，不遗根株，将通省震动，各知警惧，不敢少有不法事，则恩生于害，所全实多，虽奋勇弁丁，伤亡可悯，然死于阵与死于家，孰幸孰不幸。臣终不敢稍存鄙见，视甲士如妇人，不责以大义，忍姑息以相轻也。除俟总兵蔡成贵呈报进剿详细并奋勇伤亡官兵查造册报到日另疏题报外，所有邓横已靖，蛮贼尽屠情形，合先奏闻，伏乞圣主睿鉴。臣鄂尔泰谨奏。”①

鄂尔泰此折十分精彩，充分显示了他是一位忠君爱国、考虑大局、文韬武略、智勇兼备、能力挽狂澜、转败为胜的大帅。这样的高人，哪

①《雍正汇编》册20，第613、614、615页。

能不予以嘉奖。雍正帝在其折上，朱笔批示："可嘉之至。题到有旨。卿前云杨天纵乞休，尚未见奏到。朕意欲将哈元生调黔，用蔡成贵为滇省提督，卿意以为何？如若与朕意相同，右江镇员缺，孰可胜任，可奏来，一并发旨。"①

大军围攻，剿平八达寨、邓横寨的军威，震慑住了广西各寨，土司、土目纷纷缴印献土。魏源《圣武记》卷7，《雍正西南夷改流记上》记："前此，广西游击常显虎以兵三千剿抚两月，屡衄无功者也。八年，复缴讨思明土府所属之邓横寨，三路进攻，一鼓而克，亦前此广西总兵齐元辅按兵数千，招抚半载无功者也。于是，远近土目争缴军器二万余，巡边所至，迎扈千里，三省(滇黔桂)边防皆定。"

贵州广顺州长寨的平定改流，乌蒙、镇雄首领禄鼎坤的降顺，四川建昌属下土蛮金格遭官兵擒捕，促进了湖北、湖南改土归流的进展。鄂尔泰又于雍正五年征剿谬冲花苗。

谬冲花苗，本属湖北靖州零溪司所辖，处予湖北、贵州交界地方，以湖北为主，但谬冲花苗又典有贵州省黎平府五开卫的木洞屯的军田二石，故花苗每遭遇湖北官兵追击时，就捏称是贵州五开卫所辖，湖北官兵以地属邻省，遂不予治理。因此，侭管谬冲花苗一向以劫掳为生，楚黔双方俱互相推诿，不予惩治，致苗患日益严重。

鄂尔泰遣贵州官兵进剿，擒杀"凶苗"，破了谬冲苗寨后，于雍正五年五月三十日上折，奏述用兵情形：

"窃黔楚交界地方多，系苗彝错处，更有花衣苗一种，不论男妇老弱，俱以劫掳为生。而楚省靖州零溪司所辖之谬冲地方，界于两省，奸薮甚多，四面高山，周遭密箐，负固恃险，尤称凶悍，与黔省黎平府新辖五开卫之木洞屯接壤，频年劫杀案件甚多。前靖州、五开每互相推诿，今五开归属黎平，更以隔省借口，每遇强劫重案，即羞遣兵役前往捕缉，亦仅在寨外窥探，并不敢深入巢穴，以致辗转迁延，贼势愈炽。臣念花苗逞凶，何分黔楚，俱当协力擒剿，焚巢扫穴，以靖边疆。随咨商黔省抚提二臣，严饬黎平交文武官员查明各案，一面调遣官兵前往剿捕，一面移会楚省协力合擒。于是调遣黎平协中军守备左垣率领千总赵国珍把总熊占魁，带领该协兵丁，与黎平知府张广泗、署五开卫事孙绍

①《雍正汇编》册20，第615页。

武，会同前往。又调镇远协左营游击今委署黎平协事韩熟，并黄施营千总贾启俸等，各带领兵丁协助，于闰三月二十一日起程，会商楚省署靖州协副将事游击吴文、都司刘策名，是期于闰三月二十四日进兵会剿。及是日黎明，该守备左垣等自张弩起身，由观音山至木洞屯，已经卯刻，游击吴文驻扎培坡塘，止着把总领兵前来，左垣等立即进兵，于木洞屯对山直上，官兵奋勇争先，辰刻临谬冲寨凶苗放枪堵御，官兵火炮攻打，当即攻开寨子，举火焚烧巢穴，杀死苗子一名，生擒一名，并苗妇一口，群苗逃窜。至本月二十九日，黎平知府张广泗探得凶苗由黄柏屯入后山凹中，尚有男妇二百余人，未经逃散，乃亲点健卒，与左垣分两队寻踪追赶，约离有五六里，贼苗见官兵追至，暗伏要隘，枪炮乱发，兵丁徐国爵着炮伤腿，幸不致命。该知府署县守备千把总等身冒火炮，督率兵丁，努力前进，将凶苗杀伤数人，并擒放炮伤兵之苗，立即枭首，众苗四奔。追至日没，该府等于南英坡露处一夜，次日仍同往追踪捕剿。计连日擒杀凶苗又二十余人，众已胆落。臣看得彝性犬羊，种类各别，而花苗之恶，实不减猓苗，谬冲地方虽介在两省，实系靖州所辖。前据楚员称系五开所属，已归黔省，不便越俎为辞。及查谬冲，一名扭冲，现属靖州零溪司所辖，而五开归黔册内，并无谬冲扭冲字样。止缘该苗曾典五开卫之木洞屯军田二石，故每遇事发，则狡称卫属，在凶苗则借称异地，可肆兔脱之谋，在员弁亦利其他属，可免疏防之咎。不知该苗之耕食于卫地者不过二石之田，而其聚族以居为逋逃渊薮者，则在靖属之谬冲也。若黔省亦以地属楚不便越俎，则彼此两悬，凶苗何由扑灭，地方何由宁谧，故目前所急者，在于擒捕凶苗，而清理疆界，犹属事后事也。兹楚省署督臣傅敏立意扫除，毫无观望，闻游击吴文已经参处，臣屡准咨移，并不敢少后，而黎平知府张广泗，以文员而亲兵事，务期灭此朝食，以副职守，殊具心肝，谅此花苗或可从此敛戢也。容俟将首恶尽行擒获之日，作何处分安插，再妥酌一切善后事宜，会疏请旨。”

雍正帝在鄂尔泰奏折上，朱笔批示，嘉赞知府张广泗说：“张广泗亦系上好实心任事之员，但未料有如此本领，甚属可嘉。具题时，疏内应将他好处声明。”①

湖南、湖北的土司土舍土民，比较接近内地，交往频繁，在贵州、

①《雍正汇编》册9，第772、773、774页。

广西、云南改土归流的影响下，加上鄂尔泰的征剿谬冲花苗，雍正七年铜仁知府姚谦遍招楚界苗寨，土民纷纷逃出土司地方，投向官府，促使土司土舍纷纷降顺，申请缴印献土，改土归流，湘、楚改土归流得以顺利进行。《圣武记》卷7就此记述说：

“其湖广苗接黔者，于五年张广泗会湖南副将刘策名，有谬冲花苗之剿。七年，铜仁知府姚谦率苗目田金保有遍招楚界诸苗之役。唯四川重庆府属之酉阳土司冉元龄与湖广容美土司田旻如，均以不法为边民所愬，吁请改流。且酉阳距重庆十八站，距贵州铜仁不及三百里，其所属土目至铜仁仅百余里，旧隶黔，改隶蜀，与容美恃远自恣。鄂尔泰奏请二土司暂改隶黔，乘威招谕，可不烦兵而服。诏湖广、四川督抚图之，于是湖南按察使王柔、总兵刘策名赴苗疆宣谕。永顺、保靖、桑植、睿美酋大土司亦先后奏改郡县。唯容美稍用兵，而永顺彭氏则自请献土，优奖回籍。”

七、四川改土归流

雍正四年(1726年)五月初五，岳钟琪上折，奏述调兵3000名，进剿番酋金格说：四川建昌镇属下冕山营游击苏凯，“不能抚驭番众，以致土千户糯咀所管贼蛮金格等，抄抢人口牛马财物”，建昌镇总兵呈请调用土兵征剿。岳钟琪遂调瓦寺、木坪等处土兵1500名前往。后因建昌镇禀报，雍正四年正月，番蛮抢劫行人，火烧塘房，求添兵士。岳钟琪因越嶲(今四川凉山彝族自治州越西县)与冕山(今凉山州之冕宁县)相连，蛮猓甚多，便增调建昌镇标、会盐营、会川营官兵1500名，连土兵共3000名，命建昌镇总兵赵儒统领，前往征剿。

雍正阅后，在奏折上朱笔批示了长达300字说：

“谕川陕总督岳钟琪知悉：沿边土司，各占据地方不一，其处控驭之法，须宽严得宜，随时约东，方能使民众获安，疆幸无扰。即如川省乌蒙土司，界连三省，向时土官禄鼎乾信任土目木那，苛虐土民，劫掠邻境，甚属不法。今鼎乾虽故，木那就护，而鼎乾之子承袭土职，童幼无知，其叔禄鼎坤及各土目等专纵自恣，复蹈故辙，去岁擅敢率众，侵扰东川所属巧家地方，似此若不戒饬约束，将来益无忌惮，必至滋事愈多。尔其悉心筹度，将该上目等先行严加戒谕，令其毋虐土民，毋扰邻境，务俾实改前非，恪遵法度，倘仍怙恶不悛，不肯敛悛，应作何惩治之处，尤宜预计，将来若可改土归流，似与地方大有裨益。但诸凡料理，务出万全，固不可因循养奸，亦不可轻举滋事。缘乌蒙与云贵接壤，朕已降谕鄂尔泰，令与尔尽心，同办一切事宜，有应通知会同之处，尔等彼此和衷，互相商酌，详细措尽可也。为此特谕。”①

川陕总督的衙署在西安，离京师2540里，总督奏疏，一般情况下，是限13天送到。岳钟琪的奏折是雍正四年五月初五写的，13天是五月十八日，岳钟琪的奏折，表明他早在五月十八日左右，即已有了将在建昌等地土司地区，实行改土归流的想法，比云贵总督鄂尔泰于雍正四年九月十九日奏请改土归流的时间，早了四个月。

岳钟琪檄令总兵赵儒仰照“皇上好生之仁，务获凶首，其余族类，有能归诚向化者，即准其投诚”。

由于金格等逃匿凉山腹部，山高林密，官兵深入蛮地，十分艰苦。按照规定，官兵在内地出差、行军、征剿，不给行粮。要在边外行军作战，才给行粮，包括盐菜银及口粮。官将按职衔领取，提督每月支盐菜银12两，总兵9两，副将7.2两，参将、游击4.2两，都司3两，守备2.4两，千总2两，把总1.5两。官将又各按职衔，可带跟役若干名，提督是24名，总兵18名，副将12名，参将10名，游击8名，都司、守备6名，千总、把总3名，跟役1名，每日领口粮8合3勺，或面1斤。官将本人也每日领米8合3勺。岳钟琪以征剿官兵已进入番蛮地区，虽路程不远，但崎岖难行，深山之中征剿不易，且易遭番人暗袭，奏请皇上施恩，赐给官、兵行粮。要知道，土兵平时是没有银米的，这时发给行粮，对他们来说，是很可观的收入。绿营官兵平时兵饷不多，马兵月银2两，步兵1两5钱，守兵1两，马兵很少，一般是马二步八，其中还有不少守兵，现在一月支盐菜银9钱，相当于守兵一月收入了。所以，官兵皆很高兴。四川巡抚法敏上疏奏请发给进剿官兵口粮盐菜银说：

①《雍正汇编》册7，第233、234、235页。

“建昌所属苗猓，种类不一。冕山贼蛮金格、兰寿、阿租等，狂悖不法，从前并未歼其凶首，因调汉土官兵，分路进剿，而金格等潜匿山箐，兹又添兵深入梁山搜捕。除各处调来士兵，量给口粮外，查官兵内地行走，无支给口粮之例，但官兵深入，崇山峻岭，购米维艰，与出口无异。请暂照松潘戍守兵丁之例，支给口粮，于官兵应领米折银内，陆续扣还。”

雍正降旨，允许其请：

“向来官兵凡在内地行走者，例不给予口粮。朕思内地亦有远近之分，行走不无迟速之别，宜酌加恩泽，以奖勤劳。令建昌官兵，因进剿贼蛮，已经深入梁山，此土旧称险远，并非内地可比，而贼徒金格等，潜匿荒僻之区，尚未授首，现在官兵各处搜剿，奋勇效力，甚属可嘉。查前岁进剿南坪时，官兵俱经给予口粮，今进剿梁山官兵，着照南坪之例，一体支给口粮，以示朕抚恤兵丁之至意。”①

由于山高路险，番兵潜匿，岳钟琪又增调汉士兵2200名，但进展仍慢。岳钟琪于雍正四年十一月二十五日上折，奏称乌蒙系梁山后路，土舍禄鼎坤所管鲁者地方，尤为逼近梁山，已檄禄鼎坤量挑土兵，听候从征。又檄调永宁协官兵1000名，会同乌蒙土兵，直抵梁山。这样一来，与建昌、峨边，共三路进兵，“不独梁山之事，易于奏功，即乌蒙一带之边界情形，地方虚实，亦可踩探得实，以便将来乘机处置”。雍正阅后，在奏折上朱笔批示，予以嘉赞说：“所奏知道了。卿之运筹，朕实确信无疑，勉之。”②

经过官兵的奋勇征剿和大力招抚，终于擒获金格，平定了事变。雍正五年正月初八，川陕总督岳钟琪奏称：

“普雄，即梁山，东通乌蒙、镇雄，西接建昌，南连云贵，北达峨

①《清世宗实录》卷51，第1、2页。

②《雍正汇编》册8，第519、520页。

边、马边、叙马等营，在乌蒙、镇雄，恃为退步者，即此地也。其中番族甚多，而贼番金格等负隅抗拒，从前调遣汉土官兵进剿，金格等逃匿山箐，复遣建昌镇臣赵儒，化林协副将张成隆等会同前往，相机剿抚，前后俘酋甚众，所获牛羊马匹无算。彼处番苗数十余族，相率乞降，镇臣赵儒等，随加化诲，令将逆首金格等拿献，兹于十二月初三日，逆首金格、阿租已经擒献，并诱擒关寿，一并解省审究，臣请仰仗天威，乘此胜兵，将其余番族，一一招抚，庶可一劳永逸。”

雍正非常高兴，降旨嘉赞，谕令奖赏征剿官兵说：

“贼番金格等，依恃险僻，肆行不法，以劫夺为生，且煽惑普雄一带番苗，负隅抗拒，为地方百姓之害，其来久矣。当日岳升龙、年羹尧，亦曾奏请用兵征剿，皆未擒获渠魁，使凶苗革心革面。前岁因贼蛮阿底加巴等，抢夺不法，游击苏凯，差遣兵丁追捕，贼众闻风远扬，该弁将阿租之父姑姑，踢打身死，阿租遂与其叔合格，挟仇报怨，黉夜聚众，劫掳铁厂民人，又将营兵魏国臣，绑去砍死，以祭姑姑。似此凶恶性成，干犯法纪，断难宽贷，是以朕允地方督抚提镇之请，令建昌总兵赵儒、化林协副将张成隆等，率领汉土官兵前往，相机剿抚。岳钟琪悉心经理，调度有方，赵儒、张成隆勇敢当先，奉行得宜，在事官兵，当寒天冰雪之时，不避险阻，奋勇效力，直抵普雄地方。今据岳钟琪奏报，寨峒贼众，咸知畏威怀德，悉就剿抚，将贼首金格、阿租、关寿三人擒获投献，等语。渠魁既已伏辜，其余当再加详悉料理安插，则从此番地宁谧，居民安堵，甚羁可嘉。岳钟琪，着该部议叙，在事官员兵丁，俱着加恩议叙赏赉。”①

岳钟琪又于雍正五年十月奏请发给土兵口粮说：“剿抚建昌、冕山贼番事竣，苗疆底定。普雄、凉山地方辽阔，请暂留兵丁弹压，土兵口粮，并恳赏给。”雍正降旨予以称赞和允许说：

①《清世宗实录》卷52，第6、7页。

“冕山贼番，向来逞恶肆奸，敢行不法，久为民害，地方大吏，畏难因循，不肯办理。岳钟琪遵旨剿抚，调度有方，俾苗疆永远宁谧，甚属可嘉，岳钟琪着交部议叙，并将在事官兵，加恩议叙赏赉，其兵丁等借支银两，概加恩赏给，不必扣还。”[①]

岳钟琪经过紧张准备后，奏请将建昌地区实行改土归流。雍正六年二月初一，兵部议覆川陕总督岳钟琪条奏川省苗疆善后事宜说：

“建昌土司，唯河东，河西宜慰司，宁番安抚司，三处地方最广，而河东半近凉山，半近内地，请仍授安承爵之女安凤英为长官司，约束凉山一带，其附近内地者，俱改隶流官管辖。至河西宁番，逼近内地，悉改归流。其阿都宣抚司，阿史安抚司及纽结歪溪等土千百户，共五十六处，一并改流。近卫者归卫管辖，近营者归营管辖，并择番苗之老成殷实者，立为乡约保长，令其约束。一、建昌旧设通判，应行裁去，改置一府，设知府一员，经历一员，裁建昌卫，及左中前三所。礼州守御所，改置一县。其宁番监井二卫，俱行裁去，改置二县。各设知县一员，典史一员。会川卫，改并会理州，移会川营千总，带兵一百名，分防州属之会理，苦竹、者保、三寨。以上一州三县，俱隶新设之府管辖。一建昌为边疆重地，请于越嶲所属之柏香坪，添设守备、千总、把总各一员，驻兵三百名。冕山贴近乾县，添设游击一员，中军守备一员，千总二员，把总四员，驻兵五百名。移冕山营中军守备，驻宁番卫城，添兵二百五十名。宁越营原设守备，应改为都司，添设千总一员，兵一百五十名。盐井卫，添设游击一员，千总二员，把总一员，兵二百五十名，其原设守备，改为中军守备，带把总一员，兵一百名，移驻河西会川所属之披砂。添设游击一员，中军守备一员，千总二员，把总四员，兵五百名。再拨建昌镇标中军守备一员，带兵八十名，移驻建昌东之木托，拨建昌镇标右营游击一员，千总一员，带兵二百五十名，移驻建昌西北之热水，各与该地方之原设弁兵，协同防守。二、苗民顽蠢性

①《清世宗实录》卷62，第2页。

成，地方文武官员，如有勒索科派等弊，应计赃治罪。上司失察，亦一并究拟。三、各卫所汉苗杂处，田土交错，多有欺隐，至相讦告，地方官应于农隙之时，履亩亲勘，务俾各守己业，永杜争端。四、苗猓等类，每为汉人奴婢，应令地方官查明，概行发还，如果有身价，酌量追给赎回，违者治罪。五、汉番交界之处，每月立定场期三次，彼此公平交易，该管官选差兵役稽查，不许汉民用强短价，及兵役借端措勒，其或私入夷穴交易，别有勾结情弊，从重治罪。地方官失察者，一并议处。六、苗民既知向化，即与齐民无异，令该管流官一体编入保甲，互相稽查，禁止汉民，诱骗蛮人什物，倘被控告讯实，照例追赃治罪外，如有凶蛮，无故将汉民绑掳，以及被汉民诱骗，不告官司，肆行绑掳者，将恶蛮从重治罪。苗蛮散处边方，每有此处土司所辖，而居住彼处者，遇有事故，每多隐漏，应令该管官，编造户册，分清住址，倘有事犯，即于该地方追究。苗猓旧俗，多以利刀随身，口角细故，逞凶残杀，今既改土归流，应饬地方官，转饬该管头目人等，严行查禁，不许带刀出入，并不许私藏鸟枪违禁等物。苗民散处出箐，易于逃遁，如遇地方失事,汛官带兵巡捕，地方官差役严拿，并移会邻汛，协力穷追务获，如有徇庇疏纵，及牵累良苗者，将该管官弁，分别议处。均应如所请。从之。寻定建昌新设府曰，宁远；建昌新设县曰，西昌；宁番新设县曰，冕宁；监井新设县曰，盐源。”①

岳钟琪又进行将天全土司的改土归流工作，早在雍正五年正月二十九的奏折中，岳钟琪呈将改土归流时，就举了天全土司的例子，当时他说，“遵旨赴川料理凉山事务”后，便仔细调查，知道：

“雅州属之天全高、杨二土司，界连雅州、名山、芦山、荥经各县，及徐州守御所等处，周围环绕汉民，所以语言服食种种，与内地无异，而且民性淳良，通晓文义，土地肥沃，财赋充裕，似此地方，皆非土司所得，私踞之乡。又兼该土司高若璠、杨自唐此二人者，骄奢淫逸，残暴贪婪，罪恶多端，民怨若沸，实功令之所难容，而神人相为痛

①《清世宗实录》卷66，第1、2、3、4页。

恨。臣访闻既确，复密饬按察司程如丝、建南道刘应鼎等，查明款迹证佐，据实揭报前来。除一面会同抚臣马会伯恭疏题参请旨严加究审，一面行调高若播、杨自唐赴省候旨发审外。查二处土民，俱属素守法度，久愿归流，并非顽梗者可比，俟参案归结之后，改土归流，甚属便易，其安设州县，编查户口，起征钱粮，一切事宜，容臣逐一酌议，另折具奏。”①

此后，便和四川巡抚宪德商议改流的事情，拟出方案。雍正七年三月，宪德奏上改流章程，四月初七，吏部议覆宪德的“天全土司改设流官事宜”：

“天全土司改设流官事宜。天全地方，请改置一州，设知州一员，吏目一员，驻扎碉门，州同一员，分驻始阳。天全地方，既改为州，应隶府辖，请升雅州为府，设知府一员，经历一员，增置附郭一县，设知县一员，典史一员，以新设之一州一县，及名山、荥经、芦山等三县，并归府辖。雅州既改为府，请以州学为府学，改设教授一员，州训导改为府训导，其府州县三学，取进生童，并廪增出贡额数，统俟人文日盛，再议增置。”②

吏部奏称：“应如宪德所请，帝从其议。不久，定天全的州名为天全州，雅州升为府，名雅州府，府的附郭县名雅州县。”③

八、贵州改土归流

贵州省少数民族众多，世代居住在贵州的有苗族、布依族、土家族、侗族、彝族、仡佬族、水族、白族、瑶族、畲族、毛南族、仫佬族、羌族。今天的贵州，有中华民族大家庭56个民族的全部成员，其

①《雍正汇编》册8，第966页。

②《清世宗实录》卷80，第8、9页。

③《清世宗实录》卷80，第9页。

中，55个少数民族人口占全省总人口55.5%，有黔西南布依族、苗族自治州，黔东南苗族、侗族自治州，黔南布依族、苗族自治州。

在清朝，土司的地区超过汉民居住地区。

雍正帝大规模地改土归流，是于雍正四年(1726年)五月进剿贵州贵阳府广顺州仲苗的长寨开始的。

雍正四年五月初六起，鄂尔泰先后调兵5000，历时三月，剿平长寨仲苗。当年十月，鄂尔泰亲到苗区考察，出告示，口头宣谕，劝导，并制定安苗八条，竭力招抚苗人，收效显著。

雍正四年十一月十五，鄂尔泰上折，奏述招抚、设官、驻兵情形：

“窃臣于十月初四日由滇赴黔，于二十一日抵贵阳省城，恭祝万寿后，即亲往长寨，由定番州，经威远汛，抵谷隆关，沿关陡峻，几无行路，今虽凿开小径，尚须平治。及登关远望，各寨分明，顽苗盘踞其内，洵属险要，由谷隆而进，峰岭崚嶒，丛箐隐秘，人迹罕到。复由羊角屯，经岩底冗磉等十数寨，始抵长寨营，凡住五日，得以遍查各寨，相度形势，酌定规模。大抵仲苗凶顽，皆由恃险负固，得肆猖狂，凡烧杀劫掳之犯，即明知其人，无论十数名兵役不敢直入，而巢穴诡秘，亦难以抄捕。如者贡同笋羊角羊城焦山打壤等寨，实藏奸之所，此数百年来所以因循忍事，莫可如何，而地方难以宁谧也。现今诸恶虽擒，犹未尽获，群苗虽靖，犹未尽归，况兵器不收，则凶具尚在，生资无计，则恶焰难消。伏读上谕，于审讯之下，必继以穷究，安插之中，必继以抚恤，筹先善后，洞烛精详，图不独定广二州当下受福，仿行通省，实可以谋永远。臣凛体圣旨，宣布皇仁，业于长寨等处通行告谕，苗众欢欣，遵奉唯谨。三日之内，除前所收五十七寨外，复有数十小寨，焚香接踵，顶谢天恩。除前进剿之时所获大弩弓七十三张，箭筒十一个，箭三筒，刀二十七把，皮盔二十一顶，皮甲二十七身，标十二杆外，兹复督令将兵流土等官，各寨搜查，又得大弩亏四千二百一十七张，箭筒三千四百五十七个，药箭三万余矢，环刀五百六十一把，挑刀一百六十九把，杂刀八十四把，皮盔七十六顶，皮甲三十八身，棉甲一十四身，标四百六十二杆，交枪二门，其尚有收缴未尽者，务期搜清，永除凶具。至于田亩，前已经丈查，非臣过于苛求，实欲借以羁縻，应俟田户全归后，再定科则报部。其现在各寨，前经逃窜，有失耕种，所有今岁应纳额银一百四两零，臣已宣示，恭恳圣恩豁免，所有告谕八条，另缮呈御览。

“料理粗定，复由火连忙马洛孔等寨，以抵宗角，通查所造营房已十有八九，月内可以完竣，遂由广顺州回省，审理苗贩各案。抑臣更有请者，苗性愚蠢，不知官法，不闻教化，故得肆意恣行，今长寨既设有武职弹压巡防，仍当设一文员，宣谕开导。查贵阳一府有同知一员，通判一员。同知原有理苗之衔，定广实顽苗之薮，请即以贵阳同知移驻长寨，就近料理，庶兵民相安。再打壤一寨，接连竹林井口，大案凶犯多出其内，臣缘未经亲勘，故前议犹有疏忽，终不敢稍有回护，将就了事。查羊城坉虽险，与长寨相望，不过二里，且非出没要路，设兵三十名，尽足防守，原不须七十名，长寨既设有参将，留千总一员亦足供驱遣。”①

鄂尔泰又于雍正四年十二月二十一日，奏上安苗八条告示：

“奏为晓谕事。照得各寨仲苗，性本愚蠢，习复凶顽，向既烧掳良懦，近更抗阻官兵，虽尽行诛灭，实皆所自取，原毋庸姑息。但念既已输诚，即均属赤子，本部院亲勘诸营，遍历各寨，见田地多已抛荒，房屋多已烧毁，现回者无以谋生，未回者谅难糊口，睹此情状，又不胜怜悯，合再出示晓谕，为此示仰各寨苗民知悉，毋得惊怕，毋得迟疑，可速各归本户，料理田地，整葺房屋，与尔等父母妻子早图完聚，除嗣后再犯，及不遵条谕者，决不宽纵外，其无罪自回，及有罪自首者，一概减免各予生路。所有条谕，开列于后。一阻盖营房，除首恶阿捞、阿捣、川贩李奇等已经拿获外，尚有季成等未经到案，内有自行投首者，照依阿叱等量予宽典，其仍行藏匿者，必按名擒拿，其仍行抗拒者，必遣兵剿灭。至于此外附和，及被挟制之犯，概行减免。

“一、官兵进剿，苗众各皆逃散，既失耕种，又何能纳粮，所有今岁应纳钱粮，恳请圣恩，尽行豁免，如有官吏土弁仍敢私征者，定行参处。

“一、已经归寨苗民，本部院现在委员，逐寨确查，按户赏给盐米，以示抚恤，毋致失所。至明岁春时，有无力耕种者，仍谕地方官，酌散籽种，以待成熟。

“一、未经归寨苗民，俱限一月内速回本寨，所有田土仍旧受业，

①《雍正汇编》册8，第448、449、450页。

如迟一月外不回者，即将该苗名下田土，分赏兵丁，毋贻后悔。

“一、凡苗民田地，多恃豪强侵占，总以并无官府印信，遂致彼此相争。因而仇杀，合将汝等所有田地，各皆开明四至弓亩数目，凭亲族中保，各具契纸，送营官转呈本部院，颁发该州官，给以印信，俾各子孙永远承业。

“一、苗民各有祖宗，即各有姓氏，今汝等出名，尽系阿某，以至同名甚多，每遇事拖连，种种受累，地方官亦难以分别。现委员遍谕苗民，各照祖宗姓氏，贯以本名，造报户口清册，编立保甲，其不知本姓者，即代为立姓，俾各子孙皆依姓取名，庶无混乱。

“一、苗民逞凶，总由兵器，除已经收缴盔甲弩箭标枪环刀等件外，其未经查缴者，仰各官弁率领头人，逐寨搜查，速令自缴，仍行隐匿者，即系恶苗。如现已尽缴后，或私造者，定系贼苗，一经拿获或，被首告。应立即处死，传首示众。至于出外行路，止许带数寸佩刀，如有过一尺者，许汛兵乡保立刻拿报，以违令治罪，其该汛兵乡保隐庇不报，或官弁瞻徇，不行究冶者，定按例问拟，决不姑纵。

“一、安营设汛虽以制凶恶，原以谋生全该文武官弁等自应体恤爱养仰副皇仁，其有残踏田禾欺凌苗彝者本部院一有访闻定行严究。

“以上八条，永远遵行，定广各寨，将为乐土，由此类推，可及各郡。官吏各有职司，苗彝同有天性，其共殚思努力，勿负本部院一片苦心也。勉之，望之。特示。”①

雍正五年六月二十七日，鄂尔泰上折，奏述招抚生苗归附版图情形：

“奏为生苗向化请附版图事。窃查黔省各属边界，多有生苗，不纳粮赋，不受管辖，身不到城市，心不通王化，随其自便，无所不为，由来已久。臣自长寨之役，切商抚提诸臣，并严谕各员，凡边界之地，无论生苗熟苗，时刻留心，设法化诲，令其自然归诚，无须兵力，庶几边疆可靖，汉彝皆安。除长寨一带地方，大小各寨当经安插外，查得此处北连广顺，东接定番，均在腹里，其西南各路，供赋载册之民，止于古羊六枝离长寨营盘，仅七十里。此外深岩密箐，帛亘百有余里，东南各

①《雍正汇编》册8，第700、701页。

路亦绵亘百有余里，尽属生苗盘踞。今长寨初辟，安设大营，不特附近群彝安恬无事，并化外生苗目，睹长寨苗户，给米给盐，领牛领种，安家乐业，并无纷扰，莫不各思投诚，愿附内地。兹准提臣杨天纵据中军参将刘成谟禀称，长寨后路克猛等处十四寨，及广顺定番镇宁三州边界宗地巧马等八十七寨，通共一百零一寨，均系生苗，内有羊肠苗头班国卿等手下土兵约有八九百人，火烘苗头韦士雄韦士林等约有土兵三四百人，红腊播东坡架等处头人王世贵王廷臣等约有土兵二千余人，素皆不服钤束，今各情愿投到辕门，领给赏赐，分头化诲。生苗随据班国卿等将生苗土官土舍头人薛琳于起田国臣常令薛献等二十六名所有一百零一寨，共九百零九户四千三百三十六口，尽皆化诲，咸愿归诚，各具房口清册。又据生苗土舍薛鸿于超韦朝甫阿奈等，化出生苗四十七寨，共三百零五户，其四十七寨头人亦皆来投见，现在造具户口册籍，尚未送到。提臣杨天纵随各赏给银牌花红等物，遍行安抚。又据长寨营参将官禄禀称，有马头山坝忘箐松把磨茹拉赖翁来把云白岩冗降遍记等三十六寨头人班国顺班国用老卜磨老卜令老卜物老卜沠阿腊阿鸟阿细阿并等，各皆闻风向化，共三百八十九户，情愿自认每年上纳贡赋银两，各具认状，刻木为凭。五月二十九日有广顺州生员卢永昌兵头李茂育李有功韩国珍等，率领各头人并各寨户口，及认粮数目册到长寨营投诚。该参将官禄随赏给红花等物，各情由到臣。臣查生苗来归，应示羁縻，以计长久，科粮务须从轻，户口定应清造，彝民半无姓氏，名多雷同，日后难以稽查，现在恐有重复，复经扎致提臣并饬知刘成谟官禄等，再加查明，更定姓名，编立保甲，汇造清册，以凭具报部。伏念幅员万里，已暨海隅日出，区区彝土彝粮，何增毫末，而生苗原无统辖，任其扰害边疆，即欲行稽查，实无从踪迹，并欲施抚恤，亦无由招安，今仰赖圣主声教所播，讫于遐荒，即此化外野彝，莫不喁喁内向，所称唯德动无，无远弗届，臣于今日见之矣。谨此缮折奏闻。”[①]

雍正帝阅折后十分高兴，朱笔批示，嘉赞鄂尔泰说：“实可欣庆之事。从此，边氓得以安矣。此皆卿忠诚为国之感，应得嘉悦之事。”[②]

①《雍正汇编》册10，第79、80页。

②《雍正汇编》册10，第81页。

雍正五年十二月十三日，鄂尔泰又上折，奏述古州各寨苗民愿附版图情形：

“奏为报明古州各彝愿附版图事。窃查黔粤之交，有八万古州，里外一带生苗，地方千有余里，虽居边界之外，实介两省之中，黔之黎平都匀镇远永从诸郡县，粤之柳州怀远罗城荔波诸郡县，四面环绕，而以此种生苗伏处其内，分两省而观，各在疆外，合两省而观，适居中央，任其劫掠四境，一无管辖，故两省潜受其害，而皆莫可如何。前督臣高其倬、署抚臣石礼哈等曾见及此，亦皆欲设法收入，然意在设镇添兵，以图剿灭，不独地广人稠，难以慑服，且其人心最齐，风俗近古，诚恐劳师费饷，徒需时日，终不能成事。臣每访其情形，悉其大略，时与属员相商，须鼓以风声，不在胁以威力，今仰赖圣化普被，自长寨设营后，安插抚绥，远迩归心，加以泗城改流，并无事诛戮，以致延及安顺各寨生苗编户输粮者，已四百余寨。而谬冲之役，又复旁及边彝，凡有知识，皆思内向，此实有可乘之机务，当及时筹划，太急固不得，少缓亦无济者也。前据黎平府知府张广泗等，于谬冲事竣即前往清水江乌孟江等处地方，相机剿抚，九月十六日经臣具有谬冲既靖一折，复于本月二十九日具题，各皆声明在案。续该员等同抵江上，其两江之空鹅噶宗便扛等寨，素行不法，惯匿奸顽者，皆知畏惧，有凶犯石祥汝久经逃入者，该寨亦皆献出，凡前掳陷人口，亦各皆追还。该员等随复借势亲往八万古州之地，巡查踏勘，据称府西之曹滴天甫六洞等处，去府口远，从不见官，性好仇杀，且与彼处紧。接遂借巡查曹滴等处，即传知各寨苗民，齐进八万里古州地方，该处苗人亦远来叩接，随于所在地方，设立款场，宣示皇仁，凡八万里古州外苗民，同时观听，逐一犒赏，申明条约，使彼凛遵，不独毫无抗违，且皆扶老携幼，莫不鼓舞欢欣。一切地势情形，该员等逐细巡察，详禀前来。臣看得八万里古州即元时所置古州八万洞军民长官司地也，在黎平之西南隅，自府城一百三十余，里抵古州土司所辖寨麻地方，又自寨麻五十里，过八匡冲，即入八万里古州之地。其间形势宽厂，田土膏腴，南自车寨，北抵乐乡，约长三十余里，而横口之处，或十余里，或六七里，总计周围约有八十余里。除零星各寨不计外，其大寨则有车寨藏弩寨头月寨口寨乐乡寨等处，每寨或千余户，或数百户。其小寨则有寨王麦寨高达定达寨睹寨晚等处，每寨亦有百余户，或数十户，总计约有四五千户，男妇大小约有二万余丁。

地势平衍，户口稠密，风俗颇称淳朴，去府治虽远，而于府属古州等土司犹有羁縻之意。界内有古州江，其高厂处为诸葛营，相传诸葛亮曾驻兵于此。四望宽平，后倚大山，周围土垣尚存基址，而古州江临其前，又有都江潆其右，溶江远其左，二水回抱，汇合南流，直达广西怀远县界。江内现有小舡，装载盐货，就近贸易，因多系生苗阻隔，不能行远。其土垣基址之内，可居住数百户，基址两边之外，地势亦皆平正，可居住数千户。若设立郡县，商贾往来，人民辐辏，较胜黔省内地，此里古州之大概也。由此东去一百八十余里，为黎平郡西之境，而有八匡冲等处生苗间之。西去一百七十余里，为都匀府属烂土司之境，而有汉粽千家等处生苗间之。南去二百一十余里，为广西罗城县属景里之境，而有苗谷滚里等处生苗间之。北去二百八十余里，为黎平郡属清水江之境，而有山口乌矮等处生苗间之。东南七十余里，为永从县郎巨洞之地，而有苏洞廷洞等处生苗间之。西南一百四十余里，为广西荔波县水西之境，而有都江八飞厂等处生苗间之。东北五十余里为黎平属曹滴土司之境，而有高丽洞寅赖洞等处生苗间之。西北二百一十余里，为镇远府凯里司之境。而有丹江勒往等处生苗间之。四境所至，八方所到，均属内地，其中约有一千二三百里，其寨约有数千，其户口约有十数万，可设两三州县，并可建一府，以统率之，此里古州以外四至之大概也。前人皆未经历其地，统以八万古州名之，不免含混。今巡查所至，八万里古州既皆倾心内附，而附近八万里古州等处亦皆喁喁向风，自当由内及外，由近及远，只需带黎协兵丁数百名，并府属健役乡勇，文武会同前往，多方劝谕，先将八万里古州之外通达都匀一带生苗设法布置，俾尽输诚。次将通达广西一带生苗，亦如法招抚，俾各宁贴。俟两处既定，然后合之八万里古州，开晓法纪，俾令输粮编甲，再直抵清水江，会调镇远协官兵，明张声势，却秋毫无犯，恺切化导，以招抚九股生苗，总计不过一年，料俱可以就理。此时方可审其要隘，度其形势设立郡县，联络黔粤，俾道路相通，略无阻碍，而统设一镇，分布营汛，以资弹压，庶使生熟群苗，皆就约束，无复化外之民。据臣愚见，侍郎臣申大成现今改镇添兵之议暂可不必行，谨当具疏题覆，合先声明。至黎平府知府张广泗，实属干员，尽心效职，荷蒙圣恩，着署理贵州按察司印务，并奉上谕，‘黎平府知府员缺，著鄂尔泰酌量题补，倘黎平府新苗初定，尚须张广泗在彼料理，则贵州按察司印务交与鄂尔泰另行委署。钦此。’臣查黎属苗彝，现在只需抚绥，毋庸剿捕，思州府知府张钺明白勤慎，佟堪料理。且张广泗即署理按察司印务，诸事仍可调度，更易施设，臣自当详悉扎嘱，不时指示，批于明春办理各。案毕，借盘司库之名亲赴黔省，面商一切。缘祖秉圭赫胜额皆系新任地方，事宜有非文书所能尽详者，应否可行，合先请旨。”①

“雍正帝在奏折上朱笔批示，‘览’。‘实系干员可嘉’。”②

雍正五年十二月十三日，鄂尔泰又上折，奏述生苗继续尽入版图情形：

“奏为续报向化生苗尽入版图事。窃臣于雍正五年九月二十九日，业将招抚生苗情由会疏具题在案。其时安顺定广各路生苗归附者已二百余寨，缘册内彝民半无姓氏，名多雷同，虽称愿纳粮赋，尚未报明确数，难以划为成规。随经移咨抚提两臣，及行文武各员，令其定正姓名，酌为额赋，以凭汇造清册，核实报部。去后，续据参将刘成谟，复差有外委胡荣率领头人薛琳等划出戎长冗壤等十六寨共八十二户，又差把总胡元臣外委胡荣率领头人班国卿等划出大稿等九十一寨共四百九十五户，又差把总王宣外委李元龙率领土舍土人薛琮等划出上摆召等三十八寨共一百六十八户，又差把总陈文英率领土舍薛鹤等划出抵蓬等九寨共二十七户，又差把总胡元臣外委卢炳率领头人韦朝甫等划出大染等一十四寨共五十一户，又差把总陈文英率领土舍王世芳等划出上雨霾等二十一寨共七十七户，又差把总杨世雄率领土目王廷臣等划出胆弄等十寨共二十七户，班可用等划出打贯等五寨共八户。又据被劾安顺府知府何经文提标前营游击卜万年因会勘边界，又划出大箐等十寨共四十三户，俱随经逐次带领各寨头人，就近投见，提臣杨天纵面加奖谕，令其剃头改装，赏给衣帽花红银牌酒食等物，复赴贵阳投见，抚臣何世璂亦各赏给花红银牌等物，以上所划生苗又共二百一十九寨，合前次题报各寨，通共合计四百二十四寨，二千八百三十一户，男女一万二千九百零三名口，俱各具认状，共纳粮银一百一十六两二钱七分、粮米四十一石二

①《雍正汇编》册11，第242、243、244页。

②《雍正汇编》册11，第244页。

斗，造有户口钱粮清册到臣。臣看得安顺镇宁定番广顺等府州，边界接连，粤西一带地方生苗盘踞最为难驯，今仰赖圣主声教远被，莫不输诚恐后，皆愿内附，计地则有四百余寨之多，计人则有一万二千九百名口之众，该苗等生长遐荒，忽履中土，见城郭营署之壮丽，衣冠人物之整齐，其惧忻鼓舞之状经见传闻者，皆知共庆太平，咏歌圣世。

“臣已缴令文武各员，附载版图，编入保甲，各加奖赏安插讫。至于划外苗彝，既经内附则，汉民往来，势难禁止，诚恐奸徒拨弄，匪类潜聚，又不可不虑。因复商之提臣，就各寨适中之地，移驻千总一员，量拨兵丁，分设防汛，巡缉稽查，以杜贩掠唆使等弊，庶可以清汉奸之源，绝苗彝之衅，而制之未然，不禁自止，则从此编氓或得以安枕矣。除另疏会题并各寨户口钱粮清册送部查核外，为此缮折。”①

“雍正帝在折上朱笔批示，嘉赞鄂尔泰说：‘妥协之极。览此而有不喜悦之理乎！’”②

雍正六年七月二十一日，鄂尔泰又上密折，详细奏述剿抚黎平府八寨生苗情形：

“奏为报明委员招抚生苗情形事。窃照黔省苗猓杂处，半多凶顽，幸逢圣世，德威远被，中外归心，安顺贵阳所属生苗陆续向化，唯黎平之八万镇远之九股，以及都匀凯里等处生苗，盘踞于黔楚粤三省接壤之间，阻隔道路，不通声息，以致烧杀劫掳，肆行无忌，地方官从不敢过问，若不乘长寨、泗城、谬冲等处苗彝慑服之后，即行招抚清理，终为边境之害。但各种生苗，掺杂于数郡之中，延袤千有余里，其间亦有良顽，各分强弱，若不先择其最顽最强者首加擒治，就其素良素弱者明示抚恤，则不足以慑其胆，而服其心，恐即逐节为之，亦难得要领而坐失机宜。贵州按察使张广泗素有才略，兼能武事，是以臣一面具折奏明，一面传调张广泗至滇省，详细指示，令其带兵前往招抚，先由都匀凯里，次及镇远之九股等彝，然后至黎属之八万古州收局竣事，并行附近各协营拨发官兵，悉听张广泗调度。臣复发给犒赏等物，并于黔藩司库拨捐项公费银一千两，着带往备用去后。今据张广泗先后具报，于五月

①《雍正汇编》册11，第245、246页。

②《雍正汇编》册11，第246页。

十六日自省起程，先抵都匀府，酌商机要，体察情形，有八寨者，乃生苗门户，欲事开通，应于此处设画为始，移知各协营，整备官兵，预为振扬。六月初九日同都匀营参将赵文英等带领抚标官兵，暨都匀汉土官兵前进八寨隘口扎营。查八寨周围约计一百四五十里，共大小一百一十余寨，地势辽阔，户口亦繁，兼以生苗错杂，而处为都黎通达要区，苗彝出入总隘，向系天坝土司所辖，曾将该管土官杀害两代，并未明正其罪，唯改归府辖。自改归府辖后，转益犷悍，莫可控制，是以酌议，应自此先为布置。随明白给示，差通事赍往晓谕，该苗等初犹观望，复谆切开导，即有代理代省等十余寨俱赴行营叩见，矢愿归诚。又有生苗九门长塘等三十余寨，亦来恳请招安，认纳粮赋。当同文武赏赍，令各安业。唯代理等寨相隔一山之杨牌、杨尧二寨，在八寨之中，恃寨分稍大，十二日纠众持械前来，欲行阻抗，当令抚标守备张瑢带汉土官兵驰往堵擒，广泗复同参将赵文英带兵亲去督率，连毙十余人，苗众即奔窜。及至次日，遂有牌牙坝固等寨前来投见，并称彼等为杨牌、杨尧挟制附和，今已知威悔过，其余大肚小肚乜告等数十余寨，于十四五六等日俱相率归诚。又有都匀营所调之独山汛官兵，于十三日自普坉前进八寨会合，有交归羊甲等寨先为杨牌纠约，及该员弁领兵前来，彼等尚不知杨牌寨已经溃散，犹敢堵截隘口，肆行阻抗，亦被该员弁督率汉土目兵攻杀顽苗八人，割其首级，连破交归羊甲等六寨，随有附近交归之甲些等十余寨前来就抚，均照前赏赉，仍听遂一编查户口，定议钱粮，造册详报。至于杨牌等寨，恃强违抗，迎敌官兵，犹敢阻挠相连各寨并邻接生苗，不许就抚，所当严加惩创。但倡谋纠集者杨牌，则系头人阿舍阿乜阿米等，杨尧则系头人方金抱牙等，不独此外各寨多系畏势胁从，即其本寨亦被压制附和，今该二寨巢穴已空，复移八寨适中之斗魁扎营，有杨牌杨尧之人恳求招抚，随谕将倡谋首凶犯献出，余人方准宽宥，俟其回复，酌量安置。又八寨之旁，有无管生苗各寨，俱已倾心归抚，独有番仰番扛大小十一寨，既系生苗，尤恃险固，平日烧杀劫掳，无恶不为，兹官兵经临，自知孽不可逭，将家口衣食先行藏匿，惟余丁壮看守巢穴，遣人招谕至再，彼等藐玩不从，愈肆骄悍。随令都匀营所调麻哈汛官兵，密饬麻哈州麻哈汛千总带领，于十八日攻番仰一路，又令守备张瑢带抚标官兵攻番扛一路，广泗同参将赵文英带兵前诣适中要隘，督率声援。而该苗等逞凶拒敌，官兵奋力扑攻，或杀或擒，毁其巢穴，其余党类不能抵御，俱各逃逸，遂行踩探，该寨之人亦有悔罪求生者。查番仰番扛等寨所居，外面形势之险，甚于长寨之谷隆打壤，而其内地又稍宽展，故敢盘踞肆行，毫无顾忌，今经官兵惩创，附近生熟苗寨莫不欢欣，此等余孽似难宽贷，而贻养痈，容俟从长酌议，于此处或安设防汛，或召集汉民，庶得填实，以为长便。所有八寨等处投诚苗民，共大小一百一十余寨，计一千八百余户，又就抚生苗共大小四十五寨，计一千二百余户，周围地界约计二百六七十里，局面已定。六月二十一日准凯里营都司罗资衮等移称，自凯起程至乌留坡顶驻扎，查乌留乃无管野苗，系丹江桃绕高坡鸡讲上下九股一带地方门户，应于此处先行化诲。十七日前至乌留，该寨凶苗约有一百余户，不遵化诲纠合丹江等处凶苗千余人，披戴盔甲抛刀，呐喊前来对敌，本职等当遣官兵分路迎敌，三路夹攻，凶苗大败，直抵该寨收兵，驻扎对门山上，相机招抚。而凶苗复集彝众，环绕营盘，施放枪炮，十八日天明，有丹江凶苗统率千余人，各执枪炮，蜂拥前来，当即分遣千把队目带领兵丁，本职等亲身督率，四面迎敌，伤死数苗，群苗奔溃。是日申时分凶苗复又纠集千众，鸣锣呐喊而来，又经伤死数名。十九日仍来迎敌，本职等率兵，分为三路追杀，自已至酉，伤死凶苗六名，带伤而逃者不计其数。现在募差苗头前往各寨化诲，各等情到臣。臣查苗猓情状，虽初似凶猛，然大率乌合之众，志气不一，始锐中懈，攻击甚易，我军对垒时，起初不可轻敌，到交敌时则断不可轻纵，务用全力，以搏小丑，但杀伤贼数人，则数千人皆无斗志，然后乘机速进，剿抚并行，丧其胆，招其心，此破竹之势，无不应手。若见其横肆，少存畏疑，因其涣散，又复怠缓，则断无有克济者。随义详细批行各员遵照去讫。料此时张广泗等已前进镇远，八月中即可抵古州料理矣。所有委员招抚生苗情形，合先奏报。再安顺一带直抵粤境生苗，除前已化出五百三十九寨，节次造册具题外，近又据副将刘成谟等陆续化出生苗一百余寨，现在清查户口，俟造册至日题报。合并奏闻。”①

雍正帝阅折后，非常高兴，在折上朱笔批示嘉赞：

“欣悦览之。此实卿忠诚，感召神明，筹划得宜之所致。观此张广泗，非等闲人物也，朕嘉悦之至。但此事，朕见张广泗初进苗地，其敢

①《雍正汇编》册13，第17、18、19、20页。

奉之景，似只用抚，而不须威力者。今既用兵威抚取，则善后事宜更当谨慎为之。凡新定地方，利之一字，万不可与较，钱粮二字，万不可惜，勿因小而误大。切谕切谕。”①

雍正六年八月初六，鄂尔泰奏上折，奏述安排八寨生苗情形：

“奏为八寨生苗招抚完竣事宜仰祈睿鉴事。窃臣委令贵州按察使张广泗带领官兵前往古州等处招抚生苗，该司以八寨乃生苗门户，先应开通，各苗闻风向化。唯杨牌等寨顽梗拒敌官兵，该司等率兵擒剿，首凶逃窜各情形，经臣具折奏报在案。兹据张广泗呈称，八寨生苗，倚恃苗寨众多，不遵约束，由来已久，今既开通，以及附近新归生苗，周围地界三百余里，共大小一百九十四寨，计四千六百余户，是当议设营汛，以为善后防维。其次则使认纳钱粮，俾知任土作贡之义。惟是此等苗寨，归附之初，不能家喻户晓，必须齐集，细为开导，庶彼等同时观感，知所遵守。查都匀地方，向有合榔之举，随先期传示，预备赏需，于六月二十九日在通达宽展之龙场一处，举行合榔，齐集各寨苗头，并老少人等，公同在事文武各官，敬宣皇上如天之仁，晓以法纪，示以利害，指以设营之处，并使其认纳粮赋，虽系蠢尔顽苗，闻听之下，俱各欢欣凛戴，毫无疑畏。当据议定银米数目，割具木刻，复详加询问，逐一奖赏，暨将认定钱粮，填注告示给领。共计所认条银四百六十七两二钱零、秋米二百二十八石零，照依定则，于禾米收熟时，即行上纳。其应设营之地，踩勘得八寨适中一处，在杨牌、杨尧等寨之间，地势高厂平整，四顾宽裕，兼可俯视诸山，以之设营，实为总制相宜，更资都匀臂指。至杨牌、杨尧二寨，于官兵初到，敢行抗顽，但经本司查明，倡谋纠众者，每寨只二三头人所为，其余各寨，以及本寨之人，均系挟制附和，续据求抚。随谕务将倡谋之犯献出军前，余人方准宥免，今该犯等畏罪潜逃，踩查尚无踪迹，而二寨余人已知畏威悔惧，哀恳招抚。除倡谋之方金阿舍等犯，仍令跟拿，务获解究，难以原恕外，此等余人既属无辜，咸来归附，皆为赤子，不便因罪犯无获，致使流离，应准其招抚认粮，予以复业。又番仰番扛等寨，住居险峻，素日贻害苗民，今经

①《雍正汇编》册13，第17、18、19、20页。

惩创，则应设立防汛，或招汉人填实其中，毋使再为盘踞，但据前来行营，悔罪求抚，认纳钱粮，并呈缴枪炮甲械，甚为迫切。查该寨等肆恶已久，法难姑贷，然其从前过犯，实缘向居化外，未通声教所致，且已知所儆惕，应概予准抚，庶恩威并济，仍于其地设立子汛，以资弹压，以渐收其革面革心之效。除善后一切图维，及应设营汛官兵数目，作何分辖治理，以资教养约束等事宜，统俟清理各郡苗疆告竣之日，公同各处文武，总核情形，从长妥拟，另行详请举行。所有八寨等处并生苗归诚各寨，编过户口，认定钱粮细数，现在造册移送布政司粮驿道备查外，合将开通招抚八寨等处生苗事竣缘由，先行申报等情到臣。该臣查得八寨生苗既知儆惕，得予生全，自应渐革悍顽，不敢复逞故习，以此恩威并用，再加善后防维，不独八寨等处可成乐土，而几接壤苗彝，闻风观感，自必接踵输诚。查都匀之八寨为生苗之门户，凯里之丹江为生苗之关隘，镇远之九股为生苗之窟薮，而黎平之八万古州为诸苗隔截，遂居然外域。今八寨地方既经开通招抚，即应进次丹江，乘机化诲，丹江一定，则随至九股，剿抚并行，然后再进古州，布置妥备，通盘合计，定议添设文武，安立营汛，庶此一举可以垂示久远。除行张广泗遵旨从容办理，俟大局既定，即赴巡抚新任，并详细叙扎，切嘱慎重外，所有八寨开通招抚完竣事宜，合先奏闻。再臣前折，荷蒙朱批：‘委赵弘本赴黔，是当之极，张广泗朕已擢用贵州巡抚，此奏到，有旨命沈廷正仍在黔署理，容张广泗从容办理，成此美事，似此破格任事之人，如此破格擢用，如阿克敦、常赉忍心欺隐之人，亦即弃而不用，方可以革因循欺隐之习，不然误国计民生莫甚于此二弊者。钦此。’窃念张广泗以一知府，不二年间，叨荷殊殊恩，破格擢用巡抚，感激奋勉，自属天性中事。况圣主之用人行政，如日在天中，无人不见尽力者以小臣骤至封疆。昧心者以大吏立置废弃，百尔臣工，即不明是非，亦应知利害，而因循欺隐之习，犹未能尽革者，臣殊不解其何心也。张广泗具有肝胆，人亦聪明，断不敢自蹈二弊，但由本省知府，升任本省巡抚，文武属员皆旧系同官，或恐避得新忘旧之物议，碍难破面，过于谦和，则亦非苗疆政治所宜。臣料化苗之役，大约九月内，可以完竣，俟沈廷正到滇任事后，臣即赴黔省会，同张广泗商办一切善后事宜，并谆切规劝，俾先破除俗见，然后得以施设，此又不得不过虑者也。合并奏奏明，伏乞圣主睿鉴施行。臣鄂尔泰谨奏。”①

“朱批：‘甚是。’”

雍正六年九月初三，鄂尔泰上折，奏述用兵、招抚丹江生苗情形：

“奏为丹江生苗不服化诲添拨官兵剿抚事。案照贵州升任按察使张广泗前往都匀八寨等处，招抚生苗，悉行归诚，编过户口，认定钱粮，造册申报，通达丹江各寨生苗，应再设法开抚，业经具折奏闻。续于八月十一日，又据张广泗验报，七月二十四日带领官兵前进，及抵枯桐隘口，顽苗施放枪炮，敢于堵截，随发兵攻打，杀死顽苗十余人，唯抚标步兵冯国臣左膀微伤。至二十五日，正拟遣差通事人等复为化谕，乃顽苗等敢于纠众分两路前来迎敌，随分遣官兵，追杀退散。二十六日，顽苗又分四路前来，复遣官兵抵御追杀，顽苗仍披靡败窜，共计连次杀死顽苗数十余人。但此内山势崎险，顽苗等多有在于隘旁箐边躲伏，官兵奋勇直前，防备不及，致被枪伤，抚标步兵吴荣先、都匀营步兵杜文祥各毙命。又抚标步兵张以成、田仁升，都匀营步兵范世伟、高世胄各带微伤。其凯里一路官兵，亦于二十四日拔营前进，所经之乌稍寨已就归抚，其余皆为大寨势压，观望不前，追至囊孟隘口，有顽苗阻拒，当被该都司罗资衮暨平越守备马允升等督率弁兵，夺隘而入，杀退顽苗，在囊孟扎营。二十五日，顽苗分路迎敌，复经该都司等带兵抵御，杀死顽苗九人，带伤者不计其数，而平越营马兵周正定、广协步兵许拔俸俱受伤身死，凯里、贵阳二营各有受伤兵一名。二十七日该都司等自囊孟进攻乌叠，顽苗拒敌，官兵人等用命向前，杀死顽苗五人，带伤者无数，当即奔溃。贵阳营步兵受伤身死者计四名，随来乌叠，与本司行营会合，本司于彼等未至之先，遥见旗号，即遣抚标守备张瑢率兵前去接应夹攻，击退顽苗并杀十余人，抚标步兵亦伤死三名。本应从此逐寨严行惩创，但查丹江共计百十余寨，地势深险，丁壮约有数千，相离凯里仅三十余里，逼处都匀镇远等郡腹里地方，积久相沿，从无过问，因而窝藏川贩，肆害苗民，且多有枪炮甲械之类，其性凶悍，而尤狡猾，今敢

①《雍正汇编》册13，第136、137、138页。

固结抗敌伤兵兼之屡经杀败，毫无畏惧。若再前去，势必日事争锋，终无以攻其腹心，制其首尾，是属无益，所当暂缓前进，亟请大兵前来，相机布置等情到臣。臣查凯里之丹江，镇远之九股一带，生苗凶恶，强悍尤甚、于群苗，今敢恃险抗拒，更肆勾连，若不用全力剿除，既无以畏服投诚各寨，而九股生苗亦断难以就抚。除扎覆张广泗，嘱令相机慎动，宁迟毋错。随咨会抚提二臣，派拨官兵。去后，八月十五日，准提臣杨天纵咨，已飞调大定、西黔平达三协兵各一百名，新添营兵五十名，令千把各一员带领，又派提标兵四百名，令千把四员带领，派定广协兵一百五十名，千把一员，俱令副将苏大有统领，前往八寨行营，听张广泗调遣剿抚。八月二十七日，准抚臣沈廷正咨，已行本标中军游击高岱派拨左营守备徐希达、右营把总杨汉飞将本标左右两营精健兵丁三百名，星夜带领，前往丹江等处，听候调遣等因。则是前后檄调，共合官兵四千三百余名，足供遣用。倘丹江恶类预行纠约九股各寨，或并勾结楚界生苗，臣即当咨会楚省督提，饬调附近营汛，沿边控制，料此一举，虽复少迟时日，似终不难就绪也。除俟报到作何剿抚情形另行奏报外，所有丹江顽苗不服化诲，逞凶抗拒，添拨官兵前往，相机布置情由，合再奏闻。”①

雍正六年十月二十日，鄂尔泰上折，奏报贵州按察使张广泗于九月二十九日、三十日、十月初五日、初六日、领兵征剿丹江各寨“顽苗”情形：

“臣正在封折间，据张广泗申报，于九月二十九、三十两日，先将附近之甲些乌归等十余寨严行究讨，并将顽苗杀伤擒获，因连值雨雾，不能火攻。至十月初五日，天气稍霁，并探知丹江及各处顽苗前来帮助，共聚众二千余人，欲行攻营，随令各于营盘附近伏兵三重，以待，顽苗等果于巳午时分，跳跃而来，忽遇伏兵，惊慌无措，当被官兵奋勇擒杀，随势跟追，遂破其首恶之乜告等大小八寨。复于次日，乘其惊魂未定，大发官兵，将首恶之杨牌杨尧杨乌暨附和违抗之也条杨列等共二十余寨，尽行捣除。又于初七日饬将逞凶之者良等寨亦行攻剿，八寨顽苗并丹江等处前来帮助者，皆胆裂奔窜。通计前后活擒凶苗十人，斩获

①《雍正汇编》册13，第347、348、349页。

首级六十三颗，其为枪炮伤毙者无算。我军唯土兵一名受伤身故，又汉土兵五名略受轻伤。所有顽苗党类俱畏惧远藏。本司一面出示晓谕，除首恶大寨断不宽宥外，其余被胁附从寨，既已知威，仍准就抚，随有甲些乌归坝构杨亭番仰等寨，俱匍赴行营，悔罪求生，情愿引拿凶苗。又近日接据镇远黎平等府协禀报，清水江九股并占州以外生苗各寨就抚者甚多，唯将丹江并力整顿停妥，余皆易于措手矣等情前来。合并奏闻。”①

雍正帝对取乌蒙、镇雄、泗城持异议的官员痛加斥责，将祖禀圭、何士瑾、丁士杰、韩良辅分别给以罢官、停升，高度赞扬鄂尔泰忠君、英勇、改流有功，极大地激励了鄂尔泰，鄂尔泰更加放开手脚，大力征剿夷人，以威相胁，以剿当先，以兵压服，加快了改土归流步伐。

雍正六年十二月初八，鄂尔泰上折，奏述剿抚清江一带“顽苗”情形：

“奏为报明克取丹江情形事。窃照贵州升任按察使张广泗带领官兵招抚黔属生苗，八寨九股等处俱经就抚，唯丹江一带顽苗，复勾结八寨向化之苗，抗拒官兵，张广泗先攻破八寨，反复之也告等寨再议开通丹江，以及湖南先发之兵，止须驻扎镇远遥为声势。差牧克登、春山已至军前，查勘情形各缘由，经臣奏明在案。续据张广泗呈称，本司带各路官兵齐集，本应即进丹江，但念愚顽不悟，或系化导未周，是以敬体皇上如天好生之仁，复多遣通事，前去宣谕利害，彼等全无悔心，且将愿投抚之乌留寨男妇掳去，断难宽容。查丹江一处，居中则为大丹江，其左则为小丹江，其右则为鸡讲，而乌耶地方，乃扼要之所。本司亲率安笼镇标游击田昌友、贵阳营游击史应贵等，带领官兵，于十一月十一日前进乌耶驻扎。又有抱得一处，为丹江要径，派令镇远协副将张禹谟等，带领官兵，于十二日从乌留取抱得山，至大丹江会合。并驰知左路驻扎之定广协副将苏大有等，带领官兵，亦于十二日从枯桶进攻小丹江，俾凶苗四下受敌，不能准备等情。又据副将苏大有禀称，卑职自八寨起营，至乌高，十二日分兵两路，左路由蜂塘寨直抵枯桶前面，右路抄枯桶后尾，其枯桶各寨顽苗俱已逃遁。十三日拨土兵于要路安设三卡以待，果有顽苗来寨搬取米粮，坐卡土兵放弩，打伤顽苗四名。十四日率官兵将运粮路径焚搜，有苗四五百于山梁上放枪呐喊，兵丁放枪对敌

①《雍正汇编》册13，第705、706页。

大炮打死数名，顽苗即拉扯背负逃去。随密差前往探听，险要处俱筑土城，盖有草棚拒守。十五日过枯桶，至石板寨，山后顽苗拒阻，官兵枪炮攻打，苗贼溃败，众兵正在疏路下营，有顽苗千余蜂拥前来，分兵对敌，追至坡下埋伏，带兵佯败，顽苗尾后追赶，伏兵即起，枪伤苗贼十余名，苗复溃败。等情。又据副将张禹谟呈报，奉令带领官兵进取乌留抱得，直抵大丹江，遵于十一月十二日驻开怀寨对山。十三日令守备梅先春等，各带兵分左右路，密进乌留，夹攻其寨。卑职率将备由中路继进攻取，卯刻俱抵乌留寨。贼苗预将眷口搬移，官兵临寨，贼苗占寨后山梁对敌，官兵奋勇直上，将贼穴烧毁，贼苗退奔，乘势即攻抱得，苗复拒敌，枪炮打伤数贼，将抱得烧毁三寨。十四日发兵搜山。十五日官兵至抱得，查乌留抱得之苗俱窜囊猛囊尧二寨，如发兵遽取抱得，对山险峻，贼苗阻守高岭，后即大丹江囊荡谷祼贼巢，恐其袭我之后。是以令凯里苗兵先前往抱得附近招抚，然后攻取囊猛囊尧后，取高岭进大丹江，等情。又据游击田昌友报称，遵于十一月初十日自凯里带兵，十一日驻扎排洛，张抚院于十二日亦抵排洛，遥见对山苗贼，日则舞刀呐喊，夜则明火守路，蒙谕同游击史应贵于十三日带兵，分夺左右山梁。卑职带官兵，奋勇直上，已夺右首山梁，即系丹江总口，令把总张明定扎此。复又分兵抢夺前面山梁，值史应贵亦到会合，即驻扎丹江头一关口。闻后面枪炮之声，令把总李国宠等带兵应援，据称丹江顽苗争夺山梁，被把总张明定杀退。据张明定呈称，有苗四五百争夺山梁，我兵对敌，伤死顽苗甚多，败回对山。张抚院于十四日亦抵丹江头一关口，令把总谢遴中等占夺丹江总口对面山梁，据禀路遇苗贼数百交阵，枪炮伤死苗二十余名，有关贼苗四路猖狂，奉令分兵堵截，枪炮伤死贼苗不计其数。余党拖尸溃散。等情。又据游击史应贵禀称，卑职同田游击随张抚院带兵，由凯里右路而进，抢登乌耶寨大山梁子，卑职督令官兵，于巳时抢上七处扎营。是夜顽苗数百前来对敌，枪炮打死十数人，带伤三四十人。十四日，张抚院到梁子驻扎，顽苗千余复来对敌，枪炮打死十数人败去。十五日张抚院踏看头道梁子炮台，苗众聚集对敌，令卑职带兵亲往把守，此关逆苗千余前来，枪炮打死多人，始行败退。十六日贼苗在彼山梁呐喊，复来打仗，卑职率领官兵，施放枪炮，四路伏兵齐出，又打死多人败退。十七八等日，贼苗只在对关虚张呐喊，张抚院因张副将由中路乌留所进之兵未见速进，十八日亲往乌留，至抱得行营会商，令卑职等且勿妄动，俟张副将等会合，进取大丹江，再进兵夺取关口等情。又据苏大有报称，十六日申时，苗贼于四处呐喊，卑职带兵前去诱敌，仍于两肋埋伏兵丁，卑职佯带兵退回，顽苗约有五六百四处追来，伏兵齐起，卑职复回，督令官兵奋勇攻击，枪伤顽苗十余名，贼苗败走，有大定协把总马国良带兵杀死贼苗三名。十七日，因雪雨雾重，未便进兵。十八日卑职等往附近乌叠一带山梁，察其虚实，有苗贼千余放枪呐喊，四面扑来，卑职分兵攻击，从辰至午，半敌半诱，于两肋埋伏兵丁，卑职仍作佯败之状，苗贼随后进来，伏兵齐起，卑职回兵，施放平逆大炮，打死苗贼数名，枪炮共伤数十名，贼苗溃逃，回守土城。二十日，卑职等分为四路，于五更时起发，前去攻打丹江，有苗贼千余在头关土城垛口内打枪拒敌，卑职用大炮攻打，土城坚固，从黎明至辰，难以攻破，卑职亲督备弁兵丁，冒险逼近土城，乘隙越进，杀死苗贼四十五名，弁兵复奋力追赶，连破土城五座，直追至小丹江之乌叠寨，又杀死苗贼二十一名，卑职督令放平逆靖蛮大炮，打死苗贼数十，其余枪炮打死不计其数，直抵巢穴，苗贼俱溃逃去。随将小丹江之乌叠大小八寨烧毁。次日移营至小丹江驻札，所有开关破寨情形，理合飞报等情。又据镇远府知府方显禀称，九股清水江一带生苗，地方辽阔，卑职多遣土官人等分道前往化诲，除已招之四千四百七十余户外，今复招抚得一千零二十一户，赏以花红银牌酒食，苗情甚是踊跃，闻风而来者纷纷，将来所遣之人回复，又可得数千户。附近镇远九股清水江一带生苗，不难就绪等情各到臣。至十二月初六日，臣差探军情弁员回滇，据其口禀，并接张广泗手扎，与各员禀报无异。该臣查得，丹江生苗恃险负固，凶顽异常，虽屡经招抚，恺切化导，不但不知感悟，亦且毫无畏惧，若非大加剿除，必致更贻后患。今自三路进兵，不及旬日，小丹江一带，俱已到处成功，军威大震，贼苗丧胆，虽据各员禀报苗人有饶命就抚之请，正复未可轻信，堕其缓计，现已布置进取大丹江，料不日可以全胜。况古州八万，略无反复，九股清水江生苗已投诚五千数百余户，只俟丹江一定，其余皆易就绪，仰赖圣主仁威，岁内或可以报竣矣。其湖南先发之兵一千名，已调至镇远驻扎，遥作声势，统俟事毕，再行遣回。至苗疆军营，一切情形，钦差牧克登、春山二臣，皆已亲见深知，伊等不日回京复命，自能面陈详细，毋庸臣多赘。所有官兵克取小丹江缘由，理合奏闻。”①

①《雍正汇编》册14，第158—121页。

雍正帝阅折后，非常高兴，朱笔批示，盛赞鄂尔泰等将士之功说："此事实皆天祖之慈恩，卿等忠诚用力之所致，健（建）此从古未有之勋，除边方万姓之永患，朕嘉幸之怀，笔难宣谕。此处善后事宜，当着实详慎料理，唯以重兵弹压为要，不可惜费，待数年安帖时，量减不迟也。"[①]

过了四十多天，雍正七年正月二十五日，鄂尔泰上折，奏述顽苗扰乱，攻打官兵营盘，痛加剿杀，辅以招抚，丹江等处生苗之事业已告竣情形：

"奏为报明剿抚丹江一带生苗就绪情形仰祈睿鉴事。窃照升任贵州按察使张广泗统领官兵开辟生苗地界八寨等处俱经就抚，小丹江一带业已攻破，经臣节次具折奏明在案。兹据游击史应贵呈称，卑职带领官兵，在乌耶关口固守，十一月二十一日黎明，有逆苗千余前来对敌，卑职令官兵施放枪炮打败。二十二日，逆苗聚集复来，被卑职四面伏兵齐起，用枪炮打死数十人。次日逆苗复聚千余，三面进敌，卑职领兵堵杀，官兵奋勇，打死逆苗无算。据副将苏大有禀报，十一月二十四日，张抚院同卑职移营至小丹江，有苗贼千余四面呐喊，扑近前来，卑职率领备弁兵丁力敌，追上山梁，枪炮打伤苗贼十数名，贼始溃败。据参将赵文英等禀报，带兵抵者飞小箐山头，随有者飞头人阿驼等赴营求请招安，又有杨乌交归羊甲党找达石硐奥排戛各寨苗民求抚，割具木刻，倾心归顺。又据副将苏大有禀称，十一月三十日，有大丹江苗贼千余，从山梁呐喊，直冲天柱营参将营盘，卑职同该参将率各营弁兵，并定番土兵迎敌，乘势追上坡梁，枪炮药弩打伤数十人，苗贼逃遁。十二月初三日又同率弁兵，攻大丹江，甫至附近黄毛岭，凶苗约有二千余人，于各险峻路口阻截拒敌，卑职带官兵冒险冲击，枪炮打伤数十人，凶苗奔败，官兵追下坡梁，直抵巢穴，卑职连射死凶苗六人，众兵亦杀死十数名，而凶苗从旁施枪，打中卑职，左腿穿过，卑职勉强督兵，攻破黄毛等八寨，各兵杀死凶苗数十名，枪炮打死不计其数，余众奔逃。破寨后，即有杨排等八寨，畏威割就木刻来降。奉张抚院谕，大丹江各寨已破，尚有桃绕大寨最凶，卑职遵派官兵，于初五日进攻桃绕等寨，直杀至巢穴，将桃绕大寨并七小寨俱烧毁。据副将张禹谟禀称，张抚院至抱得，谕卑职分兵两路，攻取囊猛，遵拨都司罗资衮等带兵由左路进攻，

①《雍正汇编》册14，第121页。

拨守备梅先春等带兵由右路进攻，其余官兵随张抚院声援。左路官兵至囊猛左山岭，苗贼二三百人砌土城拒敌，官兵攻破土城，贼苗奔溃，官兵追至囊猛巢穴边，右路官兵亦到，两路夹攻，火焚巢穴，贼苗奔逃。张抚院令卑职往史游击营内协堵，并防范乌耶一带，会攻房列乌尧以搏鸡讲。随有杨排鸡勇等十余寨叩见张抚院，咱刀一带及攻克之黄毛等寨亦约期前来归抚。据游击田昌友报称，奉张抚院面谕，同史游击领兵，分夺逼近丹江左右要口，遵带官兵，夺上右关，顽苗约有数百迎敌，大炮打死不知其数，登时大败下山，夺获关口。正在下营，顽苗有五六百人前来争持，随令官兵一面筑墙，一面迎敌，苗贼死伤者甚众。十二月初三日奉张抚院令，率官兵下坡，打故猓寨，未到寨时，有苗贼三四百突出迎敌，官兵施放枪炮，打败，当将故猓计陇大小六寨烧毁。初五日奉令同史游击苏副将三路进兵，攻破桃绕大小六寨。初十日又奉令同史游击领兵，先攻抵筒次打鸡讲，卑职至抵筒，由右路攻焚贼寨，又分安南等营官兵由左手抢上山梁，烧毁抵筒大小四寨，苗贼层集数千冲敌，将黄施安南普安官兵压败二次，阵亡炮手五名，官兵奋力攻上，顽苗败走。卑职追至鸡讲山岭，同史游击驻扎露营，苗贼亦对山驻扎。十一日，张抚院令镇远张副将带兵前来，同开鸡讲，卑职令弁兵齐心努力，官兵刚起身时，顽苗亦即下山对敌，官兵奋勇杀败，沿路抛弃标杆挡牌，追至鸡讲，一面迎敌，一面烧鸡讲五寨。苗贼约五六百户败入深箐逃避，十三十四两日，始上山投诚，割具木刻。又据游击史应贵禀称，张抚院至乌耶，吩谕抢夺丹江大关口，卑职率官兵由中路抢上关口，贼苗大溃奔窜，随同苏副将等攻克桃统等寨，丹江生苗牵羊赴张抚院行营求请招安，后抵筒寨苗人亦求招安。十二月十八日又有鸡讲各寨共六百户俱来行营投诚。张副将带兵由九股化诲未服数寨。又据黎平协副将李登科黎平府知府张钺呈报，据代理八舟司事吴弘熙招抚得高婆等大小六十五寨生苗计二千七百九十三户，人丁五千二百四十四丁。古州土司杨枝茂招抚寨稿等六寨苗民共五百十一户，人丁四百七十四丁。洪州副司林天锦招抚加两等四十一寨生苗计一千九百七十户，人丁六千八百四十丁。生员胡俊招抚得龙早等六寨计共五百三户，七百一十九丁。又据镇远府知府方显呈报，招抚得清水江反号等生苗共七寨计四百一十三户，男妇一千四百五十二名口，并招抚得清水江董敖寨并九股之陶赖等生苗共十三寨计五百一十三户，男妇二千一百八十名口。各等情到臣。该臣查得丹江鸡讲生苗，自恃地险人众，不服招抚，经新任抚臣张广泗调遣官兵，分路进剿，先克小丹江一带，旋又攻破大丹江鸡讲各寨，顽苗始各畏惧投诚，割具木刻，认纳钱粮，愿为良民，现已复业安居，丹江等处事已告竣，上下九股亦经就抚。清水江一带，节据镇远府知府方显等禀报，向化者已多，其黎平之古州一处虽宣导在先，现俱宁帖，然地广人众，兼之丹江八寨诸凡善后图维尤关紧要，须新抚臣张广泗亲身布置，庶蠢兹苗彝得永沐圣朝太平之化也。张广泗因有建造土城营房工费等项，回省与署抚臣沈廷正面商。昨准沈廷正咨会，新抚料理丹江诸事已经就绪，应行交印受事，业于正月十六日移交印信，即于十七日前赴云南新任。今臣俟沈廷正到滇，将抚篆移交，并将云南一切事件详细告知，以便办理，亦即星往贵阳，与张广泗面加商酌，仍令其前往古州清水江一带，宣布皇仁，开导安抚，总期一劳永逸，勿遗后患，并将安设流官营汛诸事，详察妥议，统俟事竣另行具疏请旨外。至驻扎镇远之楚省官兵，可以不用，臣已题明，檄饬撤回。再钦差司业臣牧可登、侍讲臣春山，同赴大小丹江，亲行查勘，于十二日初九日回京复命，所有一切剿抚情形，二臣自能详陈，更毋庸多赘。谨此具折。”①

雍正帝阅折后，十分高兴，在鄂尔泰折上朱笔批示，嘉赞鄂尔泰、张广泗：

“张广泗此番亲往安抚，当着实详慎，朕意若多带兵役，恐新抚者疑畏，少则苗猓之性又未可深信也。与张广泗悉心筹划为之，谅卿未有不念及此者。特将朕意谕来，若可令属员代往，似觉更妥，何必又多此抚臣亲往之名也。若有必应亲往之情，仍多带兵役随从为是。实慰朕怀。此一事，皆赖卿见理明澈，立志坚定之所能致，若非可以对天地，盟幽独，而仅以功名之念为一身计之大臣，断不敢任此事。况朕之意见，皆为摇惑不定矣。今以丹诚之戚，天祖赐佑，兼之在事人员奋勉可嘉，所以立千古未有之勋，令万姓蒙无穷之福，朕庆幸嘉悦之怀，实难笔谕矣。另有旨谕部。”②

①《雍正汇编》册14，第444、445、446页。

②《雍正汇编》册14，第447页。

雍正七年四月十五日，鄂尔泰上折，奏述新辟苗疆，约抵贵州省的一半，需派巡抚张广泗前往驻扎考察：

“臣报明丹江折内，荷蒙朱批：‘张广泗此一番亲往安抚，当着实详慎，朕意若带兵役众多，恐新抚者疑畏，若少，苗猓之性未可深信也。与张广泗悉心筹划为之，料卿亦未有不念及此者，特将朕意谕来。若可以令属员代往，似乎愈妙，何必又多此抚臣亲往之名也。若有必往之情，仍多带兵随从为是。钦此。’臣按八寨丹江鸡讲清水九股八万等处，前后陆续归诚者，虽已八九万丁口，然苗猓之性未可深信，实有如圣谕，倘开导安慰稽查防范等事，少有未协，恐不能保无后患。况古州一带地方辽阔，必查勘的确，始可定议。又过江深险之地，如公鹅鸡摆尾数寨，尚在抗拒，缘公鹅离江较近，恐开通之后，不能肆恶，随勾结鸡摆尾大寨以为党援。初鸡摆尾本欲出投，不肯助恶，后为湖广汉奸曾文登煽惑，遂与合榔，近与官兵对敌，被官兵杀伤鸡摆尾八人，内有该头人之子，该头人深恨为汉奸所误，随将曾文登妻子举家尽行屠戮，从此不助公鹅，是公鹅寨贼势已孤，无能再抗，若不乘此剿灭公鹅，招抚鸡摆尾，恐黔楚船路终有阻碍，事关重大，何敢不熟虑。查属员内并无可以代往之员，是以嘱令张广泗亲往，驻扎柳罗地方调度，并不必深入，除军前官兵原有数千，又添拨六百名随从。张广泗于三月二十七日自省起行，昨据来扎，已过丹江，鸡讲沿路就抚生苗欢欣接送，毫无畏疑，计日今已抵柳罗矣。在张广泗，自能干济，臣复现驻贵阳，以作声势，料不过五月内，即可以竣事。至于新关苗疆，合计长广约抵黔省之半，非设一重镇，添兵数千，不足以资弹压，靡费钱粮，臣亦不敢顾虑，除剿抚情形，合先会疏题报，所有安设事宜，俟臣与张广泗悉心筹划，再请旨定夺。”①

雍正帝在折上朱笔批示：

“若非出格之资，朕岂肯以知府之职，半载而用巡抚也。此人未经一人荐举，乃朕特用者，但恐自恃志高，今卿奏未言及此，深为欣悦，若不犯此病，可望一好封疆。前数次旨谕甚明，靡费钱粮一句，总不必系念，只向妥协处办理，日久相安平静无事时，次第议裁，亦可，万不

①《雍正汇编》册15，第93、94页。

可将就误事。”[①]

鄂尔泰于雍正七年五月十八日，写了两道密折。每一道密折奏述，自正月至四月，贵州、安顺、定番、广顺等府州，共“划出541寨，合计前后所划生苗、侬、仲，共1298寨与5978户，男妇35982名口，各认纳粮米共合三百余两”，对于凶苗、凶犯，正严惩不贷。[②]

第二道密折奏述剿抚清江顽苗情形：

“奏为报明清江顽苗就抚攻克情形事。窃照八寨丹江鸡讲九股八万等处生苗，俱已招抚宁贴，唯清水江深险之地，有公鹅鸡摆尾等寨，尚在抗拒。嘱令抚臣张广泗亲往，驻扎柳罗地方调度，添拨官兵前往剿擒，臣暂驻贵阳，以作声势，各缘由于四月十五日具折奏闻在案。四月二十六日，准张广泗来扎，内称十四日抵清水江行营，询察苗情，周阅地势，已抚各寨俱依向坚切，顽苗之敢于抗拒者，独公鹅、柳利、鸡摆尾、鸡服党、白索、白汗等十余寨，约计二千余户，又有僻远零星寨分，虽未公然出名，而亦有潜来帮助者。此等处所，除公鹅一寨素称强暴，久为生熟苗彝之害，实有难以德化者，其余各寨虽听公鹅勾结，然系乌合，本不固结，今闻自丹江统兵而下，随各自涣散，柳利寨苗人遂自来坡下，喊求叩见，情甚可悯，此义所当收。鸡摆尾等寨各自归守，皆有愿来投诚之意。公鹅一寨，亦遣人恳求招安。等语。臣查柳利鸡摆尾等寨，虽伙同助恶，亦难轻纵，然既有可原之情，即有可宽之法。至于公鹅一寨，先则伏路截兵，继复渡江挑战，威逼邻彝，指挥众寨，实属巨恶，断难姑留，况该寨紧逼清江，盘踞要害，将来疏通河道，舟楫往来，宁不遭其劫掠，是务当乘机剿灭，以计远久者。即或哀乞诚切，义不屠降，亦必令将倡谋造意诸犯擒缚投献，明正典刑，然后收抚余党，免其全寨诛戮，庶几威不损，恩不滥，以示群苗，方为妥计。随作扎切致抚臣去后。今于五月十七日戌刻，又接张广泗来扎，内开鸡摆尾鸡服党等寨已陆续赴营，愿就招安，公鹅久成孤立，正可渡河击之，一举而定，时因连日阴雨，河水暴涨，山雾弥漫，是以指挥既定，而复罢者数四。直至五月十二日，天气晴明，遂于十三日拨派，已定于十四日五鼓分遣将士，酌量地势，先后夺船而渡，顽苗先于江岸拒敌，继于箐林伏截，迨我兵冲击败退，犹复归寨死守，我兵鼓勇直前，坏垣跃墙而

①《雍正汇编》册15，第94页。

②《雍正汇编》册15，第329、330页。

入，四面举火，毁其巢穴，公鹅顽苗被伤毙擒杀及被焚死者甚众。新抚各寨苗民于山头观战，莫不且喜且惧，至鸡摆尾既经就抚，前令提标守备任龙等带领驻扎，九股之兵在彼无事檄调前来，适于十四日已到，即分布两岸扎营，声势愈壮，清水江路自可开通无阻矣。官兵内铜仁协千总曹文元右腿微伤，兵丁带轻伤者八人，皆可无虞等语。臣因贼寨虽毁，贼众未必尽伤，倘容其暂时躲避，不极力搜擒，恐兵退而贼复聚，又将有事，应乘此军威，务将公鹅尽行屠灭，此为上策。如势有不可，或宣谕鸡摆尾等寨，并力攻取，许掳其子女，分其田土，犹可得中策。善复之举，更须慎重筹划，随即扎覆抚臣去讫。除将先后剿抚事竣情由汇疏题报外，所有清江顽苗就抚攻克情形合并奏闻。”①

过了一个月，雍正七年六月十八日，鄂尔泰上折，奏称剿抚清水江公鹅等寨顽苗，现今清水江南岸投抚生苗已纳粮编甲者，共四十余寨，不下万户。苗人之所以反复，抚而反叛者，多系汉奸之拨弄，须严惩汉奸。并需添兵弹压，已派兵2000名前往丹江，以备调遣。②

雍正八年三月二十六日，鄂尔泰上折，奏述进剿清水江鸡咛党数寨顽苗情形。总兵苏大有禀，带领官兵3400名，于雍正七年十二月二十一日，将凶苗“首恶八名”斩首祭旗后出兵，攻击鸡咛党等数寨，大炮轰、枪、弩齐发，破鸡咛党寨。附和鸡咛党寨的东库、党宜、天腊三寨之苗，“惧官兵乘破竹之势，一齐洗尽，俱遥路高山，匍匐叫号，称为鸡咛党逼背，原不敢生事，今见天威再不敢作反，再不敢回构，求开恩饶命”。白索、白汗及南江等处大小各寨，俱求隆顺，业已允其降。③

三月二十六日这一天，鄂尔泰又上折，奏述剿灭定旦、来牛二寨顽苗，以开通都江水道情形：

“奏为生苗剿定河路开通事。窃臣为开通都江水道计，必欲剿抚定旦来牛，欲慑服定旦来牛，必须粤兵两路进攻，且划界设汛，亦必黔粤文武公同踏看酌议，故经调遣粤兵一路从柳庆进驻扎诸葛营，一路从荔波县进驻扎平宇江之上下，两路夹攻，则用力省而成功速。臣已奏报在案。二月初八日，据副将赵文英等禀报，定旦生苗阻截河道，迭奉宪

①《雍正汇编》册15，第333、334页。

②《雍正汇编》册15，第594—597页，第861、862页。

③《雍正汇编》册18，第289、290、291页。

檄，势在必剿。雍正八年正月十七八两日粤副将潘绍周粤参将施善元次第齐集，二十一日分兵左右两路疾走都江，将及申时直上定旦后梁，贼苗击鼓放炮，我兵奋勇争先，夺其土城炮鼓，斩杀凶苗六人，被枪炮打伤者无算，房屋尽行烧毁，其妻小早已搬运潜躲，顽苗四山逃窜。有江南江北生苗听得定旦已破，都来投顺，求讨招安，誓称不敢藏匿定旦一人等情。臣随批谕，定旦、来牛恶众，必当穷搜严治，以尽根株，务使商贾辐辏，汉彝乐利，黔粤交通，庶几边疆永宁，倘今日之姑息，即异日之残杀，今日之草率，即异日之烦难，若谓大局粗定，即应收拾，只了目前，不计久远，是即欺罔，心盗贼心人或以为解事，我实不敢负恩，其详思而审处之等语。谕令去讫。十三日，据赵文英等禀称，定旦苗民阿埃来营，叩头禀称，众苗俱愿投降，唯有阿斗、阿掌、阿直等数人于中阻挠，故而观望，于二月初一日阿埃带同老对等六人赴营投顺，愿归原业，卑职等暂予招安，仍令招回合寨，砍桩剁谕（又于是日通事带领来牛之冷乌等九寨三十余人求抚）。随即晓以利害，谕以恩威，据称情愿修路开江，认纳粮赋，随加奖赏，以慰其心。初二日，有上至平宇下至都江沿河四十余寨苗民，齐集军营，砍欵永作良民，其定旦寨据阿埃止带领老扛阿虽等四人先来，其余尚未同来砍欵。等情。臣又严谕，剿抚二字虽须并用，却是两端，不当抚即剿，不必剿即抚，未有非剿非抚，希图了事，而终能济事者。惩创安定事宜，必须彻底筹办，毋许得半而止。批令去讫。续据报称，定旦余孽尽逃生苗地方，卑职等即将阿当斩首枭示，其余监禁在营，俟尽获一并枭斩。从此各寨俱知定旦首恶罪不容诛，其余迫胁及不肯附和之领瓮俾因等二十六寨，央求通事，赴营投顺，呈缴凶械，认纳钱粮，各抚慰赏谕，令其助工开路，永作良善去讫，等情。臣窃思定旦已剿，而诸葛营之车寨，有水田三十余亩，棉花地二十余亩，议在其地建城，若不偿其价值，焉能使伊心服。臣业经檄令查唤地主，从厚给价，该苗心悦诚服，出具木刻认领，则该寨志愿已遂，可无他虞矣。臣史计，与车寨相为唇齿者，尚有溶硐一处生苗，地广人众，为黔粤门户，目下虽无阻梗情形（不可不乘此军威料理）。庆远府知府徐嘉宾等禀称，正欲带兵前进溶硐，而该寨苗民将所买兵米用船装载，送至诸葛营叩见，极其诚切，言从前拦阻客货，是无知后生的事，续奉给示晓谕，就不敢了，今后誓不作歹，情愿与车寨同心做工开路，运送粮米，不敢违误，随奖赏去讫等情到臣。此自柳庆至诸葛营定旦寨之剿抚开路情形也。其自广西荔波县以至平宇来牛所发官兵，据粤副将董芳黔、副将卜万年、独山州知州孙绍武禀称，于二月初七日在三硐地方会合，初八日自三硐起营，有土把总白登科带领附近来牛之杨瓮杨邦二寨头人黎阿包杨阿斗禀讨招安，察其情实，即令先行引路次日行至平宇九坉据险扎营。该二寨又领杨翁覇飞等六寨头人潘阿马等迎接求抚，随动以开河之利，慑以官兵之威，俱倾心悦服，而来牛、摇排、摇晒等寨始终抗拒不出。十二日据新抚之九坉杨瓮杨邦等寨报称，有摇排、摇晒、革招、革雄等寨，因我等诚心向化，开路搭桥随集千余山苗隔江放炮，声言欲洗我等各寨，望大兵做主等情。臣随批示，顺者即抚，逆者定剿，剿为上，抚次之，先剿正所以为抚地，但抚恐终难免于剿，即应分别顽良，速行剿抚，若归附者不能保护，不但他寨裹足不前，又何以服向化之心。批谕去讫。又于二十三日，据董芳卜万年禀报，卑职等至陇寨对山扎营，有来牛、暨革招、革雄、摇排、摇晒各寨顽苗数千人，始而屯扎两岸，继而直犯大营，卑职等以官兵为正兵，以土兵为奇兵，五路迎敌，当场大炮伤死凶苗三十余人，带伤者不可胜计，该苗等始退据陇寨。卑职等即严行督率，先夺其船，且敌且渡，人人奋勇，直逼寨门，又枪伤凶苗数人，随捣其巢穴，该苗等从寨后山箐狼狈而逃，弁兵我兵俱获安吉等情。臣又密谕，来牛首恶不可不除，今羽翼既剪，乘其孤立，速行进剿，江南北众寨，专视来牛之向背为从违，来牛剿灭，而既伏者益专向化之志，其观望者亦绝犹豫之心，凡事须得主脑，则其余易于收拾。批谕去后。续据报称，遵谕于二十一日率兵直抵来牛，该苗尚敢截路抗拒，卑职等鼓励将士奋勇冲杀，直逼寨门，除大炮打死并堕江而死者不计外，汉土官兵赶入深箐，立斩首恶凶苗首级二颗，尽毁巢穴。正在收兵，忽见北岸苗寨内烈焰冲天，探知系新抚之九坉苗民，素受来牛荼毒，乘此报复私仇，并见投服之诚等情。又报称于二十五日，密拨官兵埋伏于来牛南岸之上流下流二处，职等带领少许官兵，离营里许，在南岸中路，果有凶苗数千蜂拥北岸，放枪叫喊，我兵且敌且诱，凶苗见我兵少遂由北渡南，职等随放号炮，三路齐发，人人奋勇，枪炮打死苗贼数十名，负伤逃窜赴水淹没者不可胜计。经此三番巨创，群苗无不畏惧，南岸诸寨俱来就抚，唯北岸革招革雄摇排摇晒等寨尚在阻截，乘此兵威大振之时，于二十七日移营北岸，相机布置。是日赵文英施善元等领兵，亦至北岸会合，务必克日尽除余孽等情。亦据赵文英禀称，定旦已定，前进来牛，已拨游击徐希达带兵驻扎都江，下应古州，上援八开。又拨游击马世禄驻扎八开，上援寨北下应都江。又拨守备张凤翥高本阳等驻防寨北，上援定旦，下应八开，留副将潘绍周驻扎定旦，兼守诸葛大营。卑职率领汉土官兵前进平宇，因抄过来牛摆常卜养夹界紧要处所，至平定山，与董卜二将扎营一处。即同会议，于二十八日带领汉土官兵穿过已服之摆常寨，分路直入，攀缘而上，竟抵革招贼巢，贼苗惊逃，我兵四路搜杀，有归顺各寨。又据董芳等禀报，有通事带领俾众大小二寨革雄三寨柳碟平甲柳排牌告小脑千家甲雄共十二寨头人，到营投抚，认粮，随谕以官兵进来开这河道，上通云贵，下达广西，使客商往来，原是利益你们，不是要你田地钱粮，尔等既然自己情愿纳粮，亦不拘多少，以后务要解释仇歹，开修道路，保护江河，拒绝山苗，便得长享利益。各苗俱欢喜叩头，割具木刻，领示而去。随派黔兵开修上江一带道路，护军运粮，粤兵往三硐一路安台护运荔波一带军粮。又派黔粤官兵前往来牛后山砍伐荆棘，放火焚烧，以绝奸宄，以便往来。又拨兵开修摆常路径，以便大兵前进，搜缉余党等情。此来牛等处剿抚开路之情形也。臣查古州一处，东自黎平，西抵都匀，计程五百余里，北自清江，南抵粤西荔波，计程七百余里，必得四通八达，声息相闻在在无阻，然后可保永宁。至都江水道，古州至来牛，江水平阔，间有小滩，稍为修凿，已可通行，来牛以上，至独山州属之烂土司，舟虽现在可行，尚有数处滩石应凿，其陆路自古州至定旦，俱属坦平，自定旦至来牛，虽经开挖，尚须修整，来牛至烂土司，尚未开成大道，一俟余孽尽除，即可渐次就绪。但新辟苗地，沿江一带，非重兵不足以弹压，查黔粤各营俱无可抽调，相应恳祈圣恩，准于通黔粤河路安设一营，添兵一千名，分布塘汛，俟二三年后，诸如内地然，后再议酌减，庶于新疆有益。”①

雍正帝阅折后，朱笔批示：

“是。题到有旨。倘仍觉兵力少单，不可将就从事，新辟如许生苗地界，理应增添兵弁者，万不可惜小费，而致贻后悔。如果训导苗顽，俾凶愚之性如内地人民，各知礼让法度，比时再加抽减，未为不可也。遵旨行。”②

雍正八年七月二十四日，鄂尔泰又上奏折，奏述剿灭古州三保威慑招抚古州生苗新辟苗疆千余处，地数千里详细情形。

①《雍正汇编》册18，第291、292、293、294、295、296页。

②《雍正汇编》册18，第296页。

奏折第一部分是讲必须剿除车寨等寨：

“窃照古州三保地方，贴近诸葛大营，而车寨尤逼处营侧，营基旧为伊土，今既就地建营，岂遂帖服，况抚臣张广泗前往招抚时，原止结以恩惠，并未示以兵威，苗性犬羊，何知信义，为久长计，臣并不能安枕。去岁在黔时，曾面嘱张广泗，谓必当相机剿除，以图善后，续回滇后，又经切扎之。据覆车寨恭顺，已如内地，实可以放心。及臣因公赴粤，调遣粤兵时，名为疏通河道，原为古州车寨计，曾密谕副将赵文英，令于粤兵到日，声言会剿定旦，空城而出，营内止留兵二三百名，故示单弱，却将黔粤官兵暗行埋伏，以观动静，俟其反复，即回兵严剿，先除此腹心之患，则定旦来牛或并可传檄而定。时臣此谕原未扎知抚臣，而赵文英接谕，随一面禀商抚臣，一面复禀称，实系恭顺，祈免加兵。旋据张广泗来扎，亦以为词。臣答云，愚非好杀人者，人所共信，但恐今日不杀，少日后将杀多，反是罪过耳。如果恭顺，何须加兵，其余不恭顺者，则无可姑息，此臣从前扎谕之节要也。查上江之要隘在来牛，下江之咽喉在溶硐，诸葛营在中，权以扼首尾，庆远荔波在两头，以作关键，形势所在，应计通盘，其溶硐一带虽现无遂抗，然系通粤要道，务当妥筹。又滚里七寨，前曾肆恶，亦须大施惩创，若一处或纵凶顽将，诸务皆有阻碍，利害不在目前，功过自有圣鉴。复经切扎抚臣，并严谕军前文武去讫。”

第二部分是讲官军剿杀、荡平凶苗顽苗寨子，杀死凶苗、苗人惧怕降顺情形：官兵4000名，兵分三路，于五月十五日进攻。

“凶苗竟敢擂鼓聚众呐喊放枪，数千前来抵敌，我兵连放靖蛮大炮，枪炮交加，自卯至酉，打杀多人，杀死者有六七百人，被火烧死与溺水覆舟死者无算，沿河一带苗房约烧十余里，生擒男妇五十余人，所获盔甲枪炮环刀捍子马牛等无数另册详报。我兵阵亡马兵一名，土兵一名，马步兵丁带伤者六名。十六日复行搜捕，河东一路，赵文英潘绍周带领游守兵丁一千一百余员名，河西一路，施善元率同游守兵丁一千三百余员名，一面搜擒，一面砍伐树木，以去藏奸之薮，随据土舍杨茂枝带领口月田墨等寨老苗，跪路哀求，后生们为寨头藏弩的人误害，今被剿尽，只求饶命，尽缴凶器，捆献首犯。职等察其情形，二可逞凶，勒令献凶缴械，方宥其老幼去讫。十七十八两日据江墨等六寨苗人，咸跪营门禀称，各寨为恶者大半已被诛戮，其逃躲者，不敢回寨，愿请招安，俟回寨一一缚献，从令器械不敢藏留一件。等语。本司张铖等谆切晓以利害，指以生死，随发令箭十枝，准予招安等情。”

第三部分，是鄂尔泰看过前方文武官员禀报征剿、招抚情形后，立即批示，谕令小心，必须剿灭凶苗：

“臣随扎嘱抚臣，并飞谕军前，古州三保既未示以军威，亦未晓以法纪，寸铁未缴，一人不杀，而骤望其宁帖，无此理，无此事，此番反复，固早在意料中，犹不幸中之幸事。今六寨肆恶，其中必有一寨主谋，时刻隐忧者车寨耳，今反以车寨洗白为辞，若无歹念，何用洗白，既欲洗白于后，何不出首于先，口月等寨在所必戮，而车寨亦须审察，万勿失此机会，更待后举。本部院身受殊恩，捐糜不能报，凡事务筹远久，断不忍少有支饰，难固不辞，罪亦不避，倘目前唯图苟安，日后又将有事，即迟至十年二十年，官去身亡，犹有余愧，犹有余恨，此即前谕所谓人禽介盗贼心也。诸文武其各凛体等语。批示去讫。”

奏折的第四部分，是将领们根据总督指示，征剿招抚凶苗、顺苗情形：

“官将禀报，六寨剿洗后，群寨胆落，其滚里一处，有龙早佳沙党祥摆里党鸠分沪等寨，曾逞凶悍，伏草伤人，随复遵谕料理。于六月初三日，赵文英潘绍周带领备弁兵丁一千一百四十余员名，由右路进发，攻打龙早佳。沙施善元、史应贵带领备弁兵丁八百七十余员名，由左路攻打党祥。再调游击徐希达，带兵于分董隘口策应，兼护粮道。守备张凤翥带兵于摆乃隘口堵截。查诸葛营至凶寨有七十余里，顽苗将路塞断，寸步桩签，酉时方抵贼巢，止隔数里，面山下营凶苗呐喊抛刀，终夜击鼓放枪。于初四日黎明黔粤官兵攀缘，直捣凶巢，顽贼尚敢抵敌，我兵施放大炮，枪打死凶苗数十，割取耳鼻十一副，追过数架山梁，俱各溃败。初五日赵文英潘绍周由龙早佳沙后山，搜进大箐。施善元由党祥搜进周围四十余里名大雄箐。四路穷搜，枪炮打死凶苗数十，斩获首级二十一颗，悬挂营门示众，割取鼻耳四十二副，活擒一名，夺获火枪刀杆无算。随严讯擒获凶苗，供称系车寨人名老戛到龙早来叫我们做的。当经拿获老戛，讯供无词。本日随有通事带领分摆党鸠摆里分庶四寨苗头，到营洗白，称伤人抗拒，系龙早佳沙党祥三寨，于初七日备牛砍款鸣誓。又带党祥佳沙二寨苗人跪营悔罪，说起意伤人，原系龙早做的，今后再不敢为歹等语，俱暂准归寨。职等看来，从前各处山苗，俱系车寨勾结是实。初八日有蜡酉佳色等六寨苗民，带领龙早苗人到营，备牛砍款，俱有头人十四个，老歇、老类、老摆、老拉、老路、老戛、老松、老桑、老哀、老逊、老亨、老果、老佳、老商，都是他们做的事，今见营门挂头，割取耳鼻，已死了十一个，止有老果、老佳、老商三个走脱，愿拿三个解来。并据供老戛一犯，系车寨的人进来勾结我们。又供老歇等杀人，原是车寨叫做的等语。职等勒令擒献老果等三凶，方免死罪。众苗鸣誓而去。查滚里地方共计七寨，路径既熟，惩创已遍，倘不献凶缴器，洗之甚易。随于初九日撤兵，回营料理车寨等情。”

第五部分，是鄂尔泰看过战绩禀报后，谕令继续进剿：

“该文武等何爱于车寨，始则养痈，继则讳疾，若必欲庇护而听从之者，今且潜为口月六寨之主谋，暗作龙早等寨之羽翼，此实老奸巨猾，决非蠢苗比，若复姑息养奸，终必受其大害，今亦无多言，示剿示抚，听汝等为之。王法无私，军令具在，唯功与罪，其各自取。大约凶器不尽缴，凶寨不尽除，即如何调剂，如何抚绥，恐终为不终年之计，以云善后，则万不可得之数也等语。谕讫。”

第六部分，是将领奉命追剿、勒献首恶，全境安定情形：

“随据赵文英等禀称，职等会议得，古州下保之车寨，勾结情实，齐集两省官兵，至该寨两山，四面扎住着，令乡导传谕，勒献反头，果见凶苗呐喊放枪，公然抵敌。职等即督率官兵，四路并攻，人各奋勇，打死不计外，斩取首级一百十六颗，鼻耳三十六副，活擒凶苗男妇一千六百余名口，夺获火枪一百余门，杆子一百零七根，及盔甲刀弩等项，立焚凶巢。”

第七部分，是鄂尔泰对坚持剿灭车寨平定古州全境之役的总结，要点有三。一系谕告属下文武官员须办之事：

“全局未定，难兴国威，大害既除，尤须防后，但属军器，必尽勒缴无余，凡有凶顽，必尽严拿正法。老弱幼稚，必分别安插之方，逃散流亡，必审处召集之策。至该寨地址或，分营驻扎，或召集住居，应熟筹妥议，其溶硐虽无抗违，滚塘虽已羁縻，正当察其情形，乘此速为布置，勿以一篑之亏，致废九仞之力，则火种必然，草根致蔓，无事而有事，又将多事矣等语。去讫。”

二是缴获兵器“二三万件”。其中，清水江一带，“报缴到鸟枪1495杆，标枪1860根，弩弓1042张，刀1501口，母子炮1位，霸王鞭炮1位，铁盔9顶，铁甲17身；古州各寨缴交母子炮、行营炮12位，鸟枪2264杆，刀1777口，杆子2175根，盔85顶，甲225身，弩47张；溶河一带，缴交器械8200余件。以上兵器，通通烧毁”。

三是“新辟苗疆约共千余处，计地数千余里，能整顿易，求妥当难，选才干之员易，得忠诚之人甚难”。

雍正帝阅折后，朱笔批示：“奏是。欣悦览焉。”①

雍正八年九月初四日，鄂尔泰上折，奏述剿灭顽苗摆保、杨乌、摆调、方胜四大寨，“焚烧九寨，杀死数百凶苗”情形：

“奏为剿平凶寨事。窃因古州地方，疏通河道，中有陆路五十里，江流隔绝，且未抚生苗摆调方胜等寨，素称凶悍，盘踞其地，勾结梗顽，不遵诲谕，势须剪除，前经臣奏明。随已密扎古州总兵苏大有，清江事竣，即回本镇，就近调度，着黔副将赵文英、卜万年统兵进剿。该副将等各遵饬谕，赵文英卜万年各领官兵一千三百名，由来牛至八寨会合。续据该副将等禀称，八月十六日，俱由八寨起程，十七日由者飞分路前进，俱系高山密箐，至申时，约行五十余里，在甲石会合。正在扎营，即有顽苗千余，于对山蜈蚣岭呐喊，放枪逞凶，此岭相去凶巢二十

①《雍正汇编》册18，第1038—1044页。

余里，官兵奋力追赶，过河上岭，凶苗越岭奔逃，因日色已晡，难以穷追，仍回甲石行营屯扎。分拨备弁兵丁七百五十余员名，于岭上露扎设伏，以窥动静。听得凶苗彻夜呐喊。于十八日黎明，赵文英带领官兵，由左路前进，卜万年带领官兵，由右路前进，攀藤附葛，越石沿崖，于辰刻直抵摆调贼巢。凶苗胆敢恃横，公然拒敌，官兵奋勇，杀死顽苗一百余人，枪炮打死者不计数，抢获鸟枪环刀杆子铜鼓等件，凶苗奔箐潜逃，即将贼巢大小三寨焚毁。即乘势追至方胜，四路攻打，直入寨内，对手杀死八十余人，枪炮打死者甚众，抢获鸟枪环刀杆子牛只等件，将大小四寨尽行焚毁，日暮收军回营。十九日黎明，各领兵会合搜箐，杀死顽苗多人，余多奔至摆保杨乌二寨。查摆保杨乌与摆调方胜四大寨土苗，称为四凶，相离三十余里，山箐深险，路径盘曲，随穿箐越岭，追至二寨，苗众呐喊放枪，复公然拒敌，官兵并力攻打，施放靖蛮大炮，攻破凶寨，杀死顽苗二百余人，枪炮打死者无算，抢获鸟枪环刀杆子牛只等件。我兵带伤者，外委把总一名黎永昌，伤死步兵一名彭书绅。官兵愤恨，复焚毁二寨凶巢，烧死甚多，收军回营。通计两日之内，焚烧九寨，杀死数百凶苗，仍恐余凶未尽，俟尽力搜洗，务尽根株等情到臣。臣查古州新疆，以诸葛营居中坐镇，而都江清水江左右环抱，中有丹江为之接引，所隔陆路止五十里之地。一为开浚，则三江汇合，楚粤皆通，诚自然之形胜，而顽苗等以失其险要，无可藏奸，以故多方梗阻，若不尽除凶寨，即良寨亦难伏贴。随复严饬该将等，务必乘机借势，彻底清理，永杜役患，去讫。其凡开河设汛事宜，现在议商，即当会疏请旨。所有剿平凶寨情形合先奏报。”

雍正帝在折上朱笔批示，嘉奖将士：“欣悦览之。官兵争先奋勇，甚属可嘉，候功成事定之日，题到自有恩旨。”①

《圣武记》卷7，载：“其湖广苗接黔者”，“七年，铜仁知府姚谦率苗目全保，有遍招楚界诸苗之役”。字典解释，役者，“战事”，也就是说，铜仁知府招苗之时，进行了战争。但是《雍正汇编》册19，第530、531、532页载录的鄂尔泰对此次招苗的奏折，却难以证明对苗进行了征剿。现将其折摘录于下：

①《雍正汇编》册19，第97、98页。

“奏为黔楚边界无管生苗就近化诲各归营辖事。窃臣查得，边方省份，每以接壤处为藏奸之薮，黔楚蜀之交，有近铜仁府红苗，号称三不管，土地广，而汉彝杂，土司众而凶顽聚，其中最横者，如楚之容美，蜀之酉阳，流毒他方，肆恶境内，不特苗民受其残虐，即土司亦受其欺凌，经臣于上年七月九月内两次奏闻在案。伏思，此件若不合三省而图之，必多掣肘，若会三省而谋之，恐同筑舍，是以密委铜仁府知府姚谦，令一照臣所指示，会同营员，不用兵威，逐渐化导，为得寸守寸之计，以成由近及远之机。续据该府禀报，已招得一百四十七寨共一千七百四十九户，其在坡东者直长一百余里，周围三百余里，在坡西者直长三百余里，周围九百余里。该苗等如救饥援溺，欢欣鼓舞，情愿编户纳粮，唯恐少后。其应分汛防处，已各指有定所，兵丁亦经招募，时因楚属边吏，不识大体，以从前不曾过问之地，及见就抚又起争端，报称越境，哄诱督抚，皆有咨移省。臣随经檄令铜仁协副将张禹谟，并知府姚谦，酌带官兵前往正大营，暂行弹压。并令将前所化诲三不管苗地，应隶黔隶楚，公同楚员会勘定界，以专责成，去讫。续据该府协禀称，湖南赵抚院于十月十五日抵崇山卫，随往谒见，备述苗情，并详陈疆界，赵抚院极知楚员前报之妄，复令会同辰沅道公同查勘，据该道亦言，细阅地势，坡东自杆子坳起，坡西自牛角河起，原应归黔，具见督院公正，从前争执洵属偏见。卑职等随传集各寨苗目砍欸赏犒，宣示皇仁，晓以国一法，苗目倍加欢悦，皆愿编烟纳赋，永作良民等情。复准赵弘恩咨，据王柔禀，大意相同，并知六里地方，已经勾当完毕。”

可见，此次铜仁知府招苗，并未用兵征剿，而是“不用兵威，逐渐化导”，只是因为楚省边境官将不识大体，引起楚黔官员之间发生争端，而派兵弹压，划定省与省之间的地方归属而已，并未剿苗。

小　结

根据以上到雍正八年（1730年）的改土归流情形，可以归纳出五点见解。

第一，改土归流，刻不容缓。秦汉以降，虽然历朝中国基本上是统一的，中央政府有效地管理全国各省、府、州、县，但是宋、元、明、清的900多年里，湘、黔、楚、桂、滇、蜀、陕等省，土司众多，地区辽阔，“各君其君，各子其子”，简直成了国中之国，严重地危害了国家的统一、地方的安宁和夷人（少数民族）的生命财产及夷区的发展，的确应该大规模地推行改土归流。

第二，进展快，收效大。仅仅四年多，贵州新辟苗疆，改土归流地区，“绵亘二三千里，苗众数十万户”，“几当贵州全省之半”，“地广人庶出产多”。原隶四川改拨云南省管辖的东川、乌蒙、镇雄三府，东川府“广500里，袤420里”，广袤相乘，东川府的面积是21万平方里（华里）。乌蒙府的面积更大，“广550里，袤630里”，广袤相乘，面积是346500平方华里。镇雄府的面积也不小。这三个府过去是土司统治，鄂尔泰将其改土归流，一下子就给云南省增加了数以万计的平方公里，使云南成为当时仅次于四川的全国第二大省。镇沅土府、沾益土州、广南土府等地陆续改土归流，茶山等处夷人改土归流，新设辖地辽阔的普洱府。四川的建昌、天全改土归流。广西“泗城府、镇安府、西隆州、土田州、土镇安州各属土目，各赴镇呈缴军器，同愿永为良民”，改土归流。湖广的“永顺、保靖、桑植、容美四大土司可先后奏改郡县”。全国改土归流的地区广达数十万平方公里，流官治理，直接辖隶于朝廷。

第三，仍有异议。雍正四年（1726年）九月十九日鄂尔泰奏请改土归流时，文武大臣惊讶畏惧，“盈廷失色”。[①]虽然皇上高度赞扬鄂尔泰

① 袁枚：《鄂尔泰行略》；《清代碑传全集》卷22。

的奏请，并大力推行，且成效显著，但直到雍正六年（1728年）十月，几位封疆大员仍对改土归流持有异议。雍正帝在云南、贵州、广西总督鄂尔泰雍正六年十月二十日的奏折上，朱笔批示，斥责祖秉圭、何世璂、丁士杰、韩良辅等人对“夷人”、对改土归流的谬误见解。斥责廷臣中对取乌蒙、镇雄、泗城猓苗诸事，“阻挠、怯懦、乱惑朕耳目者甚多”。[①]祖秉圭、何世璂、韩良辅等官，可非微员末吏闲官冗臣。他们都是官阶一品二品的封疆大员，且很有希望更上一层楼，并且还是直接处理苗彝事务的军政长官。何世璂于雍正三年十一月为代理贵州巡抚，随即实授贵州巡抚，雍正一年十月入觐，离任，雍正六年五月署直隶总督，第二年去世。祖秉圭原是贵州布政使，雍正五年十月升任署贵州巡抚，十一月任广西巡抚，第二年五月免。丁士杰是员战将，任至福建陆路提督。韩良辅更是将门虎子，15岁就随父（总兵）征战，康熙二十九年，考中武举人，为四川省第一名，康熙三十年又考上一甲三名武进士（即武探花），选任二等侍卫，此后历任游击、参将、副将、总兵、广西提督，雍正二年起署广西巡抚，五年实授巡抚。这几位大员对鄂尔泰所办改土归流之事，持有异议，本应认真看待。但是，雍正此时正要大展宏图，做成前所未有的大规模改土归流的伟大事业，哪能冷静考虑群臣意见、听从其议，于是御笔一挥，横加指责，这几人的官也就做到头了，再也没有升迁了。

第四，几人欢喜多人愁。改土归流，一些微员末将连连起升。直隶河间人哈元生，康熙间入伍，授把总，骁勇善战，屡升至都司，因过罢官。雍正二年起用为守备，官阶正五品。从雍正四年起，剿夷有功，深得鄂尔泰赏识，多次升迁，雍正七年已升任总兵，官阶正二品，九年再升为官阶从一品的云南提督，并曾两次御赐白银1.4万两。汉军旗人张广泗，先祖名不见经传，默默无闻。张广泗是位监生，按清朝舆论，科甲出身，秀才考举人，再考进士，两榜出身，入仕为官，叫正途，众人敬仰。花钱买官，捐纳银米，得入官场，叫“异途”，不说是人皆耻之，但至少是不被称赞。张广泗不知是有自知之明，预见难以通过十年寒窗苦读，学富五车，博古通今，两登皇榜，由举人而进士，入仕为官，位列极品，还是急功近利，要走捷径，快速当官。不管是什么原因，总之他是选择了“异途”的捐官道路，捐了一个知府。

①《雍正汇编》册13，第706页。

《清史列传》卷17，《张广泗传》没有写明捐了多少银子，捐上了知府，但按照捐纳定例和一些例子，可以知道，他捐的银子相当多。捐纳定例载称，贡生、监生考职者，纳银1500两，未经考职者，纳银2000两，“俱以知县用”。再加银1500两，“准其盖行先选”。这就是说，监生捐银1500、2000两，“未考职者”，可以捐个知县，但还不能上任，还要在吏部等待分派，只是一个候补知县。再捐银1500两，可以在众多候补知县中“先行选用”。监生捐个先行选用的知县要捐3000两或3500两（未考职者）。康熙五十一年京师开捐时，现任知县李竹捐升同知并知府，捐银4104两，升成官阶四品的知府。这样一算，监生捐知府要花7000多两银子。在此之前，当朝廷财政收入很少很困难的时候，捐官的银子则少收很多，例如康熙十三年为平三藩之乱，急需钱用，捐个官阶正四品的道员才需4000两银子。[①]

就是这样一个以监生捐银几千两买官的张广泗，于康熙六十一年（1722年）当上了贫穷之地、“蛮荒”地区、无人愿去的贵州思州知府。当了三年多，待在原地，没有升迁。雍正四年（1726年）五月，云南巡抚管理总督事的鄂尔泰檄调张广泗会同贵州、湖北，擒剿造反的生苗有功，深受鄂尔泰赏识并推荐，雍正五年就跳过道员，擢升官阶三品、一省司法最高长官贵州按察使，此后继续率兵剿苗有功，雍正六年六月再升贵州巡抚，十年初又再晋西路大军副将军，十三年调任湖广总督，升迁之快，官职之高，权势之大，前所罕有。

第五也是最重要的，栽下祸根。土司应革，州县须设，但要改革涉及六省几十万平方公里千百年来存在的土司制度，谈何容易，难度很大。要办好利夷（苗，彝、瑶等少数民族）、利民、益国的改土归流大事，必须定性要准，方针正确，政策要好，委人适宜，措施妥当，实力强大，吏治清明，可是，最重要的、最关键的定性问题，帝、帅、将、官皆弄错了。虽然雍正帝在宣示土司不法，应予惩治的雍正二年上谕中说道：“各处土司，鲜知法纪”，“土民受其鱼肉，敢怒而不敢言。孰非朕之赤子”，将土民说成是大清国君之“赤子”，[②]但是实际上这只是官样文章，说说而已，并不是其对夷人（少数民族）的真实看法和想法。雍正帝、鄂尔泰等君、臣，对夷人的真实定性，说得文雅一点、掩饰一点，是“非我族类，其心必异”，把夷人定为异族，但是最准确，

①《康熙汇编》册6，第280页；《康熙全译》第980页。

②《清世宗实录》卷20，第17、18页。

也是最露骨、最直率的定性，则是雍正六年十月十二日鄂尔泰写的密折中所引的帝之朱批斥责祖秉圭那一段话："此事，你识见卑小矣。豺狼驱入内地，而若不能化，任其野性，永为地方之患。"[①]"豺狼"，这才是雍正帝对夷人（苗、彝等少数民族）的真实定性。夷人非人，而是豺狼，是禽兽。此非孤证。雍正五年十一月十一日，鄂尔泰奏述进剿窝泥夷人情形说："窃查"，"有窝泥一种，虽具人形，而生性冥顽，与禽兽无异"。[②]雍正九年五月二十六日，鄂尔泰奏述"邓横已靖蛮寨尽屠"情形说："不知以全省兵力，不能割一（广西）邓横，任其顽抗，历数十年，则狼、猺、獞尚何所忌惮"，[③]将侬族（彝族之一支）、佷族、徭族、僮族通通加上"犭"旁。鄂尔奏的几百道朱批奏折，什么凶苗、顽苗、凶彝、加"犭"旁者，不可胜数。而雍正帝对鄂尔泰扫灭邓横寨的奏折，却朱笔批示："可嘉之至。"[④]

最能证明雍正帝、鄂尔泰把"夷人"定为禽兽的史料是雍正八年十月初九日的上谕及鄂尔泰八年十二月十七日的奏折。

雍正帝于八年十月初九日发出上谕一道，命军机大臣寄给鄂尔泰。上谕讲了处理夷人的方针、政策和措施：

"各处苗蛮猓獞等，秉性暴虐，久为地方之害，不得不加惩创化导，以安良善而格凶顽，俾共享太平之福，并非利其民人土地也。及用兵剿抚之后，其渠魁有应得之罪，或将其家口，赏给兵丁，以昭国法，若夫胁从附和之人，诛之不可胜诛，既已宽其重罪，则当还其家口，复其故居，仍使之骨肉完聚，则彼心无系恋，易于管束，可不至于反复靡常矣。即如进兵之初，于扼要之处，自不得不焚毁关隘，以破其险阻，若室庐房舍之可存者，仍留以为归顺后安插之地，此亦法外之仁也。秉性凶恶之人，而失其故居，离其亲属则心怀愤恨，往往不能帖然宁静，臣工中有如此条奏者，此乃通论苗蛮情形，非因乌蒙之事而发也。鄂尔泰年来经理苗疆，自有宽严适中之道，尔等将此再寄信告之，听其酌量办理。至于乌蒙地方，将来平定之后，应添设兵丁，以资弹压，亦有如

①《雍正汇编》册13，第706页。

②《雍正汇编》册11，第650页。

③④《雍正汇编》册20，第615页。

此陈奏者，可一并寄予鄂尔泰知之。钦此。”

你看，上谕一开始就对各处“夷人”定性为加上“犭”旁的蛮子，白纸黑字、明白无误地说“各处盐、蛮、獞　、獞等秉性暴虐，久为地方之害”。因此必须对其“用兵剿抚”，渠魁必诛，妻子儿女“赏给兵丁”，关隘要焚毁，房舍要破坏。平定之后，要“添设兵丁，以资弹压”。这就是雍正帝的制苗（以及蛮、侬、僮等少数民族）之法。

雍正帝精心培养破格擢升的忠君臣仆鄂尔奏，当然要凛遵圣谕，且超其谕旨，严厉惩剿夷人。不仅具体化、扩大化，将川滇黔粤等省少数民族加上“犭”旁，诬其天性就是“暴虐凶顽”，必须将酋长族姓“务应尽戮，逆目恶党务应尽除”，家口赏给兵丁，即使是胁从附和之人，虽不尽诛，也要全部迁徙宁古塔，或剁去右手，割去脚筋，夷区设置重兵弹压。他于雍正八年十一月初九日收到军机大臣寄来装有上谕之信以后，于八年十二月初二日上折，奏称：

“臣捧读之下，仰见我皇上矜怜异类，宁辑岩疆之至意，蔼然恻然，无偏无倚，敢不凛体，敢不熟筹。随已敬录数道，传示军前提镇，并切札谆嘱，令通谕将弁遵照去讫。伏查云贵川广，汉少民稀，在川为蛮，在云贵为苗、为猓，在广为獞、为猺、为獞、为狑狼，虽种类甚繁，强弱不一，而暴虐凶顽，若生天性。至乌蒙一隅，则尽系猓属，犷悍横恣，已历千百年，流毒最久。臣前经理改流，原以计取，并未大加惩创，今日反复，故所应有，特镇将庸劣，全无提防，仓促倾陷，恨不及料耳。兹既明肆背叛，屠灭有名，若复少事姑息，贻害何底。臣意禄酋族姓，务应尽戮，逆目恶党，务应尽除，所有家口，自应赏给兵丁，或内有贼眷系各土司亲属，不便分赏，以启衅端者，则照例发遣。其胁从附和之人，虽不可胜诛，但有证据，俱未可宽纵，或还其家口，使之完聚，俱迁徙宁古塔，或剁去右手，割去脚筋，仍复其故居，应按其情罪，审其顽懦，再酌量发落。其东川各寨，有苗子乾猓猡二种，旧属驯良，不应惊扰，唯黑猓凶顽，故乘机起事，然较之乌逆，亦应分首从。臣意除酋长头人，务严剿穷搜，或诛或遣，不留一孽外，其余胁从附和，但来归顺，概予安插，庶不为地方之害，亦不失法外之仁。至于扼要关隘，及深密箐林，固不得不焚毁，以防埋伏，即室庐房舍，于正当搜擒时，或需用火攻，或恐其复聚，亦有不得不焚毁者，若并无阻碍原俱可存留。”[①]

将夷人既定性为豺狼、为凶苗、顽苗，大错特错了，那么处理夷人夷事的方针、政策、措施就随之而谬误之至了。清朝开国始祖清太祖努尔哈赤对外部、外国、外人的指导方针：“恩威并用”，“顺者以恩抚之，逆者以兵讨之”。[②]有的书籍写为“逆者临之以兵”，“顺者绥之以德”，“顺者以德服，逆者以兵临”。虽然讲了恩，讲了威，而且“恩”放在前面，似乎是以恩为主，但从文字的意义来分析，从历史实际来观察，则结论应是，以威为主，以威当先，以威为后盾，凡有不服者，不降顺者，反抗者，则“以兵临之”，以威压服之。此后，清太宗皇太极、世祖福临、圣祖玄烨，皆实行这个指导方针。雍正帝也是这样，其臣仆鄂尔泰也是这样。鄂尔泰虽奏称，“改归之法，以擒为上策，兵剿为下策，令自投献为上策，勒令投献为下策”[③]，表面上看，似以恩、以抚为主，但他又奏称，“制苗之法，固应恩威并用，然恩非姑息”，“用得着威时，必须穷究到底，杀一儆百，使不敢再犯”。[④]他在各地进行改土归流时，是借征剿广顺州长寨苗之军威，遣派官军前往招服，从者抚，不从者剿，实际上是“兵剿”为主，为先，为后盾，以刀枪来压服苗、彝、瑶等少数民族降顺、剃头，认交田赋，设立州县，改土归流。

既视“夷”为异族，为低贱野蛮之人，为豺狼，又以兵剿来压，来逼令改土归流，又要勒令“夷人”放弃祖传发式服饰，剃头易服，缴纳赋税，新委任的流官，知县、知州、知府、游击、参将、副将、总兵，有几个能爱恤士民，严明军纪法令，为官清正！于是贪婪知府、知县、游击、参将、副将、总兵，贪赃枉法，横征暴敛，淫夷妻女，草菅人命，逼得“夷”人民不聊生，忍无可忍，起事反抗。鄂尔泰于雍正四年六月倚仗兵威，擒拿云南镇沅土知府，改土归流，设立镇沅府，委派同

①《雍正汇编》册19，第665、666页。

②《满洲图录》卷8。

③④《雍正汇编》册7，第118–121页。

知刘洪度暂时代行知府职权。不料刘洪度一上任，就疯狂鱼肉苗人、彝人、倮人，遣派家人“踢打人民，索要银两，今日要草料，明日要柴薪，终朝苦打”，苗、倮、彝人忍无可忍，几千人起义，于雍正五年正月十七日，火烧府衙，将刘洪度绑在柱上，打骂，杀死。然后，各省夷人（苗、彝，徭等族）多次起义反抗。

雍正十三年（1735年）三月，贵州古州苗疆，以吏“征粮不善”，“远近各寨蜂起，徧传木刻”，“各寨苗民聚集二万余人，于三月二十六日攻打王岭汛城”，随即“陷凯里，陷重安江驿，陷黄平州，陷岩江司，陷清平县、余庆县，焚掠及镇远、思州”，“台拱、清江各营汛亦多为贼诱陷”。六月，雍正帝下诏，发滇、蜀、楚、粤、湘、桂六省官兵往黔会剿，特授刑部尚书张照为抚定苗疆钦差大臣，但毫无进展。因征苗之功升授大学士、军机大臣、兵部尚书、爵封一等伯的鄂尔泰，以从前筹划不周及有病，奏请罢斥，削伯爵，帝谕削去伯爵，解大学士之任。“当是时，中外畏事者争咎前此苗疆之不当辟，目前苗疆之不可宗，全局几大变。”[①]

① 魏源：《圣武记》卷7；《雍正汇编》册27，第978页。

第六编 用兵准噶尔

一、不知敌我 雍正误征准噶尔

雍正七年（1729年）二月十八日，雍正帝对诸王、内阁大学士、九卿、八旗大臣，下达了多达1200字的长谕，宣告准噶尔老汗策妄阿拉布坦、新汗噶尔丹策零罪行，拟欲剿灭准部，保证西北、西南安全，实现皇考圣祖未竟之事，命群臣商议。上谕全文如下：

"准噶尔一部落，原系元朝之臣仆。其始祖曰额森。额森之子托浑，渐至大员，因扰乱元之宗族，离间蒙古，恐获重罪。遂背负元朝之恩，逃匿于西北边远之处。元末，又煽诱匪类，结成党羽，遂自称准噶尔，肆行劫掠。迨至我朝，有噶尔丹、策妄阿拉布坦二人，世济其恶，扰害生灵，灭弃释教，造孽多端，不可枚举。当我朝定鼎之初，各处蒙古，倾心归顺，共输诚悃，请安纳贡，求为属国，安享太平乐利之福，八十余年。唯准噶尔一部落，遁居西北五千里之外，扰乱离间众蒙古，肆行劫夺，噶尔丹，身为喇嘛，不守清规，不遵佛教，破戒还俗，娶青海鄂齐儿图车臣汗之女为妻，后又潜往青海，贼害伊之妻父鄂齐儿图车臣汗，掳其属下人众。续因喀尔喀七旗内，彼此稍有嫌隙，奏恳圣祖仁皇帝为之和解，因遣大臣，同达赖喇嘛使者前往。噶尔丹遣人暗探消息，遂以喀尔喀等鄙视达赖喇嘛使人为辞，遣伊族内微末台吉多尔济查布，将喀尔喀汗台吉等，肆行凌辱。喀尔喀汗等，怒彼狂悖无礼，会众将彼杀害。噶尔丹遂称杀害伊弟多尔济查布，与喀尔喀搆隙，掩其不备，发兵猝击，喀尔喀众溃，纷纷来投，圣祖仁皇帝深为轸念，施恩育养，遣使往噶尔丹处，谕以兵为凶器，令其与喀尔喀和好，多方开导。讵噶尔丹冥顽不灵，借追袭喀尔喀之名，入犯边汛，彼时即行剿灭。复有何难，我圣祖仁皇帝好生为德，遣使责问，噶尔丹惶愧恐惧，设誓撤兵，乃并不归伊住牧之所，仍潜居克尔伦图拉地方，暗行窥伺。圣祖仁皇帝复遣使降旨，谕以应回原住牧地方。噶尔丹佯称遵奉谕旨，仍乘隙潜掠沿边蒙古之畜牧，众蒙古不获安居。我皇考遂上告天地，亲统大兵，声罪致讨，噶尔丹辄敢逆天，与我西路大兵接战，伊军大败，妻子被擒，噶尔丹窘迫自杀。彼时大兵即应直捣巢穴，收其部落，我圣祖仁皇帝恐天下后世有穷兵黩武之议，因而中止。策妄阿拉布坦者，噶尔丹之侄也，与伊叔噶尔丹，不相和睦，带领七人，潜逃至吐鲁番地方居住。圣祖仁皇帝以策妄阿拉布坦，向与伊叔不睦，惧其诛害，遁迹逃生，加以恩泽，伊当感戴归诚，且圣心仁慈，不忍遣兵，将噶尔丹余剩部落悉行剿灭，恩加格外，遣使赏给策妄阿拉布坦。彼时策妄阿拉布坦，力弱势微，甚为恭顺。其后离间伊之妻父图尔古特之阿玉气汗与其子三济札布，诱三济札布据带万余户，至伊住牧之处，因而强占入已。从此遂不安分，肆意妄行，窥伺青海，扰害生灵，率领贼兵前进，被哈密驻防轻兵击败遁回。策妄阿拉布坦又假黄教为名，潜兵入藏，无故害伊妻弟拉藏汗，毁坏寺庙，杀害喇嘛，抢掠供器，是以特遣大臣，前往询问。乃伊愍不畏死，阻兵抗命，使臣率师甚少，兵力单弱，伊得以愈肆猖狂。圣祖仁皇帝仍赐包容，谕令边外两路天兵缓进，屡次遣使，示以圣意，谓策妄阿拉布坦，果能悔过恳恩具奏，其时另降谕旨，若仍怙恶不悛，然后将此部落人众，悉行剿灭，此我圣祖仁皇帝之本意也。朕绍登大宝，策妄阿拉布坦，虽遣使求和，朕知非伊本怀，谕伊来使云，尔归，告知尔台吉，朕缵承我皇考大统，尔台吉若欲受我皇考天恩，须尽改前非，遵朕谕旨，定界安居，若欲犯我皇考天威，任尔备兵前来，定当加以天讨，如此降旨，分析利害，遣使前去。又恐策妄阿拉布坦，心怀疑贰，将两路大兵尽行撤回。乃伊因又向伊来使降旨云，尔告知策妄阿拉布坦，定界一事，实于伊身有益，如遵奉谕旨，即遣使具奏，若不遵谕旨，亦必遣使前来，乃伊并不回奏。此际策妄阿拉布坦身故，伊之长子噶尔丹策零，遣使前来，奏闻伊父身故之事，称伊父已经成佛，又称欲使众生乐业，黄教振兴，等语。噶尔丹策零，不过边远部落一微末台吉耳，使众生乐业，黄教振兴，岂伊应出之语耶。况伊果欲求和，应代伊父谢罪恳恩，送回青海叛逆潜逃之罗卜藏丹津，以赎前愆，乃并不输诚向化，敢以如许荒诞之词，见之陈奏，此特欲仿效伊父之故辙耳。闻噶尔丹策零，甚属凶暴，且西藏阿尔布巴，隆布柰扎尔鼐等，济恶同谋，将实心为国效力之贝子康济鼐杀害，此等叛逆罪状，皆因准噶尔与伊处相近，而逃去之罗卜藏丹津，原系伊等姻戚，彼此相依，是以敢于悖逆。迨其窘迫，罗鼐奋勇直前，截其去路，阿尔布巴等未得前进，即被擒获。准噶尔性好抢掠，若留在众蒙古游牧地方，将来必受其害。今朕已将来使遣回，若伊诸事，俱遵旨陈奏，临时，朕另行裁夺降旨，倘仍前推诿，矜张肆恣，负朕屡次遗从事开导，指示之仁恩，抗顽不恭，将来噶尔丹策零，断非安分守法之人，必至生事妄为。况西北两三路大兵，尽已撤回，此际伊等如或生事，则我朝如许安享太平之喀尔喀等，及办理安插妥帖之青海、西藏，必至被其扰害，甚属可虑。且此事，乃圣祖皇考注意未完之事，仰赖上天眷佑，圣祖皇考福泽，国帑充裕，官员弁兵，同心奋勇，愿为国家效力，实系可以举行之会，若迟疑不决，定贻后悔。夫用兵者，国家不得已之事也，穷兵黩武，为圣帝明王之所深戒，而以大加小，以强凌弱，又仁人君子之所耻而不为者。况准噶尔弹丸之地，又在极北之区，得其土，不足以耕耘，得其民，不足以驱使，即使灭此朝食，亦不足以夸耀武功，此皆朕所熟思而详审者也。但留此余孽，不行剪除，实为众蒙古之巨害，且恐为国家之隐忧，今天时人事，机缘辐辏，时不可迟，机不可缓，天与不取，古训昭然。且我圣祖皇考为此筹划多年，未竟其事，兹当可为之时，朕不敢推诿，亦不忍推诿。此朕一人之见也，用兵大事，所关甚重，不可轻率，着诸王议政大臣、九卿、八旗大臣，各抒己见，公同详确密议具奏。”①

①《清世宗实录》卷78，第15—21页。

满汉王公大臣议奏：

“准噶尔部落，自噶尔丹逞凶悖逆，策妄阿拉布坦复肆骄悍，俱已伏冥诛。今噶尔丹策零，凶顽踵恶，若留此余孽，则喀尔喀、青海、西藏等处，必被其扰乱。伏乞皇上命将兴师，大彰天讨，以除蒙古人民之害。”①

雍正帝降旨，允其所请说：“诸王、满汉文武大臣等众议佥同，一切应行事宜，着即办理。”②

此谕有对有错。讲对的是，准部该征，必征，不用兵准部，不将其打败剿除，则大清国的安全受到严重威胁，西北、西南不得安宁。讲错的是，时机不对，不该在此时用兵，应当推迟到二十几年以后。

之所以不该在现在就出兵征剿准部，主要是因为雍正帝犯了四大错误。第一个大错误是，他对准部是四不知。一不知准部政局。他以为老汗策妄阿拉布坦已死，新汗刚刚继位一年多，政局未稳，“分崩之势”，正好用兵。殊不知此论太谬。当时鳌拜之孙、一等公、散秩大臣、前锋统领达福谏阻。雍正说：“策零殂落，噶逆新立，彼境分崩之势，何云不可？”达福反驳说：“策零虽死，其老臣固在。噶逆亲贤使能，诸酋长感其先人之德，力为杆御。主少则易谏，臣强则制专。我以千里转饷之劳，攻彼效忠之士，臣未见其可。”③

二不知准兵威力。他以为康熙五十九年（1720年）准军主帅大策零敦多布率军撤出西藏，回归伊犁，准军已经遭受重大打击，从此以后是败军之将，不敢言勇矣，不是清军对手。雍正如此料敌，可就大错特错了。现在，准噶尔部有新旧鄂拓24，昂吉21，集赛9人，户60余万人。准部人员剽悍善战，崇尚勇武，习于冲杀，“一人能劫数人者为勇士，能劳苦，善战斗”，“声势逼人”。“各回城及哈萨克一闻其至，则阖匿逃窜，掳掠唯所欲”。④

①《清世宗实录》卷78，第21页。

②《清世宗实录》卷78，第21、22页。

③ 昭梿：《啸亭杂录》卷3，《记辛亥败兵事》。

④ 魏源：《圣武记》卷4，《乾隆荡平准部记》。

三不知准部山川平地情形，既要深入敌境，踏平其国，总应知悉对方地形，哪些地方地形复杂，可能设伏，哪些地方交通方便，大队人马得以通过。何况双方已经作战若干年，互相贸易相当频繁，怎能不派侦探，化装成商贾，前往准部侦察，弄清地形，以便他日交战？设若清军早做准备，知悉地形，也就不会在两年以后遭敌埋伏、突袭，惨败和通泊了。

四不知准部此时畜牧业、农业正在发展。松筠的《西陲总统事略》卷1，《初定伊犁纪事》说：策妄阿拉布坦时，“历十余年，部落繁滋”。噶尔丹策零时的准噶尔，“且耕且牧，号强富”。傅恒的《西域图志》记述准部都城伊里说：“人民殷庶，物产饶裕，西陲一大都会也。”准噶尔部的畜牧业，在策妄阿拉布坦、噶尔丹策零的主政促进下，伊犁、乌鲁木齐、雅尔、珠勒都斯(今新疆和静县西北)、玛纳斯、巴彦代等地“草肥水甘”，牧畜容易蕃息，“马、驼、牛、羊遍满山谷”。①农业此时也比较发达。伊犁河流域、额尔齐斯河流域，以及乌鲁木齐，农民都比较多；乌阑许集尔、毛地拉、赛音塔拉、哈喇沙尔(今新疆焉耆)等地，都有不少耕地。农民种植各科粮食作物，像黍、高粱、糜、大麦、小麦、小豆、青稞、稻米，经济作物有麻，蔬菜有瓜、葱、小蒜、青菜，水果有桃、李、葡萄，“百谷园蔬之属，几于无物不有”。②

准噶尔部的手工业也比较发达，制造呢绒、布匹、皮革、纸等物的作坊、印刷厂、兵器制造厂，皆有。

准噶尔汗还从天山南部回疆的各个回城征收大量的金银物品赋税，仅喀什噶尔城，每年必须向准汗交纳67000腾格（1腾格折合白银1两），其中种地的鄂尔托什人须纳粮40898帕特码（1帕特玛合清朝官石4石5斗），棉花14630斤。叶尔羌城交10万腾格的赋税，其中有米、棉花等。

简而言之，此时的准噶尔部以及其后的一二十年，是一个强大的部落，绝对不可能被清军打败并被其吞并；相反，倒可以让清军吃够苦果。雍正帝绝对不应该大举征准。

雍正帝不仅不知敌情，还不了解自己的缺点。他在上谕中夸口：“国帑充裕，官员弁兵，同心奋勇，愿为国家效力，实系可以举行之

① 七十一：《西域部志》卷2。

② 傅恒：《西域图志》卷43，《土产》。

会。”这种论断，失之粗浅，颇为谬误。不错，雍正帝颇有理财才干，短短几年，就使国家财政状况大为改善，康熙末年钱粮亏空严重，国库存银连续减少。康熙五十八年（1719年），国库存银4736万余两，五十九年3931万余两，六十年又减少为3262万余两，六十一年再减为簿册上载的2700万余两，但实际上只有2500万余两，有二百多万两被官吏偷走了。各省藩库(各省的银库)也亏空数百万两。经过怡亲王允祥的贯彻帝旨，锐意整顿，户部亏空的二百多万两银子已经补齐，地方亏空的几百万两也已交库补足。国库银逐年增加，雍正二年（1724年），库银3160万余两，三年4040万余两，四年4740万余两，五年5525万余两，六年5823万余两，七年6024万余两，超过以往任何朝代。

但是，光有钱，没有人，也打不了胜仗。按编制，清军有八旗军20万名，绿营兵60余万，几倍于准兵，但是八旗将领奋勇冲杀、八旗军的无敌军威，早已成为历史，绿营官兵也是今不如昔，而这又与雍正帝的错误判断是分不开的。

雍正帝自命“天纵英武”，“千年一帝”，慧眼识才，洞察秋毫，用人行事，绝对正确，从不失误，一切全由自己裁处。他又疑心特重，不讲原则，只求成功，不择手段，不问是非，全凭个人喜怒、利益决定。他好用权术，阴险残酷，顺我者昌，逆我者亡，连兴大狱，六亲不认。同胞兄弟的廉亲王允禩、贝子允禟，削爵处死，改称贱名“阿其那”、“塞思黑”，其子孙除宗籍。郡王允禵削爵圈禁。舅舅一等公隆科多，年贵妃之兄、抚远大将军、一等公年羹尧，肃亲王豪格之孙、贝勒延信，皆被削爵，年羹尧被勒令自尽，隆科多、延信被圈禁死。

独裁、专制、残酷，导致八旗王公文武大臣忧虑愁惧，唯恐一言不当，一事欠妥，遭帝斩杀，一个个成了绝对顺从帝旨，毫无己见，不敢诤言的奴才，形成了万马齐喑的可悲局面，严重贻误了军国大事的正确处理。尽管对于这次涉及朝廷、社稷、国家安危的特大行动，在“内外臣民”之中，“近者不无怀疑，远者不无惊惧”[①]。然而，满朝几百位文武大臣，却成了噤声寒蝉，不敢谏阻，只有大学士朱轼、左都御史沈近思婉转奏称，“天时人事未至”，一等公达福力言不可图。而此时皇上最为信任的大学士张廷玉，则极力主战，蒙受皇上特宠的新贵云贵总督鄂尔泰也竭力拥戴万岁的英明决策。在接到皇上发来命令群臣廷议的上

①《雍正汇编》册15，第428页。

谕和“朱谕”后，鄂尔泰立即于雍正七年四月十五日上折，盛赞上谕，痛斥不愿发兵的官员是“庸人畏事，识见不远”，所言是“不足道耳”。奏折全文如下：

“奏为钦奉圣谕事。窃准噶尔之举，荷蒙颁示发议上谕一道。复蒙朱谕：‘此朕现发廷议之谕，录来卿看，此一大举，朕意大概定矣。钦此。’臣查准噶尔乃背恩负义怙恶不悛之贼种也，扰我蒙古，窥我边境，残害喇嘛，容匿叛逆。噶尔丹前既自杀，而策妄阿拉布坦敢仍肆傲慢。策妄阿拉布坦近虽物故，而噶尔丹策零敢复踵刁顽，甚于其父。伏思天心仁爱，大德日生，未有以好生之德，而长留害生者。用杀为恩，待倾而复，论理论势，此准噶尔部落自取灭亡时也。我皇上仁育义正，为中外万国主，一物不得其所，犹切筹思，况属巨害，且为隐忧，忍不为众蒙古计，安全虑长久乎。继圣祖未完之事，师出有名，谋成斯举，妙用唯速，先机而神，谅兹弹丸小丑，不异拉朽摧枯。或邀上天鉴佑，诸部落内感奋群起，又有如颇罗鼐其人者，则更易为力，并不需烦费矣。至于穷兵黩武，以大加小，以强凌弱，并得土不足以耕，得民不足以使，原无所利，何必用兵等论，在圣谕之所开示，即物议之所拘泥，庸人畏事，识见不远，但知论难易，而不论是非，并不论利害，又皆不足道耳。臣伏读详绎，能知大概，其中运用，难窥高深。谨缮折复陈，伏乞圣主睿鉴。”①

可是，臣民心中对征准之举，仍是怀疑者有之，惊惧者有之。奉旨秘密筹办征准军务的川陕总督岳钟琪，上折力言征准必胜，准夷必败。雍正七年五月二十七日，岳钟琪上折奏称，为解臣民之怀疑、惊惧，特将“频年所奉(皇上)密授机宜约略为王师十胜，逆事十败，胪列陈述”：

“窃唯我皇上御极以来，经营西徼，至慎至周，凡外而逆彝万不可纵之缘由，内而庙堂万全制胜之长算，唯臣等亲承指授，得敬悉十之二三，天下臣民不能尽晓。但见圣祖仁皇帝包容此贼已历多年，今我皇上忽大兴讨罪之师，内外臣民，不知圣天子以万不得已之心，为万无一失

①《雍正汇编》册15，第100、101页。

之举，而转以出师仓促，近者不无怀疑，远者不无惊悸。臣用是以频年所奉密授机宜，约略为王师十胜，逆彝十败，胪列陈述，恭谢指示天恩，使陬澨贤愚，皆知庙堂经画之深详，数载密漠之敬慎，大功成于指顾，实非出于偶然。”

《清世宗实录》卷82，第5页载录此折所言，王师十胜逆夷必败时，写道：

“宁远大将军、三等公岳钟琪疏言：噶尔丹策零，三世弗庭，百夷被虐，众叛亲离，天怒人怨，蒙圣祖至德洪慈，再三宽宥，更蒙皇上深仁厚泽，屡欲矜全，而终无悔悟，犹复凭其骜驽，肆其猖狂，不道之语，见于表笺，若不大彰天讨，则冠履之定分不明，番夷之祸，难不息。臣叠蒙指授庙谟，至周极备，约举王师之十胜，决逆夷之必败，一曰主德，二曰天时，三曰地利，四曰人和，五曰糗粮之广备，六曰将士之精良，七曰车骑营阵之尽善，八曰火器兵械之锐利，九曰连环迭战攻守之咸宜，十曰士马远征，节制整暇，又加以期日之宽舒，机宜之详密，凡此全胜之宏略，咸出圣心，臣得效奔走之微劳，便成殊绩，臣知指日荡平，献俘奏凯。”①

雍正帝的雷霆天威，固然可以震慑群臣，任意行事，出兵征准。但是，奈何不了强大的准部，终于碰得头破血流，惨败和通泊。

二、密办征准军务

雍正七年（1729年）二月十八日，帝谕告要征讨准噶尔，命群臣廷议，群臣赞同，帝降旨征准。

雍正七年三月十二日，帝谕授领侍卫内大臣、三等公傅尔丹为靖边大将军，从北路出师。授川陕总督、三等公岳钟琪为宁远大将军，从西路出师，征讨准噶尔汗噶尔丹策零。三月十七日，议政王大臣等遵旨议

①《雍正汇编》册15，第428页。

准，北路军有“京城八旗兵六千名”，“车骑营兵九千名”，“奉天、船厂、察哈尔、索伦、土默特、右卫、宁夏七处共兵八千名”，一共是23000名，委派总统将军一员，副将军一员，参赞大臣六员，前锋统领一员，副都统十员，总兵二员，营总24员，参领、副参领41员，副将四员，以及章京、司官、侍卫、参将、游击、守备，千总、把总等，共将弁753员。振武将军公巴赛、都统陈泰、散秩大臣公达福等，分任副将军、参赞大臣等职。①

四月二十三日，宁远大将军、川陕总督岳钟琪奏称：

“宁远大将军川陕总督岳钟琪疏奏：西路军营，文武员弁，马步兵丁等，必须派有定额，则一应军需，可以核计。今臣议派总统官兵大员一员，分领官兵提督一员，总兵四员，副将十员，参将游击共二十员，守备四十员，千总八十员，把总一百二十员。其管理驻防台站，派副将二员，游击二员，守备四员，千把总八员。至经理粮饷事务，议派道员一员，知府一员，同知、通判、知州、知县十员，佐杂二十员，计文武大小员弁，共三百二十四员，马步守兵，共二万六千五百名，一应马驼器械，跟役口粮，盐菜银两等项，与兵丁粮饷，分别支给，臣陆续核明，造册报销。奏入报闻。”②

五月初十，雍正帝于南苑阅车骑营兵，赐诸王、文武大臣及官兵食物，辰时，开始阅兵：

“辰时，靖边大将军傅尔丹等，令车骑营车骑，火炮、鸟枪，并马步军士，各按方位旗色，于晾鹰台前，排为阵式。巳时，上御晾鹰台黄幄，升座，赐诸王大臣等坐鸣海螺，排列处，亦相继鸣海螺，直达营所。营内乃击鼓，南面红旗举展，诸军分队向前，火炮鸟枪，一时齐发，金鸣众止。由是而东，而西，而北，各依旗色，次第操演。又两旗交展，两边分发，首尾呼应，阵如长城。演毕，军士呐咕凯旋，仍归本阵，队伍次第，井然不失尺寸，军容绵亘整肃。上顾谓大学士张廷玉等

①《清世宗实录》卷79，第21、22、23页。

②《清世宗实录》卷80，第23、24页。

曰，伊等操演，可称熟练，且喜今日天气晴朗，朕甚慰悦。然此车骑营兵，不过数分中之一耳，他如盛京、察哈尔等处，精兵尚多也。大学士张廷玉等奏曰，三军和气，上达于天，天人交感，用昭晴朗，我皇上天兵所向，其谁能敌。上又谓浙江总督李卫曰，此不过操演军士之一法耳，至于遇敌决胜，相机度势，神而明之。运用之妙，存乎其人，岂必拘拘排列阵伍，然后可以制敌。李卫奏曰，皇上天兵驯熟精锐，所向无敌，臣得仰瞻，可谓见所未见。因宣谕旨于营内，赐大将军银五千两，副将军银三千两，参赞大臣银各千两，随印内阁学士五百两，营总各二百两，章京等各一百五十两，司官各一百二十两，中书各一百两，笔帖式各八十两，前锋校、护军校、骁骑校各五十两，护军各二十两，披甲各十五两，车骑营兵各二十两。”①

六月二十二日，京师军队出发。雍正帝御太和殿，命大学士公马尔赛、大学士蒋廷锡，捧敕、印，授靖边大将军傅尔丹。大将军、副将军、参赞大臣及出征官员等行礼。毕。申时(下午3点至5点)，上命大将军、副将军、参赞大臣，及在京诸王、贝勒、贝子、公、内大臣、大学士、都统、尚书等，诣堂子行礼，次鸣螺，随于兵部，排设大纛前，行礼。毕。遂御东长安门外所陈黄幄，大将军、副将军、参赞大臣等，皆佩弓矢跪辞。上亲解御用数珠，赐大将军傅尔丹，大将军行跪抱礼。副将军、参赞大臣等，亦各以次行跪抱礼。上谕大将军等曰，尔等此去，当和衷共济，速奏肤功，凯旋时，朕将出城亲接，尔等宜各加奋勉。大将军傅尔丹奏曰，臣等蒙皇上训谕周详，务必同心协力，迅扫氛尘，仰答恩荣。奏毕，上亲视大将军等上马启行。上回宫。是日，德胜门外列兵处赐宴，命王大臣予大将军、副将军，递茶进觞，礼部兵部堂官予参赞大臣递茶进觞，侍卫予出征官员递茶进觞毕。大将军等望阙谢恩。②

帝给大将军的敕谕说：

“奉天伐罪，治世之常经，除暴除凶，安边之远略。况，丑逆阴谋

①《清世宗实录》卷81，第12、13、14页。

②《清世宗实录》卷82，第19页。

诡谲，斯王章显用征诛，机不容迟，法无可贷。厄鲁特策妄阿拉布坦，乃噶尔丹之逆族也。昔我圣祖仁皇帝时，噶尔丹干犯天讨，立时殄灭，本应直捣巢穴，俾无子遗，蒙圣祖仁皇帝如天之仁，念策妄阿拉布坦，向与伊叔龃龉，情罪可原，特沛鸿恩，赏其部落，抚绥周至，再予生全。是时伊力弱势微，小心恭顺，其后乃诱夺伊妻父之部曲万余户，辄敢骄肆妄行，竟欲直驱青海，扰其人众，又诡计发兵进藏，荼毒生灵。我圣祖仁皇帝虽发兵致讨，仍赐包容，遣使宣谕再三，冀其改悔，而伊怙恶不悛，冥顽如故。及朕绍登大宝，伊虽遣使求和，而中怀诈伪，以背恩大逆之罗卜藏丹津，负罪潜逃，伊辄敢容留，抗违国法，中外之人，莫不愤恨。朕本欲于数年间，命将兴师，向伊询问，不意策妄阿拉布坦，遂伏冥诛，其子噶尔丹策零继立，狡狯狂诞，同于其父。昨遣人陈奏之际，言辞傲慢，心志奸邪，似此逆贼渠魁，父子济恶，若不及时剪灭，实为众蒙古之巨害，且恐将来贻国家之隐忧。用是特发两路大兵，声罪致讨。爰命尔为靖边大将军，统领满洲蒙古绿旗大兵，一切事宜，尔与副将军公巴赛、都统侯陈泰、都统石礼哈、散秩大臣公达福、前锋统领衮泰、副都统戴豪、觉罗海兰等，酌定方略，共同计议而行。勿谓己能而不纳众论，勿当事会而致失机宜，勿恃兵强而轻视贼寇，密侦远探，备极周详。各路大兵，及蒙古兵丁，听尔调遣，凡遇有警，即遣发官兵，应援扑剿。有能擒斩噶尔丹策零来归者，即行驰奏，加恩优赏。有情急来归者，加意抚恤。其不抗拒官兵者，毋加杀戮。兵将所过地方，须申严纪律，毋得骚扰百姓，毋得淫人妇女，毋得离散人之父子夫妇，毋得损坏人之坟墓室庐，毋得强取货物，毋得驱役平民，以负朕戡乱靖逆，安民绥众之意。其或有临战退缩贻误扰乱军机者，尔会同商议，文官四品以下，武官三品以下，即以军法示众。官兵有犯小过者，会同商议，径行处治。毋泯没戎行之劳绩，毋宽纵违法之弁兵，法纪务极严明，赏罚悉期公当，一切机宜，尔商酌调遣。有应知会西路宁远大将军者，即行知会，一同办理。将噶尔丹策零，速爷牙剿，永靖边陲，斯称委任，尔等务宜殚心用力，早奏肤功，钦哉。故敕。”①

①《清世宗实录》卷82，第20、21、22页。

从雍正七年二月二十八日，帝谕群臣廷议征准，到六月二十二日，短短四个月，就组织好北路、西路大军，5万名官兵，千员将军、都统、总兵、副将、参将、游击、千总、把总，分路出发，前往北路阿尔泰大营、西路巴里坤大营，可以说是井然有序，迅速完美。

这么宏伟的大工程，其最高层的总设计师、总指挥是哪几位？这是一个十分机密、极难正确回答的特大难题，没有几个人能准确地回答。

雍正七年五月初十，雍正帝在南苑阅看车骑兵演阵完毕时，对此难题，第一次作了解答。他对众位大臣说：

“此次军务，怡亲王同大学士张廷玉、蒋廷锡办理甚属妥协，如蒙上天默佑，即奏凯歌，伊等之功不小。怡亲王、大学士张廷玉、蒋廷锡同奏曰：臣等何知何能，仰蒙皇上指画周详，臣等不过遵奉办理耳。”①

按照这段君臣对话，好似解答了总设计师、总指挥的人员难题，决策人是雍正帝，总设计师是怡亲王允祥、大学士兼吏部尚书张廷玉、大学士兼户部尚书蒋廷锡。但是，看了这个名单不禁使人产生了疑问。雍正帝从未统军征战，连他的皇父康熙帝创立的木兰秋狝，他继位为君以后，都没有去。张廷玉、蒋廷锡更是书生一个，举人、进士，历任文官，恐怕连骑马射箭都不行，更谈不上文韬武略。怡亲王允祥也未带过兵，也没有领军厮杀。就这么几个与征调兵马、制定战略战术、统军出征毫不沾边的文人，能如此迅速地筹划兵马、粮饷、武器吗？单就调兵而言，西路军26500名，从何征调？西路军主要是绿营官兵。全国绿营官兵有60万，调两三万兵，不成问题。可是，这60万兵平时各有驻防地方，各有具体的责任。清朝调兵，不是将某个总兵官的几千人、上万人，某个副将的几千人，某个参将、游击的几百人、几千人调走，而是在若干镇(总兵)、协(副将)、营(参将、游击)各调几十名、几百名、几千名，这种情况下，帝、王、将、相四位弄得清楚吗？该从哪些镇、协营调，调多少？

一个兵要几匹马，要几名跟役，一匹马要多少饲料，五万大军，几

①《清世宗实录》卷81，第13、14页。

十万匹马、驼、骡，怎么办齐，怎么运输，这四位懂吗？何况这又是极其机密之事，不能找兵部尚书、将军、督抚询问。

至于兵分几路，何时出发，何时进攻，仗怎样打，需注意防备哪些危险等用兵之法，这四位帝、王、将、相，懂吗？

所以，必须有带过兵、打过仗、精通兵法的大臣来设计，来筹划，来经办。

还有，雍正帝是“阅车骑营兵”。从146年前清太祖以遗甲13副、部下数十人起兵起，到雍正五年，帝、王、将军打仗，都没有用过“车骑营兵”。清朝军制，八旗军大体上分为前锋营、骁骑营、护军营、步军营、火器营，此外，还有虎枪营、善扑营，这两个营，人数不多，没有听说过车骑营。车骑营是川陕总督岳钟琪提议、奏准，并由他具体设计车的样式以及车骑兵的编制、布置、攻守方略。原礼亲王昭梿的《啸亭杂录》卷10，《车骑营》载称：

“雍正中，上命九卿筹御西夷之策，岳威信公献车营法，其制仿邱浚旧制，稍加损益，凡车广二尺，长五尺，用一夫推挚，而四夫护之。五车为伍，二十五车为乘，百车为队，千车为营。行以载糗粮军衣，夜则围聚为营。战时两队居前，专司冲突，三队后以随之，其余五队，则围护元戎，以防贼人劫战，并具图以进。上命满洲护军习之，号车骑营。后北征时，屡以车师取胜。然其制严重，难以运行，和通之败，辙乱旗靡，道路拥塞，士卒多有伤损，论者归咎车战，遂废其营。然此役乃将师骄慢，误堕贼计，未必皆车骑之咎也。故存其图以待后之用者。”

可见，岳钟琪应是参与西征军务的策划者之一。

可能雍正帝也知道这样说，太有违历史事实，难以服众，于雍正七年六月初十看过岳钟琪的王师十胜折子后，降旨说：

“准噶尔世济凶顽，心怀叵测，将来必为蒙古之巨患，贻国家之隐忧，是用发兵声罪致讨，上承先志，下靖边陲，师出有名，事非得已。两路军机，朕筹算者久矣，其军需一应事宜，交与怡亲王、大学士张廷玉、蒋廷锡密为办理，其西路办理事宜，则专于总督岳钟琪是任。王大臣等，小心缜密，是以经理二年有余，而各省不知有出师运饷之事。今览岳钟琪折奏，备陈十胜之情形，军务所开关重大，朕不敢预言其必然，唯有倍加敬谨，仰恳上天皇考鉴照不得已之情，垂慈默佑，早奏肤功而已。”①

此旨表明，岳钟琪是“西路办理事宜”的负责人，西路军由他筹划、组织。这样说，部分符合事实，但仍有相当多的谬误。因为，事实上，除了雍正帝是发兵征准的决策人外，所有调遣多少将士，需用多少粮米、马、骡、牛、羊、骆驼、枪、炮、弓箭、军装、军费，用兵之法等，皆是岳钟琪奉帝密旨，特别委托而筹划操办的，岳钟琪才是征准军务的总设计师，怡亲王允祥、大学士张廷玉、蒋廷锡，只是起了重要的辅助作用。现举例证五条为证。

例证一，岳钟琪于雍正五年二月二十二日上奏，以有病为由请辞川陕总督，改任甘肃提督。此时，西藏阿尔布巴三名噶隆杀害了忠于清帝的首席噶隆康济鼐，欲勾结准噶尔汗策妄阿拉布坦，另一位噶隆颇罗鼐领兵反对，并奏请朝廷速发援兵。帝命其通盘筹划，“得确见合宜之论时奏闻”。岳钟琪遂奏称：“应援西藏，不若乘虚而入，捣其巢穴。”“保护达赖喇嘛，固重于两路救藏。而剿灭准噶尔，尤重于保护达赖。”奏请改任甘肃提督，“专管三边兵马之事”，请皇上“竟以准噶尔之事，交臣专理”。②

雍正帝看过奏折后，朱笔批示，百般劝慰挽留，不准其辞去总督之请，并强调写道：“今(卿)暂将川驾一切事务，办毕回陕。或于今冬明春，来京见朕。至时，大约策妄阿拉布坦必露情形，朕与卿面为酌计一番，方可决定机宜。更有密谕卿之事也。”③

例证二，雍正五年六月二十二日，岳钟琪又写上奏，哭诉“谗谤日生”，“加臣以骄奢傲慢之名者有之，加臣以逸乐嬉戏之事者有之，加臣以惨刻居心巧诈诿过者亦有之，种种怨忧，不一而足，恳请辞去川陕总督一职”。④

①《清世宗实录》卷82。

②《雍正汇编》册9，第158、159页。

③《雍正汇编》册9，第163页。

④《雍正汇编》册10，第46页。

雍正帝在奏折上又朱笔批示，竭力安慰挽留，不允其请，并再次强调“今岁明春，或有关于策妄处，召卿面商事宜，彼时到京，朕尚有面谕之旨”。[①]

雍正帝根本等不及了，还在雍正五年八月二十五日，就谕命怡亲王允祥、大学士富宁安、张廷玉，传谕岳钟琪，令其办好进藏兵马粮饷等事，“即驰驿来京，朕有面降谕旨之处，其川陕总督印务，仍着岳钟琪随路带办，不必委人署理”。[②]

例证三，雍正五年十二月二十二日岳钟琪上的奏折，这是一折顶万折的关键性的、决定性的奏折，它铁证如山、无可辩驳地证明了，岳钟琪是征准军务的总设计师，怡亲王允祥、大学士张廷玉、蒋廷锡是其重要的辅助人员、执行人员，至于雍正帝则是最高决策人。岳钟琪奉旨于十月进京，与皇帝、怡亲王、张廷玉、蒋廷锡密议征准军务，议妥议定之后，回陕西具体筹办。十二月十一日接到上谕，思考之后，于十二月二十二日奏折上报。奏折原文如下：

“为遵旨密奏事。雍正五年十二月十一日，臣接和硕怡亲王同户部尚书蒋廷锡来信：雍正五年十一月二十八日，奉上谕：‘前岳钟琪在京时，密议西北二路进剿一事，其两路驼马骡只、车辆及粮饷籽种等项，自应于明年开印后预先密为办理。至进剿之兵丁，或应于明年秋间，从京师起程，至边外近地驻扎过冬，至后年四月进发，或应于后年春间，从京师起程，于四月出口进发。尔等可密寄信与岳钟琪，令其将万妥之处，悉心筹划，密具奏闻，候朕酌定。钦此。’臣钦奉谕旨，伏思陕省兵丁，臣加以明岁一年操练，方能熟谙行阵，仰遵训旨，应俟后年春间齐至肃州，于四月间，出口方为万妥。其京师兵丁远赴边方，若待后年春间从京师起程出口，恐其马驼疲困，难以进剿，必得于阿尔泰地方更换马驼，方可前进。但需用马驼甚多，恐一时购觅维艰。臣仰遵圣训，悉心筹划，请将京师兵丁定于明年秋间起程，到阿尔泰地方，驻扎过冬，俟后年四月进发，庶兵马皆得安息，似属万妥。至于阿尔泰地方，原有官兵戍守，每年例应发兵调换，以此进剿之兵，托言调换之兵，往彼驻扎，更可免人疑惑。臣智识短浅，是否合宜，仰恳皇上钦赐酌定，

①《雍正汇编》册10，第48页。

②《清世宗实录》卷60，第24、25页。

训示遵行。其两路驼马骡只车辆及籽种，臣在京陛见时，已经陈奏，应遵旨即于明年开印后，先密为办理。此外尚有一切行阵机宜，并军装事务，臣现在密为细加筹议，容臣另折密奏请旨。谨将京师兵丁起程驻扎之处，缮折密奏，伏乞睿鉴。”[①]

此折明白无误地说明了三个问题。其一，岳钟琪“在京师密议西北二路进剿一事，其两路驼马骡只、车辆及粮饷、籽种等项”。这短短的29个字，说明了岳钟琪与帝、王、相密议的，是整个征剿军务，是西路北路两路的军务，不只是西路军务，并且关于整个征准两路大军所需的“驼马骡只、车辆及粮饷、籽种等项”。驼、骡、车辆，是运输，粮饷是将士、战马的口粮、饲料和军费开支的银两，籽种是屯田所需，虽然没有写明兵士的调集，但马骡驼车辆及粮食、军费银两的多少，是按调兵多少来定的。所以，完全可以肯定地说，岳钟琪在京时的“密议”，是密议并且议定了征准的西路北路两路大军，要调集多少将士，需用多少马驼骡车及口粮饲料，屯田所需的种子，这些事情要在雍正六年开印后办理。

其二，北路大军前往军营的时间，是于雍正六年秋天从京师出发，前往边外近地驻扎，到七年四月正式进剿，还是在雍正七年春间从北京出发，于四月出口进军，帝命怡亲王允祥“密寄信与岳钟琪，令将万妥之处，悉心筹划，密具奏闻”，候帝“酌定”。这样重要的事情，帝不就近征询怡亲王、大学士意见，而特去密信，要岳考虑确定。最后岳建议北路军于六年秋离京，开到阿尔泰大营驻扎，七年四月进军。雍正帝采纳了岳之此议。

其三，岳钟琪于雍正五年十月与帝、王、相在京时的“密议”，议定了西路、北路两路大军，于雍正七年四月向准噶尔部正式进攻。

这三个问题集中地说明了一个问题，即虽然征准军务是由雍正帝、怡亲王允祥、大学士张廷玉、蒋廷锡、岳钟琪五人秘密商议的，但起关键作用的是岳钟琪，是他精心思考之后提出征准方案，与帝、王、将、相五人密议后，同意了岳的方案，由帝最后批准、确定和筹办。

例证四，雍正六年正月，雍正帝给岳钟琪发去“朱批谕旨”，让岳对以下问题提出应付之法，以便帝“训谕北路将帅，两路照应而行”。这些问题是：“进兵抵准噶尔地界，两路进取，屯田机宜，彼逆战如何？逃躲如何？诱引如何？求好如何？彼属下归降投顺如何？战败逆贼

①《雍正汇编》册11，第291、292页。

追剿如何？”即这些问题，该怎样应付。

岳钟琪思考之后，于雍正六年二月初一上折，奏述应对之法。岳钟琪说：“前奉朱批谕旨”，命臣将上述问题的应对之法，“开写呈朕观，以便训谕北路将帅，两路接应而行”，“臣随悉心筹划，敬陈管见”。

“臣思此番用兵，深入贼巢，务须慎重，不宜限定时日。我兵将入敌境之时，每日必须差人四路远探，如探听前途一有敌人信息，即相度地势，先安驻营盘，将一切辎重口粮安顿停妥，酌留兵车戒严固守。然后以进剿之兵，俱令裹带十余日口粮，排列车阵，前往迎敌。如敌人败逃之后，止许追逐一二日，不必过于穷追。如追杀一二日后，贼兵果然远遁，一面仍照前差人四路远探，一面选兵迎接驻营辎重，俟兵粮合营之后，再行前进。如此庶战守俱皆有备，而不致临时周张矣。至远探之人，必须递安塘拨，层次飞报，方不迟误。至于我兵已抵伊犁之时，若彼逆战，亦当如前扎营严守，选兵迎敌之法。如贼兵逆战败逃之后，当看其虚实，相机而行，如果大败逃遁，或带有家口牛羊，自应选精锐之师，兼程并马尽力穷追，先擒渠魁，然后料理所属逃遁之人，是操全胜之势也。若彼兵虽败，尚不至大溃，兼无家口牛羊，则其兵行诡诈，尚未可定。我兵若尽力穷追，恐堕其诱引之计，自应先踞伊犁，一面踩探，一面深沟高垒，并收其附近之回子部落。如探确伊逃遁之处，相去不远，查其众寡之势，再选精锐兵马，捣其巢穴，则量敌而进，彼自无所用其伎俩。倘伊果率众远遁，又计算此时已至隆冬，应宜壁垒戒严，休息兵马，并料理来春屯田事宜。如彼见我兵有久住之势，竟敢领众前来，我兵以逸待劳，更属易事。倘彼逃踞一方，不来侵犯，则我兵必待次年屯田秋成之后，量留官兵驻扎伊里，其余官兵多带糗粮，复捣其巢，此番务期诛降尽净，以成一劳永逸之计。此逆战、逃躲、诱引、追剿四策之大略也。如伊见我兵势，假意求好，当将计就计，以懈其心，使伊不加提防，趁机出奇，攻其不备，更为得计。如伊属下果因势穷力竭，率领妻子投降，虽系实心归顺，亦须加意防范，应收其器械，安置严密之处，并选其精健者，使为乡导，以视其向背虚实之心。查察投降如果是实，即可量给器械，以充前锋，仍严守伊等之妻子，以束缚其心，是亦以敌破敞也。若伊等果能尽力效命，俟事定回兵之时，一同带入内地，请旨安插，此求好，投顺两策之大略也。但臣智识短浅，军务重大，刍荛之见，未能悉合机宜，理合缮折奏闻，伏乞皇上睿鉴，俯赐训示遵行。再进剿兵马，所有道路广狭之行阵，并遇敌交锋之战阵，以及遇晚扎营之育马阵，臣已经造就战车一百辆，现在查照阵图，酌古证今，按法操演，数日内即可筹划妥当。臣当详悉绘图，恭呈御览。"[①]

岳钟琪的应敌之法，确是高见，确是经验之谈，如果两年多以后，北路主帅靖边大将军傅尔丹能采纳此法，哪会惨败和通泊！

例证五，岳钟琪对大军征讨，所调兵马及粮饷、运输等，考虑十分周到，安排非常细致。他于雍正六年十二月十四日，专写了11000字关于西路军的长篇奏折，逐一详细向皇上奏报。[②]没有丰富的作战经验和高超的、细致的、精心的思考，是制定不出来的，限于篇幅，仅选几条：

一条是西路军的文武官员、兵士及其所带余丁、跟役数目：

"议派总统官兵大员一员，分领官兵提督一员，总兵四员，副将十员，参将、游击共二十员，守备四十员，千总八十员，把总一百二十员，管理驻防台站，马步兵二千名，再派副将二员，游击二员，守备四员，千把总八员，再经理粮饷文员内议派道员一员，总理粮务知府一员，协同办理同知、通判、知州、知县十员，佐杂二十员，专司随营支给粮饷之事。以上文武大小员弁共三百二十四员。臣议请将总统官兵大员一员，酌带跟役六十名，提督一员，照例带跟役四十名，总兵四员，各带跟役二十四名，副将十员，各带跟役十六名，参将游击共二十员，酌带跟役共一百七十名，守备四十员各带跟役六名，千把总共二百员，各带跟役三名，再管理驻防台站官兵副将二员，各带跟役十六名，游击二员，各带跟役八名，守备四员，各带跟役六名，千把总八员，各带跟役三名。至文员内，滇省并未派有道员，所以亦未议及跟役，今请将应派道员一员，酌带跟役十二名，知府一员，照例带跟役十名，同知、通

①《雍正汇编》册11，第548、549页。

②《雍正汇编》册14，第203-216页。

判、知州、知县十员，各带跟役七名，佐杂二十员各带跟役二名。陕省进剿兵二万名，内马兵一万二千名，步兵八千名，又战车守兵四千五百名，计马兵四名，带余丁一名，共带余丁三千名，步守兵五名，带余丁一名，共带余丁二千五百名。晋省派发驻防台站兵二千名，内马兵一千名，步兵一千名。以上统计大小武员共二百九十员，大小文职共三十二员，马兵一万三千名，步守兵一万三千五百名，文武各官跟役共一千五百九十四名，余丁共五千五百名。”

一条是马兵、步兵、战车兵、余丁、跟役、运炮等，共需驮马42041匹及驮马之调拨采购：

“兵丁驮马，以及摘拨空马买补各数目，均宜按额估办。查陕省进剿马步兵二万名，晋省驻防马步兵二千名，除马兵本身骑马外，二兵合给驮马三匹，共给驮马三万三千匹。战车守兵四千五百名，每名量给驮马一匹，共给驮马四千五百匹。余丁五千五百名，武员跟役一千四百六十二名，每二名给驮马一匹共给驮马三千四百八十一匹。进剿兵二万名，应带威远炮一百位，子母炮一百位，每位给驮马五匹，共给驮马一千匹。驻防兵二千名，应带威远炮十位，子母炮十位，每位给驮马三匹，共给驮马六十匹。以上共应摘拨驮马四万二千四十一匹。内除现今采买马一万匹，河南省摘调马三千匹，山西省摘调马三千匹，西安八旗兵内摘调马八千匹，尚需驮马一万八千四十一匹，在于陕甘二属，各营马内照数摘给。此豫晋二省，并满汉各营，摘给马三万二千四十一匹，均应给价买补，计每马一匹，照定价八两，共应需银二十五万六千三百二十八两。再驮马每匹，例有鞍屉一副，计马四万二千四十一匹，应需鞍屉四万二千四十一副，每副价银六钱，共银二万五千二百二十四两钱。以上马价并鞍屉价值共应需银二十八万一千五百五十二两六钱。”

一条是官将每日给食米京升粳米8合3勺，按武将292员以20个月计算，应需京斗粳米1454石1斗6升。

一条是兵士、余丁、战车守兵，跟役共33594名，以20个月计算，每名每日给京升粟米8合3勺，日给炒面1斤，扣除6个月给羊折合米，共应给粟米58554石3斗4升2合，炒面7054940斤。

一条是官兵例应给盐菜银，以27个月计算，官兵例应支给盐菜，今统以27个月估计，内总统官兵大员一员，提督一员、总兵四员，每日照例各支盐菜银5钱，计27个月，共应给银2430两。副将12员，每日各支盐菜银2钱4分，27个月，共应给银2332两8钱。参将、游击共22员，每日各支盐菜银1钱4分，27个月，共应给银2494两8钱。守备44员，每日各支盐菜银8分，27个月，共应给银2851两二钱。千总84员，每日各支盐菜银8分，27个月，共应给银5443两2钱。把总124员，每日各支盐菜银4分，27个月，共应给银4017两6钱。马步守兵丁共26500名，每名日支盐菜3分，27个月，共应给银643950两。其余丁跟役无支盐菜之例，毋庸议给，至于官兵应给盐菜银两，如有长支短领统于事竣凯旋之日，核明起止日期，照数请给报销，方无误异。以上共需官兵盐菜银663519两6钱。

一条是运输米面银子，共需驼51037只，其中，米面需驼50945只，运盐菜银，一只驼运银4000两，共需驼92只。

一条是骆驼51037只、战车骡6000头，所需鞍、毡等项，需银72348两。

一条是制造战车300辆。西安造车1000辆，每辆用银6两9钱8分5毫，甘肃造车2000辆，每辆用银10两，共需26980两。

一条是战车守兵4500名，每5名给帐房1顶，锅1口，共需银4500两。

共计26条，共需银236万余两。

从西路军的将士、余丁、跟役、驮马、骡、米、面等26条的安排看，准备是够细致、够周到了，岳钟琪是尽力了，做得很好，其他任何文武大臣都不如他。单就军务准备而论，清军是有很大优势的。但是，两军交战，胜负的决定因素，还是在于战争的性质、统帅的指挥和将士的士气，军务准备不能起决定性的作用。

三、科舍图牧场被劫

科舍图，蒙文为碑。在哈密与西路清军大营巴尔库尔之间，有巴里坤山，山上有唐朝裴行俭所立西征碑，故蒙古人称此山为科舍图岭。岭下有清军牧放马驼牛羊的大牧场，设有科舍图卡伦和图克里克卡伦，驻兵防戍。

岳钟琪于雍正七年上半年，统领两万多名西路军，抵达巴尔库尔军营。

巴尔库尔，是蒙古语的音译，原意是老虎的前爪。此地原来叫蒲类，附近有一个湖，蒙古人称为蒲类湖，遂将这个地区称为蒲类。蒲类湖的形状，像老虎的前爪，故到13世纪初，蒙古占据了这片土地后，就将此地改名巴尔库尔。雍正十三年又将此地改名巴里坤，即今天新疆东部天山北麓的巴里坤哈萨克自治县。

巴尔库尔草肥粮足，又是军事交通要地。往西，到乌鲁木齐1200里，再往西，可直达准部都城伊犁。往东偏南，到哈密260里，再往东偏南，可到甘肃的玉门关、嘉峪关，一直到兰州。所以，元朝成吉思汗占了巴尔库尔以后，就在此建立了西进的大本营。

岳钟琪进驻巴尔库尔后，原先本已与雍正帝商定，于雍正七年四月，西北两路大军进攻准部，预定于八月抵达伊犁，但是北路主帅靖边大将军傅尔丹在六月二十二日才统军离京，到达阿尔泰大营已是八月，部队经过五六千里的长途跋涉，疲惫不堪，起码需休整两个月。所以，原定雍正七年四月出口，八月抵达伊犁剿灭准部的计划，已经无法实现了，要进军，只有等待明年春天以后了。

就在岳钟琪在巴尔库尔等待的时候，十月初六，噶尔丹策零派的使臣特磊来到大营，声称：奉汗之命，押解天朝叛逆罗卜藏丹津进京，议和修好，途中知悉大军攻准，便先将罗卜藏丹津押回伊犁，大汗命我前来报告缘由，与天朝商议议和之事。

岳钟琪一见，准部议和修好，并愿遵旨送叛王，形势有了很大变化，短期内不会征剿，遂立即于十月十三日上奏，说明情形，请旨定夺。巴尔库尔到北京有七千余里，朝廷规定的巴尔库尔将军或都统的本章，限30天到京，这份奏折很重要，可能会提前几天。雍正帝收到奏折，思考之后，命将特磊解送北京。此后，直到雍正八年五月初十，雍正帝决定，派使臣带着特磊前往准部，一方面表示可宽宥噶尔丹策零之罪，暂缓一年进军，同时，要求准部听封，编组佐领，分而治之。并令特磊回到巴尔库尔军营后，立即返回伊犁，岳钟琪待特磊走后，即行动身，来京商议。

岳钟琪坐镇巴里坤期间，写了不少诗。其中有："列灶沙关门，营门淡晚烟。月光斜照水，秋气远连山。归雁穿云去，慈乌带子还。征西诸将帅，转战又经年。地在乾坤内，人居朔漠间。日寒川上草，松冷雪中山。铁骑嘶沙碛，金戈拥玉关。楼兰诚狡黠，不灭不生还。"

诗里既有对军营艰苦生活的描述和感触，又有深深的思乡情结，更有手握大军、定要建功立业、不剿灭准噶尔部誓不生还的豪迈气概。然而，由于客观上严重的不利因素和主观上的一些失误，特别是满洲勋贵的嫉妒、中伤和陷害，皇上的文过饰非、诿过于人，岳钟琪的雄心壮志不仅没有实现，还落得了个贻误军机、遭革职削爵问斩的悲惨下场。科舍图牧场的被劫，就是他从大将军、三等公、川陕总督、帝之心膂、股肱的军国重臣，也是他从官场、军界春风得意的人生顶峰，沦落为阶下囚险被斩首的转折点。

其实，所谓的献送叛臣罗卜藏丹津，诚心与清朝的议和修好，完全是一场精心设计的骗局，把自命洞察秋毫、远观万里的雍正皇帝骗得团团转，延迟了进军征剿的时间，中了噶尔丹策零的缓兵之计。

从雍正七年二月皇帝向满汉大臣宣布要剿灭准夷起，又是祭太庙，又是大阅车骑兵，又是欢送京军出行，以及西路大军26000人，开往巴尔库尔军营，早就让准噶尔人知道清军要来消灭他们了。在这样的情形下，准噶尔汗噶尔丹策零召集了台吉、图什墨尔、寨桑，开会商议对策。绝大多数与会者主张立即倾国出动，大战清军。噶尔丹策零最后决定，目前准备不够，不宜迎头硬战，必须施行缓兵之计，争取到充分准备的时间。于是他派特磊为使臣。

特磊于雍正七年十月抵达巴尔库尔，转入京师，骗得雍正谕令两路大军暂缓一年进攻，也就是最快也得在雍正九年春天才能有所行动，为准部争取到两年无战的条件。

噶尔丹策零经过充分准备后，派遣库克辛玛木特率兵两万多人，于雍正八年十一月底，突袭科舍图和图克里克两大卡伦，劫取牧场、马驼。

这时，岳钟琪觐见后往回走，正在西安。岳钟琪不在军营期间，朝廷命四川提督、参赞大臣纪成斌护理宁远大将军印务，即暂时代行宁远大将军职权。纪成斌认为满洲将士强劲，因而命副参领查廪领兵万人守护牧场。这个官阶正四品的查廪丧失了先祖英勇奋战、满洲八旗将士所向披靡的光荣传统，贪生怕死，懦弱怯战，又贪图安逸，畏惧边境天气寒冷，竟然违背军令，只派一名低级将领带领50名兵士前去防护牧场，他自己却带领众多将领驻扎在山谷之间，躲避寒冷，而且还每天大摆宴席，召集多名妓女陪酒作乐。

准噶尔军突然进攻，查廪吓掉三魂七魄，弃军而逃，经过总兵曹勷营房，“呼曹救命”。“曹性卞急，因率兵往，为其所败，单骑而奔”。

幸好，总兵樊廷闻信，率副将冶大雄等领兵2000名追赶，转战七天七夜，救出两个卡伦被掠官兵，又会合总兵张元佐，奋力追击，夺回一些马驼牛羊。[①]

库克辛玛木特于雍正九年正月十二日，赶上掠获的马驼牛羊，率兵退走。

雍正八年十二月二十一日，雍正皇帝收到纪成斌奏折。纪成斌奏称：准噶尔兵趁我西路军营不备，两万余兵侵犯科舍图卡伦，盗赶驼马。总兵官樊廷率副将冶大雄等领兵2000名，转战七昼夜，救出两处卡伦官兵。会合总兵张元佐，击杀贼兵，不计其数，将马驼牲畜，全部夺回。[②]

纪成斌的上述奏折表明，虽然西路军没有防备，致被准军偷袭，盗赶马驼，但清军英勇追击，2000官兵就敢与10倍于己的敌军对战，救出卡伦官兵，夺回所有牲畜，还击杀敌兵不计其数，是一场以少败多的大胜仗，这只是一次准军偶然性的偷袭。真是这样吗？肯定不是，真相与纪成斌的所奏完全相反。

第一，准军掠牧场，不是偶然性的盗赶马驼，而是经过精心策划进行的正式向清朝开战。噶尔丹策零派遣大寨桑库克辛玛木特，领兵26000名，驻守巴尔库尔附近，寻找机会进攻，又派大、小策零敦多布率兵30000名，驻守布克赛里一带，阻止北路军声援清西路军，并派大策零之子纳木扎领兵10000名，防哈萨克人趁机来袭。库克辛玛木特，先命数千兵围攻噶斯大卡伦数日，以分散清军注意力，然后侦悉科舍图两个大卡伦守兵和查廪松懈情形后，亲自率兵20000余人，围攻科舍图、图克里克两个大卡伦，断绝了两大卡伦对外的联系。

---

① 昭梿：《啸亭杂录》卷10，《岳威信始末》。

②《清世宗实录》卷101，第11、12页。

第二，准军大胜。以兵力而论，准军是20000多人，而清西路军是26000人，略超准军，且清军是守方，应该有以逸待劳的有利条件。科舍图等两个大卡伦，离巴尔库尔大本营并不太远，不到100里，快马奔驰一个多时辰就可赶到，与卡伦守兵里应外合，完全可以与准军交战，至少可以打个平手。并且，虽然准军围住了卡伦，断绝了他们与巴尔库尔的联系，但按军队通常的防御规定，保护牧场这样重要地点的卡伦，至少一天总得与大军营联系一到两次，准军是攻了几天，才拿下卡伦，才能赶走牧场马驼的，大军营一连几天没有卡伦的消息，怎么不派人去查看！科舍图等两大卡伦上千官兵的孤军作战，最后不是战死，就是被俘，马驼被赶走，主要责任固然要由查廪承担，但西路军临时统帅纪成斌也难辞其咎。

第三，谎报军情，将败仗捏造为大胜。樊廷、冶大雄、张元佐等将士固然是英勇冲杀，但也只是救出部分官兵，夺回一些牧畜，而牧场的大部分马驼，有数万匹，仍然被准军赶走了，准军也没有什么伤亡，并不是纪成斌所说被清军“击杀无数”。

雍正帝看过奏折后，立即增派官兵，前往西路军营，又重赏樊廷等将士，并谕告岳钟琪、傅尔丹，分别在巴尔库尔和北路军营之外，各筑一城。

牧场被掠之时，岳钟琪还在西安，他知道后，迅速赶往巴尔库尔。十二月中旬，抵达军营。

一个月以后，接到皇上于十二月十八日下达的上谕，命令西路、北路军各筑一城。[①]岳钟琪立即委任得力官员，调动士卒民夫，筹办材料，亲自督促，加紧施工。

从康熙晚年以来，巴尔库尔就成为西路大军军营，但一直是临时性的，未做长远打算，没有墙，只有木栅，且不宽广，一旦有警，十万马驼没法赶入军营内保护。将士住居帐篷，既不方便，条件也不好，长期下去，有损将士健康，且易导致疾病传染流行，还不安全。所以，这次趁皇上下谕要筑城，岳钟琪决定一劳永逸，不只要修，还要修好，让它长期牢固耐用，以保障西方边境安全。首先是要选好经办官将，在当时歪风盛行，大工程是贪官发财的聚宝盆的条件下，廉洁、能干、谨行、认真的负责官员，是工程成败的关键因素。这次，岳钟琪是选对人了，

①《清世宗实录》卷101，第19页。

他委任官阶正六品的吏部堂主事阿炳安、曾经任过西安知府现已赋闲在家的赵士朗二人“总理其事”。两位能干、认真的人员，仔细研究后，制定施工规划，共大城一座、小城两座，城身周围高宽尺寸，各城门楼、角楼、吊桥、角墩、马道、拦墙及两座墩台，所需的兵、夫、匠役，一应工价、物料等，估计数目，兴工日期，完工日期，详细列举，报告大将军岳钟琪审理后，奏报朝廷批准后动工。

两位总理人员勤谨奉公，实心办事，认真负责。岳钟琪又以兵、夫加工赶筑，甚是劳苦，发银买羊200只，奖赏兵、夫，兵、夫努力，工程进展很快。大城45天即已修好，两座小城、两座墩台，一个月内即已完工。原来大学士等议定，应用工夫134万多人，最后修好时，实际只用了76万余工。工钱节省了，工程却保质保量，所筑城垣，十分坚固。

巴尔库尔新城，城墙周长8里，长方形，东西长1500米，南北宽780余米，有四个城门。四门之外，修有四座瓮城，每座瓮城，半径为35米。考虑到单座城往往会陷入孤立无援的困境，又在城的东北和西北五里外修建两座兵城。兵城为方形，南北约长230米，东西宽180米，城墙底宽5米，城外也有瓮城。三座城互为犄角，可互相救援。主城巴尔库尔城为岳钟琪大军屯驻，提标、镇标二军驻扎左右兵城。

巴尔库尔城是建在山坡上险要的地方，南面背靠冬夏皆有白雪的天山，面对宽广的蒲类湖与甘露川，可远眺巴里坤盆地，西有黑沟挡住西北风，使城的温度比其他地方高2°～3°。黑沟的河水向东北沿山坡引到城南，保证了城南农田和护城河的用水。地下水也丰富，在城北渗出地表，形成了优良的北湖草地。

岳钟琪的将军府衙门，修在城的东街南边，由于城里是南北低，所以衙署的门是向北开的，与一般衙署的门是向南开的不同，成为巴里坤城的“五奇”中的一奇，即“衙门望北”。

城南有座倚靠天山的平顶山头，岳钟琪操练兵马的时候，就在这平顶山头上指挥，后来人们称此平顶山头为“岳公台”，成为巴里坤县的八景之一——岳公留胜。①

巴尔库尔(巴里坤)城的建成和驻军，成了虎踞西域的东部要塞，对阻止准军侵占甘肃、青海、内蒙古，稳定西北局势，起了重大作用。

---

①《清世宗实录》卷107，第21页。

四、靖边大将军傅尔丹惨败和通泊

雍正帝胤禛派西路、北路两路大军征剿准噶尔汗噶尔丹策零。西路军以绿营兵为主，有马兵13000名、步兵13000名，主帅是宁远大将军、三等公、川陕总督岳钟琪，军营在巴里坤。北路大军以满兵为主，计有京师八旗军6000名，以护军组成的车骑营兵9000名，奉天、船厂、察哈尔、索伦、土默特、右卫、宁夏七处兵8000名，共23000名，主帅是靖边大将军、三等公、吏部尚书傅尔丹。开国元勋、铁帽子王郑亲王济尔哈朗之孙辅国公、振武将军巴赛为副将军。历任两江总督、都统、吏部尚书、现任兵部尚书的查弼纳亦任副将军。都统陈泰、石礼哈，前锋统领衮泰，一等公达福，副都统岱豪、觉罗海兰等六人为参赞大臣。定寿、舒图、马尔齐、西弥赖等骁将分统前锋、车骑营等各路士卒，可以说是兵精将勇。

主帅傅尔丹，是开国元勋并被太祖赞为“万人敌”的直毅公费英东之曾孙，历任领侍卫内大臣(官阶正一品)、振武将军，黑龙江将军、吏部尚书，曾经也是一位勇士。《清史列传》卷17，《傅尔丹传》载，康熙四十二年，时任散秩大臣(官阶从二品，领三品俸)的傅尔丹，护驾南巡，驻跸祁县。“上于行宫前，阅太原城守兵骑射。有卒马惊突，近御仗，傅尔丹前止马，擒之下。谕曰：马惊逸，冲近御仗，诸年少大臣俱效年老大臣旁观不动，唯尔直前勒止之，可谓能继武前人矣。特赐尔貂皮褂一领。嗣后益加勉力，毋以身为大臣而不思奋力向前也”。

既是在行宫前检阅太原兵，皇帝左右必有相当多的保卫人员，一等侍卫、二等侍卫、三等侍卫、乾清门侍卫、御前侍卫，这都是从勇士之中挑选出来的勇士，特别是乾清门侍卫和一、二、三等侍卫，大都是年轻勇武之人，平常是号称南山擒虎，大海诛蛟，胆子大得不得了。此时，连他们都惊呆了，惊傻了，可见惊马之凶猛直前，挡者不死便残。在这万分危险，众侍卫吓得呆若木鸡的情形下，傅尔丹敢于冲上前去，紧紧抓住马缰，让其动弹不得，停住了，不致冲倒皇上，保住了万岁。这一事情，不仅表明了傅尔丹武艺超群，豪气冲天，显示了他对皇上是无比的忠心，他的忠，超过在场所有的人，特别是重重地斥责了众大臣之自私自利、对帝不忠。所以他才受到皇上的特殊嘉奖，并予以特别的赏识和提拔。第二年，升傅尔丹为都统(官阶从一品)，不久再升领侍卫内大臣。

但是，傅尔丹虽然曾经表现得突出英勇，武功也好，可他却是一介鲁莽武夫。《啸亭杂录》卷7，《记辛亥败兵事》载：“初，上命傅尔丹与岳威信公钟琪会议进兵策，岳公赴傅穹庐中，见壁上刀槊森然，问傅何所用。傅日：此皆吾所素习者，悬以励众。岳笑而漫应之。出语人曰：为大将者不恃谋而恃勇，亡无日矣。后卒如岳公所料云。”

北路军的大营，原先驻扎在阿尔泰，雍正九年初，奉旨在科布多修城。九年五月，傅尔丹率北路军进驻科布多，此时，城墙只修了一丈多高，还未完工。七月，准噶尔汗噶尔丹策零命大策零敦多布、小策零敦多布率兵30000名，向北路大军攻来。准军遣奸细伪降，诡称准军分散，诱引清军进剿，傅尔丹轻信敌间之言，率军12000名，轻装往击，中伏，惨败。《清史列传》卷17，《傅尔丹传》对于此战情形，记述如下：雍正九年六月，傅尔丹奏：“臣统大军抵科布多，据守卡侍卫巴尔善等擒准噶尔一人，曰塔舒尔海丹巴。”询之，云：“噶尔丹策零发兵三万，令大策零敦多布、小策零敦多布等分领，由阿尔泰山奇兰犯我北路。今小策零敦多布已至察罕哈达，而大策零敦多布、因噶尔丹策零妹夫罗卜藏策零向驻阿里玛图沙西喇擘勒，防哈萨克，今与噶尔丹策零隙，率三千余户来投，追者为所败，以是大策零敦多布尚未至。……臣思贼兵未集，当乘其不备袭之。选兵一万，轻装由科布多河西，分二队于六月初九进剿。前锋统领定寿等领第一队，参赞马尔萨等领第二队，臣以大兵继进掩擎，令都统衮泰等以兵7300名筑城，都统侯陈泰等以兵5000名驻科布多河东，扼通奇兰要路。”又奏：“定寿等擒贼巴尔喀等十二人于扎克赛河，据云距察罕哈达止三日程。准噶尔兵不过千人，尚未立营，臣即乘夜往袭。”七月，奏言：“臣等于六月十七日获准噶尔丹侦者，云博克托岭有贼二千、驼马万余。臣遣参赞舒图、副都统岱豪等以兵三千往剿。十八日，遣定寿以兵千五百名与贼战于库列图岭，斩四百余级，贼驱驼马逾岭遁。十九日，定寿、舒图等与臣合。二十日，贼二万余从高阜冲我营，督战，杀千余贼。副都统塔尔岱、马尔齐以兵二千夺西山。二十一日，因贼据险，我军移营于和通呼尔哈诺尔，定寿、舒图及参赞觉罗海兰、副都统常禄、西弥赖据山梁之东，塔尔岱、马尔齐据其西，副都统承保居中策应，参赞马尔萨由东路，公达福、岱豪在前，副都统舒楞额、土默特公沙津达赖等护后。营甫移，贼犯山梁东西两军，定寿等力战杀贼，忽大风雨雹，被围。臣遣兵救出塔尔岱，又遣承保援定寿等，会日暮未解。二十二日，海兰突围出，定寿、舒图、马尔齐自尽，常禄阵殁，西弥赖令索伦兵驰援定寿，军溃，亦自尽。二十三日，贼连犯大营，臣督军力战，斩贼五百余，沙津达赖等及罕哈尔兵皆溃，唯满洲兵四千不动。二十四日，随印侍郎永国及海兰、岱豪俱自尽。臣等以步兵退，设方营护辎重，令塔尔岱、舒楞额殿后，承保统右翼，马尔萨统左翼，臣与副将军巴赛、查弼纳往来巡察，副都统德禄捧敕印行。贼众三万蜂集，我军且战且退，杀贼千余，达福殁于阵。二十八日，渡哈尔噶纳河，贼犹追冲左翼，复击斩五百余。七月朔日，臣等还科布多筑城处，我兵陆续归营者二千余。臣遣迎未归诸将，唯塔尔岱负创至，巴赛、查弼纳、马尔萨、舒楞额皆阵殁。臣轻举妄动，以致败绩，请立正典刑。”

《清史列传》所记，掩盖了傅尔丹刚愎拒绝诤谏，独断专行，致铸大错等言行，需引原礼亲王昭梿的评述，来做些补充和更正。昭梿在其《啸亭杂录》卷3，《记辛亥败兵事》中写到：

时从征为查副将军弼纳、巴将军赛，副都统岱公豪、海公兰、西公弥赖、定公寿、舒公图、马公尔齐，侍郎永公国、塔公尔岱，皆一时将帅之选焉。

八月，会师于科布多城。噶逆遣将伪降，言其国携贰，与哈萨迭战经年，马驼羸弱，可袭灭其部落。傅公信其言，欲进师，定公寿曰：“噶逆闻警，敛师境内，静以观变，其谋可知。我师莫如耀兵境上，以扬我武，全师凯旋，策之上也。安可信俘虏片言，突入敌垒，以黩其武哉？”傅曰：“不入虎穴，焉得虎子？彼穷蹙之余，安能敌精强之士？不御敌非勇也，汝何懦怯，自损其威也。”定默然出，以袍付仆曰：“汝持此以归葬焉!生子名寿，以志难也。”永公国曰：“国闻用师乘暇而战，未闻无隙而能制胜者。今噶逆亲亲用能，人唯求旧，选不失才，贤不失位，疆围远辟，牧养蕃滋。彼虽犯我师旅，尚当良筹以御之，而况敛兵蓄锐，乃可深入自暴其师乎？”海公兰曰：“量敌而入，将之能谋也。知难而退，武之善经也。敌未可轻，武未可黩，俘虏之言奚足为信？羸师待敌，外夷之故智，君其防之。”傅艴然曰：“我国家之所以无敌者，以武臣不畏死耳!君等安可蹈汉儿之习，自弱其势哉？”因命整军以进。主事何公溥执辔以谏，傅曰：“蕞尔竖儒，安识兵家事”？因以鞭挥何手而去。马公退告众曰：“此师殆哉!”岱公豪曰：“带组具存，何畏死无具也？”查公弼纳曰：“余刀俎余生，受君恩乃不死，今得以马革裹尸幸矣!”查前因允禟朋党故，廷议大辟，上特宥之，故查益感激用命。

及出境数百里不见贼垒，获侦者，云在博克托岭，傅遣舒公图往剿。未数里，闻胡笳声远作，毡裘四合如黑云蔽日，傅惧，移师东，陷和通淖尔，华言大泽也。定公寿谓傅曰：“远众陷师，谁之咎也？”傅默然无语。定公寿曰：“言在先，敢辞死乎？”遂与马公尔齐率师援舒。兵既接，忽大风蔽日，雹如牛首，我兵血战间后无继师，定公寿中矢殒，舒公等俱没于阵。西公弥赖率本部援之，兵溃身殉。贼遂犯大营，傅命蒙古兵御之。定制，科尔沁王公树红纛，土默特旌树白纛，以为志。转战间，科尔沁王某偃旗首遁，土默特公沙津达赖奋身入贼垒，白旌耀然。众知蒙古兵败，曰：“白纛兵入贼队矣!”诸军遂大溃，终夜甲仗声不绝。傅举趾失措，惟抚驭满洲士卒曰：“慎无堕家声也。”永公国刎颈死，岱公豪、海公兰自缢于幕杙上，何公溥儒服雅步曰：“死为国殇，永享俎豆，荣矣!”遇贼而死。有蒙古参领某，潜渡淖，遇归人骑以追，推某河中，水浅得不死。医士汤某，仓皇奔窜，扬言曰：“余有丹药，嗡之可以免渴。”卒无应者，陷于贼。傅杂士伍奔窜出，查公弼纳躍马舞刀，贼皆披靡，溃围而出。不见傅，以其已死，恐蒙陷帅罪，曰：“颁(斑)白之年，岂可复对狱吏？”遂复入阵而死。达公福殿军被杀，巴公赛血战死之。唯塔公尔岱冒锋矢出，中枪穿脑，血殷征衫，蒙古医以羊皮蒙之，三日始苏。贼获诸士卒，皆以皮绳穿其胫，盛以皮袋，载诸马后，从容唱胡歌而返。蒙古科尔沁王逃匿萑苻中，以千金赂傅，傅受贿，扬言于众中：“蒙古白纛者先败。”乃收公沙津斩之，蒙古士卒皆愤怒溃军。事闻，上震悼，曰：“朕悔不听达福言，今无及矣！”乃厚恤其家。达故权臣鳌拜孙，耻其祖所为，故尽节云。乃斥傅爵，赏恤诸溃卒。

考虑到这些记述用的是文言文，不便阅读，且其中也有谬误之处，故改用白话，并经过考证之后，将此战情形比较准确地叙述如下：

一方面，噶尔丹策零派遣部分准兵，不断袭掠、骚扰巴尔库尔以西各处卡伦，骚扰哈密、吐鲁番，牵制清军，使西路军无暇增援北路军。同时，命大小策零率领精兵30000名，埋伏于博克托岭，派舒尔海等人前往骗诱。

傅尔丹果然中计，于六月初九率兵12000名，主要是满兵，其次是3000名蒙古兵，轻装出发，追袭准兵。大军分为三队，前锋统领定寿，统领、一等公、散秩大臣达福，副都统塔尔岱率领第一队；参赞大臣、副都统马尔萨，副都统永保、西弥赖领第二队；傅尔丹领第三队大军。科布多留兵7500名继续筑城，参赞大臣、一等侯、都统陈泰领满兵2000名，驻守科布多河东，此处乃通奇林要路，准备应援。

六月十七日，大军来到扎克赛河，擒获准兵巴尔喀等12人。巴尔喀等供称：小策零敦多布的牧场在察罕哈达，有马驼两万余匹，离此只有三天路程，仅有兵1000名，尚未来得及安好营盘防守。大策零带领大队人马，行军途中，得病，留驻博克托山，其子多尔济丹巴领兵500名，赶到小策零山梁前驻扎。

傅尔丹一听大喜，心中想到小策零手下只有兵1000名，有马驼两万余匹，我有精兵12000名，十二比一，可稳操胜算，擒获小策零，一则本身就是大功一件，再则挫了准军锐气，有利于在下次战争中打败患病的大策零。决定，趁大策零带领大队人马尚未来到时，飞驰突袭，生擒小策零。

副都统前锋统领定寿、侍郎永国等将官对准兵所供，产生怀疑，觉得，以大小策零之多智、奸狡，不会如此轻率，必有阴谋，再三谏阻。

傅尔丹不听，严厉宣布：大军立即乘夜进兵。

第三天，准兵两千余人迎战，其驻地有马驼数千。第一队将士进攻，交战片刻，准兵不敌，败走，马驼全为清军所获。

清军欢呼，随即继续前进。

六月初九大军出发时，三个队之间的距离不远，一二里，便于及时增援。几天下来，第一队行走较快，三个队之间的距离拉大了，相隔都在十里以外。

二十二日，第一队来到博克托岭，突然，胡笳(类似笛子的少数民族乐器)响起，30000名准兵从岭上扑下，齐声呐吼：杀，杀，杀!声震十里，清军猝不及防，又敌众我寡，以一当十，瞬间溃退。第二队也被准军击退。

傅尔丹赶忙下令往后边战边走，退到和通泊，东距科布多200里，准军四面包围，坚决不让清军逃走。清军多数将领，英勇奋战。前锋统领定寿督兵奋击，所向披靡，冲入敌阵，被敌重重围攻，中枪，相持一夜。准军欲生擒，定寿力竭，拔刀自杀。参赞大臣、副都统舒图与副都统、参赞大臣岱豪，杀敌四百余人。舒图又与副都统常禄，力抗大敌，皆战死。副将军查弼纳，副将军、开国铁帽王郑亲王济尔哈朗之孙巴赛，与傅尔丹收集余兵满洲士卒四千余人，保护辎重，边战边退。敌军追来，查弼纳跃马挥刀，奋力冲杀，突出重围后，寻找主帅傅尔丹，没有找到。查弼纳恐被议处失陷主帅之罪，慷慨高呼："吾罪当死，蒙恩得生，斑白之年(指头发已经斑白的年岁)，岂能面对狱卒!"遂重新向后，冲入敌阵，战死。巴赛本已冲出敌围，完全可以安全返回科布多，但苦苦寻找，找不到傅尔丹，也返回，冲向敌军，力战而亡。两位副将军为什么找不到傅尔丹，并不是因为这位一向号称英勇无畏视死如归的大将军已经英勇牺牲，而是因为他逃死有术，夹杂在两千多名满兵中，逃出敌围，回到科布多了。

力谏皇上不要发兵征准的参赞大臣、一等公、前锋统领达福，昼夜督军苦战，杀敌千余。殿后之时，遭敌30000人环攻，力战，复杀敌数百，阵亡。

参赞大臣、副都统马尔齐血战之中，中枪而亡。副都统西弥赖，参赞大臣、副都统觉罗海兰，参赞大臣、副都统岱豪，侍郎永国，皆不愿被俘，自刎而死。参战的副将军、参赞大臣、都统、副都统一二十员，除副都统塔尔岱、德禄、承保杀出重围，回到科布多外，土默特副都统降敌，其余皆战死或自尽。率满兵2000名驻守河东的一等侯、参赞大臣、都统陈泰，贪生怕死，拒不领兵增援，被帝削爵斩首。

七月初一，靖边大将军带领残兵败将两千余人，回到科布多。

以上清军的失败，表明了七个问题。其一，空前惨败，是清帝入主中原以来第一次大的惨败。顺治康熙两朝81年里，清军虽然有过不少失利，但是像这次拥有八旗劲旅以满兵为主的12000名大军，在半个月来，招致斩杀和俘虏近万名，十几员副将军、参赞大臣、都统、副都统战死或自尽，主帅夹杂在士卒当中狼狈逃窜，还是前所未有，真是奇耻大辱。

其二，罪魁祸首是主帅。此战表明，十几位副将军、参赞大臣、副都统等大军的主要将领，并非贪生怕死武功低微战则溃逃的无能之辈，他们既不相信敌军间谍的巧言骗词，又能在中伏之时面对强敌，带领身边士卒，拼死冲杀，杀伤众多敌军，最后和5000名满兵血战至死。就此而言，这支12000名八旗军，可以算是兵精将勇，是支劲旅。可是，将再勇，兵再精，摊上这位既无文韬武略，又刚愎自用，独断专行，还贪功冒进，轻信敌间谍巧言，遇变之时，又贪生怕死，弃军单逃的五毒俱全的大帅傅尔丹，也就只有惨败了。

其三，兵力分散，遭敌各个击破。堂堂12000名大军，即使分成三队，依次前行，各队之间，距离也不应太大，如果每队之间，只相隔一里左右，那么，第一队遭到敌军攻击时，第二队、第三队马上就会知道，主帅也会即时集中兵力，不致逐一被敌击溃。

其四，舍弃长期制敌良法。百年以来，清军惯用大炮击敌取胜，炮的型号、重量、大小不一，大将军一门，重达三四千斤，食子二十余斤，二将军、三将军重一二千斤。40年前清军与噶尔丹汗大军交战于乌兰布通时，噶尔丹布阵于山下，依林阻水，以万头骆驼绑上其脚，卧在地上，驼背之上，放上箱垛，蒙上湿被，环列成驼城，以防止清军枪炮弓矢，准兵伏在箱垛之间空隙处向对方发射箭铳。这样一来，清军枪子箭矢射不中准兵，准兵却可安全地射击清军。战争一开始，清军吃了大亏，康熙帝的亲舅舅、一等公、内大臣、都统佟国纲等将领被准兵发枪打死。清军主帅抚远大将军、裕亲王裕全下令火器营发炮猛轰驼城中坚，“声震天地，自晡至暮”(晡为申时，下午三到五点)，“驼毙于炮，颓且仆，阵断为二”，清军才乘机猛攻，大败噶尔丹。此次清军也带有大量大炮。就连平时朝廷限制绿营兵拥有大炮，这次以绿营兵为主的西路军，也带上子母炮100位，威远炮100位，北路军带的大炮，当然更多更大更重。可是，傅尔丹贪功冒进，嫌大炮运输不便，下令全军“轻装前进”，没有带大炮，丧失了发炮的优势，是其惨败的重要原因。

其五，不执行皇上谕令钦定的岳钟琪所奏的用兵之法。前面曾经提到，雍正帝命岳钟琪奏上用兵之法，“以便(他)训谕北路将帅，两路照应而行”。岳钟琪遵旨奏上，特别强调防止敌人诱敌入伏重歼敌军的诡计。他说：入敌境后，“每日必须差人四路远探”。发现前面有敌军，立即安扎营盘，“将一切辎重口粮安屯停妥”，才遣兵排列车阵前进，迎战敌军。如遇敌人败逃，“止许追逐一二日”，不能穷追。如果追敌一二日后，发现敌兵果然远逃，便一面差人四路远探，一面选兵迎接后面驻扎营盘辎重，会齐以后，才继续前进。“如此，应战、守皆有备”。继续前进时，如敌兵败逃，应查其虚实，如带有家口牛羊，自当追剿，“若无家口牛羊”，则系敌军施行诡诈之计，“我兵若尽力穷追，恐堕其诱引之计”。瞧瞧，岳钟琪说得多好，预见多准确，傅尔丹若照此而行，就会留下3000名兵士守科布多大营，带领2万大军，携带火炮，循序渐进，稳妥前进，就不会中敌诱引入伏之计。并且，即使进入敌人埋伏，我2万大军，众多大炮，奋勇迎战，虽不能全歼敌军，至少也可以步步为营，有序撤退，不致惨败。

其六，畏准如虎，军心涣散，士气低落。和通泊的惨败，严重打击了清军士气。曾经所向披靡的八旗劲旅，一下子就变成了将领惧战、怯战、贪生怕死的萎靡之军。从此，清军，尤其是北路大军的将帅，畏准如虎，不敢迎战，不敢追击，但知紧闭城门，躲在坚城里面，苟且偷生。雍正帝幻想剿灭准夷，创造宏伟大业的美梦，也被彻底粉碎了。

其七，危机严重。清军惧战怯战，准军可是喜战、连战。准噶尔汗噶尔丹策零抓住这大好时机，乘胜进军，首先是大掠漠北喀尔喀蒙古，并很有可能再次侵占广阔一百多万平方公里的漠北地区，下一步就指向漠南蒙古，甚至进侵清朝内地。谁来抵挡凶猛准军!清朝安全出现了严重危机。

幸好，清帝气数未尽，还蒙皇天眷佑，在这危险时刻，给他送来了痛恨准夷、智勇双全的漠北蒙古喀尔喀郡王、和硕额驸策棱。

策棱，姓博尔济吉特氏，元太祖的二十一世孙。康熙三十一年（1692年），噶尔丹侵占了漠北喀尔喀，策棱的母亲格楚勒哈屯从其驻牧地塔密尔，携策棱及其弟恭格喇布坦逃出来，投归清朝。康熙帝授策棱三等阿达哈哈番世职(官阶正三品)，赐其母子京师住房。可能康熙帝是慧眼识才，喜欢策棱，命策棱“入内廷教养”，并于康熙四十五年将皇女和硕纯悫公主嫁与策棱，封策棱为和硕额驸，赐贝子品级，诏携其部众归牧老家塔密尔。康熙五十四年（1715年），命策棱赴推河从军。康熙五十九年，策棱从北路振武将军傅尔丹出布拉罕，至格尔额尔格，“屡破准噶尔，获其寨桑贝坤等百余人，俘酋甚众”。战乌兰呼尔济，烧焚敌粮，击败敌人援兵。

策棱生长漠北，长期从征，熟悉山川险隘，痛恨准噶尔欺凌喀尔喀，决心雪恨保部，“锐自磨砺，练猛士千，隶帐下为亲兵”。又以准夷善驰突袭，而喀尔喀蒙古散漫，无纪律节制，因此，勤加操练，打猎之时，驻军休整之时，“皆以兵法部勒之”，常常“如临大敌”，因此，军队既勇猛，又有纪律，他的赛音诺颜部的军队，遂能称雄漠北。

雍正元年（1723年），封策棱为郡王。二年，偕同族亲王丹津多尔济驻阿尔泰，升任副将军。

雍正九年（1731年）六月，准军大败清北路军于和通泊。

和通泊之败，大将军求生怕死，狼狈逃遁，两位副将军战死，十几位参赞大臣、满洲都统、副都统阵亡、自刎，九千多名满兵、三千多名蒙古兵，只剩下两千多名士卒逃回科布多，战死5000人，被俘5000人。准军将被俘清军将士，穿透小腿，装进麻袋，捆在马背上，高唱胜利之歌，从容策骑凯旋。这是清朝开国以来损伤最为惨重、脸面丢尽的空前大败，致命地打击了清军士气，从此清军畏准如虎，不敢迎战，不敢追击，也彻底粉碎了雍正皇帝剿灭准夷的美梦。

噶尔丹策零乘胜前进。一个月后，雍正九年八月十一日，噶尔丹策零派大小策零，统兵30000人，东攻喀尔喀蒙古。大策零领兵24000人，阻住清北路援兵，小策零领精兵6000人，深入喀尔喀，袭掠蒙古各部，驻守科布多的清军还有一万多人，原大将军现降为振武将军的傅尔丹，在和通泊被准军打掉五魂二魄，不敢出城阻打。驻守察罕叟尔的新的靖边大将军顺承郡王锡保，急令喀尔喀部副将军、郡王、额驸策棱发兵征战。策棱与蒙古亲王丹津多尔济合兵前往。二十一日到达鄂登楚勒河时，策棱遣兵六百，入敌营挑战，佯败退走，诱敌来追，待敌追入伏中，挥军猛攻，自辰至午，大败敌军，斩其骁将喀喇巴图鲁，击杀敌兵数百，小策零率兵退走。雍正大喜，晋策棱为亲王，赏银万两。

准兵虽败，但不是大败，元气未伤。第二年，雍正十年七月，噶尔丹策零又派小策零统兵30000人，袭掠喀尔喀蒙古各部，欲图擒获漠北、漠西蒙古奉为神明的哲布尊丹巴大活佛，但到达大活佛驻地时，方知其一年前已被雍正派兵保护，移居多伦泊。小策零扑空后，侦知策棱额驸领兵在外，遂突袭其所牧地塔密尔，尽掠其妻、子、女、牲畜。

策棱闻悉，怒发冲冠，立即削断自己头发及所乘马尾，向天发誓，必败准军，星夜往追敌军。策棱智勇双全，遣使往见大将军、亲王锡保，求派满兵500名助战。锡保命派勇士500名，使臣说：“王爷要弱兵疲卒，不要精兵。”锡保心想，正好，勇士留下，保护大营，于是挑了五百老弱病残满兵前往。

策棱有一位心腹爱将，名叫脱克浑，机智勇敢，健步如飞，号称日行千里，又善于登山越岭，远眺敌情，经常站在高峰之上，敞开大氅，做大鹏站立形象，远处人们看见，还以为是大雕，毫不怀疑，而他却将敌军情形看得一清二楚，回营报告策棱，故策棱对敌情了如指掌。

这时清军北路军从科布多移驻察罕叟尔，主帅是靖边大将军锡保，大学士、一等公、原抚远大将军降任绥远将军马尔赛领兵13000名，驻拜达里克城，北路防兵多达六万余人，卡伦林立，防御不为不强，但将、帅、士卒畏准如虎，不敢迎战，不敢阻挡，不敢追击。小策零的30000名准军，通过清军北路防线，如入无人之境，入侵喀尔喀蒙古，掠取大量马驼牛羊人口，返回之时，亦无清军阻拦。小策零多次得胜，志得意满，从而骄傲懈怠，掠取人畜太多，行走也很缓慢，警备十分松懈。

策棱额驸从脱克浑处了解到这些情形，心中暗喜，立即采取三项措施。一是拉开与准军的距离，从原来只有半日程的距离，拉大于一日半，使准军不知后有敌兵。二是遣派500名精兵，分成五个小队，悄悄前进，尽捕小策零放在大队人马后面的全部哨探，使其信息尽断，不知后有人马。三是选好进攻地点，决定在额尔德尼昭决战。此地，右阻山，左隔水，道路狭窄，不容大路人马，大喇嘛寺(即额尔德尼昭)横亘其中，敌无退路。八月初四，小策零大队人马驻宿于此，解甲，弃弓刀，高枕酣睡。策棱额驸率蒙古兵20000人，日行300里，半夜赶到，八月初五黎明时，挥军自天而下，冲进敌营，大砍大杀，准兵人不及弓、马不及鞍，毫无招架之力，大败逃遁。策棱领兵追杀十余次，杀贼万余，尸遍山谷，河水尽赤，负伤逃走者甚多。小策零急中生智，下令尽弃辎重牲畜，塞满山谷，使清军无法迅速前追，率领残兵败将，拼命奔驰，逃出重围。

策棱额驸事前即已通报清北路主帅靖边大将军顺承郡王锡保，让其派兵阻敌退路，又檄令驻扎拜达里克城的绥远将军马尔赛阻击逃敌，但锡保并未派兵前来会合夹击，致小策零得以出围，向拜达里克城方向逃去。

绥远将军马尔赛胆小如鼠，畏准如虎，虽然早就收到策棱额驸让其阻击准兵的檄令，但毫不理睬，没有调兵出城阻杀。如果拜达里克城的一万三千兵挡住准兵退路，可将这万余残兵败将全部杀尽。副将军达尔济整备兵马，欲出城阻击，马尔赛不许，严令静坐城内，出城格杀无赦。副都统傅鼐甚至跪在地上，恳求将军派兵出城阻击。马尔赛大怒，痛骂傅鼐，命令卫兵将其拉到帐外，关押枷责。众将无奈，只好站在城上，观看敌情。他们发现，准兵边驰边烧荒，以图堵截追兵，忙着逃命，乱跑乱逃，毫无行列，显见是大败之后，拼命逃走。第二天，将士实在忍耐不住了，纷纷不等命令，自行出城追杀，击斩千余落后准兵，但小策零等已先行逃走，万余败兵终于保住了性命，回到伊犁。

雍正皇帝得悉胜讯，大喜，重赏有功官兵，加赏策棱超勇名号，为和硕超勇亲王，其余蒙古王公，纷纷晋爵。同时，严惩贻误军机将帅，斩马尔赛及附和其议阻挡出城的都统李汰。

这一仗，致命性地挫伤了准军士气，噶尔丹策零也因应时势，放弃了与清军对敌和侵占喀尔喀蒙古、夺据青海的图谋，决定与清停战议和。雍正也知无力灭准，愿意休兵。双方意愿相同，便开始谈判，议和划界。西北局势平静了下去。

这时，满洲勋贵大臣及几个汉军旗人督抚，便开始收拾岳钟琪了。

五、宁远大将军岳钟琪革职削爵斩监候

雍正八年（1730年）十二月科舍图牧场被劫，尤其是雍正九年六月和通泊之惨败，使雍正皇帝认识到准军威力之强，决非原先所估计的5万名清军可以剿灭准夷，赶忙增调兵马。到雍正十二年，北路军营已有满蒙汉兵6万余人，西路有4万余人。

牧场被劫使雍正帝感到羞耻，天朝大皇帝尊严遭到小小准夷冒犯，但又一时想不出好的对策，还担心将士尤其是他倚为制胜准军的主要大帅宁远大将军因愤怒，乱了方寸，从而影响大局。如果按照用兵惯例，牧场被劫，士兵伤亡，马驼被盗，应该算是一个败仗，临时统帅纪成斌及查廪等将领固然要遭受军律惩治，作为西路军统帅的宁远大将军也难逃疏忽失职的罪责，也要交部议处，何况，纪成斌之所以荣升“护理大将军印务”即临时担任西路军统帅这一高级军职，是由岳钟琪向皇上推荐的，更加重了岳的罪过。两年后岳钟琪之所以被革职削爵斩监候，此

事就是一个重要根据。但是，此时皇上还要倚赖和重用岳钟琪，故不仅不予斥责，不予惩处，反而连下几道圣旨，竭力对岳劝慰安抚，要岳拿出办法，倚其迅速稳定战局，以便不久去荡平准夷。圣旨说："事既如此，出乎意料。目下局面，实非人力之所能施，仰赖上天慈恩，必有斡旋化解之恩。卿万不可因一时之气愤，有乱方寸，以急赴军营为要。况此事须更弦改调，通盘更须筹划，全赖卿一人敷陈办理调度。"雍正帝还于雍正八年十二月两次赐岳钟琪年糕、荷包，以示安慰。

岳钟琪也确实深感皇恩，反复思考后，连上几道奏折，讲述驱赶劫掠牧场的准军及进剿准部之法。但是，这时岳钟琪已经深深认识到，已不能大败准军，更不用说，千里深入，踏平敌都了。在和通泊惨败之后，多数将领畏敌如虎，兵卒疲弱，士气低落的情况下，西路军能保住城池，不让敌军侵占青海、内蒙古、甘肃，掠走人口牲畜，已是万分的不容易了。所以他定下的用兵方针是：守，坚壁清野，保住城池、人、畜、粮银，保障青、甘、蒙地区。

然而，这与直到雍正十一年冬以前，皇上主张灭准的方针相违背。更重要的是，皇上之所以违背列朝军机大事全由满洲勋贵大臣议处汉官不得与议的祖制，破例特别重用岳钟琪，倚其为胜敌的主要大帅，是要他大破准军，捣巢灭敌。可是，用兵已经四年，官兵10万名，每年耗银一两千万两，却一被劫于科舍图牧场，再惨败于和通泊，若非策棱额驸力挽狂澜，大破准军于额尔德尼昭，致命地打击了准军士气，迫使噶尔丹策零休兵议和，则青海、外蒙便非清帝所辖，甘、藏、陕西北边境形势也就危急了。在这样的情形之下，岳钟琪不能为帝分忧，不能连破强敌，当然就丧失了帝之对其特宠特信的资本了。兼之，位尊遭嫉，功高树敌，一些满洲勋贵大臣乘机进谗，岳钟琪就动辄得咎，迅速沦为阶下囚了。

岳钟琪于雍正八年十二月二十九日及九年正月初三的四道奏折，均未能提出让帝满意的建议，以及两个月来，没有什么作为，使帝很不高兴。巴尔库尔大营有马驼骡十余万头，除军营有马一万余匹外，按照纪成斌所述大胜，抢回被准兵盗赶的全部马驼奏折，大营当仍有十万头左右。可是，署陕西总督查郎阿于九年正月初三奏称，为防准兵再来抢掠，护宁远大将军印务的纪成斌命将大军所辖各场的马驼骡赶回后方牧放，现在已赶回马4619匹，驼6079头，骡1330只。雍正一看，马驼骡才12000头，不到应存马驼骡的十分之一，显然纪成斌所说赶回全部所盗马驼骡，是造假之词，是谎话，那么兵士伤亡和被掳的情形，也可能是假的了。果然，随后，岳钟琪回到军营，查明死亡兵丁一千八百余名，失踪及被掠一千一百余名，中枪受伤及手足冻坏者二千五百余名。可见，此非大胜，而是打了败仗。

岳钟琪于雍正九年正月上折，奏陈军机事宜十六条：

“一、吐鲁番地方饶沃，宜广为屯种。二、吐鲁番通伊里之路，逆夷出入经由，必须严设卡伦。三、准噶尔所属回子，先宜收抚。四、巴尔库尔等处，宜多派兵丁，以分战守。五、袭击逆夷，使其不安驻牧。六、驻扎吐鲁番兵丁之驼马，宜酌定数目。七、领兵官员，请为添派。八、牧放马驼羊只，应严加防范。九、酌添羊只，以资兵食。十、巴尔库尔之新城，宜积贮粮食。十一、绿旗兵之余丁，毋庸添设。十二、车兵之器械，请为酌增。十三、移兵驻扎吐鲁番，宜预为定期。十四、屯种之农具籽种，宜预为办运。十五、吐鲁番、巴尔库尔两处驻防，宜通声息。十六、进剿兵数，宜预为酌定，得旨，大将军。”①

这十六条，基本上属于以守为主的内容，显与皇帝此时力图主剿速胜方针相悖，雍正帝于二月二十日看到岳的奏折，颇为恼怒，降旨斥岳之奏，“竟无一可采取之处”：

“岳钟琪陈奏军机十六条，朕详细披览，竟无一可采取之处。朕心深为忧烦，岳钟琪以从前轻言长驱直入之说，又为贼夷盗赶驼马，既耻且愤，必欲袭击进剿，勉强践复前说。若以今日之势，命伊统率大兵，直捣巢穴，能保其必胜乎。办奏之事，皆未妥协，大学士等将朕旨传谕之。”②

这可是八年以来从未有过的。从前，但凡有岳的较长奏折，叙述的是军政事情，雍正帝总是要亲自朱笔批示，大加赞赏，并每次谕告群臣要以岳为楷模。现在，岳之所言，看不出有何欠妥之处，却遭帝斥责。看来，风向变了。

①②《清世宗实录》卷103，第17、18页。

过了五天，九月二十五日，帝下长谕，详述用兵之事，又挑出科舍图牧场被劫之事，说："大将军岳钟琪，不能计虑于事先，难辞疏失之过。军营牧放驮马，最应布置有方，保证安全，可是，与大营相隔太远，致被敌军乘机盗窃，则审度形势的不妥，岳钟琪更难辞其咎。"①

这样一来，岳钟琪已经失宠于帝、将被贬斥的信息，已经被不少精于观测官场风向的官员捕捉到了。

岳钟琪升迁太快，升得太高，也太受皇上特宠了。从康熙六十年（1721年）的副将，一下跳过总兵，升为从一品的四川提督；不到四年又升为辖地200万平方公里、统领绿营官兵13万名的川陕总督；过了三年，再升为宁远大将军，并继续兼任川陕总督，升迁过快，升迁过高，无人能比。

雍正帝曾先后赐予国舅一等公隆科多，抚远大将军、一等公、川陕总督、皇贵妃之兄年羹尧，川陕总督、三等公岳钟琪三人以四团龙补服。隆、年二人受赐后一年即被惩治，缴上所赐四团龙补服，绣五爪行龙四团，前、后、左肩、右肩各一团。公的补服，绣四爪正蟒二方，前、后各一方。岳钟琪是三等公，本来补服只能绣蟒，现却被皇上赐其等同于亲王、郡王的补服，绣龙。并且，雍正帝赐岳钟琪的四团龙补服，还是两件，一件是"四团龙天马皮褂"，另一件是"四团龙银鼠皮褂"。另外，还赐御用盔甲一副、"黄金带三副"、"黄带子撒袋一副"。在受帝赐予物件上，岳钟琪之受特宠，也是无人能比。②

雍正帝高度赞扬岳钟琪的才干，对其非常重用和十分倚赖，赞岳为"旷代奇才"，"国家栋梁，不世出之名将"，"智勇兼全，忠勤懋著"，"实朕股肱心膂之大臣"，"陕甘唯卿是赖"。其他文臣武将，没有一个人受到了皇上如此赞扬。

这当然会招致文武百官的羡慕、嫉妒甚至仇恨。特别使满洲勋贵大臣愤怒和痛恨的是，岳钟琪竟夺走了他们的特权，夺走了只有他们才能担任的官职。康熙皇帝明确规定，陕西、山西、甘肃的总督、巡抚、布政使、按察使，专用满人，是所谓的"满缺"。可是，岳钟琪既担任过甘肃巡抚，还当了八年之久的川陕总督，而雍正皇帝也正式规定，陕西、甘肃、山西的总督、巡抚、布政使、按察使这些封疆大吏，"可参

①《清世宗实录》卷103，第23、24页。

②《雍正汇编》册23，第754页。

用汉人”。这样一来，身为川陕总督的岳钟琪可以倚仗职权及皇上的宠信，通过奏请，大量任用他的族人、亲戚、朋友、部属为这三省的巡抚、布政使、按察使，至于道员、知府、知州、知县，更可由他随意选定，一下子，就从满洲官员手中夺走了上百位七品知县以上的地方官职。此乃满洲官员的奇耻大辱和不共戴天之恨。

尤其使满洲勋贵大臣不能容忍和特别痛恨的是，岳钟琪居然当上了宁远大将军，不仅统领绿营官兵13万人，连皇上钦派前线的5000名满兵和几千蒙兵，皆要听其调度管辖。西征噶尔丹策零，竟然实际上由他具体全面规划，并统领西路军，皇上对其言听计从，打破了汉人不能与议军机的祖制；还不要说，有多少个高中级军官的任用权、上千万银两军费的支配权、通通落到岳钟琪这位汉官手中了。满洲勋贵大臣绝对不能容忍，一定要夺回来，一定要置岳钟琪于死地。

现在机会来了。领头的是三个人，一个查郎阿，满洲八大姓之一——那拉氏人，先祖从龙有功，其父死于乌兰布通之战，故袭先祖轻车都尉世职，一入仕途，即任官阶正四品的佐领，很快升正三品的参领。雍正元年授吏部郎中，官阶正五品，升迁很快，历任吏部侍郎、左都御史，雍正六年已升至吏部尚书，官阶从一品了。第二年更任署川陕总督兼西安将军。此时岳钟琪虽仍然是川陕总督，但主要是身任大将军，专注军务，查郎阿成为实际上真正的川陕总督。史称他“素与岳钟琪不合”。其亲戚查廪因溺职，日抱妓女大宴部下而致牧场被劫，遭到纪成斌鞭打杖责，绑押大柱，脸面丢尽，不是岳钟琪赶到，将其松绑，将死在纪成斌的刀下。这个家伙带兵冲杀，毫无能耐，可是造假撒谎，颠倒黑白，阴谋陷害，却是超级高手。他向查郎阿哭诉岳钟琪排斥满官，蔑视满将，动辄嘲讽、辱骂，甚至鞭打杖责，奏革官职。查郎阿听进去了，早就想整垮岳钟琪，以便取而代之，荣任大将军了。

另一个领头之人是鄂尔泰，满洲西林觉罗氏人，曾祖阿森很早就率领七村人投奔清太祖。祖父土阁又从宗皇太极攻打明国大凌河战死，开国有功，授佐领世职。鄂尔泰素有才干，操守也好，中举人，袭佐领世职，授三等侍卫，康熙末年任内务府员外郎时，秉公执法，拒绝雍亲王允禛不合法的请求。允禛不仅没有怀恨在心，找机会打击报复，反而认为此人坚守法度，予以嘉赞，一即位，便将鄂尔泰超提三级，由从五品的员外郎擢任为从二品的云南布政使；因其政绩卓著，又倡议改土归流，剿抚兼用，督兵平乱，大功告成，连续升迁，三年升巡抚，四年晋云贵总督，七年封三等男，八年晋一等伯。雍正曾在岳钟琪的奏折上，嘉赞岳钟琪、鄂尔泰是总督之中的佼佼者。他既有入则为相，出则为帅，安邦定国之志，也有相当才干，还能礼贤下士，可是犯了一条为臣之大忌，即爱好结党，自然也就因此不易甘居他人之下。当雍正七年委任宁远大将军时，八位总督之中，能文能武且立有军功因而能够封授公侯伯子男爵位者，只有鄂尔泰和岳钟琪两人，岳之优势，在于他在西南西北战场上显露了将帅之才，但最大的缺点、最不利的条件是他乃汉人，连汉军旗人都不是，放在入关前和顺治、康熙两朝，他根本就会被摒弃于大将军之衔的门外。鄂尔泰虽然封爵比三等公的岳钟琪低一点，他又主要在川、滇、黔、湘、楚五省内地用兵，但他比岳有一个非常大的优势，那就是，他是地地道道的满洲人，且可以算是开国有功之臣的后裔，这是岳钟琪永远无法与之相比的，如果是换在此前的顺治、康熙朝，两位总督之中，必然是选择鄂尔泰，而不是岳钟琪。可是，雍正帝却偏偏委任岳钟琪。鄂尔泰咽不下这口气。何况雍正四年、五年办理乌蒙、镇雄脱离四川，改隶云南时，鄂尔泰与岳钟琪争此二府。岳钟琪在上呈皇帝的12道奏折中，指责鄂尔泰派遣云南官兵，“深入大关，以致伤亡官兵，似属自取”，以及鄂之“多事”，对鄂尔泰颇有“怪意”。当时，岳钟琪军功赫赫，政绩卓著，是皇上第一宠信、倚赖的军国重臣，而鄂尔泰刚刚当上巡抚两年，既无军功，改土归流仅只起步，谈不上政绩，正需文武大臣对其赞扬，以便高升之际，遭此冷箭，哪能不愤怒痛恨，必然会报此一箭之仇。

第三个是汉军旗人张广泗，以监生捐银买官，授知府，于康熙六十一年派任贵州恩州知府，雍正四年调任云南楚雄知府，随云贵总督鄂尔泰改土归流，剿平乱苗有功。到雍正六年，已升任贵州巡抚，是鄂尔泰属下的得力官员。

但是岳钟琪毕竟曾是皇上特别赏识、信任、提拔和倚赖的大将军，一般性的失误，甚至比较大的失误，在皇上还想倚赖其军事才干征剿准夷之时，是扳不倒他的，只有在皇上对其完全丧失信心，已有合适的大帅人选，以及能取代岳钟琪获得皇上特别宠信、倚赖的大臣佐理朝政的时候，才有可能置岳钟琪于死地。这个时机，终于来到了，岳钟琪致命的克星，也登上了执政的太师椅，他便是鄂尔泰。

虽然岳钟琪在军力对比清军弱于准军的不利条件下，呕心沥血，想方设法，欲重振军威，并且当雍正九年六月傅尔丹被准军围攻的消息传到巴尔库尔时，他就立即统兵，于七月十二日出发，往攻乌鲁木齐，欲行战国时期围魏救赵之计，减轻北路压力，予以支援。径行五百余里，抵达木垒河，没有准兵卡伦。二十三日，岳钟琪亲自统军前行，在阿察河，遇到准兵数百诱战，钟琪挥军进攻，敌兵败走。清军追至厄尔穆克河，准军在河对面山梁上，排列抵挡，三四千人。钟琪命总兵张元佐领步兵为右翼，提督纪成斌领马兵为左翼，总兵王绪级、曹勃等领兵由中路而上，又领勇健兵从北山抄袭敌人之后，官兵奋勇齐进冲杀，激战三个时辰，打败敌军，杀死准兵不计其数。七月二十四日收到圣旨，命令略行追击，即撤兵回营。这时，大军离乌鲁木齐只有两天路程，探子禀报，当地准军已撤走，粮食牲畜皆已弄走，成了一座空城，进袭已无用处，遂于七月二十五日，返回，仍按程埋伏精兵，防止敌兵偷袭，沿途无事，平安回到巴尔库尔。①

雍正帝收到岳钟琪奏折后，降旨嘉赞说：岳钟琪此次领兵袭击准军，进退快慢，俱合机宜，将士鼓勇，争先杀敌，同心协力，甚属可嘉，成功之日，定当从优奖赏。②

但是，他主张以守对敌三年以后再考虑进攻的方针，与皇上既要雪牧场被劫之耻，又要迅速剿灭准夷，创建皇考都未能完成的灭准大业相矛盾，那是绝对要倒霉的。何况，雍正九年九月，喀尔喀蒙古郡王策棱额驸率兵与大策零的两万准军大战于鄂登楚勒，斩其骁将喀喇巴图鲁，大策零领兵撤走，取得了准、清交战以来清军的第一次胜利，显示了策棱额驸杰出的将帅才干，使雍正帝找到了可以倚赖的、打败准夷的统帅，而对其重赏，倚以抗准重任。

更对岳钟琪带来致命威胁的，是鄂尔泰入主内阁。从雍正七年到九年，内阁大学士一直是马齐、朱轼、张廷玉、孙柱、蒋廷锡、马尔赛、陈元龙、尹泰，没有一个是熟谙兵法且又统军征战立下军功的大臣。雍正帝左思右想，终于决定亲自擢任改土归流有功、督军征剿有效的宠臣云南贵州广西总督鄂尔泰，于十年正月升任大学士、军机大臣，兼任兵部尚书，实际上成了助帝用兵的宰相。鄂尔泰的入阁为相，标志着岳钟琪即将沦为阶下囚了。

①②《清世宗实录》卷109，第21、22页。

不幸的是，岳钟琪又亲自送上授人以柄的奏折。机敏过人、谨小慎微的岳钟琪，不知道是什么原因，竟然没有能够完全察觉今非昔比，自己已非帝之“心膂股肱”大臣，帝对己不言听计从了，而是被帝有些厌恶和怀疑的汉官了，反而于雍正九年冬天秉其“竭忠事君”之志，上折直言北路兵败之因和宜守不宜进剿的方针，加速招来了杀身之祸。岳钟琪奏称：今岁北路军的失败，实皆将帅之过。其一，既知敌兵有3万名之多，却只领了1万名兵士前往迎战，寡不敌众。其二，又不扼要守险，以逸待劳，却误信敌人奸细引诱之言，奔驰于千里之外，士卒劳累，敌兵则以逸待劳。其三，兵法说，聚则不少，合则不多。我兵仅有敌军三分之一，若合在一起，以1万名士卒拼死厮杀，纵然不能大败敌军，至少可以保全自己，怎能一分为三，每队只有三四千人，迎战3万名敌兵，致被敌军各个击败。其四，臣曾奏请用车阵，防止敌军冲突，而北路军却弃车阵不用，自然难免失败。目前敌军得胜，声势正盛，十分猖狂，一两年间，我军只应固守，以静制动，坚壁清野，不应贪功进剿。

单就北路军失败原因而论，岳钟琪的分析，基本上是正确的，至少可以供朝廷参考。但是，因为这个分析，是出于汉人将军岳钟琪之手，却触犯了皇上和满洲勋贵大臣的两大忌讳。清帝的基本国策之一是“满洲甲兵，国家根本”，“八旗满洲，国家根本”。北路军是以满兵为核心为主力的军队，你岳钟琪把满洲将帅说得那么糟糕，北路军惨败了，今后靠谁来支撑征剿大局，难道说要靠你这个汉人大将军和以汉兵占绝大多数的西路军吗？何况你这个西路军也是见敌则走，高悬免战牌呢。

第二个使皇上极其恼怒的是，皇上急于雪洗科舍图牧场被劫之耻，力图早日剿灭准夷；岳钟琪却坚决反对进攻，主张两年内只宜固守，坚壁清野，“不应贪功进剿”，与皇上主战、主张速胜的方针背道而驰，能不自取灭亡吗？

岳钟琪仍在尽心竭力，保障大军安全，保障西北安全。他于雍正十年正月奏称，去年袭击乌鲁木齐敌兵时，沿途仔细查看，穆垒这个地方，形势险要，南有大山，陡峻壁立，贼无可来之路，北有戈壁（沙漠）五六百里，贼骑难以超越。贼来之路，只有西南，但西南平坦，我可居高视下，早知其情而预先准备。南方大山之下，水土甚好，可以广开屯田，牧放马匹，如于此处筑城，驻兵2万名，准兵断难飞渡而来。再于巴尔库尔驻兵1万名，于鲁谷庆、皮禅等城添设官兵，增至1万名，如此，互为犄角，前后夹击，定使准兵大败而逃，臣愿立下军令状，若此议不妥，将臣斩杀，妻子从重治罪。

雍正帝阅后降旨，批准此议，谕令岳钟琪火速办理。[①]

岳钟琪于二月十七日上了一道4000字的长疏，讲了十条筑造土城方案，主要是要快速筑好，调集五千兵夫筑城等等。奏准之后，他就亲自督理，一个多月，就筑造完毕。城根厚二丈，城顶宽一丈，连垛口共高二丈。[②]岳钟琪再也没有想到，这件利军、利国、利民的好事，却成了后来奸人陷害他的一个大的证据。

准兵6000人，从乌鲁木齐来袭哈密，岳钟琪遣总兵曹勷、原提督已降为副将的纪成斌领兵往援，在二堡击败准兵，杀伤无数，夺其马匹牛羊，救出被掳兵丁、汉民、回民数百人，准兵逃走。岳钟琪估计，准军将会逃到无克克岭，即遣人告知副将军石云倬、常赉，署镇安将军卓鼐，领兵万余人，前往无克克岭截杀。岳钟琪在上述情形奏折送到京师后，雍正于十年二月十一日降旨嘉赞说："大将军调度有方，运筹亦备，官弁兵士奋勇效力，击败贼众，朕心嘉慰。"

后有曹勃、纪成斌上万绿营官兵追杀，前有汉军旗人副将军石云倬、满洲副将军常赉、满洲署镇安将军卓鼐领满兵5000人、绿营兵7000人，在无克克岭堵截腹背受敌的准兵五千余人，本来是釜中之鱼，插翅难飞了。不料天降吉星相救，得以平安脱困。这个吉星，不是别人，而是雍正为了监视岳钟琪和分岳的军权，而派来任西路军副将军的石云倬，以及副将军常赉和卓鼐。

本来，岳钟琪与石云倬商定，官兵一到无克克岭，即由石云倬挑兵四五千名赴梯子泉一路截杀，卓鼐带满兵3000名随后接应，其余官兵由常赉带领，守截无克克岭山口。但是，第一天，发现敌军逃走，石云倬不发兵袭击。第二天，石云倬领兵行走十余里，即安营扎寨休息。总兵张存孝往敌人屯住地方查看，造饭的余火还未尽灭，敌兵刚逃不久，请求发兵追杀，石云倬坚决不许，并传令撤兵，致准军轻松从容逃去。

岳钟琪立即于二月初上折，奏述战情：

---

①《清世宗实录》卷114，第13、14页；《雍正汇编》册21，第716、717、718页。

②《雍正汇编》册21，第883-888页。

“准噶尔贼人，由五堡之南，沿沙碛败遁，若寻有水草路，必绕至无克克岭一路西窜，臣前派副将军常赉、石云倬，所领之官兵六千余名，俱于正月二十九日午未时，齐至无克克岭，臣与副将军常赉面议，官兵一到无克克岭，略为歇息，即令石云倬，挑带四五千名，先赴梯子泉一路截杀，署镇安将军卓鼐带满兵三千名随后接应，其余官兵，令常赉带领，守截无克克岭山口。三十日午后，贼人适在山口二十里屯住，石云倬等，如即遣发官兵乘夜潜袭，灭此自不待朝食，讵料初一初二等日，查无捷音，至初三日，始据卓鼐咨称，初一日，贼兵业已逃窜，初二日，即遣骁勇官兵，近搜远捕，贼人从陶赖大坂之西，越向纳库山遁归。臣思将军三员，带兵万余，乃观望不前，以致贼人警觉远飏，深为骇异。及副将军等陆续撤兵回营，询其情节，据常赉、卓鼐等，同称三十日午后，见有贼人屯住山口，石云倬总不发兵，直至戌时，始派兵一千五百名，令总兵官张存孝，带领在山下等候，又数次遣人拦阻，不许前进，石云倬安寝帐房。初一日天明，始领兵东行十余里。随即安营造饭煎茶，才转西而行，张存孝至贼人屯住之处，余火未熄，报称贼人窜遁不远，请其速行前进追剿。石云倬又传令撤兵，不许追袭。臣以梯子泉一带，实逆贼归巢之要路，又虑无克克岭之西南，尚有塔库纳库一路，亦系贼人归途，务须派兵堵截。查有凉州右营外委马得玉，乃熟识塔库纳库道路之人，令其驰赴行营，听候发兵领路，不料石云倬大怒，以马得玉为多事，欲行责治，并不发兵邀截，贼人果由塔库纳库一路逃归，坐失机会。石云倬乖戾偾事，臣实难代为隐讳，不得不据实奏闻。”①

二月二十三日，收到岳钟琪奏述石云倬纵敌的奏折后，雍正大怒，降旨：“军机大臣严查议奏。随即军机大臣奏准，革石云倬副将军职。”②

此事，原系石云倬之错，常赉、卓鼐也有一定责任，与岳钟琪没有多大关系。可是第二天，二月二十四日，雍正谕告大学士，却说：此次让深入重地自取灭亡的准军，安全漏网，实出乎朕及廷臣意料。石云倬已降旨治罪。“至于大将军岳钟琪，素谙征战，本非庸才，缘怀游移之

①②《清世宗实录》卷115，第24、25页。

见”，“致战守不当，前车之鉴，非止一桩，嗣后当深悟前非，痛自悔改，未雨绸缪，临事坚定，以振军声，示威信，以齐众志，庶几可以奏报大功，而收后效”。[①]

雍正此谕，虽然对岳钟琪有所训诫，但仍然认为岳有才干，只要改掉游移之见，即不要过分考虑各方面人际关系而受其掣肘，致不敢坚持正确意见，果断决定，就不会战守不当，就能令行禁止，振军威，有威信，征准成功。

过了一天，雍正十年二月二十五日，帝以汉军旗人张广泗“才干优长”，谕令委授张广泗为西路军副将军：

“又谕：西路副将军石云倬，已革职议罪，朕欲于各省督抚提镇中，简用一人，前往军前协办军务，贵州巡抚张广泗，才干优长，实心任事，数年以来，苗地用兵，该抚亲历戎行，深谙军务，着即驰驿来京，面请训旨，前往军营为副将军，赏藩库银一万两，制办行装。贵州巡抚印务，着广西布政使元展成前往署理，广西布政使印务，着广西按察使张钺署理，广西按察使印务，着广西庆远府知府徐嘉宝署理。”[②]

岳钟琪快要沦为阶下囚了。

照说，无克克岭纵敌兵逃脱之事，已经了结了，副将军石云倬革职，大将军岳钟琪有领导失误之过，被上谕训诫，处治也不算不严了。可是心怀报一箭之仇的鄂尔泰，精于算计，善观风向，擅长诡辩，却从两个多月来帝对岳钟琪的对待和处置上，找出了治敌之法。尽管他于雍正十年正月二十四日才升任大学士，排在倒数第一，是第七位大学士，但受帝特宠，既兼任兵部尚书，又于二月十一日在议叙办理苗疆，“剿抚允协”时，兵部议奏赐给鄂尔泰“一等阿达哈哈番”世职，因其已是三等男爵，应合并为一等子。清制，非军功，不得封爵。鄂尔泰并未亲身统军征战，在几年的改土归流过程中，他也是安坐巡抚总督衙署，檄令总兵、副将、游击等将官，领兵去打，严格来说，谈不上有军功，可是，因有皇上特宠，遂一授官秩正四品的骑都尉世职，再升授正三品的

①《清世宗实录》卷115，第27页。

②《清世宗实录》卷115，第29页。

轻车都尉世职，又升授正二品的男爵，现在还要再升为正一品的子爵，够破例了，够破格了。但是，雍正帝仍觉得不够优待，特下专旨，将其超升一个大等级，在公、侯、伯、子、男五个爵位中(每个爵位又分一等、二等、三等)，特封其为一等伯，且世袭罔替，圣旨说：

“大学士鄂尔泰，节制云贵广西三省，历有岁年，于所属苗疆，无不悉心经理，使蛮夷等慕义向风，咸登乐土。至于古州等处生苗，自昔未归王化，鄂尔泰运筹调度，剿抚兼施，俾苗人怀德畏威，抒诚内向，疆围开拓，边境辑宁，数年以来之功绩，实非寻常平定苗疆，剪除寇贼者可比。鄂尔泰，着授一等伯爵，世袭罔替。用奖殊勋。”[①]

不仅如此，雍正帝还在这个月授鄂尔泰为军机大臣，排名第二，第三年又升任第一军机大臣，通称领班军机大臣。可见，雍正帝对鄂尔泰之宠信，鄂尔泰已成为皇上最重视、最亲信的心膂股肱大臣了。

人们常说，新官上任三把火，又说，一朝权在手，便把令来行。这两条，鄂尔泰都在用，并且，他还比一般人高出一筹。他利用皇上特宠的天赐良机，要显示其有力挽狂澜、智赛诸葛、才胜张良的文韬武略，一出手就叫朝野惊服。因此，他不屑于弹劾普通的督、抚、提、镇和部院堂官(尚书、侍郎)，而首先向身经百战、功勋盖世、政绩卓著、蒙帝盛赞的宁远大将军岳钟琪开刀。

雍正十年（1732年）三月二十日，位列倒数第一的大学士鄂尔泰领衔，众大学士联名，上疏参劾岳钟琪说：“岳钟琪，智不能料敌于平时，勇不能歼敌于临阵”，且其“奏报贼人败遁，及台站牧厂情形诸折，情词互异，前后舛谬。……岳钟琪，以无克克岭为贼遁归必由之路，其梯子泉地方恐贼铤而走险之道，则当派发兵丁时，即应指定两处，酌遣官兵邀截，而必俟已至无克克岭，始令往梯子泉，并令石云倬等，略为歇息，是贼人之得从塔库纳库潜遁而归者，虽石云倬之罪，而岳钟琪亦难辞咎也，又前奏塔尔那沁各厂，看守甚严，贼人一无所得，后又奏报，失去牲畜，并各厂弁兵，亦有损伤，且云截杀贼人，收回羊马，所得足赏所失，靦然不以为耻，殊非人臣奏对之体。又无克克岭，离军营仅

①《清世宗实录》卷115，第16、17页。

九十里，贼兵过岭，而军营茫然不知，所设坐卡兵丁，此时何在。且镜儿泉、搜济、察罕哈麻尔复设三大卡伦，专为探信而设，乃无一闻见，则平时所云传递号炮，顷刻可至者，尚足恃乎。当草枯马瘦之时，贼以五六千人，入我卡伦，越过军营，直至塔尔那沁，我兵三万余众，周围密布，既任其来，复任其去，贼不奔沙碛竟由小路而去，似此玩忽纵贼，奏报不实，深负圣恩，有玷倚任，请将岳钟琪敕部严加议处”。①

雍正帝降旨：“该部严察具奏。”②

兵部还在察审和思考之时，三月三十日，雍正帝谕军机大臣张廷玉、蒋廷锡、鄂尔泰，数说岳钟琪的过错，令其改过效力：

“朕览大将军岳钟琪陆续奏折，知官兵骑赴军营之马，及塔尔那沁等处牧放之马，有沿途疲瘦倒毙者，有传染时疫委弃者，有被贼人劫夺者，现今存剩马匹，寥寥无几。夫以多年购买预备之马匹，而弃之有如草芥，其咎将谁归乎。又据岳钟琪奏称，穆垒驻兵，俟所调驼马到营之日，即速起程等语。口内解送之马，远涉长途，不令休息，即欲驱使前赴穆垒，其力实有不能。目今口内驼马，陆续解送军营，贼人探知，必又生窥伺之念，且将来移驻穆垒之后，所有驼马牲畜甚多，如何牧放布置，以防偷盗，岳钟琪须悉心筹算，思患预防，毋得仍蹈前辙。再者朕闻军营中，自大将军以及将弁，皆用兵丁之力，伐木取土，盖造房屋，兵丁等虽勉供使令，而退有怨言。夫兵丁身列戎行，枕戈荷戟，冒镝冲锋，是其职业，至于兴作力役，非其事也。是以从前筑城时，凡兵丁等之情愿慵工者，朕皆照数给予工价，而不忍轻用其力，将弁欲盖造房舍，自当捐己资以雇夫役，岂可图一身之便安，而不恤兵丁之劳苦，使伊等操练办公之外，复竭蹶以供其私役乎，从来为将帅者，与士卒同甘苦，然后可以得其欢心，而鼓其锐气，令军营之行事如此，岂不与古人领兵之道相左乎。将来移驻穆垒时，倘有复蹈前辙者，经朕访闻，必加严谴。”③

①《清世宗实录》卷116，第10、11页。

②《清世宗实录》卷116，第12页。

③《清世宗实录》卷116，第20、21页。

倒数第一的大学士鄂尔泰，居然能领衔，让其他六位大学士署名，联名弹劾岳钟琪，给其加上“玩忽纵贼，奏报失实，深负圣恩”的严重罪过，奏请交部严加议处。而皇上的圣旨，却一如其言，谕令“该部严察具奏”。并且，过了十天，皇上又专门谕告三位军机大臣，斥责岳钟琪种种错误。这不是明摆着，皇上听信了新宠鄂尔泰的话，要惩治岳钟琪吗？兵部哪能不依圣旨和鄂尔泰领衔的众位大学士的参劾意见呢？何况此时兵部的满人尚书是鄂尔奇，此人是凭借其亲兄鄂尔泰受帝重用而爱屋及乌，从一个不知名的编修，在雍正年间，连续五次迁升，当上了户部尚书，现移任兵部尚书，以他为首为主来审理，岳钟琪能不倒霉吗？

雍正十年四月十八日，“兵部遵旨议复大学士鄂尔泰等参奏宁远大将军岳钟琪，玩忽纵贼，奏报不实，应行议处。查岳钟琪，身为大将军，专制边疆，贼夷以五六千人，从无克克岭入我卡伦，侵犯哈密，岳钟琪茫然不知，令贼劫掠牲畜，从塔库纳库，缓骑遁归。岳钟琪智不能料敌于平时，勇不能歼贼于临事，律之军法，百喙难辞，应削去公爵，并革去宫保世职暨总督职衔，仍令暂护大将军印务，以图后效”。[①]

雍正帝显然觉得惩处太重，降旨从轻发落说：“岳钟琪着削去公爵，并革去宫保，降为三等侯，仍留总督职衔，护大将军印务，戴罪立功。”[②]

岳钟琪从25岁担任四川松潘镇中军游击起，当了八年中军游击，四年永宁协副将，四年四川提督，四年威远大将军，战场厮杀上百次，入藏驱准，青海平叛，过草地，翻越雪山，草原奔驰，身先士卒，奋勇冲杀，曾因积雪太阳光照射，双目失明半个月，又因雾瘴，口哑多日，左手左足患下“麻木不仁”之病，既有苦劳，也有功劳，而且是盖世功勋。如果说不能胜任灭敌重任，现在，大将军罢掉了，爵也降了，让他回到四川老家，当个提督，养养老，也就可以了，何须赶尽杀绝!可是，鄂尔泰们不这样想，而是要不断参劾，置岳于死地。

鄂尔泰提拔起来的副将军、护宁远大将军张广泗，挟妓宴饮贻误军机，致科舍图牧场被劫的副参领查廪之亲戚署宁远大将军查郎阿，在无

---

①②《清世宗实录》卷117，第9页。

克克岭纵放准兵逃脱时，负有失误之责的副将军常鼐，不断上折，诬陷岳钟琪调度失误，误迁穆垒，滥役兵士，骄傲专断，罪恶滔天。

岳钟琪以穆垒地势好，奏请于此地筑城，迁移西路军大营，立下军令状，如有不妥，“请将臣置之重典，妻子从重治罪”。张广泗、常鼐、鄂尔泰等就紧紧抓住这个问题，猛烈攻击，指其地势不好，四面皆敌。张广泗于雍正十年七月二十四日，特上2300字的长折，力言不该在此筑城，作为西路军大营，并指责岳之欲出此议，是因“伊统师西陲，屯驻巴尔库尔，已经三载，一筹莫展，而获咎多端”，“是以创为此举，一则博进取之名，以图侥幸，一则谓前之两次失利，皆由巴尔库尔地势不善，以掩其疏防之罪耳”。[①]

张广泗又恐自己仅系汉军旗人，不是满洲人，又非开国功臣之后，且系以银捐官，刚当巡抚三年多，还未获得帝之器重，人微上疏言轻，不易为帝采纳，于是就邀请副将军、内大臣常赉，署镇安将军印务宁夏将军卓鼐，参赞大臣、内大臣顾鲁三位满洲大臣，与自己联名上折，由常赉领衔，也就在这一天(七月二十四日)，上了一道七千多字的长折，力言岳钟琪倡议之非。这一下，力度够大了，打动了皇上。雍正帝立即谕令将西路军营撤回巴尔库尔，并命大臣传谕鄂尔泰。鄂尔泰又高升了，于雍正十年七月十三日，被帝委任“督巡陕甘经略一应军务”。所谓经略军务，大清会典没有“经略”此词的官衔。此后，鄂尔泰在其奏折上署的名衔是“大学士一等伯督巡陕甘经略一应军务臣鄂尔泰”。看来，此“经略”二字可以算是官衔了。联想顺治年间大学士洪承畴被帝委授“经略湖广、广东、广西、云南、贵州等处地方总督军务兼理粮饷”，还为其铸“经略大学士”印，五省巡抚、提督、总兵官以下“咸听（洪）节制”，那么，此时的鄂尔泰固然可以节制陕甘总督、巡抚等官，是否也在两位大将军之上呢，因为他是有“经略一应军务之权”。简而言之，雍正帝委授了鄂尔泰“经略一应军务”的大权，岳钟琪就快被革职下狱了。

鄂尔泰此时正在宁夏，八月十四日接到上谕，思考之后，于八月十

①《雍正汇编》册23，第5、6、7、8页。

五日上折，痛骂岳钟琪没有心肝，“罪不容诛”，不胜愤恨，唯愿速将岳钟琪押赴法场斩首示众。奏折说：

“窃臣于本月十四日寅刻自宁夏起行，接准领侍卫内大臣公丰胜额等寄字，内开雍正十年八月初八日，奉上谕，‘据张广泗、常赉等奏称，穆垒地方四面受敌，必不可以驻扎大兵，即目前月余之内，已属可虞等语，其所奏甚为明晰，言辞亦极恳切，今无疑也，自然从其所请，将穆垒之兵急速撤回。朕已降旨照张广泗、常赉等所请，令其即速办理，不可迟回。尔等可将张广泗、常赉等所奏，及朕所降谕旨，抄录寄予大学士鄂尔泰阅看，伊心自然明白，以速撤为是。如今大学士只与查郎阿计议撤兵之后，如何防范及剿贼机宜，并安插吐鲁番回众等事可也。钦此。’又奉上谕：‘穆垒大兵，即撤回巴尔库尔。一切军营之事，有张广泗暂行办理，查郎阿不必于九月初二急忙起程，可在肃州与大学士鄂尔泰多住十数日，将一应军务细细周详计议，于事有益。或于九月十五日起行，或再迟几日亦好。再者大将军既领兵，仍驻巴尔库尔，则傅泰、马尔泰等派往之处，似可不必，着大学士鄂尔泰酌量奏闻。钦此。’并抄录张广泗等奏折寄信到臣。臣伏读上谕，详阅张广泗奏折，岳钟琪诸事颠倒，任意错乱，毫无胆略，别具肺肝，律以军法，已罪不容诛。而不恤边疆，故为欺罔，初欲偾事以幸功，遂致资敌而辱国，臣沿途访询，即下至末弁，亦议论略同，而张广泗明晰指摘，恳切责数，臣实不胜感激，愈深愤恨，愿速将岳钟琪弃诸市曹，以快人心，以伸士志者也。”①

署宁远大将军查郎阿、副将军张广泗、副将军常赉、参赞大臣穆克登、参赞大臣顾鲁，也联名上了一道6000字的密折，列举岳钟琪的罪过。其中有：

①《雍正汇编》册23，第144页。

“上自将帅提镇，下至备弁千总，皆不知爱惜士卒，唯以虐使为事，凡一应打杂挑水烧炭等项，无不派兵承值。前岳钟琪三次盖造衙署三所，大兴土木之工，费尽兵丁之力，只图自己之安乐，不顾兵丁之劳苦。而大小将弁，人人效尤，各造衙署，尽役众兵，俱令自带口粮，昼夜工作，稍不如意，打骂交加。且逼令牵驼赶车，代为经营买卖，其有半途冻饿而死者，捏报病故，亦并无人稽查，闻之令人发指。是以兵丁忠勇之气，顿尔消磨，颓惰之风，竟成锢习。”①

恶狼猛虎逞威，岳钟琪哪有活路。雍正十年七月十四日，雍正帝谕军机大臣，命岳钟琪回京，查郎阿署宁远大将军：

“谕办理军机大臣等：西路军营事务，岳钟琪办理总不妥协，着回京。其宁远大将军印务，着署陕西总督查郎阿署理。副将军张广泗，暂行获理。查郎阿年来办理军务，事事合宜，克胜大将军之任，但肃州路远，未便来京请训，今特命大学士鄂尔泰，驰驿前往肃州，传朕训谕。查郎阿着先期料理，立赏给公用银一万两。陕西总督印务，及所办军需事，着直隶总督刘於义前往署理，赏银五千两。朕有训谕刘於义之处，亦著大学士鄂尔泰传旨。”②

过了一个多月，十年九月初一日，雍正帝下谕，向西路军营将士宣布岳钟琪的罪过，并命将士举报岳之谬误言行：

“谕西路军营，将弁、兵丁等：噶尔丹策零父子凶顽，世济其恶，戕害臣服我朝之蒙古部落，窥伺我边疆，国家不得已用兵之苦心，已屡经晓谕官弁兵丁等知之矣。夫三军司命，在于将帅，朕慎重其选，以岳钟琪，乃将门之子，久历行间，从前用兵青海，曾有劳绩，且于西陲情形，素为熟练，伊亦自信克当此任，是以命为西路大将军，一切征兵，

①《雍正汇编》册23，第694页。

②《清世宗实录》卷121，第9页。

运饷，选将，设官之事，凡有所请，无不允行，实冀其殚心竭力，奏绩边疆，为一劳永逸之计。岂料伊秉性粗疏，办事阔略，平居志大言大，似有成算，及至临事，则张皇失措，意见游移，且赏罚不公，号令不一，不恤士卒，不纳善言，自奉太丰，待下鲜惠。今略举其失机一二事言之。前年冬月陛见入都，军营之事，全无料理，以致贼人盗窃驼马，伤我弁兵。嗣后朕时时降旨，谕令缜密周防，乃今年正月，贼人越过大营，直至哈密，及塔尔那沁等处，抢掠牲畜，戕害回民，伊将令不行，调度无术，竟令已入网罗之寇贼，由坦道遁逸而去。又如穆垒驻兵之举，实由岳钟琪之奏请，且称愿以全家性命，保其万全，乃我兵移驻之始，即有贼人潜过穆垒河东、抢掠马匹，伤害官兵，现今运道牧场，时受侵扰，此皆岳钟琪失算误国之昭著者。其他颠倒错愦，疏忽错谬之处，不可枚举。以统兵之人，居心行事如此，无怪乎三军之士，离心解体，兵气为之不振也。朕思用兵之事，关系重大，似此一筹莫展，屡失机宜，则军务何日能竣，我三军之士，何时得以休息，用是特降谕旨，将岳钟琪调回京师，以吏部尚书、陕西总督查郎阿，署理大将军事务，命大学士鄂尔泰，亲观至肃州，颁赐敕书，指授方略。查郎阿素性忠良，赤心为国，虚怀谦受，能体下情，自办理军需以来，事事妥协，边疆情形，皆所深知，一到军营，与副将军张广泗、常赉等，合志同心，和衷共济，必能运筹决胜，靖寇安边，晓谕各营将弁兵丁，咸使知悉。至岳钟琪屡次失机之罪甚大，律以国法，不容宽贷，又闻军营弁兵，无不含怨，着署大将军查郎阿，遍行询问军营，将弁兵丁等，岳钟琪自领兵以来，果属事事乖张，人心共怨否，抑或尚有可取之处否，务使三军之众，人人各抒己见。据实举出，即有互异，不妨两奏以闻。”①

雍正十年十月二十六日，雍正帝又下谕给军机大臣，列举岳钟琪罪过，命将其革职削爵拘禁，派大臣审问：

①《清世宗实录》卷123，第7、8、9、10页。

“谕办理军机大臣等：岳钟琪受朕深恩，重加任用，西陲讨贼之举，伊亦身任不辞，是以用为西路大将军，一切征兵运饷，选将设官，凡有所请，无不允行，实冀其殚心竭力，无隐无欺，克著绥靖之绩。乃伊秉性粗踪，办事怠忽，将国家军旅重务，视同泛常，且赏罚不公，号令不一，不恤士卒，不纳善言，傲慢不恭，刚愎自用，以致防御追击，屡失机宜，军务废弛，士气不振。多年预备之马驼牲畜数十万，或被贼人偷盗，或因失养损伤，及至需用之时，寥寥无几。而凡陈奏于朕前者，皆虚假诈伪之词，为怙过饰非之计，其误国负恩之罪，难以悉数，岳钟琪著革职，交与兵部拘禁，候朕另派大臣讯问。”①

皇上都已经将岳钟琪定了罪，还有什么审头，就宣判吧。

征准战争，从雍正七年算起，到十二年七月，历时已经六年，准噶尔军遭受清定边左副将军、喀尔喀部蒙古大扎萨克、和硕亲王、固伦额驸策棱的两次大的打击，特别是额尔德尼昭的大败，伤亡上万，军力大损，知道不能打败清军，不能再次大举入边，侵占喀尔喀部，愿意休战议和，划定边界。清军惨败于和通泊，满洲将帅畏准如虎，不敢迎战，不敢追击，早已丢掉剿灭准夷的幻想，全靠策棱力挽狂澜，才保住了边境和西北，更想脱掉战袍，尽早回家。雍正帝也认识到六年前，视准噶尔部为“弹丸之地”，当此“天时人事，机缘辐辏”，天与可取之时，可以轻易剿灭的认识和决策，是错误的，是不能取胜的。恰好这时，鄂尔泰在前线视察之后，认为不能战胜准部，必须休战议和，奏请皇上罢兵。雍正帝果断决定，遣使前往准部议和休战，他于雍正十二年七月二十五日下旨宣布用兵之因，征战经过，以及现在议和停战的依据，圣旨长达一千二百余字：

“得旨，准噶尔一部落，习尚贪残，世济其恶。策妄阿拉布坦，狡猾非常，当其跳梁之时，我皇考圣祖仁皇帝审观形势，洞悉机宜，曾密谕曰：彼地辽远，我往则我师徒劳，彼来则彼师受困，是以经理八九

①《清世宗实录》卷124，第26页。

年，唯令两路将军，陈师边境以待之，即将军富宁安，傅尔丹之屡次袭击，亦欲诱之使来，便于邀击，而贼究不至。富宁安等亦未多获而归，此当日之情形也。及朕即位之初，筹划边事，敬佩皇考之明训，确知策妄阿拉布坦之奸顽，持重不肯轻举，且以将弁兵丁等，久役于外，勤劳可念，因将两路兵马撤回，暂令休息。中间缘清画疆界一事，遣人晓谕再三，朕则开诚布公，彼则支吾巧诈，朕仍包容宽宥之。未几，策妄阿拉布坦身故，伊子噶尔丹策零，继领部落，朕虑有侵扰众蒙古之举，不得不预为防范，又以其人孟浪无知，剽轻任性，必率贼众，冒昧前来，是以仍于两路，驻扎大兵。至于命将一事，岳钟琪久在西陲，习于军旅，伊亦踊跃从事，因命为西路大将军。北路大将军傅尔丹，朕恐其才具不胜重任，爰允廷臣之推举，并遣查弼纳为副将军。伊陛辞之时，朕谆谆详谕，令部署完密，度势审机，务策万全，实冀专阃之大臣，戮力同心，不负简用也。乃噶尔丹策零，轻举妄动，果不出朕之所料，于雍正八年冬月，发兵侵犯西路，此正我师乘时击贼之机会，而岳钟琪来京陛见，请将大将军印务，交与纪成斌署理。前此岳钟琪，身在军营，全无布置，将驼马牲畜十数万，置于贼人来路之旁，供其掠取。纪成斌庸懦不堪，于贼人来犯之时，畏缩惊惶，一筹莫展，致贼人得志而去，次年贼以全力向我北路，初北路领兵大臣与喀尔喀等，皆怀贼人断不敢来犯之心，一切军需，又未预为完备，傅尔丹、查弼纳等复误听俘虏诳言，并不奏闻，领兵轻进。彼时朕即向廷臣言之，贼人恐有诡诈，我师此进，甚不妥协。未几奏至，果堕术中。雍正十年正月，贼人仅以七千之众，来犯西路，深入哈密塔尔那沁地方，此又易于大创之机会，而岳钟琪身处军营，调度乖舛，坐令入网之兽，复得骇逸，此西路军营，人人切齿痛恨者。于是贼志愈骄，肆无忌惮，倾其丑类以向北路，越过察罕叟尔军营，直至额尔德尼昭地方，副将军额驸策棱等，奋勇击杀，歼其精锐，将及万人，余贼丧胆，乘夜遁逃，经由扎克拜达里克一带。此地朕预设重兵万有四千，以遏贼归路，似此残败之贼，诚如釜底游魂，但遣兵数千人遮击，便可使只骑不返，乃马尔赛坐守空城，一旅不发，贼至不击，贼去不追，俾余孽犹存，边氛未息，马尔赛之罪，诚擢发难数也。总之朕之筹划于事先者，虽未有爽，而臣工之失机于临事者，则不一而足矣。今贼人自额尔德尼昭大创之后，畏我兵威，迁徙远去。看此情形，两路军务，一时难以告竣，特召两路领兵将军来京，与办理军机之大臣，悉心计议，北路副将军额驸策棱，西路署大将军查郎阿，力主进剿。朕以军务联系重大，复令在朝王公、满汉文武大臣，公同集议，兹览所奏，意见亦不尽一。据两路将军，皆言兵力有余，士气奋勇，贼势穷蹙，人心离散，似此则遣兵进讨，未当不可。但皇考当年圣意，与朕本心，俱不欲劳师远涉，而驻兵防守边界，又未免时日耽延，将士久劳，朕心不忍。朕意且遣使臣前往准噶尔，面谕噶尔丹策零，晓以利害，示宽大之恩旨，开其迷误，从此画清边界，彼此不得逾越。着北路大将军平郡王，将进驻科布多之大兵，仍撤回察罕叟尔，以释贼人疑惧之心。若噶尔丹策零闻朕谕旨，果有悔心之萌，一一遵行，则两路大兵，俱可徐徐议撤。当仍势迷怙恶，自取灭亡，俟使臣回京这日，别作计议。”①

雍正帝先是先下谕给军机大臣，谕命廷议，群臣上议之后，又降下上述冗长啰唆的千字圣旨，费尽周折，说了半天，就是为了要这“总之，朕之筹划于事先者，虽未有爽，而臣工失机于临事者，则不一而足矣”这两句话，即朕躬圣明，三帅混蛋。不管是六年前的决策出兵，还是一任岳钟琪、傅尔丹为两路大军统帅，或再革二帅之职，另委新帅马尔赛，都是帝系绝对英明，帅乃昏庸胆怯，坏了大事：为了证明朕躬圣明，还搬出已经逝世十年身在九泉之下的皇父康熙帝，说是皇父不愿进攻准部，可是，他忘了，七年前宣布出兵的主要依据，是为了完成父皇未尽之灭准伟业。真是诡辩、硬辩，前后矛盾，无法服众。

然而，这道圣旨，再次指责岳钟琪贻误征准军机，就直接将他推上断头台了。

不久，大学士等奏请将岳钟琪“斩立决”。雍正帝降旨：“改斩监候”，于是岳钟琪在死牢关了三年多。乾隆二年（1737年），新君乾隆帝下谕说：“岳钟琪贻误军机，罪无可宥，皇考念其曾经效力，是以未

①《清世宗实录》卷145，第12—15页。

将伊正法。朕体圣心，不忍令久系囹圄，着释放，令其自愧。”[①]

岳钟琪出狱以后，北京的皇上御赐之房，已经收去，成都老家的房屋田地也已被籍没入官，可以说是两袖清风，一无所有了。好在长子岳濬还是巡抚，每年领养廉银一万余两，当然会孝敬父母。于是，岳钟琪在成都郊区百花潭北，买了点田地，修了几间房子，“颜其园曰‘安素洲’，名‘爱闲’，时手一编，吟啸自如”，“课子读书”。有时，与邻近父老小聚，或“徜徉山水”，自得其乐。“居久之，又嫌近城市，不乏应酬，更即凤山祖茔之侧，筑室以居，自分终身矣”。岳钟琪在彭山宝胜乡金岗山父亲岳升龙的坟园侧边修的房子，住了很久。“越十年”，而有大金川之役。[②]

老皇帝定下的罪，新皇帝全部继承，看来岳钟琪被雍正帝定的贻误征准军机，是铁证如山，永无平反昭雪之时了。

然而，人间自有公道，历史事实才是检验宣判是否正确的唯一决定性因素。总观鄂尔泰、张广泗、查郎阿的参劾和雍正帝的谕旨，给岳钟琪定下的罪过是六条。一是科舍图牧场被劫，此事主要罪犯是畏寒避居山谷挟妓宴饮的副参领查廪，其次是护宁远大将军、参赞大臣、四川提督纪成斌。岳钟琪奉旨进京商议军务，不在大营，他只应承担荐人不当(推荐纪成斌为护宁远大将军)的责任。二是无克克岭纵放准兵逃脱。此事也不能怪岳钟琪。岳早就算定准兵会从无克克岭逃走，早就命令副将军石云倬、副将军常赉、署镇安将军卓鼐领满兵5000名、绿营兵7000名在无克克岭阻截，可石云倬畏敌如虎，敌兵逃来此地，却按兵不动，不出城阻拦截杀，致准兵逃走。这个重大失误应由石云倬负主要罪责，常赉、卓鼐也有责任，可是，常赉、卓鼐安然无事，岳钟琪却被打成另一位应当承担罪责的主要人员。

三是车阵之法欠妥。原礼亲王昭梿在其《啸亭杂录》卷10，《车骑营》条，就专门为岳钟琪鸣不平。他写道：

---

①《清史列传》卷17，《岳钟琪传》。

② 范泰恒：《岳威信公钟琪家传》；《清代碑传全集》卷116。

“雍正中，上命九卿筹御西夷之策，岳威信公献车营法，其制仿邱濬旧制，稍加损益。凡车广二尺，长五尺，用一夫推挲，而四夫护之。五车为伍，二十五车为乘，百车为队，千车为营。行以载糗粮军衣，夜则围聚为营。战时两队居前，专司冲突，三队后以随之，其余五队，则围护元戎，以防贼人劫战，并具图以进。上命满洲护军习之，号车骑营，后北征时，屡以车师取胜。然其制严重，难以运行，和通泊之败，辙乱旗靡，道路拥塞，士卒多有伤损，论者归咎车战，遂废其营。然此役乃将帅骄慢，误堕贼计，未必皆车骑之咎也。故存其图以待后之用者。”

四是移驻穆垒之事。张广泗等诬称穆垒四面皆敌，移驻西路军大营，是天大之错。这完全是睁眼说瞎话。穆垒早在西汉就是战略要地，东接巴尔库尔，南邻哈密，西接乌鲁木齐，面积宽广，多达一万余平方公里，水草丰美，是半农半牧地区，有草场两千多万亩，耕地四十余万亩。在穆垒筑城驻兵，比巴尔库尔前进了600里。穆垒离乌鲁木齐只有560里，是进取乌鲁木齐最好的基地，而夺取了乌鲁木齐，便大大有利于进取准部都城伊犁。

五是岳钟琪不恤士卒，多兴工程，士兵劳苦。这也不能怪岳钟琪。岳钟琪遵旨奏准，既建巴尔库尔，又筑穆垒两座大城。巴尔库尔新城，城墙周长8里，还有四座瓮城，两座兵城，兵城也有瓮城。穆垒新城，城根厚二丈，城顶厚一丈，连垛口，高二丈。每兵三名，修房一间，军营3万名兵丁，大小将弁上千员，又该修多少房间和衙署。这两项大工程都在雍正九年十年完成，当然要派遣成千上万兵士修建。并且岳钟琪一向与士卒同甘苦，优待将士，筑城兵丁，除原有钱粮照领外，每日还发工钱六分，一个月就是一两八钱，可在内地买米六七百斤，另外还赐给食羊。到军营认真地公正地调查，兵士不会埋怨岳钟琪的。

最后，是鄂尔泰津津乐道，《清世宗实录》纂修的翰林们赞为高论的妙句，即“岳钟琪智不能料敌于平时，勇不能歼敌于临事，律之军法，百喙难辞”。说得好，身为全军统帅，当然应当有料敌于平时之智，有遇逢突发事变可以全歼敌人之勇，这是名帅应具条件。但是，古代中国两千年里，有几位大帅做到这样，有几位大将军能智勇双全，既料事于先，又在突发事件时能全歼突袭的敌军！没有，你鄂尔泰更离此高标准，差了十万八千里。

简而言之，岳钟琪当的宁远大将军，一是做好了密议征准军务的准备工作，做好了方案，提出了用兵之法，特别是防止敌人诱军入伏的警告，组建了两路大军。二是在和通泊清军惨败之后，认清了征战形势，转而以固守为主，建好了巴尔库尔新城，严密防御，保证了西路军的安全，保证了青海、宁夏、甘肃的安全。三是虽未取胜，但也并未大败，与准军打了一个平手。可以说，没有功劳，也有苦劳，不胜不败，没有大的过错。鄂尔泰之流的参劾和雍正皇帝的宣判，是欲加之罪，何患无辞，最终是会站不住脚的，岳钟琪必然有还其清白的那一天。

六、撤兵议和

雍正十二年（1734年）七月二十日，谕军机大臣等官，着王公满汉文武大臣会议是否继续征剿准噶尔：

“谕办理军机大臣等：西北两路用兵已经数年，将士效力戎行，久在边外，朕心深为不忍，再四思维，或应乘此兵力盛强，直进贼境，俾军务早完，以息将士，或应遣使往彼，谕以利害，俾其醒悟，二者未能遽定，特召北路副将军额驸策凌，西路署大将军查郎阿来京，与办理军机之大臣，悉心计议，伊等意见亦不划一，朕思军务关系重大，应博采众论，详慎筹划，着王公满汉文武大臣，公同会议，各抒己见，据实具奏。”

二十五日，康亲王巴尔图等议奏继续用兵，大学士张廷玉等议奏遣使准噶尔，劝其悔过议和：和硕康亲王巴尔图等遵旨议奏，准噶尔贼夷，世济其恶，屡次兴戎噶尔丹策零，狂悖凶顽，伊父策妄阿喇布坦为更甚。我皇上为安逸生灵计，欲特赐包容，遣使前往开陈利害，驻扎边境，贼夷之地势情形，俱已深悉，且粮糗马驼军装器械，无不预备整齐，宜秉此时，于北路派兵三万名，西路派兵两万名，约会齐进，并力歼除，如贼果如畏惧，悔祸祈恩。我皇上再宽其罪戾，议定边界，似属于事有益，又大学士张廷玉等，遵旨议奏，噶尔丹策零，扰害生灵，早应遣发大兵，立加屠灭，唯是我圣祖仁皇帝如天之仁，于东策妄阿喇布坦，狂悖妄行，犹复曲赐包容，不加诛戮。我皇上以圣祖之心为心，屡亦恩谕，俾息纷争，恐伊孟浪轻举，骚扰蒙古，是以驻兵边地，以为防范，仍谕两路大将军，停止进剿，仰见天心仁爱，原非必欲毁其巢穴，灭其丑类也，今贼人息厄尔得尼招大败之后，势穷力竭，本年春间，我兵从北路袭击，直越额尔齐斯，贼夷惊惶，不敢迎战，但罔识圣心之宽大，自以负罪深重，不可复逭，因此迷而不悟，日益冥顽，若蒙特遣大臣前往，晓以利害，宽其已往之愆，予以更新之路，噶尔丹策零审度势力，实不能支，谅必诚心悔过，俯首求和，若仍执迷不悟，则是伊自速危亡，再议征讨，更觉事易功倍矣。①

雍正帝降旨，详述当年用兵之因，谴责原宁远大将军贻误军务，原靖边大将军傅尔丹误听敌奸诳言中伏而败，抚远大将军马尔赛惧敌怯战，不击败逃准军，决定遣使准噶尔议和划界，北路大军撤退至察罕叟尔，以示议和诚意。圣旨说：

“总之，朕之筹划于事先者，虽未有爽，而臣工之失机于临事者，则不一而足矣。今贼人自厄尔得尼招大创之后，畏我兵威，迁徙远去，看此情形，两路军务，一时难以告竣，特召两路领兵将军来京，与办理军机之大臣，悉心计议。北路副将军额附策凌，西路署大将军查郎阿，力主进剿，朕以军务关系重大，复令在朝王公，满汉文武大臣，公同集

①《清世宗实录》卷145，第8、9、10、11页。

议，兹览所奏，意见亦不划一。据两路将军，皆言兵力有余，士气奋勇，贼势穷蹙，人心离散，似此，则遣兵进讨，未尝不可，但皇考当年圣意，与朕本心，俱不欲劳师远涉，而驻兵防守边界，又未免时日耽延，将士久劳，朕心不忍，朕意且遣使前往准噶尔，面谕噶尔丹策零，晓以利害，示以宽大之恩旨，开其迷误，从此划清边界，彼此不得逾越。着北路大将军平郡王，将进驻科布多之大兵，仍撤回察罕叟尔，以释贼人疑惧之心，若噶尔丹策零闻朕谕旨，果有悔心之萌，一一遵行，则两路大兵，俱可徐徐议撤，傥仍执迷怙恶，自取灭亡，俟使臣回京之日，别作计议。”①

将此圣旨与五年半以前雍正七年二月十八日下达遣军灭准的上谕相比，简直是拐了180° 的大转弯，从以战消灭敌国，改为停兵遣使求和，这样大损国格有辱龙颜的转折决定，也只有雍正帝才有胆量做得出来。为什么一向言出令行、不容臣僚谏改圣谕的雍正帝，会颁降实际上是谴责当年用兵证准之谬误的圣旨，自食其言，自相矛盾，自己打自己的耳光？看看当时的军情、财情，便可知晓其中奥妙。

第一，获胜无望，军情严峻，边防危急。清军一挫于科舍图牧场，十几万匹牛、羊、驼被准军劫走。再惨败于和通泊，北路大军的2000名满兵蒙古兵阵亡、被俘近万名，两位副将军，以及参赞大臣、都统、副都统等十几位二品以上的将领或战死，或自尽，主帅靖边大将军傅尔丹夹杂在溃逃的两千余名满兵中，狼狈逃窜。这一惨败严重地削弱了八旗军、绿营兵的战斗力，士气不振，西北边防出现了严重危机。当和通泊之战后两个月，准兵乘胜东征喀尔喀时，全靠喀尔喀郡王额驸策棱率部奋勇迎战，斩其骁将，才击退准兵。第二年七月，噶尔丹策零亲领大军，“由北路倾国入寇”，再败傅尔丹时，也还是靠这位额驸拼死反击，于杭爱山东侧鄂乐浑河畔的额尔德尼昭大败准军，杀伤万余人，使其仓皇逃走。没有策棱额驸及其部下的英勇奋战，清军是挡不住准部进攻的。那样一来，准军就要不断进掠喀尔喀三部和漠南蒙古各部，甚至深入内地，西北、北方就不得安宁，西藏、青梅、甘肃也要受到严重

①《清世宗实录》卷145，第15页。

威胁，后果将是极其严重的。

第二，军费浩繁，帑银锐减，国力难撑。雍正七年三月征准大军出发，兵分北路、西路，北路大军有将弁753员，满洲、蒙古兵为主，辅以少数绿营兵，共23000名。西路大军主要是绿营兵，有文武大小官弁324员，兵26500名。由于战事吃紧，伤亡众多，陆续增派满兵、绿营兵。雍正十三年八月十二日，军机大臣们奏称："北路军营，现有满洲、蒙古、绿营兵共六万三百余名。"[①]比七年以前的北路军，增加了37300余名，增加了162%。雍正十年十一月二十八日，署宁远大将军查郎阿、副将军张广泗、常赍等奏，西路大军，"绿营兵除事故外，现在军营者，共三万五千六百余名"。"其现在大营之西安满洲兵三千名，宁夏满洲兵一千名，察哈尔兵三千名，西海蒙古兵五百名，鄂尔多斯兵五百名，明年春间将现驻甘肃江宁满洲兵一千名、湖广满洲兵一千名调拨来营，并奉旨发来之打牲兵一千名，以上满洲蒙古兵共计一万名"，[②]绿营兵满洲兵蒙古兵共有45600余名，比四年前出征之兵多了19100余名，增加了72%。

这满、蒙、汉兵100000名，以及官员将弁还应有跟役和余丁。雍正六年十二月十四日，岳钟琪奏定两路大军的将弁兵士、驮马等数目及食采马料、盐菜银等情形时，按照国家章程规定，两路大军应派大将军、提督、总兵、副将、参将、游击、守备、千总、把总、道员、知府、知州、知县等324员，应带跟役1594名，平均一员带跟役5名。马兵4名带余丁1名，守兵5名带余丁1名。照此推算，这100000名满蒙汉兵应带余丁2万余名，加上将领官员的跟役约6000名，跟役、余丁、兵士、将领官兵约有13万名。

按照岳钟琪雍正六年十二月奏折所规定的马、驼、食米、盐菜银数量，将领、官员、兵丁、每人每日应给京升粳米8合3勺，13万人每日应给粳米1079石，一年365天，当给粳米京斗393835石，近40万石。这40万石米，放在内地好办，一石米，正常年景，价银1两，40万两，价银210万两，对于年收赈银4000万两，每年入多于出四五百万两的雍正帝来

①《清世宗实录》卷146，第7页。

②《雍正汇编》册23，第694、695页。

说，是个小数，轻而易举就开支了。可是，这40万石米，是在两路巴尔库尔军营和北路科布多军营，那就不得了了。吏部尚书、署川陕总督刘於义于雍正十一年十二月十六日奏称，自肃州运送哈密，有1545里，每石给脚价银7两6钱9分，自哈密运送巴尔库尔军营，有330里，路陡难行，每石给脚价银1两8钱5分，两项相加，自肃州运米1石到巴尔库尔军营，每石给脚价银9两5钱4分。在肃州买米，“市买之米，每京石5两3钱”。[①]米价、脚价相加，每石米自肃州运到巴尔库尔，需支付14两8钱4分。北路科布多军营比巴尔库尔还远。就按正常年景，上述运巴尔库尔军营的价银计算，40万石米需支付白银593万余两。如果清军通过屯田，可以在前线附近田地产生几万石十几万石粮食，那么每年可省米银一二百万两。

人要吃米，马要吃料吃草。雍正六年十二月奏定的西路大军兵士26500名及官弁324员，共需驮马42041匹，还有马兵13000名，每名有战马1匹，两项相加，需马55000余匹。按规定，战马在冬季春季，每月支豆9斗，夏季秋季，每月支豆6斗，一年每匹战马支豆9石、草30束（每束重7斤）。驮东西的驮马支的豆草，相应减少。现在满洲蒙古绿营兵10名，其中马兵当有五六万名，即应有战马五六万匹，姑按5万匹计算，每年当支豆45石和草1800万束，豆的价银和脚价银为675万两。草的价银为每束工钱，1800万束草的价银为360万两，脚价银难以估算，如置之不问，至于那50000匹驮马所需的豆草，哪怕只按战马的四分之一来计算，也需豆的价银、脚价银、和草的价银250万余两。战马驮马10万匹所需豆的价银、脚价银和草的价银，总共需银925万两。

将领官员兵士每天都有盐菜银，官员将领难以以人计算，姑略不计，单算兵丁的盐菜银。按规定，兵丁每人每日领盐菜银3分，10万兵士每天需领盐菜银3000两，一年365天，当支付盐菜银109万两，

至于枪、炮、子弹、弓、箭、帐篷、兵器等等，以及运费，也需开支数以十万两计的银子。

仅只上述可以估算的食米、马料、盐菜银，就需开支一千三四百万两银子。

---

①《雍正汇编》册25，第521-628页。

雍正帝之征准，到底用了多少军费，史无明载。魏源在《圣武记》卷3，《雍正两征厄鲁特记》中写道："计自康熙五十六年备边以来，旋罢旋调，先后军饷七千余万。"

从雍正朝朱批汉文奏折和《清世宗实录》卷146，第7页所记北路满洲蒙古汉军兵士"六万零三百余名"来看，来计算，从雍正七年到十三年，前线十万大军及其跟役、余丁和10万匹战马、驼马，七年间共需开支军费7000余万两到9000余万两，因此笔者认为，雍正帝之征准，支出了军费7000余万两。

《历史档案》1984年第4期所记清政府国库存银数量，也可为此说法作个估证。档案载称：户部银库存银：雍正元年，"实在存银"2371万余两，雍正二年3162万余两，雍正三年4043万余两，雍正四年4740万余两，雍正五年5525万余两，雍正六年5823万余两，雍正十年6024万余两，雍正八年6218万余两，雍正九年5037万余两，雍正七年4439万余两，雍正十一年3793万余两，雍正十二年3250万余两，雍正十三年3453万余两。从雍正元年的2371万两，到雍正八年的6218万余两，七年间增加了3847万余两，平均每年增加549万余两，这个549万余两，就是清政府每年入多于出的银子，即每年的盈余银。从雍正八年的6218万余两到雍正十三年的3453万余两，减少了2765万余两，如果加上九年至十三年的五年每年入多于出的盈余银2500万余两，则雍正十三年国库存银应为6000万余两。这也可以从旁证明，雍正帝的七年征准，支出了军费六七千万两。这样庞大的军费开支，国家财政难以长期支撑。

第三，朝中无能人，八旗军队高级将官多系庸碌无能，怯战畏敌。接替傅尔丹的抚远大将军、一等公马尔赛，虽系智勇双全所向无敌的抚远大将军、一等忠达公图海之孙，却是一纨绔子弟，历任文职，无所作为。当上大帅之后，他退缩不前，"辗转不定"，全无祖父的英雄气概，被降为抚远将军，又放任惨败于喀尔喀亲王策棱之手的准部残军安全逃走，贻误了军机，被按律处死。马尔赛之后的北路大军主帅靖边大将军锡保，擅长于阿谀逢迎，奉承皇上，被雍正帝誉为"才具优长，乃国家实心效力之贤王"，并以其署振武将军时"治军勤劳"，而由郡王晋为亲王。谁知，锡保的这些功劳皆系虚报，终因畏敌不前，危害了战局，被议罪革职削爵。如此劣帅直接影响到中下级将官和士卒的锐气，一向勇猛善战以少胜多的八旗劲旅，竟变得士气低落怯于征战，连号称强中之强的索伦兵，也在和通泊之战中首先溃败。

第四，干戈不停，全国难安。十余万大军转战于数千里之外，延续好几年，军情瞬息万变，胜负难卜，安危未定，使清廷不得不全力以赴，专注于对准部用兵事项，为此特设“军需房”，著名的雍乾以后具体议处国政的新的中央机构“军机处”，就由此而产生了。这固然是政权机构的一大改革，但是，它也表明对准部的用兵，占据了何等重要的位置，使得清廷无法对其他方面的大事认真考虑。雍正七年以后，清廷没有在政治、经济等方面采取新的重大改革措施，恐怕与此是不无关系的。而且，十几万兵士的佥派、补充和更换，也是一个令人非常棘手的难题。这样大数量的军队，是从全国各地征调而组成的，京师、奉天、吉林、黑龙江、山西、山东、江苏、湖北、陕西、甘肃、宁夏等省的满洲八旗兵士，皆奉命派至军营，遇有伤亡或年取太久，则从本地征补。雍正帝还专门挑选了几千名能挽硬弓壮力大的勇士，加以训练后派到前线。大军由各地开往西、北两路军营，沿途所需粮草马骡车辆，数量巨大，州县竭尽全力，也难备办齐全，尤其是陕西、甘肃，更是交通要道，负担尤为沉重，军民痛苦不堪。漠南科尔沁等四十九旗蒙古和喀尔喀三部蒙古，既要派出大批士卒从征，又要供应大量马、驼、牛、羊，仅雍正十年十一月，清靖边大将军锡保一次就向各部王公“采买”军马十万匹、羊四十万只、山羊十万只。总而言之，用兵西北，闹得全国不得安宁，长期延续下去，后果不堪设想。

正是由于这样严酷的形势，使得雍正帝决定停兵议和，而噶尔丹策零也因两次败于喀尔喀策棱额驸手下，伤亡惨重，元气大损，愿意休战。因此，从雍正十二年八月起，双方开始谈判。八月初三日，雍正帝遣侍郎傅鼐、额外内阁学士阿克敦、副都统罗密赍谕，前往准噶尔，与噶尔丹策零议和，并将大军后撤，以示议和诚意。策零同意议和，但提出以哲尔格西拉胡鲁苏为喀尔喀游牧地界，以阿尔泰为厄鲁特游牧地界，又请领辖阿尔泰山梁外的哈道里、哈达清吉尔、布喇清吉尔等处地方，以呼逊托辉至喀喇巴尔楚克为中间空闲地带。几经商讨，雍正帝基本上同意了准部的要求，但强调以阿尔泰为界，于雍正十三年闰四月二十八日遣使赍谕相告：自克木齐克、汗腾格里，上阿尔泰山梁，由索尔毕岭下，至哈布塔克、拜塔克之中，过乌兰乌苏，直抵噶斯口，以此为准部与喀尔喀部的分界地。另以呼逊托辉至喀喇巴尔楚克为空闲地带，双方不得渗入。准部尚未回答，雍正帝即已去世。因此，双方定界议和的重担，便只好由新君乾隆皇帝来承担了。

结 语

雍正帝胤禛虽然在位仅仅十三年，但他励精图治，力求改革，整顿吏治，清理钱粮，摊丁入地，不许压佃为奴，扩大垦田，耗羡归公，以银养廉，创设军机处，革除旗主，平定青海，安定西藏，改土归流等，促进了生产发展，经济繁荣，国库充盈，政局稳定，边疆巩固，统一增强，为其子乾隆帝弘历创建“大清全盛之势”，提供了极为有利的条件。当然，他也有不少失误，镇压政敌过于残酷，文狱频仍，热衷专制，征准惨败等。但总的看来，他的施政还是卓有成效的，尤其是对促进中国的统一与进步，促进中华民族的发展，做出了不可磨灭的贡献。